Neue Beweise für Atlantis

Andrew Collins

Neue Beweise für Atlantis

In Kuba und in Mittelamerika
verweisen spektakuläre Funde auf eine
globale prähistorische Kultur

Mit einer Einleitung von David Rohl

Aus dem Englischen
von Bernd Seligmann

Scherz

Im Gedenken an die eingeborenen Völker der Bahamas und der Karibik, die der Entdeckung der Neuen Welt zum Opfer gefallen sind, und an die Afrikaner, die gezwungen wurden, sie zu ersetzen.

Im Gedenken auch an Abbé Brasseur de Bourbourg, der, wie ich erst kurz vor Fertigstellung dieses Buches erfuhr, schon vor fast 150 Jahren gewusst hat, was ich heute weiß.

Die Originalausgabe erschien unter dem Titel
«Gateway to Atlantis» bei Headline Publishing, London.

Erste Auflage 2001

Umschlaggestaltung: Franziska Muster; Bern,
unter Verwendung eines Dias von Henk Meijer.

Inhalt

Einleitung

Atlantis» ist – nach «Gott» – der am meisten debattierte, missbrauchte und verhöhnte Begriff der Welt. Über die Jahre sind Tausende von Büchern und Artikeln erschienen, in denen die Autoren versuchen, dieses vielleicht größte Rätsel der Menschheitsgeschichte zu lösen. Die meisten der Autoren waren nichtakademische «Freidenker», von denen viele eigene Absichten verfolgten und kaum einer das Thema leidenschaftslos behandelt hat, bereit, sich allein von Beweisen leiten zu lassen. Die akademische Welt hat sich dagegen standhaft geweigert, sich mit Legenden und Märchen über versunkene Zivilisationen oder «goldene Zeitalter» abzugeben. Stattdessen zog man es vor, bei der «wirklichen Geschichte» zu bleiben, die ausschließlich auf der archäologischen Beweislage fußt.

In mancher Hinsicht ist leicht zu begreifen, weshalb die Meinungen so auseinander gehen. Außergewöhnliche Geschichten, die wir gemeinhin als «Legenden» oder «Epen» bezeichnen, haben die kollektive Phantasie schon immer beflügelt, zumal sie nicht mit lästiger Wissenschaftlichkeit daherkommen. Diese Sehnsucht nach einer legendären Vergangenheit – einer vorgeschichtlichen Ära – wird in letzter Zeit von einer neuen Schule populärer – oder auch nur allgemein verständlicher – Autoren genährt, die ihre Vorstellungen von einer lange verlorenen, älteren Kultur und deren antiker Weisheit darlegen. Viele dieser Bücher sind faszinierend und regen zum Nachdenken an. Manche machen auch wütend mit ihren Ungenauigkeiten und wilden Behauptungen, doch alle sprechen sie unmittelbar die menschliche Phantasie und den menschlichen Geist an. Phantasie hat jedoch nie zum maßgeblichen Rüstzeug eines akademischen Historikers oder Archäologen gehört.

Was ist das Besondere an dem Wort «Atlantis», das die Gemüter so erregt? Warum wollen so viele von uns an eine vorsintflutliche Zivilisation glauben, deren Ursprünge in die fernste Vorgeschichte zurückreichen? Und warum nehmen Historiker und andere Akademiker jede Gelegenheit wahr, solchen Glauben als das Geschwätz verrückter Außenseiter abzutun?

Wie sich bei vielen großen Entdeckungen gezeigt hat, gründet der akademische Widerstand gegen radikal neue Lehren oft nicht so sehr auf Beweisen als vielmehr – eigenartigerweise – auf Emotionen. Akademiker scheinen für solche Gefühle weit anfälliger zu sein als die Öffentlichkeit. Das liegt natürlich daran, dass professionelle Forscher oft persönliche Interessen und eine Reputation zu verteidigen haben, die durch revisionistische Ideen in die Gefahr geraten, untergraben zu werden. Die simple Wahrheit ist, dass sie sich durch revolutionäre Ideen und Argumente bedroht fühlen. Das Bild vom besonnenen, methodisch vorgehenden und zugleich aufgeschlossenen Historiker ist in Wirklichkeit ein größerer Mythos als Platons versunkene Insel.

Auf der einen Seite haben wir also den «begeisterten Amateur», voller Energie und unbeschwert von irgendwelchen Fakten, und auf der anderen den «spießigen Akademiker» mit der Paranoia, seine Glaubwürdigkeit verlieren zu können, und ohne die Vision, sein Fach auf neues, intellektuell anregendes Terrain zu führen. Die beiden Seiten – «New Age» und konservative akademische Forschung – stehen einander vollkommen ablehnend gegenüber, und keine Seite ist bereit, auf die andere zuzugehen.

Wie oft in solchen Situationen ist eine Lösung gefragt, die eine Mitte zwischen den entgegengesetzten Dogmen findet. Natürlich, Fakten und Beweise sind wichtig und dürfen weder ignoriert noch vergessen werden, selbst wenn man eine Theorie noch so lieb hat. Ebenso gehören jedoch Vorstellungskraft und Intuition zum Handwerkszeug des kompetenten Forschers. Am Ende geht es nur darum, zu einem ausgewogenen, wohl bedachten Urteil zu kommen. Es geht um die Balance zwischen Theorie und Spekulation.

Doch können wir das Atlantis-Rätsel wirklich lösen, indem wir diesem doppelten Ansatz folgen? Andrew Collins hat, wie ich meine, im vorliegenden Buch den goldenen Mittelweg gefunden. Er hat eine Masse von Beweisen zusammengetragen, um zu zeigen, dass Atlantis existiert hat und (zum Teil) noch heute existiert. Um seine Geschichte zu vervollständigen, musste er dann einige Annahmen wagen, was jedoch kein wirkliches Problem darstellt, da seine These nie in direktem Widerspruch zu den Fakten steht.

Ich habe in dieser Einleitung die Aufgabe, Sie auf die Reise vorzubereiten, die Sie mit diesem Buch antreten. Ich will nicht alle Geheimnisse und Enthüllungen vorwegnehmen, auf die Sie in diesem Buch stoßen werden. Manche Überraschung und das Gros der Details bleiben Andrew überlassen, Ihrem Führer und Begleiter auf dieser Reise. Einiges von dem, was Ihnen bevorsteht, kann ich jedoch schon verraten.

Beginnen wir mit einigen grundlegenden Fragen zu dem Atlantis-Rätsel:

- Hat Atlantis existiert (in welcher Form auch immer)?

Dies ist die Grundfrage der Atlantologie, die wir nur beantworten können, wenn wir uns aus unseren bequemen Sesseln erheben und uns offenen Auges – ohne akademische Vorurteile – auf die Suche begeben. Sobald wir diese Herausforderung angenommen haben, finden wir uns mit einer Reihe weiterer Fragen konfrontiert:

- Wo könnte Atlantis gelegen haben?
- Nach welcher Art von Kultur sollten wir Ausschau halten, wenn wir Atlantis finden wollen?
- Wann könnte diese Kultur ihre Blütezeit erlebt haben?
- Können wir belegen, dass Atlantis einer wie auch immer gearteten Naturkatastrophe zum Opfer fiel?

Von diesen Hauptthemen leiten sich faszinierende Nebenfragen ab, die in den letzten Jahren aufgekommen sind und jede neue Suche nach dem versunkenen Königreich unmittelbar betreffen:

- Nach landläufiger Meinung ist Amerika erst 1492 entdeckt worden. Doch wie erklären wir uns die über 2000 Jahre alten «griechischen» Amphoren, die in Schiffswracks vor den Küsten Brasiliens und Honduras' gefunden wurden?
- Wie konnte man in 3000 Jahre alten ägyptischen Mumien Spuren von Kokain finden, wenn diese Droge *immer* nur aus Südamerika gekommen ist, einem Kontinent, den die antiken Zivilisationen nicht gekannt haben sollen?
- Dieselbe Frage stellt sich in Bezug auf Tabak.
- Welchen Reim machen wir uns auf Schriften römischer Geographen, in denen von einer Inselgruppe jenseits des westlichen Ozeans die Rede ist, die 40 Tagereisen von einem Hafen in Nordafrika entfernt sein soll (die Hesperiden)?
- Könnten diese Schriften mit Platons Atlantis zusammenhängen, einer Insel vor oder hinter einer Reihe «anderer Inseln», von denen aus antike Seefahrer angeblich den «gegenüberliegenden Kontinent» erreichen konnten?

- Was trieb spanische und portugiesische Kartographen und Seefahrer im 15. Jahrhundert immer wieder zur Suche nach einer legendären Insel «Antilia» und dem unentdeckten Kontinent dahinter?
- Könnte all dies erklären, warum die Westindischen Inseln bereits kurz nach ihrer Entdeckung mit der versunkenen Insel Antilia identifiziert wurden, sodass sie noch heute als Kleine und Große Antillen bekannt sind?

Dies sind nur einige der Fragen, auf die Sie in der atlantologischen Schatztruhe, die Andrew Collins mit diesem Band vorgelegt hat, Antworten finden werden. Die Reise ist sicher eine Herausforderung, doch am Ende werden Sie sehen, dass sich die Mühen gelohnt haben.

In den Jahren vor der Jahrtausendwende ist das Phänomen Atlantis immer mehr in den Vordergrund des öffentlichen Interesses gerückt. Während unsere Welt auf ihren prophezeiten Tod zusteuerte, wurde die Suche nach dem atlantischen Geburtsregister immer fieberhafter vorangetrieben – mit dem Ziel, Edgar Cayce' Vorhersage, dass diese Schatzkammer vergessener Weisheit am Ende des Jahrhunderts wieder auftauchen würde, zu bestätigen. Nahm man noch das 72. Quartett des Nostradamus hinzu, das angeblich den Auftritt des (von einem nachlässigen Übersetzer hervorgebrachten) «Königs des Schreckens» androht, welcher im Jahre 1999 das Ende unserer Existenz einleiten sollte, dann hatte man das perfekte Rezept für ein psychotisches Gebräu aus verrückten und wunderlichen Theorien über Atlantis und das «Ende der Welt» oder die «Wiederkunft des Messias». New-Age-Autoren hatten Hochkonjunktur, und Buchverlage auf der ganzen Welt kauften alles, was auch nur entfernt mit Katastrophentheorien, antiker Weisheit, Weltuntergangsprophezeiungen und versunkenen Zivilisationen zu tun hatte.

Ich freue mich, dass dieses Buch lange nach dem Ausbleiben des Königs des Schreckens erscheint, nach dem (wieder einmal abgesagten) Ende der Welt und nachdem alle Versuche, das atlantische Archiv unter der ehrwürdigen Sphinx aufzustöbern (vielleicht unter der rechten Pranke?), weiterhin fehlgeschlagen sein werden. Vielleicht können wir nun, da wir die ganze Aufregung wenigstens für die nächsten tausend Jahre überstanden haben, die Atlantis-Legende in größerer Nüchternheit und mit Blick auf die derzeitige Beweislage angehen.

An dieser Stelle treffe ich eine methodologische Aussage, die mir sehr am Herzen liegt. Als Historiker (meine akademischen Fachgebiete sind Ägyptologie und Archäologie im Mittleren Osten) bin ich davon überzeugt, dass historische Interpretation auf Beweisen gründen muss. Was ich damit meine, kann ich in zwei Punkten zusammenfassen:

(1) «Geschichte» ist nicht die Vergangenheit. Geschichte ist lediglich die Gesamtheit unserer besten Interpretationen der archäologischen und schriftlichen Überlieferung. Die *Vergangenheit* ist das, was tatsächlich geschehen ist, und was *genau* geschehen ist, werden wir selbstverständlich nie wissen. Nicht einmal über Ereignisse, die noch nicht so lange zurückliegen, etwa die beiden Weltkriege des vergangenen Jahrhunderts, ist man sich einig in der historischen Interpretation. Was in der betreffenden Zeit selbst geschrieben wurde, war natürlich von unterschiedlichen politischen Standpunkten beeinflusst (Propaganda) und unterlag kulturellen Vorurteilen (Rassismus oder Nationalismus). Historiker sind später zu ganz entgegengesetzten Interpretationen der Quellen (des Beweismaterials) gekommen.

Als extremes Beispiel stelle man sich vor, wie verzerrt die Geschichte wäre, die ein Archäologe von Alpha Centauri schreiben würde, der im 25. Jahrhundert auf einer zerstörten Erde das verschüttete Archiv des Dritten Reichs ausgegraben hätte, ohne auch das entsprechende Archiv der Alliierten zu finden. Wie sähe seine Geschichte der menschlichen Zivilisation des 20. Jahrhunderts aus? Welchen Reim würde er sich auf die Schriften des *Ahnenerbes* machen, der Naziakademie, welche die Idee einer atlantischen Überrasse verbreitete, von der das deutsche Volk angeblich abstammte? Heinrich Himmler heuerte die renommiertesten Archäologen und Historiker der dreißiger Jahre an, nur um zu zeigen, dass die Arier die Nachkommen der Herrenrasse von Atlantis seien – was natürlich bedeutet hätte, dass alle anderen Völker «minderwertig» wären und ausgelöscht werden müssten, um die deutsche Rasse «rein» zu erhalten. Wenn das die einzige schriftliche Quelle wäre, die unserem außerirdischen Archäologen zur Verfügung stünde, dann könnten wir ihm keinen Vorwurf machen, wenn er – angesichts der akademischen Reputation der Autoren – diesen gefährlichen Unsinn für die historische Wirklichkeit des 20. Jahrhunderts hielte. Ohne eine zweite, unabhängige historische Perspektive wird aus historischer Wahrheit leicht historische Unwahrheit.

Diese etwas weit hergeholte Analogie soll verdeutlichen, vor welchen Problemen heutige Historiker stehen, wenn sie das noch vorhandene Beweismaterial zur «Wirklichkeit» in unserer fernen Vergangenheit betrachten. Ist dieses Material vertrauenswürdig? Wenn es Dokumente sind, aus welcher Feder stammen sie? Welche politische und kulturelle Perspektive hatte der Verfasser? Wird die Darstellung der Fakten durch andere, unabhängige Quellen gestützt? Könnte ein entscheidendes Beweisstück fehlen und allein durch seine Abwesenheit das historische Bild verzerren, das wir konstruiert haben? All diese Fragen beeinflussen die Geschichtsschreibung. Inwieweit wir in der Lage sind, sie zu beantworten, entscheidet mit darüber, bis zu welchem Grad wir unserem Geschichtsbild trauen können. Die letzte – besitzen wir genug Beweismaterial, um historische Schlüsse ziehen zu können? – bringt mich zu dem zweiten methodologischen Punkt:

(2) «Die Abwesenheit von Indizien (für eine These) ist selbst kein Indiz (für die Falschheit der These).» Dies ist einer der unglücklichsten methodologischen Lehrsätze, die von der akademischen Gemeinde je eingeführt wurden. Diesen Satz bekommt man regelmäßig von bestimmten konservativen Akademikern zu hören, die damit ihre (oft fundamentalistischen) Ansichten zu verteidigen suchen. In meinem Forschungsgebiet, der klassischen Archäologie, gibt es ein ausgezeichnetes Beispiel dafür, wie dieses *Mantra* dazu benutzt wird, eine überwältigende Masse archäologischer Fakten beiseite zu schieben. Die Argumentation geht etwa so: Die Abwesenheit von Indizien für eine Invasion des Gelobten Lands durch die israelitischen Stämme gegen Ende der Spätbronzezeit ist kein Indiz dafür, dass die Israeliten das später als Israel bekannte Gebiet nicht erobert haben. Dieser Schluss widerspricht aller Archäologie, die eindeutig zeigt, dass keine der Städte, die Josua gemäß dem Alten Testament niedergebrannt haben soll, in der betreffenden Zeit zerstört worden ist. Die Stadt Jericho, einer der Brennpunkte der biblischen Geschichte, hat am Ende der Spätbronzezeit überhaupt nicht existiert. Und dennoch sagen anerkannte Forscher wie Professor Kenneth Kitchen, ehemals Universität Liverpool, die derzeitige Abwesenheit von Beweisen für eine solche Invasion könne von zukünftigen Archäologen immer noch behoben werden. Die Frage, die solches Denken aufwirft, kann nur lauten: Wie lange müssen wir warten, bis wir einen historischen Schluss ziehen können? Im Heiligen Land finden nun seit fast zwei Jahrhunderten Ausgrabungen statt, und doch ist noch keinerlei Beleg für die besagte Invasion ans Tageslicht gekommen. Sollen wir noch hundert Jahre verstreichen lassen, bevor wir die Frage entscheiden? Oder vielleicht tausend Jahre, ehe wir ganz sicher sein können?

Auch bestimmte New-Age-»Archäologen» könnte man dieser methodologischen Haltung beschuldigen. In den letzten Jahrzehnten ist der Bau der Pyramiden sowohl den Bewohnern von Atlantis (John Anthony West) als auch Außerirdischen (Erich von Däniken, Zecharia Sitchin, Richard Hoagland, Alan Alford) zugeschrieben worden. Bestimmten Autoren fällt es schwer, zu glauben, gewöhnliche Ägypter des Alten Reichs könnten ohne die Hilfe einer weiter fortgeschrittenen wissenschaftlichen Kultur ein solches Werk vollbracht haben. Die simple Logik dieser Auffassung ist auf den ersten Blick sehr reizvoll. Die Errichtung der Pyramiden stellt zweifellos eine erstaunliche Leistung dar, die wir uns gegenwärtig kaum erklären können. Oft hört man Forscher (darunter sogar Ägyptologen) sagen, ein solches Projekt würde heute niemand in Angriff nehmen. Wir verstehen weder die Techniken, die damals eingesetzt wurden, noch die Willenskraft, die dazu aufzubringen war, noch die Chronologie einer solchen Unternehmung. Wie haben die Arbeiter des Pharaos Khufu 2,3 Millionen zweieinhalb Tonnen schwere Kalksteinblöcke ausgemeißelt, zum Giseh-Plateau transportiert und daraus die Große Pyramide gebaut – und das alles in nur 23 Jahren (länger währte, nach dem Königlichen Kanon von Turin, die Herrschaftszeit des Khufu nicht)? Rechnen Sie nach: 100 000 Blöcke pro Jahr = 274 Blöcke pro Tag = 11 Blöcke pro Stunde = 1 Block alle 5 Minuten, vorausgesetzt es wurde 365 Tage im Jahr rund um die Uhr gearbeitet. Realistischer ist wohl, anzunehmen, dass nachts geschlafen wurde, was die tägliche Arbeitsrate noch einmal um mindestens ein Drittel erhöhen würde. Wir stehen also vor einem Rätsel.

Doch müssen wir uns wirklich zu vergessenen Zivilisationen oder Außerirdischen flüchten, um eine Lösung zu finden? Die Antwort ist mit Sicherheit im verfügbaren Beweismaterial zu suchen. In zweihundert Jahren archäologischer Forschung in der Nekropolis von Giseh hat man nichts gefunden, was auf das Wirken äußerer Einflüsse hinweisen könnte. Khufus Name dagegen ist durch Einritzungen auf Steinblöcken im Inneren der Pyramide (keine Fälschungen, wie früher behauptet), auf Bruchstücken der Steinstraße zur Pyramide und in den Grüften der königlichen Entourage rund um den Pyramidenkomplex eng mit der Großen Pyramide verknüpft. Auf dieser Grundlage muss man den Schluss ziehen, dass die Große Pyramide tatsächlich als die letzte Ruhestätte des Khufu, eines Pharaos der vierten Dynastie, errichtet wurde und dass dieses Ehrfurcht einflößende Monument irgendwann im 3. Jahrtausend v. Chr. erbaut wurde, um das Ego eines Monarchen zu befriedigen. Diesen Schluss haben etwas widerstrebend sowohl Graham Hancock als auch Robert Bauval akzeptiert, die beiden Doyens der New-Age-Archäologie, wenngleich sie immer noch darauf bestehen, dass die Sphinx 12 500 Jahre alt ist und die Ausrichtung der Pyramidenfundamente auf das atlantische Zeitalter verweist.

Neuere Forschungen der Cambridge-Ägyptologin Kate Spence haben gezeigt, dass die Ausrichtung der Eingangskorridore aller Pyramiden des

Alten Reichs sich verändert hat, weil die Erbauer versuchten, ihre Pläne einer Änderung in der relativen Anordnung der Sterne um den Polarstern anzupassen. Die Wanderung der Eingangswinkel mit dem Himmelsnordpol spiegelt das Schaukeln der Erdachse (die Präzession) wider, das man zurückverfolgen und datieren kann. Auf diese Weise hat Spence die Erbauung der Khufu-Pyramide auf etwa 2470 v. Chr. datiert, also 114 Jahre nach dem orthodoxen, in der *Cambridge Ancient History* (Vol. I:2, S. 995) angegebenen Datum. Interessanterweise ergeben Robert Bauvals eigene Berechnungen zur Ausrichtung des Schachts der Königinkammer auf Sirius ein Datum zwischen 2475 und 2400 v. Chr. Das *New-Chronology*-Datum für die Große Pyramide, rückgerechnet vom Fixpunkt 664 v. Chr. (unter Benutzung archäologischer und ekliptischer Daten), für das ich wie andere Forscher plädiere, ist ca. 2430 v. Chr. Neuere Forschungen bestätigen also, dass der Bau der Giseh-Pyramiden in die Zeit des Alten Reiches fällt, womit jede prähistorische Aktivität ausgeschlossen wäre – zumindest in Bezug auf diese Bauwerke.

Die These, dass die Sphinx älter ist als die Pyramiden, ist dagegen nicht so leicht von der Hand zu weisen. Besonders wichtig sind dafür die Verwitterungsstrukturen auf der Steinanlage um die liegende Löwenfigur. Diese Rinnen sind eindeutig von schweren Regenfällen über dem Plateau zurückgeblieben. Was das genau über das Alter der Sphinx sagt, ist jedoch eine andere Frage. Die ursprüngliche Schätzung des Geologen Robert Schoch lag bei 7000 bis 5000 v. Chr. Diese Schätzung wurde dann von Hancock und Bauval (und vor ihnen von Anthony West) entsprechend ihrer Theorie von den Sternorientierungen auf 10500 v. Chr. korrigiert. In Wirklichkeit könnte die Sphinx jedoch erheblich jünger sein, als diese beiden Datierungen nahe legen. Die neolithische Feuchtperiode reichte weit ins 4. vorchristliche Jahrhundert hinein, und auch in Ägypten war das Klima bis in die vierte Dynastie – zu deren Zeit die Giseh-Pyramiden Gestalt annahmen – viel feuchter als heute. Das Ende dieser Phase kam nicht plötzlich, sondern es war ein allmählicher Übergang. Regenfälle auf dem Giseh-Plateau waren also in der prädynastischen und der archaischen Periode der ägyptischen Frühgeschichte immer noch relativ häufig und ergiebig.

Vielleicht sollte ich an dieser Stelle einige recht einfache Bemerkungen über Hancocks und Bauvals Orientierungstheorie einfügen. Beide sagen, die Sphinx sei nicht nur zur aufgehenden Sonne, sondern auch auf das Sternbild Löwe in der Frühlingssonnenwende ausgerichtet gewesen. Wieder über den als Präzession bekannten astronomischen Mechanismus gelangen sie damit zu ihrer Datierung um 10500 v. Chr. – Edgar Cayce' Atlantis-Datum. Die *Keeper-of-Genesis*-Gruppe verfügt also über gute Argumente, doch wie bei allen Theorien muss man auch hier andere Erklärungen und Gegenargumente in Betracht ziehen.

Zunächst muss man die Genauigkeit der Datierung infrage stellen, eine Genauigkeit, die meiner Ansicht nach in der prähistorischen Ära einfach nicht zu erzielen ist. Die Sphinx kann den Aufgang des Sternbilds Löwe in der Frühlingssonnenwende zwischen 11500 und 9000 v. Chr. jederzeit betrachtet haben. Hancocks und Bauvals 10500 v. Chr. erscheinen daher etwas aus der Luft gegriffen. Wie wir gesehen haben, ergibt die Regenperiode beziehungsweise die Verwitterung der Sphinx einen noch weiteren Datierungsrahmen, und die Datierung anhand der Schachtausrichtung auf Sirius muss als ähnlich flexibel betrachtet werden.

Ägyptologen haben jedoch schon mit der Grundannahme, auf die Hancock und Bauval ihre Rechnungen stützen, große Probleme. Das Klima in Ägypten kennt keine so dramatischen Jahreszeitenwechsel, wie wir sie im nördlichen Europa erleben. Die Sonnenwenden mögen für die antiken Europäer von großer Bedeutung gewesen sein, da sie die Geburt und den Tod eines Jahres repräsentierten, doch für die Ägypter des pharaonischen Zeitalters zählten viel mehr die periodischen Nilüberflutungen, angekündigt durch den heliakischen Aufgang des Sterns Sopdet (auch als Sothis oder Sirius bekannt). Das ägyptische neue Jahr begann mit der Reinigung der Erde und der Anschwemmung des reichen, Leben spendenden Silts von den Höhen Ostafrikas. Sirius erschien alljährlich Mitte Juli zum ersten Mal, nicht lange vor dem längsten Tag (das heißt der Sommersonnenwende). Man sollte also eher annehmen, dass die Sphinx etwa um diese Jahreszeit auf ein Sternbild ausgerichtet war. Herkömmliche Ägyptologen erklären dann natürlich sofort, dass das Sternbild Löwe nicht im 11., sondern im 3. Jahrtausend v. Chr. um die Zeit der Sommersonnenwende über dem östlichen Horizont auftaucht – also in der Ära der frühen Pharaonendynastien und der Pyramiden des Alten Reichs.

Zugunsten der Hancock-Bauval-Hypothese ist zu sagen, dass dieses Argument für die präpharaonische Ära, als das Klima erheblich feuchter und die Bevölkerung nicht in diesem Maße von der jährlichen Flut abhängig war, nicht unbedingt gültig ist. Es ist nicht undenkbar, dass die Sonnenwenden für die Völker des prähistorischen Ägypten wichtige Kalenderfixpunkte waren, viel wichtiger als für ihre Nachkommen. Einen Beleg dafür könnten Fred Werndorffs Erkenntnisse über das prähistorische Nabta Playa (ca. 6000 v. Chr.) in der heute knochentrockenen Sahara westlich von Assuan darstellen. Seine Untersuchung der Steinringe und Linien in Nabta weist darauf hin, dass wir es hier mit einer Kalenderstätte zu tun haben, deren Erbauer die jahreszeitlichen astronomischen Verknüpfungen sehr genau beobachtet haben müssen.

Damit kommen wir zu Hancocks und Bauvals schlagkräftigstem Argument: dem einfachen Umstand, dass die Sphinx nach Osten schaut, also genau zu der Stelle am Horizont, wo die Sonnenwendsonne aufgeht. Dies ist ein Plus ihrer Hypothese, auf das aus konventioneller Perspektive kaum etwas zu erwidern ist.

Andererseits können Ägyptologen anführen, Hancocks und Bauvals Voraussetzung, die Ägypter hätten die Sterne, die das Sternbild Löwe formen, wirklich als das Bild eines Löwen gekannt, sei eine bloße Annahme. Die ramessidischen Zeichnungen in den Grabgewölben des Tals der Könige weisen eher darauf hin, dass die damaligen Ägypter ein anderes Sternbild mit dem Löwen identifiziert haben. Genau genommen weist nichts eindeutig darauf hin, dass die Sternbilder des Tierkreises, wie wir ihn heute kennen, vor der ptolemäischen Periode (ca. 300 v. Chr.), also vor der Ankunft der Griechen im Nildelta, in Ägypten eingeführt wurden.

Aufgrund dieser unterschiedlichen Interpretationen sind in letzter Zeit erhebliche Zweifel an einer Verbindung zwischen dem Bau und der Ausrichtung der Sphinx und dem Atlantis-Datum von 10500 v. Chr. laut geworden. Das endgültige Urteil steht noch aus.

Ein anderes Beweisstück legt allerdings nahe, dass die Sphinx dennoch älter ist als die Pyramiden. Der Text einer kleinen Stele, die im Tempel der Isis, der Herrin der Pyramiden, gefunden wurde, scheint darauf zu verweisen, dass die Sphinx bereits stand, als Khufus Architekten die Pläne für die Große Pyramide anfertigten. Auf der Stele ist von Reparaturarbeiten die Rede, die Khufus Arbeiter an der Löwenskulptur ausgeführt haben. Archäologen haben dafür Indizien in Form von Felsblöcken aus dem Alten Reich gefunden, mit denen der Naturstein des Sphinxkörpers ausgebessert worden ist. Diese «Inventarstele» scheint zwar nur die später entstandene Kopie (26. Dynastie) eines Originals aus dem Alten Reich zu sein, es gibt jedoch keinen Grund anzunehmen, der Text habe wesentliche Änderungen erfahren. Dass spätere Schreibweisen von Götternamen benutzt werden, bedeutet nicht automatisch, dass die Priester des späten 1. Jahrtausends v. Chr. sich das Ganze ausgedacht haben. Sollen wir wirklich glauben, die Priesterbeamten in Giseh könnten irgendwann vergessen haben, dass die Sphinx während der Herrschaftszeit und als Ebenbild Khafres geschaffen wurde? Wenn der Stellentext besagt, die Sphinx sei schon zu Zeiten von Khafres Vater reparaturbedürftig gewesen, dann müssen wir das akzeptieren – bis wir einen unbestreitbaren Gegenbeweis finden.

Die Sphinx und ihr Tempel scheinen also älter zu sein als die Pyramiden des Khufu, des Khafre und des Menkaure. Wie viel älter sie sind, lässt sich jedoch nur raten. Bestimmt verlangt weder Archäologie noch Astronomie eine Rückverlegung des Entstehungsdatums auf 8000 Jahre vor dem Pyramidenbau. Die Verwitterungs- und Regenmuster könnten im späten 4. und bis zur Mitte des 3. vorchristlichen Jahrtausends entstanden sein – also zur Zeit der Gründung des Pharaonenstaates durch die Anhänger des Horus und während der Jahrhunderte der ersten bis vierten Dynastie.

Im Lichte der positiven und negativen (abwesenden) Beweise würde ich eine Verbindung zwischen Atlantis und den Giseh-Monumenten verneinen. Die Offenbarungen eines schlafenden Propheten reichen nicht aus, um vorhandene Beweise zugunsten von solchen, die man irgendwann zu finden hofft, von der Hand zu weisen. So ist es nun mal in Archäologie und Altertumsforschung. Gegen archäologische Fakten zieht Wunschdenken stets den Kürzeren.

Ich möchte diese Diskussion über die Giseh-Monumente abschließen, indem ich zwei bekannte Mitglieder der «Alternatives Ägypten»-Gemeinde, Ian Lawton und Chris Ogilvie-Herald, zitiere, die die verschiedenen Atlantis-Thesen kürzlich viel detaillierter durchleuchtet haben, als ich es hier tun kann. In der Einleitung zu ihrem Buch *Giza: The Truth* (1999) findet sich die ziemlich niederschmetternde, aber sicherlich zutreffende Bemerkung:

> ... Wir erkennen einen deutlichen Trend, der sich kurz nach Beginn der Ausgrabungen auf dem Plateau abzeichnete und der sich in den letzten Jahren verstärkt hat – nicht zuletzt durch die Kombination von Millenniumsfieber und der neuen Internet-Technologie, durch die sich Gerüchte herumsprechen wie Lauffeuer und für viele zur Wirklichkeit werden. Was wir zweifelsfrei festgestellt haben, ist, dass viele der Gerüchte, die sich um das Plateau ranken, entweder irreführend oder vollkommener Unsinn sind.[1]

Natürlich stellt die «Abwesenheit von Indizien» ein «Indiz der Abwesenheit» dar. Sie ist vielleicht kein *Beweis* dafür, dass eine These falsch ist, aber zumindest ein Indiz. Wir können uns nur auf verfügbare Daten stützen, nicht auf das, was in Zukunft verfügbar sein könnte. Wie sollten wir sonst Fortschritte machen? Wenn wir ständig auf zukünftige Funde warten müssten, bevor wir einen Schluss ziehen können, dann kämen wir nie zu einem Urteil. Wir müssen uns mit dem beschäftigen, was wir wissen, nicht mit dem, was wir einmal wissen könnten. Im Laufe der Zeit hat fortgesetzte archäologische Forschung zu einem allgemeinen Konsens über bestimmte historische «Fakten» geführt, die sich in Zukunft durch weitere archäologische Entdeckungen voraussichtlich nicht mehr ändern werden.

Eigenartigerweise steht die Atlantis-Forschung selbst in dieser Hinsicht besser da als die biblische Archäologie oder die Suche nach dem «Urarchiv», einfach weil die Suche nach Atlantis als archäologisches Unterfangen immer noch in den Kinderschuhen steckt. Unterwasserexpeditionen, bei denen nach versunkenen Landmassen und vergangenen Zivilisationen gesucht wird, sind relativ neu in der Archäologie. Die Ausrüstung für solche Expeditionen ist erst vor kurzem entwickelt worden. Unterwasserarchäologie ist eine neue Wissenschaft, die noch lange nicht so weit sein wird wie die konventionelle Archäologie. Biblische Stätten werden seit Generationen ausgegraben und studiert – anders der Atlantische Ozean und seine ausgedehnten Unterwasserschelfe. In diesem Fall, und nur in diesem, könnte man mit Recht sagen, dass das Fehlen von Indizien *kein* Indiz für die Nichtexistenz von Atlantis ist – wenigstens für die nächsten 20 oder 30 Jahre. In dieser Zeitspanne sollten mit Hilfe modernster Sonar-, Magnetfeld- und fotografischer Techniken alle versunkenen Städte und sämtliche vergessenen Königreiche aufgespürt worden sein. Erst wenn sich dann nichts dergleichen gezeigt hat, können wir mit Sicherheit sagen, dass die Atlantis-Legende tatsächlich nur eine Legende ist.

Die Atlantis-Sage existiert offenbar schon ewig. Man kann sie bis zu Platon zurückverfolgen, seinen im 4. vorchristlichen Jahrhundert verfassten Abhandlungen *Timaios* und *Kritias*. Darin teilt uns der große Dichter und Philosoph mit, dass die Berichte über ein vergangenes atlantisches Utopia auf seinen Vorfahren, den athenischen *Archon* (höchsten Beamten) und Gesetzgeber Solon zurückgehen. Solon hatte Ägypten besucht, als Amasis (570–526 v. Chr.), der letzte große Pharao der 26. Dynastie, dort herrschte. Ein Tempelpriester namens Senchis in der Nilhauptstadt Sais hatte Solon von der versunkenen Insel und der ersten Zivilisation dort erzählt, die 8000 oder 9000 Jahre vor Solons Besuch (also zwischen 9570 und 8570 v. Chr.) Erdbeben und Fluten zum Opfer gefallen war.

Diese fabelhaften «Fakten» über Atlantis haben bewirkt, dass Historiker die ganze Darstellung rundweg ablehnten. Nach heutigem archäologischem Wissensstand hat es vor etwa 4000 v. Chr. keine Stadtzivilisationen gegeben. Zudem ist in der Atlantis-Legende von einem Streit zwischen dem Inselreich und den Gründervätern Athens die Rede – obwohl Athen nach unserem Verständnis erst in der mykenischen Spätbronzezeit um 1550 v. Chr. «gegründet» worden ist.

Wenn es im 10. und 9. vorchristlichen Jahrtausend eine atlantische Kultur gegeben hat, die in einer großen Katastrophe unterging, wie konnte dann die Erinnerung daran 5000 Jahre der Finsternis überleben – bis zur «Wiederauferstehung» der Zivilisation im 5. Jahrtausend im antiken Nahen Osten? Wie konnten die Technologie und die «Weisheit» dieser Kultur die Jahrtausende überspannen? Diese Fragen stehen im Zentrum der neueren Versuche, die Giseh-Pyramiden und die Sphinx auf eine viel frühere Ära als Mitte des 3. Jahrtausends v. Chr. zu datieren.

Die dunkle Periode zwischen dem goldenen Zeitalter von Atlantis und dem Aufstieg der ägyptischen Zivilisation ist natürlich nur dann bemerkenswert, wenn man eine weitere Behauptung Platons ernst nimmt, nämlich die, dass die atlantische Kultur in technologischer, militärischer und künstlerischer Hinsicht mit Platons Athen (oder gar mit dem Alten Reich Ägyptens) vergleichbar war. Plutarch bringt in seinen *Biographien* zum Ausdruck, dass Platon die ursprüngliche, von Solon überlieferte Geschichte, reichlich ausgemalt und übertrieben haben könnte. Betrachtet man die atlantische Kultur stattdessen als eine fortgeschrittene neolithische oder megalithische Zivilisation ohne direkten Einfluss auf die viel später entstandenen Giseh-Monumente (oder andere Stätten der antiken Welt), dann erscheinen die meisten Datierungen nicht mehr so problematisch. Es ist deshalb von größter Wichtigkeit, Platon und die Entstehung des Atlantis-Epos noch einmal neu zu betrachten. Eine solche Neubetrachtung ist daher mit Recht der Ausgangspunkt dieses Buches.

Besonders überrascht hat mich, wie viele spätere Materialien (nach Plato) Andrews Detektivarbeit zutage gefördert hat. So macht er uns durch die Schriften des Proclus Daidochus (412–485 n. Chr.) auf die heißen Debatten aufmerksam, die in den geheiligten Hallen der Bibliothek von Alexandria angegliederten Platonischen Akademie geführt wurden – Debatten, die selbst anhand der damals vorhandenen Quellen zu keinem Schluss kommen konnten, ob Platons Atlantis mit Sicherheit einmal existiert hat. Und dann werden wir mit vielen ganz unterschiedlichen Quellen bekannt gemacht, mit den Berichten der frühesten Seefahrer, die vor der Ostküste von Atlantis Handel trieben, und den Schriften klassischer Gelehrter, des Geographen Strabo, des Historikers Diodorus Siculus, des Biographen Plutarch und des Naturgeschichtlers Plinius.

Wir stehen hier vor einem echten Dilemma. Wir könnten Platons Atlantis-Geschichte guten Gewissens als Märchen abtun, als literarisches Werkzeug zur Vermittlung einer philosophischen Botschaft. Doch warum finden wir dann, unabhängig von Platons Abhandlungen, so viele andere Quellen, in denen von einem Ort namens Atlantis, von den Atlantiden,

den Atulliae, von Antilia, den Hesperiden, Aztlan und Tulan die Rede ist, irgendwo draußen auf dem Atlantischen Ozean?

Eingangs dieser Einleitung habe ich erwähnt, dass akademische Historiker die Atlantis-Debatte lange Zeit gescheut haben. Außerhalb des akademischen Elfenbeinturms tauchten immer mehr exotische Theorien auf, und bald war man in Historikerkreisen der Blasphemie verdächtig, sobald man auch nur das Wort Atlantis aussprach. Mit dem «A-Wort» machte man sich lächerlich und wurde geächtet. Das änderte sich in den fünfziger Jahren, als eine «respektable» Atlantis-Theorie aufkam, die in den sechziger Jahren, nach den Ausgrabungen Professor Spyridon Matinatos' auf der Ägäisinsel Santorini, weiter an Boden gewann.

Marinatos hatte in der Nähe des Dorfes Akrotiri auf der Südseite der Insel eine Bronzezeitstadt gefunden. Sie war durch ein Erdbeben zerstört und später unter zehn Metern Vulkanasche begraben worden. Es war lange bekannt gewesen, dass der Vulkan in der Mitte der Insel Santorini (identisch mit dem antiken Thera) gegen Beginn der Spätbronzezeit (ca. 1500 v. Chr.) seine Spitze abgeworfen hat, doch nun hatte der griechische Archäologieprofessor die Hauptstadt der Insel entdeckt, die in der Katastrophe zerstört worden war. Die ausgegrabenen Gegenstände ließen zudem darauf schließen, dass die Völker des antiken Akrotiri mit den minoischen Kretern kulturell eng verwandt waren.

Marinatos und seine akademischen Kollegen erkannten schnell, dass sie hier eine mögliche Lösung des Atlantis-Rätsels vor sich hatten. In einer Reihe von Artikeln und Büchern gaben sie kund, die Eruption von Thera/Santorini sei das historische Modell für Platons versunkenes Königreich Atlantis gewesen, und zunächst wurde diese These von vielen Archäologen und Historikern akzeptiert. Schließlich war Thera teilweise im Meer versunken, genau wie Atlantis. Die minoischen Völker huldigten einem Stiergott, genau wie die Atlanter. Das minoische Kreta hatte das griechische Festland und (nach der Theseus- und Minotaurus-Legende) besonders Athen unterdrückt, was wiederum den von Platon erwähnten Konflikt zwischen den Atlantern und den Athenern widerspiegelt. Und schließlich war die kretische Zivilisation nach der Eruption von Thera anscheinend einer großen Flutwelle zum Opfer gefallen, wodurch die Griechen vom minoischen Joch befreit wurden.

Kein Wunder also, dass die akademische Gemeinde diese Atlantis-Theorie allen anderen vorzog. Sie basierte auf archäologischer Evidenz und passte in vieler Hinsicht ausgezeichnet mit Platons Erzählung zusammen. Dennoch kamen noch vor Professor Marinatos' tragischem Tod während Ausgrabungen bei Akrotiri die ersten Zweifel auf. Spätere archäologische Analysen hatten aufgedeckt, dass die Zerstörung Kretas nicht mit der Thera-Eruption in der spätminoischen Ära IA zusammenfiel. Kreta blühte noch hundert Jahre später, bevor es eine militärische Invasion oder Besatzung der Insel durch mykenische Griechen (spätminoisch IB) erlitt.

Noch größeren Schaden nahm die Theorie eines Atlantis im Mittelmeer jedoch durch jene Stellen in Platons Geschichte, die mit dem ägäischen Modell einfach nicht zusammenpassten. Zunächst hatte Platon Atlantis jenseits der Säulen des Herkules angesiedelt, die seit Urzeiten mit der Meerenge von Gibraltar identifiziert worden sind. Platons Atlantis lag unbestreitbar im Atlantik und nicht im Mittelmeer.

In seinem *Timaios* erwähnt Platon einen «gegenüberliegenden Kontinent», jenseits von Atlantis, womit er Amerika gemeint haben muss. Er schreibt auch von «anderen Inseln» vor diesem großen Kontinent und, besonders interessant, von einem «seichten Meer» vor besagtem Kontinent, das die Seefahrer zu überwinden hätten. Die Schlammbänke in diesen tückischen Gewässern lagen einst über dem Meeresspiegel und gehörten zur Landmasse von Atlantis. Wie in diesem Buch dargelegt wird, scheint Platon die Untiefen der Sargassosee und vielleicht die Bänke in der Umgebung der Bahamas gemeint zu haben. Und er war nicht der einzige frühe Autor, der diese geheimnisvolle Region erwähnt hat. Aristoteles, Theopompus, Pseudo-Scylax, Strabo, Marcellus und Plutarch schreiben verschiedentlich von einem Kontinent jenseits eines Meeres voller Seetang und Inseln im fernen Westen.

Nichts davon passt auch nur im Entferntesten mit einem Atlantis im Mittelmeer zusammen. Die politische und geologische Geschichte vom Untergang von Atlantis scheint, oberflächlich betrachtet, die Thera-These zu stützen, doch Geographie und Chronologie sprechen eindeutig dagegen. Die akademische Lösung erklärt nur einen Teil des Atlantis-Rätsels, und es ist traurig, wie viele Forscher sich mit einer halben Antwort zufrieden zu geben scheinen.

Dennoch sollten uns die Übereinstimmungen und Gegensätze zwischen der Atlantis-Überlieferung und dem archäologischen Beweismaterial aus der Ägäis nicht dazu veranlassen, entweder die mediterranen oder die atlantischen Elemente ganz von der Hand zu weisen. Vernünftiger wäre es, Platons Erzählung als ein Gemisch aus historischen Ereignissen zu betrachten, absichtsvoll zu einer Geschichte konstruiert, die das athenische Publikum ohne weiteres verstehen und in der es sich wiederfinden konnte. Stellen wir uns Platons Version als eine farbenfrohe Aufmachung einer ursprünglichen Geschichte vor, angeblich in der Familie des Autors überliefert, in Wahrheit vielleicht von Platon selbst während seines Ägyptenbesuchs aufgeschnappt. Diese Kerngeschichte wurde im *Timaios* und im *Kritias* üppig mit anderen Überlieferungen verziert, darunter auch die Geschichte von der Zerstörung Theras und dem darauf folgenden Zerfall des minoischen Kreta im Konflikt mit dem mykenischen Athen und seinen Verbündeten auf dem Festland.

Unter dieser späteren, sekundären Schicht finden wir jedoch wieder den Kern der Geschichte: eine atlantische Inselzivilisation, die in ferner Vorzeit jenseits der Säulen des Herkules existiert hat. Diese Geschichte hat mit Sicherheit kein historisches Vorbild in der Mittelmeerregion. Die hervorstechenden Elemente – Inseln jenseits des westlichen Ozeans, ein Meer voller Schlamm und Seetang, ein ferner Kontinent – sind mit großer Wahrscheinlichkeit keine Erfindung Platons.

Lange nach dem «heidnischen» Zeitalter und dem Niederbrennen der Bibliothek von Alexandria war die Atlantis-Legende das Thema hitziger Debatten unter frühen Christen, und selbst in der spätchristlichen Ära blieb die Vorstellung von Atlantis sehr zugkräftig. Es besteht kaum ein Zweifel, dass die Suche nach Atlantis im Entdeckerzeitalter ein dominierender Faktor war. Auf ihrer Suche nach der verlorenen Insel Antilia – in Andrews Augen nahezu sicher eine andere Schreibweise für Atlantis – stießen die Spanier und Portugiesen immer weiter nach Westen vor, bis Kolumbus 1492 seine berühmte Landung auf den Westindischen Inseln gelang. Damit begann die Suche nach den sagenumwobenen «Sieben Städten» von Antilia und nach Eldorado.

Im 17. Jahrhundert war der gelehrte Jesuit Athanasius Kirchner der Erste, der in seinen Schriften die Idee propagierte, es hätte einmal eine unabhängige Landmasse – Atlantis – im Atlantischen Ozean gegeben.

Die moderne Atlantologie begann mit dem Buch *Atlantis: The Antediluvian World* von Ignatius Donnelly, einem früheren US-Kongressabgeordneten. Diese bemerkenswerte Arbeit schlug in großen Teilen der amerikanischen und europäischen Öffentlichkeit ein wie eine Bombe. Sie erschien 1882, gegen Ende eines Jahrhunderts der großen Entdeckungen. In den 60 Jahren davor hatte sich die ägyptische Zivilisation, dank der Entschlüsselung der Hieroglyphen im Jahre 1822, nach und nach der westlichen Welt offenbart. Ein Jahr vor der Veröffentlichung von *Atlantis* hatte man die Mumien der großen Pharaonen des Neuen Reichs aus den königlichen Grüften in Westtheben gehoben. Etwa zehn Jahre zuvor, 1870, hatte Heinrich Schliemann seine Ausgrabungen in Priamos' «windigem Troja» begonnen, und 1876 hatten seine Grabungen Agamemnons «Goldenes Mykene» zutage gefördert. Aus Homers sagenhaftem Heldenzeitalter schien historische Tatsache zu werden. In dieser Atmosphäre galt die Erhellung der Atlantis-Legende noch als geachtetes und erfolgversprechendes Ziel. Und meiner Ansicht nach ist sie dies nach einem zweiten Jahrhundert archäologischer Forschung immer noch. Die Tür zu faszinierenden Entdeckungen steht nach wie vor offen, doch nur für den, der den Mut hat, die Schwelle zu überschreiten.

Wonach aber sollen Archäologen und andere Gelehrte heute suchen? Leider ist die Identifizierung der kulturellen Überreste von Atlantis mit romantischen Vorurteilen behaftet. Dieser Aspekt des Atlantis-Mythos trat vor allem mit Jules Vernes Science-Fiction-Klassiker *Zwanzigtausend Meilen unter dem Meer* (1869) in den Vordergrund. Dort ist die versunkene Stadt Atlantis der klassischen Welt – griechisch oder römisch – nachgebildet. Der Meeresboden ist übersät mit Tempel- und Palastruinen und umgestürzten Säulen.

Da, vor meinen Augen, lag eine zerstörte Stadt, dachlose Ruinen, verlassene Tempel, Torbögen kreuz und quer, umgestürzte Säulen über den Meeresgrund verstreut: gigantische, toskanische Architektur. Etwas weiter die Überreste eines riesigen Aquädukts, hier der Stumpf einer Akropolis, der verschwommene Umriss eines Pantheon, dort Spuren einer Kaimauer, wie ein antiker Hafen am Ozeanstrand, versunken mitsamt seinen Handelsschiffen und Kriegsgaleeren. Weiter zwischen Mauern und breiten, verlassenen Straßen – ein Pompeji unter dem Meer!

Wo war ich? Wo war ich? Ich musste es wissen, um jeden Preis. Ich wollte sprechen, doch Kapitän Nemo gab mir ein Zeichen, schweig, hob ein Stück Kalkstein auf und schrieb auf einen schwarzen Basaltfelsen das eine Wort – Atlantis.

Dieses Bild hat uns nicht verlassen, verstärkt noch durch Hollywoodfilme («Atlantis, der verlorene Kontinent») und neuere Science-Fiction-Romane, und er hat im Laufe der Jahre ganz außerordentliche archäologische «Beweise» für die Atlantis-Legende hervorgebracht. Taucher wollten in den Untiefen um die Bahamas einzelne Steinblöcke «fremdartigen» Materials und zylindrische Säulenstücke gefunden haben. Allein aufgrund des in der Romanliteratur verbreiteten klassischen Atlantis-Bilds wurden diese «Monumentbruchstücke» kurzerhand als Beweis für die Existenz einer versunkenen Zivilisation proklamiert. Bei genauerer Betrachtung erwiesen sich die vermeintlichen Säulenabschnitte dann als recht neuzeitliche Betontrommeln. Auch für die, wie ich zugebe, interessanteren Granit- und anderen Hartsteinblöcke findet sich eine einfache Erklärung: Die Segelschiffe, die einst in diesen Gewässern verkehrten, hatten Ballast an Bord, der in vielen Fällen aus archäologischen «Steinbrüchen» der Alten

Welt stammte. Bevor die antiken Städte unter Schutz gestellt wurden, war es nicht ungewöhnlich, dass Stücke klassischer Ruinen für solche Zwecke beschlagnahmt wurden. In den Untiefen der Neuen Welt, bevor die Schiffe mit den exotischen Gütern Amerikas beladen wieder nach Osten segelten, wurde der Ballast dann abgeworfen. Man könnte natürlich einwenden, dieses Verfahren könne nicht jeden einzelnen dieser Funde zufrieden stellend erklären, doch was wir nun wirklich brauchen, ist eine unbezweifelbare archäologische Bestätigung einer Reihe vage beschriebener neuer Funde. Es verblüfft mich immer wieder, wie oft man von versunkenen Gebäuden auf dem Bahamasschelf liest, deren genaue Lage aber, will jemand die Entdeckung prüfen, plötzlich nicht mehr angegeben werden kann.

In den Jahren des Millenniumfiebers am Ende des 20. Jahrhunderts erreichte die Ausbeutung der Atlantis-Legende ihren Höhepunkt. Millionen von Büchern wurden verkauft und von den Anhängern der «antiken Weisheit» – ein großer Markt über alle sozialen und kulturellen Grenzen hinweg – gierig verschlungen. Diese formlose, unstrukturierte, ja geradezu anarchische Bewegung ist zu einem Zufluchtsort für jene geworden, die nach Alternativen zur konventionellen religiösen Lehre suchen. In gewissem Sinne ist diese antike Weisheit zu einer Weltreligion geworden, deren Glaubenssätze in den Schriften ihrer Hohepriester/Autoren und auf den Webseiten ihrer Internetgurus verbreitet werden.

Die Inbrunst, mit der die Atlantis-Forschung betrieben wird, bleibt ein internationales Phänomen. Amerikanische Atlantologen durchwühlen das Bahamasschelf (*Associates for Research and Enlightenment*, J. Manson Valentine, *Marine Archaeology Research Society*, David Zink, Alan Landsburg). Im Ostatlantik und auf dem Felsgrat in der Mitte des Atlantiks erforschen russische U-Boote die Tiefen vor Cornwall und den Azoren (Viatscheslav Koudriavtsev, Ignatius Donnelly, Nikolai Zhirov, Christian O'Brien). Und der Großmeister der Forschung nach antiker Weisheit, Graham Hancock, sucht in jedem Winkel der Weltmeere nach Spuren versunkener Zivilisationen. Doch trotz all dieser Anstrengungen ist noch nichts wirklich Greifbares zutage gefördert worden – keine versunkenen Städte und keine 12 000 Jahre alten Zivilisationen.

Zugleich wissen wir von ähnlichen Forschungen auf dem Festland. Ein britischer Exzentriker (John Blashford-Snell) hat in den letzten Jahren das peruanisch-bolivianische Plateau nach Hinweisen auf eine Atlantis-Stadt abgesucht. Andere, besser qualifizierte Forscher (Perter James et al.) sind durch ganz Anatolien gezogen, wo sie – aufgrund einer gewissen

Namensähnlichkeit und gegen gesicherte historische Erkenntnisse – die verlorene Stadt Tantalis zu finden hofften. Rand Flem-Ath und (wieder einmal) Graham Hancock meinen, wir sollten unter dem antarktischen Eis nachschauen. Der deutsche Archäologe Eberhard Zangger wollte eine andere Legende mit Platons Erzählung in Verbindung bringen, indem er Homers Troja mit dem Reich von Atlantis zu identifizieren suchte (meines Erachtens ohne Erfolg). Und schließlich hören wir laufend Geschichten von internationalen Teams von Pseudoarchäologen, die das Giseh-Plateau Stein für Stein auseinander nehmen und Felder und Dörfer in der Umgebung umgraben wollen, immer auf der Suche nach diesem «Urarchiv» (die *Schor*-Stiftung und Nigel Applebys *Hermes*-Stiftung). Doch es ist nichts aufgetaucht, was die Atlantis-Legende stützen würde – keine Überreste, die auf Atlantis in Peru oder in Anatolien hinweisen würden, und bestimmt keine Urregister in oder bei Giseh. Nun kommen, wie bereits erwähnt, aus derselben New-Age-archäologischen Ecke mehr oder weniger lesbare Bücher, in denen das meiste, was im letzten Jahrzehnt über Atlantis und das Archiv erschienen ist, plötzlich als Unsinn dargestellt wird. Es scheint also nicht sehr gut bestellt um die neuen Ideen hinsichtlich einer Verbindung zwischen Giseh und Atlantis.

Andrew Collins jedoch packt in *Neue Beweise für Atlantis* die Atlantis-Forschung auf eine viel erfrischendere Weise an, indem er uns zu den Fakten aus der Zeit vor Cayce' Intervention zurückführt. Nach sorgfältiger Sichtung und Analyse der antiken Quellentexte, über die wir heute verfügen, kommt er zu dem Schluss, dass die Überlieferungen zu dem versunkenen Reich auf einen realen geographischen Ort verweisen, der einmal als Atlantis (in der einen oder anderen Schreibweise) bekannt war. Die eigentlichen Beweise finden sich jedoch nicht auf dem Meeresgrund, sondern vielmehr in den Schriften der Historiker, Geographen und Chronisten sowie in den Mythen und Legenden antiker Völker. Zusammengefasst zeichnen diese Quellen ein faszinierendes Bild von einer vergangenen Inselkultur – nicht ganz Platons utopische Zivilisation, aber immerhin ein Land der Vorfahren jenseits der Säulen des Herkules, zwischen der Alten Welt um das Mittelmeer und der Neuen Welt Amerikas. Diese atlantische Insel und ihre Bevölkerung bildeten die Grundlage für die Atlantis-Sage und Platons Erzählung von einem Goldenen Zeitalter.

Und wie sieht meine bescheidene Meinung aus? Nun, hier tut sich die Kluft auf, die das Atlantis-Phänomen in uns allen öffnet. Auf den vergangenen Seiten habe ich mich redlich bemüht, die Überlegenheit von Beweisen über emotionale Spekulation hervorzuheben. So sagt der Historiker in mir, dass es bisher keinen schlüssigen archäologischen Beweis für ein versunkenes Reich namens Atlantis gibt. Doch zugleich bin ich überzeugt davon, dass es irgendwo irgendetwas geben muss, das noch der Entdeckung harrt. Andrew Collins hat verblüffende mündliche und schriftliche Überlieferungen und Indizien aus den letzen 2500 Jahren zusammengetragen; sie alle sprechen für die Existenz einer versunkenen Inselkultur in der Karibik, derer man sich sowohl in der Alten Welt als auch in Mittelamerika erinnert hat. Sein Buch bestärkt mich in dem sehr menschlichen Glauben an ein lange vergangenes, aber nicht vergessenes Atlantis.

Mit Spannung sehe ich dem Abenteuer entgegen, das uns in den kommenden Jahrzehnten erwartet.

David Rohl, Kent

Die Suche beginnt

Donnerstag, 2. September 1998

Nach fast 20 Jahren Forschung war ich endlich angekommen. Nach einem haarsträubenden Flug in die aufgehende Sonne stand ich auf einer moskitoverseuchten Insel, umringt von freundlichen Inselbewohnern, die ihren Rat und ihre Dienste feilboten.

In gebrochenem Spanisch vermochten meine Kollegen und ich, den Leuten klarzumachen, dass wir zu den Punta-del-Este-Höhlen in der Südwestecke ihrer subtropischen Insel wollten. Wir hatten gehofft, einen Taxifahrer überreden zu können, uns zu unserem vielleicht 40 Kilometer entfernten Ziel zu bringen, doch das erwies sich als unmöglich, niemand wollte so weit fahren. Wir mussten also wohl oder übel einen Leihwagen finden, und so etwas gab es höchstens in Nueva Gerona, der einzigen Stadt auf der Insel, die wir in einem zerbeulten, in Europa undenkbaren Taxi schnell erreichten.

Wir hatten das sichere Gefühl, dass die Fahrt, die vor uns lag, einigermaßen schwierig sein würde, und entschlossen uns, nicht nur einen Geländewagen mit Fahrer, sondern auch einen Archäologen vom örtlichen Museum anzuheuern. Johnny Rodriguez, ein untersetzter Mann mit Pferdeschwanz, keine 30 Jahre alt, sprach fast kein Englisch, aber er kannte die Höhlen, für die wir uns interessierten.

Sie lagen in einer Gegend, in die sich noch nie ein Tourist gewagt hatte. Es gab dort eine Reihe bemerkenswerter archäologischer Stätten, aber auch eine Menge Soldaten, und die hatten natürlich das Sagen. Ohne die korrekten Papiere hatte man keinen Zugang. Unglücklicherweise hatte unser Reiseführer diesen Umstand unterschlagen, weshalb der Erfolg unseres Besuches nun ganz von Johnny und dem Fahrer abhing, und die schworen, dass sie uns durch den Kontrollpunkt mit den bewaffneten Wachen bringen würden. Sie behielten Recht. Nach einer kurzen Unterhaltung mit den beiden Zigarre rauchenden Soldaten hob sich die Schranke und wir fuhren weiter. Von da an ging es über eine einspurige Lehmstraße durch eine unwirtliche Gegend, berüchtigt für ihre Krokodile und Giftpflanzen. Es war eine der holprigsten, schweißtreibendsten Fahrten, die ich je erlebt habe, doch nach etlichen Kilometern erreichten wir schließlich das Ende der Straße.

Die grelle Vormittagssonne brannte auf uns nieder, und schwarz-weiße Geier kreisten über unseren Köpfen, als wir am Rand eines Sumpfdickichts aus dem Wagen stiegen. Wir standen vor einer Gruppe verlassener Betongebäude, die während des Kalten Krieges als Funkzentrale gedient hatten. Trotz seines maroden Zustands schien eines der Häuser noch einen kleinen Trupp Männer zu beherbergen, vielleicht Soldaten, vielleicht nicht, jedenfalls waren sie nicht in Uniform. Niemand erklärte uns, weshalb die armen Kerle in diesem unerträglichen Klima ausharren mussten, doch nun waren sie die Hüter der heiligen Grotten von Punta del Este, und wenn sie uns nicht durchließen, würde die Reise hier zu Ende sein. Wir boten ihnen Wasser und Zigaretten an, während Johnny und der Fahrer, die sie zu kennen schienen, mit ihnen scherzten und lachten.

Die Moskitos hatten schon zu stechen begonnen, und ich sprühte mich mit immer mehr Insektengift ein in dem Glauben, das würde sie mir gerade lange genug vom Leibe halten, dass ich zur Haupthöhle und zurück käme. Ich hatte gehört, dies sei die am meisten mit Insekten verpestete Stelle im ganzen Land. Nichts auf der Welt hätte mich dazu gebracht, auch nur eine Nacht in diesem gottverlassenen Sumpf zu verbringen. Wir mussten bei Anbruch der Abenddämmerung wieder am Flugplatz sein und die Maschine erwischen, die uns von hier wegbringen würde. Etwas anderes kam nicht in Frage.

Und das, obwohl ich mich so viele Monate danach gesehnt hatte, hierher zu kommen. Ich war sogar im Traum in der Höhle gewesen. Zudem hatte mein Besuch solide historische und archäologische Gründe, Fakten, die mich zu dem Schluss geführt hatten, dass hier, in *Cueva #1* (Höhle Nr. 1) von Punta del Este, die Lösung eines der größten Rätsel der Welt zu finden sein könnte.

Über die Höhle war kaum etwas bekannt. Obwohl verschiedene hispanische Archäologen sie besucht hatten, gab es nur eine Hand voll Artikel über die Stätte, doch trotz dieses Mangels an Informationen wusste ich instinktiv, dass sie wichtig war. Ihre Wände und Decken waren mit seltsamen Petroglyphen bedeckt, in denen sich vielleicht die Mythen und Legenden zeigten, die die eingeborenen Völker über den Ursprung der Menschheit am Anfang der Zeit gehabt hatten. Ich brannte darauf, diese Symbole zu sehen und ihre Bedeutung zu verstehen.

Doch nun erwies sich der Ort als derart unwirtlich, dass mir Zweifel an der Richtigkeit dieser Reise kamen. Wir hielten uns auf einem schmalen

Pfad. Selbst die Sandkrebse, über die wir bei jedem Schritt stolperten, schienen etwas dagegen zu haben, dass wir in ihr Dschungelreich eindrangen. Mein Geld war inzwischen alle. Ich konnte nur noch mit meiner Kreditkarte bezahlen. Ich hatte schon über 2000 Pfund ausgegeben, und bis zu meinem Rückflug nach England war es noch eine Woche. Konnte ich diese Reise wirklich rechtfertigen?

Schließlich kamen wir auf eine große Lichtung, und vor uns lag das klaffende Maul einer großen, offenen Höhle. Eine Blechtafel an der Wand belegte, dass wir am Ziel unserer Reise waren: Punta del Este, Cueva #1. Mein Magen krampfte sich zusammen. Was, wenn ich mich geirrt hatte und es nichts Wichtiges zu sehen gab?

Kein übernatürlicher Wächter stellte sich uns in den Weg, als wir die Höhle betraten. Auf den ersten Blick schien sie lediglich Fledermäusen und zahllosen Moskitos ein Heim zu bieten, doch dann standen wir plötzlich vor verblichenen roten und schwarzen Petroglyphen, hauptsächlich Ringe und andere geometrische Figuren. In den weichen Fels der Höhlendecke hatten die urzeitlichen Bewohner zwei runde Oberlichter geschnitten, die Sonnenlicht hereinließen. Auf dem Boden bemerkte ich Muschelscherben, die Besucher vom amerikanischen Festland vor Hunderten, wenn nicht Tausenden von Jahren zurückgelassen hatten.

Johnny erklärte uns, dass sich unter den Oberlichtern ursprünglich ein Steinpodium befunden habe, um das herum Stammeszeremonien abgehalten worden sein könnten. An derselben Stelle steht heute eine einfache Betonnachbildung, mit deren Hilfe wir uns vorstellen konnten, wie es in prähistorischen Zeiten in der Höhle ausgesehen haben mag. Er erzählte uns auch, dass das hintere Oberlicht, das nun hinter einem kleinen Erdhügel verborgen lag, nach Meinung einiger Archäologen den Durchgang der Venus markiere. Als wir ihn jedoch fragten, ob es darüber eine wissenschaftliche Veröffentlichung gebe, schüttelte er den Kopf.

Dann machte er uns auf das Hauptmerkmal der Höhle aufmerksam, eine große, vieldeutige Petroglyphe, die aus mehreren Sätzen konzentrischer Ringe bestand, von denen einige einander überlappten. Das Ganze erinnerte an eine Wasseroberfläche, auf die Regentropfen prasseln und dabei konzentrische, einander überschneidende Wellenfronten erzeugen. Allerdings war hier auch ein Speer oder Pfeil eingezeichnet, der mich an eine Zielscheibe denken ließ.

Während ich Johnnys Ansichten über die symbolische Bedeutung der Höhlenkunst ins Englische zu übersetzen versuchte, studierte ich die einzelnen Petroglyphen sorgfältig. Manche kamen mir sehr bekannt vor. Sie erinnerten stark an die megalithische Kunst, die in bestimmten neolithischen und Frühbronzezeit-Stätten in der Bretagne und auf den Britischen Inseln eingeritzt ist, und interessanterweise stammten sie etwa aus der gleichen Zeit. Außerdem kam man kaum umhin, Planetenbahnen oder Sternkurven darin zu sehen.

Als ich mich an das Schummerlicht und die hartnäckigen Moskitos gewöhnt hatte, sah ich es endlich. An den Wänden und der Decke dieser prähistorischen Sixtinischen Kapelle stand eine symbolische Sprache in Form abstrakter Bilder. Die Bilder schienen von Ereignissen zu berichten, die sich irgendwann vor Anbruch der geschriebenen Geschichte in der westlichen Hemisphäre zugetragen haben. Mir dämmerte, dass hier vielleicht der Schlüssel lag, wenn wir verstehen wollten, wie es zum Untergang von Atlantis gekommen war. Doch bevor ich Sie an der Begeisterung, der Verzückung, die mich bei meinem Besuch in Punta del Este auf der Insel der Jugend ergriff, teilhaben lassen kann, müssen wir zu den Anfängen zurückkehren, ins antike Athen, wo die Legende von Atlantis vor 2350 Jahren geboren wurde.

ERSTER TEIL

Entdeckung

1 Der alte Priester erzählt

Irgendwann um 355 v. Chr. beschwor ein athenischer Philosoph namens Platon die Musen und schrieb eines der rätselhaftesten Werke der klassischen Literatur. In der *Politeia* hatte er bereits seine Vision von Athen als idealem Staat dargelegt, eine Vision, die zum Teil auf den Lehren des Pythagoras (geboren ca. 570 v. Chr., 140 Jahre vor Platon) beruhte. Pythagoras war von großer Bedeutung für Platon. Das neue Werk Platons war der *Timaios*, den er – wie seine früheren Schriften – in Form eines Dialogs zwischen vier historischen Figuren des Jahres 421 v. Chr. (als er selbst erst acht war) verfasste. Die Teilnehmer sind, wie schon in der Politeia, Platons großer Mentor und Freund Sokrates, der sich ca. 399 v. Chr. vergiftete, Timaios, ein Astronom aus Locri in Italien, Hermokrates, ein aus Syrakus vertriebener General, und Kritias, der entweder Platons Urgroßvater oder sein Onkel mütterlicherseits war.

Der Dialogstil, zu Platons Zeit allgemein verbreitet, sollte dazu dienen, die Hauptthemen des Buchs auf informative und lesbare Weise darzulegen. Im *Timaios*, der als Fortsetzung der *Politeia* gedacht war, werden Themen wie die Mechanik des Universums und die Natur der materiellen Welt diskutiert. Allerdings hat hier, anders als in der *Politeia*, nicht Sokrates die Ehre, die Gespräche zu leiten, sondern Kritias.

Fast zu Beginn führt Platon das Thema Atlantis ein. Kritias («der Jüngere») berichtet, wie ihm, als er noch ein Kind war, sein greiser Großvater, Kritias «der Ältere», eine faszinierende Geschichte erzählte. Der ältere Kritias kannte die Geschichte von seinem Vater Dropides, der sie wiederum von einem Freund und Verwandten namens Solon gehört hatte. Wie die Teilnehmer des Dialogs ist auch Solon (ca. 638–558 v. Chr.) eine historische Figur, nämlich kein Geringerer als der berühmte athenische Gesetzgeber, den Platon als einen der Sieben Weisen bezeichnete.

Die graue Vorzeit

Im *Timaios* erfahren wir, dass Solon die Geschichte aus Sais mitgebracht hatte, der «Stadt des Königs Amasis». Amasis, identisch mit Aahmes II., herrschte von seiner Residenz in Sais aus in Ägypten, von ca. 570 v. Chr. an 44 Jahre[1]. Solon hat zwar zu jener Zeit gelebt, doch der Text besagt nicht ausdrücklich, dass er Ägypten während Amasis' Herrschaftszeit besucht hat. Nach Angaben eines der Schüler Platons, des Philosophen Aristoteles (384–322 v. Chr.), war Ägypten die erste Station einer zehnjährigen Auslandsreise, die Solon nach seiner Zeit als *Archon* von Athen unternahm. Solons Amtszeit (594–593) endete 22 oder 23 Jahre vor Amasis' Herrschaft, doch der griechische Historiker Herodot teilt uns zuverlässig mit, dass «dieser König Amasis das Gesetz erließ, dass jeder Ägypter einmal im Jahr vor den Gouverneur seines Kantons treten und sein Vermögen offenbaren muss ... Solon von Athen borgte dieses Gesetz von den Ägyptern und erlegte es seinen Landsleuten auf, wo es bis heute gültig ist.»[2]

Das bedeutet, dass Solon Ägypten gegen Ende seines Lebens, nach Amasis' Thronbesteigung ca. 570, besucht haben muss (siehe auch Kapitel 2).

Kritias Erzählung zufolge sprach Solon dort im Tempel der Minerva (identisch mit Neith, der Schutzgöttin von Sais) einen der Priester an, einen «sehr alten Mann»[3], der von der Vernichtung der menschlichen Rasse in einem früheren Zeitalter redete, worüber der athenische Staatsmann durch seine Erziehung in diesen Dingen einiges zu wissen glaubte. Doch der greise Priester tadelte Solon dafür, dass er *so wenig* über die wahre Geschichte der Menschheit wisse: «Ihr Griechen seid nichts als Kinder. In Griechenland gibt es keine alten Männer ... Im Geiste seid ihr alle jung ... ohne den alten Glauben, der sich auf lange Tradition beruft, ohne Wissen über die graue Vorzeit.»[4]

Dann klärt er Solon über die «vielen verschiedenen Katastrophen der Menschheit» auf, «die größte durch Feuer und Wasser»[5], und erläutert ihm die Natur dieser Katastrophen, die alles davor Gewesene aus der Geschichte löschten. Die einzige Erinnerung werde in den Archiven seines Tempels bewahrt, denn diese seien «die ältesten, die man kennt»[6].

Solon bekommt auch zu hören, dass die Geschichte und die Stammbäume Athens, die er erwähnt hat, «kaum besser sind als Ammenmärchen».[7] Er muss sich erklären lassen, dass «euer Volk [i. e. die Athener des solonischen Zeitalters] sich nur an eine große Flut erinnert [die des griechischen Fluthelden Deucalian], obwohl es davor viele andere gegeben hat. Ihr wisst nicht einmal, dass einst die tapferste und edelste Rasse in eurem Land gewohnt hat.» Von dieser Rasse sollten die Athener in Platons Tagen abstammen.[8]

Der alte Priester, von dem griechischen Biographen Plutarch (50–120 n. Chr.) «Senchis von Sais» genannt,[9] erzählt weiter, die Athener seien vor der «größten aller Flutkatastrophen» die «tapfersten Krieger» gewesen, ihre Großtaten und ihre Regierung die «edelsten unter dem Himmel».[10] Diese Enthüllungen machen Solon so neugierig, dass er den Priester ersucht, ihm mehr zu erzählen.

Es folgt eine ausführliche Schilderung der frühesten Athener als «perfekte Rasse», ein Thema, das Platon auch in der *Politeia* angesprochen hatte.

Nach diesem Diskurs eröffnet der Priester Solon, dass sich die Beschreibungen der «Großtaten» der ersten Athener ebenfalls im geheiligten Archiv des Tempels finden, und bietet ihm ein zweites Treffen an, um «die ganze Geschichte in Ruhe durchzugehen, mit den Niederschriften vor uns»[11]. Eine der Großtaten, von denen Solon in seinen Gesprächen mit dem Greis hört, ist, dass die athenische Nation einst einem allmächtigen Reich «ein Ende gesetzt hat», einem Reich, «das *vom Atlantischen Ozean aus* frech gegen ganz Europa und Asien vorrückte»[12].

Und nun erzählt der Priester von Sais die Geschichte hinter der Zerstörung von Atlantis, der Heimat des allmächtigen Reiches. In den meisten Übersetzungen des *Timaios* ist dieser so wichtige Teil des Dialogs nur 30–40 Zeilen lang, von denen allerdings jede voller Informationen über das versunkene Reich steckt. Außerdem brachte Platon in dem nie fertig gestellten nächsten Dialog, dem *Kritias*, weitere Einzelheiten zu Atlantis. Man darf jedoch nie vergessen, dass es sich beim *Timaios*, trotz seiner astronomischen und wissenschaftlichen Thematik und seiner für seine Zeit unerreichten Wissensfülle, um *Dichtung* handelt, die möglicherweise auf einer wahren Geschichte beruht.

Die gewaltige Landmasse

Als Nächstes erzählt der Priester von Sais, wie die Großmacht, die sich gegen das mächtige Athen stellte, von einer «Insel» vor den «Säulen des Herakles» [Herkules] kam.[13] So hießen in klassischen Zeiten die säulenförmigen Felsen zu beiden Seiten der Meerenge von Gibraltar, des Eingangs zum Atlantik. Der alte Mann rechtfertigt die geographische Ansiedelung dieser «Insel» im Atlantik mit der Eröffnung, dass «der Ozean in jenen Tagen *überquert* werden konnte»[14].

Was könnte Platon mit «überquert» gemeint haben? Seine Aussage bedeutet, dass die atlantische «Insel», von welcher der Aggressor stammte, in «grauer Vorzeit» nicht nur erreichbar war, sondern von seetüchtigen Schiffen, die den Atlantik *überqueren* konnten, tatsächlich besucht worden war.

An welchen Ort hat Platon also gedacht, als er die Idee einer atlantischen «Insel» erwog, auf der eine kriegerische Rasse lebte, welche die Macht des frühesten Athen herausforderte? Hat er sich vielleicht auf frühes Wissen um die Madeiragruppe gestützt? Dachte er an die Kanarischen Inseln oder gar die Azoren? Alle diese Inselgruppen liegen vor der östlichen Atlantikküste und waren Seefahrern im ersten vorchristlichen Jahrtausend mit Sicherheit bekannt (siehe Kapitel 5).

Platon spricht jedoch nicht direkt von einer dieser Inseln, sondern lässt den alten Priester erzählen, besagte atlantische «Insel»sei größer gewesen als «Libyen und Asien zusammen»[15]. Das lässt aufhorchen, denn zu Platons Zeiten verstand man unter Libyen das gesamte Nordafrika westlich von Ägypten – eine Landmasse vergleichbar mit dem heutigen Europa. Und «Asien» reichte von Ägypten bis Indien und von Arabien bis zum Kaukasus. Das Asien im Zeitalter Platons hatte etwa die Größe von Nordamerika. In Platons Text ist also von einer Landmasse gigantischer Ausdehnung die Rede, größer gar als der Atlantische Ozean!

Da ein Inselkontinent von der im *Timaios* beschriebenen Größe zu keiner Zeit der Erdgeschichte je existiert haben kann, tun akademische Forscher Platons kolossale «Insel» verständlicherweise als reine Erfindung ab. Die meisten Atlantologen sind sich dieses Problems wohl bewusst und versuchen deshalb, die platonische Insel zu «schrumpfen», indem sie sagen, der Autor habe nicht Asien, sondern *Kleinasien* gemeint, also die heutige Türkei. In Platons Text findet sich dafür allerdings kein Anhaltspunkt. Wahrscheinlicher ist, dass der Dichter in Ermangelung geographischer Fakten lediglich die immense Größe von Atlantis verdeutlichen wollte.

Andere Gelehrte sagen, Platon müsse, falls er wirklich eine Landmasse von der im *Timaios* nahe gelegten Größe im Sinn hatte, den amerikanischen Kontinent gemeint haben. Nord- und Südamerika haben tatsächlich die Größe seiner atlantischen «Insel», und die Idee, dass Atlantis mit Nord- oder Südamerika identisch sein könnte, wurde kurz nach der Entdeckung der Neuen Welt zunächst von spanischen Entdeckern und Gelehrten wie Francisco Lopez de Gomara aufgebracht.[16]

Wenn Atlantis existiert hat und wenn es wirklich die im *Timaios* beschriebene Größe hatte, dann gibt es keine bessere Antwort als die, dass Platon mit seiner atlantischen «Insel» das amerikanische Festland gemeint

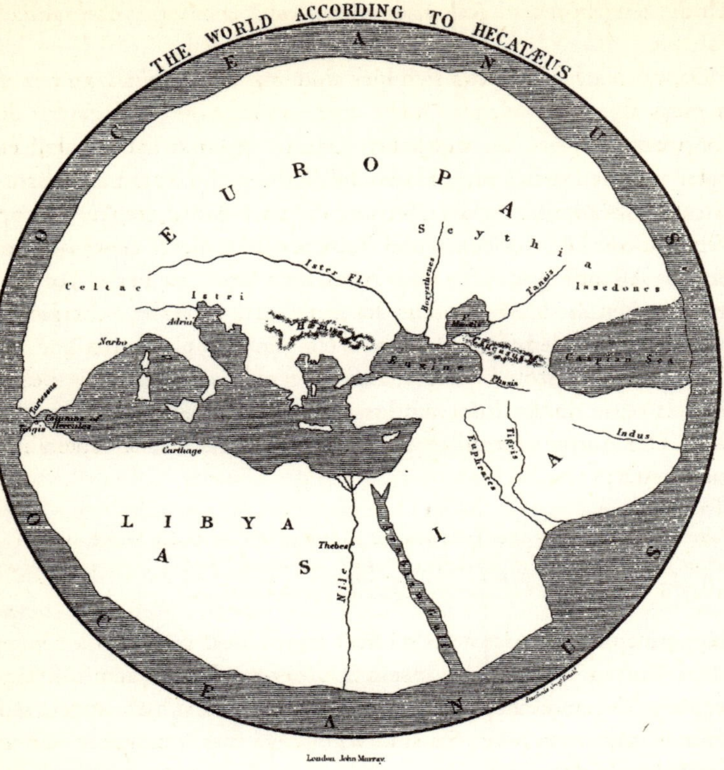

Die alte Welt nach Hekatäus von Milet, ca. 500 v. Chr. Hier gibt es keinen «gegenüberliegenden Kontinent» jenseits des Okeanos – des Ozeanstroms, der zur Zeit von Platon und Aristoteles Gegenstand zahlreicher Gerüchte und Spekulationen wurde

hat. Diese These hat in jüngerer Zeit wieder größere Aufmerksamkeit erlangt.[17]

Und doch ist sie nicht haltbar, wenn man liest, was der alte Priester weiter zu erzählen hatte: «Von dort [von Atlantis] konnten die Seefahrer jener Tage die anderen Inseln erreichen, *und von diesen Inseln aus den ganzen gegenüberliegenden Kontinent.*»[18]

Hier scheint Platon nun wirklich von einer Neuen Welt zu reden, einem Kontinent, der für die klassische Welt eigentlich nicht existiert hat. Schließlich hat Christoph Kolumbus den amerikanischen Kontinent erst auf seiner dritten Reise entdeckt, 1498, vorausgesetzt, man ignoriert die 500 Jahre älteren Wikingersiedlungen auf Neufundland – und natürlich die eingeborenen Völker, die den Kontinent seit 15 000 Jahren bewohnen.

Dennoch scheint Platon sich hier eindeutig auf Amerika zu beziehen. Er muss also, aus welcher Quelle auch immer, von der Existenz dieses Kontinents jenseits des westlichen Ozeans gewusst haben. Und etwas später sprachen auch andere klassische Autoren von einer Landmasse jenseits des *Okeanos*, des großen Stroms, der nach damaliger Auffassung die Welt umfloss. Die westlichen und südlichen Teile dieses Gewässers waren auch als Atlantik bekannt – nach Atlas, dem Gott, der in der Vorstellung der Griechen die Meere jenseits der Säulen des Herakles beherrschte. In einem Werk mit dem Titel *De Mundo* (ca. 300 v. Chr.), das irrtümlich dem Philosophen Aristoteles zugeschrieben wurde, erscheint die bekannte Welt als «eine einzige Insel, umflossen von dem Meer mit Namen Atlantik»[19]. Der Autor, vermutlich ein Schüler des Aristoteles,[20] spekuliert jedoch weiter:

> Wahrscheinlich gibt es aber viele solcher Kontinente jenseits der Meere, die wir überqueren müssen, um sie zu erreichen. Manche davon sind größer, andere kleiner als der unsere, doch keinen außer unserem eigenen können wir sehen.[21]

Der vermeintliche Aristoteles schließt seine Überlegungen mit den poetischen Worten: «Wie unsere Inseln in unseren Meeren [dem Mittelmeer] liegen, so liegen die bewohnte Welt im Atlantik und viele andere Kontinente im gesamten Meer. Sie sind wie riesige Inseln umgeben von unermesslichen Meeren.»[22]

Das Land der Meropen

Weitere Hinweise darauf, dass frühe klassische Autoren sehr wohl vom amerikanischen Kontinent gewusst haben, finden sich in den Schriften des Theopompus von Chios, eines griechischen Historikers und jüngeren Zeitgenossen Platons (geb. ca. 378 v. Chr.).Von diesen Schriften sind heute nur noch Bruchstücke erhalten, in einem Werk aus dem 2. Jahrhundert n. Chr., den *Verschiedenen Anekdoten* des römischen Naturphilosophen und Historikers Aelian.

Theopompus berichtet, wie der Satyr Silenus, ein Lehrer des Gottes Bacchus, auf einer schicksalhaften Reise durch Phrygien in einen trunkenen Schlaf fiel und in den Rosengärten des legendären König Midas erwachte. Dort wurde er gleich von den Gärtnern des Königs ergriffen und zum königlichen Palast abgeführt. Um die Freiheit wiederzuerlangen, musste er seinen Gastgeber mit verschiedenen Anekdoten unterhalten.

In einer dieser Geschichten erzählt er dem König, der «Rand dieser Welt» sei von einem «unendlich großen Kontinent» umgeben[23]. Dort finde man Menschen, die «doppelt so groß sind und doppelt so lang leben wie die Menschen hier». Diese Übermenschen pflegten «verschiedene Lebensweisen»[24]. Es gebe dort auch «zwei sehr große Städte», die eine genannt *Machimus* oder «kriegerisch» und die andere *Eusebes* oder «fromm»[25]. Außer den Einwohnern dieser Städte lebten laut Silenus' Geschichte auf diesem Kontinent noch die Meropen, und zwar «in zahlreichen großen Städten»[26]. Am Rand der meropischen Territorien gebe es «einen *Anostus* [einen Ort, von dem es keine Wiederkehr gibt], einen Abgrund, in dem weder Licht noch Dunkelheit herrscht, bedeckt von finsterem roten Nebel»[27]. An diesem Ort sollen «zwei Flüsse vorbeifließen, der eine genannt Freude, der andere Kummer, mit Riesenbäumen an ihren Ufern»[28].

Theopompus zufolge haben die Völker dieses fernen Kontinents einst eine Reise zu «diesen Inseln, die unser eigen sind», geplant. Nicht weniger als zehn Millionen sollen sich auf die Reise über den Ozean gemacht haben und in Hyperborea gelandet sein, einem Land, das gewöhnlich mit den Britischen Inseln gleichgesetzt wird (siehe Kapitel 7). Die Besucher von einem anderen Kontinent fanden dort aber nur «niedere Wesen geringen Vermögens vor und beschlossen deshalb, nicht weiterzureisen»[29].

Zufallstreffer

Auch der griechische Geograph Strabo (60 v. Chr.–20 n. Chr.) erwähnt einen unbekannten Kontinent, mit dem er nur Amerika gemeint haben kann. Der Kontinent taucht in einer Diskussion über die Ansichten des griechischen Landvermessers und Astronomen Erastosthenes (276–196 v. Chr.) auf. Dieser behauptet, dass man, «wenn die Unermesslichkeit der Atlantischen Meere es nicht verhinderte, auf ein und demselben Breitengrad von Iberien nach Indien segeln könnte»[30]. Strabo erwidert darauf: «‹Bewohnt› nennen wir die Welt, die wir bewohnen und kennen. Dennoch könnte es sein, dass es in der gleichen Temperaturzone zwei oder mehr bewohnte Welten gibt, besonders auf der Breite Athens jenseits des Atlantischen Meeres.»[31]

Man könnte diese offensichtlichen Hinweise auf den amerikanischen Kontinent nun ohne weiteres abtun als Missdeutungen oder als Zufallstreffer wohl informierter klassischer Schriftsteller wie Platon, Pseudo-Aristoteles, Theopompus und Strabo. Sobald wir aber akzeptieren, dass eine kleine Minderheit zu Platons Zeiten über Wissen von einem «gegenüberliegenden Kontinent» verfügte, wird auch denkbar, dass dieses Wissen der Mehrheit absichtlich vorenthalten wurde. In Griechenland und/oder Ägypten mögen Geschichten und Gerüchte im Umlauf gewesen sein, doch außerhalb bestimmter Seefahrerkreise war niemand wirklich im Bilde, was zu Spekulationen wie in Platons *Timaios* führte.

Es scheint sicher, dass Platon von Amerika, dem so genannten gegenüberliegenden Kontinent wusste und den Gedanken in seinen Dialog über die Natur des Universums aufnahm. Die Frage, woher genau sein Wissen stammte, braucht uns hier nicht aufzuhalten. Wichtiger erscheint, dass diese Ansicht durch Platons Darstellung im *Timaios* gestützt wird, dass «die Seefahrer jener Tage von dort [von Atlantis] die anderen Inseln erreichen konnten und von diesen Inseln aus den ganzen gegenüberliegenden Kontinent»[32].

Atlantische Reisende

Je öfter man diesen Satz liest, desto mehr begreift man, was Platon hier sagt. Er behauptet, Atlantis läge vor oder auf dem Weg zu «anderen Inseln», wo Seefahrer von einer zur anderen hüpfen könnten, um den «gegenüberliegenden Kontinent» zu erreichen.

Ergibt diese Beschreibung geographischen Sinn? Allerdings, denn seit Kolumbus 1432 die Insel San Salvador erreichte, wurden die Bahamas und die karibischen Archipele genau zu dem beschriebenen Zweck benutzt: als Sprungbrett für die Seereise zum amerikanischen Festland, entweder zur Küste von Florida oder zum Golf von Mexiko. In der gleichen Funktion könnte man auch die Kleinen Antillen sehen, die eine Kette zwischen Puerto Rico, der östlichsten der drei karibischen Hauptinseln, und der Nordküste Südamerikas bilden.

Hatte Platon dieses Inselhüpfen zum amerikanischen Festland und zurück im Sinn, als er von der «Insel» Atlantis sprach? Diese Theorie ist nicht weniger einleuchtend als alles andere, was Atlantologen und Akademiker bisher vorgebracht haben. Doch wie kam ein griechischer Philosoph zu so wertvollen nautischen Informationen, von denen die Mehrheit seiner Zeitgenossen nichts geahnt haben soll? Platon selbst scheint die Frage zu beantworten, denn seine Darstellung legt nahe, dass seine Kenntnisse von atlantischen «Reisenden» stammten, die in grauer Vorzeit den Atlantischen Ozean «überquert» und die besagten Inseln auf ihrem Weg zum amerikanischen Kontinent besucht hatten.

Dies allein ist eine verblüffende Offenbarung, die anscheinend von vielen Autoren und akademischen Atlantologen übersehen oder zumindest fehlinterpretiert wurde, einfach weil es undenkbar schien, dass Seefahrer vor Platons Ära Amerika erreicht haben sollen. Wie wir bald sehen werden, gibt es jedoch eine Fülle von Indizien, die darauf hinweisen, dass tatsächlich antike «Reisende» den «gegenüberliegenden Kontinent» besucht haben, vielleicht schon 2000 Jahre vor dem Entdeckerzeitalter.

Wenn Platon nun von den transatlantischen Reisen vorgeschichtlicher Seefahrer gewusst hätte – welchen Einfluss hätte das auf unser Atlantis-Verständnis? War Atlantis wirklich eine atlantische Insel, und, wenn ja, wo genau könnte sie gelegen haben?

Obwohl im *Timaios* keine exakte Ortsangabe zu finden ist, scheint außer Zweifel zu stehen, dass die Insel im äußeren Ozean lag. In der klassischen Literatur stößt man immer wieder auf Erwähnungen ähnlicher Inselparadiese mit verschiedenen Namen, vor allem auf die berühmten Hesperiden (siehe Kapitel 6). Diese Inseln liegen fast ausnahmslos entweder im oder jenseits vom *westlichen* Ozean, im Reich des Gotthelden Atlas. Dort müssen wir also unsere Suche nach Platons Atlantisinsel fortsetzen.

Im *Timaios* belehrt der alte Priester Solon:

> Auf dieser Insel Atlantis war nun eine außerordentliche Macht erstanden, unter Königen, die nicht nur die ganze Insel beherrschten, sondern noch viele andere Inseln und Teile des [gegenüberliegenden] Kontinents ... [33]

Diese Aussage erscheint unzweideutig. Mit welcher Art Königtum könnten wir es hier also zu tun haben? Waren die Atlanter wirklich ein Inselvolk mit nautischen Fähigkeiten, die es ihm ermöglichten, nicht nur riesige Gebiete des westlichen Ozeans, sondern auch Teile des amerikanischen Kontinents zu beherrschen?

Nicht so leicht zu schlucken ist Platons Behauptung, dass besagte atlantische Könige auch «*diesseits* der Meerenge», mit anderen Worten *innerhalb* des Mittelmeerbeckens, Macht ausübten[34]. Nach Platons Angaben waren sie die «Herren von Libyen [also Nordafrika] bis an die Grenzen Ägyptens und von Europa bis nach Tyrrhenia [die heutige Toskana]» und «versuchten, dein Land und meines und die ganze Region diesseits der Meerenge auf einen Schlag zu versklaven»[35]. Für diese Aussage gibt es keine offensichtliche Erklärung, es liegt nahe, sie als bloße Dichtung abzutun. Eine atlantische Kultur, die Städte und Häfen in Europa und Libyen kontrolliert haben soll, erscheint unsinnig.

Geheiligte Archive

Damit sind wir beim umstrittensten Aspekt der Atlantis-Erzählung Platons: den Zeitangaben für diese mutmaßlichen Ereignisse im Atlantischen Ozean. Etwas früher im *Timaios* sagt der alte Priester, die Stadt Athen sei volle 1000 Jahre vor der «Einrichtung» der geheiligten Archive Ägyptens gegründet worden[36]. In diesen Registern sollen Ereignisse aus einem Zeitraum von 8000 Jahren aufgezeichnet sein, und Solons Besuch in Ägypten fand etwa 570 v. Chr. statt. Dies würde bedeuten, dass Athen ca. 9570 v. Chr. gegründet worden wäre – als es nach Ansicht der Atlantologen und klassischen Historiker noch keine Zivilisation gab und wahrscheinlich nicht einmal die Göttin Athena an ihre Stadtgründung gedacht hat.

Wir wissen, dass sich der Übergang von nomadischen Jäger- und Sammlergesellschaften zu neolithischen Bauerngemeinden im Nahen Osten erst nach der letzten Eiszeit vollzogen hat, also zwischen 9000 und 8500 v. Chr. Archäologen sagen, in der Gegend von Athen sei um 9750 v. Chr. nichts geschehen. Erst nach der Ankunft von Siedlern aus Kleinasien und der Levante kam es zur ersten Stadtgründung, und zwar um das Jahr 1500 v. Chr. Platon scheint sich also wieder einmal geirrt zu haben.

Nehmen wir seine Worte jedoch unter die Lupe, dann sehen wir, wie er zu seinen Datierungen gekommen ist, und verstehen ihre Bedeutung im Kontext des *Timaios*.

Der Datenmythos

Der alte Priester von Sais sagt Solon, dass «das Alter unserer Institutionen in den geheiligten Archiven mit 8000 Jahren angegeben wird»[37]. Nehmen wir nun an, dass Solon um 570 v. Chr. in Sais war, dann hätte die Zivilisation etwa 8570 v. Chr. begonnen. Historiker haben natürlich versucht, zu beweisen, dass Platon sich da geirrt haben muss oder dass die Daten, die er im *Timaios* angibt, bedeutungslos sind. In Platons letztem Werk, den *Nomoi* (Gesetze), macht jedoch eine als «der Athener» bezeichnete Figur folgende Aussage über ägyptische Kunst: «Wenn ihr die Kunstwerke an Ort und Stelle betrachtet, werdet ihr finden, dass vor zehntausend Jahren (und ich meine wirklich zehntausend Jahre) Gemälde und Reliefs geschaffen wurden, die nicht besser oder schlechter sind als die heutigen.»[38]

Trotz der Diskrepanz von 2000 Jahren zwischen der Datierung im *Timaios* und der in den *Nomoi* war Platon anscheinend überzeugt davon, dass von wirklichen Zeitspannen die Rede war, wo Ägyptologen glauben, es könne sich nur um Mythen handeln. Immense Zeiträume tauchen jedoch immer wieder auch in Königslisten wie dem fragmentarischen Königlichen Kanon von Turin auf, der aus der Zeit der 19. Dynastie der ägyptischen Geschichte datiert, ca. 1308–1194 v. Chr. Darin ist zu lesen, dass vor der Thronbesteigung des ersten Pharaos eine *Shemsu-hor* (die «Anhänger des Horus») genannte Halbgottrasse geherrscht habe – und zwar 13 420 Jahre lang (das letzte Schriftzeichen fehlt, weshalb man noch bis zu 1350 Jahre hinzufügen kann).[39] Für alle Dynastien der Halbgötter zusammen gibt derselbe Kanon eine Zeitspanne von 33 200 oder 23 200 Jahren an[40]. Andere Königslisten enthalten ähnlich unfassbare Zeitangaben, weshalb ich nicht daran zweifle, dass Platon sowohl die 8000 Jahre im *Timaios* als auch die 10 000 in den *Nomoi* einer oder verschiedenen der von Kultzentrum zu Kultzentrum variierenden ägyptischen Königslisten entnommen hat.[41]

Indem er die ersten Athener 1000 Jahre vor ihren ägyptischen Rivalen einordnet, versucht Platon offenbar, für sein Volk ein noch höheres Alter festzulegen, obwohl es dafür keinen historischen Beleg gibt. Vielmehr deutet alles darauf hin, dass sich einige der größten Weisheiten und Teile der Philosophie, die an athenischen Schulen gelehrt wurden, von den Mystikerschulen Ägyptens ableiteten. Zum Beispiel war der griechische Philosoph Pythagoras in Ägypten erzogen worden, wo ihn die Priester nach Angaben des lateinischen Grammatikers Marcellinus (353–390 n. Chr.) «lehrten, den Göttern im Geheimen zu huldigen»[42]. Auch Solon (wie Platon selbst, siehe Kapitel 2) könnte auf seiner Ägyptenreise der Weisheit der Vorväter begegnet sein.[43] Vielleicht betrachtete Platon die Tatsache, dass Ägypten eine so alte Abstammung hatte, als nationalen Makel und versuchte im *Timaios,* das Gewicht zugunsten der Athener zu verschieben, indem er sie etwas älter machte.

Nachdem er das Gründungsdatum Athens in das Jahr 9750 v. Chr. verlegt hat, lässt Platon den alten Priester von Sais Solon erklären, dass sich die atlantische Nation *dann* gegen sein Land erhoben habe, wie in den geheiligten Archiven der Ägypter beschrieben: «Viele Großtaten deiner Stadt [Athens] sind hier festgehalten, damit jeder sie bewundern kann, doch eine übertrifft alle anderen an Größe und Tapferkeit.»[44] Da die Könige von Atlantis auch gegen Ägypten in den Krieg gezogen sein sollen, liegt der Schlusss nahe, dass der Krieg mit Athen – und damit die Zerstörung der Insel Atlantis – irgendwann *nach* dem Ursprung der geheiligten Archive der Ägypter um 8570 v. Chr. stattgefunden haben muss.

Als Nächstes erfahren wir, dass das Atlantische Königreich «versuchte, dein Land [Athen] und meines [Ägypten] und die ganze Region diesseits der Meerenge [von Gibraltar] auf einen Schlag zu versklaven»[45]. Der Darstellung im *Timaios* zufolge sahen sich die Athener bald «durch die Flucht der anderen» Mittelmeernationen gezwungen, gegen den Aggressor einzuschreiten.[46] Und da die athenische Flotte «in Heldenmut und Kriegskünsten alle anderen übertraf», schlug sie die Invasoren und befreite «uns andere» von der Gefahr der Gefangenschaft und Sklaverei.[47]

Dann heißt es im *Timaios*, dass bald nach der Niederlage der atlantischen Invasoren

> ... eine Zeit außerordentlicher Erdbeben und Fluten anbrach. An einem grauenhaften Tag und in einer Nacht wurden alle eure Krieger von der Erde verschlungen, und die Insel Atlantis versank im Meer und verschwand.[48]

Diese Aussage erscheint einseitig und unglaubhaft. Sowohl die athenischen Krieger als auch Atlantis sollen also durch eine mächtige Naturkatastrophe – in «Erdbeben und Fluten» – untergegangen sein. Was hat es auf sich mit diesem phantastischen Ereignis, von dem die konventionelle Geschichte offenbar nichts weiß? Hat es wirklich stattgefunden? Was würde uns das über die geographische Lage der Insel Atlantis offenbaren?

2 Das ägyptische Erbe

Etwa 400 Jahre nachdem Platon seine Atlantis-Dialoge schrieb, taucht Solons Besuch in Ägypten bei dem griechischen Biographen und Moralisten Plutarch wieder auf. Plutarch zufolge hat Solon sein Wissen über die Insel Atlantis in philosophischen Gesprächen mit «Psenophis von Heliopolis und Senchis von Sais erlangt, den gelehrtesten unter den ägyptischen Priestern»[1]. Über die Rolle, die Solon bei der Verbreitung der Geschichte gespielt hat, sagt Plutarch:

Solon versuchte gar, die Athen besonders betreffende Geschichte der Insel Atlantis, die ihm die Weisen von Sais erzählt hatten, in lange, fabelhafte Verse zu fassen. Doch wegen seines Alters – nicht aus Zeitmangel, wie Platon geschrieben hat – war er besorgt, die Arbeit könne ihm zu viel werden, weshalb er den Plan fallen ließ ... Platon hatte das Bestreben, die Insel Atlantis als einen herrlichen Ort irgendwo in unbewohnter Ferne darzustellen und auszumalen, zu dem er selbst als Abkömmling Solons eine besondere Beziehung habe. So erdachte er großartige Paläste und Gärten mit einem prächtigen Tor, wie sie in keiner anderen Geschichte oder Fabel und in keinem anderen Gedicht je vorgekommen waren.[2]

Dennoch scheint keine andere klassische Quelle aus der Zeit vor Plutarch zu bestätigen, dass der Kern der platonischen Atlantiserzählung auf Solon zurückgeht. Mit Sicherheit können wir nur sagen, dass Solon nach seiner Amtszeit als *Archon* von Athen Griechenland verlassen und einen Teil der zehn Jahre, die er abwesend war, in Ägypten verbracht hat.[3]

Plutarch sagt, Platon habe sich den Atlantis-Bericht angeeignet und zu der fabelhaften Geschichte in seinen Dialogen gemacht, da der alternde Staatsmann sich in den ihm verbleibenden Jahren (Solon starb ca. 558 v. Chr., mindestens zwölf Jahre nach seinem Besuch in Sais) nicht in der Lage gesehen habe, einem solchen Vorhaben gerecht zu werden. Doch es gibt keinen unabhängigen Beweis für diese Darstellung.

Hätte Plutarch die Begegnung zwischen Solon und dem Priester von Sais nicht erwähnt, könnte man annehmen, Platon habe Solons erinnerten Besuch in Ägypten lediglich benutzt, um seiner Geschichte Gewicht und Glaubwürdigkeit zu verleihen. Möglicherweise hat er die saitische Kulisse für Solons Gespräch mit dem alten Priester gar den Werken des griechischen Historikers Herodot entliehen, dessen Geschichtswerk in einem Abschnitt über die Herrschaft des Königs Amasis eine bildhafte Beschreibung des Tempels von Sais enthält.[4] Noch verdächtiger erscheint, dass Herodot Solons Entlehnung der geheiligten Gesetze des Amasis unmittelbar nach der Beschreibung des Tempels erwähnt,[5] und Platon waren, als er den *Timaios* schrieb, die Werke des Herodot sicher bekannt. Nur die Übereinstimmungen zwischen der Chronologie der ägyptischen Königslisten und den mutmaßlichen Daten in den geheiligten Archiven des Tempels von Sais halten uns davon ab, eine Verbindung zwischen Platons Atlantis-Erzählung und Solons berühmtem Besuch in Ägypten von vornherein zu verwerfen.

Es gibt jedoch noch eine Quelle für Platons Kenntnisse der mythischen Chronologie Ägyptens. Bekanntlich hat er selbst einige Zeit in Ägypten verbracht und die dortigen Mystikerschulen und antiken Tempel besucht. In einem anderen seiner Werke, *Isis und Osiris,* berichtet Plutarch, dass Platon, ebenso wie die «weisesten unter den Griechen», zu denen Solon, Thales, Eudoxus und Pythagoras gehörten, «nach Ägypten kam und sich mit den Priestern getroffen hat»[6]. Dort soll er nach Ammianus Marcellinus, dem lateinischen Grammatiker und Autor einer Geschichte der römischen Welt, «seine berühmte Weisheit» erlangt haben.[7]

Es ist also denkbar, dass Platon während seines Aufenthalts in Ägypten von Atlantis hörte oder zumindest sein früheres Wissen darum bestätigt fand, sodass er es als Grundlage für seine Dialoge benutzen konnte. Doch was in diesen Dialogen ist nun als Tatsache zu betrachten, und was ist reine Erfindung? Was halten die Gelehrten vom *Timaios,* und wo beginnen wir mit der Suche nach dem historischen Atlantis?

Die Ägäis-Lösung

Zunächst könnte man von der Annahme ausgehen, Platon habe sich auf historische Ereignisse bezogen, die sich in einem ganz anderen als dem in seiner Atlantis-Geschichte angedeuteten Zeitrahmen abgespielt haben. Eine Argumentation aus dem 16. Jahrhundert besagt, dass Platon in seinen Datierungen nicht Sonnenjahre meint, sondern Monate von jeweils 28 Tagen.[8] Träfe dies zu, dann wären seit der Gründung Athens nicht die fabelhaften 9000 Jahre vergangen, sondern nur 690, womit das Gründungsdatum in den Zeitraum um das Jahr 1260 v. Chr. fiele. Historisch gesehen hätten wir damit eine erheblich plausiblere Zeitskala erreicht, denn im 13. vorchristlichen Jahrhundert litt der östliche Mittelmeerraum unter wiederholten Angriffen eines gemischtrassischen Bundes von Seefahrern, den «Völkern des Meeres».[9] Deren Schiffe terrorisierten ägyptische, palästinensische und syrische Häfen, bis sie ca. 1219 v. Chr. von den Streitkräften des Pharaos Merenptah zurückgedrängt und um 1170 v. Chr. von Ramses III. endgültig besiegt wurden.

Darüber, wer diese Seefahrer waren, lassen sich heute nur Vermutungen anstellen. Allerdings mehren sich die Hinweise, dass die Anführer von jenen Küsten- und Inselkulturen abstammten, deren Völker nach dem Vulkanausbruch, der die Insel Thera (Santorini) vollkommen zerstört hatte, in die ägäische Welt ausgeschwärmt waren. Dieser Vulkanausbruch hat sich, je nach der Quelle, der man glauben will, um 1628, 1450 oder erst 1380 v. Chr. ereignet.[10]

Die Thera-Katastrophe hat zweifellos die gesamte ägäische Welt beeinflusst. Die erste Eruption – von einer Gewalt, die 6000 nuklearen Sprengköpfen entspräche[11] – hat schätzungsweise 114 Kubikkilometer Schutt ausgeworfen und einen wassergefüllten Krater von 51 Quadratkilometern hinterlassen.[12]

Das bei weitem bedeutendste von dieser Katastrophe betroffene Reich war das der Minoer, deren Städte und Häfen sich auf Thera und vor allem auf Kreta befanden, 96 Kilometer südlich des Epizentrums der Explosion. Der Vulkanausbruch hat vermutlich enorme Flutwellen ausgelöst, die nach Süden rasten und nicht nur die minoische Flotte an der Nordküste Kretas vernichteten, sondern auch alle Städte und Metropolen im Umkreis.[13] Die Flutwellen waren vermutlich über 100 Meter hoch und erreichten noch Küstenstädte, die über 1100 Kilometer von Thera entfernt lagen.

In welchem Maße die totale Vernichtung von Thera die Küsten Griechenlands, Kleinasiens und Ägyptens betroffen hat, ist immer noch Thema heißer Debatten. Doch die Erinnerung an eine solche Katastrophe hat im klassischen Zeitalter zweifellos weitergelebt, weshalb man davon ausgehen kann, dass Platons Atlantis-Bericht nicht nur durch die Zerstörung von Thera, sondern auch durch die darauf folgende Flutwelle, die Vernichtung der minoischen Flotte und die Verwüstung der kretischen Küstenstädte und Metropolen inspiriert worden sein *könnte*. Platons Schriften könnten auch von der Erinnerung an die minoische Unterdrückung des griechischen Festlands in etwa der gleichen Periode gefärbt gewesen sein: Vorbild für den atlantischen Aggressor gegen die athenische Nation. Ein dritter Einfluss könnte der Sieg des Ramses III. gegen die Völker des Meeres gewesen sein. Diese große Schlacht ist auf der Außenwand des großen Tempels in Medinet Habu in Südägypten verewigt, und manche Forscher vermuten, Solon könne die Reliefs während seines Ägyptenbesuchs um 570 v. Chr. besichtigt haben.[14]

All das stützt jene Atlantis-Theorie, die heute die breiteste akademische Anerkennung genießt: dass entweder Kreta oder Thera die Insel Atlantis war, von der Platon spricht. Zum ersten Mal wurde diese Theorie am 19. Februar 1909 in einem anonymen Artikel in der *Times* formuliert. Der Autor war, wie sich später herausstellte, K. T. Frost, ein junger Gelehrter aus Belfast, und seitdem sind mehrere populäre Bücher erschienen, in denen die Theorie ausgeführt wird. In allen wurde unser Wissen über die minoische Zivilisation von Kreta oder Akrotiri, einer auf Santorini ausgegrabenen minoischen Stadt, mit der Atlantis-Beschreibung im *Kritias* verglichen.[15]

Im Versuch, die Theorie zu bestätigen, haben sich ihre Verfechter jedoch dazu verleiten lassen, eine Reihe fundamentaler Fehldeutungen der Erzählung Platons zu akzeptieren. So gibt es die Meinung – ursprünglich von dem griechischen Geologen A. A. Galanopoulos vertreten –, die Daten und Dimensionen im *Timaios* und im *Kritias* beruhten auf einer falschen Übersetzung der ägyptischen Texte, die der alte Priester von Sais Solon gezeigt haben soll.[16] Dem griechischen Staatsmann soll der Fehler unterlaufen sein, die Hieroglyphen für die Zahlen 100 und 1000 zu verwechseln.[17] Wenn das stimmte, dann würde sich das Gründungsdatum Athens um über 8000 Jahre auf nur 900 Jahre vor Solons Besuch in Sais verschieben, also auf 1470 v. Chr., nahe genug dem Zeitpunkt, um den üblicherweise die Thera-Eruption datiert wird.

Auf den ersten Blick wären damit auf saubere und logische Weise zwei Unstimmigkeiten behoben: der sehr frühe Zeitraum für die Zerstörung von Atlantis und die im *Kritias* angegebenen unvorstellbaren Dimensionen der Insel und ihrer Hauptstadt. Dennoch ist diese Theorie – die eine ägäische Lösung des Atlantis-Rätsels nahe legt – stark gefährdet, denn nach Ansicht der Ägyptologen, die sich die Mühe gemacht haben, der Frage nachzugehen, ist eine solche Verwechslung auszuschließen. Die Hieroglyphen für die Zahlen 100 und 1000 sehen einander kaum ähnlich. Weder Solon noch sonst jemand hätte sie je verwechselt, wie J. Gwyn Griffith in einem wichtigen Aufsatz über die Verbindungen zwischen Ägypten und Atlantis schreibt:

> Wenn wir davon ausgehen, dass der Prototyp in hieroglyphischer Form vorgelegen hat, dann steht die Annahme [einer Verwechslung] auf sehr wackligen Füßen, da die Normalformen für 100 und 1000 sich so klar unterschieden.[18]

Die Vorstellung, Solon oder Platon selbst hätten, was ihnen gezeigt wurde, falsch gelesen, hat also keine Grundlage. Da die These, es seien statt Sonnenjahren Mondzyklen gemeint gewesen, ebenso unhaltbar ist, scheint es keinen vertretbaren Grund zu geben, den Zeitrahmen der in Platons Atlantis-Erzählung geschilderten Ereignisse in Richtung Gegenwart zu verschieben.

Verschiebbare Säulen

Das andere große Missverständnis, zu dem sich die Verfechter der Kreta-Atlantis-Theorie verstiegen haben, ist die Annahme, Platons versunkenes Königreich liege *diesseits* der Säulen des Herakles, obwohl sich dafür weder im *Timaios* noch im *Kritias* irgendein Anhaltspunkt findet. Gewiss hätte Platon Atlantis *nicht* als atlantische Insel bezeichnet, wenn diese Insel seiner Ansicht nach irgendwo anders als im Atlantischen Ozean gelegen hätte. Schon solche klaren Aussagen wie zum Beispiel die, dass die atlantische Flotte «vom Atlantischen Ozean aus gegen ganz Europa und Asien vorrückte»[19], sollten doch jeden davon überzeugen, dass Platons Atlantis nicht im Mittelmeer gelegen haben kann. Dies hat James Guy Bramwell, der Autor von *Lost Atlantis*, schon 1937 in die treffenden Worte gefasst: «Entweder ist Atlantis eine Insel im Atlantischen Ozean, oder es ist nicht ‹Atlantis›.»[20]

Die Gelehrten, die eine Mittelmeerlösung des Atlantis-Rätsels favorisieren, versuchen nicht nur, Datum und Ort zu verändern, sondern auch, zu beweisen, dass die «Säulen des Herakles», die Platon meinte, nicht an der Meerenge von Gibraltar zu finden sind, sondern viel weiter östlich. So vertraten A. G. Galanopoulos und Edward Bacon in ihrem 1969 erschienenen Buch *Atlantis: The Truth behind the Legend* die Idee, besagte «Säulen» seien in Wahrheit die östlichen und westlichen Vorgebirge, welche die Wasserstraße zwischen dem Golf von Lakonia und dem Mittelmeer markieren.[21] Zur Begründung führen sie an, der Schauplatz einiger der berühmten zwölf Heldentaten des Herakles sei die Peloponnes im südlichen Griechenland gewesen.

Dazu kann ich nur sagen, Galanopoulos und Bacon sollten sich noch einmal die zehnte und elfte Tat des Herakles ansehen, die er, der Sage nach, bei Gades in Südwestspanien beziehungsweise auf dem Atlasberg an der Westküste Afrikas vollbracht hat, beide also *jenseits* der Meerenge von Gibraltar. Genau deswegen sind diese Grenzsteine zwischen dem Mittelmeer und dem äußeren Ozean heute als die «Säulen des Herakles» bekannt.

Eine noch wildere Idee äußerte 1992 der Geoarchäologe Eberhard Zangger. Er behauptete, ursprünglich seien zwei Orte als «Säulen des Herkules» bekannt gewesen, zum einen das Säulenpaar am Ausgang zum

Atlantik und zum anderen das am Eingang zu den Dardanellen, der engen Passage zwischen dem Mittelmeer und dem Schwarzen Meer. Zu diesem Schluss kam er aufgrund einer einzigen, ziemlich dubiosen Zeile in Servius' Kommentar zu Vergils Äneis, die lautet: «*Columnas Herculis legimus et in Ponto et in Hispania*» (Wir sehen die Säulen des Herkules sowohl im Schwarzen Meer als auch in Spanien).[22] Auf dieser Grundlage entschied Zangger, Platon hätte auf die Säulen des Herakles am Eingang zum Schwarzen Meer angespielt. So konnte er Platons Atlantis mit dem legendären Troja in der Südwesttürkei identifizieren.[23]

Meiner Ansicht nach haben all diese Ideen nichts mit der Wirklichkeit zu tun, und ich hoffe, die meisten Leser stimmen darin mit mir überein, dass Mutmaßungen über eine Verbindung zwischen Atlantis und Kreta, Thera oder gar Troja vollkommen irreführend sind. Dieses Gefühl teilen inzwischen auch zahlreiche renommierte akademische Altertumsforscher. So formulierte 1978 der amerikanische Historiker J. Rufus Fears von der Universität Oklahoma in einem angesehenen Werk mit dem Titel *Atlantis: Fact or Fiction* eine vernichtende Kritik an denen, die hartnäckig an der Kreta-Theorie festhalten:

> Es ist beunruhigend, dass sich noch im letzten Viertel des Jahrhunderts ernsthafte Wissenschaftler berufen fühlen, die Möglichkeit zu diskutieren, Platons Atlantis könne in der Erinnerung an das minoische Kreta wurzeln. Schon bei oberflächlicher Betrachtung entpuppt sich die Gleichsetzung von Atlantis mit dem minoischen Kreta als ein Lügengewebe, als ein wackliges Kartenhaus aus zweifelhaften, nur auf Spekulation gründenden Hypothesen, zusammengeleimt mit falschen, irreführenden Behauptungen und trügerischer Logik.[24]

Dem kann ich mich nur anschließen. Ich akzeptiere zwar, dass Platons Erzählung durchaus *unter dem Einfluss* späterer historischer Ereignisse entstanden sein könnte, doch es gibt nicht den geringsten Grund zu der Annahme, sein versunkenes Königreich hätte irgendwo anders als jenseits der Säulen des Herakles im Atlantischen Ozean gelegen. Die Frage ist nur, wo genau in diesem Ozean.

Untiefen

Im *Timaios* scheint also uraltes Wissen um Reisen zum amerikanischen – bei Platon dem «gegenüberliegenden» – Kontinent erhalten zu sein. Platon deutet auch die Existenz von Inseln an, bei denen es sich um die Bahamas und die Großen und Kleinen Antillen zu handeln scheint, die «anderen Inseln» zwischen Atlantis und dem Kontinent. Ein Schlüssel zur exakten Lage von Atlantis findet sich in dem Satz, der auf die Zerstörung der Insel durch «Erdbeben und Fluten» anspielt:

> Seitdem kann jener äußere Ozean weder überquert noch erforscht werden, da der Schlamm, der vom Untergang der Insel geblieben ist, bis dicht unter die Wasseroberfläche reicht.[25]

Hier handelt es sich um eine wahrhaft bemerkenswerte Aussage. Zunächst enthält sie Elemente der Fehlinformationen, die karthagische Kauffahrer verbreiteten, um ihre eigenen Reisen jenseits der Säulen des Herakles zu verschleiern und konkurrierende Nationen davon abzuhalten, den äußeren Ozean selbst zu erkunden. Geschichten wie diese machten glauben, die Gewässer hinter den Säulen des Herakles seien voller übernatürlicher Gefahren und wegen der finsteren Wolken, gefährlichen Untiefen, tödlichen Nebel und grässlichen Ungeheuer, die dort lauerten, ganz und gar unschiffbar.[26]

Besonders bemerkenswert ist Platons Aussage, der Atlantische Ozean sei durch «Schlamm ... dicht unter der Wasseroberfläche» blockiert, denn sie taucht auch bei anderen Autoren aus Platons Zeitalter auf. So schrieb ein gewisser Scylax, der sich für den berühmten Geographen Scylax von Caryanda ausgab, in seinem Werk *Periplus,* zwölf Tagereisen «von den Säulen des Herakles entfernt» befinde sich die «phönizische» Inselsiedlung Cerne.[27] Er behauptete aber auch, «die Gegenden jenseits der Insel Cerne» seien «wegen Untiefen, Schlamm und Seetang nicht mehr schiffbar. Dieser Tang ist breit wie Palmblätter und hat scharfe, stechende Spitzen.»[28] Und selbst Aristoteles schreibt in seinen *Meteorologica*: «Die Gewässer jenseits der Säulen des Herakles sind wegen des Schlammes seicht und still.»[29]

Was könnten die drei Autoren mit diesen rätselhaften Aussagen gemeint haben? Wo lag diese «stille» Region des äußeren Ozeans, die für Untiefen, Schlamm und Seetang berüchtigt war? Was sie über die Gebiete jenseits der Säulen des Herakles wussten, konnte nur aus zweiter, dritter oder gar vierter Hand stammen, wahrscheinlich aus karthagischen Quellen. Zu diesem Schluss kommt man aufgrund eines Berichts über einen karthagischen Seefahrer namens Himilko, der, wie in den *Ora Maritima* des Historikers Rufus Festus Aviena (5. Jahrhundert n. Chr.) überliefert wird, im 5. Jahrhundert v. Chr. den Atlantik befahren haben soll:

> ... die Einwohner von Karthago und die Menschen, die zwischen den Säulen des Herakles lebten, pflegten zu jenen Gewässern [jenseits der Säulen des Herakles] zu fahren. Diese zu überqueren dauert, wie der Karthager Himilko aus eigener Erfahrung berichtet, fast vier Monate, so verbreitet ist die Windstille, so träge sind die Strömungen dort.

Und dies fügt er hinzu: Zwischen den Schlammbänken steht ein Dickicht aus Seetang, in dem das Schiff stecken bleibt. Und das Meer ist nicht tief dort, der Boden kaum bedeckt mit wenigem Wasser. Oft sieht man die wilden Tiere des Meeres und Seeungeheuer, die zwischen den träge treibenden Schiffen umherschwimmen.[30]

Historiker können über diesen seichten Seetangdschungel, den zu überqueren «fast vier Monate» dauern soll, nur Vermutungen anstellen. Wohin genau Himilko auf seiner berühmten Reise – oder seinen Reisen – geraten sein könnte, ist ein vollkommenes Rätsel. Wir wissen, dass er von seinem Heimathafen Karthago an der nordafrikanischen Mittelmeerküste aus zwischen den Säulen des Herakles hindurch segelte, doch über das, was danach geschah, kann man nur spekulieren. Wenigstens gibt uns Avienus ein etwas deutlicheres Bild von dem von Platon, Aristoteles und Pseudo-Scylax erwähnten seichten Meer. Doch können wir auf dieser Grundlage bestimmen, wo dieses unpassierbare, von Untiefen, Schlamm, Seetang und Flauten heimgesuchte Meer liegt, in dem Platon zufolge Atlantis versunken ist?

Alles scheint darauf hinzudeuten, dass diese Autoren, wissentlich oder nicht, von der Sargassosee reden, einer Region – etwa von der Größe Europas – zwischen den Azoren und den Bahamas, für die ausgedehnte, umhertreibende Seetangfelder charakteristisch sind. Der genaue Ursprung dieser Massen von «Golfgras», «Seepalmen» oder, genauer, *Sargassum Bacciferum* ist immer noch unbekannt. Einst glaubte man, die Pflanzen hätten sich von der Küste Nordamerikas losgerissen und in den tödlich stillen Gewässern zwischen den verschiedenen Meeres- und Luftströmen um den Nordatlantik angesammelt. Heute wissen die Meeresbiologen jedoch, dass der Seetang aus der Region selbst stammt und sich ohne jede Verbindung mit dem Festland vermehrt.[31]

Offiziell hat Christoph Kolumbus die Sargassosee auf seiner ersten Reise zur Neuen Welt im Jahre 1492 entdeckt. Im Reisebericht seines Sohnes Ferdinand heißt es, am Sonntag, dem 16. September – 26 Tage vor der berühmten Landung auf den Bahamas – habe sich das Meer «mit Massen gelbgrünen Tangs bedeckt, die sich von einer Insel oder einem Riff losgerissen zu haben schienen»[32]. Am nächsten Tag seien sie immer noch von diesen «Seegrasmatten» umgeben gewesen, die an «Sterngras erinnern, bis auf die langen Stängel und Triebe, beladen mit Früchten wie der Mastixstrauch»[33]. Diese eigenartige Erscheinung machte Kolumbus glauben, sie wären in der Nähe von Land, besonders da er in dem Seetang einen lebendigen Krebs entdeckte und feststellte, dass das Wasser «nur noch halb so salzig war wie zuvor»[34].

Nach Ansicht der Gelehrten kann Himilko hier unmöglich die Sargassosee gemeint haben[35], obwohl seine Beschreibung des trägen Meeres, das zu überqueren «fast vier Monate dauert», nahezu perfekt anmutet, selbst was die «wilden Tiere des Meeres» und gar die «Seeungeheuer» angeht. Auch Kolumbus fielen die riesigen Tunfische auf, die «zwischen den Schiffen umherschwammen, so nahe, dass die Mannschaft der Nina [eines seiner Schiffe] einen mit einer Harpune erlegen konnte»[36]. Und dann stimmt Himilkos Darstellung auffallend mit dem von Aristoteles beschriebenen seichten, schlammigen Meer und den wegen «Untiefen, Schlamm und Seetang nicht mehr passierbaren» Gewässern überein.

Natürlich gibt es in der Sargassosee weder Untiefen noch Schlammbänke; dass die antiken Seefahrer diese Angaben aber so bereitwillig geglaubt haben, erweist sich als besonders wichtig für unser Verständnis dessen, was Platon über die Lage von Atlantis sagt. Wenn seine Geschichte nicht nur auf antikem Seemannsgarn über Untiefen in der Sargassosee beruht, dann überrascht es doch, dass seine Beschreibung sehr gut auf die Schlammbänke und Untiefen passt, die um die Bahamas zu finden sind, zwischen der Hauptinsel im Norden und Cay de Sal im Süden. Diesen Untiefen verdanken die Bahamas (spanisch: *baja* mar, «seichtes Meer») schließlich ihren Namen.[37] Sollten frühe klassische Autoren wie Platon, Aristoteles, Pseudo-Scylax und gar Himilko etwa nicht nur von der Sargassosee, sondern auch von den tückischen Gewässern um die Bahamas gewusst haben?

Es erscheint also sicher, dass bis Mitte des 4. vorchristlichen Jahrhunderts Geschichten über ein seichtes oder unpassierbares Meer im Westlichen Ozean nach Griechenland gelangt waren, höchstwahrscheinlich durch karthagische Handelsfahrer. Seeleute wie Himilko verbreiteten Nachrichten über die Gefahren, die jenseits der Säulen des Herakles zu fürchten seien. Hinter diesem Seemannsgarn muss sich aber ein Kern von Erfahrungen verbergen, die auf frühesten Atlantikreisen westlich der Azoren, bis zu den Bahamas und der Karibik, gesammelt worden waren.

Bezog auch Platon sein lückenhaftes Wissen über die Sargassosee aus solchen Quellen, oder stammte es über den Umweg über seinen Vorfahren Solon von dem alten Priester von Sais? Wie auch immer, der «Schlamm ... dicht unter der Wasseroberfläche» hinderte «Reisende» Platon zufolge erst nach dem «Untergang der Insel» – also der Zerstörung von Atlantis – daran, den «gegenüberliegenden Kontinent» zu erreichen. Deutet Platon damit an, Atlantis liege *unter* der Sargassosee, oder meint er, es habe in der Nähe der Bahamas existiert? Beides könnte der Fall sein.

Im Licht der Anerkennung, welche die Kreta-Atlantis-These erfahren hat, gilt die Behauptung, Platon könne von realen Orten auf dem westlichen Atlantikschelf gesprochen haben, als weit hergeholt. Doch wer Platons Werke gründlicher studiert, kommt um diese Möglichkeit kaum herum. So liest man schon in L. M. Hoseas bemerkenswertem Artikel «Atlantis: A Statement of the Atlantic Theory respecting Aboriginal Civilisation», erschienen 1875 im gelehrten *Cincinnati Quarterly Journal of Science*:

Ohne ein Urteil darüber zu fällen, ob die Sargasso-Untiefen auf eine versunkene Insel oder auf zufällige Strömungen im Atlantik zurückzuführen sind, genügt es für die Zwecke dieser Studie, festzuhalten, dass sich die Schifffahrt an der in der Atlantis-Überlieferung [Platons] bezeichneten Stelle Hindernissen gegenübersieht, heute und für einen unbestimmten Zeitraum in der Vergangenheit, weshalb die alten Ägypter und Griechen von der geographischen Unkenntnis, die ihnen zugeschrieben wird, wohl freigesprochen werden müssen.[38]

Nehmen wir an, dass Platon im *Timaios* die Sargassosee oder gar die Bahamas gemeint hat, dann wird der Schluss unausweichlich, dass er – mit oder ohne Absicht – seine versunkene Insel irgendwo auf dem westlichen Atlantikschelf ansiedelte.

Aufgrund hydrographischer Vermessungen fällt die Sargassosee in diesem Zusammenhang leider aus. Die Meerestiefe in dieser Region des Nordatlantik liegt zwischen 1500 und 7000 Metern.[39] Dort wartet mit Sicherheit kein versunkener Inselkontinent auf seine Entdeckung. Wahrscheinlicher ist, dass Platon seinen Lesern nur den Weg zu *ungefähr* dem Gebiet gewiesen hat, das die versunkene Landmasse einst einnahm. Die im *Timaios* erwähnten «anderen Inseln» jenseits der Insel Atlantis sind vielleicht der wichtigste Schlüssel zu dieser Lesart. Wir sollten in der Region des Ozeans nach Atlantis suchen, die in direkter Reichweite dieser «anderen Inseln» liegt.

Im Jahre 1130 schrieb ein gewisser Honorius von Autun, die «klumpige See» – anscheinend ein weiterer Hinweis auf die Sargassosee – liege «in Nachbarschaft der Hesperiden und bedeckt das versunkene Atlantis, das westlich von Gibraltar lag»[40]. Wie wir noch sehen werden, sind die Hesperiden – legendäre Inseln im westlichen Ozean – eng verknüpft mit den Westindischen Inseln, wie die Bahamas und die Karibischen Inseln im Entdeckerzeitalter genannt wurden.

Ob Honorius einfach nur Platon gelesen und erkannt hat, dass die «klumpige See» identisch war mit dem «unpassierbaren Meer voller «Schlamm … dicht unter der Wasseroberfläche»[41], lässt sich heute nicht mehr feststellen. Jedenfalls siedelt er in derselben Region andere mythische Inseln an, genau wie Platon von «anderen Inseln» vor dem «gegenüberliegenden Kontinent» spricht.

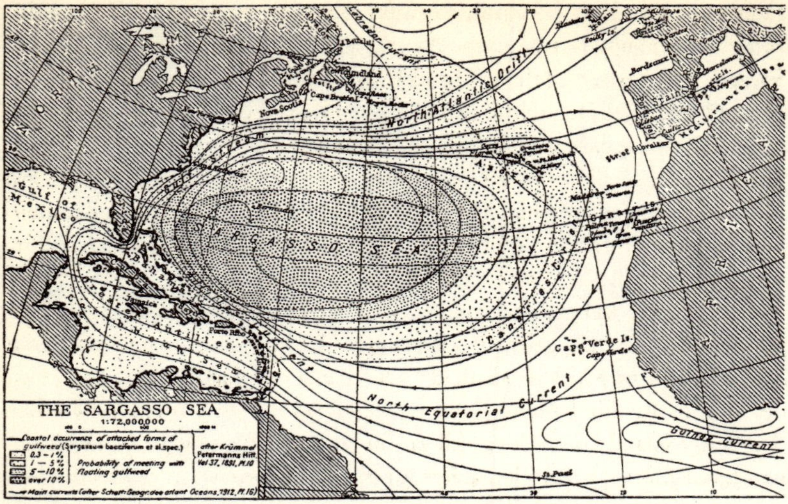

In Platons Welt machten Geschichten über die Existenz der Sargassosee die Runde, die dazu beitrugen, die Vorstellung von einer unpassierbaren Fläche von Sandbänken und Untiefen jenseits der Säulen des Herakles aufrechtzuerhalten

Jenseits von Britannien

Seit kurzem hört man gelegentlich, Atlantis habe in der Nähe der Britischen Inseln gelegen, wo ein ganzer Schatz von Legenden über versunkene Lande vor der Westküste existiert.[42] Dies würde bedeuten, dass Platons «andere Inseln» jene gewesen wären, auf die antike Seefahrer auf der so genannten Nordwestpassage nach Neuengland gestoßen sind.[43] So hätte ein Schiff von der Nordküste Irlands oder von Schottland aus den Atlantik über die Faröer Inseln, Island, die Südspitze Grönlands, Neufundland und Nova Scotia überqueren können. Von dort wäre es dann nur noch eine kurze Überfahrt nach Cape Cod, Massachusetts.

Es gibt zahlreiche Indizien dafür, dass lange vor Kolumbus britische und baskische Fischerboote heimlich die geheime Nordwestpassage benutzt haben, um die reichen Kabeljaubestände vor Labrador, Neufundland und Neuengland auszubeuten. Der amerikanische Autor und Journalist Mark Kulanski hat darauf hingewiesen, dass der Franzose Jacques Cartier, als er 1534 die Mündung des St.-Lawrence-Stroms «entdeckte», zu seiner Verwunderung westlich von Neufundland «1000 baskische Fischerboote» vorfand.[44]

Und dann tauchten an verschiedenen Stellen in Neuengland Gegenstände aus der Alten Welt auf, darunter römische und karthagische Münzen, iberische und karthagische Amphoren und verschiedene, in diversen Sprachen der Alten Welt beschriftete Steine (Beispiele finden Sie in den Anmerkungen)[45]. Betrachtet man diese Funde als echt, dann haben wir damit den Beweis, dass es bereits bis zu tausend Jahre vor Ankunft der ersten nordischen Seefahrer im zehnten und elften Jahrhundert Kontakte mit Nordamerika gegeben hat. Mit an Sicherheit grenzender Wahrscheinlichkeit hat es noch frühere Überquerungen gegeben, von denen man in Platons Zeitalter im Mittelmeerraum gewusst haben könnte.

Der neueste Versuch, zu zeigen, dass Atlantis vor der Westküste Britanniens gelegen hat, geht auf Viatscheslav Koudriavtsev vom Institut für Metahistorik in Moskau zurück.[46] Der Russe ist davon überzeugt, dass der Beweis für die frühere Existenz der Insel in den Untiefen zwischen den Scilly Islands und Cornwall zu finden sei, im legendären, versunkenen Land *Lionesse*. Problematisch an dieser Theorie ist nur, dass die Sargassosee Tausende von Kilometern von Großbritannien entfernt liegt. Und vor den Scilly Islands ist nichts von jenem ozeanischen Treibgut zu finden, das Unpassierbarkeit der atlantischen Gewässer erklären würde, auf die nicht nur Platon, sondern auch Aristoteles, Pseudo-Scylax und vor allem Himilko hinweisen.

Auf den Azoren

Eine andere mehr oder weniger plausible Lösung des Rätsels wäre, dass Platons Insel in der Nähe der atlantischen Inselgruppe gelegen hat, die heute als die Azoren bekannt ist. Da die Sargassosee westlich der Azoren liegt und diese Inseln zuweilen mit den Hesperiden gleichgesetzt worden sind,[47] argumentieren manche Atlantologen, die versunkene Landmasse müsse sich unter diesem Teil des Ozeans befinden.

Bevor wir darauf weiter eingehen, sollten wir die Azoren genauer betrachten. Es handelt sich um eine Gruppe von neun Hauptinseln inmitten von Unterwassergebirgen, die bis zu 9000 Meter hoch sind. Diese Gebirgskette gehört zum Mittelatlantischen Rücken, der eine 17 600 Kilometer lange, ziemlich genau von Norden nach Süden verlaufende Trennlinie zwischen tektonischen Platten unter dem Ozean bildet. Die Hauptinseln der Azoren, auf denen wiederum sich über 2100 Meter hohe Berge erheben, sind nichts anderes als die höchsten Gipfel dieser unterseeischen Gebirge.

Einer der ersten Forscher, die den Gedanken äußerten, die Azoren könnten Überreste eines Atlantischen Kontinents darstellen, war Ignatius

Donnelly, der Autor des bahnbrechenden Klassikers *Atlantis: The Antediluvian World*, der 1882 erschien. Seither sind Hunderte, wenn nicht Tausende von Büchern und Artikeln zu diesem Thema veröffentlicht worden. Donnellys Buch hat zahllose Neuauflagen erlebt und ist noch heute erhältlich, obwohl vieles von dem, was er über Atlantis als das vorsintflutliche Mutterland aller Zivilisationen auf beiden Seiten des Atlantiks zu sagen hatte, sich inzwischen als falsch erwiesen hat.

Seine ursprüngliche These allerdings, es habe einmal eine mittelatlantische Landmasse gegeben, ist von einigen angesehenen Kennern der Materie am Leben erhalten worden, vorrangig von dem russischen Akademiker Nikolai Zhirov, der in den sechziger Jahren eine Reihe von Artikeln zu diesem Thema veröffentlichte. 1970 erschien dann seine *Atlantis-Anthology: Basic Problems*. Wie Donnelly argumentiert er darin, die frühere atlantische Landmasse, ein wirklicher Kontinent, liege in der Umgebung der Azoren und habe vor ihrem Verschwinden als Landbrücke zwischen Afrika und Amerika gedient.[48]

Christian O'Brien, ein Geologe, Archäologe und Geschichtsautor, und Barbara Joy O'Brien haben dieselbe Theorie in ihrem 1997 erschienenen Buch *The Shining Ones* behandelt. Sie behaupten, die atlantische Landmasse sei im flüssigen Magma der Erde versunken und es seien nur die Azoren übrig geblieben.[49] Als Beweis führen sie die sechs Felder heißer Quellen um die Azoren an. Solche Quellen erscheinen, wenn kaltes Ozeanwasser durch Lava sickert und durch die Hitze darunter wieder nach oben gedrückt wird.[50] 1971 fanden Christian und Barbara O'Brien vor der Insel São Miguel, der größten der Azoreninseln, klare Hinweise auf ein mit Felsbrocken gefülltes Flussbett unter dem Meer.[51] Anhand ausgeklügelter hydrographischer Karten erkannten sie Flüsse, die einmal auf den Südhängen von São Miguel entsprungen und in einem gigantischen Tal, 64 Kilometer vor der heutigen Insel, zusammengeflossen sind.[52] Andere Inseln der Azorengruppe wiesen ähnliche hydrographische Unregelmäßigkeiten auf, und in einem Fall entdeckten die O'Briens gar eine Serie von Hunderte Kilometer langen Flusstälern, die sich in einem großen Strombassin treffen.[53]

Dank dieser antiken Flusssysteme konnten die O'Briens ein Landprofil rekonstruieren, das eine Azoren-Landmasse «etwa der Größe und der Form Spaniens» zeigte, mit Gebirgsketten 4000 Meter über dem Meeresspiegel und mächtigen Flüssen in «gewundenen Talsystemen».

Im Südosten erstreckte sich die von uns so genannte «Große Ebene» über eine Fläche von über 10.000 Quadratkilometern, durchzogen von einem Fluss etwa wie der Themse in England. Diese Ebene hat manches gemein mit der von Platon im *Kritias* als Teil der Insel Atlantis beschriebenen Landfläche.[54]

Es wird also der Schluss gezogen, die Azoren seien einmal Teil einer viel größeren Landmasse gewesen, die dann in den Fluten versank und nun «Tausende von Metern» unter dem Meeresspiegel liegt.[55] Um Genaueres herauszufinden, sollte man nach Meinung der O'Briens Bohrproben aus den von ihnen gekennzeichneten Flusskanälen entnehmen. Diese würden – da sind sie sicher – nicht nur beweisen, dass es sich tatsächlich um antike Flussbetten handelt, sondern auch Überreste von Süßwasserflora und -fauna, die einmal auf der Azoren-Landmasse gediehen sind, zum Vorschein bringen.[56]

Im Ganzen haben wir in dieser Theorie ein weiteres sehr reizvolles Modell eines versunkenen Atlantis vor uns, das zudem von einer örtlichen Legende auf São Miguel gestützt wird, der zufolge sieben Städte in zwei vulkanischen Seen, der eine blau, der andere grün, versunken sein sollen (siehe Kapitel 13).[57] Doch es gibt leider auch fundamentale Probleme. Zum Beispiel wissen wir heute, dass die vulkanischen Berge, die den Mittelatlantischen Rücken bilden, relativ jung sind. In vielerlei Hinsicht kann man sie als klaffende geologische Wunden beschreiben, die nie ganz heilen werden. Der Nord-Süd-Riss zwischen den tektonischen Platten treibt einen Magmastrom nach oben, der ständig neue unterseeische Gebirgssysteme hervorbringt, jedoch niemals eine derartige Landmasse bilden kann.

Die Theorie der Kontinentalverschiebungen, die der deutsche Meteorologe Arthur Wegener 1915 erstmals vorgeschlagen hat, ist inzwischen weitgehend anerkannt. In einfachen Worten besagt sie, dass Amerika und Afrika vor Millionen von Jahren eine einzige Landmasse waren und seitdem langsam, aber stetig auseinander treiben. Man braucht die Kontinente nur auszuschneiden und aneinander zu legen, um zu erkennen, wie sauber sie zusammenpassen. Die Kontinentalverschiebung ist also Realität, und da die beiden Kontinente einmal zusammengehangen haben, brauchen wir auch keine antike Landbrücke zwischen ihnen, um uns Gemeinsamkeiten in Flora und Fauna auf beiden Seiten des Atlantik zu erklären.

Auf den Azoren selbst fanden die ersten portugiesischen Seefahrer, die die Inseln 1427 besuchten, nicht nur keine Menschenseele, sondern auch keinerlei pflanzliches Leben vor. Es gibt Hinweise darauf, dass im 3. vorchristlichen Jahrhundert karthagische Schiffe auf der Insel Corvo gelandet sein könnten (siehe Kapitel 5), darauf aber, dass die Inselgruppe einmal eine eingeborene Kultur beheimatet haben könnte, deutet nichts hin.

Meiner Meinung nach ist es also höchst unwahrscheinlich, dass Platons Atlantis auf der Erinnerung an eine Hochkultur auf einer Azoren-Landmasse beruht, die einmal existiert haben soll, selbst wenn sich die Befunde der O'Briens hinsichtlich prähistorischer Flussbetten vor den Gestaden São Miguels bestätigen sollten. Zugegeben, wenn wir uns unser Kontinentpuzzle noch einmal anschauen, dann finden wir die eine oder andere kleine Lücke zwischen den Landmassen – nicht aber in der Nähe der Azoren, sondern im Golf von Mexiko und in der Karibik. Sollte Atlantis dann nicht eher dort zu suchen sein?

Zum ersten Mal zeichnet sich eine glaubhafte Lösung des Atlantis-Rätsels ab. Alles deutet darauf hin, dass der Inselkontinent einmal irgendwo vor der amerikanischen Ostküste lag, am wahrscheinlichsten in der Nähe der Bahamas und der Karibikinseln. Zugleich sind wir uns der erheblichen Probleme bewusst, die diese Theorie aufwirft, nicht zuletzt hinsichtlich der Größe der von Platon beschriebenen Insel, die in diesem Umfang kaum in unser Puzzle passen würde. Können wir uns diese eigenartigen Widersprüche erklären? Eine weitere Bestätigung, dass ich auf der richtigen Spur war, fand ich im zweiten platonischen Dialog über die Geheimnisse von Atlantis, dem *Kritias.*

3 Der Atlanticus

Etwa fünf Jahre nach Fertigstellung des *Timaios* schrieb Platon seine zweite und letzte Version der Atlantis-Legende nieder. Wie die ursprüngliche Erzählung von einer versunkenen Insel Atlantis von seinen Zeitgenossen aufgenommen worden war, ist nicht überliefert. Sicher wissen wir nur, dass diese eigenartige Geschichte innerhalb eines Jahrhunderts nach Platons Tod in Griechenland zu kursieren begann. Einem von Timon dem Pyrrhonisten (ca. 279 v. Chr.) verbreiteten Gerücht zufolge basierte der *Timaios* auf früheren Quellen, die Platon benutzt haben soll.[1] Ein anderer Grieche beschuldigte ihn, das Buch einem Rivalen gestohlen zu haben, und wieder ein anderer behauptete, Platon hätte jemanden für ein Manuskript bezahlt, das er dann als sein eigenes ausgab.[2] An keiner dieser Beschuldigungen scheint etwas dran zu sein, und gegen den *Kritias* sind solche Zweifel nie laut geworden.

Dieser offenbar unvollendete zweite Text, der ausschließlich das Thema Atlantis behandelt, war entweder Platons vorletztes (wenn der letzte seiner Dialoge die *Gesetze* waren) oder gar sein letztes literarisches Werk vor seinem Tod um das Jahr 347 v. Chr. Möglicherweise war er in dem Wissen, dass sein Leben dem Ende zu ging (350 war er etwa 79 Jahre alt), der Auffassung, dass er nichts mehr zu verlieren habe, und hat deshalb alles, was er über das Fabelreich Atlantis wusste, öffentlich gemacht. Wie in seinen früheren Werken, der *Politeia* und dem *Timaios*, lässt er auch im *Kritias* den Dialog zwischen den vier Protagonisten Sokrates, Timaios, Hermokrates und Kritias stattfinden.

Nun hatte dieses Werk möglicherweise noch einen zweiten, sehr interessanten Titel. Proclus Daidochus (412–485 n. Chr.) bezeichnet den *Kritias* in seinem *Kommentar zu Platons Timaios* (ca. 432–440)[3] ausdrücklich als *Atlanticus*. An einer Stelle schreibt er zum Beispiel: «So sagt Kritias im *Atlanticus*, nachdem er die Götter zur Beratung einer Strafe für die Atlanter zusammengerufen hat: ‹So hat Jupiter zu ihnen gesprochen.›»[4] Zur Chronologie der Dialoge heißt es später bei Proclus: «Gemäß dieser Ähnlichkeiten ist die Anordnung der *Republica* [Politeia] früher als die des *Timaios* und die des *Timaios* früher als die des *Atlanti-*

cus.»[5] Damit ist eindeutig, dass er mit *Atlanticus* den *Kritias* meint. Ob diese Bezeichnung von Proclus stammt oder schon vorher existierte, kann heute allerdings nicht mehr geklärt werden.

Der Dialog geht weiter

Nach einer Einleitung, in der Hermokrates den Gott Pan, die Göttin der Erinnerung und die Musen beschwört, gibt Kritias eine kurze Zusammenfassung der Atlantis-Geschichte, so weit sie bis dahin entwickelt worden ist. Die Teilnehmer des Dialogs werden zunächst daran erinnert, dass «nun neuntausend Jahre vergangen sind seit einem allgemeinen Krieg ... zwischen denen, die außerhalb, und denen, die innerhalb der Säulen des Herakles wohnten»[6].

Schon hier zeigt sich ein krasser Widerspruch in der Erzählung, denn wenngleich Kritias bestätigt, dass die Angreifer Athens von «außerhalb» der Säulen des Herakles gekommen seien, soll der Krieg nun 9000 Jahre zuvor, also etwa 9421 v. Chr., stattgefunden haben. Nach dem *Timaios* sollen dagegen 9000 Jahre zwischen der Gründung Athens und Solons Reise nach Sais um 570 gelegen haben. Da Ägypten volle 1000 Jahre jünger als Athen sein und der «Aggressor» Athen *und* Ägypten angegriffen haben soll, kann der Krieg also frühestens um 8570 v. Chr. ausgebrochen sein. Derart große Unterschiede in den Daten lassen sich nur erklären, wenn man Platon eine gewisse Nachlässigkeit zugesteht. Dies ist natürlich kein guter Anfang für die Fortsetzung der ursprünglichen Atlantis-Erzählung aus dem *Timaios.*

Die Angreifer von jenseits der Säulen des Herakles werden erneut als die «Könige der Insel Atlantis» beschrieben, die, «wie ihr euch erinnern werdet, einmal größer war als Libyen und Asien zusammen»[7]. Ebenso wird die Runde daran erinnert, dass Atlantis «von Erdbeben [von Fluten ist keine Rede] verschlungen und zur Quelle des Schlamms wurde, der unsere Seefahrer daran hindert, durch die Meerenge auf den offenen Ozean zu gelangen»[8]. *Davor* muss der Atlantische Ozean für «Reisende» aus der Alten Welt also zugänglich gewesen sein, wie hier nochmals nahe gelegt wird.

Als Nächstes erscheint ein kurzer Abriss über die Ursprünge, die Taten und die Überflutungen der atlantischen Nation, wie sie bereits im *Timaios* beschrieben sind, und dann wendet Kritias sich dem geschlagenen atlantischen Aggressor zu: «Über den Zustand und die Frühgeschichte der Feinde [der Athener] will ich euch als Freunde nun freimütig aufklären, soweit die Erinnerungen an die Geschichte, die ich als Knabe gehört habe, mich nicht täuschen.»[9] Indem er den jüngeren Kritias als Erzähler einsetzt, deutet Platon an, dass auch er nur eine Geschichte wiedergibt, die ihm derselbe Kritias in seiner Jugend anvertraut hat. Kritias gilt als Platons Onkel oder Urgroßvater, je nachdem, für welchen Stammbaum man sich entscheidet. Beide hatten angeblich einen Großvater namens Kritias und einen Urgroßvater namens Dropides. Welcher davon im Text gemeint ist, hat hier keine weitere Bedeutung. Der jüngere Kritias behauptet lediglich, er habe die Geschichte von *seinem* Urgroßvater Dropides geerbt, der sie von Solon, seinem Freund und Verwandten, gehört haben wollte.

Kritias erklärt, warum die atlantischen «Barbaren», von denen er zu reden gedenkt, griechische Namen tragen: «Solon hatte die Angewohnheit, die Geschichte in seine eigenen Worte zu fassen. Er fragte, ob die Namen von Bedeutung seien, und erfuhr, dass die ursprünglichen ägyptischen Erzähler sie in ihre eigene Sprache übersetzt hatten. So übersetzte auch er die Namen *in seinem Manuskript* in unsere Sprache. Die Niederschrift war früher im Besitz meines Vaters, und heute ist sie mein. In meiner Jugend habe ich sie eingehend studiert.»[10]

Diese Sätze enthalten einiges Interessante. Als Erstes erfahren wir, dass Solon offenbar vorhatte, die Atlantis-Geschichte selbst zu veröffentlichen, jedoch nie dazu gekommen ist, obwohl sein «Manuskript» schon fertig war. So blieb es in der Familie und gelangte schließlich in den Besitz des jüngeren Kritias. Und dann erfährt der Leser, dass die Namen im *Kritias* zunächst von ägyptischen Priestern aus einer ursprünglichen Sprache übersetzt und dann von Solon für dichterische Zwecke ins Griechische übertragen worden sind. Daher die nächste Zeile: «Wundert euch also nicht, wenn ihr Namen hört, die wie die unserer Landsleute klingen.»[11]

Schon diese wenigen Sätze deuten darauf hin, dass einmal ein ursprünglicher *Atlanticus* existiert haben könnte: das Manuskript, das Solon selbst verfasst und über mehrere Generationen an seinen Nachfahren Platon vererbt hat. Könnte dies die Quelle sein, aus der Platon sein Wissen über Atlantis schöpfte? Leider gibt es keinen unabhängigen Hinweis darauf, dass Solon je ein solches Manuskript geschrieben hat. Wir kennen lediglich Platons fiktive Version der Ereignisse, die dazu geführt haben sollen, dass er von der Geschichte erfuhr, und wie wir bereits gesehen haben, ist diese Version mit einiger Skepsis zu behandeln.

Die Götter des äußeren Ozeans

Im *Kritias* erfährt der Leser, dass die «lange Geschichte» von Atlantis «ungefähr so begann»[12]. Als die Götter die Erde unter sich aufteilten, bekam Poseidon (Neptun) «die Insel Atlantis» als seinen Anteil zugewiesen.[13] Weiter heißt es: «In der Mitte der Insel war eine Ebene, die schönste ihrer Art, wie es hieß, und sehr fruchtbar. Und fast in der Mitte dieser Ebene, fünfzig Äcker [10 km] vom Meer entfernt, stand ein Berg, der jedoch nicht sehr hoch war.»[14]

«In diesem Berg [in einer Höhle]», so lesen wir, lebte ein Sterblicher namens Euenor mit seinem Weib Leukippe. Sie hatten eine Tochter mit Namen Klito, auf die nach dem Tod ihrer Eltern Poseidon ein Auge hatte. Um sie gefügig zu machen, umgab der Meeresgott sie mit einem «Zaun aus mehreren Ringen, abwechselnd Wasser und Land» mit Atlantis in der Mitte.[15] Zwei dieser «Ringe» oder «Räder» waren aus Erde und drei aus Wasser, sodass die Insel in der Mitte für «Menschen» unerreichbar wurde, da es «noch keine Schiffe und keine Seefahrt gab»[16].

All dies muss sich also im Zeitalter der Götter zugetragen haben, als es noch keine Zivilisation gab und die Menschen in Höhlen lebten.

Laut Kritias gab es zwei Quellen auf der Hauptinsel, die eine warm, die andere kalt. Und der Boden «brachte Nährpflanzen aller Art hervor»[17].

Poseidon und Klito hatten schließlich zehn Kinder, «fünf Zwillingsgeburten männlichen Nachwuchses». Und Atlantis wurde in zehn Teile gespalten, einer für jeden Sohn.[18] Der Erstgeborene, Atlas, bekam das Land in der Mitte der Insel, von wo seine Mutter stammte, «und das Land, das es umgab»[19]. Da dies der größte Teil war, wurde Atlas zum ersten König von Atlantis erkoren.[20] Aus den Übrigen wurden Fürsten über eine «große Bevölkerung und ausgedehnte Ländereien»[21].

Der Name Atlas ist natürlich eng verknüpft sowohl mit Platons vorsintflutlicher Insel als auch mit dem Ozean, in dem sie gelegen haben soll. Atlas, Atlantis und Atlantik leiten sich nach Ansicht von Sprachwissenschaftlern von dem griechischen Wort *tlâo* – «sichern» oder «tragen» – ab und verweisen auf Atlas als den Träger oder die Stütze des Himmelsgewölbes. Das Wort Atlantis hat eine weibliche Endung und wird gewöhnlich mit «Tochter des Atlas» übersetzt.

Als einer der Titanen heiratete Atlas Pleione, eine Tochter des Oceanus, oder Hesperis, mit der er sieben Töchter hatte, die Atlantiden oder Hesperiden (siehe Kapitel 6). Er war auch der legendäre König von Mauretanien, einem antiken Königreich von Libyen, das ursprünglich Marokko, Algerien und die Westsahara umfasste. Am Ende verwandelte ihn der griechische Sagenheld Perseus nach seiner Schlacht mit den Gorgonen mit Hilfe des Medusenhaupts in einen Berg.

Dieser Sagenberg wird heute mit dem Atlasgebirge in Nordafrika identifiziert, einer Bergkette, die sich vom Nordrand der algerischen Sahara bis zur Nordwestküste Afrikas erstreckt. Es gibt auch einen Atlas genannten Berg, dessen Form den Glauben entstehen ließ, er sei ein steinerner Riese, der das Himmelsgewölbe auf seinen Schultern trägt.

Ursprünglich brachten die hellenischen Griechen Atlas mit Libyen und dem westlichen Ozean in Verbindung, weil sein Königreich als der westlichste Teil der bekannten Welt galt. Jenseits von Mauretanien lag jene unerforschte Region, in die sich ohne den Segen des Schutzgottes Atlas, der über die Tiefen des Ozeans herrschte, nicht einmal die besten Seefahrer wagten. So wurde Atlantis zum Reich des Atlas, der nach Platon ein Halbgott und Sohn des Poseidon war.

Der griechischen Mythologie zufolge war Poseidon der Sohn des Kronos, des griechischen Vorbilds für Saturn, der seinen Sohn sofort nach dessen Geburt verschlungen haben soll. Ein Zaubertrank, verabreicht von Metis, einer der Ozeaniden, erweckte ihn jedoch wieder zum Leben, und nach dem Tod seines Vaters teilten er und seine Brüder die Welt unter sich auf. Poseidon wurde der Gott allen Wassers. Außerdem soll er imstande gewesen sein, «Erdbeben hervorzurufen und mit einem Hieb seines Dreizacks Inseln vom Grund des Meeres zu heben»[22]. Poseidon scheint, ebenso wie Atlas, besonders in Libyen gehuldigt worden zu sein, wo er als der höchste Gott galt.[23]

Poseidon und Atlas sind daher die Schlüsselgottheiten in Platons Atlantis-Erzählung, wobei ihre Rolle dort über frühere Mythen hinaus eine erhebliche Ausdehnung erfährt. Poseidon soll nun eine sterbliche Frau namens Klito begehrt haben, die ihm fünf Zwillingspaare gebar, darunter den mächtigen Atlas. Diese Verwandtschaft zwischen den beiden Göttern wird nur im *Kritias* erwähnt, was Platons Geschichte jedoch hinsichtlich ihrer Glaubwürdigkeit keinen Abbruch tut. Mythen und Legenden sind lediglich Vehikel der Überlieferung von Ereignissen, die sich unzählige Generationen zuvor zugetragen haben, und dieses Vehikels hat auch Platon sich bedient.

Die Fürsten der vielen Inseln

Als Nächstes lesen wir im *Kritias,* wie Atlas, der Erstgeborene unter den fünf Zwillingspaaren, der erste König von Atlantis wird und damit die Herrschaft über die Mitte der Insel gewinnt, während sein Zwillingsbruder «die Ecke der Insel vor den Säulen des Herakles» erbte, «gegenüber der Region, die heute als Gadira bekannt ist»[24]. Der griechische Name dieses Zwillingsbruders ist Eumelos, «doch in der Sprache seines Heimatlandes [war es] Gadirus, der Name, auf den zweifellos der Name jener Region zurückgeht[25].

Platon war kein Geograph. Er war auch kein Historiker oder Seefahrer. Dennoch kannte er, wie wir schon gesehen haben, bestimmte Geschichten, die unter Seeleuten kursierten und in denen von atlantischen Inseln und von deren Nähe zum «gegenüberliegenden Kontinent» und zur Sargassosee die Rede war. Dass er nun von einer Gegend gegenüber von Atlantis spricht, einer Region namens Gadira, sollte uns also aufhorchen lassen.

Aller Wahrscheinlichkeit nach ist Gadira identisch mit der antiken phönizischen Hafenstadt dieses Namens an der südwestspanischen Atlantikküste. In Platons Tagen blühte diese Stadt unter der Verwaltung der Karthager, die sie unabhängig vom Haupthafen an der Küste Tunesiens gewähren ließen. Im römischen Zeitalter kannte man den iberischen Hafen als Gades, von dem das heutige Cadiz seinen Namen hat, wenngleich es nicht an derselben Stelle liegt. Wie viele andere phönizische oder karthagische Häfen war Gades auf einer Insel vor der Küste errichtet worden. Es gab dort einen dem phönizischen Gott Melqart gewidmeten Tempel, den die griechische Überlieferung mit Herakles in Verbindung bringt.

Gades soll nur 40 Kilometer außerhalb der Säulen des Herakles gelegen haben,[26] und dennoch behauptet Platon im *Kritias*, der Zwillingsbruder des Atlas hätte über jene Region der Insel Atlantis geherrscht, die dieser Hafenstadt am nächsten lag. Diese Aussage ist schwer zu deuten. Wenn Platon allerdings wirklich geglaubt hat, Atlantis sei so groß gewesen wie Libyen und Asien zusammen, dann kann man sich auch vorstellen, dass der Ostrand des Atlantischen Reiches in seinen Augen der Küste Spaniens sehr nahe gekommen sein muss. Manche Autoren haben dagegen den Schluss gezogen, die Erwähnung von Gades in der Atlantis-Erzählung bedeute, dass Atlantis eine Insel vor der spanischen Küste oder Gades selbst (genauer gesagt die Nachbarstadt Tartessos) Atlantis gewesen sei.[27] Das ergibt leider wenig Sinn, wenn man die im *Timaios* beschriebene geographische Lage von Atlantis betrachtet. Allerdings könnte Gades in der Entstehung des Atlantis-Mythos eine ganz andere, ebenso wichtige Rolle gespielt haben (siehe Kapitel 12).

Im *Kritias* gibt Platon auch die Namen der acht anderen Söhne der Klito an und fügt hinzu: «All diese und ihre Nachfahren über viele Generationen herrschten als Fürsten über viele Inseln des Ozeans *neben* ihrer eigenen. Sie waren auch die Herrscher über die Völker diesseits der Meerenge, bis nach Ägypten und Tyrrhenien [Etrurien].»[28]

Hier sehen wir noch einmal bestätigt, dass Atlantis irgendwo im westlichen Ozean gelegen hat und dass das Atlantische Reich aus einer Reihe von Inseln bestand, über welche die Fürsten der Hauptinsel herrschten. Diese Aussage findet sich bereits im *Timaios*, wo es heißt, «die Könige von Atlantis» hätten «über andere Inseln und Teile des [gegenüberliegenden] Kontinents geherrscht»[29]. Dies sind wahrscheinlich die Inseln, auf denen nach Platon antike Seefahrer auf ihrer Reise zum «gegenüberliegenden Kontinent», also dem amerikanischen Festland, Station machten.

Trifft dies zu, dann haben wir hier einen weiteren Beleg dafür, dass die Atlanter über die Bahamas und die Karibischen Inseln geherrscht haben. Darüber hinaus sollen sie die Kontrolle über Länder innerhalb der Mittelmeerwelt gewonnen haben, was nur bedeuten kann, dass das Atlantische Reich sich sowohl in Europa als auch in Libyen etabliert hatte. Es deutet also alles darauf hin, dass es Kontakte zwischen den legendären Atlantern des westlichen Ozeans und den «Reisenden» aus dem Mittelmeerraum gegeben hat, die, wenn wir Platon glauben, vor der endgültigen Zerstörung von Atlantis in der Lage waren, über besagte «andere Inseln» den «gegenüberliegenden Kontinent» zu erreichen.[30]

Die Wunder von Atlantis

Im *Kritias* lesen wir, dass die Nachkommen des Atlas den Thron von Atlantis über viele Generationen hinweg innehatten und in dieser Zeit auf der rohstoffreichen und fruchtbaren Hauptinsel[31] eine große Stadt schufen. Eines der wertvollsten Metalle, nach denen die Atlanter an verschiedenen Stellen auf der Insel geschürft haben sollen, war das so genannte *Orichalcum*[32]. Platon sagt, dieses Erz habe «wie Feuer geglüht»[33] und sei in seinem Wert nur von Gold übertroffen worden.[34] Es ist verschiedentlich versucht worden, diese Substanz zu identifizieren. Der Name taucht auch in anderen klassischen Schriften auf und scheint «Bergkupfer» oder «Bergmessing» zu bedeuten. Der russische Atlantis-Forscher Nikolai Zhirov hat die Ansicht vertreten, *Orichalcum* sei eine in der Antike produzierte, auch als *Tombak* bekannte Bronze-Zink-Legierung. Da diese nur höchstens 18 Prozent Zink enthielt, war sie rot und eignete sich gut zum «Kaltschmieden, Plätten und Gravieren»[35].

Außer Bergwerken gab es auf Atlantis auch Steinbrüche und Holzwirtschaft für die Produktion von Baumaterialien. Wild- und Haustiere gab es im Überfluss, «sogar Elefanten waren zahlreich», wie wir erfahren.[36]

Diese Aussage wird oft von Skeptikern zitiert, die zeigen wollen, wie unglaubhaft Platons Bericht ist, denn es gibt keinerlei Hinweis darauf, dass auf irgendeiner Atlantikinsel jemals Elefanten gelebt haben. Und auch im tropischen Herzen des amerikanischen Kontinents gab es keine Elefanten, als die ersten *Conquistadores* dorthin vorstießen.

Wir wissen lediglich, dass auf dem amerikanischen Kontinent verschiedene Mammut- und Mastodonarten heimisch waren, und zwar vor dem Ende der letzten Eiszeit, ca. 9000–8500 v. Chr. Vielleicht hat Platon diese Großtiere, die auch auf seiner Insel Atlantis existiert haben könnten, einfach als Elefanten bezeichnet. Dafür würde sprechen, dass Fischerboote vor dem Atlantikschelf, in der Nähe des Mittelatlantischen Rückens, von Zeit zu Zeit Mastodon- und Mammutknochen vom Meeresgrund hochgeschleppt haben.[37] Als sicheren Beweis für das Vorkommen von Elefanten auf Atlantis sollte man solche unerklärlichen Kuriositäten jedoch nicht auffassen.

Dennoch sind es eindeutig Elefanten, die Platon im *Kritias* erwähnt. Was könnte ihn dazu gebracht haben, diese stolzen Tiere in seine Atlantis-Erzählung einzubringen. Kaufleuten und Seefahrern der Antike waren Elefanten natürlich bekannt, besonders denen, die durch Libyen zogen, wo einmal eine inzwischen ausgestorbene Elefantenart lebte. Die Könige des alten Ägypten, wie etwa Thutmosis III. (ca. 1490–1436 v. Chr.), gingen auf Elefantenjagd,[38] und der heute ausgestorbene syrische Elefant mit seinen unverkennbaren kleinen Ohren ist auf einem Ostrakon im Grabe Ramses' des Dritten (1182–1151) abgebildet.[39] Da sowohl Solon als auch Platon Ägypten besucht haben, ist nicht auszuschließen, dass sie dort von Elefanten erfuhren. Beide haben auch andere ausgedehnte Reisen durch die Mittelmeerwelt unternommen, in deren Verlauf sie Geschichten über Elefanten in Ländern jenseits der Säulen des Herakles gehört haben könnten. (Am ehesten in Ländern entlang der afrikanischen Westküste, siehe dazu in Kapitel 5 den Reisebericht des karthagischen Generals Hanno.) Es bleibt jedoch festzuhalten, dass die Vorstellung von Elefanten auf einer Insel Atlantis im westlichen Ozean kaum sinnvoll erscheint.

Seltsame Früchte

Weiter erzählt Platon von den verschiedenen Früchten und Pflanzen, die auf der Hauptinsel Atlantis gezogen und angebaut wurden:

Der Boden brachte alle duftenden Substanzen hervor, die noch heute auf Erden zu finden sind, Wurzeln, Stängel und Blüten und Früchte, triefend von Säften. Angebaut haben sie die trockene Frucht, die wir in Vorrat nehmen, und die anderen, die uns als Festnahrung dienen, verschiedene Hülsenfrüchte, und die Baumfrucht, die uns Fleisch, Trunk und Öl zugleich liefert, die Frucht, die uns Freude und Erquickung bringt und die so schwer aufzubewahren ist, und die Frucht, mit der wir einen erschöpften Gast willkommen heißen, um seine Müdigkeit hinwegzuzaubern.[40]

Bei dem hier beschriebenen Produkt, der «Festnahrung», die zugleich «Fleisch, Trunk und Öl» liefert, kann es sich nur um die Kokosnuss handeln, die sowohl einen nahrhaften «Trunk» enthält als auch saftiges, weißes Fleisch, aus dem das hoch geschätzte «Öl» gepresst werden kann. Ist es tatsächlich möglich, dass Platon die Kokosnuss gemeint hat, eine exotische Frucht so offensichtlich tropischen Ursprungs?

Kokosnüsse werden heute in großer Zahl von Florida bis zu den Bahamas, den Karibischen Inseln und den Kleinen Antillen überall geerntet. Es ist jedoch unbekannt, wie weit die Kokospalme vor der Entdeckung der Neuen Welt in der westlichen Hemisphäre eigentlich verbreitet war. Nach Auffassung fast aller Botaniker stammt die Kokosnuss von den Melanesischen Inseln im Westpazifik und ist von dort allmählich nach Westen vorgedrungen, nach Südostasien und nach Osten bis zur Pazifikküste Amerikas.[41] Es gibt glaubhafte Beweise dafür, dass die Kokosnuss *vor* der Zeit der Konquistadoren von Panama bis hinunter nach Kolumbien und Ekuador bekannt war.[42]

In der Theorie waren Kokosnüsse im westlichen Atlantik bis nach der Entdeckung der Karibischen Inseln im Jahre 1492 unbekannt, was Platons Aussagen widerlegen würde. Doch die Geschichte ist etwas komplizierter.

Der Abenteurer und Historiker Thor Heyerdahl hat die «Kokosnussfrage» eingehend studiert und ist zu dem Schluss gelangt, die offizielle Meinung hinsichtlich der Verbreitung der Frucht beruhe auf Vorurteilen über die vermeintliche Isolation der amerikanischen Kontinente vor ihrer «Entdeckung». Er konnte zeigen, dass die Kokospalme, *Cocos nucifera*, ursprünglich nicht aus Asien oder dem westlichen Pazifikraum, sondern aus Amerika stammt, wo zahlreiche Mitglieder der Unterfamilie *Cocoinae* heimisch sind (in Asien existiert die Kokospalme nur in einer Mischform).[43] Heyerdahl weist zudem darauf hin, dass der alte Glaube, reife, grüne Kokosnüsse wären von Gezeitenströmungen zu fernen Ländern getragen worden, wo sie dann gekeimt hätten, kaum tragbar ist. Experimente, die 1941 auf Hawaii durchgeführt wurden, haben eindeutig gezeigt, dass die Früchte während längerer Aufenthalte in Seewasser durch «Faulorganismen» geschädigt werden und danach nicht mehr keimfähig sind.[44] Viel wahrscheinlicher ist, dass die Spezies nicht durch Meeresströmungen, sondern auf Schiffen oder Booten über den Pazifik gelangte. Auf die überzeugenden Beweise für solche Kontakte zwischen südostasiatischen und amerikanischen Kulturen lange vor den Reisen des Kolumbus werde ich noch eingehen (Kapitel 9).

Wenn die Kokosnuss also aus Amerika stammt, gibt es dann irgendwelche Hinweise darauf, dass sie in präkolumbischen Zeiten auch auf den Bahamas oder auf den Karibischen Inseln verbreitet gewesen sein könnte?

Keiner der frühen spanischen Chronisten, die in der Karibik waren, hat einen Baum oder eine Frucht, auf welche die Beschreibung passen würde, je mit einem Wort erwähnt. Die Kokosnuss taucht in den Berichten erst auf, nachdem Kolonisten reichlich Zeit gehabt hätten, sie im westatlantischen Raum einzuführen. Angesichts der enormen Verbreitung der Kokosnuss in der gesamten Karibik fällt es dennoch etwas schwer, diese Lösung des Rätsels zu akzeptieren. In Sintflutlegenden, die mit den «Eingeborenen von Haiti» und der Karibik allgemein in Verbindung gebracht werden, heißt es zudem, die Erde sei «von einem einzigen Überlebenden neu bevölkert worden, der Kokosnüsse in die Luft warf, die dann als Männer und Frauen auf dem Strand landeten»[45]. Wenn diese Legende tatsächlich auf die eingeborenen Stämme zurückgeht, dann bedeutet das, dass die Kokosnuss schon im prähistorischen Zeitalter in der Karibik heimisch war.

Ein Wunder der Zivilisation

Im Anschluss an seinen Bericht über die Nahrungsproduktion in Atlantis erklärt Platon im *Kritias*, dass «... die Könige all diese Geschenke der Erde dafür aufwandten, ihre Tempel, königlichen Residenzen, Häfen, Werften und Landgüter zu erbauen und zu verschönern, was gewöhnlich nach folgendem Plan geschah»[46]. Es folgt eine höchst anschauliche Beschreibung der Hauptstadt von Atlantis auf der Höhe ihrer Macht. Der Leser erfährt, dass quer über die wassergefüllten Ringe, die Poseidon um die Gründungsstätte der atlantischen Dynastie angelegt hatte, eine Straße zu der zentralen Insel führte, wo ein Palast und ein großer Tempel für die Götter und großen Ahnen der Insel errichtet wurden. Jeder neue König verschönerte diese Gebäude weiter, sodass sie bald ein Wunder an Pracht darstellten.

Weitere Bauwerke waren ein überdachter Kanal, der vom Meer aus durch die Landringe führte und in den innersten Wasserring um die zentrale Palast- und Tempelinsel mündete. Der Kanal soll zehn Kilometer lang, über 90 Meter breit und 30 Meter tief gewesen sein. An beiden Enden gab es Brücken mit Türmen und Schleusen, die eine sichere Passage der hochseetüchtigen Schiffe über diese überdachte Wasserstraße gewährleisteten.[47]

Die atlantische Zitadelle war aus Steinen in drei verschiedenen Farben errichtet, die sowohl jede für sich als auch in dreifarbigen Mustern eingesetzt wurden. Die Steine waren entweder aus dem Fels unter der Zentralinsel gehackt worden oder stammten von den Baustellen der verschiedenen Rundkanäle. Die Wände der Gebäude sollen zudem mit verschiedenfarbigen Metallen überzogen gewesen sein, die auf dem äußeren Landring mit «geschmolzenem Zinn», die auf der Zentralinsel mit Orichalcum, «mit feurigem Glanz».[48]

Im Herzen des großen Tempels, hinter goldenen Zäunen, lag ein inneres, Poseidon und seiner Gespielin Klito geweihtes Heiligtum, das niemals betreten wurde. Es symbolisierte den Ort, «wo die Rasse der zehn Prinzen einst empfangen und gezeugt» worden war.[49] Dieses große Bauwerk war der Beschreibung zufolge mit einem gold-, silber- und messingverzierten Elfenbeindach gekrönt und hatte versilberte Mauern.[50] Es gab vergoldete Statuen auf mächtigen Sockeln, darunter einen Poseidon auf einem Kampfwagen, gezogen von sechs geflügelten Pferden, begleitet von 600 mit Delphinen berittenen Nereiden. Die Skulpturen, die bis knapp unter die Decke reichten, umringten einen ebenfalls gigantischen Altar.[51]

Außerhalb des Tempels standen goldene Statuen sämtlicher Gemahlinnen der zehn Gründungsprinzen von Atlantis und noch einmal so viele andere prächtige Skulpturen, die im Auftrag sowohl von Königen als auch von Privatpersonen geschaffen worden waren. Es gab auch zwei Brunnen (identisch mit den beiden früher erwähnten Quellen?), der eine heiß, der andere kalt, doch beide mit wahrlich bemerkenswerten Fähigkeiten.[52] Die Brunnen waren von Gebäuden und Becken umgeben, in welche die Quellwasser geleitet wurden und wo man im Winter ein warmes Bad genießen konnte. Von dort flossen die Wasser in den Hain des Poseidon, in dem alle möglichen Bäume wuchsen.[53] Außerdem beherbergte die Zentralinsel Tempel für andere Götter sowie Gärten und eine Sporthalle.[54] Auf den äußeren Inselringen waren weitere Gebäude, darunter Pferdeställe, untergebracht, der weiteste Ring war zugleich eine Rennbahn für Pferderennen. Die Ringe boten auch Platz für die Kasernen der Leibgarden und für Werften voller seetüchtiger Schiffe.[55]

In etwa zehn Kilometer Abstand um den äußersten Wasserring ragte eine mächtige Mauer auf, welche die gesamte Stadt einfriedete.[56] Innerhalb dieser Mauer befanden sich zahlreiche Häuser, und über den Kanal kamen

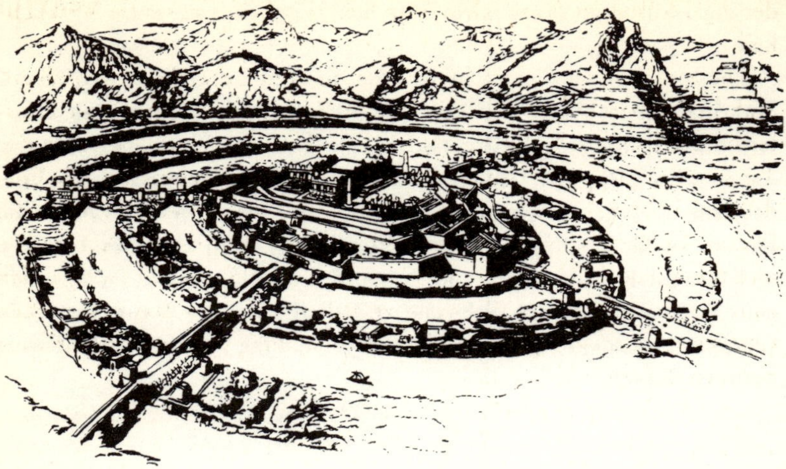

Platons Stadt Atlantis, mit Stufenpyramiden (nach den russischen Forschern Nikolai Zhirov und R. Avotin). Doch wo sind die Ruinen, welche die einstige Existenz dieses utopischen Reiches bestätigen könnten?

«Handelsschiffe und ihre Passagiere von überallher» in die Stadt, so viele, dass «der Lärm, das Geschrei und der allgemeine Trubel, Tag und Nacht, niemals aufhörten»[57].

Dies ist das lebhafte Bild der fabelhaften Metropole von Atlantis, das Platon vor 2350 Jahren für uns gemalt hat. Ein solches Wunder der Zivilisation ist in unserer Erinnerung an die Großtaten der Menschheit im prähistorischen Zeitalter einmalig. Keine archäologische Ausgrabung und keine Tauchexpedition hat je auch nur die Spur eines Beweises für den volkstümlichen Glauben entdeckt, dass diese sagenhafte Stadt tatsächlich existiert hat. Das bedeutet jedoch nicht, dass die Darstellung nicht an bekannte Städte sowohl der antiken Welt als auch Amerikas erinnern kann. Was uns noch fehlt, ist ein Fund, anhand dessen wir die Überlieferung unmittelbar überprüfen könnten. Doch sollten wir Platons Beschreibung deshalb als bloße Ausgeburt seiner fruchtbaren Phantasie abtun?

An dieser Stelle verweisen die Autoren vieler populärer Bücher über das Atlantis-Rätsel auf die Entdeckung des antiken Troja, die 1872 dem deutschen Gelehrten Heinrich Schliemann gelang, und sagen, auch diese legendäre Stadt sei für Historiker bis dahin lediglich der erfundene Schauplatz eines Märchens aus Homers *Ilias* gewesen. Schliemann dachte da anders. Er folgte bestimmten Hinweisen auf mögliche Standorte der Stadt Troja, und nach seinen Ausgrabungen in einem Hügel nahe Hissarlik an der Ägäisküste wurde aus dem Märchen plötzlich historische Wirklichkeit.

Die Moral dieser Geschichte ist, dass manche Legende *tatsächlich* auf Wahrheiten beruht und dass wir Platons Bericht über Atlantis nicht unterschätzen sollten. Seine Fabelstadt könnte durchaus irgendwo in der Tiefe – oder gar in den Untiefen – des Atlantischen Ozeans auf ihre Entdeckung warten. Eines Tages, so hoffen wir jedenfalls, wird eine Stadt, die Platons Beschreibung entspricht, gefunden werden. Es wäre die größte archäologische Entdeckung der Neuzeit. Bis dahin gilt es jedoch, sich ganz an die verfügbaren Hinweise zu halten und nach den historischen Quellen zu suchen, auf denen Platons Vorstellung von der Insel Atlantis beruhen könnte.

4 Atlantis im Überblick

Damit habe ich euch recht genau nacherzählt, was ich einst über die Stadt und den alten Palast gehört habe, und nun will ich mich bemühen, mir den allgemeinen Charakter und die Organisation dieses Territoriums ins Gedächtnis zu rufen.[1]

Mit diesen Worten aus dem Munde des Kritias schließt Platon seine Schilderung der sagenhaften Zitadelle auf der Insel Atlantis und beginnt seine Beschreibung des «allgemeinen Charakters». Wie viele seiner Aussagen tatsächlich eine «recht genaue Nacherzählung» historischer Informationen darstellen, müssen wir selbst entscheiden. Erst wenn wir den letzten Teil des *Kritias* studiert haben, werden wir uns ein zuverlässigeres Urteil darüber bilden können, was im Weltbild der Antike wirklich jenseits des westlichen Ozeans lag.

Platon lässt Kritias die Geographie und das Terrain der Insel wie folgt beschreiben:

… Das ganze Gebiet [von Atlantis] lag in großer Höhe hinter einer Steilküste. Die Stadt war von einer Ebene umgeben; die wiederum war von Bergketten eingegrenzt, deren Hänge bis zum Meer hinunter reichten. Die Ebene selbst war von gestrecktem Umriss, 3000 Stadien [552 Kilometer] in der einen Richtung und bis zu 2000 Stadien [368 km] von der Küste durch die Mitte der Ebene [also entlang der Nord-Süd-Linie durch die Mitte]. Die gesamte Ebene öffnete sich nach Süden, sodass sie vor den kalten Nordwinden geschützt war.[2]

Die «längliche» Ebene soll also durch «Bergketten, deren Hänge bis zum Meer hinunter reichten» vor den «kalten Nordwinden» geschützt gewesen sein. Das kann nur bedeuten, dass die längere Achse der Ebene von Osten nach Westen verlaufen sein muss, nicht von Norden nach Süden, wie manche Autoren angenommen haben. Auf dieser Ebene befand sich auch die Zitadelle, nur zehn Kilometer landeinwärts hinter der Südküste. Die Nordküste ist als möglicher Standort ausgeschlossen, denn dort erstreckten sich die «Bergketten», die nach dem Quelltext als Schutz vor den Nordwinden dienten.

Als Nächstes erfahren wir, dass es in den Bergen «zahlreiche Dör-

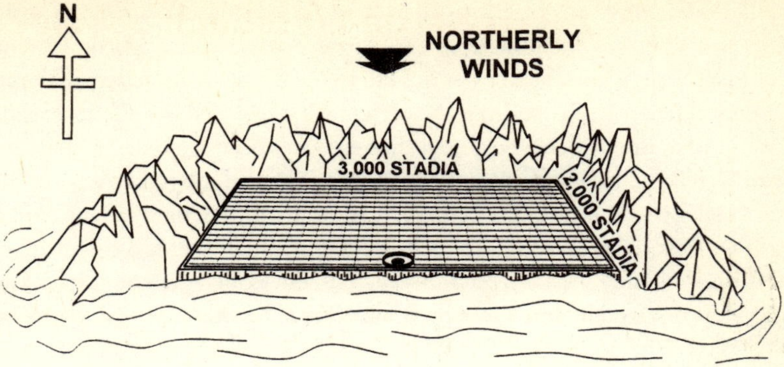

Die atlantische Welt nach der Beschreibung in Platons Kritias, *ca. 350 v. Chr. Dieser Plan ist in dem früheren Dialog* Timaios *noch nicht zu finden*

fer mit wohlhabenden Einwohnern» gab, «an Flüssen, Seen und Weiden, die reichlich Nahrung für vielerlei wilde und Haustiere boten, und verschiedene Hölzer in mehr als ausreichender Menge für allerlei Bauzwecke»[3].

Der Regen, der auf das nördliche Gebirge fiel, wurde in eine enorme *Fossa*, einen Wassergraben, geleitet, der die gesamte Ebene mit ihrem Umfang von 10 000 Stadien (1840 Kilometer) einschloss. Den mächtigen Graben speiste ein System von Bewässerungskanälen, etwa nach dem Muster eines Schachbretts, wodurch die Ebene ihre sagenhafte Fruchtbarkeit behielt. Wasserüberschüsse wurden in den Ozean abgeleitet.[4]

Es folgt ein Bericht darüber, wie das Land unter den Völkern aufgeteilt war, welche die verschiedenen Bezirke und Dörfer der Insel Atlantis bewohnten. Die Fürsten, die über ihre Territorien (und einzelne Inseln) herrschten, pflegten sich nach uralter Sitte um eine «Orichalcumsäule im Heiligtum des Poseidon in der Mitte der Insel» zu versammeln, um die Befehle des Poseidon zu empfangen und auszuführen.[5]

Diese Versammlungen der Prinzen um die antike Säule fanden alle vier oder fünf Jahre statt und dienten dem Zweck, allgemeine Angelegenheiten zu diskutieren und darüber Gericht zu halten, ob jemand aus den Reihen der Fürsten die heiligen Gesetze gebrochen hatte.[6] Zu diesem Ritual gehörte auch, dass einer der Opferstiere, die im Heiligtum des Poseidon umherliefen, eingefangen wurde. Bei der Jagd durften «nur Holzknüppel und Seile benutzt werden, aber keine Eisenwerkzeuge». Das Opfer wurde schließlich zu der Säule gebracht und dort geschlachtet, sodass sein Blut über die Säuleninschrift floss.[7]

Die «Glieder» des Stiers wurden dem Gott «geweiht». Eine Anzahl von Blutstropfen entsprechend der Anzahl der Fürsten wurde in eine Schüssel Wein gemischt, aus der die Fürsten dann einer nach dem anderen ihren goldenen Becher füllten. Nachdem sie einen Teil des Gemischs als Trankopfer in ein Feuer gegossen hatten, schworen sie jeder einen Eid, ihre Urteile gemäß den auf der Säule festgehaltenen Vorschriften zu fällen.[8] Dann tranken sie das Blut-Wein-Gemisch und begaben sich zu einem großen Festmahl.[9] Nach Einbruch der Dunkelheit, wenn die Kultfeuer verloschen waren, kehrten die Fürsten, in blaue Roben gehüllt zur Opferstätte zurück und hielten Gericht, bis der Tag anbrach.[10]

Der Stierkult

Diese idealisierte Darstellung von Opferriten in Verbindung mit Eiden und Gesetzen haben etliche Gelehrte als Beweis dafür angeführt, dass die Antwort auf die Atlantis-Frage in der Ägäis zu suchen sei. Sie zitieren dazu die Legende von Minos, dem sagenumwobenen König von Kreta, den der athenische General und Historiker Thukydides (471–402 v. Chr.) als den Schöpfer der ersten Kriegsmarine ansah.[11] Minos soll Poseidon um einen weißen Stier ersucht haben, den er dem Gott als Opfer darbringen wollte. Das Tier erschien auch sogleich, doch der König gewann es so lieb, dass er an seiner Stelle einen anderen Stier opferte. Als Strafe für diese Ungehorsamkeit sorgte Poseidon dafür, dass Minos' Frau Pasiphae sich in den weißen Stier verliebte. Mithilfe des Dädalus erfüllte sie ihr widernatürliches Verlangen und gebar eine Kreatur, die halb Mensch und halb Stier war. Minos errichtete dem *Minotaur* ein unterirdisches Reich – das Labyrinth, in das er das Untier verbannte – und verfügte, dass die athenische Nation jährlich sieben Knaben und sieben Mädchen zu opfern habe, um den Blutdurst der Bestie zu stillen. Diese Barbarei endete erst, als der Held Theseus den Minotaur zur Strecke brachte.

Dies ist natürlich kein historischer Bericht, sondern Sage, doch durch Sir Arthur Evans' berühmte Ausgrabungen auf Kreta wurde bald klar, dass der Stierkult für die minoische Bevölkerung vor 3500 Jahren der bei weitem wichtigste Kult war. Im königlichen Palast zu Knossos entdeckte Evans enorme Wandfresken mit lebhaften Darstellungen junger Männer und Frauen, die dem gefährlichen Sport des Stierspringens huldigten. Auch anderswo fanden sich Stiermotive und -symbole im Überfluss.[12]

Manche Archäologen und Historiker waren danach überzeugt, Platons Bericht über Stieropfer in Atlantis gehe auf Erinnerungen an den kretischen Stierkult zurück. Kegelförmige Steinsäulen, die man unter den minoischen Ruinen von Akrotiri auf den Überresten der Insel Thera fand, wurden zudem als Beweis dafür betrachtet, dass es dort einmal Säulen gab wie jene beschriftete Bronzesäule, um die herum die kultischen Ratssitzungen von Atlantis abgehalten wurden.[13]

Können die minoischen Stierzeremonien auf der Insel Kreta die Entwicklung der Atlantis-Legende tatsächlich beeinflusst haben? Eigenartigerweise ist dies durchaus möglich, wenn auch nicht aus den Gründen, die von Anhängern der Kreta-Theorie angeführt werden. Von antiken Autoren wissen wir, dass dem Meeresgott Poseidon regelmäßig Stiere geopfert wurden. Ein besonders geschätztes Altaropfer war die Galle der Tiere, deren Geschmack an «die Bitterkeit von Seewasser» zu erinnern schien.[14] Man kann sich daher vorstellen, dass Platon einfach deshalb über Stieropfer in Atlantis schrieb, weil die Tiere Poseidon geweiht waren. Abgesehen davon, dass die jungen Männer und Frauen des minoischen Kreta Stierspringen vollführten und die Ruinen mit Stiermotiven übersät sind, scheint es keinen Grund zu geben, die Stierzeremonien mit Kreta in Verbindung zu bringen.

L. Sprague de Camp, ein angesehener Atlantis-Autor, hat eine eingehende Studie des Stierkults in Platons *Kritias* vorgelegt. In seinem wichtigen Werk *Lost Continents: The Atlantis Theme in History, Science, and Literature*, das 1954 erschien, beschrieb er die Verbindung zu kretischen Stierzeremonien als «viel sagend» und fügte hinzu, diese Zeremonien seien «möglicherweise als Fragmente in die Atlantis-Geschichte eingeflossen, als Motive, die Platon aufgegriffen und unbewusst in die Atlantis-Fabel eingewoben hat»[15]. Danach weist de Camp jedoch darauf hin, wie wenig plausibel die kretische Atlantis-These ist: «Die Ägypter [als die vermutlichen Schöpfer des Mythos] werden Kreta im Laufe von 600 Jahren wohl kaum aus dem Mittelmeer hinaus verschoben, hundertfach vergrößert und um 8000 Jahre rückdatiert haben.»[16] Die Verbindung zwischen Kreta und Atlantis ist also wahrscheinlich nicht ein gemeinsamer Ursprung der beiden Stierkulte, sondern eher der Umstand, dass sie demselben Meeresgott huldigten, Poseidon, dem Herrscher über die Gewässer, von denen diese Inseln umgeben waren.

Endzeit

Nachdem er eine Übersicht über die geheiligten Riten und Gesetze gegeben hat, denen die Fürsten von Atlantis folgten, wendet *Kritias* sich den Bürgerrechten und -pflichten zu, die für die Bewohner von Atlantis galten. Erst nach einer ziemlich detaillierten Darstellung dieser Rahmenbedingungen erfahren wir, wie es dem Königreich vor seiner endgültigen Zerstörung erging. Dieser Erzählung zufolge waren der Hang der Atlanter zu materiellem Reichtum und der damit einhergehende Mangel an Frömmigkeit die eigentliche Ursache ihres Untergangs. Die Atlanter «begannen, sich ungebührlich zu benehmen», was nicht ohne Folgen blieb:

> Wer sehen konnte, bemerkte nun ihre Verdorbenheit, da sie im Begriff waren, das Prunkstück ihres wertvollsten Schatzes zu verlieren. In den Augen dessen, der wahres Lebensglück nicht sehen konnte, erschienen sie dagegen hold und selig, nun da sie endlich der gemeinen Habgier und dem Hochmut der Macht zu erliegen begannen. Zeus, der Gott der Götter, in dessen Königreich sein Gesetz herrscht und der wohl das Auge hatte, dies zu erkennen, schaute auf ihr stattliches Haus in diesem traurigen Zustand und beschloss, ein Urteil über sie zu fällen, dessen Zucht sie auf den rechten Weg zurückführen mochte. So versammelte er alle Götter in seiner ehrwürdigsten Residenz in der Mitte der Welt, von wo aus er alles sieht, was wird, und sobald er sie dort versammelt hatte, sagte er ...[17]

Hier bricht der Text mitten im Satz ab. Der Leser kann nur vermuten, dass Zeus, nachdem er den Götterrat einberufen hatte, entschied, den Athenern zu erlauben, sich gegen den mächtigen Aggressor vom äußeren Ozean zu erheben. Und als die atlantische Flotte geschlagen war, wurden «Erdbeben und Fluten» entfesselt, um die Verdorbenheit, die sich auf der Insel verbreitet hatte, auszumerzen.

Über die Gründe, weshalb Platons Text unvollendet blieb, spekuliert man seit Jahrhunderten, wenn nicht seit Jahrtausenden. Ist ein Teil des Buches verloren gegangen? War Platon das Interesse an der Atlantis-Legende abhanden gekommen, und nahm sein letztes Werk, *Nomoi* (Gesetze) in Angriff, vermutlich wenige Jahre vor seinem Ableben um 347 v. Chr.? Oder hatte er dieses Ende des Textes von vornherein beabsichtigt? Vielleicht wollte er das Ende offen lassen, um die Geschichte in einem späteren Werk fortzuspinnen, möglicherweise in einem dritten und letzten Band seiner Atlantis-Trilogie.

Es bleibt die Tatsache, dass der abrupte Schluss des *Kritias* – der Dialog wird nirgends wieder aufgenommen – uns jede weitere Information hinsichtlich der wahren Natur und Lage der Insel Atlantis vorenthält. In gewisser Weise könnte das von Vorteil sein, denn der Stil des *Kritias* ist zweifellos ein ganz anderer als der des *Timaios*. Im *Kritias* haben wir ein vollkommen anderes Bild der atlantischen Insel vor uns, offensichtlich eingefärbt mit schwachen idealistischen Prinzipien einer utopischen Welt. Die beiden Dialoge widersprechen einander hinsichtlich der Pseudogeschichte, die sie jeweils zugrunde legen.

Man hat das Gefühl, Platon hätte in der Atlantis-Geschichte, wie er sie im *Kritias* erzählt, einen anderen Ort im Sinn gehabt, einen Ort, den er sehr gut kannte und den er in einem Zustand der Stagnation auf den Niedergang zutreiben sah. Könnte es sein, dass er die Atlantis-Legende lediglich benutzte, um warnend zu zeigen, was einem Land oder einem Staat widerfahren konnte, das oder der sich nicht an die politischen und legislativen Gesetze hielt, die er in seinem früheren Werk *Politeia* niedergelegt hatte?

Platons Warnung

An welchen Ort könnte Platon also gedacht haben, als er seine Vision eines idealen Inselkönigreichs, das schließlich in Schande unterging, niederschrieb? Manche Autoren haben die These vertreten, sein atlantisches Reich sei ein Abbild seiner Heimatstadt Athen gewesen. Anderthalb Jahrhunderte vor der Entstehung der platonischen Dialoge hatten sich die griechischen Völker im Widerstand gegen die Macht des Perserreiches zusammengeschlossen. Zugleich befanden sie sich im Krieg mit den Karthagern. Beide Konflikte endeten 480 v. Chr., als die Festlandgriechen die Perser in einer entscheidenden Schlacht vor der Insel Salamis schlugen und die Griechen von Sizilien die Karthager in einem Landgefecht bei Himera besiegten.

Die Tugenden des griechischen Bundes unter der Führung Athens sind vergleichbar mit der Rolle, welche die Athener in Platons Dialogen in ihrem entscheidenden Krieg mit dem mächtigen Atlantis spielen. Es folgte dem Sieg über die Perser und Karthager zwar ein etwa 50 Jahre währendes goldenes Zeitalter des Wachstums und der Expansion, doch in derselben Periode sank Athen in einen Zustand der Dekadenz, der an das Schicksal der atlantischen Nation erinnert.

Athen gewann an Reichtum und Macht, indem es in benachbarte Staaten und Inseln einfiel, die zuvor autonom gewesen waren. Die griechischen Nationen verabscheuten diese Tyrannei und beschuldigten Athens Machthaber, sie seien kaum besser als ihre großen Feinde, die Perser, die sich ihr Reich auf ähnliche Weise angeeignet hatten. Diese Entwicklung führte schließlich zum Peloponnesischen Krieg (431–404), an dessen Ende eine griechische Konföderation unter Führung Athens von peloponnesischen Streitkräften geschlagen wurde. Die entscheidende Schlacht war ein Seegefecht, das wiederum an den Krieg zwischen Athen und dem atlantischen Aggressor erinnert.

Nach Athens Kapitulation wurden zunächst der athenische Hafen und dann die Stadt von den peloponnesischen Streitkräften eingenommen.

Dies ereignete sich zufällig genau an dem Tag, an dem die Athener alljährlich ihren Sieg über die persische Kriegsmarine feierten; das Fest ging auf die Schlacht von Salamis bloße 76 Jahre zuvor zurück. Die Demütigung war total. Die Niederlage bedeutete das Ende athenischer Übermacht über die anderen griechischen Nationen. Für Athen begann eine ausgedehnte Periode innerer Unruhen, politischer Unsicherheit und wirtschaftlichen Zerfalls.

Athen, einst der größte und einflussreichste Staat Griechenlands, fiel also der Unfähigkeit und Barbarei seiner politischen Führer zum Opfer – ein Zustand, den Platon leidenschaftlich anprangerte und zu ändern suchte. Ganz zu schweigen von persönlichen Gründen, die Platon veranlassten, die athenischen Machthaber zu hassen: Im Jahr 399 v. Chr. hatte der Staat seinen engen Freund und Mentor Sokrates hingerichtet, die Hauptfigur in seinen späteren philosophischen Dialogen. Dieser Vorfall muss emotionelle Narben hinterlassen haben, die Platon bis an das Ende seines Lebens nicht mehr loswurde.

Seine Warnung an Athens Machthaber war unmissverständlich: Entweder ihr gebt eure korrupte Verwaltung auf und kehrt zu den Idealen zurück, die Athen groß gemacht haben, oder ihr werdet den Zorn des Zeus und der olympischen Götter erregen, was nur in totalem Untergang enden kann.

Der große amerikanische Geograph und Geschichtsautor William H. Babcock zog aus Platons Atlantis-Erzählung folgenden Schluss:

> Atlantis kann als ehrwürdige philosophische Fiktion gesehen werden, die zum Teil auf Legenden und Berichte über seismische und vulkanische Aktivitäten, jedoch viel mehr auf die Ruhmestaten Athens im Persischen Krieg und auf das Bedürfnis zurückgeht, bestimmte Untiefen zu erklären, die damals als unüberwindbar galten und die heute als die Sargassosee bekannt sind.[18]

Diese Einschätzung ist meiner Meinung nach realistisch. Jede politische Motivation, die in Platons Atlantis-Erzählung eingeflossen sein mag, ist herauszufiltern, wenn wir die wahren Quellen der Atlantis-Legende erkennen wollen.

Ideenquellen

Andere Autoren haben versucht zu zeigen, dass Platons Vorstellung von Atlantis auf der Insel Sizilien basiert, genauer gesagt auf der berühmten Stadt Syrakus. Nach dem Tod des Sokrates im Jahr 399 v. Chr. verließ Platon Athen, besuchte Ägypten, reiste auf dem griechischen Festland und landete 388 v. Chr. im megarischen Syrakus. Nach seiner Rückkehr nach Athen (386 v. Chr.) gründete er seine Philosophieschule, die *Akademeia*, die ihn während der nächsten 20 Jahre beschäftigte. 367 v. Chr. kehrte er als persönlicher Berater des dortigen Herrschers Dionysios II. nach Syrakus zurück, wo er jedoch in politische Streitigkeiten und Machtkämpfe verwickelt wurde, was ihn zur Flucht ins heimatliche Athen zwang. Den dritten und letzten Besuch stattete er Syrakus 361–360 ab.

Wir dürfen annehmen, dass Platon dem Plan der Stadt Syrakus die eine oder andere Idee für seine Beschreibung der atlantischen Metropole im *Kritias* entlehnt hat.[19] Die Verbindung zwischen der erfolgreichen Verteidigung der Stadt gegen den Ansturm der athenischen Kriegsmarine im Peloponnesischen Krieg und Platons Darstellung der Niederlage der atlantischen Aggressoren gegenüber Athen liegt ebenfalls auf der Hand.[20] Noch deutlicher wird die Parallele, wenn man sich vor Augen hält, dass Hermokrates, eine der Figuren in Platons philosophischen Dialogen, in seiner historischen Inkarnation als syrakusischer General mit dafür verantwortlich war, dass die athenische Flotte in jener entscheidenden Seeschlacht im Jahre 415 v. Chr. geschlagen wurde.[21] Dieser Ansatz wird in Phyllis Young Forsyths Buch *Atlantis: The Making of Myth* überzeugend vertreten.[22] Dennoch bleibt Sizilien eine Insel diesseits der Säulen des Herakles und kann deshalb, ebenso wenig wie Kreta, das ursprüngliche Vorbild für Platons Insel Atlantis gewesen sein.

Auch andere Metropolen der antiken Welt, die ihre Blüte im klassischen Zeitalter erlebten, sind mit Platons Atlantis verglichen worden, darunter Karthago,[23] Babylon[24] und Ekbatana, das heutige Hamadan, die antike Hauptstadt der Meder im westlichen Iran. Dem weit gereisten griechischen Historiker Herodot zufolge stand Ekbatana auf einem Hügel und war von sieben konzentrischen Mauerringen umgeben, jeder in einer anderen Farbe.[25] Es ist zumindest möglich, dass Platon in seiner Darstellung der durch verschiedenfarbige Metalle gekennzeichneten Inselringe von seinem Wissen um diese Stadt beeinflusst war.

Klare Parallelen zwischen Platons atlantischem Reich und der antiken Welt, in der er lebte, sind sicherlich nicht von der Hand zu weisen, doch auf der Suche nach zeitgenössischen Erklärungen für die Atlantis-Legende verliert man nur zu leicht die Tatsache aus dem Blick, dass Platons berühmte Dialoge letztlich immer noch als *Fiktion* anzusehen sind. Was hätte ihn daran hindern sollen, sein Wissen – falls er über welches verfügte – über eine unbekannte Insel jenseits der Säulen des Herakles mit seinen eigenen Idealvorstellungen auszuschmücken?

Die Leser, die Platon im Sinn hatte, waren nicht nur Philosophen, sondern auch Staatsmänner, Politiker und Aristokraten. Er muss gehofft haben, sie würden sich seine Warnungen zu Herzen nehmen und ihren Bürgern oder Untertanen eine solide Zukunft gewähren. Zu dieser Deutung neigen Altphilologen. Dennoch deuten die Informationen, die in den beiden Atlantis-Dialogen enthalten sind, alle in eine Richtung. Einmal ihrer politischen und phantastischen Obertöne entledigt, überliefert uns Platons Atlantis-Erzählung das Wissen um ein Inselreich mit folgenden Merkmalen:

a) Es war ein Imperium, das Jahrtausende vor der bekannten Geschichtsschreibung im Atlantischen Ozean existiert hat.
b) Es war durch eine Reihe «anderer» Inseln verbunden mit einem «gegenüberliegenden Kontinent», den wir vorläufig als Amerika identifizieren wollen.
c) Das Inselreich konnte von antiken «Reisenden» erreicht werden, die in der Lage waren, den äußeren Ozean zu überqueren. Diese Seefahrer könnten das Wissen um das atlantische Reich in die antike Welt getragen haben.
d) Das Reich fiel einer Naturkatastrophe zum Opfer, «Erdbeben und Überflutungen».
e) Wo die Insel Atlantis versunken ist, befindet sich heute ein «unpassierbares Meer» voller Schlamm und Sandbänke, bei dem es sich um die Sargassosee, die Untiefen rund um die Bahamas oder um beides zusammen handeln kann. Besagte Untiefen machten weiteren Schiffsverkehr mit dem «gegenüberliegenden Kontinent» unmöglich.

Alle diese Fakten haben wir zunächst dem *Timaios* entnommen, der den größeren Teil der ursprünglichen Ideen zu der Geschichte zu enthalten scheint. Das soll nicht bedeuten, dass der *Kritias* nun keiner Beachtung mehr wert sei. Ich will nur darauf hinweisen, dass der *Timaios* einen größeren Schatz an historischen Daten zu bieten scheint als das unvollendete Nachfolgewerk.

Wie groß war das Paradies?

Wie ist Platons Beschreibung der Insel Atlantis nun einzustufen? Handelt es sich um reines Phantasiegebilde des Autors, oder enthalten die beiden Dialoge wichtige Anhaltspunkte für ein umfassendes Verständnis der *wirklichen* Insel Atlantis? Betrachten wir zunächst noch einmal jene Passagen im *Kritias*, die eine detaillierte Beschreibung der Geographie der Insel enthalten.

Platon spricht eindeutig von einer riesigen, bewässerten Ebene, die sich «3000 Stadien [552 Kilometer] in der einen Richtung und bis zu 2000 Stadien [368 km] von der Küste durch die Mitte der Ebene»[26] erstreckte. Die Nordgrenze dieser Ebene bildete ein ausgedehntes Gebirge, dessen Hänge «bis zum Meer hinunter reichten» und das eine Steilküste formte, hinter der die Stadt vor «kalten Nordwinden» geschützt war.[27] Die Zitadelle lag am Rand der Ebene auf einem «Berg, der nirgends eine große Höhe erreichte». Dies war der Hügel, wo Euenor, der sterbliche Ahne der Könige von Atlantis, mit Frau und Tochter in einer Höhle gehaust hatte.[28] Flüsse und Bäche, die in den Bergen entsprangen, sammelten sich in einem Graben, aus dem die fruchtbare Ebene bewässert werden konnte. 50 Stadien (9,2 Kilometer) außerhalb des äußersten Wasserrings befand sich eine mächtige Rundmauer, ihr Haupttor stand an der Mündung des Kanals, der das Landesinnere mit dem Meer verband.[29]

Diesen einfachen Zahlen und Angaben ist unmittelbar zu entnehmen, dass die Insel viel kleiner ist, als Platon uns an anderer Stelle glauben machen wollte. Zwischen der fruchtbaren Ebene und der steilen Nordküste scheint nur eine Bergkette zu liegen, deren Ausdehnung hier zwar nicht beschrieben wird, die jedoch keinesfalls ein Gebiet von der Größe «Libyens und Asiens» zusammen bedeckt haben kann. Selbst der mächtige Himalaja ist trotz seiner Länge von 2400 Kilometern nur zwischen 180 und 240 Kilometer breit. Gewiss war das Nordgebirge von Atlantis nicht breiter als der Himalaja, woraus wir schließen können, dass die Insel an ihrer breitesten Stelle auf der Nord-Süd-Achse höchstens 600 Kilometer maß, wahrscheinlich weniger. Gehen wir davon aus, dass die Gebirgsbarriere nur wenige Kilometer dick war, dann hätte sich Atlantis von Küste zu Küste nur über etwa 400 Kilometer ausgedehnt.

Wir müssen uns aber davor hüten, Platons Maßangaben allzu wörtlich zu nehmen, sie haben im Laufe der Jahrtausende wahrscheinlich einiges an Genauigkeit eingebüßt. Darüber hinaus haben wir Grund zu der Vermutung, dass einige, wenn nicht gar alle von Platon zu Atlantis überlieferten Zahlen eine symbolische oder kultische Bedeutung tragen, die wahrscheinlich auf die pythagoreische Philosophie zurückgeht. Die Maßangaben in unseren Quellentexten sind also lediglich als Hinweise auf die Gesamtdimensionen der Insel aufzufassen.

Kann es aber schiere Nachlässigkeit gewesen sein, dass Platon hinsichtlich der Größe der atlantischen Insel zwei vollkommen verschiedene Bezugssysteme verbreitete? Meiner Ansicht nach können wir einen der größten Schriftsteller des klassischen Athen nicht ohne weiteres einer solchen Schwäche beschuldigen, selbst wenn wir zugeben müssen, dass es in den Datierungen des Krieges zwischen Athen und den atlantischen Invasoren ebenfalls Diskrepanzen gibt. Wie lassen sich also die offen widersprüchlichen Aussagen in den Atlantis-Dialogen miteinander in Einklang bringen?

Nach sorgfältiger Durchsicht der entsprechenden Passagen sehe ich vier mögliche Antworten auf diese Frage:

i) Platons Atlantis-Dialoge sind in späteren Abschriften und Übersetzungen versehentlich oder absichtlich geändert worden.
ii) Die Verwirrung in Platons Texten rührt daher, dass der Philosoph darin uralte Erzählungen verwendet hat, die sich nicht auf eine, sondern auf zwei oder mehr bewohnte Atlantikinseln bezogen, welche antike Seefahrer besucht oder von denen sie zumindest Kenntnis hatten. So verbreitete er die Geschichte einer einzigen Hauptinsel, die er Atlantis nannte.
iii) Die Beschreibung und die Abmessungen der Insel Atlantis, die Platon im *Kritias* angibt, sind im Wesentlichen korrekt, während seine Aussage, die Insel sei so groß wie Libyen und Asien zusammen, schlicht falsch ist.
iv) Die ganze Atlantis-Geschichte ist ein reines Phantasiegebilde. Die Längen- und Flächenangaben sind lediglich symbolischer Natur und gehen wahrscheinlich auf die Philosophie des Pythagoras zurück.

Die letzte Antwort könnte durchaus zutreffen, wobei Platon immer noch als schlechter Schriftsteller dastünde, der achtlos und ohne jede Konsistenz Fakten und Phantasie zusammengeworfen hat. Die anderen drei Möglichkeiten scheinen der Wahrheit näher zu kommen und sollten vielleicht nicht getrennt, sondern gemeinsam betrachtet werden.

Die Inselkönige von Atlantis

Der Amerikaner Ignatius Donnelly, der große Pionier der Atlantis-Forschung im 19. Jahrhundert, war der Erste, der Platons Größenvergleich mit Libyen und Asien in Frage stellte. Seine Version des *Kritias*, die er seinem Werk *Atlantis: The Antediluvian World* für Vergleichszwecke vorausstellte, weicht, wo es um die Größe der Insel Atlantis geht, von der üblichen Übersetzung ab. In Donnellys Buch wird *Kritias* so zitiert:

Die Krieger der anderen Partei [im Krieg mit Athen] wurden von den Königen der Inseln von Atlantis angeführt, das sich, wie ich schon sagte, einst über ein Gebiet *größer* als Libyen und Asien ausdehnte. Nachdem [Atlantis] in einem Erdbeben versunken war, wurde es zu einer unüberwindlichen Schlammbarriere für Reisende, die von hier aus den Ozean befahren wollten [Hervorhebung vom Autor].[30]

Sobald ich die Bedeutung dieser Aussage erkannt hatte, versuchte ich, die englische Übersetzung der platonischen Dialoge, die Donnelly für seine Zwecke benutzt hatte, aufzuspüren. Dabei half mir der kanadische Atlantis-Forscher Rand Flemath, der zusammen mit seiner Frau Rose das 1995 erschienene Buch *When the Sky Fell: In Search of Atlantis* geschrieben hatte. Flemath holte für mich Erkundigungen ein, konnte jedoch nicht sicher feststellen, welche Übersetzung Donnelly benutzt hatte. Im neunzehnten Jahrhundert war es jedoch nicht ungewöhnlich, dass Autoren eigene Übersetzungen antiker Texte anfertigten, und so kamen Flemath und ich zu dem Schluss, Donnelly könne nach einer damaligen Ausgabe des griechischen Originaltextes seine englische Version selbst verfasst haben.

Ob Donnellys Übersetzung des *Kritias* richtig ist oder nicht, bleibt noch festzustellen. Jedenfalls erscheint die Frage, was Platon gemeint haben mag, durch diese Variante in einem ganz neuen Licht. Wollte er vielleicht sagen, die Könige der Insel Atlantis und der «anderen» atlantischen Inseln hätten über ein *Seegebiet* von der Größe Libyens und Asiens geherrscht? Donnellys Bezeichnung «Könige *der Inseln* von Atlantis» wäre sinnvoll, wenn das atlantische Reich nicht aus einer einzigen Landmasse, sondern aus einer *Reihe von Inseln* bestanden hätte.

Im Mittelpunkt steht eine große Insel, die von Osten nach Westen mehrere hundert Kilometer lang war und im Norden mit einem Gebirge abschloss, das eine nach Süden offene Ebene schützte. Irgendwo nicht weit von der Südküste, auf einem Hochplateau, lag die mutmaßliche «Hauptstadt», der symbolische Ursprungsort der atlantischen Dynastie. Diese Insel war das Juwel des Inselreiches von Atlantis.

Einen solchen Ort kann man sich leicht vorstellen. Die Beschreibung passt auf eine ganze Anzahl atlantischer Inseln. Hat Platons Atlantis existiert, oder ist es ein aus bruchstückhaften Erinnerungen an zwei oder mehr unbekannte Inseln im westlichen Ozean zusammengesetztes Phantasiegebilde? Und wenn es existiert hat, war es dann wirklich das Stammland eines mächtigen Seereiches, das entweder durch Erdbeben und Fluten zerstört oder nach einer Reihe furchtbarer Kataklysmen aus seiner Heimat vertrieben wurde?

5 Die Inseln der Seligen

Die Geschichte des Aufstiegs, des Falls und schließlich des Untergangs von Atlantis kommt nur in Platons Dialogen vor. Es scheint keine andere antike Quelle zu geben, in der dieses Inselreich beschrieben würde, ein Umstand, den Atlantis-Skeptiker gern hervorheben. Diese Skeptiker haben sich immer in bester Gesellschaft befunden, denn Aristoteles, der rational denkende Schüler des Platon, war der Erste, der die Geschichte als offensichtlich absurd abgetan hat. Nach Aristoteles' Meinung hat ihr «Erfinder für das Verschwinden [von Atlantis] gesorgt»[1]. Er hielt es also für ausgeschlossen, dass Platon je geglaubt haben könnte, seine Leserschaft mit einer so lächerlichen Erfindung hinters Licht führen zu können.

Darüber hinaus wissen wir nur, dass das Thema Atlantis im 3. Jahrhundert n. Chr. unter den Philosophen der Platonischen Akademie an der berühmten Bibliothek und Universität von Alexandria offen diskutiert wurde. Den Beleg dafür finden wir in den Schriften des griechischen Neoplatonikers und *Timaios*-Kommentators Proclus (412–485).[2] Der russische Forscher Nikolai Zhirov musste jedoch zugeben, dass «... die Akademie nicht die entsprechenden Dokumente [zur Verfügung] hatte», um diese Angelegenheit in die eine oder andere Richtung zu entscheiden.[3]

Bevor sie im Jahre 48 v. Chr. durch Julius Cäsar und später noch einmal durch Anhänger des christlichen Fanatikers Bischof Cyril (391 n. Chr.) niedergebrannt wurde, hat die Bibliothek zu Alexandria schätzungsweise um die 490 000 Schriften beherbergt,[4] darunter mit Sicherheit viele tausend Manuskripte, die für immer verloren sind. Es sollte uns deshalb zumindest nachdenklich stimmen, dass die Bibliothek offenbar nichts, aber auch gar nichts enthalten hat, was Platons Geschichte bestätigt hätte. Wäre Platon die einzige Quelle der Überlieferung, dann stünde unsere Argumentation für ein historisches Atlantis auf äußerst wackligen Füßen.

Wir kommen also nicht umhin, zu überprüfen, was andere antike Autoren über legendäre Inseln im westlichen Ozean zu sagen hatten. Obwohl in keiner dieser frühen Quellen der Name Atlantis benutzt wird wie bei Platon, finden wir dort ganz ähnliche Inselparadiese, von denen manche durchaus mit Platons atlantischer Insel zu tun haben könnten.

Hannos Reise

Als Erstes betrachten wir eine Seereise entlang der afrikanischen Westküste, die ein karthagischer General und Seefahrer namens Hanno um das Jahr 425 v. Chr. unternahm. Ein Bericht darüber soll sich im Tempel des Saturn (genauer gesagt Ba'al-Hammon) in Hannos Heimatstadt Karthago befinden.[5] Das Original ist verschwunden, doch glücklicherweise existiert noch eine griechische Version des Textes.[6]

Mit einer Flotte von 60 Schiffen, so genannten Pentecontern, und «30 000» Matrosen, wie in dem Bericht zu lesen ist, erkundete Hanno zunächst die Nordwestküste Afrikas. Gleich zu Beginn seiner Reise gründete er auf einer «waldbedeckten libyschen Landzunge» einen «Poseidon geweihten» Tempel.[7] Danach soll er auf einen großen See voller «hoher Schilfe» gestoßen sein, wo sich «Elefanten und viele andere wilde Tiere nährten», was an die Elefanten erinnert, die laut Platon auf Atlantis zu finden gewesen sein sollen.[8] Dann segelte die Flotte weiter und unternahm insgesamt fünf Stadtgründungen, bevor sie am Fluss «Lixos» anlangte, vermutlich dem heutigen Fluss Draa im Grenzgebiet zwischen Marokko und der (spanischen) Westsahara.[9] Dort ließen die «Lixiter ihre Herden weiden»[10]. Gelehrte haben dieses Volk als die so genannten Berberstämme identifiziert, die noch heute in dieser Region leben.[11]

Hanno beschäftigte lixitische Dolmetscher, die offenbar mit den Landschaften, die er auf seiner langen Reise sah, schon vertraut waren. Sie konnten sich darüber hinaus auch mit Angehörigen anderer Stämme entlang der Route verständigen – ein starker Hinweis darauf, dass auch die Lixiter Seefahrer waren oder dass phönizische und karthagische Kapitäne sie regelmäßig als Lotsen und Dolmetscher einsetzten.

Hanno erforschte das Hinterland und traf dort auf «feindselige Äthiopier [das heißt eingeborene Afrikaner] in einem Land voller Raubtiere, zwischen hohen Bergen»[12]. In diesen Bergen hatten der Lixos seine Quelle und eine Schimpansenrasse «eigenartigen Aussehens» ihre Heimat, Affen, die nach Aussage der Lixiter «schneller als Pferde» laufen konnten.[13] Ohne Frage befanden sich die Karthager da in den Westausläufern des Atlasgebirges, die zum antiken Königreich Mauretanien gehörten.

Nachdem sie dieses Gebiet wieder verlassen hatten, segelten Hanno und seine Leute zwei Tage lang nach Süden und einen Tag nach Osten, bis sie «auf der anderen Seite des Golfs» auf eine kleine Insel stießen. Auf dieser Insel, die einen Umfang von nur fünf Stadien (920 Meter) gehabt haben soll,[14] gründeten sie eine Siedlung, die sie Cerne nannten. (Wie bereits erwähnt hatten die

Phönizier und Karthager die Angewohnheit, auf kleinen Inseln vor dem Festland Häfen zu gründen.) Weiter sagt Hanno über die Insel nur, dass sie «direkt gegenüber von Karthago» liegt, «da der Weg von Karthago zu den Säulen ähnlich lang zu sein scheint wie von den Säulen nach Cerne»[15]. Anschließend soll der karthagische General eine Expedition «den großen Fluss Chretes hinauf» angeführt haben, bis zu einem See, «in dem drei Inseln lagen, größer als Cerne»[16]. Nachdem sie einen weiteren Strom erkundet hatten (offenbar auf der anderen Seite des Sees), «in dem es von Krokodilen und Flusspferden wimmelte», kehrten sie nach Cerne zurück, segelten von dort aus 14 Tage lang nach Süden und gelangten zu einer «unermesslich großen Bucht»[17] mit weiteren Inseln, rauchenden Vulkanen, Lavaströmen, glühender Hitze und primitiven Bewohnern.[18] Dort gingen der Flotte schließlich die Vorräte aus, und man segelte in Richtung Heimat.[19]

Hannos Reise im Einzelnen nachzuvollziehen würde den Rahmen dieses Buches sprengen. Manche Forscher meinen, er sei bis Sierra Leone gekommen[20], andere sagen, er sei auf den Golf von Guinea gestoßen und von dort aus weiter östlich nach Kamerun oder gar Gabun gezogen.[21] Wo er tatsächlich gelandet ist, weiß niemand. Die einzige in Hannos Bericht erwähnte Insel, die Historiker ernsthaft zu lokalisieren versucht haben, ist Cerne. Donald Harden kam in seiner Studie über phönizische und karthagische Reisen jenseits der Säulen des Herakles[22] zu dem Schluss, Cerne müsse «eine nicht genau identifizierte Insel in der Nähe des Senegal-Deltas» sein.[23]

Andere Gelehrte haben Cerne weiter nördlich angesiedelt und sie mit der Insel Herne vor dem Südrand der Westsahara oder auch mit Arguin, etwa 320 Kilometer weiter südlich, identifiziert.[24] Nach Hannos eigener Aussage lag Cerne in der gleichen Entfernung hinter den Säulen des Herakles wie die Säulen von Karthago.[25] Von Gibraltar aus entlang der afrikanischen Küste landet man auf diese Weise nicht vor Senegal, sondern irgendwo auf der Höhe der Westsahara, was auf die Insel Herne hindeuten würde. Doch Harden selbst gab, als er die Mündung des Senegal als wahren Ort für Cerne ins Spiel brachte, zu: «Allem Anschein nach sind Hannos Entfernungsangaben zu verwerfen.»[26] Dafür sprechen auch die Schriften des Pseudo-Scylax aus der Mitte des 4. Jahrhunderts v. Chr. Dort ist zu lesen, dass «die Kaufleute» von Cerne «Phönizier sind. Sobald sie vor der Insel ankommen, ankern sie ihre Frachtboote und schlagen ihre Zelte auf Cerne auf. Sodann löschen sie ihre Ladung und bringen sie auf kleinen Booten zum Festland. Auf dem Festland sind die Äthiopier, und mit diesen treiben sie Handel ... Sie haben auch eine große Stadt, zu der die phönizischen Kaufleute segeln.»[27]

Wir dürfen auch nicht vergessen, dass nach Pseudo-Scylax die Insel Cerne zwölf Tagereisen jenseits der Säulen des Herakles gelegen haben soll.[28] Ferner hielt er fest, dass die «Gewässer jenseits der Insel Cerne durch Sandbänke, Schlamm und Seetang nicht mehr schiffbar sind»[29], vielleicht ein Hinweis auf die Sargassosee. Nun wissen wir, dass sich unter genau solch einem seichten Meer das versunkene Atlantis verbergen solle. Könnte hier vielleicht die Kolonie Cerne mit Erinnerungen an Platons Atlantis vermischt worden sein? Wäre es möglich, dass die Geschichten über Cerne, eine wohlhabende Inselkolonie jenseits der Säulen des Herakles, die Mittelmeerwelt erreicht und Platon beim Abfassen seiner Atlantis-Erzählung beeinflusst haben? Mit diesen Fragen werden wir uns in Kapitel 12 beschäftigen.

Pseudo-Aristoteles

Dieser Hochstapler, wahrscheinlich ein Schüler des berühmten Philosophen, der sich für seinen Lehrer ausgab, hat ein Buch mit dem Titel *Überlieferte Wunder* verfasst (ca. 300 v. Chr.). Der Text ist deshalb so wichtig, weil darin von einer «verlassenen Insel» im «Meer jenseits der Säulen des Herakles» die Rede ist. Die Insel soll demnach von den Karthagern entdeckt worden sein, die sie «oft besucht haben, da sie so reich war»[30]. Nach Aussage der Karthager soll sie nur «wenige Tagereisen entfernt» gewesen sein.[31] Einige Karthager «[sollen] sogar dort gelebt [haben]», weil es «allerart Hölzer» und «*schiffbare* Flüsse» sowie «jegliche Art von Früchten» gab.[32] Jeder Nicht-Karthager, der sich bis auf Sichtweite an diese Insel heranwagte, wurde gefangen genommen und hingerichtet. Auch die Eingeborenen wurden massakriert, «damit sie nichts erzählen konnten und andere nicht massenweise zu der Insel strömten ... und den Karthagern ihren Reichtum nahmen»[33].

Wo die Insel lag, wird in dieser Schrift nicht gesagt, wenngleich man sie offenbar von den Säulen des Herakles aus leicht erreichen konnte. Am wahrscheinlichsten handelte es sich um Madeira, die größere der beiden Hauptinseln des gleichnamigen Archipels (der allerdings unbewohnt war, als die Portugiesen ihn 1417 entdeckten). Diese Inselgruppe ist jedenfalls gebirgig und reich an Wäldern und anderer Vegetation. Und sie war in der Antike bekannt. Plinius der Ältere (23–79), der berühmte römische Naturforscher, scheint sie als die *Purpurariae* gekannt zu haben, die Purpurinseln – nach der Farbstoffherstellung, die seit König Juba II. von Mauretanien (gestorben ca. 18 n. Chr.) dort betrieben wurde.[34]

Nicht zuletzt aufgrund des milden Klimas bringt Madeira vielerlei

Früchte hervor, die auf europäischen Frühjahrsmärkten sehr begehrt sind. Der einzige Umstand, der uns daran hindert, Madeira eindeutig als die «verlassene Insel» des Pseudo-Aristoteles zu identifizieren, ist der Mangel an schiffbaren Flüssen dort. Gäbe es nicht das ausgedehnte Netz von Bewässerungskanälen, die nach der (portugiesischen) Eroberung gebaut worden sind und durch die das Gebirgswasser in die Täler gelangen kann, wäre Madeira kaum mehr als eine Wüsteninsel.

Ich bin natürlich nicht der Erste, der auf dieses Problem in der Darstellung des Pseudo-Aristoteles hinweist. Der amerikanische Historiker Cyrus H. Gordon kam bereits nach einer Überprüfung der Hinweise auf karthagische Kontakte mit Madeira schon zu dem Schluss: «Die Erwähnung schiffbarer Flüsse ist bemerkenswert, da es westlich von Afrika erst auf Haiti, auf Kuba und auf dem amerikanischen Festland schiffbare Flüsse gibt.»[35]

Könnte es also sein, dass der Autor dieses Berichts nicht nur von Madeira, sondern außerdem von einer anderen Atlantikinsel gesprochen hat, auf der es tatsächlich Ströme und eine eingeborene Bevölkerung gab? Wenn das der Fall wäre, hätten wir zu folgern, dass Pseudo-Aristoteles Erinnerungen an eine der Westindischen Inseln beschrieb, vielleicht Kuba oder Hispaniola, wo es schiffbare Flüsse gibt.

Pseudo-Aristoteles redet im Weiteren von einer Atlantikreise iberischphönizischer Seeleute aus Gades.[36] Sie sollen vier Tage lang mit einem Ostwind gesegelt sein, bis sie zu einer «verlassenen» Insel voller «Gestrüpp und Seetang» kamen.[37] Dort konnten sie «massenweise unglaublich große und schwere Tunfische» fangen.[38] Der Fisch wurde in Fässern mariniert und nach Karthago verschifft, wo man ihn verzehrte, jedoch nie in andere Länder exportierte.[39] Dies weist wiederum auf Madeira hin, wo es bis vor relativ kurzer Zeit große Vorkommen an Tunfisch gab.

Diodorus Siculus

Diodorus Siculus oder Diodorus von Sizilien (ca. 8 v. Chr.) ist einer der bekanntesten griechischen Historiker. Er verfasste einen umfangreichen und zum Teil erhaltenen Korpus von Schriften, die unter dem Namen *Bibliotheca Historica* bekannt sind. Ursprünglich bestand diese historische Bibliothek aus etwa 40 Büchern, von denen 15 überlebt haben,wenn auch manche nur in Fragmenten. Darin finden sich die Legenden vieler Länder der antiken Welt, darunter Libyen, Ägypten, Persien, Syrien, Medien, Griechenland, Rom und Karthago. Diodorus war fraglos ein sehr gelehrter Mann; gewiss kannte er viele andere klassische Werke, die das Wissen um atlantische Inseln jenseits der Säulen des Herakles, über das er verfügt zu haben scheint, durchaus beeinflusst haben könnten.

Im dritten Buch seiner *Bibliotheca* schreibt Diodorus über eine wilde Frauenrasse, die Amazonen. Dieses kriegerische Volk soll am äußersten Rand der bewohnten Welt gelebt haben, irgendwo in den «westlichen Regionen Libyens»[40]. Die Heimat der Amazonen war eine Insel namens Hespera in der «Tritonismarsch», die als ein antiker Salzsee neben der Kleinen Syrte identifiziert wurde, dem heutigen Sebkah-el-Farauun in der Nordsahara. Die Marsch oder der See Tritonis soll nach «einem gewissen Fluss Tritonis, der in ihn mündete», benannt gewesen sein.[41] Die Insel selbst war dem Bericht zufolge «sehr groß» und hatte «Obstbäume jeglicher Art»[42].

Nachdem sie die Bevölkerung rund um den Tritonis-See unterworfen hatten, zogen die Amazonen gegen andere Völker in den Krieg, als Erstes gegen die Atlantioi, die «zivilisiertesten [Menschen] unter den Bewohnern jener Regionen»[43]. Sie «trieben Handel in einem wohlhabenden Land und hatten große Städte», darunter solche, die «in der Mythologie als Geburtsstätten der Götter» galten.[44] Die Atlantioi sollen «die Gebiete entlang der Ozeanküste» bewohnt haben.[45]

Das Wort «Atlantioi» scheint dasselbe Volk zu meinen, das auch unter dem Namen «Atlanter» bekannt ist, das Volk des Atlas, das vier Jahrhunderte zuvor Herodot in seiner *Historia* erwähnt hatte.[46] Nach Herodots Angaben lebten die Atlanter in der Westsahara und waren ein Volk von Vegetariern, die niemals träumten.[47] Die Atlantioi des Diodorus sind die Ureinwohner dieses Gebiets und erscheinen als die «zivilisiertesten unter den Bewohnern dieser Regionen»[48].

Myrina, die Königin der Amazonen, hob also 30 000 Fußtruppen und 3000 Reiter aus und marschierte in die Stadt Cerne, wo sie die Atlantioi in einer erbitterten Schlacht in die Knie zwang.[49] Um zu überleben, erklärte sich das unterlegene Volk bereit, alles zu tun, was Myrina verlangte.[50] Doch die Amazonenkönigin handelte ehrenhaft und errichtete auf den Ruinen der Stadt Cerne eine neue Stadt, der sie ihren eigenen Namen gab. Das Volk von Cerne überlebte, obwohl sein Territorium hin und wieder von den grausamen Gorgonen heimgesucht wurde, die an dessen Grenzen hausten. (Vermutlich besteht hier ein Zusammenhang mit den mythischen Atlantikinseln, die in der Literatur als Gorgaden erscheinen [siehe Kapitel 6].) Die Atlantioi baten Myrina, gegen diesen Feind vorzugehen, was sie auch tat, wobei sie «bald die Oberhand gewann»[51]. Myrina und ihre Kriegerinnen nahmen 3000 Gefangene und versuchten, die Übrigen auszuräuchern.[52] Darin scheiterte sie jedoch, und letztlich wurde sie zum Rückzug gezwungen. Die Gorgonen wurden am Ende erst vom Zeus-Sohn Perseus geschlagen, während seiner Reise durch das Königreich Mauretanien.[53]

Diodorus berichtet, dass die Tritonismarsch «in einem Erdbeben verschwand, als ihre Küstengebiete auseinander brachen»[54]. Danach kommt er noch einmal auf die Atlantioi zu sprechen: «An dieser Stelle sollte ich vielleicht berichten, was ihre Mythen über den Ursprung der Götter aussagen.»[55]

Dies ist das zweite Mal, dass er die Atlantioi mit der Entstehungsgeschichte der Götter in Zusammenhang bringt, in einer früheren Passage sagt er nämlich, sie hätten «große Städte» besessen, die in der Mythologie «als Geburtsstätten der Götter» galten.[56] Zu diesen Städten gehört wohlgemerkt auch die karthagische Siedlung Cerne. Doch warum sah er die Geburtsstätten der Götter im fernen Westen, am äußersten Rand der bekannten Welt? Deutet dies vielleicht auf die Existenz einer viel früheren Zivilisation irgendwo in der Nähe des antiken Königreichs Mauretanien hin, wo lange vor dem Zeitalter der klassischen Antike lokalen Formen des Gottes Poseidon, seines Sohnes Triton, der Göttin Athena und des Gotthelden Atlas gehuldigt wurde? Und könnte etwa ein Zusammenhang zwischen den Atlantioi oder Atlantern mit ihrer Stadt Cerne und Platons Atlantis-Erzählung bestehen?

Die Atlantiden

Diodorus stellt nun die Geschichte der Götter dar. In seiner Version wurde die Welt nach dem Tod des Hyperion, eines der mythischen Titanen, unter den Söhnen des Uranus aufgeteilt. Kronos und Atlas erhielten die Gebiete entlang des Ozeans. Ein Berg wurde nach Atlas benannt, und die Bewohner jener Länder hießen fortan *Atlantioi*.[57] Diodorus erwähnt auch, dass Atlas eine Gabe für die Kunst der «Astrologie besaß und die Menschheit in die Wissenschaft der Kugel einführte», aus welchem Grund er das Himmelsgewölbe auf seinen Schultern getragen haben soll. (Zuweilen findet man dies auch als Strafe dargestellt – für die Rolle, die er in den Kriegen zwischen den Titanen und den Göttern des Olymp spielte.)[58]

Diodorus beschreibt auch die Atlantiden, die sieben Töchter des Atlas. In der Mythologie wurden sie zu Geliebten der berühmtesten Götter und Helden und damit zu Stammmüttern des «größten Teils» der Menschheit. Damit erlangten sie «unsterbliche Ehre» und verdienten sich «als die Plejaden» einen Platz auf dem «himmlischen Thron».[59]

Die Geschichte der sieben Atlantiden findet sich auch in den Schriften des viel früheren griechischen Historikers Hellanicus von Lesbos (gest. ca. 411 v. Chr.). Dieser verfasste ein Werk mit dem bezeichnenden Titel *Atlantis*, in dem er den Stammbaum der Atlantiden darlegte. Trotz des faszinierenden Titels hat dieses *Atlantis* nicht das Geringste mit dem der platonischen Dialoge zu tun. Es steht lediglich für «die Töchter des Atlas». In Hellanicus' Darstellung trägt die Mutter der sieben Töchter des Atlas, eine der Ozeaniden, den Namen Pleione. (Bei Diodorus heißt sie Hesperis [siehe Kapitel 6].) Der Meeresgott Poseidon schlief mit zweien der Töchter, eine, Calaeno, gebar einen Sohn mit Namen Lycus, den der Meeresgott auf den «Inseln der Seligen» leben ließ.[60]

Diodorus schreibt zwar, die Atlantiden seien in Cyllene in Arkadien geboren, doch ihre Verbindung sowohl mit dem Sternbild der Plejaden als auch mit den «Inseln der Seligen» dürfte als erster Hinweis darauf gelten, dass ihre Geschichte eine Bedeutung über die bekannte Mythologie hinaus haben könnte. So wissen wir zum Beispiel, dass das Wort «Plejaden» auf ein griechisches Wort für «Segeln» zurückgeht. «Das Sternbild zeigt die günstigste Zeit für die Seefahrt an, den Frühling.»[61] Nimmt man noch Diodorus' Behauptung hinzu, Atlas habe «die Menschheit in die Wissenschaft der Kugel» eingeführt, gewinnt man den Eindruck, wir könnten es mit bestimmten Seefahrergeheimnissen zu tun haben, die in mythologischer Form überliefert worden sind.

Den wahren Ort der Inseln der Seligen oder der Glücklichen herauszufinden ist nicht einfach, denn es gibt keine stichhaltigen Hinweise. Allgemein wurden sie als eine übernatürliche Inselgruppe im fernen Westen betrachtet.[62] Die Vorstellung von einer oder mehreren Inseln der Seligen am Rand der bekannten Welt, wo das Leben nach dem Tode beginnt, ist uralt. Sie findet sich in ägyptischen und sumerischen Mythen und gehörte auch zur Religion der minoischen Völker Kretas, von denen die Griechen sie übernommen haben könnten.[63] Bevor allgemein bekannt wurde, dass jenseits der Säulen des Herakles Inseln liegen, gaben sich die meisten Mittelmeerkulturen damit zufrieden, ihre Inseln der Seligen unmittelbar hinter dem westlichen Horizont anzusiedeln. So nannte Diodorus die Insel Lesbos «gesegnet»[64], und Plinius der Ältere erwähnte Kreta als die «Insel der Seligen».[65]

Nachdem er am Ende des 1. Jahrhunderts v. Chr. die Kanarischen Inseln entdeckt hatte, glaubte der mauretanische König Juba II., er habe die wahren Inseln der Seligen gefunden.[66] Indem er dies bekannt machte, begründete er die im Denken der antiken Welt gängige Verknüpfung zwischen den Kanarischen Inseln und den Inseln der Seligen.

Buch V

Das bisher Gehörte sollte uns nachdenklich stimmen, zumal wir nun, da wir von Buch III zu Buch V der diodorischen *Bibliotheca* übergehen, auf einen «Bericht über jene Inseln *im Ozean*» stoßen, was nur bedeuten kann, dass besagte Inseln noch als Teil der antiken Welt betrachtet wurden.[67] Als Erstes behauptet Diodorus die Existenz einer «fruchtbaren» Insel «erheblicher» Größe, «einige Tagereisen» im Meer westlich von Libyen. Diese Insel soll gebirgig gewesen sein, und eine «Ebene unvergleichlicher Schönheit» sowie «schiffbare Flüsse» besessen haben, die auch zur Bewässerung dienten. Man fand dort «Parks mit Bäumen jeder Art» und zahlreiche Gärten, durchzogen von «Bächen süßen Wassers».[68] Dazu gab es «Landhäuser» und von Blumen umgebene «Festhäuser» sowie ausgezeichnete Reviere für die Jagd auf «Raubtiere und anderes Wild».[69] Das Klima auf der Insel war das ganze Jahr über mild, sodass es Nahrung im Überfluss gab. So erschien die Insel eher als der «Wohnort einer Götterrasse und nicht von Menschen»[70].

Diese Beschreibung einer gebirgigen Atlantikinsel kommt Platons Schilderung des versunkenen Atlantis nahe, wenngleich Diodorus zumindest einen Teil seiner Darstellung bei Pseudo-Aristoteles entlehnt zu haben scheint. Dieser sprach von einer von den Karthagern besiedelten «verlassenen» Insel nur «wenige Tagereisen» jenseits der Säulen des Herakles, auf der es «Hölzer aller Art», «schiffbare Flüsse» und «jegliche Art von Früchten» gegeben haben soll.[71]

Diodorus erzählt als Nächstes die Geschichte der phönizischen Seefahrer, die auf einer Reise entlang der afrikanischen Küste durch starke Winde von ihrem Kurs abkamen und «weit in den Ozean hinaus» geblasen wurden. Nachdem sie «viele Tage lang vom Sturm umhergetrieben» worden waren, landeten sie auf der «oben erwähnten Insel»,[72] also auf der Insel mit den «schiffbaren Flüssen». Angesichts der «Glückseligkeit und Natur» der Insel «sorgten die Phönizier [von Gades] dafür, dass ihre Entdeckung der ganzen Menschheit bekannt wurde»[73]. Diese große Bekanntmachung scheint die Herren der Meere, die Tyrrhener von Etrurien (die heutige Toskana, das Latium, Ligurien und Teile von Padania) veranlasst zu haben, Schiffe zu der Insel zu entsenden, um eine Kolonie zu gründen. Doch die Karthager durchkreuzten diesen Plan, denn sie wollten die Insel für sich behalten – nicht nur wegen ihrer besonderen Schönheit, sondern auch als Zufluchtsort, falls Karthago einmal einer Katastrophe zum Opfer fallen sollte.[74]

Da die iberisch-phönizischen Seeleute die afrikanische Westküste entlang segelten, bevor sie vom Kurs abkamen, liegt es nahe, die Insel, die in den beiden von Diodorus überlieferten Geschichten erwähnt wird, mit Madeira zu identifizieren. Zu diesem Schluss kam auch Donald Harden.[75] Es bleibt jedoch das Problem der «schiffbaren Flüsse», die zwischen Afrika und der Karibik auf keiner einzigen Insel zu finden sind. Diodorus scheint also, nicht anders als Pseudo-Aristoteles vor ihm, Überlieferungen über zwei oder mehr atlantische Inseln zusammengefasst zu haben, von denen eine Madeira sein könnte. Bei der anderen, der mit den «schiffbaren» Flüssen (falls eine solche je existiert hat) kann es sich nur um eine der Westindischen Inseln gehandelt haben.

Die Leben des Plutarch

In der Fülle des Materials, das in den monumentalen *Bioi paralleloi* des großen griechischen Moralisten und Biographen Plutarch (50–120) enthalten ist, findet sich eine faszinierende Geschichte über einen römischen General namens Sertorius, der während seiner Zeit als Gouverneur von Iberien (zwischen 80 und 72 v. Chr.) von der zufälligen Entdeckung zweier Atlantikinseln erfuhr. Die Nachricht brachten zwei iberisch-phönizische Seeleute, die gerade nach Gades zurückgekommen waren. Ihr Schiff war offenbar von nördlichen und östlichen Winden abgetrieben worden, und so waren sie auf die Inseln gestoßen.[76]

Die beiden Inseln, die man als die Inseln der Glückseligkeit betrachtete, waren «nur durch einen schmalen Kanal voneinander getrennt»[77]. Es «regnet dort selten, und wenn es einmal regnet, dann nur sehr milde. Allgemein weht eine sanfte Brise, die diese fruchtbaren Niederschläge [über die Inseln] verteilt»[78]. Zudem ist der Boden auf den Inseln nach Plutarchs Angaben «nicht nur gut für Saat und Pflanzung, er bringt auch von selbst die besten Früchte hervor, und zwar in solchem Überfluss, dass die Bewohner nichts weiter zu tun haben, als in ihrem Reichtum zu schwelgen und sich des leichten Lebens zu erfreuen»[79].

Die Jahreszeiten gehen, wie es heißt «unmerklich ineinander über», und dann macht Plutarch die bemerkenswerte Feststellung, die Inseln seien «nach allgemeinem Glauben, selbst der Barbaren, die elysischen Gefilde, der Wohnsitz der Seligen, den Homer in seinen zauberhaften Versen beschrieben hat»[80].

Ihr mildes Klima und ihre Fruchtbarkeit scheinen die Inseln mit vielen der Atlantikparadiese gemeinsam zu haben, welche die phönizischen oder karthagischen Seefahrer entdeckt haben, doch wird in dieser Geschichte eine genau bestimmte Entfernung genannt. Plutarch gibt an, sie hätten

400 Ligen (1920 km) vor der Küste Westafrikas gelegen.[81] Wenn man annimmt, dass das phönizische Schiff seine Reise in Gades begonnen hat, dann könnte man sagen, die Inseln hätten zu den Azoren gehört, welche die Portugiesen 1427 wiederentdeckten. Diese Theorie wird noch gestützt durch die Tatsache, dass die Azoren etwa 1850 Kilometer westlich von Spanien liegen, was von Plutarchs Entfernungsangabe kaum abweicht. Zudem haben die Azoren ein mildes Klima. Hinweise auf eine karthagische Präsenz dort kamen 1749 ans Tageslicht, als man auf Corvo eine zerbrochene schwarze Vase mit zusammengebackenen Münzen fand. Die Münzen waren im 4. oder 3. Jahrhundert v. Chr. in Karthago oder in Cyrene im griechischen Nordafrika geprägt worden.[82]

Um welche Inseln es sich in Wahrheit auch gehandelt haben mag, im Bericht über das Leben des Sertorius werden sie nicht nur als die Inseln der Seligen bezeichnet, sondern auch mit den elysischen Gefilden oder dem Elysium gleichgesetzt. In der klassischen Überlieferung war dies eine Insel im fernen Westen, die von immergrünen Ranken bedeckt war und voller «lieblicher Auen mit lauschigen Bächen»[83]. Die Luft war stets «gesund, heiter und mild», «die Vögel zwitscherten in den Wäldern», und «die Bewohner waren mit einer anderen Sonne und anderen Sternen gesegnet»[84]. Manche antike Autoren nannten das Elysium auch eine der Inseln der Glückseligkeit.[85] Wie im Fall der anderen paradiesischen Inseln im Atlantik scheint auch die Überlieferung um die elysischen Felder phönizischen Ursprungs zu sein. Griechische Geschichtsschreiber meinten lange, Elysium bedeute «kommend» im Sinne eines Ortes, zu dem die Frommen kommen, doch heute ist man der Auffassung, es leite sich von einem semitischen Wortstamm ab und bedeute «Gefilde des El», worin El der Hauptgott der Phönizier ist.[86]

Mehrere Autoren der klassischen Antike haben also ausdrücklich von frühen Kontakten gesprochen, überwiegend durch iberisch-phönizische und karthagische Seefahrer, die zu atlantischen Inselgruppen nicht zu weit hinter den Säulen des Herakles gelangt waren. Namen wie Cerne, Elysium, Inseln der Glückseligkeit oder Inseln der Seligen deuten darauf hin, dass Madeira, die Kanarischen Inseln und sogar die Azoren im Grunde bekannt waren.

Wir können auch festhalten, dass bestimmte Elemente der vielen Geschichten über atlantische Inseln, die durch die bisher zitierten Autoren überlebt haben, nicht mit der Geographie, Topographie und Lage der verschiedenen Inselgruppen im östlichen Atlantik übereinstimmen. Dies gilt besonders für die Inseln mit «schiffbaren Flüssen» bei Pseudo-Aristoteles und Diodorus Siculus. Wir erinnern uns dabei an Cyrus Gordons Feststellung, dass es «westlich von Afrika erst auf Haiti, auf Kuba und auf dem amerikanischen Festland schiffbare Flüsse» gibt.[87]

Könnte es sein, dass in den beiden Berichten ein von Atlantikfahrern gewonnenes Wissen über eine oder mehrere der großen Inseln in der Karibik überliefert wird? Im nächsten Kapitel werden wir sehen, dass auch die wichtigen Geographen der römischen Periode die Erinnerung an vorgeschichtliche Reisen zu Inseln im westlichen Atlantik bewahrt haben.

6 Vierzig Tagereisen

Gaius Plinius Secundus, besser bekannt unter dem Namen Plinius der Ältere, war im Rom des 1. Jahrhunderts n. Chr. ein anerkannter Naturforscher. In seinem 37-bändigen Werk *Historia Naturalis* (Naturgeschichte) schreibt er über alle möglichen Aspekte der Natur, von den Sternen, dem Himmel und den Winden bis hin zu Regen, Hagel, Mineralien, Bäumen, Blumen und Pflanzen. Die Bücher enthalten jedoch auch eine detaillierte Beschreibung antiker Geographie. Und wie Diodorus Siculus hatte er auch einiges über legendäre Inseln im westlichen Ozean zu sagen. Zudem können wir sicher sein, dass er mit Platons Atlantis-Erzählung vertraut war, denn er akzeptierte fraglos, dass es «Fälle gibt, wo Land vollkommen vom Meer verschlungen wurde», einschließlich «... [wenn wir Platons Geschichte Glauben schenken] des riesigen Gebiets, das der Atlantik bedeckt»[1].

Unter den Landmassen im Atlantik, die Plinius erwähnt, befindet sich «eine Anzahl von Inseln gegenüber von Celtiberia [Spanien]», welche die Griechen als die *Cassiteriden* bezeichneten.[2] Damit sind zweifellos die Scilly-Inseln vor Cornwall oder die Britischen Inseln generell gemeint, deren reiche Zinnvorkommen von Phöniziern und Karthagern ausgebeutet wurden.

Plinius spricht auch von den «sechs Inseln der Götter» gegenüber dem *Arrotrebarum promunturi,* die als die «Inseln der Glückseligkeit [*insulae ... Fortunatas*]» bekannt sind.[3] Anderen antiken Autoren zufolge lagen diese westlich von Mauretanien und wurden zweifelsfrei als die Kanarischen Inseln identifiziert.[4] Juba II. entdeckte nur sechs der sieben Inseln, weshalb in der Regel die Zahl Sechs genannt wurde, wenn von dieser Inselgruppe die Rede war.

Plinius unterrichtet uns zudem über die Existenz einer weiteren Insel, «abseits vom Berg Atlas». Und er nennt diese Insel «Atlantis»[5]. Ohne weitere Einzelheiten zu nennen, schreibt er:

Von dort [Atlantis] erreicht man nach zwei Tagereisen entlang der Küste das Wüstengebiet neben den Westäthiopiern [Aethiopas Hesperio] und das oben erwähnte Horn des Westens [Hesperu Ceras], das Kap, von dem aus die Küste nach Westen auf den Atlantik zu verläuft. Gegenüber von diesem Kap sollen ebenfalls einige Inseln liegen, die Gorgaden, auf denen früher die Gorgonen gehaust haben sollen und die nach Darstellung des Xenophon von Lampsacus zwei Tagereisen vom Festland entfernt sind. Zu diesen Inseln ist der karthagische General Hanno vorgedrungen ... Jenseits der Gorgaden sollen noch zwei Inseln der Herrinnen des Westens liegen [duae Hesperidum insulae, also die Hesperiden].[6]

Wie jeder detaillierten Karte Afrikas zu entnehmen ist, sind die einzigen Inseln in der Nähe des Atlasgebirges die Kanaren, die mit den «Inseln der Glückseligkeit» identisch zu sein scheinen. Plinius spricht jedoch auch von einer Insel «abseits vom Berg Atlas», die unter dem Namen *Atlantis* bekannt gewesen sein soll. Doch wo genau lag Plinius' Atlantis?

Leider haben wir nicht genug Informationen, um in dieser Frage zu einer klaren Antwort zu kommen. Plinius verrät nicht, wie groß die Insel ist, wie weit sie vom Festland entfernt liegt, ob sie zu einer Inselgruppe gehört oder nicht. Der einzige vage Hinweis ist, dass man von der Insel aus «nach zwei Tagereisen» auf See «das Wüstengebiet neben den Westäthiopiern» und das Vorgebirge *Hesperu Ceras* erreicht. Da die von Plinius beschriebene Reise eindeutig in südlicher Richtung die westafrikanische Küste entlang geht, etwa wie Hannos Route, darf man annehmen, dass er auf eine der kleinen Küsteninseln anspielt, zu denen Hardens Insel Cerne in der Mündung des Senegal-Stroms gehören könnte oder vielleicht die Inseln Herne oder Arguin, die ebenfalls als mögliche Standorte der phönizischen oder karthagischen Siedlung Cerne genannt wurden.

Die Inseln der Gorgonen

Bei dem Versuch, die anderen in der oben zitierten Passage aus Plinius' Naturgeschichte genannten Orte zu identifizieren, geraten wir bald in ein Dickicht verschiedener Möglichkeiten. Irgendwo in der Nähe der Wüste sollen die «Westäthiopier» liegen und dahinter ein Ort namens *Hesperu Ceras*, meistens übersetzt mit «Horn des Westens». Plinius bezeichnet es ausdrücklich als ein «Kap», obwohl «Horn» im antiken Sprachgebrauch «Bucht» bedeutete. Das führte Geographen zu der Annahme, das Horn des Westens sei eine große Bucht bei Gambia oder Sierra Leone. Eine Bucht ist aber kein Kap, und wie wir noch sehen werden, ist mit *Hesperu Ceras* nahezu sicher die Landspitze Kap Verde bei Dakar in Senegal gemeint. Ein Seefahrer, der auf südlichem Kurs der Küste Westafrikas folgt, lässt den Berg Atlas backbords hinter sich und steuert kurz darauf südwestlich auf Kap Verde zu, den westlichsten Zipfel Afrikas, der für antike Seeleute gewiss ein wichtiger Orientierungspunkt war.

Plinius schreibt weiter, «gegenüber» dem *Hesperu Ceras* lägen die Gorgaden, die Inseln der Gorgonen. Paul T. Keyser, Historiker an der Universität von Alberta, hat die Gorgaden vorläufig als die Bissagos-Inseln südlich des Gambia-Stromes oder die Sherbro-Inseln vor Sierra Leone identifiziert.[7] Meiner Meinung nach handelt es sich jedoch eher um die Kapverdischen Inseln, 640 Kilometer westnordwestlich von Kap Verde. Obwohl es keinen Hinweis darauf gibt, dass mit dieser Inselgruppe vor ihrer Wiederentdeckung im Jahr 1460 Kontakte bestanden, ist der Gedanke keineswegs neu. 1563 schrieb der portugiesische Historiker Antonio Galvão in seinen *Entdeckungen der Welt von ihrem Beginn bis zum Jahre des Herrn 1555*, die Kapverden seien in der Antike als die Dorkaden, die Hesperiden oder die Gorgaden bekannt gewesen.[8] *Dorkaden* ist wahrscheinlich nur eine andere Form von Gorgaden, während die Erwähnung der Hesperiden in diesem Zusammenhang, wie sich zeigen wird, schlicht auf einem Irrtum beruht.

1587 schuf der englische Geograph und Schriftsteller Richard Hakluyt eine Karte zum Werk des spanischen Chronisten Peter Martyr d'Anghiera, der zu Beginn des 16. Jahrhunderts tätig gewesen war. Auf dieser Karte sind die Kapverden als *Gorgades vel Medusiae* und wiederum als *Hesperides* eingetragen.[9] Da es nach der Beschreibung Plinius' des Älteren äußerst unwahrscheinlich ist, dass die Kapverden mit den Hesperiden identisch sind, kommt Galvãos und Hakluyts Deutung dieser Inseln als die Gorgaden große Bedeutung zu. Die so genannte *Mecia-de-Viladestes*-Karte von 1413 zeigt zwei längliche Inseln vor der Küste Afrikas, etwa auf der Breite der Kapverden; darunter steht: «*les jles de gades se oseiruen asi p salario hi p ysidolu*» (Hier sind nach Salario und Isidore [von Sevilla] die Inseln von Gades zu sehen).[10] Die Ähnlichkeit zwischen den Namen Gades und Gorgades kann kaum ein Zufall sein, womit gezeigt wäre, dass die Inselgruppe in der Antike die Position der Kapverden eingenommen hat. Auf den Zusammenhang zwischen den «jles de gades» und den Kapverdischen Inseln hat der Kartograph Armando Cortesão schon 1954 hingewiesen.[11]

Der in der Karteninschrift auf der *Mecia de Vilestes* erwähnte «Salario» ist der weniger bekannte römische Grammatiker, Historiker und Geograph Caius Julius Solinus,[12] der im 1. Jahrhundert n. Chr. lebte. Seine Werke sollen großen Einfluss auf Isidore von Sevilla, auch genannt Isidorus Hispalensis, gehabt haben, einen Bischof von Sevilla, der 636 starb. Dieser verfasste mehrere Bücher über weltliche Themen, darunter *Origi-*

nes, eine Enzyklopädie der Kunst und der Wissenschaften. Unser Wissen um die «jles de gades» als die Gorgaden – und wahrscheinlich die Kapverden – beruht also auf einer Interpretation der Werke des Solinus durch Isidore von Sevilla aus dem 17. Jahrhundert.

Der Garten der Wonne

Wenn Plinius mit den Gorgaden wirklich die Kapverdischen Inseln meint, warum fährt er dann mit der Behauptung fort, jenseits davon gebe es noch «zwei Inseln der Herrinnen des Westens [*duae Hesperidum insulae*, die beiden Hesperiden]»? Der Ursprung der Hesperiden als Inseln ist von größter Wichtigkeit und verdient eine genauere Prüfung. Der Name stammt vom griechischen *hesper* oder *vesper*, was «Sonnenuntergang» bedeutet – womit schon ausgesagt ist, in welcher Richtung die Inseln liegen sollten.[13] Die Hesperiden galten als der Wohnsitz der berühmten Nymphen selben Namens (drei, vier oder sieben an der Zahl), die Diodorus über ihre Mutter Hesperis mit den sieben Atlantiden identifizierte.[14] Der Legende zufolge wurden die Hesperiden als Wächterinnen über die wunderschönen goldenen Äpfel auserkoren, die Hera Zeus anvertraut hatte. Diese wurden in einem Garten der Wonne aufbewahrt, in dem die wunderbarsten Früchte aller Art gediehen, der jedoch von einem furchtbaren Drachen gehütet wurde, der niemals schlief. Erst dem griechischen Helden Herakles gelang es, die goldenen Äpfel zu stehlen, womit er die letzte seiner zwölf Aufgaben erfüllte.

In einer Version der Geschichte ging Herakles nach Afrika und forderte Atlas auf, ihm drei der goldenen Äpfel zu bringen. Der Riese nahm die Herausforderung an und legte seine Bürde, das Tragen des Himmelsgewölbes, auf Herakles' Schultern. Dann machte er sich auf den Weg zu den Hesperiden und kehrte mit den göttlichen Früchten zurück. Herakles brachte den Riesen dazu, die Bürde zurückzunehmen, und stahl die goldenen Äpfel, die der Riese hatte zu Boden fallen lassen. In einer anderen Version macht sich Herakles selbst auf die Suche nach den goldenen Äpfeln. Kaum auf den Hesperiden angekommen, fügt er dem Drachen eine tödliche Wunde zu und stiehlt die wertvollen Früchte. Da die Hesperiden der einzige Ort waren, an dem die Äpfel gedeihen konnten, brachte die Göttin Athene sie am Ende in den Garten zurück.

Der Mythos von den goldenen Äpfeln ist unmittelbar sowohl mit der westlichen Grenze der bekannten Welt als auch mit dem äußeren Ozean verknüpft. In ihr treffen Herakles, dem der Eingang zum Atlantischen Ozean seinen Namen verdankte, Atlas, der zu einem Berg in Mauretanien versteinert ist, und die Hesperiden, die in der antiken Welt sowohl als sagenhafte Nymphen als auch als Inseln im Atlantischen Ozean existierten, zusammen. Ihre üppige Fruchtbarkeit und die Paradiesgärten erinnern an die grünen Inseln, die auch bei Autoren wie Pseudo-Aristoteles und Diodorus Siculus erscheinen. Beruhen diese griechischen Legenden auf uralten Erinnerungen an Inseln, die in ferner Vergangenheit einmal erreichbar waren?

Bezeichnenderweise hatte Herakles' zehnte Aufgabe darin bestanden, das Ungeheuer Geryon, den König von Gades, zu töten und sein wertvolles Vieh zu stehlen. Gades war, wie wir wissen, die phönizische Hafenstadt in Südwestspanien, von der aus iberisch-phönizische Schiffe ihre Entdeckungsreisen zu unbekannten Atlantikinseln antraten.

Zeigt sich darin eine Verbindung zwischen dem Atlas, den Atlantikinseln und phönizischen Seefahrern? Könnten Letztere diese Geschichten in die Mittelmeerwelt getragen haben?

Dass die Hesperiden im Atlantischen Ozean lagen, scheint außer Frage gestanden zu haben. Der griechische Dichter Hesiod, der im 8. Jahrhundert v. Chr. lebte, sprach von den «klarstimmigen Hesperiden ... jenseits des berühmten Ozeans»[15], und für Apollodorus, den athenischen Grammatiker aus dem 2. Jahrhundert v. Chr., lagen sie in der Nähe des mauretanischen Atlasgebirges.[16] Wie wir gesehen haben, schrieb Honorius von Autun – offenbar mit Bezug auf die Sargassosee – von einem «klumpigen Meer ... um die Hesperiden, das die Stätte des versunkenen Atlantis bedeckt, das westlich von Gibraltar lag»[17].

Geheime Winkel des Meeres

Zurück zu Plinius. Dort erfahren wir nun, dass die beiden Inseln der Hesperiden *noch weiter draußen im Ozean* lagen als die Gorgaden. Jenseits der Kapverdischen Inseln gibt es jedoch nichts als offenes Meer und den Sog der nördlichen Äquatorialströmung, der jedes Schiff geradewegs zu den Westindischen Inseln befördert. Da der Name der Hesperiden in dem Wort für Sonnenuntergang wurzelt, können wir sicher sein, dass die Inseln nach antikem Denken im fernen Westen lagen, *jenseits* des Ozeanstroms.

Ich bin nicht der Einzige, der die Bedeutung der Gorgaden und ihrer geographischen Beziehung zu den Hesperiden erkannt hat. In seinem Buch *Land to the West: St Brandan's Voyage to America* bemerkte der Geschichtsautor Geoffrey Ashe schon 1962:

Von Martianus Capella, der im 5. Jahrhundert in Karthago Recht praktizierte, stammt ein philosophisches Werk, in dem er nicht nur [wie Platon vor ihm] bestätigt, dass die Erde rund ist, sondern auch Plinius' Aussagen über die drei atlantischen Inselgruppen wiedergibt, wenn auch mit dem überraschenden Zusatz, die Hesperiden lägen jenseits der Gorgaden «im geheimsten Winkel des Meeres». Diese Neuanordnung der Inselgruppen des Plinius zu einer Kette, die sich von Afrika bis nach Madeira (?) – oder den Azoren? – erstreckt, wird noch deutlicher bei Dicuil [einem irischen Mönch und Schriftsteller etwa um 800 n. Chr.], der schreibt, die Gorgaden lägen weiter draußen als die Kanaren und ... die Hesperiden wären weiter entfernt als die Gorgaden.[18]

Die Azoren liegen 1850 Kilometer westlich von Portugal, direkt im Golfstrom. Diese mächtige Ozeanströmung kommt aus dem Westen und passiert die Inselgruppe auf östlichem Kurs und zieht zu den Madeira-Inseln und den Kanaren weiter. Die Azoren erscheinen als ein höchst unwahrscheinlicher Gorgaden-Kandidat, weshalb ich die Gorgaden mit den Kapverdischen Inseln gleichgesetzt habe. Wo aber war dann jener «geheimste Winkel des Meeres», in dem nach Martianus Capella die Hesperiden lagen? Am anderen Ende des Atlantischen Ozeans, etwa bei den Westindischen Inseln? Ich wäre bei weitem nicht der Erste, der diesen Schluss zöge.

Die Autorität des Statius Sebosus

Bei weiteren Forschungen stieß ich auf die Behauptungen des Statius Sebosus, eines römischen Geographen um 50 v. Chr., also eines Zeitgenossen des Diodorus Siculus. Sebosus verfasste ein Buch namens *Periplus*, das nicht überlebt hat, und ein Werk mit dem Titel «Die Wunder Indiens». Nach Ferdinand Kolumbus, dem Sohn und Biographen des Christoph Kolumbus, behauptete Sebosus darin, «bestimmte Inseln, die Hesperiden» genannt, lägen «*vierzig Tagereisen* westlich der Gorgonen».[19] Kolumbus weist darauf hin, um die «hanebüchenen Geschichten» vorzuführen, die der spanische Entdeckungsfahrer und Historiker Gonzalo Fernándaz de Oviedo y Valdéz (1478–1557) in seinem Werk *Historia general y natural de las Indias* (1535) «gesponnen» habe. Es erscheint sicher, dass diese wichtige Angabe der Reisezeit zwischen den Gorgaden und den Hesperiden auf die Schriften des Plinius zurückgeht, der Sebosus als eine Autorität der atlantischen Geographie zitiert. Die fragliche Passage findet sich in Buch VI der *Historia Naturalis*, direkt nach der Nennung der beiden Hesperiden, die jenseits der Gorgaden gelegen haben sollen, wie auch bei Sebosus zu lesen ist. Nach der englischen Plinius-Übersetzung von H. Rackham, erschienen in der Loeb-Serie im Jahr 1938, lautet sie wie folgt:

> … und die gesamte Geographie dieser Gegend ist so ungewiss, dass Statius Sebosus die Seereise entlang der Küste, von den Gorgonen vorbei am Atlasberg zu den Inseln der Herrinnen des Westens *[den Hesperiden]*, auf vierzig Tage ansetzte und die Reise von jenen Inseln zum Horn des Westens auf einen Tag.[20]

Stimmt meine These, dass die Hesperiden karibische Inseln gewesen sein könnten und die Gorgaden mit den Kapverden identisch sind, ergibt dieser Reiseplan wenig Sinn. Kein Seefahrer wäre auf dem Weg von den Kapverden zur Karibik je am Berg Atlas vorbeigekommen, und die Reisezeit von den Hesperiden zum «Horn des Westens», womit höchstwahrscheinlich das Kap Verde in Senegal gemeint ist, kann unmöglich einen Tag betragen haben. Irgendetwas konnte hier nicht stimmen, zumal Oviedo felsenfest glaubte, die Hesperiden lägen 40 Tagereisen «westlich» der Gorgaden und gehörten zu den Westindischen Inseln.

Als Erstes nahm ich mir also eine andere Darstellung von Oviedos Einschätzung der Reisezeiten im Atlantik vor: die in Antonio Galvãos *Entdeckungen der Welt* von 1563. Dort steht zu lesen:

> Im 650. Jahr nach der Flut gab es in Spanien einen König mit Namen Hesperus, der auf seinen Reisen bis nach Kap Verde gekommen sein soll und zu den Inseln von S. Thomas, die er beherrschte. Und Gonsalao Fernandes von Oviedo, der Chronist des Altertums, bestätigt, dass seinerzeit die Westindischen Inseln entdeckt und gemäß seinem Namen die Hesperiden genannt wurden. Und dafür nennt er viele Beweise, besonders indem er berichtet, dass sie in 40 Tagen von Kap Verde zu jenen Inseln gesegelt seien.[21]

Die Legende über den spanischen König Hesperus ist neu und scheint eine iberische Variante des griechischen Mythos um Hesperus zu sein, den Vater der Hesperis, die Atlas heiratete und die Atlantiden oder Hesperiden gebar. Zur weiteren Verwirrung gibt Galvão ferner an, zwischen den Hesperiden und «Kap Verde» lägen 40 Tage auf See. Dies widerspricht Sebosus', Plinius' und Oviedos Aussagen, sodass der Fehler bei Galvão zu liegen scheint. Dagegen bestätigt der portugiesische Autor offenbar, dass Plinius' *Hesperu Ceras*, das Horn des Westens, tatsächlich das Kap Verde ist. Der angebliche Zusammenhang zwischen dem Kap und dem (legendären) König Hesperus geht auf den Namen *Hesperu Ceras* zurück, was man auch mit «Horn des Hesperus» übersetzen kann (siehe unten).

Um herauszufinden, was Plinius zu diesem Thema wirklich gesagt hat, wandte ich mich dem lateinischen Originaltext der *Historia Naturalis* zu, der sich wie folgt darstellt:

... ultra has etiamnum duae Hesperidum insulae narrantur; adeoque omnia circa hoc incerta sunt ut Statius Sebosus a Gorgonum insulis praenavigatione Atlantis dierum XL ad Hesperidum insulas cursum prodiderit, ab his ad Hespeu Ceras unius.

So sah ich auf den ersten Blick, dass die englische Übersetzung, die ich zunächst benutzt hatte, leicht vom Originaltext abweicht. Mit der unschätzbaren Hilfe von Ann Deagon, emeritierte Professorin für klassische Sprachen am Guildford-College in Greensboro, North Carolina, konnten wir eine Neuübersetzung der entscheidenden Passagen anfertigen:

Die beiden Inseln der Hesperiden sollen sogar noch jenseits davon [von den Gorgaden] liegen. Und alles in dieser Umgebung ist so unsicher, dass Statius Sebosus angegeben hat, die Reise von den Inseln der Gorgonen vorbei am Atlas zu den Inseln der Hesperiden dauere 40 Tage, und von diesen zum Horn von Hesperus brauche man einen (Tag).[22]

Aus der Neuübersetzung wird klar, dass Plinius offenbar glaubte, ein antiker Seefahrer wäre auf seiner Reise von den Gorgaden zu den Hesperiden am «Atlas», also am Berg Atlas – im Originaltext *Atlantis* – vorbeigesegelt. Dies ergibt in der Tat keinen Sinn, da Plinius selbst kurz zuvor festgestellt hat, die Hesperiden lägen «jenseits» der Gorgaden, die ihrerseits jenseits des Horns des Westens, also des Kap Verde in Senegal, liegen sollten. Da zudem als sicher erscheint, dass die Gorgaden die Kapverdischen Inseln sind, kann ich nur zu dem Schluss kommen, dass Plinius die mythische Inselgruppe mit der phönizischen Inselkolonie und Hafenstadt Gades in Südwestspanien durcheinander gebracht hat. Diese Theorie gewinnt noch an Gewicht, wenn man bedenkt, dass die Kapverden in frühen Quellen wie zum Beispiel bei Isidore von Sevilla und in der *Mecia-de-Viladestes*-Karte von 1413 als die «jles de gades» erscheinen, die Inseln von Gades.

Angesichts dieser Verwirrung haben offenbar manche Gelehrte des Mittelalters irrtümlich angenommen, Sebosus – und mit ihm Plinius – hätte von einer Seereise von Gades in Spanien, am Atlas vorbei, zu den Kapverdischen Inseln gesprochen. Zu den Autoren, die sich aufs Glatteis führen ließen, gehörten Antonio Galvão und Richard Hakluyt. Beide bezeichneten diese Inselgruppe als die Gorgaden *oder* Hesperiden – eine Gleichsetzung, die vollkommen unmöglich ist.

Ich meine, Sebosus wollte ursprünglich etwas ganz anderes sagen. Meiner Auffassung nach vergrößerte Plinius die Verwirrung noch, indem er behauptete, eine Seereise von den Kapverden zu den Westindischen Inseln müsse am Berg Atlas vorbeiführen. Trifft dies zu, ist auch die Loeb-Übersetzung der Plinius-Passage in Frage gestellt, in der es heißt, die Hesperiden lägen nur eine Tagereise vom Horn des Westens, dem senegalesischen

Kap Verde, entfernt. Wie können wir nun diese zusätzliche Diskrepanz richtig stellen?

Die Antwort scheint in der Art und Weise zu liegen, wie Plinius die geographischen Anschauungen anderer Gelehrter behandelt hat. So lesen wir bei ihm, unmittelbar bevor er Sebosus' Angaben zitiert: «Gegenüber von diesem Kap [dem Horn des Westens] sollen ebenfalls einige Inseln liegen, die Gorgaden …, [die] nach Darstellung des Xenophon von Lampsacus zwei Tagereisen vom Festland entfernt sind.»[23] In solchen Angaben zitiert Plinius lediglich andere, die er als Autoritäten auf diesem Gebiet betrachtet. Xenophon von Lampsacus gibt für die Überfahrt zwischen den Gorgaden und dem «Kap» eine Reisezeit von zwei Tagen an. Was spricht nun dagegen, dass Plinius hier lediglich gemeint hat, nach Auffassung des Sebosus hätte die Überfahrt von den Gorgaden (den Kapverden) zurück zum Horn des Westens (dem Kap Verde) einen Tag gedauert? Wenn wir Professor Deagons wörtlichere Übersetzung des lateinischen Texts noch einmal betrachten, erscheint diese Lösung vollkommen plausibel.

Sebosus' Zeitangaben mögen stimmen oder nicht. Woher er diese Informationen hatte, bleibt ebenfalls unklar. Doch wenn meine Identifizierung der von ihm genannten Orte zutrifft, dann stehen wir vor einer atemberaubenden Entdeckung: Die Worte des Sebosus scheinen, wie Oviedo offenbar schon im 16. Jahrhundert erkannt hat, zu bestätigen, dass in antiken Zeiten transatlantische Reisen zwischen dem Kap Verde an der afrikanischen Küste und den Westindischen Inseln stattgefunden haben. Der Beweis dafür liegt in den 40 Tagen Reisezeit, die Sebosus für die Überfahrt zwischen den Gorgaden und den Hesperiden angibt.

Christoph Kolumbus' Reise in die Neue Welt begann am 6. September 1492 auf der Kanareninsel Gomera. «Dieser Tag kann als der Anfang des Unternehmens und der Ozeanüberquerung angesehen werden.»[24] Für die Reise zu den Bahamas hat Kolumbus wahrscheinlich neben den nordöstlichen Passatwinden zunächst die Kanarenströmung genutzt, die Schiffe nach Südwesten auf die Kapverdischen Inseln zutreibt. Erst ab einem bestimmten Punkt auf der Höhe dieser Inselgruppe können seine Schiffe die nördliche Äquatorialströmung aufgenommen haben, die sie zum Nordrand der Karibik brachte. Dennoch schaffte es Kolumbus auf seiner berühmten Reise, die Karibik ganz zu verfehlen, stattdessen ging er am 12. Oktober 1492 auf der Bahamasinsel San Salvador vor Anker. Seine drei Schiffe haben für die Reise von Gomera zu den Bahamas also 37 Tage gebraucht.

Setzt man die Passage zwischen Gomera und dem Kap Verde auf zwei bis drei Tage an, dann hatte Kolumbus noch 34 oder 35 Tage für die Weiterreise in Richtung Karibik. Angesichts dieser Zahl erscheint Sebosus' Angabe von 40 Tagen für die Überfahrt vom Kap Verde aus erstaunlich akkurat. Zu seiner zweiten Reise in die Neue Welt brach Kolumbus am 7. Oktober 1493 von Gomera auf und erreichte, nach kurzen Unterbrechungen bei den Kleinen Antillen, Espanola (Hispaniola) schließlich am 22. November, also nach 46 Tagen.[25] Ziehen wir zwei bis drei Tage ab – so lange dürfte die Flotte zu einem Punkt genau nördlich von den Kapverden gebraucht haben –, so kommen wir auf eine Reisezeit von 43 bis 44 Tagen. Daraus müssen wir schließen, dass Sebosus' Zeitangaben auf wirklichem Wissen über transatlantische Reisen beruht haben, die zu oder vor seinen Lebzeiten unternommen wurden. Darüber hinaus fühlen wir uns in der Ansicht bestärkt, dass die Hesperiden die Schlüsselinseln der Karibik waren. Man darf also annehmen, dass ein bestimmtes Wissen um ihre Existenz in der römischen Welt verbreitet war.

Plinius' Affe

Doch damit nicht genug. Es gibt noch weitere Beweise, die meine Interpretation der Angaben des Sebosus untermauern und zeigen, dass die Hesperiden und die Westindischen Inseln tatsächlich identisch sind. Wie erwähnt, haben die Schriften des Caius Julius Solinus den spanischen Bischof und Schriftsteller Isidore von Sevilla im 7. Jahrhundert stark beeinflusst. Von diesem hatte der anonyme Schöpfer der italienischen Seekarte von 1413 offenbar sein Wissen um die «jles de gades», die Inseln von Gades, die mit den Gorgaden und den Kapverden identisch sind.

Solinus ist der Verfasser eines Werks mit dem Titel *Polyhistor: De Memorabilibus Mundi*, in dem er die berühmtesten Orte der antiken Welt vorstellt, etwa im Stil des Plinius. Solinus wird deshalb zuweilen als «Plinius' Affe» bezeichnet, da sein Werk allgemein als eine bloße Nachahmung der Naturgeschichte des Plinius betrachtet wird.[26] Leider ist dieser wenig bekannte Klassiker nur selten in gedruckter Form erschienen. Die älteste lateinische Ausgabe ist 1498 in Venedig herausgegeben worden. Ein Leser des Solinus scheint der große Entdecker und Seefahrer Sebastian Cabot (1476–1557) gewesen zu sein. Cabot war der Sohn des venezianischen Entdeckungsreisenden Giovanni Caboto (1455–1498/99), der während der Regentschaft Heinrichs VII. als «John Cabot» unter englischer Flagge segelte. Im Juni 1497 entdeckte er die Nordwestpassage nach Neufundland wieder – als erster Atlantikfahrer nach Kolumbus. Sein Sohn Sebastian begleitete ihn auf dieser wichtigen Reise.

Von Sebastian Cabots Interesse am Werk des Solinus wissen wir aus offiziellen Dokumenten über die Behauptungen und Aussagen, die die Abkömmlinge des Christoph Kolumbus zwischen 1535 und 1537 in einem Gerichtssaal in Sevilla von sich gegeben haben. Es ging um «Ämter und Gelder, die ihnen als Erben des ‹Entdeckers Amerikas› zustanden». Cabot war aufgrund seiner seemännischen Erfahrung als Entdecker und Navigator der Neuen Welt von der spanischen Krone als Zeuge berufen worden.

Den Gerichtsprotokollen vom 31. Dezember 1536 zufolge sagte Sebastian Cabot aus:

> ... Solinus, ein historischer Kosmograph, gibt an, dass von den «Inseln der Glückseligkeit» aus, heute als die Kanarischen Inseln bekannt, dreißig Reise- oder Segeltage nach Westen über den Ozean die Inseln namens «Hesperiden» liegen und dass dies, wie der Zeuge vermutet, die Inseln sind, welche in der Zeit der katholischen Könige ruhmreichen Gedenkens entdeckt worden sind; die, wie er [Cabot] hat mehrere Leute in dieser Stadt Sevilla sagen hören, von besagtem Cristobal Colón [Christoph Kolumbus] entdeckt worden sind.[27]

Akzeptieren wir dieses Protokoll als echt – und ich sehe keinen Anlass, die Übersetzung der Gerichtsdokumente oder Cabots Wort anzuzweifeln –, dann finden wir hier eine weitere Erwähnung der seit dem Altertum bekannten Reisezeit zwischen dem ostatlantischen Küstengebiet und den Westindischen Inseln. Natürlich sind Solinus' 30 Tage zwischen den Inseln der Glückseligkeit (welche zweifellos mit den Kanaren identisch sind) und den Hesperiden etwas kurz im Vergleich zu den 40 Tagen, die Sebosus als Überfahrtszeit zwischen den Gorgaden und den Hesperiden angibt, doch das ist nicht erheblich. Ein Schiff, das von den Kanaren lossegelt, kann den Nordostpassat aufnehmen und nach Ostsüdost getrieben werden, bis es die nach Westen fließende Nordäquatorialströmung erreicht, die es dann direkt zur Karibik bringt. Auf diese Weise würde es der Kanarenströmung ausweichen und die Gesamtreisezeit um viele Tage verkürzen.

Dennoch gibt es hier ein Problem. Ich hatte Gelegenheit, Solinus' Werk in einem Exemplar von 1498 einzusehen – in der Whipple-Bibliothek in Cambridge –, und habe das Kapitel über die Inseln der Glückseligkeit, die Gorgaden und die Hesperiden von Professor Deagon übersetzen lassen. An keiner Stelle in dem Text wird gesagt, dass die Reise zwischen den Inseln der Glückseligkeit und den Hesperiden 30 Tage dauert. Wir werden vielleicht nie erfahren, ob Cabot seinen Solinus falsch gelesen hat oder ob er Zugang zu anderen Schriften des römischen Autors hatte, die heute nicht mehr existieren. Wir können lediglich sagen, dass Cabot – aus welchem Grund auch immer – offenbar glaubte, die Hesperiden lägen 30 Tagereisen westlich von den Kanarischen Inseln. Außerdem scheinen für ihn die Hesperiden nichts anderes als die Westindischen Inseln gewesen zu sein. Da Cabot ein erfolgreicher und hoch angesehener Entdecker und Seefahrer war, dürfen wir seine Aussage – vermutlich unter Eid in einem spanischen Gerichtssaal abgelegt – nicht einfach abtun.

Es bleibt jedoch die Tatsache, dass Solinus die Angabe des Sebosus wiederholt, die Hesperiden lägen 40 Reisetage jenseits der Gorgaden. Seine Worte lauten genau: «Jenseits der Gorgoden befinden sich die Inseln der Hesperiden. Sebosus versichert, sie lägen am äußersten Rand des Meeres in einer Entfernung von 40 Reisetagen.»[28] Wichtig ist hier vor allem, dass mit keinem Wort erwähnt wird, ein Reisender zwischen den «Gorgoden» und den Hesperiden käme am Berg Atlas vorbei, was zu bestätigen scheint, dass Plinius sich in dieser Hinsicht geirrt hat.

All dies sind erfreuliche Neuigkeiten, da wir nun mit einiger Sicherheit schlussfolgern können, dass die Hesperiden und die Westindischen Inseln tatsächlich ein und dasselbe sind und dass ein lückenhaftes Wissen um die Existenz dieser Inselgruppe bis ins römische Zeitalter überlebt hat. Solches Wissen scheinen Autoren wie Plinius, Sebosus und Solinus aufgegriffen und in den geographischen Passagen ihrer jeweiligen Werke benutzt zu haben. Spätere Schriftsteller wie Isidore von Sevilla, Dicuil und Honorius von Autun haben diese Informationen wiederum in ihre eigenen Bücher aufgenommen, die noch einmal viel später – vor dem Entdeckerzeitalter – von mittelalterlichen Kartographen zurate gezogen wurden. Auf diese Weise gelangten europäische Entdecker und Chronisten um die Zeit der berühmten Reise des Christoph Kolumbus in dem Besitz uralter, vielleicht jahrtausendealter Seefahrergeheimnisse. Historiker wie Oviedo und Seefahrer wie Cabot erkannten richtig, dass die Westindischen Inseln in der Antike als die Hesperiden bekannt gewesen waren – eine großartige Erkenntnis, die damals nicht weniger umstritten war als heute.

7 Spuren einer Katastrophe

Im 5. Jahrhundert n. Chr. verfasste der neoplatonische Dichter und Wissenschaftler Proclus einen Kommentar zu Platons *Timaios*. Proclus war einer der letzten Lehrer der Akademie, bevor das Fach Philosophie in einem Edikt des Kaisers Justinian im Jahr 529 gänzlich verboten wurde. Neben seinen außerordentlichen Leistungen in Philosophie und Wissenschaft praktizierte Proclus auch religiösen Universalismus. Nach diesem Glauben huldigte der wahre Philosoph nicht nur den Göttern seines Volkes, sondern den Göttern aller Religionen.

Obwohl Proclus 800 Jahre nach Platon schrieb (die Entstehung des Kommentars fällt nach Ansicht der Experten zwischen 432 und 440),[1] zitierte er noch viel frühere Quellen und schuf damit ein offenes Forum für die Philosophen von Alexandria, die dann ihre eigenen Kommentare hinsichtlich der historischen Gültigkeit der platonischen Atlantis-Erzählung beitragen konnten. Zu diesen Primärquellen gehören die Aussage eines Platon-Schülers namens Crantor (ca. 340–275 v. Chr.), der als Platons «erster Dolmetscher» vorgestellt wird und Ägypten besucht haben soll, wo er die Echtheit der «Geschichte über die Athener und die Atlanter [die Bewohner der Insel Atlantis]»[2] bestätigt fand. Dies erreichte er scheinbar, indem er mit den «Propheten der Ägypter» sprach, «die bezeugen, diese [von Platon wiedergegebenen] Einzelheiten seien auf Säulen zu lesen, die noch erhalten sind»[3]. Das ist leider alles, was Proclus über Crantors angeblichen Besuch in Ägypten zu sagen hat. Die erwähnten Säulen erscheinen noch einmal später im Text. («Doch die Geschichte [die Solon aus Sais mitbrachte] stammt von Säulen, deren Inschriften von merkwürdigen und wunderbaren Taten und Erfindungen künden.»[4])

Heutige Anhänger der Atlantis-Legende zitieren immer wieder Proclus' Worte über die Schriftsäulen, wenn sie zeigen wollen, dass Solon sein Wissen um die Insel Atlantis und ihren Krieg mit dem Volk der Athener von dem alten Priester von Sais hatte. Aus Proclus' Darstellung geht jedoch nicht eindeutig hervor, wer nach Ägypten reiste, um Solons Erzählung zu bestätigen. Die einzige englische Übersetzung der von Proclus verfassten *Kommentare zum Timaios von Platon* – von dem Klassizisten

Thomas Taylor – wurde 1820 veröffentlicht. Dort liest sich der entscheidende Absatz wie folgt:

Hinsichtlich der gesamten Erzählung über die Atlanter sagen manche, sie sei nur eine Geschichte. Dies war die Meinung Crantors, des ersten Übersetzers Platons, der sagt, seine Zeitgenossen hätten gespottet, er sei nicht der Autor der *Politeia*, sondern habe nur nacherzählt, was die Ägypter über dieses Thema geschrieben hätten; weiter sagt Crantor, dass er das, was von jenen Spöttern gesagt wurde, insofern achtet, als sie die Geschichte über die Athener und die Atlanter den Ägyptern zuschreiben, und dass er glaubt, die Athener hätten einst nach dieser Politik gelebt. Crantor sagt auch, dies hätten die Propheten der Ägypter bezeugt, die versichern, jene Einzelheiten seien auf Säulen zu lesen, die noch erhalten sind.[5]

Wie der Altphilologe Alan Cameron und der Atlantis-Autor Peter James immer wieder betont haben, ist diese Übersetzung kein getreues Abbild des griechischen Originaltexts.[6] Taylor ist ein Fehler unterlaufen, denn Proclus schreibt lediglich: «*Er* [*nicht Crantor*] sagt auch, dies hätten die Propheten der Ägypter bezeugt ...» Der Autor sprach also nicht von Crantor, sondern von Platon selbst, dem *Subjekt* der Sätze unmittelbar vor dieser entscheidenden Aussage. Aber ob es nun Platon oder Crantor war, der nach Ägypten reiste, wichtiger scheint mir zu sein, dass es in jenem Land «Säulen» gegeben haben soll, auf denen die «Einzelheiten» der Atlantis-Legende zu lesen und die «noch erhalten» waren. Existierten diese Schriftsäulen wirklich? Die aufrichtige Antwort ist, dass das niemand weiß. Niemand konnte je einen Beweis für ihre Existenz zutage fördern, weder in Sais noch an einem anderen Ort in Ägypten. Kein ägyptischer Text enthält eine Erwähnung dieser Säulen, und kein anderer Autor der Antike scheint sie genannt zu haben. Mit einiger Sicherheit können wir lediglich sagen, dass Proclus wohl an die Schriftsäulen geglaubt hat, sonst hätte er sie nicht erwähnt.

Proclus fährt fort, manche erwähnten im Zusammenhang der Atlantis-Geschichte «... die Fixsterne und Planeten ... die Athener als die Fixsterne, die Atlanter als die Planeten»[7]. Zur Untermauerung zieht er die Meinung des «berühmten Amelius» heran, eines obskuren Neoplatonikers und Anhängers des alexandrinischen Philosophen Plotinus (205–270). Es heißt, Amelius «behauptete vehement, dies müsse der Fall sein, weil im *Kritias* klar gesagt würde, die Insel Atlantis sei in sieben Kreise aufgeteilt gewesen. Ich kenne jedoch niemand anderen, der dieser Meinung ist»[8].

Letzteres Eingeständnis ist nur zu verständlich, denn im *Kritias* gibt es keinerlei Hinweis darauf, dass Atlantis in «sieben Kreise» unterteilt war. Wir können nur annehmen, dass der «berühmte Amelius» vielleicht die

Unterteilung der Stadt gemeint hat, die nach Platon aus einer Zentralinsel, drei konzentrischen Wasserstraßen und zwei Landringen bestand, hinter denen die Ebene begann. Sollen wir nun glauben, Platon hätte bei diesen sieben Stadtteilen die sieben Planeten der pythagoreischen Philosophie – Sonne, Mond, Merkur, Venus, Mars, Saturn und Jupiter – im Sinn gehabt? Sicherlich kannte Platon durch seinen Kontakt mit den Lehren des Pythagoras die antike Astronomie vorzüglich, kannte nicht nur die Ordnung aller bekannten Planeten, sondern auch ihre ungefähren Entfernungen zur Erde und wusste, dass sie sich auf getrennten Umlaufbahnen bewegten.[9] Es scheint ihm auch bewusst gewesen zu sein, dass die Erde eine im Raum hängende Kugel ist[10] – bemerkenswert für das Jahr 350 v. Chr., doch bei all seinem Wissen über das Sonnensystem gibt es keinen unabhängigen Hinweis auf eine Verbindung zwischen den sieben Planeten und dem Entwurf der atlantischen Metropole. Warum sollte der «berühmte Amelius» eine so waghalsige Behauptung aufgestellt haben? Hatte die Zahl Sieben eine bisher unerkannte Bedeutung für die Entwicklung der Atlantis-Legende? War dieses Wissen den Neoplatonikern zu Amelius' Zeiten in verschwommener Form erhalten geblieben? Und – die wichtigste Frage – stand es in Bezug zu der Vorstellung von den sieben Planeten oder vielleicht zu etwas anderem? Auf diese Fragen werden wir noch zurückkommen.

Nachdem er die Plädoyers verschiedener anderer Gelehrter für oder gegen die einstige Existenz von Atlantis wiedergegeben hat, lenkt Proclus die Aufmerksamkeit seiner Leser schließlich auf die Schriften eines gewissen Marcellus. Dass Proclus, ohne es zu ahnen, ein für uns so wertvolles Beweisstück konserviert hat, ist wie ein Wunder, denn durch ihn erfahren wir nicht nur, wo genau das versunkene Atlantis tatsächlich gelegen haben könnte, sondern auch, wo die sieben Atlantiden zu finden sind.

Ferne Inseln

Über Marcellus ist nicht viel mehr bekannt, als dass er ein Geograph der römischen Welt gewesen zu sein und um 100 v. Chr. gelebt zu haben scheint.[11] Marcellus war der Verfasser eines nicht mehr erhaltenen Werks mit dem Titel *Äthiopische Geschichte*, das Proclus nacherzählt, um die von Platon erstmals geäußerte Ansicht, eine «so große Insel [wie Atlantis] habe einst existiert», zu untermauern. Dies hatten nach Proclus' Worten bestimmte Historiker [*bewiesen*], die sich mit dem äußeren Meer befasst hatten. Nach deren Aussage gab es in jenem Meer seinerzeit sieben Inseln, die Proserpine geweiht waren, und drei andere Inseln immenser Ausdehnung, von denen eine Pluto geweiht war, eine Ammon und die mittlere Neptun [*dem römischen Poseidon*]. Letztere war tausend Stadien [*184 Kilometer*] groß. Sie [*die Historiker*] fügen auch hinzu, die Bewohner [*dieser Insel*] bewahrten von ihren Vorfahren das Gedenken an die atlantische Insel, die dort existiert hat und wahrhaft erstaunlich groß gewesen ist; die für viele Zeitalter die Herrschaft über alle Inseln des Atlantischen Meeres hatte und ebenfalls Neptun geweiht war. *Dies sind also die Dinge, die Marcellus in seiner Äthiopischen Geschichte schreibt.*[12]

Dieses Stück Text ist wie ein Rätsel, das auf seine Lösung wartet. Was sollen wir vor dem Hintergrund dessen, was wir über die atlantischen Inseln schon wissen, von alldem halten? Wo genau lagen (oder liegen) diese «sieben Inseln in jenem Meer»? Können wir sie mit einer bekannten Inselgruppe identifizieren? Der einzige Hinweis ist, dass sie «in ihrer Zeit» der Göttin Proserpine oder Persephone geweiht waren, der Tochter des Jupiter (Zeus) und der Ceres, die der Gott Pluto (Hades) in die Unterwelt entführt hatte. Das machte ihre Mutter so traurig, dass sie Jupiter bat einzuschreiten, und nach vielem gut Zureden verkündete Jupiter, Proserpine solle ein Drittel des Jahres auf der Erde verbringen und den Rest der Zeit als Plutos Weib in der Unterwelt. Die Bedeutung dieser berühmten Legende liegt darin, dass die Unterwelt, über die Proserpine als Königin herrschte, gleichbedeutend war mit dem Elysium oder den elysischen Gefilden. Wie schon beschrieben hat Plutarch diesen geheimnisvollen Ort in seinen *Bioi* mit von phönizischen Handelsfahrern entdeckten zwei atlantischen Inseln in Zusammenhang gebracht, die man heute der Azorengruppe zuordnet.

Bevor wir die Lage der sieben der Proserpine geweihten Inseln bestimmen können, müssen wir zunächst herausfinden, welches Marcellus' drei Inseln «immenser Ausdehnung» waren – jene, die Pluto, Neptun und Ammon (die griechische Form von Amun, des ägyptischen Gottes mit dem Widderhaupt) geweiht waren.[13] Weitere Einzelheiten erfahren wir nur über die mittlere, Neptun zugeordnete Insel, sie soll eine «Größe» von 1000 Stadien oder 184 Kilometern gehabt haben. Selbst wenn wir dies als die Länge oder den Durchmesser der Insel verstehen, nicht als ihren Umfang, wären es von Küste zu Küste also nur 184 Kilometer gewesen, was selbst nach antiken Maßstäben kaum zu der Aussage passt, alle drei Inseln seien «immenser Ausdehnung» gewesen. Dennoch ist die von Marcellus beschriebene Neptun-Insel dreimal größer als jede einzelne der Azoren, der Kanaren, der Madeira- oder der Kapverdischen Inseln.

Die einzigen Inseln auf dem ostatlantischen Schelf, die man als «immens» bezeichnen könnte, sind die Britischen. Dort gibt es jedoch nur zwei Hauptinseln: Irland und die Landmasse, die in England, Schottland und Wales unterteilt ist. Zudem gibt es keine überlieferte Verknüpfung der Britischen Inseln mit Pluto, Neptun oder Ammon. In der klassischen Antike scheinen sie eher dem Sonnengott Apollo geweiht gewesen zu sein. Der griechische Historiker Hekatäus von Abdera, der im 4. vorchristlichen Jahrhundert lebte, soll nach Diodorus Siculus gesagt haben, die Hyperboräer (die Bewohner von Hyperborea oder Britannien) hätten Apollo «über alle anderen Götter» verehrt und «als Priester des Apollo gegolten», da Apollos Mutter Leto «auf jenen Inseln geboren» war.[14] Er sagt weiterhin, auf dieser «Insel» gebe es «ein prächtiges Heiligtum des Apollo und einen bemerkenswerten, mit vielen Weihgeschenken gezierten, kugelförmigen Tempel»[15]. Man denkt seit langem, mit diesem «kugelförmigen» Tempel sei Stonehenge gemeint, die berühmteste megalithische Ruine auf den Britischen Inseln, oder ein anderes Kultbauwerk auf ebendiesen Inseln. Wenn das zutrifft, wäre damit sowohl die Identität der «Insel» Hyperborea (= Britannien) bestätigt als auch ihre Verknüpfung mit dem Sonnengott Apollo.

Eine weitere Komplikation steht in der von Proclus wiedergegebenen Aussage des Marcellus, die Bewohner der zentralen Insel hätten «von ihren Vorfahren das Gedenken an die atlantische Insel» bewahrt, «die dort existiert hat». Obwohl dieser und die anschließenden Sätze klar zeigen, dass Marcellus sich Platons Atlantis-Erzählung bedient hatte, sind sie von großer Bedeutung. Nach Marcellus haben die Einwohner jener Insel geglaubt, es habe einmal eine allumfassende Landmasse gegeben, die ebenfalls ihrem Schutzgott, Poseidon, geweiht gewesen und auf die von Platon beschriebene Weise verschwunden sei. Darüber hinaus bringt Proclus zum Ausdruck, diese einstige Landmasse sei Atlantis gewesen, das «für viele Zeitalter die Herrschaft über alle Inseln des Atlantischen Meeres hatte», das heißt über lokale oder ausgedehntere Inselgruppen.[16]

Wenn die Aussagen, die Proclus aus der *Äthiopischen Geschichte* des Marcellus zitiert, den Originaltext widerspiegelten, würde das bedeuten, dass die drei Inseln als die überlebenden Teile des früheren Königreichs Atlantis betrachtet wurden. Die Entdeckung dieser Schlüsselinseln wäre also gleichbedeutend mit der Entdeckung der Lage des versunkenen Atlantis. Wir müssten aus diesen Aussagen sogar schließen, dass Teile des Inselreiches noch heute existieren.

Da wir inzwischen sicher sind, dass diese drei großen Inseln nicht zu einer der Inselgruppen im Ostatlantik gehören, müssen wir unsere Suche am anderen Ende des Ozeans fortsetzen – in der Gegend der Hesperiden.

Die Insel des Kronos

Es gibt eine Stelle in der Literatur, die uns bei der Identifizierung der drei marcellischen Inseln «immenser Ausdehnung» behilflich sein könnte. Sie findet sich in Plutarchs Aufsatz *Das Antlitz des Mondes*. In dieser Schrift kommt ein lebhafter Diskurs über Fragen der Astronomie vor, der auch eine Debatte zwischen Plutarchs Großvater Lamprias und einem Karthager namens Sextius Sulla einschließt. Bei dem Streit geht es darum, ob auf dem Mond Menschen leben oder nicht.

Der Karthager erzählt eine Geschichte über den Mond und das Schicksal der Seele; er selbst hat sie von einem Fremden in Karthago gehört, der sie seinerseits von einer Reise zu einer geheimnisvollen Insel im Westen mitgebracht hatte. Als die anderen wissen wollen, wo diese Insel liegen solle, spricht Sulla lediglich von Pilgern, die regelmäßig lange Reisen dorthin unternähmen. Am Ende bittet er um Erlaubnis, aus der *Odyssee* des Homer (9. Jahrhundert v. Chr.) zu zitieren. Die Erlaubnis wird ihm gewährt, und er rezitiert die folgende Zeile: «Die Insel Ogygia, weit draußen im Meer.»[17]

Und dann fährt Sulla fort:

> [*Die Insel*] ist fünf Tagereisen von Britannien entfernt, wenn man westwärts segelt. Und in der allgemeinen Richtung des Sommersonnenuntergangs liegen drei andere Inseln, in der gleichen Entfernung [*von Britannien*] und voneinander. Wie die Eingeborenen erzählen, befindet sich auf einer dieser Inseln Kronos in Gefangenschaft des Zeus, und der Alte [*Briareus*] wohnt nicht weit davon als Hüter und Wächter über jene Inseln und die See [*den «Golf»*], die sie die kronische See nennen. Das große Festland [*der «Kontinent»*], in dem der große Ozean eingeschlossen ist, liegt nicht so weit von den anderen Inseln, doch etwa 5000 Stadien von Ogygia entfernt. Die Reise [*dorthin*] macht man in Ruderschiffen, da die See nicht schnell überquert werden kann und sie wegen der vielen Strömungen schlammig ist.[18]

Hier spricht Plutarch von der in der *Odyssee* erwähnten Atlantikinsel Ogygia, die 5000 Stadien (920 km) westlich der Britischen Inseln liegen soll. In der gleichen Entfernung jenseits dieser Insel – auf den «Sommersonnenuntergang» zu (also Richtung Westnordwest), gibt es drei weitere Inseln, die «nicht so weit» von dem großen «Kontinent» entfernt sein sollen, in dem der Ozean, der Ozeanstrom, eingebettet ist. Dieses Motiv kennen wir bereits aus Platons Atlantis-Dialogen, wo die bekannte Welt von einem «gegenüberliegenden» Kontinent umgeben ist. Es wird daher zuweilen behauptet, Plutarch habe dies direkt von Platon entlehnt, um eine Diskussion über die Vorstellung von einer versunkenen atlantischen Landmasse auszulösen.[19] Diese Theorie wird nach Ansicht mancher Gelehrter noch dadurch gestützt, dass der Ozean als ein Gewässer beschrieben ist, das «nicht schnell überquert werden kann» und «schlammig» ist, genau wie Platons seichtes Meer über dem versunkenen Atlantis. Wie wir jedoch gesehen haben, taucht diese Darstellung bei mehreren Autoren auf, zum Beispiel bei Aristoteles, bei Pseudo-Scylax und bei Rufus Avienus in seiner Geschichte über Himilkos Reisen im äußeren Ozean. Zudem können wir mit Sicherheit annehmen, dass es sich bei diesen Beschreibungen um verschwommene Erinnerungen an die Sargassosee und die Untiefen handelt, welche die Schifffahrt zwischen den Bahamas so behindern (siehe Kapitel 2).

Die von Plutarch – den man kaum als Seefahrer bezeichnen kann – beschriebene Geographie ist praktisch bedeutungslos. Es gibt 920 Kilometer westlich von Britannien keine Inseln, und weitere 920 Kilometer westlich gibt es keine Gruppe von drei Inseln. Da er die Britischen Inseln erwähnt, könnte man leicht zu der Auffassung gelangen, Plutarch hätte in irgendeiner Form von der Nordwestpassage gehört. Wenn das der Fall ist, sind die drei Inseln dann in der Hudson Bay oder in Labrador zu suchen?[20] Die Möglichkeit besteht, doch zu einer Identifizierung der Inseln verhilft uns das auch nicht, da es in diesem kalten, entlegenen Gebiet des amerikanischen Kontinents eine ganze Reihe großer Inseln gibt.

Hat Plutarch das vage Wissen um die Nordwestpassage, über das er wahrscheinlich verfügte, vielleicht mit anderen Geschichten über das verschmolzen, was auf der anderen Seite des Ozeanstroms lag – Geschichten, die er möglicherweise aus karthagischen Quellen kannte? Betrachten wir noch einmal, welche Worte er Sextius Sulla in den Mund gelegt hat: Auf einer der drei Inseln soll – nach Erzählungen der «Eingeborenen» – Kronos, der griechische Gott der Zeit (entsprechend dem römischen Saturn), als ewiger Gefangener des Zeus sein Leben fristen. Auch «der Alte» Briareus soll als Hüter und Wächter über die Inseln und den «Golf», den «sie die Kronische See nennen», dort gehaust haben.[21] Altphilologen identifizieren die «Kronische See» gewöhnlich als die Adria,[22] und das «große Festland» wird im Allgemeinen mit den Ländern jenseits des Kaspischen Meeres gleichgesetzt, die einst für eine Bucht am äußeren Ozean gehalten wurden. Plutarch selbst trägt noch zu der Verwirrung bei, indem er von einem «Golf» spricht, der «ungefähr auf demselben Breitengrad liegt wie die Mündung des Kaspischen Meeres»[23].

Es steht jedoch außer Zweifel, dass Ogygia im Atlantischen Ozean lag, vermutlich westnordwestlich der Britischen Inseln, während besagte drei Inseln «nicht so weit» von dem «großen» Kontinent liegen sollten. Ein weiteres Indiz ist die enge Verknüpfung zwischen der Gefangenschaft des

Kronos nach seiner Niederlage gegen seinen Sohn Zeus und dem westlichen Ozean. Die Säulen des Herakles sollen einst nach Kronos' Wächter Briareus oder gar nach Kronos selbst benannt gewesen sein.[24]

Doch auf welche drei Inseln spielt Plutarch an? Wenn sie nicht in der Region der Hudson Bay oder des Labrador zu finden sind, könnten sie dann vielleicht mit den drei von Marcellus erwähnten Inseln «immenser Ausdehnung» identisch sein? Und wenn das der Fall wäre, sollten wir sie dann nicht weiter südlich suchen, in Richtung Karibik, wo sich möglicherweise die Hesperiden in ihrem «geheimen Winkel des Meeres» versteckt haben?

Ein solcher Schluss mag voreilig erscheinen, doch man darf nicht vergessen, dass zwischen Cape Cod in Massachusetts und Florida entlang der kaum unterbrochenen Atlantikküste eine südliche Strömung herrscht, welche die Küste von dem stärkeren, nach Norden fließenden Golfstrom abschneidet. Diese Südströmung hätte eine relativ problemlose Passage zu den Bahamas und in die Karibik ermöglicht. Auf dem Rückweg nach Cape Cod hätten sich die Schiffe dann vom Golfstrom tragen lassen können. Dieser hat eine Breite von etwa 64 Kilometern, bevor er nach Osten auf die Azoren zu abbiegt.[25]

Wenn wir die Westindischen Inseln ins Auge fassen, ergibt sogar Plutarchs verwirrende Geographie wieder einen Sinn. Ohne Weltkarte ist es praktisch unmöglich, die Karibischen Inseln im Zusammenhang mit phantastischen Atlantikreisen zum «großen» Kontinent einzuordnen, doch genau das scheint Plutarch vollbracht zu haben – eine Beschreibung nicht nur der Nordwestpassage, sondern auch der Untiefen um die Bahamas und dreier Inseln irgendwo in der Karibik.

Wenn Plutarch wirklich von den Westindischen Inseln spricht, um welche drei Inseln handelt es sich dann? Sind sie vielleicht identisch mit denen des Marcellus? Diese Frage erschien mir unlösbar, bis ich herausfand, dass mir bereits jemand auf überzeugende Weise zuvorgekommen war.

Das «wahre» Atlantis

Geoffrey Ashe ist ein hoch angesehener historischer Schriftsteller, der mehrere Bücher über historische Themen wie König Arthur, Glastonbury, heiliges Wissen und antike Kosmologie verfasst hat. 1962 veröffentlichte er ein zum Nachdenken anregendes Buch über die Reisen des Heiligen Brendan, eines legendären irischen Mönchs und Seefahrers aus dem 6. Jahrhundert, der nach der Überlieferung mehrere Inseln des westlichen

Ozeans entdeckt haben soll. Unter dem Titel *Land to the West: – St Brendan's Voyage to America* beschäftigt sich Ashe in diesem Buch auch mit dem Atlantis-Problem.

Obwohl es davor schon über 2000 Bücher und Veröffentlichungen zum Thema Atlantis gab, unternahm Ashe eine sorgfältige Überprüfung der Fakten und Beweise und vermittelte dem Leser einzigartige Einsichten in das uralte Geheimnis um Atlantis. Auch er betrachtete das von Proclus in seinen *Kommentaren zu Platons Timaios* nacherzählte Marcellus-Material als bedeutend und fühlte sich nach sorgfältigem Abwägen veranlasst, Folgendes zu schreiben:

> ... wenn wir nur zugeben könnten, dass seine Inseln die Antillen sind, die Hauptkette der Westindischen Inseln. Sieben ist eine schöne runde Zahl für die Hauptinseln der Kleinen Antillen: Gemeint sein könnten Guadeloupe, Dominika, Martinique, Santa Lucia, Barbados, St. Vincent und Grenada. Die drei größeren Inseln der Kette sind Kuba, Haiti und Puerto Rico, nach den Maßstäben der Mittelmeerwelt alle groß. Die mittlere der drei Inseln, Haiti, misst von einem Ende zum anderen 1000 Stadien, also 100 Meilen [160 km] oder etwas mehr.[26]

Kuba, Hispaniola und Puerto Rico: Könnten dies wirklich die drei von Marcellus und Plutarch erwähnten Inseln «immenser Ausdehnung» sein? War Geoffrey Ashe der Erste, der den wahren Ort von Atlantis erkannt hat? War seine unorthodoxe Art, die Fakten und Hinweise zu betrachten, gerechtfertigt? Um seine unerhörten Behauptungen zu untermauern, zitierte er Beispiele von Katastrophenlegenden, die sich bei den eingeborenen Völkern der Karibik fanden:

> ... Die spanischen Entdecker Westindiens hörten bei den Eingeborenen jener Region eine ungewöhnliche Sintflutüberlieferung. Die Flut ging nicht wieder zurück, wie in den Legenden der meisten Völker. Vielmehr hieß es in dieser Überlieferung, das Wasser sei geblieben und habe den einmal verschlungenen Grund nie wieder hergegeben. Viele der Antilleninseln seien früher zu einer einzigen Landmasse verbunden gewesen, doch eine lange zurückliegende Katastrophe habe sie in Bruchstücke mit Meer dazwischen zerschlagen. Diese Überlieferung gab es unter den Einwohnern der Karibik und selbst unter den Stämmen Haitis, der Insel, von der Proclus zu reden scheint.[27]

Dies ist ein ganz außerordentlicher Befund. Mit ein wenig Hilfe von Marcellus hat Proclus es geschafft, einen Schlüssel zu den Geheimnissen von Atlantis zu liefern. Geoffrey Ashe brauchte die Tür nur noch zu öffnen. Ich fand es absolut erstaunlich, dass kein anderer Autor auf dem Gebiet der Atlantologie diese Ideen je aufgegriffen hat, besonders da Ashe dieselbe Interpretation der Marcellus zugeschriebenen Angaben in zwei weiteren Büchern präsentiert.[28]

Alles wies darauf hin, dass Marcellus tatsächlich drei Karibikinseln meinte, die in der Nähe des einstigen Atlantis lagen und daher die überlebenden Bruchstücke des berühmten Inselreiches darstellten. Wir können diese Inseln, die Plutarch auch mit einer Überlieferung in Verbindung brachte, der zufolge Kronos auf einer von ihnen gefangen war, vorläufig als Kuba, Hispaniola und Puerto Rico identifizieren.

Fasziniert von Ashes Behauptung, eine lange zurückliegende Katastrophe habe die Karibik in Stücke geschlagen, ging ich an die Überprüfung der Primärquellen, die Ashe benutzt hatte. Eine davon findet sich in der *Histoire de la découverte de l'Amérique*, die der französische Historiker und Professor an der Literaturfakultät zu Dijon Paul Gaffarel 1892 veröffentlichte. Gaffarel schreibt, die ersten spanischen Entdecker hätten nach ihrer Ankunft auf den Kleinen Antillen von den Eingeborenen dort gehört, «die Antillen hätten einst einen einzigen Kontinent gebildet und seien dann durch Fluten plötzlich voneinander getrennt worden»[29]. Er berichtet auch von einer Legende der eingeborenen Bevölkerung von Haiti, nach der die Antillen durch eine plötzliche Flut entstanden sind.[30]

Ashes andere Quelle stammt ebenfalls aus dem 19. Jahrhundert, aus einem Band mit dem Titel *Folk-lore in the Old Testament* von dem Mythographen Sir James Frazer. Dort ist zu lesen:

> Die Kariber der Antillen besaßen eine Überlieferung, nach welcher der Herr der Geister im Zorn über ihre Vorfahren, da diese ihm nicht die ihm zustehenden Opfer gebracht hatten, so schwere, mehrere Tage andauernde Regenfälle brachte, dass das ganze Volk ertrank. Nur wenige konnten überleben, indem sie in Kanus auf einen einsamen Berg entkamen. Diese Sintflut, so sagen die Kariber, habe ihre Inseln vom Festland getrennt und die Hügel und spitzen Zuckerhutberge ihres Landes geschaffen.[31]

Die von Gaffarel und Frazer präsentierten Geschichten gehen auf Schriften spanischer Entdecker und Chronisten zurück, die kurz nach den Eroberungen selbst auf den Westindischen Inseln waren. Doch schon die kurzen Zusammenfassungen der beiden Historiker zeigen, dass sich die Ureinwohner der Westindischen Inseln einen reichen Mythen- und Legendenschatz über vorgeschichtliche, katastrophale Ereignisse in der Karibik erhalten hatten. Und da diese Legenden offenbar durch die ersten spanischen Entdecker zu uns gelangt sind, könnten ähnliche Geschichten dann nicht auch den antiken Reisenden erzählt worden sein, die vor Platons Zeitalter die Karibik besucht hatten? Haben diese Seefahrer vielleicht nicht nur Berichte über fremde tropische Inseln jenseits des Westlichen Ozeans, sondern auch Erzählungen und Gerüchte über eine versunkene große Landmasse dort in die Mittelmeerwelt gebracht?

Dass Platons Insel Atlantis in der Karibik gelegen haben könnte, war eine faszinierende Möglichkeit. Wie wir im *Timaios* gelesen haben, soll Atlantis von «anderen Inseln» aus – die den antiken Seefahrern zugleich als Sprungbrett auf ihren Reisen zum «gegenüberliegenden Kontinent», dem amerikanischen Festland, dienten – leicht zu erreichen gewesen sein. Genauer könnte man die Inselketten der Karibik nicht darstellen. Die Archäologen José M. Cruxent und Irving Rouse, die viele Jahre damit verbracht haben, die Wanderungen der frühen karibischen Kulturen zu studieren, beschreiben die Inseln, Sandbänke, Riffe und Kliffe, die sich von Mittelamerika zu den Großen Antillen erstrecken, auf folgende Weise: «Vor mehreren tausend Jahren, als der Meeresspiegel niedriger war, bildete die Kette eine nahezu ununterbrochene Reihe von Trittsteinen zu den Großen Antillen.»[32] Ebenso beschreiben sie die Bahamas als «das beste Sprungbrett zwischen dem Festland im Norden und dem östlichen Kuba und Hispaniola im Süden»[33].

Wir wissen auch, dass viele der Bahamainseln bis vor etwa 5000 Jahren zu zwei enormen Landmassen, der Großen und der Kleinen Bahamabank, gehörten. Mit der Schmelze der Eisfelder am Ende der letzten Eiszeit sanken diese Bänke allmählich unter den Meeresspiegel.[34] Hydrographische Vermessungen des größten dieser Unterwasserplateaus, der Großen Bahamabank, deuten darauf hin, dass der Überflutungsprozess schon um 8000 v. Chr. begonnen und sich bis 3000 v. Chr. fortgesetzt hat.[35] Die große Landmasse sank langsam unter den steigenden Meeresspiegel. Zurück blieben die vielen tausend Inseln und Kliffe, die heute den Archipel der Bahamas bilden.[36] Ähnliche Vorgänge führten zur mehr oder weniger raschen Überflutung anderer tief liegender Regionen in der Karibik. So meinen Meeresgeologen, die Cay-Sal-Bank zwischen Kuba und Andros sei relativ schnell – zwischen ca. 10000–8000 v. Chr. und 6000 v. Chr. – im Meer verschwunden.[37]

Könnten die von Ashe aufgedeckten karibischen Katastrophenmythen bedeuten, dass die einstigen Landmassen in einer gewaltigen Katastrophe versunken sind, einer vernichtenden Flut, wie von Marcellus und Platon angedeutet? Ist es möglich, dass diese Landmassen einst nicht nur ihre eigene Flora und Fauna, sondern auch Menschen beherbergten? Und wenn dies der Fall ist, könnte das Ende dieser Bevölkerung die Legenden der eingeborenen Völker der Karibik beeinflusst und indirekt auch bei der Entstehung der platonischen Atlantis-Erzählung eine Rolle gespielt haben?

Der Kommentar des Mr. Clarke

So erhellend diese Möglichkeiten auch erscheinen mögen – der Entdeckung, dass Atlantis in der Gegend der Bahamas und der Karibik gelegen haben könnte, kann ich mich nicht rühmen. Auch Geoffrey Ashe kann ich dieses Verdienst nicht zuschreiben. Wenn wir die Behauptungen von Atlantologen wie dem Mayaforscher Augustus le Plongeon (19. Jahrhundert), Abbé Brasseur de Bourbourg und dem berühmten schottischen Mythologen Lewis Spence einmal beiseite lassen – alle diese Autoren betrachteten die Antillen als Überreste eines riesigen atlantischen Kontinents –, dann muss unser Beifall dem amerikanischen Historiker Hyde Clarke gelten, der den Zusammenhang als Erster erkannte. In seinem bahnbrechenden Vortrag *Eine Untersuchung der Legende von Atlantis im Licht des protohistorischen Verkehrs mit Amerika*, den er im Juni 1885 vor der *Royal Historical Society* hielt, spekulierte er, bei den sieben Atlantiden oder Plejaden handele es sich um einzelne Atlantikinseln.[38] Das allein war schon eine Erkenntnis, doch dann sprach er weiter über Platons im *Timaios* aufgestellte Behauptung, die Könige von Atlantis hätten die Insel Atlantis «und viele andere [in deren Umgebung] unterworfen, sowie Teile des [gegenüberliegenden] Kontinents»[39]. Seine Rede liest sich wie folgt:

> Mein Kommentar dazu ist, dass sich die Hauptresidenz des großen Königs [*von Atlantis*] möglicherweise im Karibischen Meer befand, vielleicht auf St. Domingo [*i. e. Hispaniola*]. Es ist jedoch anzumerken, dass diese Insel zur Zeit der spanischen Invasion unter der Herrschaft der Kariber stand, deren Sprache dort zu finden ist. So sind die Relikte der einstigen Zivilisation auf dieser und auf anderen Inseln verloren gegangen.[40]

Clarke zeigte hier großen Scharfsinn, was nach der drei Jahre zuvor erfolgten Veröffentlichung von Ignatius Donnellys *Atlantis: The Antediluvian World* seinerzeit nicht angemessen gewürdigt wurde. Wie erwähnt, hatte Donnelly in seinem Buch für die einstige Existenz einer großen Landmasse in der Umgebung des Mittelatlantischen Rückens argumentiert. Niemand wollte in Betracht ziehen, dass Platon mit seiner Insel Atlantis in Wirklichkeit eine viel kleinere Landmasse in der Nähe der Westindischen Inseln gemeint haben könnte, ein Land, das über eine Reihe von Inselketten mit dem amerikanischen Festland verbunden war. Aus diesem Grund ging Hyde Clarkes wichtiger Vortrag (und Artikel) der akademischen Welt verloren. Erst während der Vorbereitungen zu diesem Buch hatte ich das Glück, ihn ausgraben zu können. Unabhängig davon wird dieselbe Theorie inzwischen auch von anderen vertreten, darunter Emilio Spedicato, Professor für Verfahrensforschung an der Universität von Bergamo, der in einem klugen Artikel darlegte, Hispaniola entspräche Platons Beschreibung der Insel Atlantis (siehe Kapitel 18).[41]

All diese Hinweise sollten uns veranlassen, die Möglichkeit sehr ernst zu nehmen, dass Marcellus, in Ashes Worten, «auf der richtigen Spur war», als er für die drei Inseln «immenser Ausdehnung» etwa die geographische Lage der früheren atlantischen Landmasse angab.[42] Bevor wir diese Frage weiter untersuchen, sollten wir aber Ashes Behauptung unter die Lupe nehmen, die sieben anderen von Marcellus erwähnten Inseln, die Proserpine geweiht gewesen sein sollen, gehörten zu den Kleinen Antillen. Der Gedanke war vollkommen neu – doch was spricht für seine Richtigkeit? Die Zahl der Inseln und der Umstand, dass sie mit den Überlieferungen über das Elysium verknüpft zu sein scheinen, deuten eher auf eine weniger entlegene Inselgruppe hin, am ehesten die Kanaren oder die Azoren. Außerdem nimmt Proclus in seinen *Kommentaren zu Platons Timaios* noch einmal Bezug auf Marcellus' *Äthiopische Geschichte*, indem er Einzelheiten zu dem «atlantischen Berg», also dem Berg Atlas, zitiert, der relativ nah bei den Kanarischen Inseln liegt.[43]

Auf den ersten Blick scheint der Schluss, Marcellus' sieben Inseln befänden sich am anderen Ende des Atlantiks, jeder Grundlage zu entbehren. Nur die drei Inseln «immenser Ausdehnung» können mit Inseln im Karibischen Meer identifiziert werden. Darüber befragte ich Geoffrey Ashe, als ich ihn am Neujahrstag 1999 zu einem kurzen Gespräch in seiner Heimatstadt Glastonbury aufsuchte. Nachdem er sich meine Fragen angehört hatte, wies er noch einmal darauf hin, dass es unter den Kleinen Antillen *sieben* bedeutendere Inseln gibt. Wenn Marcellus also an einer Stelle wirklich von den drei Hauptinseln der Großen Antillen sprach, warum sollten wir dann annehmen, dass er im Fall der sieben Inseln die Kanaren oder die Azoren meinte? Wenn wir akzeptierten, dass die drei Inseln immenser Ausdehnung Kuba, Hispaniola und Puerto Rico sind, dann ergebe es doch viel mehr Sinn, die sieben Proserpine geweihten Inseln unter den Hauptinseln der Kleinen Antillen zu suchen.

Die Erwähnung einer Gruppe von sieben Inseln erinnert auch an die zuerst von Hyde Clarke geäußerte Idee, die sieben Atlantiden, die Töchter des Atlas, seien mythische Inseln, von denen jede mit einem der sieben Sterne der Plejaden verknüpft ist. Theopompus, ein jüngerer Zeitgenosse Platons, schrieb, die Bewohner des gegenüberliegenden Kontinents seien als die Meroper bekannt gewesen.[44] Könnte dieser Name, da Merope eine der Atlantiden oder Plejaden war, etwa zu einer der Inseln der Kleinen Antillen oder zum amerikanischen Festland selbst gehört haben?

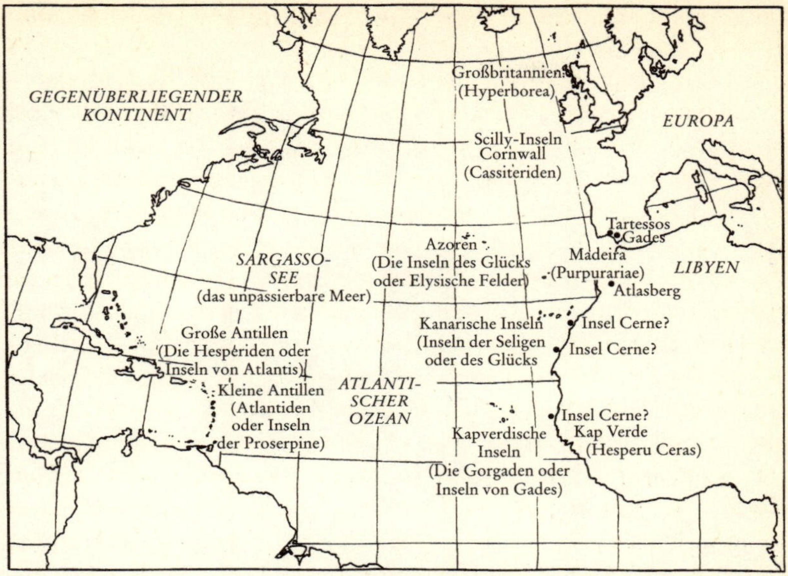

Angenommene Lage der verschiedenen legendären Inseln des westlichen Ozeans. Nach Angaben des römischen Geographen Statius Sebosus sollten die Hesperiden 40 Seereisetage von der afrikanischen Küste entfernt sein

Alles deutet darauf hin, dass die sieben Atlantiden oder Plejaden das Gleiche sind wie die sieben Inseln des Marcellus, die wir vorläufig als die Kleinen Antillen identifizieren konnten. Die erstaunlichen Enthüllungen werfen neue Fragen auf und haben außerordentliche Konsequenzen. Sie könnten uns gar dabei helfen, das Geheimnis um die mutmaßliche Zerstörung von Atlantis zu entschlüsseln. Doch zunächst müssen wir herausfinden, ob es zwischen den präkolumbischen Amerikanern der Karibik und der Mittelmeerwelt, in der Platon vor über 2300 Jahren lebte, einen Weg der Informationsübermittlung gegeben hat. Die wichtigste Spur offenbart sich nicht in Fundstücken aus Amerika, sondern in ägyptischen Mumien.

ZWEITER TEIL

Kontakt

8 Das Geschäft mit den Drogen

Am 26. September 1976 wurde der Leichnam des ägyptischen Königs Ramses II., Ramses «des Großen», unter den Augen der internationalen Medien zu einem siebenmonatigen «Staatsbesuch» von seinem Museum in Kairo nach Paris verfrachtet. Der Zweck des Unternehmens war, zu ermitteln, woher der in Kario festgestellte Verfall der Haut um den königlichen Hals wohl kommen mochte. Über 20 der führenden Wissenschaftler Frankreichs hatten ihre Dienste angeboten, um die Ursache zu erforschen. (Es handelte sich um eine Käferinvasion.)

Unter den beteiligten Wissenschaftlern war Dr. Michelle Lescot vom Musée de l'Histoire in Paris. Madame Lescot setzte ein Elektronenmikroskop ein, um festzustellen, ob sich in den Bandagen der Mumie Bakterien oder Viren eingenistet hatten, doch stattdessen fand sie winzige Stücke von Tabakpflanzen. Sie war sich ihres Befundes sicher und ging damit an die Öffentlichkeit, worauf sie von ihren akademischen Kollegen prompt angegriffen und lächerlich gemacht wurde. Nach deren Meinung konnte unmöglich Tabak in die Wickel geraten sein, es sei denn aufgrund von Kontamination, also Verunreinigung. Mit anderen Worten: Die Ägyptologen, die die Mumie im Jahre 1881 im so genannten «Königslager» in einer Gruft bei Deir el-Bahri in Südägypten gefunden hatten, mussten wohl Pfeife geraucht und dabei Tabak verstreut haben.

Um diese Anwürfe zu kontern, führte Dr. Lescot mit Erlaubnis der Behörden weitere Tests durch, in deren Verlauf sie Materialproben tief aus dem Inneren der Mumie untersuchte. Die mikroskopische Analyse führte zu exakt denselben Ergebnissen. Auch in diesen Proben fanden sich Spuren von Tabak, sodass die Erklärung, es könne sich nur um Verunreinigungen durch schlampige Wissenschaftler handeln, nicht mehr tragbar war.

Die neuen Ergebnisse machten es wahrscheinlicher, dass der Tabak während der Beisetzungsprozeduren für den König, der unglaubliche 66 Jahre lang (von 1290 bis 1224 v. Chr.) geherrscht hatte, in die Bandagen gelangt war. Weitere Tests enthüllten gar, dass die Füllung, durch welche die inneren Organe des Königs ersetzt worden waren, neben Wegerich,

Brennnesseln, Flachs, schwarzem Pfeffer, Kamille und Weizen auch *gehackte Tabakblätter* enthielt. Da diese Füllung dazu beitragen sollte, das Körpergewebe zu konservieren, wurde nun spekuliert, der Tabak könnte bei der Einbalsamierung als Insektengift und Konservierungsmittel verwendet worden sein.[1]

Dass in den Mumienwickeln des Ramses und im Inneren des Leichnams Tabak gefunden wurde, überraschte die Ägyptologen und Botaniker aus einem einfachen Grund: Tabak war in der antiken Welt unbekannt. Die Entdeckung ergab nicht den geringsten Sinn. In einigen populärwissenschaftlichen Büchern war in Erwägung gezogen worden, dass es doch Tabak gegeben haben könnte, doch kein ernsthafter Ägyptologe wäre bereit gewesen, diesen Eindringling in eine ansonsten längst etablierte ägyptische Geschichte zuzulassen oder zu erklären. Das viel größere Problem, nämlich dass die Tabakpflanze als nur in Amerika heimisch galt, wurde von allen Beteiligten stillschweigend verdrängt.

Die Kokainmumien

Dabei blieb es dann bis 1992, als die Toxikologin Svetlana Balabanova, die am Institut für Forensische Medizin der Universität Ulm tätig war, eine Reihe einmaliger Tests an Proben ägyptischer Mumienüberreste aus einem Münchner Museum durchführte. Die Proben stammten von einer vollständigen Leiche, einem unvollständigen Exemplar und sieben abgetrennten Köpfen unbekannter Herkunft.[2] Der erhaltene Leichnam war der von Henuttawy, Priesterin und Sängerin im Tempel des Amun bei Theben, ca. 1000 v. Chr. Ihr Grab wurde in einer für Priester reservierten Totenstadt bei Deir el-Bahri in der Nähe des heutigen Luxor in Südägypten gefunden. Die frühe Geschichte der Mumie ist immer noch ungewiss. Aufzeichnungen zufolge ist sie 1845 von einem englischen Reisenden namens Dodwell an König Ludwig I. von Bayern verkauft worden, der eine große Altertumssammlung zusammentrug.[3]

Dr. Balabanova entnahm den mumifizierten Überresten, die am Institut für Anthropologie und Genetik der Universität München untersucht wurden, Knochen- und Hautproben sowie Fragmente vom Kopf und Proben des Muskelgewebes im Unterleib. Ihre Ergebnisse waren Aufsehen erregend – so sensationell, dass sie es für nötig erachtete, ähnliche Proben an drei andere Laboratorien zu senden, die ihre Befunde prompt bestätigten. Sämtliche Tests schienen zu zeigen, dass die mumifizierten menschlichen Überreste große Mengen an Drogen enthielten. Haschisch wurde in allen neun Fällen gefunden, was jedoch keine solche

Überraschung war, da heute angenommen wird, dass diese Hanfart im pharaonischen Ägypten allgemein im Gebrauch war. In acht der neun Testobjekte fand man auch Nikotin, den Wirkstoff der Tabakpflanze. Was die Wissenschaftler aber vor ein echtes Rätsel stellte, war das in allen neun Fällen gefundene Kokain, jenes psychoaktive Alkaloid, das im Kokastrauch enthalten ist.[4]

Dr. Balabanova erkannte die Bedeutung ihres Fundes sofort. Tabak in ägyptischen Mumien war schon schwer zu erklären gewesen, doch das Vorkommen von Kokain hatte ganz andere Dimensionen: Kokain war 1859 zum ersten Mal produziert und in Kreisen der europäischen Gesellschaft erst gegen Ende des 19. Jahrhundert gebräuchlich geworden. Zudem wächst der Kokastrauch nur in Südamerika.

In den Jahren nach der Eroberung Perus durch Pizarro (1532) berichteten spanische Reisende, dass die Eingeborenen in den peruanischen und bolivianischen Anden scheinbar ununterbrochen getrocknete Blätter kauten, die sie «Koka» nannten.[5] Sie rollten die Blätter mit etwas Asche oder Kalk, die das Kokain freisetzen, zu einem Ball und stopften sich das Ganze in den Mund. Diese Mischung schien sie vor Hunger und Erschöpfung zu bewahren und sowohl als anregendes als auch als betäubendes Mittel zu wirken, was den späteren Ge- und Missbrauch der Droge in der westlichen Welt zur Folge hatte. Im amerikanischen Bürgerkrieg wurde Kokain verwundeten Soldaten zur Schmerzlinderung verabreicht.

Teilweise verdaute Reste von Kokablättern hat man in Müllgruben antiker peruanischer Kulturen gefunden, die bis 2500 v. Chr. zurückgehen. Kolumbianische Steinfiguren mit den typischen ausgebeulten Wangen der Kokakauer sind bis zu 3500 Jahre alt.[6] Viele der Fundstücke, die auf Kokakonsum hinweisen, stammen jedoch aus neueren Grabfunden in Peru, mit Leichnamen aus der Zeit zwischen 200 v. Chr. und 1500 n. Chr.[7] In ähnlichen Tests wie denen, die Frau Balabanova und ihre Kollegen an den Münchner Mumien vorgenommen hatten, fand man auch im Körpergewebe dieser Leichname Kokain.[8] Viele dieser peruanischen Toten waren sogar mit Kokaklumpen im Mund begraben worden, vermutlich in dem Glauben, die Droge käme den Verstorbenen noch im Jenseits zugute.[9]

Zweifel

Dr. Balabanova ist keine Außenseiterin. Als forensische Toxikologin hat sie häufig für die Polizei gearbeitet, wenn es darum ging, Drogen- oder Giftspuren in den Opfern verdächtiger Todesfälle aufzuspüren. Die Ergebnisse solcher Tests sind als gerichtlicher Beweis zugelassen. Wer also an den Techniken, der Methodologie oder den Befunden der Wissenschaftlerin zweifelt, stellt zugleich das gesamte Feld der forensischen Toxikologie in Frage. Zudem konnte Frau Balabanova toxikologische Messfehler im Fall der Mumien ausschließen, indem sie ihre Befunde zusätzlich mit chromatographischen Methoden absicherte. So fand sie in den einzelnen Gewebeproben eindeutige Signaturen bestimmter biochemischer Zerfallsprodukte.[10]

Dr. Balabanova unterzog die mumifizierten Überreste dem so genannten Haartest, der auf dem Wissen beruht, dass ein Mensch, der vor seinem Tod Drogen oder Gifte zu sich genommen hat, winzige Spuren davon im Protein seiner Haare absorbiert haben muss. In lebenden Personen halten sich diese Spuren mehrere Monate lang. So werden Angestellte, Sportler und Militärpersonal auf möglichen Drogenmissbrauch getestet. Auch diese von Dr. Balabanova durchgeführten Tests waren im Ergebnis positiv.

Seit den ersten Versuchen an den Proben aus dem Münchner Museum haben Dr. Balabanova und ihre Kollegen an die 3000 ähnliche Tests an anderen mumifizierten Leichen unter anderem aus Deutschland, China, dem Sudan und Ägypten durchgeführt.[11] Auch hier wurden in einer großen Anzahl der Testobjekte Nikotin und/oder Kokain nachgewiesen. Das Alter der Leichname lag zwischen 800 und 7000 Jahren, einige waren also älter als die Münchner Mumien. Zusammenfassend lässt sich sagen, dass die Verfahren und die Ausrüstung von Dr. Balabanova so gut wie unanfechtbar sind.[12]

Falsche Mumien

Eine andere Kritik, mit der sich Svetlana Balabanova mit ihren Ergebnissen konfrontiert sah, bezog sich auf die Frage, ob es sich bei den mumifizierten Leichnamen im Münchner Museum, an denen die ersten Tests vorgenommen worden waren, nicht in Wirklichkeit um Fälschungen handelte, wie sie von arabischen Gaunern an europäische Reisende verkauft wurden, die auf der Suche nach echten Altertümern waren. Da C14-Tests an organischem Material – um solches handelt es sich natürlich bei menschlichen Überresten – oft falsche oder widersprüchliche Ergebnisse bringen, ist den Wissenschaftlern immer sehr daran gelegen, den Ursprung des Testobjekts genau zu bestimmen. Die meisten der Münchner Objekte waren, wie schon erwähnt, abgetrennte Köpfe, andere Proben waren jedoch dem vollständigen Leichnam der Henuttawy und teilweise intakten anderen Leichen entnommen worden. Diese Proben untersuchte

Rosalie David, Ägyptologin am Museum in Manchester, nachdem sie von den Machern des britischen Wissenschaftsprogramms *Equinox* beauftragt worden war, Balabanovas Ergebnisse für einen Film über die Kokainmumien nachzuprüfen. Sie fand Indizien dafür, dass komplexe Balsamierungsverfahren angewandt worden waren, Klumpen von Eingeweiden, gravierte Amulette und Wachsplättchen mit Bildern der ägyptischen Götter.[13] Demzufolge war es äußerst unwahrscheinlich, dass es sich bei diesen Mumien um neuzeitliche Fälschungen handelte.

Rosalie David hatte Dr. Balabanovas Resultate zunächst mit Skepsis betrachtet. Während ihrer Arbeit an dem Dokumentarfilm, der erstmals 1996 ausgestrahlt wurde, erklärte sie sich jedoch bereit, eine Reihe von Mumien, die im Museum von Manchester aufbewahrt wurden, nach Hinweisen auf Drogen zu untersuchen – und kam zu verblüffenden Ergebnissen. Drei der untersuchten Leichname enthielten deutliche Spuren von Nikotin, doch keiner wies eine Spur von Kokain auf.[14]

Ein letzter Einwand gegen Dr. Balabanovas Befunde ist der, dass es keine archäologischen, historischen oder künstlerischen Hinweise darauf gab, dass die alten Ägypter Drogen wie Kokain und/oder Nikotin für medizinische oder andere Zwecke benutzt hätten. Andererseits konnten viele der Kräuter und Pflanzen, die in medizinischen Texten erwähnt sind, bis heute nicht identifiziert werden. Zudem gibt es überzeugende Hinweise darauf, dass Drogengebrauch allgemein im alten Ägypten nichts Ungewöhnliches war. Und es bleibt der eindeutige Tabakbefund aus den Bandagen von Ramses dem Großen. Dr. Balabanovas Befunden zufolge scheinen die Ägypter auf eine noch unbekannte Weise Nikotin aufgenommen zu haben. Das Inhalieren von Tabakrauch ist in Ägypten offenbar erst von den Arabern eingeführt worden. In einem anderen Land des Mittleren Ostens, das mit der pharaonischen Welt in enger Verbindung stand, finden sich jedoch verblüffende Beweise für diese Praktik.

Syrischer Weihrauch

1930 schrieb der Mittelostforscher Stefan Przeworski einen Artikel für die gelehrte Zeitschrift *Syria*, in dem er die Entdeckung einiger kurioser Gegenstände an verschiedenen Grabungsstätten in Nordsyrien schilderte. Diese Gegenstände sahen nämlich aus wie Tabakspfeifen.[15] Przeworski katalogisierte im Ganzen zehn Stück mit Datierungen zwischen ca. 1200 und 850 v. Chr.[16] Die Objekte bestehen aus einer aus Stein – gewöhnlich blaugrünem Speckstein – geschnitzten Schale und einem kurzen Stiel mit einem Mittenkanal bis in die Schale und einem angespitzten Ende, das in eine Röhre aus Holz oder Metall gesteckt werden kann.[17]

Die Schalen stellen bestimmte Figuren dar, zum Beispiel kauernde Löwen[18] oder Hände, die sich um die runde Außenwand schmiegen.[19] Einige der Böden tragen ebenfalls Verzierungen, zum Beispiel stilisierte Lotosblumen.[20] Die Schalen sind zwischen 8,1 und 13,5 cm lang, 2,1 bis 6,0 cm hoch und haben Durchmesser zwischen 5,2 und 7,7 cm.[21]

Die Frage nach dem Zweck dieser eigenartigen und kaum zu deutenden Steinschälchen wurde von den Mittelostspezialisten weitgehend ignoriert. Sir Leonard Woolley, der berühmte englische Archäologe, der in den zwanziger Jahren die Schätze der Stadt Ur im südlichen Irak entdeckt hat, bezeichnete sie aufgrund ihrer Form gern als «Trinkschalen»[22]. Przeworski dagegen räumte ein, ihr Zweck sei ihm vollkommen unklar.[23] Er verwarf Wooleys Ansicht, es handele sich um Trinkgefäße, und sprach sich eher für die Idee aus, die Schalen könnten eine spezielle Form von Weihrauchbrennern gewesen sein. Nach seiner Ansicht war

... der syrische Stiel nicht nur dazu da, mit dem Weihrauchbrenner zu hantieren, sondern wurde auch dazu benutzt, durch den engen Kanal in die Schale zu blasen. Auf diese Weise wurde die Glut erhalten, und die Düfte konnten sich entfalten.[24]

Ein syrischer Priester mit rauchender Pfeife, ca. 1000 v. Chr. Haben die Phönizier die Kunst des Rauchens auf Handelsexpeditionen jenseits der Säulen des Herakles erlernt? Vergleichen Sie dieses Bild mit dem Zigarre rauchenden Gott L/Votan in der Maya-Stadt Palenque (Bildteil, Nr. 47)

Przeworski belegte seine These, indem er ein syrisches Relief nachskizzierte, das einen männlichen Priester mit einer langen, rauchenden Pfeife zwischen den Lippen zeigt.[25] Hätte man dieses geschnitzte Relief an einer Tempelwand in Mexiko gefunden, gäbe es keinen Zweifel daran, was es darstellt. Ein solcher Fund in Nordsyrien wird jedoch ganz anders interpretiert. Da im westlichen Asien vor den Arabern allem Anschein nach nicht geraucht wurde, müssen die Gelehrten natürlich annehmen, die Figur *exhaliere* Rauch, anstatt ihn zu inhalieren!

Ohne solche Vorurteile ist es dagegen ohne weiteres möglich zu sagen, dass es sich bei den seltsamen Gegenständen aus Nordsyrien nicht um Weihrauchbrenner, sondern um Tabakspfeifen handelt. Diese faszinierende Idee geht ursprünglich auf den amerikanischen Prähistoriker Cyrus H. Gordon zurück, der sie 1971 in seinem Buch *Before Columbus* erstmals äußerte.[26] Er wies darauf hin, dass seit Przeworskis Artikel von 1930 weitere Ausgrabungen noch mehr solche Schalen zum Vorschein gebracht hatten. Ein Exemplar wurde 1932 bei Tell Beit Mirsim in Judäa gefunden, wo Gordon zum Ausgrabungsteam gehört hatte.[27] Seiner Meinung nach zeigten die Objekte alle Merkmale von Rauchpfeifen, vergleichbar mit den verzierten Steinpfeifen der Ureinwohner von Amerika, wo «Tierköpfe an den Tabakschalen» und «eine Hand (mit allen fünf Fingern), als Relief um den Schalenboden geschnitzt»[28], ebenfalls gebräuchliche Muster sind. Dazu schrieb er:

> Die Köpfe deuten darauf hin, dass die Rauchschalen personifiziert waren, während die Hände bedeuten, dass der duftende Rauch ein Opfer war und das gesamte Objekt als «Hand» bezeichnet worden sein könnte (*kaf* bedeutet Hand und ist zugleich die hebräische Bezeichnung für solche Gegenstände). Rauchschalen wie diese tauchen in der alttestamentarischen Periode im Nahen Osten auf. Die amerikanische Friedenspfeife könnte daher eine Abwandlung der nahöstlichen *Kaf*-Pfeifen sein.[29]

Es gibt keine klaren Hinweise darauf, welche Substanzen die Syrer in ihren Pfeifen geraucht haben könnten. Vielleicht war es Opium, vielleicht Hanf. Die Existenz solcher Pfeifen zwischen ca. 1200 und 850 v. Chr. ist jedoch an sich schon verwunderlich, zumal dieser Zeitrahmen sich exakt mit dem Aufstieg der Phönizier deckt, den unbestrittenen Herren der hohen See mit Stadtstaaten an den levantinischen und syrischen Küsten (siehe Kapitel 10).

Przeworski hat auch den Gedanken geäußert, die syrischen Pfeifen könnten sich über ein inzwischen verlorenes Zwischenglied aus konventionelleren Weihrauchbrennern entwickelt haben, die im 2. Jahrtausend v. Chr. in Ägypten im Gebrauch waren[30] – eine interessante Möglichkeit, für die es jedoch, abgesehen von oberflächlichen Ähnlichkeiten zwischen den kauernden Löwen, an die manche der Schalen erinnern, und der in der ägyptischen Kunst verbreiteten Sphinxfigur, keinen Beweis gibt. Viel wahrscheinlicher haben phönizische Seefahrer den Brauch, Rauch zu inhalieren, statt Weihrauchdämpfe zu exhalieren, einer der vielen verschiedenen Kulturen abgeschaut, denen sie an den Rändern der antiken Welt begegneten. Die Frage ist nur, wo und von wem. Und worin könnte der Zusammenhang zwischen den syrischen Rauchpfeifen und den Tabak- und Kokainvorkommen im antiken Ägypten bestehen?

Die Tabakfrage

Die beiden ältesten in Amerika gefundenen Pfeifen sind auf ca. 1500 v. Chr. datiert. Die eine stammt von der Insel Marajo in der Amazonasmündung in Brasilien, die andere von Poverty Point in Louisiana.[31] In mittelamerikanischen Kulturen wie bei den Mayas auf Yukatan, den Azteken Zentralmexikos und den Inselvölkern der Karibik waren Pfeifen bekanntlich ebenfalls gebräuchlich. Allerdings handelte es sich dabei nur um einfache kegelförmige Röhren aus Silber, Stein oder Holz, die mit zusammengerolltem Gras und Tabak gefüllt wurden. Das Gras diente als Filter und verhinderte, dass der Raucher Tabakkrümel in den Mund bekam. In der Karibik trafen die ersten spanischen Eroberer auf *Caciques* oder Stammesfürsten, die eine Y-förmige Schilfpfeife rauchten, indem sie sich beide Enden in die Nasenlöcher steckten, um den Rauch zu inhalieren. Diese Pfeifen waren jedoch der Elite vorbehalten. Weniger wichtige Glieder der Gemeinschaft hatten sich damit zu begnügen, die Tabakblätter einzurollen und als Zigarren zu rauchen.

Nach Auffassung der alten Amerikaner hatte Tabakrauch vielerlei Nutzen. Er half gegen Asthma, verstopfte Nasen, Kopfweh, Schlangenbisse, Geschwüre, Zahnschmerzen und Geburtskomplikationen.[32] Für priesterliche oder schamanische Zwecke wurde das Nikotin aufgenommen, indem man dem Tabak den Saft entzog und diesen für einen Einlauf benutzte. Nikotin in solcher Konzentration muss den Benutzer schnell auf eine andere Bewusstseinsebene gebracht haben. Daneben wurde Tabak zu Bällen zusammengerollt und gekaut, da das – ähnlich wie das Kauen von Koka – gegen Hunger half. Rauchen zur Entspannung, wie wir es heute kennen, hat also wenig damit gemein, wie Tabak in mittelamerikanischen Kulturen benutzt wurde.

Es wird allgemein angenommen, dass es in der antiken Welt keinen Tabak gab. Tabak wurde erst im Zeitalter der Entdecker aus Amerika eingeführt. In Wirklichkeit gibt es aber Indizien im Überfluss, die zeigen, dass eine wilde Tabakart – *Nicotina rustica* im Gegensatz zur amerikanischen Variante *Nicotina tabacum* – in Teilen Afrikas, auch im Westsudan, lange vor Kolumbus weit verbreitet war.[33] Die Araber kannten dieses Kraut als Rauchmedizin,[34] während schwarze Kulturen den Tabakrauch als Meditationshilfe und zur «Beruhigung und Erbauung» benutzten.[35] Das Wort für Rauchen war *tubaq*, und in dieser Form setzte sich der Begriff in etlichen afrikanischen Sprachen fest, etwa als *taba*, *tawa* oder *tama*.[36]

Um medizinischen Tabak herzustellen, räucherten oder trockneten die Afro-Araber die frischen Blätter und pressten sie danach zu festen Blöcken.[37] Diese Substanz nahmen sie pur zu sich, oder sie mischten sie mit anderen Stoffen wie zum Beispiel Holzkohle. Dieses Gemisch wurde verbrannt, um Rauch zu erzeugen. Die Amerikaner dagegen trockneten und hackten die Tabakblätter nur,[38] sodass sie als Pulver oder Saft eingenommen, als Umschläge aufgelegt oder zu einem Ball gerollt und gekaut werden konnte. Letztere Methode könnte auch in Ägypten üblich gewesen sein.[39]

Die afrikanische Tabakpflanze findet auch in einer mittelalterlichen medizinischen Abhandlung des arabischen Arztes Ibn al-Baitar Erwähnung. Baitar nannte sie «eine Baumart in den Bergen von Mekka, mit langen, schlanken, grünen Blättern, die zwischen den Fingern zerfallen, wenn man sie drückt»[40]. Der Baum «wächst ungefähr mannshoch und in Gruppen … man findet nie eine einzelne Pflanze»[41]. Ferner erfahren wir, dass die Pflanze «als Gegengift dient, eingenommen oder als Verband, und als Medizin für die Räude, das Jucken und gegen hartnäckige Fieber sowie gegen Kolik, Gelbsucht und Leberverstopfung …»[42].

Zusätzliche Hinweise darauf, dass Tabak vor dem Zeitalter des Kolumbus nicht nur in Afrika heimisch war, sondern auch von den Arabern als Rauchmedizin verwendet wurde, finden sich in den Schriften des Entdeckungsreisenden Captain G. Binger, der im 19. Jahrhundert lebte. Er sah, wie Tabak in Afrika als Währung benutzt wurde und berichtete, dass ihn «die Bewohner des Darfur [im Sudan] in ihrer Sprache *taba* nennen … In Fezzan und in Tripolis im Berberland wird er *tabgha* genannt. Ich habe ein Kasidah, ein Gedicht, von einem Bakriden oder Nachkommen des Kalifen Abu Bakr gelesen, das beweist, dass Rauchen keine Sünde ist. Diese Verse gehen, wie ich glaube, auf das 9. Jahrhundert der Hegirah zurück.»[43]

In christlicher Zeitrechnung wäre dies ungefähr das Jahr 1450, über 40 Jahre vor Kolumbus' berühmter Reise. Die Existenz der Wörter *tubaq*, *taba* und *tabgha* bringt uns außerdem zu der Frage nach dem Ursprung des Wortes «Tabak», mit dem die präkolumbischen Völker der Karibik sowohl den Akt des Rauchens als auch ihre Rauchutensilien beschrieben.[44] Dass vor dem Zeitalter des Kolumbus afro-arabische Varianten dieses Worts existiert haben, kann kaum als Zufall durchgehen. Wäre es möglich, dass es einen gemeinsamen Ursprung dieser Wortvarianten gibt, die alle dasselbe bedeuten: das Rauchen von Tabak?

Die Ähnlichkeit zwischen diesen Wortvarianten zwingt uns geradezu zu der Annahme, dass die Tabakpflanze entweder durch transatlantische Kontakte vor der Zeit des Kolumbus nach Afrika gelangt ist oder durch Besucher vom afrikanischen Kontinent in Amerika eingeführt wurde. Das könnte bedeuten, dass Tabak schon um 1500 v. Chr. auf beiden Seiten des Atlantik verbreitet war, also um die gleiche Zeit, aus der die ältesten in Amerika gefundenen Tabakspfeifen stammen.

Eine Spezies der Tabakpflanze war in vorkolumbischer Zeit im Sudan heimisch. Proben mumifizierter menschlicher Überreste aus dem Westsudan weisen hohe Anteile an Nikotin auf. Tabak könnte also über Nubien nach Ägypten gelangt sein. Doch wann mag das geschehen sein? Bereits im pharaonischen Zeitalter oder erst Mitte des 15. Jahrhunderts? Der Umstand, dass man in ägyptischen Mumien auch Kokain gefunden hat, lässt vermuten, dass das Ganze noch viel komplexer ist. Das Vorkommen von Tabak im alten Ägypten könnte man ja noch mit einer einheimischen Art zu erklären versuchen, doch bei Kokain ist das nicht möglich. Das Kokablatt und das Kauen von Koka sind, wie gesagt, nur in Amerika heimisch und üblich.[45]

Es mag zunächst unglaublich klingen, doch die einzige realistische Erklärung für das Vorhandensein von Kokain in ägyptischen Mumien scheint zu sein, dass zwischen der ägyptischen Welt und Amerika Handelskontakte existiert haben. Und wenn das Kokablatt exportiert wurde, dann kann auch Tabak aus Mittelamerika in die antike Welt gelangt sein, zumal in mehreren Fällen Tabak und Kokain in ein und derselben ägyptischen Mumie gefunden wurden. Die eigenartige Ähnlichkeit zwischen den Wörtern, die auf beiden Seiten des Atlantik für das Tabakrauchen benutzt worden sind, macht einen Austausch von Terminologie, Techniken und möglicherweise auch Pflanzen und Waren vor der Zeit des Kolumbus noch wahrscheinlicher. Indem wir die einstige Existenz dieser Handelsroute nachweisen, kommen wir auch einer Antwort auf die Frage näher, wie die Mittelmeerwelt vor dem Zeitalter Platons von den Karibischen Inseln und der Katastrophe erfahren haben kann, die in einer vergangenen Ära über diese Inseln hereingebrochen zu sein scheint.

Ein Kontinent im Süden

Ein interessanter Hinweis auf die wahre Quelle des afrikanischen Drogenhandels findet sich in folgendem bemerkenswerten Bericht. Ein Jahr nach Kolumbus' triumphaler Rückkehr aus der Neuen Welt (1493) schlossen König Ferdinand und Königin Isabella von Spanien einen von Don Juan, dem König von Portugal, vorgeschlagenen Vertrag, der den Atlantischen Ozean zwischen den beiden Großmächten aufteilte. Spanien sollte alles in der westlichen Zone gehören, einschließlich der Territorien, die sich Kolumbus schon im Namen der Herrscher von Kastilien und Aragon angeeignet hatte, Portugal würde alles an sich nehmen, was östlich der Demarkationslinie entdeckt werden würde. Portugal blieben danach nur die Azoren, Madeira und die Kapverdischen Inseln. Es gibt jedoch gute Gründe, anzunehmen, der König von Portugal habe bereits von einem Kontinent im Süden gewusst, der in dem ihm zugesprochenen Gebiet lag.

Gemeint ist natürlich Südamerika einschließlich Brasilien, dessen Existenz unter den schwarzafrikanischen und arabischen Völkern Westafrikas längst bekannt gewesen zu sein scheint. Irgendwann hörten auch portugiesische Seefahrer und Kaufleute davon und brachten dieses Wissen dann in ihr Heimatland.[46] Nachdem ihm schon Westindien durch die Lappen gegangen war, wollte der König von Portugal nicht noch einmal zu spät kommen. Aus diesem Grund hatte er den Vertrag zwischen den beiden Königreichen vorgelegt.[47]

Vor der Unterzeichnung des so genannten Vertrags von Tordesillas im Jahr 1494 hatten Isabella und Ferdinand Spione beauftragt, herauszufinden, was es Neues gab über den südlichen Kontinent, über den diese Gerüchte kursierten. Bei der Interpretation der Berichte scheint den spanischen Herrschern und ihren Beratern jedoch ein schwerer Fehler unterlaufen zu sein. Auf seiner dritten Reise in die Neue Welt, 1498, entdeckte Kolumbus das amerikanische Festland zwar tatsächlich, doch setzte er nie einen Fuß darauf, sodass der portugiesische Seefahrer Pedro Ãlvares Cabral im Jahr 1500 Brasilien für Portugal beanspruchen konnte. Wie vorhergesagt lag Brasiliens Küste östlich der Demarkationslinie, und Portugal wurde damit vertragsgemäß zum Besitzer.

Dies war zweifellos ein schwerer Schlag für die spanischen Monarchen, die es fortan bereuten, den Vertrag unterzeichnet zu haben, zumal einer der Ratgeber, die ihnen über den Kontinent im Süden Bericht erstattet hatten, sowohl dem Königspaar als auch Kolumbus mehr als nur eine Bestätigung für die Existenz des Südkontinents geliefert hatte. In einem Brief an Kolumbus vom 8. August 1495 schrieb Jaime Ferrer de Blanes, ein seinerzeit angesehener Geograph und Edelsteinhändler, er habe von «Hindus, Arabern und Äthiopiern [Schwarzafrikanern] ... und in vielen Gesprächen, die ich in der Levante, in Alcaire und in Domas geführt habe», gehört, dass «in den Regionen der Tagundnachtgleiche [in den Tropen] große und kostbare Dinge zu finden sind, zum Beispiel Edelsteine, Gold, Gewürze *und Drogen* ...»[48]. Ferner berichtet er, «die Bevölkerung [sei] schwarz oder braun ... Wenn Sie solch ein Volk finden, wird es auch an einem Überfluss an besagten Dingen nicht fehlen.»[49]

An was für «Drogen» dachte Ferrer wohl, als er schrieb, sie seien «innerhalb der Regionen der Tagundnachtgleiche [in den Tropen] ... im Überfluss» zu finden? Meinte er Drogen lediglich im medizinischen Sinne, oder dachte er an etwas Exotischeres wie etwa Tabak und Kokain? Diese Frage werden wir wohl nie beantworten können, wenngleich Ferrers Angaben die Existenz einer uralten transatlantischen Handelsstraße zwischen der westafrikanischen Küste und Amerika mit Sicherheit nicht ausschließen. Drogen wären dann offenbar unter den Gütern gewesen, die hauptsächlich zwischen den Kontinenten gehandelt worden wären und vor dem ersten vorchristlichen Jahrtausend nach Ägypten gefunden haben könnten.

Wenn die pharaonischen Ägypter tatsächlich im Tabak- und Kokainhandel tätig waren, wer hatte diese Drogen dann über den Atlantik gebracht? War es eine Seefahrerkultur amerikanischen Ursprungs, oder sind die kostbaren Güter auf den Schiffen einer bekannten Kultur der antiken Welt zum Mittelmeer oder zum Roten Meer gelangt? Da es keine greifbaren Hinweise darauf gibt, dass Angehörige einer der präkolumbischen Kulturen Amerikas die Alte Welt regelmäßig besuchten, müssen wir nach anderen Antworten Ausschau halten. Die Frage ist: Waren die Ägypter selbst in der Lage, Handelsverbindungen mit dem amerikanischen Kontinent zu unterhalten, oder waren sie lediglich Abnehmer für die starken Drogen aus einem tropischen Paradies jenseits des westlichen Ozeans? Im nächsten Kapitel nehmen wir zunächst die seemännischen Fähigkeiten der alten Ägypter genauer unter die Lupe.

9 Olmeken und Elefanten

An der Südseite der Großen Pyramide erhebt sich das lange, schlanke, verglaste Gebäude des Bootsmuseums. Dort ist eine der beiden großen Bestattungsbarken ausgestellt, die in steingetäfelten Gruben am Fuß dieses vom Pharao Khufu vor ca. 4500 Jahren erbauten Wunders der antiken Welt entdeckt worden sind. Das aus libanesischem Zedernholz gebaute Boot ist über 43 Meter lang, 5,90 Meter breit und hat eine Wasserverdrängung von um die 45 Tonnen.

Nach Auskunft der Ägyptologen sind solche Boote für die letzte Reise der Seele des toten Pharao – für die Reise ins Jenseits – gebaut worden, eine im alten Ägypten übliche Bestattungsweise. So hat man 1991 unter dem Nordfriedhof von Abydos in Südägypten die Überreste von bis zu zwölf noch früheren Schiffsbegräbnissen gefunden. Diese bisher nur zum Teil ausgegrabenen Exemplare gehen auf die Gründerzeit der ägyptischen Geschichte zurück, auf das so genannte Alte Reich oder die archaische Periode ca. 3100–2700 v. Chr.[1] Andere Bootsgruben sind in Totenstädten der Ersten Dynastie gefunden worden,[2] zum Beispiel in Saqqara und Helwan.

Der Anblick dieser mächtigen Konstruktionen ist atemberaubend. Der hohe Bug, die massiven Ruder und die Mittelkabine vermitteln einen Eindruck von der überlegenen und fundierten Schiffsbaukunst, die vor Tausenden von Jahren existierte. Ein solches Schiff kann man sich leicht auf hoher See vorstellen, wellenumtost, auf dem Weg zu einem fernen Land.

Diese Vorstellung ist allerdings irreführend, denn Khufus Barke war nie für die hohe See gedacht. Das ganze Gebilde wird nur durch Seile und Steckverbindungen zusammengehalten. Das Boot hätte schwer geleckt und wäre selbst auf ruhigster See bald in seine Bestandteile zerfallen. Die Fachwelt nimmt daher an, die Ägypter hätten ihr seefahrerisches Wissen eher von fremden Kulturen entliehen. Das mag der Fall gewesen sein – es gibt aber auch klare Hinweise darauf, dass die Ägypter durchaus seetüchtige Schiffe besessen haben, mit denen sie auf lange Reisen gingen.

Einer dieser Hinweise ist die Geschichte des persischen Seefahrers

Sataspes, den König Xerxes um 470 v. Chr. beauftragte, Afrika zu umschiffen. Sataspes machte sich zunächst auf den Weg nach Ägypten, wo er ein Schiff erwarb und eine Mannschaft anheuerte, und fuhr von dort aus bis jenseits der Säulen des Herakles.[3] Ohne Zwischenfall passierte er die libysche Landzunge, die er als «Kap Soloeis» kannte, und segelte dann in Richtung Süden. Nach «vielen Monaten» Reise, als er «erkannte, dass noch mehr Wasser vor ihm lag, als er schon überquert hatte, machte er eine Kehre und fuhr nach Ägypten zurück»[4]. Zurück am persischen Hof, erklärte er, er habe die Reise nicht zu Ende bringen können, «weil das Schiff anhielt und nicht weiter wollte»[5]. Xerxes fand diese Erklärung unbefriedigend und ließ den unglücklichen Seefahrer kurzerhand pfählen.

Vom Schicksal des Sataspes wissen wir durch den griechischen Historiker Herodot, der die Geschichte nach eigenen Angaben von den Karthagern gehört hatte. Wenn das stimmt, haben wir damit ein weiteres Beispiel dafür, wie dieses Seefahrervolk Gerüchte über Untiefen und tückische Gewässer verbreitete, um jede weitere Erkundung des äußeren Ozeans durch Konkurrenten nach Möglichkeit zu verhindern.[6] Unabhängig davon scheint diese Geschichte jedoch zu bestätigen, dass die Ägypter zur Zeit des Perserreiches tatsächlich über seetüchtige Schiffe verfügten. Es gibt sogar deutliche Anzeichen dafür, dass den Ägyptern diese Technologie schon über 1500 Jahre früher zu Gebote stand.

Die Geschichte des Schiffbrüchigen

Unter den ägyptologischen Schätzen im Kaiserlichen Museum zu St. Petersburg findet sich eine Papyrusrolle unbekannter Herkunft. Katalogstück P. Leningrad 1115 enthält die Geschichte des Schiffbrüchigen, einen antiken Bericht, der von Sprachwissenschaftlern auf das Zweite (mittlere) Reich der Ägypter datiert wird, also auf die Periode zwischen etwa 2135 und 1796 v. Chr.[7] Wenn sie auf historischen Tatsachen beruht, finden wir in ihr die Erinnerung an lange Reisen überliefert, die ägyptische Seefahrer in oder gar vor dieser fernen Epoche unternahmen.

Die Geschichte erzählt von einem hohen Beamten, der von einer erfolglosen Seereise zurückkehrt und deshalb den Empfang fürchtet, der ihn am königlichen Hof erwartet. Ein Diener tröstet ihn, er solle froh sein, dass er sicher und gesund nach Hause gelange. Anschließend erzählt der Diener, wie er einmal auf einer ähnlichen langen Reise fast umgekommen wäre. Es sind die Einzelheiten in diesem Teil der Geschichte, auf die es hier ankommt.

Seiner Erzählung zufolge waren der Diener und die übrige Mannschaft auf einem Schiff von 120 Ellen (54–66 Meter) Länge und 40 Ellen (18–22 Meter) Breite zu den königlichen Minen in einem fremden Land entsandt worden.[8] Er beschreibt damit ein Schiff von beträchtlicher Größe, größer als die Bestattungsbarken von Giseh und weitaus größer als die Handelsschiffe und Karavellen, auf denen Christoph Kolumbus und seine Mannschaften die Neue Welt erreichten.

Die 120-köpfige Mannschaft soll «die beste Ägyptens» gewesen sein. Zur Bekräftigung dieser Behauptung sagt er von den Matrosen, «sie schauten zum Himmel und schauten zum Land»,[9] oder, in einer anderen Übersetzung:[10] «Sie haben Himmel und Erde gesehen», was bedeuten muss, sie hätten schon zuvor ähnlich lange Reisen übernommen und seien vertraut mit der Kunst der Himmelsnavigation. Die Mannschaft konnte sogar «einen Sturm vorhersagen, bevor er ausbrach ...»,[11] womit der Erzähler offenbar sagen wollte, die Seeleute hätten einiges über die Wetterbestimmung auf See gewusst.

Weiter erzählt der Diener, wie das Schiff in Wellen von vier Metern Höhe geriet. Er war der einzige Überlebende und wurde auf eine «Insel der *Ka*» gespült, wo er drei Tage allein war, bis er schließlich einer bärtigen Riesenschlange von 30 Ellen (etwa 15 Meter) Länge begegnete. Diese erzählte ihm, sie sei die einzige Überlebende einer Familie von 75 Schlangen, die auf der Insel gelebt hätten, bis «ein Stern niederfiel und sie in Flammen aufgingen»[12].

Das Ungeheuer offenbarte dem Seemann auch, dass ein Schiff kommen und ihn in seine Heimat zurückbringen würde. Als dies tatsächlich geschah, versprach der Ägypter seiner Gastgeberin, er werde zum Zeichen seiner Dankbarkeit große Schätze zu der Insel bringen, worauf

> ... die Schlange mich auslachte wegen der Dinge, die ich gesagt hatte, weil sie ihr dumm erschienen. Sie sagte: «Du hast keine Reichtümer an Myrrhe und Duftrauch, doch ich bin die Herrin von Punt, und Myrrhe ist mein Eigentum. Das *Hknw*-Öl, das du mir bringen willst, gibt es auf dieser Insel im Überfluss. Und außerdem wirst du diese Insel nie wieder sehen, wenn du sie einmal verlassen hast. Sie wird zu Wasser geworden sein.»[13]

Häufig zitieren Mysterienforscher diesen Absatz, um der Theorie Nachdruck zu verleihen, die pharaonischen Ägypter hätten ihre eigene Vorstellung von einer Paradiesinsel gehabt. Dieses Paradies war fruchtbar, voller Wild und reich an Schätzen und soll in Feuersbrünsten und Fluten untergegangen sein. Nach unserer Kenntnis der altägyptischen Geographie lag das geheimnisvolle Land Punt jedoch südlich von Ägypten und jenseits von Äthiopien. In diesem Wissen ist auch der Gedanke geäußert worden, die mythische «Insel der *Ka*» könnte vor der Ostküste Afrikas gelegen haben, am wahrscheinlichsten in der Nähe des heutigen Somalia.[14]

Mit der Art und Weise der Zerstörung der Insel werden wir uns in einem der folgenden Kapitel beschäftigen. Die Bedeutung der hier wiedergegebenen Geschichte liegt jedoch darin, dass sie zu bestätigen scheint, dass die Könige von Ägypten regelmäßig tollkühne Seefahrer beauftragten, Bodenschätze, darunter wahrscheinlich Edelmetalle und kostbare Mineralien, zu finden und nach Ägypten zu bringen. Die Geschichte des Schiffbrüchigen kann auch als Beleg dafür aufgefasst werden, dass in der Periode des Mittleren Reiches gewaltige Hochseebarken wie das im zuletzt zitierten Text und in Herodots Geschichte des Sataspes beschriebene Schiff existierten. Darüber hinaus sollen diese Schiffe nicht mit Ausländern, sondern mit ägyptischen Navigatoren und Matrosen bemannt gewesen sein.

Von Wandinschriften wissen wir zudem, dass unter der Herrschaft der ägyptischen Königin Hatschepsut (1490–1468) eine Flottille von Schiffen in das Fabelreich Punt entsandt wurde. In der Tempelgruft der Hatschepsut in Deir el-Bahri im westlichen Theben gibt es Inschriften, in denen diese Expedition gefeiert wird. Sie besagen, dass die Seefahrer neben einer großen Sammlung exotischer Tiere auch 31 Myrrhebäume nach Hause brachten, die dann in Ägypten gepflanzt wurden.[15] Auf den Tempelwänden ist der Reichtum des fernen Landes in üppigen Szenen dargestellt. Dennoch wissen wir immer noch nicht, wo die Flotte nach ihrer langen Reise gelandet sein könnte.

Elliot Smith und die Ägypter

Nachdem wir uns von den seemännischen Fähigkeiten der Ägypter überzeugt haben, müssen wir nun weiter fragen, ob die ägyptischen Schiffe in der Lage waren, den westlichen Ozean zu befahren. Und wenn sie es waren, könnten sie dann auch Amerika erreicht haben? Diese faszinierende Vorstellung hat sowohl Akademiker als auch Mystiker in ihren Bann gezogen, seit der deutsche Jesuit und Physiker Athanasius Kircher (1602–1680) sie in seinem Werk *Oedipus Ægyptiacus* zum ersten Mal äußerte. Darin stellt Kircher die These auf, die Ägypter hätten nicht nur den amerikanischen Kontinent kolonisiert, sondern auch Indien, China und Japan.

Unter den eher abenteuerlich gesinnten Gelehrten, die sich dieser Frage angenommen haben, war der in Australien geborene Gehirnanatom und Ägyptologe Grafton Elliot Smith. In seinem Buch *Elephants and Ethno-*

logists aus dem Jahr 1924 legt er dar, wie die ägyptische Kultur über Indien und China nach Amerika vorgedrungen sein soll, wobei sein Hauptbeweisstück ein geschnitztes Relief auf einer Gedenkstele in der Mayastadt Copan in Honduras ist. Für ihn zeigt Stele B, wie das Relikt in Katalogen genannt wird, zwei Elefantenköpfe mit jeweils einem Reiter, Rücken an Rücken.[16] Konventionellere Forscher haben jedoch gezeigt, dass es sich nicht um Elefanten handelt, sondern um Aras. Smith hatte sich offenbar geirrt und die Fachwelt konnte sich über ihn lustig machen. Doch in Wahrheit weiß niemand genau, ob es Aras sind oder nicht. Und seit einigen Jahren türmen sich die Hinweise darauf, dass es frühe Kontakte zwischen Südostasien und Mittelamerika gegeben hat.

Die Olmek-Köpfe

Die These, dass Ägypter der Antike mit Amerika Handel getrieben oder Amerika zumindest erreicht haben könnten, gewann enormen Auftrieb, nachdem es dem Entdeckungsreisenden Thor Heyerdahl 1970 mit seiner Ra-II-Expedition gelungen war, auf einem Boot altägyptischer Bauart von Marokko auf die Karibikinsel Barbados zu gelangen. Damit eröffnete er eine Runde neuer Spekulationen und Entdeckungen hinsichtlich transatlantischer Kontakte in der fernen Vergangenheit. Unter denen, die das Thema aufgriffen, war der indische Autor Rafique Ali Jairazbhoy. Zwischen 1974 und 1992 legte er drei Bücher vor, in denen er kulturelle, architektonische, künstlerische und religiöse Parallelen zwischen den Ägyptern der pharaonischen Zeitalter, China und frühen mittelamerikanischen Kulturen aufzeigte, besonders mit Blick auf die Olmek-Zivilisation, die zwischen 1200 und 400 v. Chr. in Mexiko in Blüte stand. Diese Kultur hat die berühmten, kolossalen Steinköpfe geschaffen, die immer wieder als eindeutiger Beweis für prähistorische Kontakte zwischen Afrika und Amerika angeführt werden. Im Ganzen gibt es ein Dutzend dieser mächtigen Köpfe, vier im großen Olmek-Zentrum von La Venta im Staat Tabasco,[17] sieben in San Lorenzo am Rio Chiquito[18] und einen in Tres Zapotes in der Nähe von Hueyapan im Staat Veracruz.[19] Die Köpfe sind jeweils aus einem einzigen Basaltklotz von bis zu 20 Tonnen gehauen.

Von den im Museo Parque de La Venta ausgestellten Exemplaren (die ursprüngliche Grabungsstätte von La Venta ist der kommerziellen Erschließung der Region zum Opfer gefallen) ist eines 2,55 Meter hoch und hat einen Umfang von 6,60 Meter. Ein anderer Kopf dort ist 2,70 Meter hoch und oben abgeflacht, als wäre er einmal als Altar benutzt worden. Dieser enthält auch ein Sprechrohr vom Ohr zum Mund, sodass er während einer Zeremonie als Orakel fungieren konnte. Die Köpfe tragen zudem eigenartige Hauben, die je nach Autor mit «Kuppelhelmen»[20], mit umgedrehten Kesseln oder mit Schutzhelmen wie beim amerikanischen Fußball[21] verglichen werden. Manche haben auch Zähne und tragen mit Kreuzen verzierte Ohrpfropfen. Bezeichnenderweise hatten die Köpfe bei ihrer Entdeckung in La Venta den Blick nach Osten gerichtet, zur aufgehenden Sonne.[22]

Die breiten Gesichter, die flächigen Wangen, die runden Kinne, vollen Lippen und platten Nasen vermitteln den unheimlichen Eindruck, hier wären Schwarzafrikaner dargestellt. Noch verblüffender sind jedoch die schiere Größe und das Gewicht der Figuren sowie ihr Erscheinen in Kultzentren wie La Venta und San Lorenzo. Dies kann nur bedeuten, dass die Personen, die sie darstellen, in der Olmek-Gesellschaft einen sehr hohen Rang eingenommen haben müssen.

Ausländische Besucher haben die afrikanischen Züge der Olmek-Köpfe schon 1862 bemerkt. José Maria Melgar y Serrano war auf einer Reise durch die Provinz San Andrés Tuxtla (den heutigen Staat Veracruz), als er von dem Fund eines steinernen Menschenbildnisses in Tres Zapotes bei Hueyapan hörte. Dort machte er, nachdem er alles Unterholz hatte beseitigen lassen, eine erstaunliche Entdeckung. In den Bekanntmachungen der mexikanischen Gesellschaft für Geographie und Statistik beschrieb Serrano den kolossalen Kopf als:

> … ein Kunstwerk … ohne Übertreibung eine großartige Skulptur … doch am erstaunlichsten war, dass der dargestellte Mensch äthiopischen [schwarzafrikanischen] Typs war. Ich musste also schließen, dass Schwarze in dieser Region gewesen waren, und zwar seit den frühesten Zeitaltern der Welt.[23]

Kein anderer Menschentyp ist von den Olmeken auf diese Weise verewigt worden. Die Steinköpfe müssen also große Führer oder verehrte Vorfahren darstellen. An verschiedenen anderen archäologischen Stätten – nicht nur der Olmek-Zivilisation, sondern auch anderer früher Kulturen in Mexiko – hat man zudem eine Anzahl kleinerer Terrakotta-Figuren gefunden, die ebenfalls Schwarzafrikaner darzustellen scheinen.[24] Wie die Riesenköpfe tragen sie charakteristische Züge wie breite Gesichter, volle Lippen und abgeflachte Nasen und in manchen Fällen auch dichtes Kraushaar und Stammesnarben.

Weitere Hinweise darauf, dass sich Schwarzafrikaner unter den Olmeken aufgehalten haben, erbrachte die Untersuchung von 98 Skeletten, die auf dem vorantiken Friedhof von Tlatilco gefunden wurden. Der polnische Schädelspezialist Andrzej Weircinsky stellte fest, dass 13,5 Prozent der Skelette direkt mit den Skeletten von Angehörigen afrikanischer Völker vergleichbar sind.[25] Von 25 Skeletten, die auf einem viel späteren Olmek-Friedhof in Cerro de la Mesas gefunden wurden, zeigten dagegen nur 4,5 Prozent afrikanische Merkmale. Die Anzahl der männlichen Ausländer in der Gemeinschaft scheint sich also im Laufe der Zeit erheblich verringert zu haben, wahrscheinlich durch Mischehen mit eingeborenen Frauen.[26] Insgesamt sagen diese mageren Hinweise uns lediglich, dass die Olmeken in einem frühen Stadium ihrer Entwicklung afrikanische Gäste hatten, deren Anteil an der Gemeinschaft jedoch später stark zurückging.

C14-Tests organischer Materialien von der La-Venta-Fundstätte wurden erst 1950 durchgeführt. Eine Gemeinschaftsexpedition des *National Geographic*, der Smithsonian Institution und der Universität von Kalifornien kam für die Gewebeproben auf eine Datierung von 814 v. Chr. +/– 134 Jahre.[27] Die ältesten Bauwerke von La Venta gehen bekanntlich auf ca. 1100 v. Chr. zurück, die neuesten auf etwa 400 v. Chr. Danach brach die Bautätigkeit unvermittelt ab.[28]

Wenn die Riesenköpfe und Terrakotta-Figuren tatsächlich Schwarzafrikaner darstellen – und darüber sind sich etliche Autoren einig –, bedeutet dies, dass es zwischen 1000 und 400 v. Chr. über den Atlantik hinweg Kontakte zwischen Afrika und dem Golf von Mexiko gegeben hat. Viele Wissenschaftler schrecken verständlicherweise vor dieser Einsicht zurück. Andere, darunter Jairazbhoy und der angesehene Linguist, Anthropologe und Schriftsteller Ivan Van Sertima, sind jedoch zu dem Schluss gekommen, dass Schwarzafrikaner von Ägypten aus nach Mexiko gelangten. Jairazbhoy meint, die Kontakte seien in der Herrschaftszeit Ramses des Dritten (1182–1151) zustande gekommen. Der spricht nämlich von einer Seereise über die «umgekehrten Gewässer» zu einem Berg Manu, der «im fernen Westen, am Rand der Unterwelt», gelegen haben soll.[29] Jairazbhoy sieht dies als Hinweis, dass «1187 v. Chr.», also um die Zeit der Entstehung der Olmek-Zivilisation[30], eine Reise über den Atlantischen Ozean nach Mexiko stattgefunden hat. Van Sertima unterstützt Jairazbhoy in vielen Punkten, wenngleich er die Ansicht vertritt, die Steinköpfe stellten nubische Könige dar, die zwischen 751 und 656 v. Chr. über Ägypten herrschten und – nach Van Sertimas Auffassung – Olmek-Kultzentren wie La Venta und Tres Zapotes gründeten.[31]

Dies sind mutige, große Thesen, die sich am Ende als zutreffend erweisen könnten. Sie sind jedoch alle mit Problemen verbunden, um die man nicht herumkommt, wenn man ein endgültiges Urteil anstrebt. Erstens gibt es keinen Grund, Ramses III. legendäre Reise zu dem Berg im «fernen Westen» als historische Tatsache einzustufen. Viel wahrscheinlicher ist damit eine symbolische Reise in die *Duat*-Unterwelt gemeint, das unterirdische Reich, durch das die Sonne jede Nacht zwischen Sonnenuntergang und Sonnenaufgang ziehen sollte. Nach der Religion der alten Ägypter musste der verstorbene Pharao dieses dunkle Reich auf einer Sonnenbarke von Westen nach Osten durchqueren, bevor er sein Leben nach dem Tode wirklich beginnen konnte. Ein weiteres Problem ist, dass die Olmek-Zivilisation nicht um 1200 v. Chr. entstanden ist, wie man früher dachte, sondern in ihren ersten Anfängen möglicherweise schon um 1500 v. Chr. existiert hat. Diese neue Chronologie stellt auch Jairazbhoys These in Frage, wie er 1974 in seinem Buch *Ancient Egyptians and Chinese in America* selbst eingeräumt hat.[32]

Van Sertimas Ideen ergeht es nicht viel besser. Zunächst deutet nichts darauf hin, dass die großen Köpfe von La Venta aus der Periode der nubischen Ägypterkönige zwischen 751 und 656 v. Chr. stammen. Diese Periode deckt sich in etwa mit den Bauphasen III und IV in La Venta, die in die Zeit zwischen 800 und 400 v. Chr. fallen. Die Köpfe gehen dagegen viel eher auf Bauphase II, also die Zeit zwischen 1000 und 800 v. Chr., zurück. In dieser Phase wurden die Fundamente des großen Hofes gelegt und die Arbeiten an der berühmten zehnseitigen Pyramide von La Venta aufgenommen, die Van Sertima ebenfalls als Beleg für einen Kontakt zwischen Nubiern und Olmeken anführt. Zudem sind die nubischen Könige von Ägypten nicht dafür bekannt, lange Seereisen zu fremden Ländern im fernen Westen unternommen zu haben. Schließlich ist an keiner der Olmek-Stätten je auch nur ein einziger Gegenstand einwandfrei ägyptischen Ursprungs gefunden worden, und umgekehrt hat man in Ägypten nie ein Olmek-Artefakt gefunden.

Außerdem stellen die Köpfe selbst ein Geheimnis dar. Mittlerweile erkennen die Mittelamerikaforscher zwar an, dass es sich bei den Köpfen um wirklichkeitsnahe Abbildungen großer Führer oder hoch verehrter Ahnen handelt, doch sie wollen immer noch nicht sehen, dass die Köpfe negroide Züge tragen. Nach Meinung der Spezialisten stellen sie vielmehr Olmeken dar, deren typische Gesichtszüge noch heute bei Einwohnern der Regionen zu finden sind. Dennoch wird man den Eindruck nicht los, dass hier versucht wird, das Offensichtliche zu bestreiten. Die kolossalen Köpfe mögen alles Mögliche darstellen, aber bestimmt keine typischen Mittelamerikaner.

Pausbäckige Besucher

Außer den eindeutig negroiden Reliefs, Steinstatuen und Terrakotten haben die Ausgrabungen an Olmek-Stätten in Mexiko auch zahlreiche Figurinen ans Tageslicht gefördert, die unverkennbar mongoloide oder fernöstliche Züge tragen. Viele dieser so genannten «pausbäckigen» Stücke, wie zum Beispiel der berühmte bärtige «Ringer von Uxpanapan», weisen eine gespenstische Ähnlichkeit mit chinesischen oder japanischen Menschenbildern auf. Betty J. Meggers, Anthropologin am Nationalmuseum für Naturgeschichte der Smithsonian Institution, hat daher die Vermutung angestellt, es könnte Kontakte zwischen der chinesischen Shang-Dynastie und der Olmek-Kultur gegeben haben. Sie hat gezeigt, dass die Shang (ca. 1750 v. Chr.) und die Olmeken einiges gemeinsam hatten. Beide Kulturen kannten Schrift, die Kunst der Jadeschnitzerei und Stäbe als Symbole von Amtswürden. Es gibt auch Ähnlichkeiten in Siedlungsformen und Architektur und Parallelen auf den Gebieten von Kunst und Religion.[33]

Unerwartete Unterstützung für ihre Theorien erfuhr sie 1996, als zwei chinesische Kenner der Shang-Dynastie, Dr. Mike Xu und Han Ping Chen, verkündeten, sie könnten in steinerne olmekische Beilklingen gravierte Zeichen «lesen».[34] In dem unvermeidlichen Pressewirbel, der diese Neuigkeit begleitete, wurden Xu und Chen von anderen Gelehrten scharf kritisiert, doch sie standen zu ihren Befunden und ihren Kernaussagen: «Neueste Funde antiker Überreste sowohl an Olmek- als auch an Shang-Stätten haben in Verbindung mit intensiven neuen Untersuchungen von Olmek- und Shang-Inschriften und DNA-Proben gezeigt, dass Meggers' ursprüngliche Ideen in weitaus höherem Maße relevant, visionär und zutreffend sind [als angenommen].»[35]

Die Theorie einer Verbindung zwischen Südostasien und Mexiko erscheint noch überzeugender, wenn man Parallelen in der Herstellungstechnik von Rindentextilien und Papier in Betracht zieht, die Paul Tolstoy in den sechziger Jahren eingehend studiert hat. Er benannte 121 charakteristische Merkmale dieser Industrie, von denen 92 sowohl in der südostasiatischen als auch in der mexikanischen Produktion erkennbar waren. Ferner wies er darauf hin, dass 44 dieser Merkmale lediglich das «Finish», nicht aber das eigentliche Herstellungsverfahren der Stoffe beziehungsweise des Papiers betrafen.[36]

Ein weiteres Indiz ist der Eklipsenkalender der Maya, der in dem astronomischen *Dresden-Kodex* enthalten ist (die Maya von Yukatan hatten Aspekte ihres Kalendersystems von der Olmek-Kultur geerbt). Dieser

Kalender arbeitet nach exakt denselben Prinzipien wie einer, der im China der Han-Dynastie (ca. 202 v. Chr.–22 n. Chr.) benutzt wurde. Beide Kalender enthalten sogar exakt dieselben Fehler.[37] Die einzig mögliche Erklärung hierfür scheint zu sein, dass sie einen gemeinsamen Ursprung hatten.

Als Nächstes stoßen wir auf eine Entdeckung, die an einer archäologischen Stätte in der Valdiva-Region in Ekuador gemacht wurde, nicht weit von der Pazifikküste. Dort fand man charakteristische Töpfereien, die in ihrer Gestaltung «fast identisch» sind mit Töpfergut, das der Jomon-Kultur in Japan (ca. 3000 v. Chr.) zugeordnet wird.[38] Die Existenz einer Jomon-Valdivia-Verbindung ist auch von Betty Meggers propagiert worden. Ihrer Ansicht nach gibt es genügend Parallelen zwischen den zu beiden Seiten des Pazifik angesiedelten Kulturen, um auf einen direkten Kontakt in prähistorischer Zeit schließen zu können.[39]

Noch bedeutender sind neuere Untersuchungen an so genannten lymphozytischen Antigenen (HLA's, *Human Lymphocytical Antigens*), Proteinen, die in den weißen Blutkörperchen von Menschen enthalten sind. Diese Untersuchungen haben unmittelbare Ähnlichkeiten zwischen bestimmten Völkern Südostasiens – sowie bestimmten afro-arabischen Stämmen – und amerikanischen Ureinwohnern, zum Beispiel den Ramah-Navajo, den Mapuche, den Araucano und den Nahua oder Uto-Azteken des mexikanischen Bassins, aufgedeckt.[40] Da es sich hier um eine genetische Verwandtschaft handelt, kann sie nur durch eine biologische Vermischung der verschiedenen, durch den Pazifischen Ozean voneinander getrennten Kulturen zustande gekommen sein.

All dies zeigt, dass die Möglichkeit eines frühen transpazifischen Kontakts zwischen Südostasien und Amerika durchaus in Betracht zu ziehen ist, wenn man eine Lösung des Rätsels um die kolossalen Köpfe im Osten sucht. Einer solchen Lösung steht die akademische Gemeinde sogar relativ offen gegenüber. Meiner Meinung nach weisen die Köpfe neben afrikanischen Zügen in manchen Fällen auch eindeutig Merkmale der polynesischen Völker des mittleren Pazifik auf.

Die oft verlachten Theorien des G. Elliot Smith scheinen sich also doch noch als zutreffend herauszustellen. Es gibt deutliche Hinweise auf vorgeschichtliche Kontakte zwischen Mexiko und dem antiken China und Japan. Wenn Smith aber in dieser Hinsicht auf der richtigen Spur war, könnte er dann auch Recht gehabt haben mit seiner These, dass der ägyptische Einfluss unter den mexikanischen Kulturen nicht über den Atlantik, sondern über Südostasien kam? Die Antwort scheint zunächst ja zu lauten, doch gibt es auch gute Gründe, die Möglichkeit eines Kontakts zwischen der Olmek-Zivilisation und den Völkern des östlichen Mittelmeerraums ernsthaft in Betracht zu ziehen.

Das Geheimnis der Bärtigen

Neben den gigantischen Köpfen und den mannigfaltigen Pyramiden, die einmal in La Venta gestanden haben, gibt es in dem Kultzentrum auch eine Reihe eigenartiger Steinreliefs, die stark von den typischen Olmeken-Abbildungen abzuweichen scheinen. Sie zeigen Figuren mit ausgeprägt semitischen oder zumindest ostmediterranen Zügen wie Adlernasen, hohen Wangenknochen, starken Kinnen und buschigen Oberlippen- und Vollbärten. Ähnliche Reliefs finden sich auch an der Olmek-Stätte von Monte Alban.[41] Neben den Statuen und Figurinen, die an afrikanische oder orientalische Menschentypen erinnern, scheinen viele Exemplare in Stein und Terrakotta semitische Individuen mit ihren charakteristischen länglichen Gesichtern und Spitzbärten – beides höchst ungewöhnlich in der Olmek-Kunst – darzustellen.[42] Tatsache ist, dass die eingeborenen Völker Mittelamerikas gar nicht in der Lage waren, nennenswerte Bärte zu entwickeln.

Der amerikanische Archäologe George C. Vaillant hat in seiner Studie über die bärtigen Gesichter in der mexikanischen Kunst mehrere Hauptbeispiele aus verschiedenen präkolumbischen Kulturen identifiziert.[43] Wenngleich er nicht so weit gehen wollte, dies als Beweis für die Gegenwart von Angehörigen einer antiken Weltkultur einzustufen, gab er zu: «Wir befinden uns nun in der verwirrenden Situation, dass wir Kunstwerke mehrerer verschiedener Stammesgruppen vor uns haben, die offenbar alle ein Volk kannten, das anders war als sie.»[44]

Ein in La Venta gefundenes Steinrelief mit anscheinend semitischen Zügen nennen die Archäologen heute «Onkel Sam». Die amerikanische Autorin Constance Irwin beschäftigte sich in ihrem Buch *Fair Gods and Stone Faces* (1963) besonders mit diesem Relief und einem anderen Beispiel von derselben Fundstätte. In ihrem wegweisenden Werk wies sie darauf hin, dass die Figuren nicht nur offenbar semitische Gesichtszüge hatten, sondern auch Schuhe mit «eigenartig nach oben gebogenen Spitzen» trugen, was in der Olmek-Kunst sonst vollkommen unbekannt war.[45] Wie Irwin feststellte, waren solche Schuhe nur in drei Zivilisationen des Mittelmeerraums im Gebrauch: bei den Etruskern, den Hethitern und den Phöniziern.[46] Die Etrusker, so schloss sie, «werden die Gestade Amerikas kaum erreicht haben»[47], und die Hethiter von Anatolien waren «keine Seefahrer»[48]. Es blieben also nur die Phönizier übrig, die nach

Irwins Ansicht den Golf von Mexiko auf dem Seeweg erreichten und für das Auftauchen von Schwarzafrikanern in Mexiko verantwortlich waren.[49]

Die Schlussfolgerung, die Constance Irwin hier zieht, klingt unglaublich, doch wie sollte man die Statuen, Figurinen und Reliefs mit so offensichtlich mediterranen und schwarzafrikanischen Zügen an Stätten der Olmek-Kultur sonst erklären? Da es keine überzeugenden Hinweise darauf gibt, dass die Ägypter selbst je nach Amerika gelangt sind, ist es an der Zeit, für den mutmaßlichen transatlantischen Drogenhandel eine andere Kultur verantwortlich zu machen. Wie wir in Kapitel 6 gesehen haben, folgt die von der Nordwestpassage abgesehen wahrscheinlichste Route über den Atlantik dem nördlichen Äquatorialstrom von den Kapverden zur Karibik. Es weist einiges darauf hin, dass sowohl Schwarzafrikaner als auch Afro-Araber von der südamerikanischen Landmasse gewusst haben, lange bevor der portugiesische Seefahrer Pedro Ãlvares Cabral im Jahr 1500 Brasilien «entdeckte». Anscheinend wurde lange vor Kolumbus auf beiden Seiten des Atlantik Tabak geraucht, und eine der ältesten Pfeifen, die je gefunden wurden – datiert auf ca. 1500 v. Chr. – stammt von der Insel Marajo in der Amazonasmündung in Brasilien. Die Datierung der Pfeife deckt sich mit der Gründungszeit der Olmek-Zivilisation und liegt 300 Jahre vor der der ältesten Steinpfeifen aus Nordsyrien.

Könnten all diese Fakten miteinander verknüpft sein? Könnten die Phönizier als die großen Seefahrer, die sie waren, in Handelskontakt mit der olmekischen Zivilisation gestanden haben, vielleicht zusammen mit schwarzafrikanischen Stämmen von der westafrikanischen Atlantikküste? Könnten es tatsächlich Phönizier sein, die uns von den Steinreliefs in Kultzentren wie La Venta, Monte Alban und Tres Zapotes anstarren? Und wenn ja, ist es dann möglich, dass mit exotischen Drogen wie Kokain und Tabak in Wahrheit nicht die Ägypter gehandelt haben, sondern die Phönizier? Wer waren die Phönizier überhaupt, und wie ausgeprägt waren ihre Fähigkeiten als Seefahrer wirklich?

10 Die Muschelhändler

Das Reich der Phönizier bestand aus einer Reihe von Stadtstaaten an der levantinischen Mittelmeerküste im heutigen Syrien und Libanon. Im Alten Testament findet man die Bevölkerung all dieser Territorien als «Kanaaniter» bezeichnet, als Leute aus Kanaan, dem «Land des Purpur» oder, auf Griechisch, «Phönizien». Diese Bezeichnung leitete sich von dem tiefroten oder purpurnen Farbstoff her, der aus der Purpurmuschel oder *Murex* gewonnen wird und mit dem die teuren Stoffe gefärbt wurden, die in der Antike so kostbar waren. Purpurne Gewänder waren ein Luxus der Könige, die Farbe Purpur ist seit undenklichen Zeiten mit Aristokratie verknüpft.[1]

Die phönizische Nation ist durch die Vereinigung verschiedener Völker entstanden, die im 2. Jahrtausend v. Chr. im Mittleren Osten ansässig waren, darunter semitisch sprechende Stämme aus Nordsyrien und aus dem Irak sowie eine eingeborene neolithische Kultur, die um 4500 v. Chr. einen Seehafen im antiken Gebal oder Byblos gegründet hatte.[2] Diese Byblos- oder protophönizische Kultur trieb schon 3000 v. Chr. sowohl mit Ägypten als auch mit Kreta Handel; bei den Waren handelte es sich um Rohstoffe und andere Güter.[3] Wie weit die Handelswege sich darüber hinaus erstreckten, ist Gegenstand von Spekulationen. Wahrscheinlich aber waren die Seefahrer von Byblos regelmäßige Besucher in Häfen rund um das Mittelmeer (siehe Kapitel 26).

Der früheste bekannte phönizische Geschichtsschreiber ist der Priester Sanchoniathon von Berytus (Beirut), der im 12. Jahrhundert v. Chr. lebte. Sein wichtiges Werk, die *Theologie der Phönizier*, ist durch die Schriften eines anderen Historikers, nämlich Philo von Byblos, überliefert, der im 1. Jahrhundert wirkte. Obwohl er nur in fragmentarischer Form vorliegt, bietet Sanchoniathons Text einen faszinierenden Blick auf die Ursprünge der Phönizier. Ihre seemännischen Fähigkeiten hatten sie seiner Darstellung nach von der Götterdynastie geerbt, die in grauer Vorzeit auch Byblos gegründet haben soll.[4] Die mythischen Götter sollen dort eine zivilisierte Gesellschaft eingeführt und viele Söhne und Töchter gezeugt haben, nach denen später Länder und Stadtstaaten überall im östlichen Mittelmeerraum benannt worden sind. Einer der Götter, Taautus, eine phönizische Form des ägyptischen Mondgottes Thoth, soll das Land Ägypten übernommen und die erste Zivilisation dort begründet haben.[5]

Diese Version der levantinischen Vorgeschichte, die sich sowohl auf archäologische als auch auf mythische Überlieferung stützt, macht verständlich, warum die späteren Phönizier die Ägypter in Sachen Seefahrt mit solcher Leichtigkeit übertrumpfen und zu den unangefochtenen Herren der Meere werden konnten. Als erfahrene Kaufleute und Seefahrer waren sie die Einzigen, die im 1. vorchristlichen Jahrtausend Hafenstädte und Kolonien gründeten, viele davon auf küstennahen Inseln von einem Ende des Mittelmeers zum anderen. Sie hatten auch einen Hafen auf Ezion-geber, der heutigen Pharaoneninsel bei Elat am Roten Meer, von wo aus sie lange Reisen bis nach Somalia an der ostafrikanischen Küste, zu Häfen am Golf von Arabien und vermutlich gar nach Indien unternahmen. Rohstoffe und Waren aller Art – von Textilien bis zu Kräutern, Weihrauch, Gewürzen, Fisch, Bauholz, Obst, Metallen, Juwelen und Schmuckstücken – fanden ihren Weg von einem antiken Hafen zum anderen.

Mit der Gründung der großen Hafenstädte Gades und Tartessos in Iberien versetzten sich die Phönizier schließlich in die Lage, ihren Einflussbereich nach jenseits der Säulen des Herakles auszudehnen. Und dann verbesserten sie ihre Position noch einmal bedeutend, als sie um 814 v. Chr in Karthago an der libyschen Mittelmeerküste (im heutigen Tunesien) eine Schwesterkolonie gründeten. Karthago wurde nach der Unterwerfung der phönizischen Stadtstaaten Tyros und Sidon durch den babylonischen König Nebukadnezar im frühen 6. Jahrhundert v. Chr. so stark, dass es auch die phönizischen Handelsstationen in Iberien unter seine Kontrolle bringen konnte. Trotz dieser Übernahme bezeichneten die meisten antiken Autoren Gades und Tartessos jedoch weiterhin als Häfen, die den «Phöniziern» gehörten.

In den Jahrhunderten danach erkundeten die Karthager und die iberischen Phönizier den äußeren Ozean und gründeten Inselkolonien wie Cerne und Mogador vor der marokkanischen Küste, von wo aus sie zu weiteren Erkundungsfahrten aufbrachen und Handelskontakte mit eingeborenen Völkern pflegen konnten. Karthager oder Iberer holten Zinn von den Britischen Inseln und Bernstein aus dem Baltikum.[6] Der karthagische General Hanno erkundete, wie wir gehört haben, die Westküste Afrikas bis hinunter zum Golf von Guinea und gründete unterwegs fünf Städte. Wir wissen auch mit Bestimmtheit, dass die Karthager mit den Völkern Westafrikas Handel trieben und wie dieser Handel ablief.

Herodots Beschreibung zufolge brachten die Karthager, sobald ihre Schiffe am jeweiligen Bestimmungsort eintrafen, die Ladung an Land, wo die Kaufleute ihre Waren ausbreiteten und ein Feuer machten, bevor sie sich wieder auf ihre Schiffe zurückzogen. Der Rauch des Feuers markierte den Marktplatz, auf dem sich die Angehörigen der lokalen Stämme einfanden. Die Käufer legten so viel Gold neben die Ware, wie sie für angemessen hielten, und zogen sich ebenfalls wieder zurück. Nach einer Weile schauten die Karthager nach, ob der Preis stimmte, und wenn das der Fall war, nahmen sie das Gold an sich und verschwanden. Andernfalls zogen sie sich noch einmal zurück, um den Afrikanern die Möglichkeit zu geben, mehr Gold zu bieten. Diese Verhandlungen, die zum Abschluss kamen, sobald die Karthager mit dem Preis einverstanden waren, gingen ohne jede verbale Kommunikation vor sich und ohne dass eine der beiden Seiten je die Regeln verletzte – daher die Bezeichnung «stummer Handel».[7]

Ums Kap

Nur die Phönizier und die Karthager scheinen im Jahrtausend vor Christi Geburt in der Lage gewesen zu sein, direkten Handel mit Amerika zu treiben. Die Rolle, welche die phönizische Seemannskunst in der Geschichte Ägyptens gespielt hat, ist klar belegt. Wie Herodot erzählt, heuerte der Pharao Necho II. (ca. 610–595) einmal eine Gruppe «phönizischer Männer» an, einige Schiffe vom Roten Meer zu den ägyptischen Mittelmeerhäfen zu bringen – um den afrikanischen Kontinent herum. Dieses Unternehmen gingen die Phönizier an, indem sie von Ezion-geber aus zunächst nach Süden fuhren, die ostafrikanische Küste entlang, bis zum Kap der Guten Hoffnung. Von dort segelten die Schiffe in Etappen die westafrikanische Küste hinauf und erreichten schließlich, nach drei Jahren Reise, das Mittelmeer. Um ihre Verpflegung während der Überfahrt zu sichern, sollen die Seeleute jeden Herbst ein Lager aufgeschlagen und ihr eigenes Getreide gesät und geerntet haben.[8]

Als Fußnote zu dieser Geschichte schreibt Herodot: «Sie behaupteten – ich für meinen Teil glaube es nicht, doch andere sind vielleicht dazu bereit –, die Sonne hätte während der Reise um Libyen [i. e. Afrika] rechts über ihnen gestanden.»[9] In Wirklichkeit ist dies genau die Information, die beweist, dass die Phönizier die Reise tatsächlich unternommen haben. Das wissen wir, weil den Völkern der antiken Welt – zumindest theoretisch – nicht klar war, dass die Sonne sich von den Tropen aus betrachtet, für den größten Teil des Jahres am Nordhimmel aufhält.

Wenn die Phönizier solche seemännischen Großtaten vollbracht haben, 2100 Jahre bevor portugiesische Seefahrer diese Reise nachvollziehen konnten, wie weit könnten sie dann gekommen sein? Im Gegensatz zu Hannos wohl dokumentierter Erkundung der afrikanischen Küste um 425 v. Chr. war die Umseglung des ganzen Kontinents durch die Phönizier 175 Jahre zuvor offenbar nicht so angelegt, dass die Namen der Beteiligten in Geschichtsbüchern verewigt werden sollten. Zweifellos verfolgten die Phönizier das Ziel, Siedlungen zu errichten, um ihr Handelspotenzial weiter zu vergrößern. Finanziert wurden sie dabei anscheinend von ägyptischen Königen wie Necho II. Die Phönizier waren eindeutig darauf aus, mögliche neue Quellen für Rohstoffe und Handelswaren auszuforschen, die relativ leicht zu Häfen am Mittelmeer oder am Roten Meer zu befördern sein würden.

Transozeanischer Kontakt

In Kapitel 5 haben wir gesehen, dass die antike Welt von der Existenz verschiedener Inselgruppen im östlichen Atlantik durchaus wusste. Weiter haben wir gehört, wie die Phönizier und Karthager auf den Madeira-Inseln und auf der Insel Cerne, die sich entweder am Rand der Westsahara oder in der Mündung des Senegal befand, Kolonien gründeten. Und schließlich wissen wir nun, dass sie auch zu den Britischen Inseln und den Azoren vorgestoßen sind. Doch sind sie je weiter gekommen? Haben sie je die andere Seite des Atlantischen Ozeans erreicht? Es scheint, als laute die Antwort ja.

Als Beleg dafür haben wir zum Beispiel die Schriften des Pseudo-Aristoteles und des Diodorus Siculus, die beide von karthagischen Siedlungen auf atlantischen Inseln mit mildem Klima und schiffbaren Flüssen reden. Wenn es sich dabei nicht um arg übertriebene Beschreibungen Madeiras handelt, haben sie damit Inseln der Karibik gemeint, höchstwahrscheinlich Kuba oder Hispaniola. Auf diesen Inseln gibt es nicht nur schiffbare Flüsse, sie scheinen auch mit den mythischen Hesperiden identisch zu sein, die nach Statius Sebosus und anderen jenseits der Gorgaden[10] gelegen haben sollen, einer mythischen Inselgruppe, die wir als die Kapverden identifiziert haben.[11] Wenn die karthagische Siedlung von Cerne wirklich vor der Mündung des Senegal-Stroms lag, wie der Historiker Donald Harden postuliert hat,[12] dann wäre sie ein idealer Brückenkopf für transatlantische Reisen gewesen. Auf Cerne hätten iberophönizische oder karthagische Schiffe Vorräte, Dolmetscher, Lotsen oder gar komplette Mannschaften für lange Reisen in die Karibik an Bord nehmen können.

Sir Edward Herbert Bunbury, im 19. Jahrhundert Mitglied der Royal Geographical Society, war der Meinung, die Legende um die Hesperiden, die ursprünglich in Hesiods *Theogonie* (ca. 700 v. Chr.) erscheint, sei «fast mit Sicherheit phönizischen Ursprungs»[13]. Damit gewinnt die These, phönizische Seefahrer hätten das Wissen um diese Inseln in die antike Welt gebracht, weiter an Gewicht.

Neben den oben erwähnten Berichten gibt es auch die Aussage Himilkos, des karthagischen Generals, dessen Ozeanreisen und Seefahrergeschichten in den Schriften des römischen Historikers Rufus Festus Avienus erwähnt werden. Wie in Kapitel 2 dargelegt, gibt es allen Grund zu der Annahme, Himilko hätte die Sargassosee gekannt und in allen Einzelheiten beschrieben, wobei er sie als ein Gewässer bezeichnete, «das man selbst in vier Monaten kaum überqueren» kann. Ist er wirklich dort gewesen, dann muss er den Atlantischen Ozean überquert und könnte auch die Westindischen Inseln erblickt haben.

Aller Wahrscheinlichkeit nach behielten die Phönizier und Karthager für sich, was sie nicht nur über die atlantischen Handelswege wussten, sondern auch über die Beschaffenheit der Rohstoffe und Waren, die auf den tropischen Inseln zu finden waren. Nichts deutet darauf hin, dass die phönizische Umschiffung Afrikas im Auftrag des ägyptischen Königs Necho II. zirka 600 v. Chr. die erste derart phantastische Reise war, welche die Phönizier unternommen haben. Wir dürfen nicht vergessen, dass wir nur von Herodot davon wissen, und der hat sicherlich während seines Besuchs in Ägypten davon gehört. Ist dies der Fall, dann haben wir als Beleg dafür, dass diese Reise wirklich stattgefunden hat, nur die Aussage der Ägypter. Die Phönizier und Karthager selbst hüllen sich dagegen in Schweigen, wenn es darum geht, wohin und wie weit diese Handelsrouten führten.

Ein perfektes Beispiel dafür, wie sehr sich die iberischen Phönizier bemühten, Informationen über die atlantischen Handelswege geheim zu halten, findet sich in einer Geschichte des griechischen Geographen Strabo. Die Erzählung handelt von einem Schiff, das von der iberischen Küste auf dem Weg zu den Cassiteriden (heute die Scilly Island oder die Südwestküste Englands allgemein) ist, um dort Töpferwaren, Salz und Kupferutensilien gegen Zinn und Blei einzutauschen, welche die einheimische Bevölkerung in Minen dicht unter der Erdoberfläche abbaut. Auf offener See bemerkt der phönizische Kapitän jedoch, dass ihnen ein römisches Boot gefolgt ist. Sofort hegt er den Verdacht, die Römer wollten die Natur und den Bestimmungsort ihrer Reise ausspionieren, und beschließt, seinen Kurs zu ändern und die Römer in die «Untiefen» – vermutlich die tückischen Gewässer um die Scilly-Inseln – zu führen. In der Folge sinken beide Schiffe, doch der phönizische Kapitän überlebt, indem er sich an ein Wrackteil klammert. Nach seiner Heimkehr gewährt ihm der Staat eine großzügige Entschädigung für die verlorene Fracht. Durch häufiges und hartnäckiges Verfolgen phönizischer Schiffe fanden die Römer irgendwann dennoch heraus, wo die Zinninseln lagen, und genauso ging es wahrscheinlich mit vielen der anderen Routen und Handelsplätze, welche die Karthager und die Phönizier entdeckt hatten.[14]

Angesichts solch extremer Maßnahmen zum Schutz von Handelsinteressen kann man sich durchaus vorstellen, dass die Schiffsherren schwarzafrikanische Lotsen, Dolmetscher und vielleicht gar lixitische Matrosen auf ihren transatlantischen Reisen einsetzten. Auf diese Weise suchten sie zu verhindern, dass sich unter den iberischen oder semitischen Einwohnern der spanischen und afrikanischen Hafenstädte Gerüchte oder Geschichten über den gegenüberliegenden Kontinent herumsprachen. Doch irgendwann wird jedes echte Geheimnis zum Allgemeingut, was in diesem Fall höchstwahrscheinlich zur Zeit der frühen klassischen Antike geschah.

Die Paraiba-Kontroverse

Eines der am häufigsten genannten Indizien für phönizischen Kontakt mit Amerika ist die so genannte Paraiba-Inschrift. Am 11. September 1872 soll Viscount Sapucahy, der Präsident des Instituto Historico in Rio de Janeiro ein Päckchen erhalten haben, das neben einem Begleitbrief einen mit eigenartigen Schriftzeichen bedeckten Bogen Papier enthielt. In dem Brief stand, dass schwarze Sklaven auf einer Plantage, die einem gewissen Joaquim Alves da Costa gehörte, einen Schriftstein entdeckt hatten. Da Costa hatte die mögliche Bedeutung des Fundes erkannt und die ungewöhnliche Beschriftung sorgfältig kopiert, bevor er sie an Viscount Sapucahy schickte.

In dessen Institut wurde Ladislau Netto mit der Aufgabe betraut, die Schrift, die er sofort als phönizisch identifizierte, zu übersetzen und auf ihre Echtheit hin zu überprüfen. Dazu zog er den Kaiser von Brasilien, Dom Pedro II., zurate, denn er war der Einzige im Land, der von semitischen Sprachen zumindest so viel verstand, dass er eine Übersetzung versuchen konnte. Nachdem die beiden damit nur begrenzten Erfolg hatten, beschlossen sie, ausländische Hilfe von einer wirklichen Kapazität auf diesem Gebiet einzuholen, und wandten sich an den großen französischen Gelehrten und Historiker Ernest Renan. Renan hatte im Libanon gegraben und war ein Experte für semitische Sprachen. Vermutlich damit kein anderer den mit der Entdeckung möglicherweise verknüpften Ruhm einheimsen konnte, gab Netto immer nur kleine Teile des Textes her. Als er eine Anzahl solcher Fragmente geprüft hatte, fühlte der Franzose sich zum Narren gehalten und verbuchte die ganze Episode als einen schlechten Scherz. Daraufhin entzog auch Dom Pedro dem Projekt seine Unterstützung und zwang Netto zu dem Eingeständnis, sich geirrt zu haben, als er die Schrift als echt einstufte. Der mutmaßliche Urheber des Schwindels, «Joaquim Alves da Costa», konnte nie gefunden werden, was Renans Einschätzung noch wahrscheinlicher machte.

Dabei blieb es dann bis 1967, als Cyrus H. Gordon, der Direktor für Mittelmeerstudien an der Brandeis Universität in Massachusetts, beschloss, die Affäre um die Paraiba-Inschrift wieder aufzugreifen. Einer seiner früheren Forschungsstudenten war auf ein Skizzenbuch voller Materialien zu dem mutmaßlichen Schriftstein gestoßen, das unter anderem auch eine bessere Kopie der Inschrift enthielt. Gordon bekam Kopien davon, und die beiden Forscher stürzten sich voller Begeisterung in eine umfassende Untersuchung, die bald reichen Lohn zu versprechen schien. Sie konnten mit Sicherheit sagen, dass die Schrift eine Art von Semitisch darstellte, die 1872 unbekannt war.[15] Nach einigen Schwierigkeiten gelang ihnen schließlich eine vollständige Übersetzung, die sich folgendermaßen liest:

> Wir sind sidonische Kanaaniter aus der Stadt des Händlerkönigs. Wir sind auf dieser fernen Insel gestrandet, einem Land der Berge. Im 19. Jahr unseres mächtigen Königs Hiram haben wir den himmlischen Göttern und Göttinnen ein Kind geopfert und uns von Ezion-geber aus auf das Rote Meer begeben. Wir waren zehn Schiffe und haben zusammen zwei Jahre auf der Reise um Afrika verbracht. Dann wurden wir durch die Hand des Baal getrennt und waren nicht mehr mit unseren Kameraden zusammen. So sind wir hierher gekommen, zwölf Männer und zwölf Frauen, auf die «Eiseninsel». Bin ich, der Admiral, ein Mann, der fliehen würde? Nein! Mögen die himmlischen Götter und Göttinnen uns gnädig sein.[16]

Im Text ist von einem «kanaanitischen», also phönizischen Schiff die Rede, das offenbar von Ezion-geber am Roten Meer aus Kurs auf das Kap von Afrika genommen hat – die Route, der auch die phönizischen Seefahrer gefolgt waren, die im Auftrag des ägyptischen Königs Necho II. ca. 600 v. Chr. Afrika umschifft hatten. Doch dann segelte das Schiff nicht entlang der westafrikanischen Küste nach Norden, sondern weiter in südwestlicher Richtung bis nach Brasilien. Diese Geschichte mag unglaublich klingen, doch sie passt gut zu dem, was wir unabhängig davon über die Phönizier wissen – einschließlich ihrer unappetitlichen Angewohnheit, Kinder zu opfern.[17] Von größerem Interesse ist allerdings die Verwendung des Ausdrucks «Hand des Baal», vergleichbar mit der heute gebräuchlichen «Hand des Schicksals». Gordon zufolge war diese Redewendung vor der 1939 gemachten Entdeckung einer phönizischen Inschrift auf Zypern, die exakt dieselben Worte enthält, nicht bekannt.[18]

Nach reiflicher Überlegung kam Gordon zu dem Schluss, bei dem in der Paraiba-Inschrift erwähnten «König Hiram» handele es sich um Hiram III., der zwischen 553 und 533 v. Chr. über das Reich der Phönizier herrschte.[19] In seinem 1971 erschienenen Buch *Before Columbus* schreibt er: «Der König kann nur Hiram III. sein», was bedeuten würde, dass «... das Schiff Ezion-geber im Jahr 534 verlassen haben und 531 in Brasilien angekommen sein muss»[20]. Nach dieser Datierung hätte die Reise also etwa zwei Generationen nach der dokumentierten Afrika-Umschiffung durch phönizische Seefahrer um 600 v. Chr. stattgefunden.

Seitdem ist Gordon hinsichtlich der Echtheit der Paraiba-Inschrift allerdings zu einer anderen Ansicht gelangt.[21] Nachdem er von seinen Zeitgenossen heftig kritisiert worden war, gab er schließlich zu, dass der in dem Text genannte König nicht Hiram III. sei, sondern Hiram von Tyros, der biblische König, der König David beim Bau seines «Hauses» behilflich war.[22] Im Alten Testament erfahren wir auch, dass Hiram von Tyros eine ähnliche Allianz mit Davids Sohn Salomon einging, dem er bei der Fertigstellung des Tempels in Jerusalem (ca. 970 v. Chr.) zur Seite stand.[23]

In der biblischen Geschichte gilt Hiram als der Baumeister des Tempels des Salomon, dessen Architektur und Gestalt die Geheimnisse des Freimaurertums verkörpern soll. Daher verehren die Freimaurer den phönizischen König als den spirituellen Gründer des Maurerhandwerks, und man glaubt heute, die Paraiba-Inschrift sei ein Machwerk brasilianischer Freimaurer aus dem Umfeld des Instituto Historico oder des Kaisers Dom Pedro.

Da der einzige akademische Verteidiger der Paraiba-Inschrift seine Unterstützung öffentlich zurückgezogen hat, kann sie heute nicht mehr als zuverlässiger Beleg für Kontakte mit Amerika angeführt werden. Es gibt jedoch ganz andere Indizien dafür, dass die Phönizier und Karthager Amerika erreicht haben.[24]

Antike Funde

Im Jahr 1787 soll sich Folgendes zugetragen haben: Während des Neubaus der Straße zwischen Cambridge und Malden in Massachusetts förderten Bauarbeiter einen Schatz karthagischer Münzen zutage. Da sie nicht wussten, was sie da in Händen hielten, verschenkten sie die Münzen an die Passanten und Zuschauer, die sich um den Fundort versammelt hatten. Zum Glück kam genau zu dem Zeitpunkt auch der ehrwürdige Thaddeus Mason Harris vorbeigeritten und brachte den Vorfall dem aufgeschlossenen amerikanischen Präsidenten John Quincy Adams zur Kenntnis. Verbliebene Exemplare der Kupfer- und Silbermünzen wurden schließlich auf das 3. Jahrhundert v. Chr. datiert. Die Inschriften auf den Münzen sind in Kufisch gehalten, einer Schrift, welche die Karthager benutzt haben.[25]

Weitere Münzen zweifelsfrei karthagischer Prägung fand in jüngerer Zeit Frederick Gastonguat, ein Großgrundbesitzer in Connecticut.[26] Barry Fell, ein führender Epigraphiker (Spezialist in antiken Inschriften) und Vorgeschichtler stufte sie als «die früheste Prägung Karthagos» ein. Die kurze Inschrift, *OMNQNI* ist Punisch, die Sprache der Karthager, und bedeutet «im Lager», was die Münzen als militärische Währung kennzeichnet. Das Münzbild ist der typische karthagische Pferdekopf.[27] Konventionelle amerikanische Historiker haben eingeräumt, dass die Münzen nordafrikanischen Ursprungs sind, ohne jedoch anzuerkennen, dass sie ein Beweis für eine karthagische Präsenz in Amerika sein könnten. Vielmehr meinen die Historiker, die Münzen müssten während der Kolonialzeit verloren, fortgeworfen oder absichtlich verscharrt worden sein und stellten daher keinen archäologischen Beweis dar.

Ich kann diese Schlussfolgerung kaum nachvollziehen. Ein einziger 1749 auf Corvo gefundener Schatz karthagischer Münzen genügt den Historikern als Rechtfertigung, die Existenz karthagischen Kontakts mit den Azoren zu behaupten, obwohl es sonst nichts gibt, was diese Annahme bestätigen würde. Warum, so könnte man fragen, werden Münzen, die unter ähnlichen Umständen in Amerika gefunden wurden, so anders bewertet? Der einzige Reim, den man sich darauf machen kann, ist der, dass es vielleicht politische Motive gibt, jeden Hinweis auf Kontakte mit Amerika im antiken Zeitalter zu verneinen. Dabei sind es nicht nur Münzen, die auf eine phönizische Präsenz in Neuengland hinweisen.

1948 wurde bei einer Ausgrabungsstätte an der Elm Street in Manchester, New Hampshire, eine Öllampe aus dem Mittelmeerraum gefunden, die auf das 3. Jahrhundert v. Chr. datiert wurde. 1870 entdeckte Lyman

Fellows während der Ausschachtung des Fundaments für einen Bahnhof in Concord, New Hampshire, die Eisenklinge eines antiken iberischen Schwerts.[28] Der hölzerne Knauf existierte nicht mehr, doch eine eingravierte Inschrift war gerade noch lesbar. Barry Fell identifizierte die Inschrift als iberisch und übersetzte sie so: «handgeschmiedeter tödlicher Stahl, Panzer brechend»[29]. 1993 erschien dieses Stück in einer Ausstellung präkolumbischer Fundstücke in Jamestown, Virginia.[30]

Neben antiken Münzen und anderen Gegenständen, die fehl am Platz erscheinen, sind auch zahlreiche Schriftsteine gefunden worden, die als Hinweise auf transozeanischen Kontakt mit der antiken Welt angesehen werden – zu viele, als dass man sie einzeln aufzählen könnte. Doch einige dieser Funde scheinen unbestreitbar zu beweisen, dass fremde Besucher verschiedener Kulturen in Amerika ihre Spuren hinterlassen haben. Allerdings sind all diese Gegenstände in Neuengland aufgetaucht, weshalb sie keine weitere Bestätigung für eine phönizische Präsenz in Mittelamerika darstellen. Um diese Spur weiterzuverfolgen, müssen wir nun die Beweislage hinsichtlich des politisch vielleicht brisantesten und umstrittensten Falles mutmaßlicher präkolumbischer Kontakte mit den amerikanischen Kontinenten untersuchen: die Entdeckung von Wracks aus der antiken Welt.

11 Schiffswracks und Matrosen

1976 war ein junger Taucher namens José Robert Teixéira war mit seinem Speer unterwegs; bei Felsen vor der Ilha do Gobernador in der Bucht von Guanabara, etwa 24 Kilometer außerhalb des betriebsamen Hafens von Rio de Janeiro, war er auf der Jagd nach großen Fischen, die er zu Hause auf dem Markt verkaufen wollte. Doch dann sah er im klaren blauen Wasser plötzlich etwas Seltsames aus dem finsteren Meeresgrund ragen. Er tauchte hinunter und erkannte drei mächtige Urnen, jede über einen Meter hoch und mit zwei Griffen am Hals. Neugierig geworden, zerrte er eines der Gefäße aus seinem Ruhebett. Sobald der feine Sand von der runden Form gespült war, sah der Taucher, dass die Urne über und über mit Krebskrusten bedeckt war, und wusste, dass sie sehr lange unberührt auf dem Meeresboden gelegen haben musste.

Noch am selben Tag barg José alle drei Krüge aus der Bucht von Guanabara.[1] Sie brachten mehr Geld als der Fisch, den er sonst gefangen hätte, seine Mühe war also nicht vergebens. Der Antiquitätenhändler, der das Glück hatte, die drei Gefäße zu erwerben, wusste genau, wie viel sie möglicherweise wert waren, und brachte sie zur Begutachtung zum brasilianischen Institut für Archäologie. Die Wissenschaftler dort brauchten einige Zeit, bis sie sich zu dem Urteil durchrangen, dass es sich um «griechische» Amphoren handelte, wie sie in der antiken Welt benutzt worden waren, um Güter wie Oliven oder Datteln von einem Hafen zum anderen zu transportieren.[2]

Die Neuigkeit sprach sich in Rio de Janeiro schnell herum, und bald konnte man den Eindruck haben, alle Taucher der Stadt hätten sich in der Bucht von Guanabara versammelt, in der Hoffnung, weitere antike Gefäße zu finden. Die brasilianischen Archäologen versuchten dagegen, die Existenz der Amphoren wegzudiskutieren, indem sie sagten, sie wären die Überreste der Fracht eines Kolonialschiffes aus dem Mittelmeerraum.[3]

Erst fünf Jahre später fasste der Direktor des Meeresmuseums von Rio de Janeiro den Entschluss, sich den Fundort der Amphoren noch einmal genauer anzuschauen. Er wusste, dass seit den sechziger Jahre in etwa derselben Gegend immer wieder ähnliche Behälter gefunden worden waren, und nahm deshalb im Stillen an, irgendwo in der Bucht könnte sich ein antikes Wrack verbergen.[4] Also zog er den weltbekannten Unterwasserarchäologen, Schiffswrackhistoriker und Schatzsucher Robert F. Marx zurate.

Als Marx von der Entdeckung der Amphoren hörte, war er zunächst etwas skeptisch. Doch als er dann einem einheimischen Taucher vorgestellt wurde, der nicht weniger als 14 der großen Krüge in seiner Garage hatte, begann er, sich ernsthaft mit der Sache auseinander zu setzen. Als Erstes stellte er fest, dass die Gefäße nicht griechischen Ursprungs waren. Ihrer Form nach waren sie vor etwa 2000 Jahren in Kouass bei Tanger an der marokkanischen Atlantikküste hergestellt worden.[5] Marx nahm eine der Amphoren mit, zeigte sie den Ozeanographen an zwei der führenden Meeresforschungsinstitute Brasiliens und bat diese, sich die Verkrustungen an den Gefäßen genau anzuschauen. Dabei erwartete er mehr oder weniger, sie würden zeigen, dass die Kalkkruste sich im Mittelmeer aufgebaut hatte, doch stattdessen erklärten die Wissenschaftler, sie sei von einem Typ, der nur in den Gewässern um die Guanabara-Bucht anzutreffen ist. Mit anderen Worten, die Amphoren hatten Tausende von Jahren vor der brasilianischen Küste gelegen und mussten daher in der Blütezeit des Römischen Reiches vor Brasilien angelangt sein.

Als Nächstes schickte Marx Proben besagter Kruste an Dr. Ruth Turner am Museum für Vergleichende Zoologie an der Harvard-Universität und an Dr. Walton Smith am Institut für Meeresforschung der Universität von Miami. Sie bestätigten den Befund ihrer brasilianischen Kollegen nicht nur, sie führten auch C14-Tests durch, die ergaben, dass die Verkrustung mindestens 1500 Jahre alt war.[6] Die Historiker Dr. Elizabeth Will und Dr. Michael Ponsich von der Universität von Massachusetts schlossen sich diesem Urteil an, wenngleich die Krüge ihrer Ansicht nach nicht in Kouass, sondern in Zillis – einer anderen marokkanischen Hafenstadt – hergestellt worden waren.[7]

Italienische Pizzabäcker

Zunächst gaben die brasilianischen Behörden Robert Marx grünes Licht, nach dem mutmaßlichen römischen Schiffswrack zu suchen. Seine Expedition fand zwar keine ganzen Amphoren, konnte jedoch zahlreiche Scherben bergen, darunter Amphorenhälse und Henkel. Gefunden wurden auch mächtige, in der Mitte durchbohrte Steinscheiben, die nach Marx' Ansicht die Anker des Schiffes gewesen sein könnten.[8] Marx zog schließlich Harold E. Edgerton vom Massachusetts Institute of Technology zurate, der in der Umgebung des erhofften Wracks ausgedehnte Echolotmessungen durchführte. Dabei stieß er schnell auf zwei Objekte auf Unterwasserklippen, bei denen es sich mit an Sicherheit grenzender Wahrscheinlichkeit um die Überreste eines oder möglicherweise gar zweier gesunkener Schiffe handelte. Doch als Marx daraufhin die Genehmigung beantragte, den Fundort eingehender zu untersuchen, schritten plötzlich die spanische und portugiesische Regierung ein und überzeugten die brasilianischen Behörden, die Angelegenheit auf sich beruhen zu lassen.[9] Der Fund eines römischen Wracks in brasilianischen Gewässern hätte nämlich nicht nur Pedro Ãlvares Cabrals «Entdeckung» Brasiliens für die portugiesische Krone (1500) infrage gestellt, sondern auch Spaniens «Entdeckung» der Neuen Welt acht Jahre zuvor.

So kurz vor Brasiliens 500-Jahr-Feiern, die zudem mit den Feierlichkeiten zur Jahrtausendwende zusammenfielen, wollte die brasilianische Regierung sich die Party offenbar nicht auf diese Weise vermasseln lassen. So fasste sie den außergewöhnlichen Entschluss, Robert Marx die Genehmigung für die weitere Erforschung der geheimnisvollen Amphoren in der Bucht von Guanabara rundweg zu verweigern.

Im Trubel um diese Ereignisse gab es Protestmärsche mit Slogans wie «Ja zu Cabral, Nein zu Marx», von dem die Brasilianer meinten, er wolle sie ihres nationalen Erbes berauben. Ein brasilianischer Archäologe, den Marx gebeten hatte, in Brasilien gefundene, möglicherweise phönizische Schmuckringe zu begutachten, beschlagnahmte die Ringe schlichtweg und bemerkte gereizt: «Cabral hat Brasilien entdeckt, und dabei wollen wir es belassen.»[10] Doch das war noch nicht das Schlimmste. Auf einer Weihnachtsfeier soll der damalige brasilianische Erziehungsminister Marx beiseite genommen und ihm eröffnet haben: «Auf jedem Dorfplatz in Brasilien steht eine Statue von Cabral, dem wahren Entdecker Brasiliens, und die werden wir nicht durch Standbilder irgendeines italienischen Pizzabäckers ersetzen, nur weil Sie ein römisches Schiffswrack gefunden haben wollen, wo es keines gibt.»[11] Nach diesen Ereignissen beschuldigte Marx die brasilianische Regierung, bewusst Informationen und Beweise zu unterdrücken, die bestätigen könnten, dass es bereits vor Cabral Verkehr zwischen der antiken Welt und Brasilien gegeben haben könnte.[12]

Die Affäre um die Bucht der Krüge entartete also zu einem diplomatischen und politischen Streit, und deshalb sind wir heute nicht in der Lage, die Existenz römischer Schiffswracks auf dem Meeresgrund vor Rio de Janeiro zu bestätigen oder zu verwerfen. Angesichts der geschilderten Unerhörtheiten frage ich mich, wie oft die Politik der Wahrheit schon im

Wege gestanden haben mag, wenn es um Beweise für präkolumbische Kontakte zwischen der alten und vermeintlichen «neuen» Welt ging.

Gegen die Beweise an sich, also auch gegen die marokkanischen Amphoren in der Bucht von Guanabara, haben Gelehrte und Wissenschaftler nur selten Einwände. Wie könnten sie auch? Doch für gewöhnlich erklären sie solche Funde damit, dass dann und wann ein Schiff aus der antiken Welt in einen Sturm geraten und nach Westen getrieben worden ist. Vor der amerikanischen Küste sollen die Schiffe dann auf Sandbänken oder Klippen zerschellt oder aufgegeben worden sein, sobald die Mannschaft keinen Ausweg mehr sah. Es wird oft darauf hingewiesen, dass auch Cabral Brasilien nur entdeckt hat, weil er auf der Suche nach einem Seeweg nach Indien um das Kap der Guten Hoffnung herum über den Atlantik getrieben wurde. Allein im vergangenen Jahrhundert sollen über 600 afrikanische Schiffe aufgrund von schlechtem Wetter oder nachlässiger Navigation dieses Schicksal erlitten haben.[13] Das mag ja alles stimmen, doch wie viele Schiffe haben es danach wieder nach Hause, zurück nach Afrika, geschafft? Wie viele Seeleute mögen in vergangenen Zeitaltern in der Lage gewesen sein, ihren Landsleuten von dem großen Kontinent zu erzählen, der sich hinter dem westlichen Ozean verbarg? Wie viele dieser Geschichten haben wiederum andere, zum Beispiel die Phönizier und Karthager, veranlasst, eigene Entdeckungsreisen zu unternehmen? Dies sind die wirklichen Fragen, denen die Historiker sich stellen müssen.

Das Comalcalco-Rätsel

Trotz aller Zurückhaltung der Akademiker hinsichtlich möglicher Kontakte zwischen der antiken Welt und Amerika allgemein gibt es Hinweise darauf, dass solche Kontakte zumindest mit bestimmten Maya-Stätten in der Nähe der mexikanischen Golfküste bestanden haben. Eine solche Stätte liegt auf einer Ebene im Staat Tabasco etwa 55 Kilometer nordwestlich von Villahermosa: das große Maya-Zentrum von Comalcalco, was in der Sprache der Nahua-Völker Zentralmexikos «die Häuser der Tonpfannen» bedeutet.[14] Dieser eigenartige Name rührt daher, dass das Baumaterial, dass die Mayas bei der Errichtung der enormen Konstruktionen hauptsächlich benutzt haben, nicht der übliche Kalkstein ist, sondern gebrannte Tonziegel – Backsteine –, die in ihrer Form an die Tonpfannen der Nahua erinnern.

Schon beim Anblick der hoch aufragenden Mauern, welche die nördliche *Plaza* und die große Akropolis markieren, fühlt man sich an vertraute römische Architektur erinnert. Die Bauwerke bestehen fast ausschließlich aus Backsteinen, wie sie im römischen Zeitalter massenweise verwendet wurden. Zudem weisen einige davon Stützstreben, Flügelmauern und große, quadratische Fenster auf, alles «in der Maya-Architektur relativ unbekannt»[15]. Solche Ähnlichkeiten beweisen jedoch noch nicht, dass es Kontakte mit einer Kultur der antiken Welt gegeben hat, in deren Verlauf um das Jahr 200 n. Chr. Backsteine und neue Architekturformen in die Maya-Zivilisation eingeführt worden sein könnten.[16]

Doch es gibt noch weitere verblüffende Übereinstimmungen zwischen den Gebäuden von Comalcalco und solchen in der antiken Welt. In zwei der vielen Tempelhügel, die er ausgegraben hat, fand der Archäologe Neil Steede über 4500 Backsteine mit Zeichen, die in den feuchten Ton eingeritzt wurden, bevor die Ziegel in der Sonne trockneten. Viele dieser Symbole gehen zweifellos auf die Maya-Kultur zurück, einige wenige aber erinnern an «Autogramme», wie sie auf Bausteinen und Fliesen in der römischen Welt zu finden sind. Ähnliche Einritzungen hat man zudem auf Lehmziegeln entdeckt, die bei der Errichtung der Huaca-Las-Ventanas-Pyramiden in Nordwestperu verwendet wurden und die der Epigraphiker Barry Fell als eine Form einer alphabetischen Schrift aus Libyen identifiziert hat.[17] Diese Bauwerke werden der Mochica- oder Moche-Kultur zugeschrieben und sind auf die Zeit zwischen 300 v. Chr. und 800 n. Chr. datiert worden.

Könnten also Römer Maya-Stätten wie die von Comalcalco besucht haben? Neil Steede kam nach eingehenden Untersuchungen zunächst zu dem Schluss, dass eine römische Präsenz in Mexiko eine vertretbare Erklärung für die Benutzung von Backsteinen in Comalcalco darstelle.[18] Er stieß zudem auf eine Reihe weiterer Parallelen zwischen den Kulturen, darunter Ähnlichkeiten in der Architektur und in Kunststilen sowie bei bestimmten astronomischen Orientierungen.[19] Auffällig ist auch, dass diese spezielle Bautechnik – wenngleich es auch an anderen Maya-Stätten Ziegelstrukturen gibt – nur in dieser Region zu finden ist und nirgendwo sonst im präkolumbischen Amerika.[20]

Es spricht also einiges dafür, dass die Existenz ofengebackener Ziegel in Maya-Siedlungen als Beweis für Einwirkungen aus der antiken Welt gelten kann. Ob jedoch das Römische Reich seine Hand im Spiel gehabt haben könnte, ist eine ganz andere Frage. Neil Steede widersprach später seinen früheren, in wissenschaftlichen Zeitschriften veröffentlichten Aussagen, indem er sagte, die Annahme, die Römer hätten Mexiko erreicht, sei zu verwerfen, da nirgends in Comalcalco je eine lateinische Inschrift gefunden worden sei.[21] David Eccott, ein englischer Spezialist für transozeanische Kontakte, der sich ebenfalls intensiv mit den Funden von

Comalcalco auseinander gesetzt hat, ist anhand der Markierungen der Ziegelbrenner zu der Ansicht gekommen, dass das Wissen über die Verwendung von Backsteinen aus einer ganz anderen Ecke der antiken Welt stammen könne. Im Einklang mit anderen Wissenschaftlern führte er aus, bestimmte in Comalcalco gefundene Inschriften deuteten darauf hin, dass die Technologie und vielleicht gar das Handwerk der Ziegelbrennerei Bestandteil einer jahrhunderte- oder gar jahrtausendealten Tradition sein könnten. Seiner Meinung nach stellen einige der Markierungen eine Form einer uralten Schrift dar, die aus Mesopotamien und der Industal-Kultur Nordindiens, um 3000 v. Chr., bekannt ist. Diese Schrift soll sich allmählich in östlicher Richtung verbreitet haben, nach China, Sumatra und zur Osterinsel und schließlich über den Pazifischen Ozean hinweg nach Peru, Panama und Mexiko.[22] Beispiele dieser Industal-Schrift sind nicht nur in Comalcalco, sondern auch auf Lehmziegeln in Huaca Las Ventanas in Nordwestperu identifiziert worden.[23] Ungeachtet der Kontroverse um die Ziegelbrennerzeichen ist der Verdacht, die Römer könnten in Mexiko gewesen sein, jedoch noch nicht ausgeräumt.

Römische Überfahrten

Comalcalco liegt zwar 24 Kilometer von der Küste entfernt, dafür aber direkt am Ufer des Rio Seco, eines heute versandeten Nebenflusses des Rio Grijalva, der in den Golf von Mexiko mündet. Früher war Comalcalco per Schiff zu erreichen, was 1519 der spanische Konquistador Hernando Cortés nach seiner Ankunft an der Golfküste erwiesenermaßen versucht hat.[24] Ich sehe deshalb keinen Grund, weshalb nicht auch römische Schiffe nach ihrer Fahrt von Afrika in die Karibik und zum Golf von Mexiko dieses Gebiet erreicht haben sollten, indem sie die Golfküste entlang bis zur Mündung des Rio Grijalva segelten. Darüber hinaus gibt es noch andere Hinweise auf eine römische Präsenz in Mexiko, zum Beispiel ein nur zwei Zentimeter hohes Terrakottatöpfchen in Form eines Römerkopfs, das 1933 bei Ausgrabungen in Calixtlahuaca, 72 Kilometer westlich von Mexico City, gefunden wurde. Der Römer scheint eine phrygische Kappe wie die des Gottes Mithras zu tragen. Mithilfe der so genannten Thermolumineszenzmethode, die Altersbestimmungen von Keramikobjekten ermöglicht, hat man das Stück auf etwa 200 n. Chr. datiert. Die halb zerfallene Pyramide, in der es neben anderen Grabbeigaben gefunden wurde, stammt zwar aus dem 12. Jahrhundert, doch die Experten, die den Römerkopf untersucht haben, sind sich darin einig, dass er seinen Ursprung in der hellenisch-römischen Welt hat.[25]

Ein anderer bedeutender Fund ist ein Krug mit mehreren hundert römischen Münzen, der an der Nordküste von Venezuela angespült wurde. Die Münzen sind ganz verschiedenen Alters – von der Zeit des Kaisers Augustus (63 v. Chr.–14 n. Chr.) bis 350 n. Chr. Doch es sind so viele Duplikate darunter, dass es sich wahrscheinlich nicht um eine vergrabene und vergessene Münzsammlung aus der Kolonialzeit oder einen Teil eines Staatsschatzes auf dem Weg zum Mutterland oder zur Neuen Welt handelt, sondern eher um die Kasse eines römischen Kaufmanns, die irgendwann um 350 n. Chr. über Bord gegangen ist. Wir dürfen nicht vergessen, dass die Nordäquatorialströmung Schiffe von den Kapverdischen Inseln direkt zur nordvenezolanischen Küste befördert, fast genau zu dem Punkt, wo der Münzschatz, der sich heute im Besitz der Smithsonian Institution befindet, gefunden wurde.[26]

Und dann entdeckten Taucher im Jahr 1972 in den Gewässern vor der honduranischen Küste ein antikes Wrack mit einer Ladung «punischer» Amphoren, also vermutlich ein Schiff karthagischen Ursprungs.[27] Ein römisches Schiff in der Guanabara-Bucht vor Brasilien und vielleicht gar vor der Küste Venezuelas könnte man ja noch mit gelegentlichen unfreiwilligen Atlantiküberquerungen erklären. Ein vermutlich viel älteres Wrack im Golf von Honduras dagegen, der ehemaligen Hochburg der südlichen Maya, lässt diese Erklärung nicht ohne weiteres zu. Um in diese Gewässer zu gelangen, muss das Schiff zwischen den Kleinen Antillen hindurch und durch das Karibische Meer gekommen sein, und zwar gezielt und nicht von Gnaden der Ozeanströme. Das Alter des Wracks kennen wir leider nicht genau. Das Schiff könnte vor der Zerstörung Karthagos durch die Römer im Jahr 146 v. Chr. gesunken sein, aber auch danach. Da die Römer nach ihrem Sieg Häfen wie Karthago und Mogador an der marokkanischen Atlantikküste in Besitz nahmen und benutzten, werden sie auch von den Karthagern zurückgelassene Amphoren verwendet haben. Stammt das Wrack jedoch aus der Zeit vor dem Fall Karthagos, könnte seine Entdeckung den Beweis für genau solche karthagische Amerikareisen darstellen, wie ich sie für wahrscheinlich halte.

Leider schritt jedoch auch in diesem Fall – wie ein Jahrzehnt danach in Brasilien – die örtliche Regierung ein und lehnte alle Anträge, auch den von Robert Marx, den Fundort zu untersuchen, ab.[28] Dahinter steckte wiederum die Furcht, die Entdeckung eines Schiffes aus der Alten Welt in amerikanischen Gewässern könnte Christoph Kolumbus' Leistungen schmälern. Doch wie viele Wracks mögen noch vor der amerikanischen Küste auf ihre Entdeckung warten? Wie oft wird es noch geschehen, dass ein solcher Fund im Namen der Politik und zum Schutz nationaler Gefühle in der hispanischen Welt ignoriert wird?

Andererseits: Wenn die Römer wirklich über den Atlantik nach Mittelamerika gesegelt sind, warum gibt es dann keine offiziellen Aufzeichnungen über solche seemännischen Großtaten? Die einzige Erklärung wäre, dass sie, ebenso wie die Phönizier und Karthager vor ihnen, die lukrativen Märkte der Neuen Welt für sich behalten wollten. Die Amphoren, die vor Brasilien und Honduras gefunden wurden, stammen aus Nordafrika. Es ist daher denkbar, dass die Römer ihr Wissen um die transatlantischen Handelswege von den Bewohnern der früheren karthagischen Häfen hatten – und von den Lixitern, den nomadischen Berberstämmen Marokkos.

Sind die Römer mit den Mayas Mittelamerikas in Kontakt gekommen, genau wie die phönizischen und karthagischen Kaufleute mit den Olmeken, die mehrere hundert Jahre zuvor in derselben Region heimisch waren, in Berührung gekommen zu sein scheinen?

Im nächsten Kapitel werden wir auf das Geheimnis der psychoaktiven Drogen im pharaonischen Ägypten zurückkommen. Meiner Ansicht nach haben wir nun genug Anhaltspunkte, nicht nur um festzustellen, wer für den transatlantischen Handel mit Tabak und Koka verantwortlich war, sondern auch um die Quellen der platonischen Geschichte offen legen zu können.

12 Die Atlantikfahrer

Auf der Grundlage der Beweise, die ich in den vorangegangenen Kapiteln präsentiert habe, scheint es klar, dass die olmekischen Territorien im heutigen Mexiko zu Beginn des 1. Jahrtausends unserer Zeitrechnung von transatlantischen Reisenden besucht worden sind. Im Westen lagen Japan und das Kaiserreich China, im Osten waren die iberischen Phönizier von Gades und Tartessos und die Karthager von Nordafrika, und alle scheinen in den präkolumbischen Zivilisationen Mittelamerikas ihre Spuren hinterlassen zu haben. Doch dürfen wir deshalb auch nur vermuten, die Olmeken hätten die Ozeanfahrer mit Tabak und Koka beliefert, welche die Phönizier oder Karthager dann um die halbe Welt transportiert und an die genussfreudigen pharaonischen Ägypter verkauft hätten? Betrachten wir zunächst die Tabakfrage.

Kein Rauch ohne Feuer

Es ist kein Hinweis darauf bekannt, dass die Olmeken selbst Rauch inhaliert haben, sei es der Rauch von Tabak oder der einer anderen Droge. Das beweist jedoch nichts, denn wir wissen, dass das Rauchen von Tabak unter den Nachfolgern der Olmeken weit verbreitet war. Die Mayas haben – wenn man der herkömmlichen Chronologie folgt – ihre ersten wichtigen Zentren auf der mexikanischen Halbinsel Yukatan und anderswo in Mittelamerika um 100 v. Chr. gegründet. Das moderne Wort «Zigarre» leitet sich von dem Maya-Wort «Sikar» ab, das sowohl die Zigarre als auch Tabak an sich beschrieb.[1] Die Mayas stellten ihre Götter gern mit großen Hüten auf dem Kopf und dicken Zigarren zwischen den Lippen dar.[2] Der Gott L, zu erkennen an seinem schwarzen Jaguarkopf, war der Schutzgott der Kaufleute, weshalb er mit einer Zigarre im Mund und einem Bündel Waren auf dem Rücken dargestellt wurde.[3] Die Ursprünge dieser Gottheiten sind unbekannt, doch es ist möglich, dass sie die Ahnen der Olmeken darstellen, denn wir wissen, dass die Mayas später einen großen Teil ihrer Kultur von den Olmeken übernommen haben, die sie wahrscheinlich als ihre göttlichen Vorfahren betrachteten. In diesem Fall wäre es

Der hier dargestellte Maya-Gott L raucht offenbar eine Zigarre. Bedeutet dieses Bild, dass die frühesten Vorfahren der Mayas das Rauchen in Mittelamerika eingeführt haben?

schwer zu glauben, dass die Olmeken Nichtraucher waren – und wenn sie tatsächlich geraucht haben, wären sie die Hauptverdächtigen, wenn es um die Frage geht, wer diese wertvolle Ware an die antike Welt geliefert haben könnte.

Wenn die Olmeken Tabakhandel betrieben, könnten sie dann auch die Seefahrer der Alten Welt mit den Freuden des Inhalierens bekannt gemacht haben? Wir dürfen nicht vergessen, dass so auch die ersten spanischen Entdecker und Matrosen ans Rauchen gekommen sind. Wie bereits erwähnt wurde eine der ältesten Pfeifen auf der Insel Marajo in der Mündung des Amazonas gefunden. Dieses Utensil ist auf 1500 v. Chr. datiert, also gerade 300 Jahre älter als die ersten geschnitzten Hartsteinpfeifen der Nordsyrer. Angesichts der Wahrscheinlichkeit, dass diese Pfeifen zur Rauchinhalation benutzt wurden, besteht zumindest die Möglichkeit, dass die Phönizier die Kunst des Rauchens von einer mittelamerikanischen Kultur wie den Olmeken gelernt haben. Dann müssen es wiederum phönizische Kaufleute gewesen sein, die den Ägyptern die Vorzüge des Nikotins angepriesen und verkauft haben. Das muss allerdings um 1200 v. Chr., also 100 Jahre vor der Gründung der iberischen Häfen Gades und Tartessos und viele Jahrhunderte vor dem offiziellen Gründungsdatum der Kolonie Cerne an der westafrikanischen Küste gewesen sein. Können wir unter diesen Umständen dennoch annehmen, dass Phönizier oder

Karthager Ägypten mit Tabak beliefert haben? Diese Frage ist nicht leicht zu beantworten. Allgemein können wir sagen, dass der Tabak, der um 1200 v. Chr. in Ägypten erhältlich war, entweder aus Afrika selbst gestammt haben oder auf einem anderen Weg ins Land gekommen sein muss. Eine Möglichkeit wäre der Seeweg zwischen Amerika und Südostasien. Eine solche Pazifikroute hätte jedoch bedeutet, dass der Tabak nach seiner Ankunft in Asien entweder zu Land oder auf Schiffen die lange südasiatische Küste entlang in den Nahen Osten zu schaffen gewesen wäre. Nur der Transport auf Schiffen erscheint praktikabel, doch selbst dabei müsste es an verschiedenen Küsten Asiens zu ernst zu nehmenden kulturellen Kontakten zwischen den Völkern entlang dieses Handelswegs gekommen sein. In vieler Hinsicht kommen wir damit auf die transpazifischen Kontakte zurück, die Grafton Elliot Smith schon in den zwanziger Jahren in seinem kuriosen, aber faszinierenden Buch *Elephants and Ethnologists* für möglich gehalten hat. Seine These war, dass die frühesten Zivilisationen Mittelamerikas Handel mit dem Reich der Chinesen trieben, das wiederum mit Indien und Ägypten Handelskontakte pflegte.

Ich glaube gern, dass zwischen Amerika und den Völkern Südostasiens irgendeine Form von Handelsnetz bestand. Ich akzeptiere auch ohne weiteres, dass Tabak auf dieser transpazifischen Route auf den asiatischen Kontinent gelangt ist. Ich frage lediglich, wer schon ca. 1200 v. Chr. Tabak an die alten Ägypter verkauft hat. Wir wissen sicher, dass die Phönizier schon um 1000 v. Chr. und wahrscheinlich noch früher Häfen am Roten Meer besaßen. Es ist daher auch denkbar, dass sie am Arabischen Meer mit asiatischen Kaufleuten im Geschäft waren, die über Südostasien und Indien amerikanischen Tabak importiert hatten. Keine andere Nation wäre dazu in der Lage gewesen. Doch warum finden wir dann in keiner der Kulturen entlang dieses Handelswegs irgendeinen Hinweis auf das Vorkommen von Tabak? Solche Hinweise finden wir nur in Afrika – in Gestalt einer wilden Art der Pflanze, die dort seit undenklichen Zeiten gedeiht. Von Westafrika bis in den Sudan und nach Ägypten scheint der medizinische Gebrauch von Tabak und das Inhalieren von Rauch in präkolumbischen Zeitaltern so verbreitet gewesen zu sein wie nirgendwo sonst außerhalb von Amerika. Sprachliche Parallelen hinsichtlich des Wortes «Tabak» zwischen Afrika und Mittelamerika deuten ebenfalls auf präkolumbische Beziehungen und auf transatlantischen Verkehr hin. Es ist daher viel wahrscheinlicher, dass Tabak um das Jahr 1200 v. Chr. durch phönizische Atlantikfahrer über Häfen in Libyen oder Iberien nach Ägypten gelangt ist.

Spanische Häfen

Nach allgemeiner Auffassung sollen die Phönizier erst um die Zeit der Gründung Karthagos, ca. 814 v. Chr., begonnen haben, den Atlantik zu befahren. Spuren einer iberisch-keltischen Präsenz in Nordamerika während der Bronzezeit gehen jedoch bis auf etwa 1500 v. Chr. zurück.[4] Wir dürfen also annehmen, dass die ältesten Häfen der iberischen Halbinsel, die erst um 1100 v. Chr. von den Phöniziern übernommen wurde, von einer viel früheren Population mediterranen Ursprungs gegründet worden sind. In Niebla, nicht weit von den Überresten des antiken Hafens Tartessos entfernt, hat Elena M. Whishaw als Direktorin der Anglo-Spanisch-Amerikanischen Archäologieschule[5] in den zwanziger Jahren einen Komplex neolithischer Dolmen, Tempel, Festungen, Wasserleitungen und Hafenmauern ausgegraben. Da diese Bauwerke zusammen mit Gegenständen aus der Kupfer- oder Bronzezeit, die auf die Periode um 2500 v. Chr. datiert worden sind, ans Tageslicht kamen, zog Mrs. Whishaw den Schluss, dass die iberische Halbinsel schon in jener frühen Epoche von einer seekundigen Kultur bewohnt gewesen sei. Zugleich stellte sie allerdings fest, dass es in jener frühen Periode keine Mittelmeerkultur gegeben habe, die den Atlantik befuhr. Die Gründer des ältesten Hafens von Niebla hätten vielmehr zu einer Handelskolonie des Atlantischen Imperiums gehört, das Platon im *Timaios* und im *Kritias* beschreibt![6] Diese außerordentliche Hypothese, dargelegt in ihrem 1929 erschienenen Schlüsselwerk *Atlantis in Andalusien*, führte Mrs. Whishaw weiter zu dem Schluss, die frühesten Steinstrukturen des Hafens von Niebla seien zwischen 10 000 und 15 000 Jahre alt.[7]

Wer in Südwestspanien Jahrtausende vor der Ankunft der Phönizier um 1100 v. Chr. steinerne Hafenbefestigungen gebaut haben soll, bleibt (abgesehen von den in Kapitel 26 dargestellten Überlegungen) unklar. Von Strabo wissen wir aber, dass die Turdetaner, die Einwohner von Tartessos, über Aufzeichnungen verfügten, die 6000 Jahre in die Vergangenheit reichten,[8] ein Umstand, der nicht ohne Einfluss auf die Theorien der Elena Whishaw geblieben sein kann.[9]

Wenn also die Annahme, dass schon im 2. vorchristlichen Jahrtausend Reisen über den Atlantik stattgefunden haben, gerechtfertigt ist, dann ist auch ohne weiteres denkbar, dass der in der Mumie von Ramses II. gefundene Tabak von protophönizischen Seefahrern beschafft worden war, die mit zentralamerikanischen Kulturen wie den Olmeken Handel trieben. In dieser Ansicht werden wir noch bestärkt, wenn wir uns die Informationen

Szene auf einem Tongefäß der Moche-Kultur Perus. Kokakauer (rechts) beschwören den Geist der göttlichen Pflanze (links). Stammt das Kokain, das in ägyptischen Mumien gefunden wurde, aus Peru?

über die Produktion und den Vertrieb von Koka im 1. Jahrtausend vor Christi Geburt in Erinnerung rufen.

In Peru wurde schon um 2500 v. Chr. Koka gekaut. In Kolumbien begegnen uns die vom Kokakauen geblähten Wangen bei Steingötzen aus der Zeit um 1500 v. Chr.[10] Zu jener Zeit war Koka im gesamten Andenraum verbreitet, von Kolumbien im Norden bis nach Chile im Süden.[11] In der Provinz Manabi in Ekuador hat man in kürbisförmigen Gefäßen der Machalilla-Kultur Spuren des Kalks gefunden, mit dem Kokain aus Kokablättern gelöst wird. Die Datierungen schwanken hier zwischen 1500 und 1000 v. Chr.[12]

In der Andenregion war die Kokapflanze also weit verbreitet, doch könnte sie auch bis nach Mexiko gelangt sein, wo zwischen 1200 und 400 v. Chr. die Olmek-Kultur blühte? Wer könnte die Pflanze aus dem Andenhochland in mexikanische Kultzentren wie La Venta, Monte Alban und Tres Zapotes gebracht haben? Gibt es irgendwelche Indizien dafür, dass die Olmeken mit einer südamerikanischen Kultur im Kontakt waren, die mit Koka handelte?

Das Land der Chavín

Die Antwort lautet wahrscheinlich ja. Seit langem spekuliert man über mögliche Kontakte zwischen den Olmeken und den Chavín, einer bedeutenden peruanischen Kultur, die zwischen 1000 und ca. 200 v. Chr. in Blüte stand. Zwischen den beiden in tropischen Wäldern heimischen Kulturen gibt es mehrere Parallelen, besonders hinsichtlich des Jaguarkults und der Häufigkeit von Kultbildern mit Katzenmotiven.[13] Das mag für sich noch kein überzeugender Beweis sein, zumal das Jaguarmotiv in vielen Andenkulturen seiner Epoche zu finden ist. Es fällt jedoch auf, dass dieser Kult auch bei den Olmeken auftaucht, und zwar in verblüffend ähnlicher Form wie bei den Chavín. Unbestritten ist auch, dass während der Gründerzeit der Chavín-Kultur Mais aus Mittelamerika nach Peru gelangte, was manche Gelehrte zu dem Schluss geführt hat, es habe einen Austausch mit der Olmek-Zivilisation gegeben.[14]

Dazu schreibt die amerikanische Autorin Constance Irwin:

Es ist durchaus denkbar, dass ... Mittelamerikaner, möglicherweise Olmeken, nach Peru hinunter gereist sind, nicht nur mit Mais beladen, sondern auch mit weniger handfesten kulturellen Gaben: mit Baukunst, bestimmten astronomischen Kenntnissen, einer Katzengottheit und vielleicht sogar der Geschichte vom bärtigen Weißen Gott.[15]

Wenn die Olmeken aber Mais nach Peru gebracht haben, können wir uns dann nicht auch einen Handel mit Kokablättern vorstellen, die von Lamakarawanen durch das ekuadorianische und kolumbianische Hochland gebracht wurden?

Die Chavín entwickelten einen sehr eigenen Kunststil, mit Arbeiten in Stein, Ton und Glas, wie man sie an Grabungsstätten in ganz Peru gefunden hat.[16] Obwohl das Hauptkultzentrum Chavín de Huántar im zentralen Hochland liegt, sind Chavín-Kunstgegenstände auch viel weiter südlich, bis zu den Ebenen von Nazca, gefunden worden. Auch die Chavín müssen also in der Lage gewesen sein, weite Handelsreisen zu unternehmen.[17]

Doch waren sie auch als Kokahändler tätig?

In vielen Teilen der Anden war Koka ein wertvolles Gut, das in als *Yunga* bezeichneten Hochtälern wuchs. In Höhen zwischen 500 und 2500 Metern waren die Bedingungen für den Kokaanbau ideal.[18] Eine Hauptform der Gattung Erythroxylon, Truxillens, gedieh zwischen 200 und 1800 Meter Höhe, eine zweite Spezies, die einfach unter dem Namen Koka bekannt ist, zwischen 500 und 1500 Metern.[19] Zweifellos war Koka lokal und regional eine wichtige Handelsware in Peru, besonders für die Chavín. Die Blätter wurden entweder gegen andere Güter eingetauscht – als Teil eines Handelsnetzes zwischen den Kulturzonen –, oder sie wurden in größeren Kultzentren von auswärtigen Anhängern des Kults als Tribut für lokale Gottheiten entgegengenommen.[20]

Das kulturelle und religiöse Zentrum der Chavín im zentralen Hochland von Peru war Chavín de Huántar, das zwischen zwei Gebirgsketten lag, der Cordillera Blanca und der Cordillera Oriental, wo der Fluss Huachecsa mit der größeren Mosna zusammenströmt. Die Mosna fließt in nordnordöstlicher Richtung und mündet in den Marañon, einen Seitenarm des Amazonas. Chavín de Huántar war nicht das größte, aber mit Sicherheit das eindrucksvollste Chavín-Zentrum. Es besteht aus einem prächtigen Tempelkomplex und diversen Siedlungen darum herum, die zwischen etwa 1000 und 500 v. Chr. ihre Blütezeit erlebten. Diese Epoche bezeichnen die Archäologen als die «späte Anfangsperiode»[21]. Chavín de Huántar, ein wichtiges Wirtschaftszentrum, wurde zum Knotenpunkt für den Transport von Massengütern.[22] Die Cordillera Blanca bildet über 180 Kilometer eine natürliche Barriere zur parallel verlaufenden Küste hin. Es gibt jedoch eine Reihe von Passstraßen, die in Chavín de Huántar zusammenlaufen und es zu einem Treffpunkt verschiedener panregionaler Handelswege machen.

Das Kokakartell

Da in den Abfallgruben der Siedlungen von Chavín de Huántar Töpferwaren aus dem südlich-zentralen und aus dem nördlichen Hochland gefunden wurden, wissen wir, dass dort Waren aus ganz Peru gehandelt wurden.[23] Als Wirtschaftszentrum war Chavín de Huántar auch die Sammelstelle, an der Waren zusammenströmten, bevor sie über natürliche Handelskorridore weiterbefördert wurden.[24] Richard L. Burger schreibt in seinem eindrucksvollen Werk *Chavín and the Origins of Andean Civilisation*: «Die frühe Siedlung von Chavín de Huántar lag ausgesprochen günstig, um Zugang zu Austauschnetzen zu erhalten, in denen entfernte Produktionszonen miteinander verbunden waren, und konnte davon profitieren, dass es den Zugang für andere Gruppen regulierte beziehungsweise kontrollierte.»[25]

Wie man weiß, war Koka eines der wichtigsten Güter, die in dem von Chavín de Huántar aus kontrollierten Netz gehandelt wurden, wenngleich die Höhenlage des Zentrums den lokalen Anbau der Pflanze ausgeschlossen haben dürfte.[26] Wo kam die wichtige Ware also her?

Eines der bekanntesten Koka-Produktionsgebiete in der Anfangsperiode war Bagua im nördlichen Hochland von Peru, an einem Nebenfluss des Marañon gelegen. In einer Höhe von 522 Metern waren die Felder rund um Bagua für den Anbau von Koka ideal. Die Siedlungen von Bagua lagen zudem an einer Kreuzung von Verkehrswegen – nach Westen zur peruanischen Küste, nach Norden zum ekuadorianischen Hochland und nach Osten in die Amazonasniederungen – und stellten daher selbst ein wichtiges Handelszentrum dar.[27] Exotische Töpfereien, die in Bagua gefunden wurden, zeigen, wie weit das Handelsnetz reichte, das die verschiedenen Wirtschaftszonen innerhalb der Chavín-Länder miteinander verband.[28]

Es ist daher denkbar, dass zumindest etwas von dem über Chavín de Huántar verteilten Koka aus Bagua stammte. Da jedoch auch Bagua selbst eine strategische Position besetzt hielt, ist zu vermuten, dass das dort produzierte Koka auch direkt nach Norden transportiert worden sein könnte, ohne den Zwischenhandel in Chavín de Huántar. So könnte Koka auf direktem Wege von Bagua über Ekuador und Kolumbien bis in die mittelamerikanischen Territorien der Olmeken gelangt sein.

Mit Sicherheit können wir nur sagen, dass die Chavín in der fraglichen Epoche die Andenkultur waren, die am wahrscheinlichsten mit den Olmeken in direkten Handelsbeziehungen standen. Nur sie scheinen mit der antiken mexikanischen Zivilisation klare kulturelle Parallelen aufzuweisen. Die Olmeken ihrerseits haben dann möglicherweise Handelsverbindungen mit transatlantischen Kaufleuten wie den Phöniziern und den Karthagern aufgebaut.

Es könnte natürlich auch sein, dass die Phönizier den Zwischenhändler ausgeschaltet hatten und direkt mit einer südamerikanischen Kultur wie den Chavín im Geschäft waren. Zu dieser Frage merkte Constance Irwin an: «Wenn die frühen Seefahrer wie ihre Nachfolger einen Weg nach Westen gesucht haben, dann bot sich dafür sicherlich der Amazonas an, der die Reisenden immer weiter nach Westen gelockt hätte, bis sie zu seinen unschiffbaren Quellflüssen gekommen wären, nicht weit von Chavín de Huántar [oder Bagua] entfernt.»[29] Diese Möglichkeit steht weiterhin im Raum, ebenso wie die Möglichkeit eines direkten oder indirekten Kontakts zwischen Südostasien und den Koka produzierenden Kulturen in Peru, Ekuador und Kolumbien. Ich tippe jedoch eher auf ein Handelsdreieck zwischen den Chavín in Peru, den Olmeken in Mexiko und den Phöniziern in der Alten Welt. In diesem multikulturellen Netz vollzog sich wahrscheinlich nicht nur der Handel mit Koka, sondern auch die Vermittlung des Wissens über die Gewinnung von Farbstoff aus der winzigen Purpurschnecke und über das Spinnen und Weben von Baumwolle für die Herstellung von Bekleidung (siehe Anhang I und II).

Eine andere faszinierende Forschungsrichtung befasst sich mit der präkolumbischen Verbreitung der Kokapflanze in anderen Regionen Amerikas. Koka wuchs nicht nur in Chile, Bolivien, Peru, Ekuador, Kolumbien und Brasilien, manche Arten waren auch in Guayana, in Panama und sogar in Nordmexiko und auf Kuba anzutreffen.[30] Hinweise darauf, dass Koka gekannt wurde, gibt es inzwischen auch in Ländern wie Costa Rica, Nicaragua und Panama und an der südamerikanischen Atlantikküste.[31]

Haben die Olmeken – oder das von mir für möglich gehaltene transatlantische Handelskartell – ihr Koka vielleicht nicht von den Chavín in

Peru, sondern aus einem Land in Mittelamerika bezogen? Könnten eine oder mehrere der präkolumbischen Kulturen in Ländern wie Costa Rica, Panama oder Nicaragua ihr Koka aus Peru importiert und dann an nördlichere Stämme wie die Olmeken weitergegeben haben? Es ist bekannt, dass in Mexiko und auf Kuba Arten der Kokapflanze Erythroxylon wuchsen. Aber wurde auch dort Koka gekaut?

Ohne neue Informationen über den Kokaingebrauch in Amerika und in der antiken Welt führt unsere Erörterung dieses Themas nicht weiter. Im Augenblick sieht es so aus, als wären es die Phönizier und Karthager gewesen, die von etwa 1200 v. Chr. an Tabak und Kokain an die königlichen Höfe und Tempel Ägyptens geliefert haben. Mit ihrem Durst nach freiem Handel, ihrem Entdeckergeist und ihren seemännischen Fähigkeiten waren sie die einzige Nation, die dazu in der Lage gewesen wäre. Wenn Phönizier und Karthager also tatsächlich karibische Katastrophenmythen in die vorplatonische Mittelmeerwelt mitgebracht haben, könnten sie dann auch direkt mit der Atlantis-Legende verbunden sein? Es mag unglaublich klingen, doch die Antwort ist ja.

Die Sprache von Atlantis

In Kapitel 3 – in einem Zitat aus Platons Dialog *Kritias* – haben wir gehört, wie Atlas, der Erstgeborene unter den fünf Zwillingspaaren des Poseidon, zum König von Atlantis erkoren wurde, während sein Zwillingsbruder «die Ecke der Insel vor den Säulen des Herakles» erbte, «gegenüber der Region, die heute als Gadira bekannt ist»[32]. Außerdem haben wir im *Kritias* gelesen, dass der griechische Name dieses Bruders Eumelos war, «doch in der Sprache seines Heimatlandes [hieß er] Gadirus, der Name, auf den zweifellos der Name jener Region zurückgeht»[33].

Diese Worte enthalten sehr wichtige Feststellungen. Zunächst einmal können wir annehmen, dass die enorme Größe, die Atlantis zugeschrieben wurde – die Fläche Libyens und Asiens zusammen –, sich nicht auf die Landmasse bezieht, sondern auf das Reich, über das die Könige von Atlantis geherrscht haben sollen. Zweitens handelt es sich bei Gadira – oder Gades – natürlich um die gleichnamige phönizische Hafenstadt, die um 1100 v. Chr. in Südwestspanien gegründet worden war. Interessanterweise ist Gadira der einzige Ort außerhalb der Säulen des Herakles, der im Zusammenhang mit Platons Atlantis ausdrücklich genannt wird, ein Umstand, der umso wichtiger erscheint, da Eumelos' Name «in der Sprache seines Heimatlandes [i. e. Atlantis] ... Gadirus» war. Platon glaubte also, sowohl «Gadira» als auch «Gadirus» seien Wörter aus der Sprache von

Diese Karte zeigt, wie verbreitet das Kauen von Kokablättern und die Kokapflanze im präkolumbischen Amerika waren. Könnte der Kokahandel bis in die Olmek-Territorien und nach Kuba gereicht haben, wo vor der Entdeckung der Neuen Welt ebenfalls Arten der Kokapflanze gediehen sind?

Atlantis. Wie könnte diese Verbindung zwischen Gadira und Atlantis zu erklären sein?

Gadira oder Gadeira sind griechische Abwandlungen des ursprünglichen phönizischen oder karthagischen Namens der Hafenstadt. Plinius erwähnt diese im 1. Jahrhundert n. Chr. als «Gadir», was nach seinen Angaben das punische – also karthagische – Wort für «Zaun» ist.[34] Es geht auf den semitischen Wortstamm *g-d-r* zurück, in dem die Bedeutung «Einfriedung» oder «Steineinfriedung» verschlüsselt ist. Dies kann man wiederum als «ummauerte Stadt» oder als «Stadt der Mauern» interpretieren, wie bei Geder, einer nicht identifizierten kanaanitischen Stadt, die in der Bibel erwähnt wird,[35] und Gedor, einer Stadt im judäischen Hochland.[36] Beide Ortsnamen haben dieselbe Wurzel wie Gades.

Da die Wörter Gadira und Gadirus eindeutig semitischen Ursprungs sind, dürfen wir annehmen, dass «die Sprache seines [Eumelos' oder Gadirus'] Heimatlandes» nicht Atlantisch war, wie Platon dachte, sondern *Punisch*. Die ursprüngliche Sprache der Atlantis-Überlieferung war also Karthagisch. Neben diesem erhellenden Schluss können wir auch sagen, dass diejenigen, die Platon in die Atlantis-Legende eingeweiht haben, Gadira als geographischen Bezugspunkt benutzten, um die Reichweite der einstigen atlantischen Herrschaft über den Ozean zu verdeutlichen. Indem sie den Namen Gadira benutzten, haben sie gewissermaßen ihre Identität preisgegeben, denn *wenn* ein Seefahrervolk diesen spanischen Hafen als Bezugspunkt angegeben hätte, dann höchstwahrscheinlich die Phönizier und Karthager.

Gadira oder Gades mag der einzige Ort sein, der im Zusammenhang mit dem Einflussbereich der atlantischen Könige genannt wird. Es gibt jedoch Anzeichen dafür, dass auch andere karthagische Siedlungen in der Atlantis-Erzählung eine Rolle spielen. Zum Beispiel hat man Platons Stadt Atlantis lange Zeit mit Karthago verglichen. Beide Städte standen auf befestigten, flachen Hügeln, und die Anordnung von Werften und Kanälen in Karthago wurde gelegentlich als ein Ebenbild der Wasserstraßen und Bauwerke angesehen, welche die Zitadelle von Atlantis umgeben haben sollen.[37] Ebenso konnten wir eine große Ähnlichkeit zwischen Platons Entwurf der Insel Atlantis und der karthagischen Siedlung Cerne vor der Westküste Afrikas feststellen. Pseudo-Scylax hat diese kleine Insel, die entweder vor der Westsahara oder in der Nähe der Senegal-Mündung zu finden sein sollte, mit «Gegenden» des Ozeans in Verbindung gebracht, die «wegen Untiefen, Schlamm und Seetang nicht mehr schiffbar» waren, wobei man sofort an die Sargassosee denkt.[38] Warum hätten die antiken Seeleute in diesem Zusammenhang die Insel Cerne erwähnen sollen, wenn sie dort nicht ihre Reisen zu jenen «Gegenden» begonnen oder beendet hätten?

Im 19. Jahrhundert kam der französische Geograph Felix Berlioux gar zu dem Schluss, Cerne sei mit Platons sagenumwobener Insel Atlantis identisch. Er beruft sich dabei auf den Bericht des Diodorus Siculus über die Atlantioi (die Atlanter des Herodot), deren Städte «in der Mythologie als die Geburtsstätten der Götter gelten»[39]. Berlioux stellte sich eine allmächtige atlantische Nation vor, die von Cerne aus ein riesiges libysches Reich gegründet hatte.[40]

Wahrscheinlicher ist jedoch, dass die Tatsache, dass Cerne in der Atlantis-Legende vorkommt, nicht darauf hindeutet, dass Platons Atlantis direkt vor der afrikanischen Küste lag, sondern einfach auf eine Vermischung von Berichten über die karthagische Inselkolonie mit Geschichten über andere ferne Inseln, viele Tagereisen jenseits der Säulen des Herakles. Exotische Erlebnisse der Atlantikreisenden sind in die Atlantis-Legende eingeflossen, zum Beispiel die Idee, dass es auf Platons Insel Elefanten gegeben haben soll. Wie wir uns erinnern, ist der karthagische General Hanno während seiner Erkundungsreise entlang der afrikanischen Küste auf von Elefanten bewohnte Schilfsümpfe gestoßen. Während derselben Reise, die er um das Jahr 425 v. Chr. unternahm, soll er auch die Inselkolonie Cerne gegründet haben. Könnten die afrikanischen Elefanten in den Erzählungen der Seeleute allmählich aus den mauretanischen Sümpfen auf die berühmte Insel Atlantis verfrachtet worden sein? Gehen also bestimmte Elemente der Atlantis-Legende in Wirklichkeit auf den karthagischen Verkehr mit der afrikanischen Küste zurück?

Auf diese Fragen wissen wir keine sichere Antwort. Unserer Suche nach denjenigen, welche die Atlantis-Legende in die Welt des Platon gebracht haben, führt uns jedoch immer wieder zu den iberischen Phöniziern und den Karthagern, die wir als eine viel frühere Quelle für die Legende um die versunkene Insel jenseits des westlichen Ozeans identifiziert haben. Das Rätsel um den Untergang der Bahamas-Landmasse und um die Entstehung der Karibischen Inseln schreit geradezu nach weiteren Forschungen, wenn wir herausfinden wollen, was in dieser tropischen Region Jahrtausende vor dem Beginn der Geschichtsschreibung wirklich passiert ist. Dazu müssen wir uns zunächst in eine andere Zeit begeben und fragen, was im Mittelalter, unmittelbar vor den berühmten Reisen des Christoph Kolumbus, über die wahre Identität des versunkenen Atlantis bekannt gewesen sein könnte.

DRITTER TEIL

Eroberung

13 Die Rückkehr zum Paradies

18 Jahre vor seiner historischen Reise in die Neue Welt erhielt der italienische Seefahrer Christoph Kolumbus von dem florentinischen Astronomen und Mathematiker Paolo del Pozzo Toscanelli (1397–1482) einen Brief mit einer Seekarte. Das Paket enthielt auch die Kopie eines Briefes, den Toscanelli an Fernão Martins, Kanoniker an der Kathedrale von Lissabon, geschickt hatte. Martins versuchte damals, den König von Portugal von der Förderungswürdigkeit einer Reise um das Kap von Afrika zu überzeugen. Obwohl die Echtheit dieses Dokuments angezweifelt worden ist, bleibt es lesenswert, da es eine Schilderung dessen enthält, was eine Schiffsbesatzung auf einer Reise über den Atlantik zu erwarten hätte:

Von Lissabon aus nach Westen ist die Karte in 26 Zonen unterteilt, von denen jede 250 Meilen [*400 Kilometer*] überspannt, bis zu der sehr großen und holden Stadt Quinsay [*heute Hangzhou in China*]. Diese Stadt hat einen Umfang von etwa 100 Meilen [*160 Kilometer*] ... und besitzt zehn Brücken aus Marmor. Über ihre großen Gebäude, ihre Kunstwerke und ihren Reichtum hört man wunderbare Dinge. Die Stadt liegt in der Provinz Mangi, nicht weit von der Provinz Cathay [*Nordchina*], wo der König die meiste Zeit seine Residenz hat. Von der Insel Antillia, die sie die Insel der Sieben Städte nennen, zu der erhabenen Insel Cipango [*Japan*] sind es zehn Zonen oder 2500 Meilen [*4000 km*] ... Dieses Land ist überaus reich an Gold, Perlen und Edelsteinen, und die Tempel und königlichen Paläste dort sind in reines Gold gekleidet. Weil der Weg dorthin unbekannt ist, sind all diese Dinge jedoch verborgen und versteckt, obwohl man sicher dorthin reisen kann.[1]

An dieser Stelle sollte ich daran erinnern, dass, als Kolumbus zu seiner großen Entdeckungsreise aufbrach, sehr wenig bekannt darüber war, was am anderen – westlichen – Ende des Atlantischen Ozeans lag. Manche Geographen und Kartographen glaubten zwar, antike Philosophen wie Pythagoras, Platon und Aristoteles hätten Recht mit ihrer Behauptung, die Welt sei eine Kugel, doch hinter den unerforschten Weiten des Atlantik vermuteten sie lediglich den asiatischen Kontinent. Hinsichtlich des Fernen Ostens wusste man im Mittelmeerraum nur, was der Venezianer Marco Polo (1254–1324) von seinen Überlandreisen nach Mangi und Cathay berichtet hatte. Aus dessen Buch *Die Beschreibung der Welt* stammt auch Toscanellis Darstellung der exotischen Orte auf der anderen Seite des Ozeans.

Trotz dieser mangelhaften Kenntnis der Weltgeographie erschienen im 14. und 15. Jahrhundert eine Reihe von Schifffahrtskarten, in denen auch verschiedene mythische oder halbmythische Inseln verzeichnet waren, die nach damaliger Ansicht weit draußen im westlichen Ozean liegen sollten. Sie trugen Namen wie Hy-Brazil, St. Brendans Insel (nach dem legendären irischen Mönch und Reisenden, ca. 520–577/8 n. Chr.), Insel der Dämonen, Hand des Satan und – Antilia. Dies ist die Insel, die Toscanelli in seinem Brief mit der so genannten «Insel der Sieben Städte» gleichsetzte. Wo genau lag dieses «Antillia», und welches waren die Sieben Städte?

Die Geschichte von Antilia

Die erste Erwähnung von Antilia finden wir auf einer Seekarte von 1397, angefertigt von den venezianischen Brüdern Domenico und Francesco Pizzigani (oder Pizzigano). In der Nähe der Stelle, wo die Azoren liegen müssten, ist zu lesen: «Hier befinden sich Statuen, die vor den Gestaden von Atulliae stehen und zum Schutze der Seeleute errichtet worden sind, denn sie zeigen, bis wohin diese Gewässer schiffbar sind, und hinter diesen Statuen liegt das tückische Meer, das Seefahrer nicht passieren können.»[2]

Wo dieses «Atulliae» genau gelegen haben könnte, war lange umstritten. Ursprünglich betrachteten Geographen es als eine Abwandlung von Antilia. Diese Lösung wurde jedoch verworfen, und man versteifte sich auf die Zeile «*ante ripas Getuliae*» oder «*ante ripas A(r)cules*», wobei das letzte Wort für eine Schreibweise von «Herkules» oder «Herakles» gehalten wurde.[3] Daraus schlossen manche Gelehrte sogleich, die Beschreibung auf der Karte bezöge sich lediglich auf die «Gestade» der Meerenge von Gibraltar, wo in längst vergangenen Zeiten die Säulen des Herakles gestanden hatten.[4] Man braucht sich besagte Karte aber nur anzuschauen, um festzustellen, dass das fragliche Wort nicht «Getuliae» oder «A(r)cules» lautet, sondern «Atulliae». Darüber hinaus ist in der Beschriftung eindeutig *nicht* von den Säulen des Herakles die Rede, sondern von der äußersten Grenze, an die ein Seefahrer auf dem äußeren Ozean gelangen konnte, bevor er auf eine Küste mit Statuen stieß, die zu seiner Warnung errichtet worden waren. Dahinter lagen unbekannte Gewässer und das unpassierbare Meer, das unter allen Umständen zu meiden war.

In Übereinstimmung mit einigen der größten Geographen der Welt[5] schließe ich mich lieber der Auffassung des renommierten deutschen Kartographen Konrad Kretschmer an, der gegen Ende des 19. Jahrhunderts nach sorgfältiger Prüfung der Pizzigani-Karte zu dem Schluss kam, dass das fragliche Wort tatsächlich «Atulliae» lautet. Als weitere Varianten sind auch «Atilae» und «Atulae» genannt worden.[6]

Da die Inschrift auf der Pizzigani-Karte sich genau an der Stelle befindet, wo die Portugiesen später die Azoren entdeckten, ist die Idee aufgekommen, Atulliae könnte ein antiker Name für eine der Inseln der Azorengruppe gewesen sein.[7] Gestützt wird diese Theorie durch eine Passage in Manuel de Faria y Sousas *Historia del Reyno de Portugal*, die 1628 erschien. Sousa (1590–1649) berichtet darin von der angeblichen Entdeckung einer eigenartigen Reiterstatue auf Corvo, der westlichsten Insel der Azoren. Es könnte sich um eine der auf der Pizzigani-Karte erwähnten Warnstatuen gehandelt haben. Der portugiesische Historiker beschreibt sie so:

> ... auf dem Gipfel eines Berges, des Berges der Krähe [*i. e. Corvo*], fanden sie die Statue eines Reiters auf einem Pferd ohne Sattel. Der Mann war ohne Kopfbedeckung, seine linke Hand ruhte auf dem Pferd, die rechte zeigte nach Westen. Das ganze Denkmal stand auf einem Sockel aus demselben Gestein wie die Statue, unterhalb derer einige unbekannte Buchstaben eingemeißelt waren.[8]

Erst auf einer Seekarte aus dem Jahr 1424 – der Kartograph war ein Venezianer namens Zuane Pizzigani, möglicherweise ein Abkömmling der Pizzigani-Brüder – finden wir die Insel Antilia unter ihrem geläufigeren Namen. Auf dieser Karte, die bei vielen Ortsnamen einen starken portugiesischen Einfluss verrät,[9] ist die Insel als eine rechteckige, ziemlich exakt nord-südlich ausgerichtete Landmasse eingetragen. In dieser Form erscheint sie auch auf allen späteren Karten des 15. Jahrhunderts. Die Insel hat eine Fläche von etwa 450 mal 100 Kilometern und liegt ca. 800 Kilometer von Portugal entfernt (auf späteren Karten liegt sie jedoch in mindestens 1600 Kilometer Entfernung vor den Gestaden der antiken Welt).[10] Entlang der Küstenlinie gibt es sieben kleinere Buchten – vier auf der einen und drei auf der anderen Seite – und an der Südspitze eine erheblich größere achte Bucht. Nur sieben der Buchten werden mit Namen erwähnt: Asay, Ary, Vra, Jaysos, Marnlio, Ansuly und Cyodue.[11] Viele der Karten, die nach der venezianischen Version von 1424 erschienen, enthalten diese sieben Ortsnamen ebenfalls, wenn auch in mehr oder weniger abgewandelter Form.[12] Nicht ein einziger der Namen scheint auf einen in der Antike bekannten Ort zurückzugehen. Doch schon das Auftauchen der Zahl Sieben in Zusammenhang mit der Insel Antilia ist, wie wir noch sehen werden, von außerordentlicher Bedeutung für unsere Untersuchung.

Auf der venezianischen Karte von 1424 ist die Insel zwar mit «Antilia» beschriftet, doch neben der Landmasse erscheint der Name noch einmal, hier allerdings als «Antlylia»,[13] woran sich zeigt, dass es damals noch keine feste Schreibweise gab. «Antlylia» könnte eine Abwandlung der von den Gebrüdern Pizzigani – den Schöpfern der Karte von 1367 – benutzten Form «Atulliae» sein.

Von 1424 bis zum Ende des 15. Jahrhunderts war Antilia Teil einer aus den Inseln Saya, Satanazes, Antilia und Ymana bestehenden Inselgruppe, die von Geographen und Historikern als «die Inseln von Antilia» bezeichnet wurde.[14] Auch diese Namen tauchen auf späteren Karten in den verschiedensten Variationen auf: Aus Saya wird Taumar, Satanazes wird zu Saluagia, und Ymana heißt plötzlich Roillo.[15] Immer jedoch sind die vier Inseln weit draußen im westlichen Ozean eingezeichnet, etwa auf der geographischen Breite der Westindischen Inseln.

Christoph Kolumbus wird sicher mit diesem ziemlich bruchstückhaften Wissen über den westlichen Ozean vertraut gewesen sein, bevor er sich zum ersten Mal auf den Weg in die Neue Welt machte, umso mehr, als sein Bruder Bartolomeo Kartograph in Lissabon war.[16] Es ist bekannt, dass Kolumbus von der vermutlichen Existenz Antilias gewusst hat, musste also damit gerechnet haben, dass er auf seinem Weg nach Cipango und Cathay auf diese Insel stoßen würde. Dafür aber, dass er vor seiner Ankunft auf den Westindischen Inseln auch um die Existenz des amerikanischen Kontinents gewusst hat, gibt es keinen greifbaren Beweis. Ebenso wenig können wir sagen, ob er dachte, er hätte die Insel Antilia entdeckt.

Eigenartigerweise werden die vier Inseln von Antilia auf der Battista-Beccario-Karte von 1435 *Insulle a Novo Repte* («Neu gemeldete Inseln») genannt.[17] Damit meinten die Kartenmacher zweifellos die «Entdeckung» der Azoren im Jahr 1427.[18] Eine Karte des venezianischen Kartographen Andrea Bianco aus dem Jahr 1436 bestätigt noch einmal, dass Antilia weit westlich der Azoren lag. Die Lücke zwischen den Azoren und Antilia trägt hier die Beschriftung *Questo xe mar de baga*, die «Beerensee», in Anspielung auf die beerenförmigen Schwimmblasen des *Sargassum bacciferum*, der Seetangart, die in der Sargassosee vorherrscht.[19] Das portugiesische Wort «baga» deutet darauf hin, dass Seefahrer aus Portugal den äußeren Ozean bis zur Sargassosee erkundet haben, vielleicht sogar noch weiter. Die Kerninformationen für einige der frühen Seekarten des 15. Jahrhunderts stammen also aus portugiesischen Quellen.

Kurz nach ihrer Entdeckung wurden die Westindischen Inseln (nach damaligem Denken die indischen Inseln, die man auf der Westpassage erreichte) auch schon mit den legendären Inseln von Antilia in Zusammenhang gebracht. Auf der Weltmeereskarte des Nicolo de Canerio Januensis, die nur zehn Jahre nach Kolumbus' erster Reise entstanden ist, erscheinen die drei westindischen Hauptinseln als die *Antilhas del Rey de Castella* («Antillen des Königs von Kastilien»).[20] Eine andere, ähnliche Karte etwa aus derselben Zeit identifiziert die Inseln von «Neuspanien» als *Antilie*, die Antillen,[21] und 1511 stellte der spanische Chronist Peter Martyr d'Anghiera schließlich fest, die Inseln seien als die «Inseln von Antilia» bekannt.[22]

Doch wie kamen die spanischen Entdecker dazu, die Westindischen Inseln als die «Inseln von Antilia» zu betrachten, obwohl Kolumbus noch nach seiner Rückkehr behauptete, in Cathay oder Cipango gewesen zu sein? Die Antwort scheint zu sein, dass nicht Kolumbus selbst, sondern seine spanischen Seeleute glaubten, sie hätten die Fabelinseln von Antilia betreten. Die meisten der Matrosen kamen aus dem iberischen Hafen Palos, von wo Kolumbus' drei Schiffe im Sommer 1492 in See stachen. Diese Männer blickten auf eine Seefahrertradition zurück, die bis in die Tage der Phönizier und Karthager reichte; Palos war schließlich nur wenige Kilometer von den antiken Häfen Tartessos, Niebla und Gades entfernt.

So hatte sich – nach einem obskuren Buch, der *Historia de la Rabida* des Franziskanermönchs Fray Angel Ortega, der in dem berühmten Kloster von Palos, La Rabida, lebte – unter den Seeleuten von Palos auch die Erinnerung an eine große Insel namens Antilia gehalten, die auf der anderen Seite des westlichen Ozeans liegen sollte.[23] Anscheinend war es letztlich der Glaube an die Existenz dieser Welt jenseits des großen Wassers, der sie veranlasste, an Kolumbus' Expedition teilzunehmen.[24] Ein Mitglied dieser Seefahrergemeinde war Martin Alonso Pinzón, ein erfahrener Seemann und Kapitän einer der beiden Karavellen, die Kolumbus' Frachter, die *Santa Maria*, begleiteten.[25] Im Licht dieser Umstände ist leicht zu verstehen, weshalb die Seemänner von Palos felsenfest glaubten, sie hätten Antilia wieder entdeckt, als sie auf den Westindischen Inseln ankamen.

Fray Ortega kam zu diesem Schluss, nachdem er zahlreiche zeitgenössische Dokumente zu diesem Thema studiert hatte. Ich zitiere:

... Diese andalusischen Abenteurer waren schon des Öfteren aufgebrochen, nach Antilia zu suchen, weil sie in ihrer Schifffahrt alle Wissenschaft und allen Fortschritt ihrer Zeit kannten und anwandten. Es ist die größte Ungerechtigkeit, diese Männer als arme, unwissende Fischer darzustellen, wie es so viele Historiker getan haben, und noch ungerechter sind die Andeutungen, ihre Seemannskunst läge darin begründet, dass sie den Beruf des Piraten ausgeübt hätten.[26]

Die Suche nach den Sieben Städten

1492, das Jahr, in dem Kolumbus in die Neue Welt aufbrach, war auch das Jahr, in dem der deutsche Geograph und Seefahrer Martin Behaim (1459–1507) den ersten geographischen Globus anfertigte. Im Gegensatz zu heutigen Globen fehlen auf seiner Weltkugel allerdings drei bedeutende Landmassen: die Antarktis, Australien und Amerika. Ein großer Teil – etwa ein Drittel – der Erdoberfläche wird stattdessen von einem gigantischen Ozean eingenommen, auf dem buchstäblich Dutzende von Inseln verschiedener Größe, Form und Farbe verstreut liegen. Unmittelbar nördlich des Äquators und etwa in der Mitte des riesigen Atlantischen Ozeans platzierte Behaim die bekannte, rechteckige Gestalt der Insel Antilia, die in seiner Darstellung natürlich viel kleiner ist als die Insel Cipango weiter im Westen. Neben Antilia befindet sich eine Inschrift, in welcher der Geograph uns belehrt, dass der Insel «1414 ein spanisches Schiff am nächsten kam, ohne in Gefahr zu geraten»[27]. Entspräche dieser Eintrag der Wahrheit, könnten wir uns damit erklären, weshalb die Seemänner von Palos behaupteten, ihre Vorfahren hätten Antilia entdeckt, lange bevor Kolumbus in die Karibik gelangte.

Antilias Erscheinen auf dem Behaim'schen Globus ist an sich nichts Ungewöhnliches. Gegen Ende des 15. Jahrhunderts war es gang und gäbe, die Insel auf Seekarten einzuzeichnen. Doch dann lesen wir unmittelbar neben der Insel auf dem Globus diese außergewöhnliche Erklärung:

Im Jahre des Herrn 734, nachdem ganz Spanien von den Heiden Afrikas [*den Mauren*] erobert worden war, wurde obige Insel Antilia, genannt *Septe Citade* [*Sieben Städte*], von einem Erzbischof aus Porto in Portugal bewohnt, der mit sechs anderen Bischöfen aus Spanien dorthin geflohen war, mit ihnen andere Christen, Männer und Frauen, zu Schiff, mit ihrem Vieh und ihrem Hab und Gut.[28]

Was hat es mit diesen Sieben Städten auf sich, die schon Toscanelli in seinem Brief von 1474 erwähnt hatte; und was hatten sie mit der Insel Antilia zu tun? Die erste Karte, auf der die *Septe Citade* in Verbindung mit Antilia erscheinen, ist die Weimarer Karte von 1461/62.[29] Auf Martin Behaims Globus findet sich jedoch die erste Erwähnung der *Legende* der Sieben

Städte, die in den Jahren vor der Entdeckung der Neuen Welt mehrere portugiesische Expeditionen ausgelöst zu haben scheint, bei denen es um die Suche nach Antilia ging.

Einen eigenartigen Bericht über ein Schiff, das die Sieben Städte erreicht haben soll, liefert der portugiesische Historiker Antonio Galvão in seinem Buch *Die Entdeckungen der Welt*. Laut Galvão war 1447 ein portugiesisches Schiff durch Stürme nach Westen getrieben worden und hatte so zu der Insel der Sieben Städte gefunden. Die Inselbewohner sollen – auf Portugiesisch – gefragt haben, «ob immer noch die Mauren Spanien plagten»[30]. Weiter schreibt Galvão: «Der Hochbootsmann des Schiffes brachte etwas Sand nach Hause und verkaufte ihn an einen Goldschmied in Lissabon, der daraus eine gute Menge Gold gewann.»[31] Die Erzählung schließt mit den Worten:

> Manche denken, diese Inseln, auf denen die Portugiesen strandeten, seien die Antillen oder Neuspanien. Sie bringen gute Gründe für diese Meinung vor, die ich hier auslasse, da sie meinem Zweck nicht dienlich sind. Doch alle ihre Gründe scheinen dafür zu sprechen, dass sie [*die Inseln*] das Land sind, das *Noua Spagna* heißt.[32]

Zweifellos waren auch die Engländer an der Entdeckung Antilias interessiert. In einem Brief des spanischen Botschafters am englischen Hof an die Herrscher von Kastilien und Aragon unter dem Datum Juli 1498 steht zu lesen, dass «die Kaufleute von Bristol über die letzten sieben Jahre jedes Jahr Schiffe ausgesandt haben, die nach der Insel *Brazil* und den Sieben Städten suchen sollten»[33]. Wo genau diese Schiffe gelandet sein könnten, wird nicht gesagt. Der Höhepunkt dieser vagen Unternehmungen im Auftrag der englischen Krone scheint jedoch die Wiederentdeckung der Nordwestpassage im Jahr 1497 gewesen zu sein, die dem Venezianer Giovanni Caboto, besser bekannt unter dem Namen «John Cabot», gelang. Einem 1896 entdeckten Schriftstück zufolge war Cabots Hauptfinanzier ein gewisser Richard Amerycke, der königliche Sheriff von Bristol,[34] damals der führende Hafen Englands.

Ferdinand Kolumbus, der Sohn und Biograph des Christoph Kolumbus, nahm es schließlich auf sich, Berichte über mutmaßliche Versuche, Antilia und die Insel der Sieben Städte zu finden, zu sammeln und zu dokumentieren. Er erwähnte in der Einführung zu den kommentierten Tagebüchern seines Vaters nicht nur Toscanellis Brief, sondern bemerkte auch:

> Aristoteles erzählt in seinem Buch *Peri thaumasion akousmaton* [*Wunderbare Dinge*] eine Geschichte, nach der karthagische Kaufleute über den Atlantik zu einer sehr fruchtbaren Insel gefahren sein sollen ... Diese Insel erscheint auf den Karten mancher Portugiesen unter dem Namen Antillia an einem anderen Ort als bei Aristoteles, wenngleich sie nie mehr als 200 Ligen [*960 Kilometer*] westlich der Kanaren und der Azoren liegt. Sie sind sicher, dass dies die Insel der Sieben Städte ist, welche die Portugiesen besiedelten, als die Mauren Spanien von König Rodrigo eroberten, also im Jahr des Herrn 714. Sie sagen, damals seien sieben Bischöfe in Spanien aufgebrochen und mit ihren Schiffen und Leuten zu dieser Insel gefahren, wo jeder [*der Bischöfe*] eine Stadt gründete. Und auf dass all ihre Leute jeden Gedanken an eine Rückkehr nach Spanien aufgäben, verbrannten sie ihre Schiffe, Takelage und alles, was sonst noch für die Seefahrt benötigt wird. Einige Portugiesen, die über diese Insel spekuliert haben, nahmen an, viele ihrer Leute wären dorthin gezogen und hätten nie mehr zurückkehren können.[35]

Die von Pseudo-Aristoteles ca. 300 v. Chr. (und noch einmal von Diodorus Siculus um 8 v. Chr.) erwähnte atlantische Insel war, wie wir uns erinnern, ausschließlich von Karthagern bewohnt. Dort gab es «Hölzer aller Art», «schiffbare Flüsse», «jegliche andere Frucht» und eine eingeborene Bevölkerung.[36] Wir müssen annehmen, dass auch Christoph Kolumbus über diese Informationen verfügte, als er seine Entdeckungsreisen antrat. Dass sein Sohn Ferdinand die Theorie, diese Insel mit «schiffbaren Flüssen» könne eine der Westindischen Inseln gewesen sein, verwirft, ist vollkommen verständlich. Der Gedanke, die Inselgruppe könnte Jahrtausende zuvor von den Karthagern entdeckt worden sein, hätte lediglich die Großtaten seines Vaters geschmälert.

Ferdinand beschreibt ferner, wie «in der Zeit des Infanten Dom Henrique von Portugal [höchstwahrscheinlich 1447, in welchem Fall Ferdinands Darstellung eine Nacherzählung der von Galvão berichteten Geschichte wäre] auf dieser Insel von Antillia ein portugiesisches Schiff landete, das ein Sturm dorthin getrieben hatte»[37]. Die Mannschaft ging an Land und besuchte einen Gottesdienst der Insulaner. Da sie jedoch fürchteten, gefangen genommen zu werden, sobald ihre Anwesenheit allgemein bekannt würde, kehrten die Portugiesen in ihre Heimat zurück. Angeblich gab Prinz Heinrich der Seefahrer, kaum dass er von dieser Reise zur Insel der Sieben Städte hörte, den Befehl, noch einmal zu der Insel zu fahren – worauf die Matrosen prompt verschwanden. Wie Galvão berichtet auch Kolumbus, der Sand, den die portugiesischen Seemänner für ihre «Feuertruhe» von der Insel mitgenommen hätten, habe ein Drittel Gold enthalten.[38]

Dass die Insel Antilia mit ihren Sieben Städten im Mittelalter für real gehalten wurde, scheint außer Zweifel zu stehen. Sei es in Legenden um ihre erste Entdeckung durch die Portugiesen nach der maurischen Eroberung von Lusitania (dem antiken Portugal) oder in Geschichten über ihre angebliche Wiederentdeckung durch spanische und portugiesische Seefahrer im 15. Jahrhundert – es gibt genügend Beweise dafür, dass Antilia unter den Kartographen, Geographen und Seefahrern jener Tage ein populäres Thema war.

Antilia stellt in erster Linie ein portugiesisches Phänomen dar. Das wird schon klar, wenn man die Wurzeln des Namens betrachtet. *Ante* ist Lateinisch und bedeutet «gegen», «vor» oder «bevor». *Illa* oder *ilha* ist das portugiesische Wort für Insel. *Antilia* bedeutet also eine «Insel vor» irgendetwas anderem, vielleicht gar vor einem großen Kontinent. Im März 1487 hatte König João II. von Portugal den Schiffskapitänen Fernão Dulmo und João Affonso die Genehmigung erteilt, «eine große Insel oder Inseln oder die Küste eines Kontinents zu finden, wo vermutlich die Insel der Sieben Städte ist»[39]. Da spanische und portugiesische Historiker die Inseln von Antilia ohne weiteres mit den Westindischen Inseln zu identifizieren pflegten, können wir mit Recht annehmen, dass besagte «große Insel oder Inseln» nach damaliger Auffassung in der Nähe des immer noch unbekannten amerikanischen Kontinents gelegen haben.

War aber Antilia wirklich im Gebiet der Westindischen Inseln zu finden oder woanders im westlichen Ozean?

Sieben Städte auf den Azoren?

Manche Kartographen und Seefahrer des Mittelalters haben Antilia, und damit auch die Sieben Städte, zweifellos mit den Azoren in Verbindung gebracht, nicht zuletzt wegen der Lage der Insel auf bestimmten Karten und weil es auf Antilia Warnstatuen geben sollte, an die ein Reiterstandbild auf Corvo erinnerte. Zudem haben wir gesehen, dass die Sieben Städte einer Legende der Insel São Miguel zufolge auf dem Grund zweier vulkanischer Seen liegen, die durch einen schmalen Grat voneinander getrennt sind. Das Wasser des einen Sees ist nach der Legende smaragdgrün, das des anderen türkisfarben.[40] Nicht weit von den Ufern der beiden Seen gibt es sogar sieben Dörfer mit Namen *Sete Cidades*.[41]

Doch keiner dieser Punkte zugunsten eines Azoren-Antilia ist haltbar. Die Insel rutschte auf den Seekarten hin und her, und die Schöpfer dieser Karten – mit Ausnahme von Martin Behaim – hatten den westlichen Ozean nie selbst zu Gesicht bekommen. Zudem können wir sicher sein, dass die Geschichten über die Azoren, die in der Legende erwähnte Warnstatue, die Statue auf Corvo und die Sieben Städte auf São Miguel erst aufkamen, nachdem die ersten portugiesischen und flämischen Siedler auf der

Inselgruppe eingetroffen waren, also nach 1460. Das wissen wir, weil die ersten portugiesischen Seefahrer, die 1427 an den Azoren landeten, völlig unbewohnte Inseln vorfanden; nicht einmal Tiere gab es dort. Dennoch erscheint der Archipel auf einer alten Karte, welche die Portugiesen 1428 in Venedig erwarben, und sogar auf einer noch früheren aus Genua aus dem Jahr 1351.[42] Deshalb dürfen wir annehmen, dass die Verbindung zwischen den Azoren und den Sieben Städten erst hergestellt wurde, nachdem die Portugiesen begonnen hatten, die Inseln zu erforschen. Die Kraterseen, in denen sich das Maul eines nahen Vulkans spiegelt, boten sich wahrscheinlich einfach deshalb als Ort der legendären Sieben Städte an, weil sie so unheimlich wirkten. Hier, in den finsteren Tiefen der Seen, konnte man sich leicht eine versunkene Landschaft und untergegangene Städte vorstellen.

Dass die Inseln von Antilia nicht die Azoren waren, sondern eine viel näher am amerikanischen Kontinent gelegene Inselgruppe, haben im Laufe des vergangenen Jahrhunderts auch einige aufgeschlossenere Geographen zugegeben. So erschien 1954 an Portugals berühmter Universität von Coimbra eine wissenschaftliche Arbeit über die damals gerade wiederentdeckte venezianische Karte von 1424. Der Titel lautete: *Die Seekarte von 1424 und die frühe Entdeckung und kartographische Darstellung Amerikas,* Autor war Armando Cortesão, ein früherer *UNESCO*-Berater für die Geschichte der Wissenschaften und Vizepräsident der Internationalen Akademie für Wissenschaftsgeschichte. Das Vorwort stammte von Professor Dr. Maximino Correira, Rektor der Universität.

Als Experte für mittelalterliche Seekarten hatte Cortesão den Sonderauftrag erhalten, das Werk von 1424 zu untersuchen. Nach fünfjährigem Studium der Karte, die ursprünglich zur Sammlung des Engländers Sir Thomas Phillips (1792–1872) gehörte, sah er sich endlich in der Lage, eine Reihe verblüffender Befunde hinsichtlich der Identität von Antilia zu veröffentlichen. In der Einleitung zu seinem Buch heißt es:

> Ich begann meine Studie vollkommen aufgeschlossen, ohne jede vorgefasste Idee, ohne Vorurteil. Ich habe mich bemüht, den Pfad der wissenschaftlichen Ehrlichkeit nie zu verlassen, mich nur von sorgfältiger wissenschaftlicher Methodik leiten zu lassen und meine Argumente mit Fakten zu untermauern, wann immer das möglich war. So bin ich zu dem Schluss gelangt, dass Antilia und die anderen auf der Karte von 1424 vermerkten westlichsten Inseln den Ostrand der amerikanischen Hemisphäre darstellen sollten. Ich fürchte jedoch, dass man in dieser umstrittenen Frage nie zu einer allgemeinen Einigung kommen wird. Ich weiß das leider nur zu gut.[43]

In der Zusammenfassung am Ende des Buches fügte Cortesão hinzu, seiner Meinung nach gebe es «viele gute Gründe, zu der Ansicht zu kommen, dass die vier Inseln von Antilia, die auf der Karte von 1424 erstmals erscheinen, die erste kartographische Darstellung amerikanischer Territorien sind»[44]. Ich bin sicher, Armando Cortesão erwartete, dass seine bemerkenswerten Entdeckungen die akademische Welt erschüttern würden. Doch diese Welt ist, damals wie heute, schlicht noch nicht bereit für derartige Einsichten.

Die Insel auf dem Meer

Ein anderer, der die Herausforderung annahm, die wahre geographische Lage Antilias und damit der Sieben Städte zu definieren, war der amerikanische Geograph William H. Babcock, Autor des 1922 erschienenen Buches *Legendary Islands of the Atlantic: A Study in Medieval Geography*. Babcock konzentrierte sich auf die Battista-Beccario-Karte von 1435, auf der die vier Inseln von Antilia deutlich vermerkt sind, und identifizierte sie als Jamaika, die Halbinsel Florida, die Bahamas und – als die eigentliche Insel Antilia – Kuba.[45] Er verwarf also Hispaniola und Puerto Rico als mögliche Kandidaten und entschied sich stattdessen für Kuba, die größte der drei Hauptinseln der Großen Antillen. Einer der Befürworter dieser Auffassung war Sprague de Camp, in dessen kritischem Werk *Lost Continents: The Atlantis Theme in History, Science, and Literature* zu lesen ist, zwischen Kuba und der legendären Insel Antilia gebe es

> … so große Ähnlichkeiten hinsichtlich Größe, Umriss und Orientierung, dass Kuba und seine Nachbarinseln sofort nach ihrer Entdeckung als die Antillen bezeichnet wurden … Der Geograph Babcock dachte, das präkolumbische Antilia beweise, dass eine präkolumbische Reise auch nach Kuba geführt habe – was vielleicht nicht vollkommen auszuschließen ist.[46]

Babcocks Theorie stützt sich auch auf die berühmte Piri-Reis-Karte, die 21 Jahre nach Kolumbus' erster Reise zu den Westindischen Inseln in der Türkei erschien. Kuba ist dort als eine rechteckige Insel dargestellt und weist verblüffende Ähnlichkeiten mit Antilia auf, wie es auf Seekarten aus dem 15. Jahrhundert erscheint. Viele Merkmale der Küste und des Landesinneren auf der Piri-Reis-Karte stimmen genau mit der bekannten Topographie Kubas überein, während andere Strukturen offensichtlich fehlen. Professor Charles Hapgood vom Keene College in New Hampshire erkannte, dass die Piri-Reis-Karte nur den östlichen Teil Kubas zeigt und die westliche Hälfte einfach abgeschnitten ist. Daraus zog er den

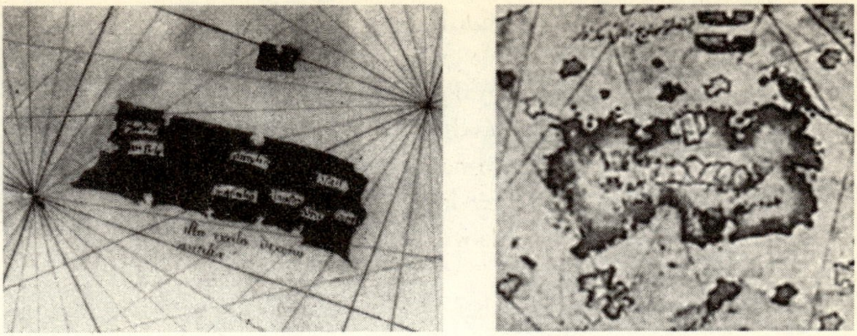

Die Insel Antilia nach der venezianischen Karte von 1424 – neben Kuba in der gestutzten Form, wie es auf der Piri-Reis-Karte von 1513 erscheint. Waren diese Inseln in der präkolumbischen Überlieferung ein und dasselbe?

Schluss, dass der Kartenmacher sich auf eine antike Quellkarte gestützt haben muss, die nur die halbe Insel darstellte.[47] Der türkische Kartograph hat das offenbar nicht bemerkt und Kuba zwar ungefähr an der richtigen Stelle, jedoch in gestutzter Form eingezeichnet.

Für Professor Hapgood war das eine sehr aufregende Entdeckung. Er wusste mit Sicherheit, dass um die Zeit des Erscheinens der Piri-Reis-Karte, also um 1513, fast alle Seekarten – basierend auf Angaben der ersten Forscher und Seefahrer, welche die Westindischen Inseln besucht hatten – die gesamte kubanische Küstenlinie zeigten. Keine dieser Karten wies krasse Fehler in der Darstellung Kubas auf. Der Umstand, dass der Piri-Reis-Kartenmacher offenbar nichts von den neuesten kartographischen Daten gehört hatte, welche die Mittelmeerwelt erreicht hatten, lässt darauf schließen, dass seine Quellen präkolumbischen Ursprungs waren. Hapgood kam daher zu der Ansicht, Kuba sei «lange vor der ersten Reise des Kolumbus in Europa» bekannt gewesen.[48]

Bedeutet die charakteristische rechteckige Form Antilias, dass auch sie eine unvollständige Darstellung der Insel Kuba ist, wie sie vielleicht denselben antiken Quellenkarten entnommen worden war? Und wenn Kuba wirklich das Vorbild für Antilia war, welche Rolle spielte es dann in den Legenden um die Insel der Sieben Städte?

Goldgier

Nachdem er auf seiner ersten Reise in die Neue Welt im Oktober 1492 mehrere kleinere Bahamainseln erkundet hatte, machte sich Kolumbus – gerüstet mit Informationen von den örtlichen Lucayan-Indianern – auf die Suche nach einer viel größeren Insel namens Colba oder Kuba.[49] Diese Insel, so schloss er, musste Cipango sein, wo er die «Goldene Stadt» des Großen Khan finden würde.[50]

Am Sonntag, dem 28. Oktober, sichtete er Kuba zum ersten Mal. Er ließ einen der schiffbaren Flüsse der Insel erkunden und schickte eine Botschaftergruppe mit einem Brief der spanischen Monarchen ins Landesinnere. Nach ihrer Rückkehr ein paar Tage später berichteten die Männer, sie hätten weder den Khan noch die «Goldene Stadt» finden können. Stattdessen waren sie von Indianern zu einem örtlichen Stammeshäuptling geschickt worden, dem sie Proben von Zimt, Pfeffer und anderen Gewürzen gezeigt hatten, in der Hoffnung, diese wären auch auf Kuba reichlich zu finden. Der Häuptling hatte jedoch erklärt, nichts davon gebe es in diesem Teil Kubas und sie sollten weiter südlich oder gar auf einer anderen Insel suchen.[51]

Da es dort offenbar nicht die Mengen von Gold gab, auf die Kolumbus aus war, verlor er das Interesse an Kuba und richtete sein Augenmerk auf eine andere große Insel, die unter den Eingeborenen als Bohio bekannt war. Dies war Hispaniola oder La Espanola, wie Kolumbus sie ursprünglich taufte;[52] hier sollte er später La Navidad gründen, die erste Stadt der Neuen Welt.

Nach seiner Rückkehr nach Spanien sonnte sich Kolumbus für eine Weile in dem Ruhm, der ihm seiner Ansicht nach voll und ganz zustand, und dann brach er wieder zu den Westindischen Inseln auf, wobei er diesmal eine Massenkolonisation im Sinn hatte. Insgesamt unternahm er vier Reisen in die Neue Welt, 1492, 1493, 1498 und 1502. Sein Bruder Diego wurde schließlich zum Gouverneur von La Espanola ernannt, während Kuba, das nach einem spanischen Prinzen auf den Namen Juana getauft worden war, zunächst relativ unberührt blieb.

Erst 1511 begann die Eroberung des Paradieses in allem Ernst. Damit hatte auch der Friede auf Kuba ein für allemal ein Ende, denn im selben Jahr ernannte Diego Kolumbus zum ersten Gouverneur der Insel einen wahnsinnigen Spanier namens Diego Velasquez, der 1493 mit Kolumbus auf die Westindischen Inseln gekommen war. Sein Auftrag lautete, die Kolonisierung einzuleiten, koste es, was es wolle[53], worin er unvorstellbaren Eifer an den Tag legte.

Velasquez brach im November 1511 mit einem Kontingent von 300 voll bewaffneten Eroberern auf vier Karavellen von La Navidad auf. Während die Spanier immer weiter in Kubas gebirgiges Hinterland vordrangen, stießen sie auf überraschend entschlossenen Widerstand seitens der eingeborenen Völker. Unter Führung des Häuptlings Hatuey gelang es den Kubanern viele Monate lang, Velasquez' Vormarsch aufzuhalten. Doch trotz allen Kampfgeistes kamen die fast nackten indianischen Krieger mit ihren Holzspeeren schließlich nicht an gegen die gepanzerten Eroberer mit ihren Hellebarden, Musketen und Schwertern. Unter den schlimmsten Barbareien, die Menschen je einander zugefügt haben, fiel ein Stammesgebiet nach dem anderen. Hatuey wurde gefangen genommen und bei lebendigem Leibe verbrannt. Vor seinem Tod bedrängte ihn ein Mönch, der die spanische Expedition begleitete, er solle seine Seele retten, indem er seinen Glauben verleugnete und zur Römischen Kirche konvertierte. Hatuey soll auf dieses absurde Ersuchen reagiert haben, indem er ausrief, er ginge lieber zur Hölle «als zu einem Ort, wo er so grausamen und gemeinen Kreaturen wie den Christen wieder begegnen könnte»[54].

Velasquez, mit Blut besudelt und ohne jede Reue, marschierte weiter, nur getrieben von seiner Gier nach Gold. Auch er fand nie ganz, wonach er suchte, doch der Völkermord, den er eingeleitet hatte, führte innerhalb von nur zehn kurzen Jahren zur nahezu vollständigen Vernichtung der einheimischen Bevölkerung Kubas. Wer nicht dem Säbel, der Muskete oder der Kanonenkugel zum Opfer fiel, verübte Selbstmord entweder durch Strangulation oder durch Verzehr des giftigen Marks der Yucca-Wurzel.[55] Schätzungsweise 200 000 Menschen wurden massakriert oder starben hungers, durch Selbstmord, an europäischen Krankheiten oder an Erschöpfung, nachdem sie gezwungen worden waren, zwölf Stunden am Tag in den Flüssen zu stehen und Gold aus dem Sand zu sieben.[56] 1521 waren nur noch so wenige Kubaner am Leben, dass Tausende schwarzafrikanischer Sklaven importiert werden mussten, die entweder auf den Zuckerplantagen oder in den Goldminen schufteten, welche die Spanier eröffnet hatten.[57]

Velasquez hat im Namen der Kolonisation die furchtbarsten Verbrechen verübt, doch darüber sollten wir nicht vergessen, dass er im Herzen Kubas eigentlich viel mehr als nur erbitterten Widerstand der Eingeborenen erwartet hatte. Alles deutet darauf hin, dass er auf der Suche nach den Sieben Städten mit ihrem goldreichen Sand war. Es gibt keinen Beweis dafür, doch in den 13 Jahren, die er bis zu seinem Tod im Jahr 1521 Gouverneur von Kuba war, legte er die Fundamente für genau «sieben

Städte»[58] in sieben Provinzen, die noch heute existieren. Schon daraus wird klar, dass er Kuba als die ursprüngliche Insel der Sieben Städte betrachtete, wohin nach der Legende 800 Jahre zuvor sieben Bischöfe vor den Mauren entkommen waren.

El Dorado – das Land des Goldenen Mannes

Wie nicht anders zu erwarten, gab es auch solche, die sich nicht mit der Vorstellung abfinden konnten, dass die Westindischen Inseln zugleich die Inseln von Antilia sein sollten und dass dort folglich auch die legendären Sieben Städte zu finden seien. Auf Seekarten aus dem 16. Jahrhundert erscheint Antilia daher an ganz verschiedenen Orten. Die Sieben Städte landeten beispielsweise mitten in Brasilien, das inzwischen den Portugiesen gehörte. Andere Karten zeigten sie weiter westlich in Kolumbien, Peru und gar in Ekuador.[59] Wieder andere verlegten sie nach Nordamerika, meist Florida oder Kalifornien.[60] Zwischen 1538 und 1542 unternahmen die Spanier von Mexiko aus mehrere Expeditionen auf der Suche nach den legendären «Sieben Städten von Cibola», die man sich irgendwo in der Nähe des Colorado-Stroms vorstellte, doch diese Suche brachte nur noch mehr Elend und Blutvergießen.

Die Sieben Städte sind nie gefunden worden, aber ihr Geheimnis hat nicht nur überlebt, sondern auch eine ganz andere Suche hervorgebracht. Man darf wohl sagen, dass in den dreißiger Jahren des 16. Jahrhunderts die Suche nach den Sieben «Goldenen» Städten, wie sie auch genannt wurden, verantwortlich war für das rasche Auftauchen von Gerüchten über ein unendlich reiches Imperium von El Dorado, dem legendären «Goldenen Mann».[61]

Nach der Entdeckung des Aztekenreiches durch Hernando Cortés (1485–1547/54) im Jahre 1519 und der Eroberung des Inkareiches durch Francisco Pizarro (1475–1548) im Jahre 1532 glaubte man, irgendwo im Herzen Südamerikas warte ein noch größeres Reich auf seine Entdeckung. In Legenden war von einer heiligen Lagune oder einem heiligen See die Rede, in dem Haufen von Gold und Smaragden der Gottheit des Wassers geopfert würden. Bei der Krönung des *Zipa,* des höchsten Monarchen, soll der auserwählte Erbe zu diesem heiligen See geführt und entkleidet worden sein. Nach der Legende wurde sein Körper mit klebriger Erde eingeschmiert, auf die dann mit einer Pfeife Goldstaub geblasen wurde, sodass er die Erscheinung eines Sonnengottes annahm. Danach ließ man ihn, steif wie eine Statue, auf einem Binsenfloß auf die Lagune treiben. Mit auf dem Floß waren vier Unterhäuptlinge in vollem Goldschmuck. Sobald das Floß die Mitte der Lagune erreichte, brachten die Priester ihre Goldopfer an die Gottheit des Wassers, indem sie Goldstücke eines nach dem anderen ins Wasser warfen, bis das Floß leer war.[62]

In einer anderen Version sprang der Goldene Mann ins Wasser, sodass der Goldstaub von ihm abgewaschen wurde. Sein Auftauchen war das Signal, dass er vom erwählten Erben zum höchsten Monarchen geworden war, woraufhin große Mengen Gold ins Wasser geworfen wurden.[63] In der Vorstellung der Entdecker musste der Grund der Lagune also mit Gold und unvorstellbaren Schätzen bedeckt sein, nachdem solche Rituale über Hunderte oder Tausende von Jahren abgehalten worden waren.

Einer von denen, die erfolglos nach der Goldenen Stadt suchten, war der englische Seefahrer Sir Walter Raleigh. Nachdem er bestimmte spanische Berichte über *Nuevo Dorado* und das vergangene Königreich *Manoa* gelesen hatte, war er überzeugt, die Stadt läge tief im Inneren Guyanas (im heutigen Venezuela), und machte sich 1595 auf die Suche nach El Dorado.[64] Nachdem er etwa 400 Kilometer den Orinoko hinauf gefahren war, ohne etwas zu finden, kehrte er in dem sicheren Gefühl zurück, er habe genug Beweise gesammelt, um seine Königin Elizabeth I. bewegen zu können, eine größere Expedition zu unterstützen. Die Königin war jedoch wenig angetan, als er mit leeren Händen nach England zurückkam, und zwang ihn, alle Pläne für eine Rückkehr nach Guyana aufzugeben. So schrieb er stattdessen ein Buch über seine Erlebnisse, das 1596 unter dem Titel *The Discoverie of Guiana* erschien. Das Buch war sofort ein Bestseller, mit drei Auflagen allein im ersten Jahr und Übersetzungen ins Deutsche, Lateinische und Holländische.

Sieben Jahre später fand sich Raleigh unter der Anklage, an einer Verschwörung gegen den neuen König James I. beteiligt gewesen zu sein. Er wurde zum Tode verurteilt und in den Tower von London geworfen, wo er weiterhin von einem neuen Versuch träumte, das versunkene Reich von Manoa zu finden. 1617 gelang es ihm schließlich, den König zu einer zweiten Expedition zu überreden. Sie verlief ebenso erfolglos, und als Raleigh diesmal nach London zurückkehrte, wartete nur noch der Henker auf ihn.

In der Zwischenzeit hatte Spanien die immer noch unentdeckte «Provinz El Dorado» für sich beansprucht. Die Suche nach der heiligen Lagune konzentrierte sich nun auf den Guatavitasee hoch in den kolumbianischen Anden, nicht weit von Bogotá, auf den die Beschreibung der gold- und edelsteingefüllten Lagune des Goldenen Mannes zu passen schien. Die örtliche Überlieferung dort behauptete zudem, der See berge den Schatz des mächtigen Königreichs der Chibcha, eines Volkes, das der

Hauptgottheit des Wassers gehuldigt hatte.[65] Doch trotz aller hohen Erwartungen blieben alle Versuche, das Gold zu finden, das angeblich auf dem Grund des Sees lag, ohne Erfolg.

Wo El Dorado wirklich gelegen hat, ist immer noch unbekannt. Fest steht nur, dass die Suche nach diesem geheimnisvollen Reich ursprünglich von viel älteren Überlieferungen um die legendären Sieben Städte inspiriert war. Eine italienische Weltkarte von 1510 zeigt *Antiglia*, was zweifellos eine Abwandlung von Antilia mit seinen Sieben Städten ist, im Nordwesten Venezuelas, nicht weit vom Guatavitasee.[66] Antilias goldhaltiger Sand erinnert zudem an den Goldstaub vom Grund der Lagune, mit dem die Priester während der Krönung den Goldenen Mann bedeckt haben sollen.

Die Schlussfolgerung scheint zu sein, dass die Verlagerung der *Sete Cidades* vom Ozean auf das Festland den Anstoß gab für die Entstehung neuer Legenden über geheimnisvolle goldene Städte im Herzen des amerikanischen Kontinents. Gerüchte und Geschichten über heilige, verbotene Ruinenstädte, die unter den Küstenstämmen kursierten, scheinen die europäischen Entdecker zu neuen Expeditionen getrieben zu haben, die jedoch alle erfolglos blieben. Der Traum, eine Goldene Stadt zu finden, blieb ein Traum, eine Ausgeburt ihrer Abenteuerlust. Doch ganz gleich, wonach sie suchten – mag es Antilia oder El Dorado, Cibola oder Manoa gewesen sein –, alle diese Geschichten hatten etwas an sich, das die Abenteurer von der Existenz eines verlorenen Goldreiches überzeugt zu haben scheint. Vielleicht hatte unter den Völkern der Region die Erinnerung an eine versunkene Hochkultur überlebt, in der die Zahl Sieben eine entscheidende Rolle spielte, zum Beispiel in ihren Schöpfungsmythen. Doch jedes Mal, wenn die heilige Zahl in den Fabeln und Geschichten auftauchte, welche die Eingeborenen den Europäern erzählten, wurde dies als ein Beweis dafür aufgefasst, dass die Indianer etwas darüber wussten, wo die Sieben Städte zu finden waren. Das würde auch erklären, weshalb sie auf mittelalterlichen Seekarten an so vielen verschiedenen Stellen erschienen.

Die Inseln im Kreis

Sollen wir nun aus der Tatsache, dass die Sieben Städte nie gefunden wurden, schließen, dass sie nie existiert haben? Waren sie lediglich ein Produkt mittelalterlicher Phantasien und der Naivität der ersten europäischen Kartographen und Entdecker, die sich ausmalten, was auf der anderen Seite des westlichen Ozeans liegen mochte?

Auf manchen mittelalterlichen Weltkarten ist weit draußen im westlichen Ozean eine ringförmige Landstruktur eingezeichnet, die eine Wasserfläche einschließt. Innerhalb dieses Rings sind winzige Inseln zu sehen, wie Boote in einem runden Hafenbecken. Auf einer katalanischen Karte von 1375 sind es neun, auf anderen Varianten derselben Karte zählt man genau sieben solche Inseln.[67] Dazu bemerkte der Geograph William H. Babcock: «Diese Miniaturinseln wurden zuweilen als eine Darstellung der legendären Sieben Städte aufgefasst. Doch Inseln sind keine Städte, und es gibt keinen Grund, weshalb jede Stadt ihr eigenes Inselchen haben sollte. Das scheinbar zufällige Auftreten der Zahl Sieben lässt dennoch aufhorchen.»[68] Natürlich sind Inseln oder Inselchen keine Städte, doch der durch die Zahl Sieben gegebene Zusammenhang ist greifbar. Wie wir uns erinnern, ist Antilia auch als einzelne Insel mit sieben Buchten entlang ihrer West- und Ostküsten dargestellt worden. Zudem waren auf dieser Insel sieben Ortsnamen eingezeichnet, worin der Kartenspezialist Armando Cortesão einen Bezug zur Überlieferung der Sieben Städte sah.[69]

Wenn Babcocks Bemerkungen zuträfen, dann wäre das Wissen um Antilia und die Sieben Städte ursprünglich unabhängig gewesen von der Geschichte der sieben portugiesischen Bischöfe, die im 8. Jahrhundert vor den Mauren geflohen sein sollen. Erst gegen Ende des 14. Jahrhunderts finden wir die unterschiedlichen Überlieferungen, die vermutlich auf dieselbe Quelle zurückgehen, zu einer einzigen Legende über eine Insel zusammengefasst, auf der immer wieder die Zahl Sieben auftaucht.

Alles deutet darauf hin, dass die Legenden um Antilia und die Sieben Städte viele hundert oder gar tausend Jahre vor dem Zeitalter der Entdecker und den ersten Expeditionen auf dem westlichen Ozean entstanden sind. Woher genau die frühesten europäischen Kartographen und Entdecker dieses kostbare Wissen um ferne Atlantikinseln hatten, ist nicht so leicht festzustellen. Dieses Problem müssen wir angehen, wenn wir die wahren Ursprünge der Geschichten über Antilia und seine legendären Sieben Städte sowie den Zusammenhang zwischen dieser Insel und Platons Atlantis weiter ergründen wollen.

14 Der Erhabene

Das Datum ist der 2. Januar 1492. Der Ort ist die berühmte Alhambra, der größtenteils im 14. und 15. Jahrhundert erbaute Palast in Granada, zweifellos das prächtigste Beispiel arabischer Architektur in Spanien. Der Boden ist mit blutigen Leichen bedeckt, die meisten davon maurische Soldaten und Zivilisten, dazu eine Hand voll spanischer Kreuzfahrer. Die letzte Festung der islamischen Besatzungsmacht ist gefallen.

Aus der Menschenmenge um die Alhambra lösen sich einige Christen und besteigen das Dach des Palasts. Hoch oben auf der vergoldeten Palastkuppel reißen sie den mit einem Halbmond geschmückten Nadelturm aus seiner Verankerung und lassen ihn zu Boden donnern. Die Macht des Islam auf der iberischen Halbinsel ist für immer gebrochen.

Diese erfundene Szene basiert auf sehr realen Ereignissen. Welch eigenartiger Zufall: Der Fall Granadas ereignete sich im selben Jahr wie die Entdeckung der Neuen Welt. Heute wissen wir, dass die Amerikaner wahrscheinlich noch viele Jahre unberührten Friedens genossen hätten, wären die Mauren mit ihrem Wissensschatz und ihrem aufgeklärten Geist nie nach Europa gekommen. Das Verschwinden der Mauren von westeuropäischem Boden war eine Tragödie. Ihre Vertreibung läutete das Zeitalter der Entdecker ein und damit eine europäische Renaissance. Doch die Anwesenheit der Mauren in Spanien und Portugal scheint auch bei der Entstehung von Legenden um Antilia und die Insel der Sieben Städte eine wichtige Rolle gespielt zu haben.

Das Ende Andalusiens

Die Besetzung von al-Andalus (*Andalucia*) – so nannten die Mauren Spanien – hatte fast 800 Jahre früher begonnen. Im 7. und 8. Jahrhundert drangen die arabischen Armeen von Persien aus zur afrikanischen Atlantikküste vor, wobei sie neue kulturelle und religiöse Vorstellungen mitbrachten. Unter den Völkern, welche die islamische Lebensweise annahmen, waren auch die Lixiter, die Berberstämme Mauretaniens.

Im Jahr 711 überquerte diese afro-arabische Kultur, die in Europa als die maurische bekannt war, die Meerenge von Gibraltar und begann die Eroberung Spaniens, das damals von einem germanischen Stamm, den Westgoten, beherrscht wurde. Die Westgoten hatten das Land nach dem Zusammenbruch des Römischen Reiches übernommen. Die Mauren drangen bis nach Frankreich vor, wo sie 732 nach einer entscheidenden Niederlage gegen eine von dem großen französischen Helden Charles Martel geführte Armee zum Rückzug gezwungen wurden. Vier Jahre danach gründeten sie das Emirat (später Kalifat) Umayyad mit dem antiken Córdoba als Hauptstadt. Andere arabische Zentren waren Toledo, Sevilla, Merida und natürlich Granada.

Vier volle Jahrhunderte hindurch herrschten die Mauren über Andalusien. Machtkämpfe unter den Bewerbern für das Kalifat führten jedoch dazu, dass christliche Armeen Spanien Stück für Stück zurückerobern konnten. Zunächst gewannen sie die Kontrolle über die nördlichen Gebiete, und im Sommer 1139 eroberten sie schließlich Lusitania (der alte Name Portugals), ein entscheidender Sieg, in dessen Folge Alfonso (1096–1185) als erster König Portugals gekrönt wurde. 1236 nahmen die Kreuzfahrer die maurische Hauptstadt Córdoba ein, und 13 Jahre darauf eroberten die Christen mit einer Streitmacht der Tempelritter die Algarve zurück. Der Kreuzzug währte noch 242 Jahre, bis die Mauren an jenem 2. Januar 1492 ihre letzte Hochburg, Granada, verloren.

Das Goldene Zeitalter Portugals

Als unabhängiges Königreich erlebte Portugal eine erstaunliche Blüte. Unter der Herrschaft König Joãos I. (1385–1433) weitete es seinen Einfluss nach Übersee aus. Der aufgeklärte Prinz Heinrich der Seefahrer (1394–1460) führte eine ganze Reihe von Ozeanexpeditionen durch. 1418 und 1420 gelang den portugiesischen Seefahrern João Gonçalves Zarco und Tristão Vaz Teixeira die Wiederentdeckung der Inseln Porto Santo und Madeira. 1427 erreichte Diogo de Silves, der Lotse des portugiesischen Königs, die Azoren, wobei die erste Landung dort erst vier Jahre später erfolgte, als der portugiesische Entdecker Gonçalves Velho Cabral die Fahrt wiederholte.

Die Portugiesen segelten auch die westafrikanische Küste hinunter, bis zum Golf von Guinea, wo sie zahllose Siedlungen gründeten. Von dort stießen sie nach Westen vor, und 1460 entdeckte der venezianische Seefahrer Alvise Cadamosto, der im Auftrag des Prinzen Heinrich unterwegs war, 640 Kilometer vor dem senegalesischen Kap Verde die Kapverdischen Inseln. 1488 umsegelte Bartolomeu Diaz das Kap der Guten Hoffnung, und zehn Jahre später gelang einem anderen portugiesischen Schiff unter dem Kommando des Vasco da Gama (1450–1524) nicht nur die Umschiffung des gesamten Kontinents, sondern auch die Entdeckung eines Seewegs nach Indien entlang der afrikanischen Ostküste. In diesem Zusammenhang ist erwähnenswert, dass bereits 1420 eine indische Dschunke den Indischen Ozean überquert und das Kap umfahren hatte. Die Inder waren auf der Suche nach verschiedenen Inseln gewesen, die angeblich nur von Männern beziehungsweise nur von Frauen bewohnt waren. Dies geht aus einer Karte hervor, die der venezianische Priester Fray Mauro zwischen 1457 und 1459 im Auftrag des portugiesischen Königs Alfonso V. erstellt hat.[1]

Expeditionen zur Erkundung des westlichen Ozeans jenseits der Azoren, meist im Auftrag des Prinzen Heinrich des Seefahrers, haben stattgefunden, lange bevor Kolumbus seine Reise in die Neue Welt antrat. Auf diesen Expeditionen stießen die Seefahrer, wie alle vor ihnen, auf das *Mar de Baga* (das Beerenmeer), wie die Sargassosee von den Portugiesen bezeichnet wurde.[2]

Es ist sogar möglich, dass Diogo de Teive, einer der tüchtigsten Kapitäne des Prinzen Heinrich, 1452 beinahe Neufundland entdeckt hätte, 55 Jahre bevor John Cabot die Insel für den englischen Monarchen Heinrich VII. in Besitz nehmen konnte. Auf nordwestlichem Kurs von den Azoren aus gelang es de Teive, den Golfstrom zu überqueren, bevor er in eine Region kam, wo kalte Nordwinde herrschten. Er fürchtete, dass sein Schiff in gefährliche Gewässer getrieben wurde, und segelte zu den Azoren zurück. Erst später erkannten Geographen, dass er den 55. Breitengrad erreicht hatte und bis auf wenige hundert Kilometer an die Ostküste Neufundlands herangekommen war.[3] Diese Version der Geschichte, die auf de Teive selbst zurückgeht, widerspricht allerdings der Darstellung, die Ferdinand Kolumbus vermutlich über dieselbe Reise hinterlassen hat. Nach dessen Bericht war der Hauptzweck der Reise des Diogo de Teive die Entdeckung der Insel der Sieben Städte.[4]

Prinz Heinrich hatte guten Grund, nach den verlorenen Sieben Städten zu suchen. Ihre Entdeckung hätte es Portugal ermöglicht, die Souveränität über die Insel zu beanspruchen, und zwar nicht allein aufgrund der Eroberung, sondern auch durch Erbrecht. Dies war von besonderer Bedeutung, wenn es darum ging, andere Länder wie Spanien und England zu überzeugen, dass Portugal solche Territorien mit gutem Recht für sich beanspruchen konnte. So behauptete der spanische Chronist Gonzalo Fernándaz de Oviedo y Valdéz, die Westindischen Inseln seien rechtmäßiges Eigentum der spanischen Krone, falls sie tatsächlich mit den Hesperiden identisch seien. Grundlage dieses Anspruchs war die Aussage des römischen Schriftstellers Statius Sebosus, die Hesperiden seien die Töchter des Hesperus, eines legendären «spanischen» Königs, den Oviedo als einen entfernten Vorfahren des derzeitigen Königs von Spanien betrachtete.[5]

Die Engländer versuchten, ihren Anspruch auf Amerika zu rechtfertigen, indem sie behaupteten, der Kontinent sei im Jahr 1170 von Madoc entdeckt worden, dem Seefahrersohn des walisischen Königs Owen Gwynedd. Dr. John Dee, der Mathematiker, Kartograph und Hofastrologe von Königin Elizabeth, propagierte diese Version in den siebziger Jahren des 16. Jahrhunderts als Grundlage für das von ihm so genannte *Brytish Empire*. Seiner Argumentation zufolge berechtigte Madocs Reise die Briten, «auf alle Küsten und Inseln ungefähr von Terra Florida an ... in nördlicher Richtung bis nach Atlantis» und darüber hinaus auf sämtliche Inseln bis nach Russland Anspruch zu erheben.[6] Das Auftauchen der Bezeichnung ist hier von besonderer Bedeutung, denn nach Dr. Dees Überzeugung waren Atlantis und Nordamerika ein und dasselbe. Entsprechend bezeichnete er den Kontinent sogar auf Seekarten, die er damals herstellte.

Prinz Heinrich der Seefahrer

Am Ende des 15. Jahrhunderts gehörten die Portugiesen zweifellos zu den besten Seefahrern Europas. Viele ihrer seemännischen Leistungen waren jedoch den außerordentlichen Führungsqualitäten und der Weitsicht des Prinzen Heinrich zu verdanken. 1419 hatte er innerhalb seiner vieleckigen Festung bei Sagres an der Algarve eine Akademie beziehungsweise Schule der Seefahrt gegründet. Auf einer verlassenen Landzunge mit Blick auf den Atlantik gelegen, markierte die Festung tatsächlich das Ende der bekannten Welt. Prinz Heinrich förderte dort die Ausbildung in Kartographie, Geographie und Physik und berief als ersten Direktor der Schule einen Mallorquiner namens «Meister Jacob».[7] Unter dem Einfluss der Katalanen war Mallorca im 13. und 14. Jahrhundert als Zentrum der Schifffahrt mit einem ausgedehnten Handelsnetz erblüht, und Prinz Heinrich wollte sich die alten Traditionen der Insel, besonders in der Herstellung von Seekarten und Navigationsinstrumenten, zunutze machen.[8]

Er verfolgte den Plan, die größte und weltoffenste Seefahrernation aller Zeiten zu schaffen, und lud daher Seemänner, Kartographen, Kosmographen, Navigatoren und Astronomen aus dem gesamten Mittelmeerraum nach Sagres ein. Man darf wohl sagen, dass er damit Erfolg hatte, zumal sein Wirken auch den Weg für die größte aller Entdeckungen, die Entdeckung der Neuen Welt, ebnete. Der Überlieferung zufolge sind Vasco da Gama, Ferdinand Magellan, Bartolomeu Diaz, Pedro Álvares Cabral und auch Christoph Kolumbus in seine Schule gegangen.

Prinz Heinrich schreckte nicht davor zurück, bei der Ozeanerkundung in neue Gebiete vorzustoßen. Zweifellos wusste er von dem unentdeckten südlichen Kontinent, von dem maurische Piraten und schwarzafrikanische Seefahrer erzählt hatten. Er müsste auch gewusst haben, dass jenseits des Mar de Baga Antilia und die Insel der Sieben Städte zu finden waren. Zudem dürfen wir annehmen, dass er die Seekarte kannte, die Andrea Bianco, der einige Zeit in Portugal verbrachte, 1448 angefertigt hatte. Auf dieser Karte ist südwestlich des Kap Verde ein geheimnisvoller Flecken Land eingezeichnet, und daneben findet sich die Inschrift: «[Die] wirkliche Insel, [die] 1500 Meilen [2400 Kilometer] fern im Westen liegt.»[9]

In der Chronik des Diogo Gomes, eines der Kapitäne und engen Vertrauten des Prinzen Heinrich, lesen wir: «Der Prinz wollte über die fernen Regionen des westlichen Ozeans erfahren, ob es dort irgendwelche Inseln oder einen Kontinent (*terra firma*) gibt neben denen, die von Ptolemäus [dem bekannten alexandrinischen Astronomen und Mathematiker aus dem 2. Jahrhundert] beschrieben worden sind, und entsandte [zu diesem Zweck] Karavellen.»[10] Aus einem Brief, den ein Doktor aus Nürnberg namens Hieronymus Monetarius am 14. Juli 1493 an König João von Portugal schickte, geht sogar hervor, dass Prinz Heinrich das Ziel verfolgte, «die Kugelförmigkeit der Erde zu demonstrieren».[11]

Was trieb die Portugiesen im 15. Jahrhundert dazu, die fernsten Grenzen des Ozeans zu erforschen? Wollten sie einfach nur ihr Handelsnetz und ihren Machtbereich ausweiten, oder könnte Prinz Heinrich in Dinge eingeweiht gewesen sein, die der übrigen Welt der Seefahrt nicht zugänglich waren? Und wenn das der Fall war, hatten diese Dinge mit der Lage Antilias und der Insel der Sieben Städte zu tun?

Die Geburt einer Legende

Der Überlieferung um die Gründung der Sieben Städte zufolge kam es im Jahr 714 n. Chr. zur Belagerung der Stadt Merida, der alten Hauptstadt der römischen Provinz Lusitania (heute auf der spanischen Seite der Grenze), durch die vorrückende maurische Armee. Sieben Bischöfe und ihre Gemeinden beschlossen in dieser Lage, der Verfolgung zu entgehen, indem sie mit einer Flotte ins Unbekannte segelten. Sie fuhren über den westlichen Ozean, bis sie eines Tages auf die Insel Antilia stießen, wo sie die *Sete Cidades*, die Sieben Städte, gründeten.

Dies ist im Grunde die Geschichte, die im späten 15. und im frühen 16. Jahrhundert unter Kartographen, Historikern und Seefahrern kursierte. Doch wie wir gesehen haben, fällt es äußerst schwer, diese Version als historische Wahrheit zu akzeptieren. Es gibt keinerlei Beweise dafür, dass vor dem Entdeckerzeitalter eine atlantische Inselkolonie Portugals existierte. Ebenso wenig gibt es einen Hinweis auf die einstige Existenz der Sieben Städte auf den Westindischen Inseln oder sonst irgendwo. Warum aber haben die Portugiesen dennoch so viele Schiffe in die Ferne geschickt, um diese Städte zu finden?

Die Antwort kann nur sein, dass sie die Geschichte um die Sieben Städte tatsächlich geglaubt haben. Warum? Hatten sie sie vielleicht von Leuten gehört, die mit Recht behaupten konnten, ihre Vorfahren hätten Kenntnis von den Ereignissen gehabt, die sich Jahrhunderte zuvor in ihrem Land zugetragen hatten? Wenn ja, wer könnten diese Leute gewesen sein? Da das Königreich Portugal im 8. Jahrhundert nicht existiert hat und die Westgoten, die das Gebiet zur Zeit der Eroberung bewohnt hatten, längst bezwungen waren, bleiben als mögliche Urheber dieser Legenden nur noch die Mauren.

Das mag zunächst überraschen, zumal die Mauren selbst aus einem Land vertrieben worden waren, das sie mit Fug und Recht ihr Eigen nennen konnten. Tatsache ist jedoch, dass während der maurischen Epoche in Spanien und Lusitania zwischen Arabern und Christen stets gute Kontakte bestanden. Viele Europäer erkannten offenbar an, welche Weisheit sie aus den geheimen Lehren islamischen Mystizismus und islamischer Philosophie, die in maurischen Zentren wie Córdoba und Toledo gediehen, ziehen konnten. Denjenigen, die sich über rassische und religiöse Vorurteile hinwegsetzen konnten, offenbarten sich ganz neue Wissenschaften, angefangen bei der Algebra über Astronomie, Kartographie, Geographie, Geometrie, Mathematik und Navigationskunst bis hin zur klassischen Philosophie. Viele dieser Schlüsselwissenschaften haben erst die Mauren in die Welt des Mittelalters eingeführt.

Die islamischen Städte wurden auch zu Hochburgen der Alchimisten, Okkultisten, Mystiker und Freidenker; die strömten in der Hoffnung auf die absolute Erleuchtung nach Spanien, wo sie nicht nur die etablierten Schulen besuchten, sondern sich auch an Hinterhofgelehrte wandten, die gern ihre eigenen Versionen der verbotenen Wissenschaften verkauften, sofern der Preis stimmte.

Die Tempelritter

Unter denen, welche die Bedeutung der Zentren maurischer Wissenschaft erkannten, waren die Mitglieder militärischer Geheimorden, zum Beispiel des Ordens der Tempelritter. Nach der Überlieferung hatten diese Krieger schon während der Kreuzzüge im Heiligen Land häufig mit den Sarazenen zu tun gehabt. Der Orden der Ritter Christi und des Tempels des Salomon, wie die korrekte Bezeichnung lautete, war 1128 zum Schutz der Pilgerstraßen gegründet worden, die ins Heilige Land und zurück führten. Binnen weniger Jahre entwickelte der Orden sich jedoch zur mächtigsten Streitmacht im ganzen Christentum. Ausgestattet mit Präzeptorien (Schulen), Steuereinnahmen und Ländereien praktisch in ganz Europa, gewannen die Tempelritter die Gunst der Könige, indem sie deren Vermögen schützten und das erste internationale Banksystem einrichteten. Dabei fühlten sie sich über alle regionalen Gesetze erhaben und waren lediglich dem Papst gegenüber bereit, sich zu verantworten. Schlimmer war allerdings, dass sie sich auch für bestimmte Formen von christlichem Mystizismus interessierten, was am Ende ihren Untergang herbeiführte.

Bei Anbruch des 14. Jahrhunderts schuldete der französische König Philip der Schöne den Templern riesige Summen Geld. Deshalb ließ er, mit Unterstützung des Papstes Clement V., am Morgen des 13. Oktober 1307 kurzerhand alle Templer verhaften, die sich gerade in Frankreich aufhielten. Gleichzeitig wurden auch alle anderen Monarchen angewiesen, ihre Tempelritter festzunehmen und vor Gericht zu stellen. Die Anklagen lauteten auf Blasphemie, Ketzerei und Verleugnung der Göttlichkeit Christi. Viele Templer wurden so lange gefoltert, bis sie falsche Geständnisse ablegten, und als sie schließlich in Frankreich ihre Gerichtsverhandlung bekamen, wurden sie aller Anklagepunkte für schuldig befunden. Viele wurden hingerichtet, so auch der Großmeister des Ordens, Jacques de Molay, der im März 1334 auf dem Scheiterhaufen endete.

1312 löste der Papst den Orden offiziell auf, und alles Land der Templer ging wieder in den Besitz der verschiedenen Monarchen über. In den Verfahren, zu denen es außerhalb Frankreichs kam, fielen jedoch ganz unterschiedliche Urteile. In Schottland etwa wurden die Beweise gegen die Tempelritter als unzureichend eingestuft und die Anklage fallen gelassen. In Spanien, Portugal, Deutschland und der Schweiz wurden die Templer rundweg freigesprochen.

Die Gerichtsverfahren zogen sich über mehrere Jahre hin; dabei entstanden viele tausend offizielle Schriftstücke, die manchen faszinierenden Einblick in die Beziehungen zwischen den Templern und ihren arabischen

Feinden gewähren. In einem Dokument ist davon die Rede, wie «der Meister des Tempels und die anderen Oberhäupter des Ordens» Saladin (1137–1193) huldigten, dem Sultan von Ägypten und Syrien, nachdem Jerusalem im Jahr 1187 an die Sarazenen gefallen war.[12] In einer anderen Zeugenaussage wird behauptet, die Templer seien in Zeiten des Waffenstillstands, dem «Soldan», also dem Sultan, zu Diensten gewesen und «hätten sie [die Araber] bei Laune gehalten»[13]. In einem dritten Fall gestand ein Zeuge, er «habe gehört, dass die Christen arg unter der großen Vertrautheit zwischen Bello Joco, dem damaligen Meister des Ordens, und dem Soldan und den Sarazenen gelitten hätten. Er selbst glaube jedoch das Gegenteil.»[14] Und schließlich kam in den Verfahren auch ans Licht, dass Artikel 119 der Ordensregeln vorschrieb, der Meister des Ordens solle sich einen «sarazenischen Schreiber» als Übersetzer nehmen.[15]

Wenngleich viele der Anklagen gegen die Templer als Erfindungen abgetan werden können, zeigen die Gerichtsdokumente, wie laut über die Beziehungen geredet wurde, welche die Ritter mit der arabischen Welt unterhielten. Es scheint außer Frage zu stehen, dass sie auch mit den Mauren in Verbindung standen, besonders in deren großen akademischen Zentren in Spanien und Portugal. Doch was haben die Templer von den Mauren gelernt, und wie viel von diesem Wissen könnte an spätere Militärorden übergegangen sein?

Die Ritter Christi

Die Tempelritter führten die Kreuzzugsarmeen zum Sieg in der portugiesischen Algarve und wurden dafür mit Landgütern und dem Recht belohnt, landesweit Abgaben einzutreiben. Nach dem Rückzug der Mauren wurden die Templer wahrscheinlich zu den Hütern zumindest eines Teils der Bibliotheken in den arabischen Wissenschaftszentren. Wie die eigenartige Beziehung zwischen Templern und Mauren die Entwicklung und die Interessen des Ordens beeinflusst hat, ist nicht mit Sicherheit zu sagen, wobei das Schicksal der Templer in Spanien und Portugal *nach* der Auflösung des Ordens einige Rückschlüsse zulässt.

Obwohl die Tempelritter von den Regierungen und Gerichten beider Länder in allen Anklagepunkten freigesprochen worden waren, wurde der Orden aufgelöst, und um die dadurch entstandene Lücke zu füllen, wurden neue Orden gegründet. Der spanische Monarch etwa gründete die Ritter von Santiago, einen bedeutenden Orden, der stark von der Templertradition beeinflusst war. In Portugal verkündete König Dionysius I. 1317 die Gründung eines Ordens, der unter dem Namen *Christi Militia* bekannt werden sollte. 1319 erhielten die Ritter Christi ihren Anerkennungsbrief von Papst Johannes XXII. Ebenfalls im Jahr 1317 ernannte der König von Portugal Emmanuel Pezagno, einen Seefahrer aus Genua, zum mit Erbrecht versehenen Admiral seiner Flotte, womit er den Beginn eines neuen Zeitalters portugiesischer Seemacht einleitete. Alle früheren Ländereien, Abgabenansprüche und Schätze der Tempelritter gingen an die Ritter Christi über, denen sich die portugiesischen Templer natürlich in Scharen anschlossen. Nur Aristokraten ab der vierten Generation sollen in dem Orden zugelassen gewesen sein, sodass der Adel jedem Ritter blind vertrauen konnte.[16]

Wie die Templer vor ihnen standen die Ritter Christi den Mauren nach außen hin feindlich gegenüber. Als Seefahrerorden unternahmen sie unter Prinz Heinrichs Kommando eine Reihe von Expeditionen gegen maurische Piraten. Der entscheidende Sieg in der Schlacht von Ceuta an der afrikanischen Mittelmeerküste (1415) signalisierte den Beginn der portugiesischen Entdeckungsreisen hinaus auf die Ozeane. 1417 wurde Prinz Heinrich zum Großmeister des Ordens ernannt, und dieses Amt versah er bis zu seinem Tod im Jahr 1460. Auf seiner abgelegenen Burg bei Sagres wurden mit Sicherheit auch ritterliche Initiationsriten und Erleuchtungszeremonien abgehalten. Wir können nur raten, ob und in welcher Weise die Beförderung eines Ritters durch die verschiedenen Ränge des Ordens mit Fortschritten in seiner seemännischen Qualifikation einherging.

Prinz Heinrich sorgte auch dafür, dass Papst Leo X. den Rittern Christi das Präsentationsrecht in allen überseeischen Diözesen einräumte. Der Orden konnte damit überall, wo die Ritter hinkamen, vollen kirchenrechtlichen Status beanspruchen. Spiegelt sich darin vielleicht Heinrichs Ziel wider, seinen Orden an den sieben Bischofsstühlen einzuführen, die der Legende nach auf der Insel der Sieben Städte existierten?

Wir dürfen annehmen, dass die Ritter Christi bis Mitte des 15. Jahrhunderts unter der Ägide des Prinzen Heinrich zu einer der mächtigsten militärischen Organisationen Europas wurden. In vieler Hinsicht war der Orden jedoch lediglich eine Neugründung der Tempelritter, deren Zentrum nun nicht mehr Frankreich war, sondern Portugal. Die Segel und Flaggen der vielen hundert Schiffe des Ordens trugen das bekannte rote Templerkreuz, und überall, wo sie hinkamen, richteten die Ritter Christi Militärkommandanturen ein, insgesamt 454, davon 37 in Afrika.[17]

Zu den Rittern Christi gehörten einige der berühmtesten Seefahrer Portugals. Selbst Christoph Kolumbus ist mit dem Orden in Verbindung gebracht worden. Sein Schiff, die *Santa Maria*, soll unter der Flagge des roten Kreuzes gesegelt sein, worüber Historiker noch heute grübeln. Man hat gar behauptet – ohne jedoch den geringsten Beweis vorlegen zu können –, Kolumbus sei ein Mitglied des Ordens gewesen und habe sich dort die Navigationstabellen und Karten der atlantischen Handelsrouten beschafft.[18] Darüber gibt es keine offiziellen Aufzeichnungen, aber wir wissen sicher, dass Kolumbus nach dem Tod seines portugiesischen Schwiegervaters, Bartolomeu Perestrello, des ersten Gouverneurs von Madeira und königlichen Ritters, unter anderem auch «Schriftstücke und Seekarten» erbte, auf denen die verschiedenen Entdeckungsreisen verzeichnet waren, die für Portugal unternommen wurden.[19] Kolumbus' häufige Reisen zu portugiesischen Siedlungen an der Küste Guineas müssen ebenfalls dazu beigetragen haben, dass ein tüchtiger Seefahrer aus ihm wurde.

Die Einsetzung Behaims

Zwischen den Rittern Christi und Portugals Interesse an der Wiederentdeckung der Insel der Sieben Städte scheint ein enger Zusammenhang zu bestehen. Das zeigt sich besonders in der Lebensgeschichte des deutschen Seefahrers und Kaufmanns Martin Behaim, der 1492 den ersten Weltglobus schuf. Sein Ruf als anerkannter Wissenschaftler und Navigator brachte ihn 1484 nach Lissabon, wo er mit Unterbrechungen bis zu seinem Tod im Jahr 1507 lebte. Gleich nach seiner Ankunft in Lissabon schloss sich Behaim zwei Ozeanexpeditionen nach Westafrika an. Im Familienarchiv der Behaims ist verzeichnet, dass König João II. ihn zwischen diesen beiden Reisen, am 18. Februar 1485, zum Ritter des Königreichs Portugal ernannte.[20] Bei dieser wichtigen Zeremonie sollen nicht nur der König und drei Schlüsselfiguren des Adels zugegen gewesen sein, sondern auch «alle Fürsten und Ritter [des Ordens] und die Königin».[21]

Es wird nicht gesagt, welchem militärischen Orden Behaim danach angehörte, doch der Umstand, dass so viele Ritter, Würdenträger und Mitglieder der königlichen Familie der Zeremonie beiwohnten, deutet darauf hin, dass es die Ritter Christi waren. Zu diesem Schluss sind auch verschiedene Historiker gekommen, wenngleich Behaims Biograph E. G. Ravenstein in seinem 1908 veröffentlichten Buch *Martin Behaim: sein Leben und sein Globus* eine andere Auffassung vertrat.[22] Jedenfalls wissen wir, dass Behaim nur wenige Monate nach seinem Ritterschlag eingeladen wurde, sich an der Suche nach der Insel der Sieben Städte zu beteiligen. Unter dem gemeinsamen Kommando der portugiesischen Kapitäne Fernão Dulmo und João Affonso sollte die Expedition im März 1487 von Terçeira auf den Azoren aus aufbrechen. Es existiert sogar ein vom König sanktionierter Partnerschaftsvertrag, nach dem sich den beiden Kapitänen ein *cavalleiro alemão* (deutscher Ritter) anschließen sollte.[23] Da Martin Behaim der einzige deutsche Ritter war, der damit gemeint sein konnte, ist fast sicher, dass ihm diese ehrenvolle Rolle im Namen der portugiesischen Krone angetragen wurde.[24]

Über den Ausgang dieses waghalsigen Vorhabens ist nichts bekannt. Sicher scheint lediglich, dass Behaim am Ende doch nicht teilgenommen hat. Aber nur fünf Jahre später tauchte auf seinem berühmten Globus der Text auf, in dem wir zum ersten Mal von der Gründungslegende der Sieben Städte auf der Insel Antilia lesen.

All das deutet auf einen Zusammenhang zwischen Behaims portugiesischem Ritterschlag, der Einladung zu der Antilia-Expedition und seiner Kenntnis der Legende um die Insel der Sieben Städte hin. War dieses Wissen vielleicht Gegenstand eines geheimen Diskurses, zu dem er als Ritter (Christi?) zugelassen war? Es gibt keinen Beweis für diese Annahmen, doch im Licht der mutmaßlichen Beziehungen zwischen den Tempelrittern und der arabischen Welt erscheinen sie äußerst reizvoll. Treffen sie aber zu, woher wussten die Mauren dann von dieser Insel im Westen?

Die Wanderer von Lissabon

Kurz nachdem sie Spanien und Lusitania erobert hatten, machten sich die Mauren an die Erkundung des westlichen Ozeans, deren Ergebnisse der Geograph El Idrisi (ca. 1099–1164) aufgezeichnet hat. In seinem um 1154 erschienenen berühmten Werk *Geographie* beschreibt er die Entdeckung mehrerer Atlantikinseln in allen Einzelheiten.[25] El Idrisi glaubte offenbar, es gebe unglaubliche 27 000 Inseln im westlichen Ozean, von denen er einige auf einer in Silber geschmiedeten, für König Robert von Sizilien angefertigten Weltkarte gezeigt haben soll. Leider scheint dieses außerordentliche Stück nicht erhalten zu sein.

El Idrisi sprach auch von den Al-Khalidat, den Inseln des Glücks, auf denen es nach seinen Worten Bronzestatuen geben sollte, die von hohen Säulen aus gen Westen blickten. Eigenartigerweise erwähnte er sechs solche Statuen, von denen sich eine in Cadiz, dem antiken Gades, befinden sollte.[26]

Dies allein zeigt schon, welche Rolle die Mauren in der Verbreitung von Informationen über atlantische Inseln im Mittelalter gespielt haben müssen. Die nächste Erwähnung solcher «Warnstatuen» erscheint erst 200 Jahre später auf der Pizzigani-Karte von 1367, als Kommentar zu einem als «Atulliae» – höchstwahrscheinlich eine ältere Form von Antilia – bezeichneten Flecken im Atlantik. Dies ist zugleich der älteste bekannte Hinweis auf Antilia und vielleicht ein weiterer Beweis dafür, dass die Mauren dazu beigetragen haben, Antilia im Bewusstsein der mittelalterlichen Welt als real gelten zu lassen.

El Idrisi erzählt außerdem von den verblüffenden Taten der acht Maghrurins (der «betrogenen Männer»), auch bekannt als die «Wanderer von Lissabon», die sich zu einer Entdeckungsreise aufmachten, um herauszufinden, «was um den Ozean herum liegt und was seine Grenzen sind».[27] Die acht Helden sollen vom maurischen Lissabon aus in See gestochen sein. Nach einigen Tagen auf dem Ozean soll ihr Schiff das «Meer der Finsternis und der Geheimnisse» erreicht haben, wobei es sich mit an Sicherheit grenzender Wahrscheinlichkeit um die Sargassosee gehandelt hat.[28] Die Expedition entdeckte mehrere Atlantikinseln, darunter Al-Ghanam, die «Insel der Schafe», die vermutlich mit Madeira gleichzusetzen ist.[29] Danach soll das maurische Schiff seinen Kurs geändert haben und auf eine weitere Inselgruppe gestoßen sein, wobei es sich sehr wahrscheinlich um die Kanaren handelte. Nach der Landung an einer der Inseln wurden die maurischen Seemänner von Eingeborenen festgesetzt. Wieder freigelassen, fanden sie zur afrikanischen Küste zurück, von wo aus sie schließlich nach Lissabon heimkehrten.[30]

Die Mauren waren mit Sicherheit imstande, die Grenzen des Nordatlantik zu erforschen. Sie entdeckten wichtige Inselgruppen wie die Azoren, die Kanaren und möglicherweise auch die Kapverdischen Inseln, die in ihrer Sprache die «Inseln der beiden Zauberer» waren.[31]

Könnten sie als Nachfahren der Lixiter zumindest einen Teil ihrer Seekundigkeit von den Karthagern geerbt haben, ebenso wie die spanischen Abkömmlinge der iberischen Phönizier, die einmal die Küstenregionen Andalusiens bewohnt hatten? Könnten die Legenden um Antilia und die Inseln der Sieben Städte letztlich auf Phönizier und Karthager zurückgehen? In diesem Fall wären die Mauren die Hüter eines Wissens und eines Legendenschatzes gewesen, deren Wurzeln bis mindestens 1700 Jahre vor der arabischen Eroberung Spaniens und Portugals zurückreichten. Um in dieser Richtung weiterzukommen, sollten wir zunächst den Ursprung des Namens Antilia genauer betrachten.

Nach Meinung der Gelehrten leitet sich der Name Antilia von dem lateinischen *ante*, «vor», und dem portugiesischen *ilha*, «Insel», ab. Das bezieht sich jedoch nur auf die neueste Form des Wortes. Auf der Pizzigani-Karte von 1367 erscheint die Insel als *Atulliae*, was eine formgetreuere Schreibweise zu sein scheint. Spätere Varianten sind zum Beispiel *Atilhas* auf einer Karte von 1518,[32] *Ateallo* auf einer katalanischen Karte von ca. 1448[33] und *Attiaela* auf einer anderen katalanischen Karte aus dem 15. Jahrhundert.[34] Ist dies die korrektere Schreibung, dann leitet sich der Name nicht von *ante-ilha* ab, sondern von einer viel älteren Form unsicheren Ursprungs. Und die Theorie, dass Einzelheiten auf katalanischen Karten wie den hier erwähnten durchaus maurischen Seekarten entnommen sein könnten,[35] eröffnet die Möglichkeit, dass das Wort Antilia auf afro-arabische Wurzeln zurückgeht.

In den dreißiger Jahren des 19. Jahrhunderts vermutete der berühmte deutsche Naturforscher, Reisende und Staatsmann Alexander von Humboldt (1769–1859), der Name Antilia und seine Varianten leiteten sich von dem arabischen Wort für Drache, *Al-tin*, ab.[36] Dies würde bedeuten, dass die Insel die Heimat irgendeines Fabelungeheuers gewesen sein könnte, wobei man sich gleich an den Drachen auf den Hesperiden erinnert, den Hüter der goldenen Äpfel. Diese Theorie wird gestützt durch die Tatsache, dass in der arabischen Tradition mindestens eine mythische Insel als «Insel des Drachens» bekannt war.[37] Ist das die Antwort? Wohl kaum, denn der Sprung von Al-tin zu Antilia ist viel zu groß, als dass man ernsthaft von einem linguistischen Zusammenhang sprechen könnte.

Wenn nicht aus dem Lateinischen, dem Portugiesischen oder dem Arabischen, aus welcher Sprache könnte das Wort Antilia dann stammen? Aus dem Phönizischen womöglich oder dem Punischen, der Sprache der Karthager? Diese Möglichkeit im Hinterkopf, suchte ich nach Ortsnamen, die in biblischen Zeiten in Gebrauch waren, und stieß auf einen sehr interessanten Eintrag in einem Bibelwörterbuch: *Attalia* oder *Attaleia*, ein Hafen bei Pamphylia in Kleinasien, heute Türkei, gegründet von Attalus II., König von Pergamon (159–138 v. Chr.). Die erste Silbe ähnelt den älteren Schreibweisen von Antilia deutlich. Der Ursprung des Worts *Attalia* ist nicht bekannt, könnte jedoch griechisch sein. Was mich an diesem Ortsnamen aber am meisten verblüffte, war seine spätere Umwandlung in *Antalya*, wie der türkische Hafen heute heißt.[38]

Zweck dieser Übung ist es, zu zeigen, wie leicht sich der Name Antilia auf die früheren Schreibweisen *Atulliae* und *Atilae* zurückführen lässt.

Streicht man zudem die wechselnden Vokale und das überflüssige zweite «l», dann besteht die sprachliche Wurzel der älteren Schreibungen von Antilia nur noch aus drei Buchstaben: A-t-l. Wie wir in Kapitel 3 gesehen haben, leitet sich der Wortstamm *Atl*, wie in Atlas, nach allgemeiner Auffassung vom griechischen *tlâo* ab, was «erleiden» oder «tragen» bedeutet.

Der Streit um die linguistische Wurzel *atl* berührt den Kern des Atlantis-Rätsels und wütet nun seit anderthalb Jahrhunderten. Sieben Jahre bevor Ignatius Donnelly der nichts ahnenden Öffentlichkeit sein Monumentalwerk *Atlantis: The Antediluvian World* präsentierte, erschien ein gelehrter Artikel im *Cincinnati Quarterly Journal of Science*. Unter dem Titel ‹Atlantis: A Statement of the «Atlantic» Theory Respecting Aboriginal Civilisation› betrachtet der Autor, der amerikanische Historiker L. M. Hosea, auch den Ursprung des Namens Atlas. Über die Auffassung der Sprachwissenschaftler, der Name gehe auf die griechische Wurzel *tlâo* zurück,[39] schreibt er:

Diese Herleitung erscheint jedoch nicht sehr vernünftig, da der Name schon existiert zu haben scheint, bevor dem Gott die Last [*des Himmels*] aufgebürdet wurde, und zweifellos durch den Seeverkehr mit afrikanischen Völkern nach Griechenland gelangt ist. Wahrscheinlicher ist, dass die ursprüngliche Bedeutung des [*Wortes*] Atlas ... allmählich verloren ging, da der Handel immer weiter abnahm und die Überlieferung von der Existenz der Inseln [*unter seiner Herrschaft*] immer verschwommener wurde und schließlich mit der sekundären Idee des «Hüters der Säulen, die Himmel und Erde auseinander halten», zusammenfloss, der Säulen am westlichen Horizont. Dorthin blickte natürlich jeder, in Richtung der sagenhaften Inseln, und so kristallisierte sich die Idee in der damaligen Mythologie heraus. Daher ist es vernünftiger, anzunehmen, dass sich die wenigen griechischen Wörter, und davon gibt es wirklich nur wenige, welche die Wurzeln *atl* oder *tl* enthalten, ebenfalls von dieser sekundären Bedeutung von Atlas herleiten.[40]

Hosea meinte, der Wortstamm *atl* könne nicht auf die Erinnerung an die Bestrafung des Atlas zurückgehen – oder umgekehrt –, da das eine oder das andere, *atl* oder *Atlas*, als Erstes da gewesen sein muss. Gibt es für dieses Problem eine angemessene Lösung, die vielleicht auch von der akademischen Welt akzeptiert werden könnte?

Erhoben – erhaben

Griechisch gehört zur so genannten indoeuropäischen Sprachfamilie, die auf einige der ältesten geschriebenen und gesprochenen Sprachen West- und Südasiens zurückgeht. Theoretisch sollte der Ursprung des Namens Atlas also in einer der indoeuropäischen Stammsprachen zu finden sein, zum Beispiel im Sanskrit. Das indische Sanskrit ist eine der ältesten Formen dieser Sprachengruppe. Ich wandte mich also an Clifford Wright, einen Professor für südasiatische Studien. Seiner Meinung nach ist das einzige Sanskrit-Wort, das an den Wortstamm *atl* erinnert, das Wörtchen *tul* oder *tol*, das «wiegen» bedeutet.[41] Da beim Wiegen etwas hochgehoben wird, um das Gewicht zu messen, leuchtete Professor Wright sofort ein, wie ein Griechisch-Spezialist darauf kommt, dass das Wort *tlâo*, «tragen» oder «ertragen», auf diese indoeuropäische Wurzel zurückgehen könnte. Er wies außerdem auch darauf hin, dass dieses Sanskrit-Wort auch die Wurzel des lateinischen *tollo*, «heben» oder «wiegen», darstellt. Für Professor Wright erklärt der Bedeutungsgehalt «wiegen» jedoch noch nicht die Vorstellung vom Tragen oder Ertragen einer schweren Last wie in dem Mythos, nach dem Atlas als Strafe für seine Untaten den Himmel auf den Schultern zu tragen hatte.[42] Zudem beginnt der Name mit dem Buchstaben «a», der im Griechischen als verneinende Vorsilbe gebraucht wird, also die Bedeutung des Wortes umkehrt. *tlâo* mit der Vorsilbe *a*, wie in *atlâo,* würde also «nicht tragen» oder «nicht ertragen» bedeuten, was im Rahmen des Atlas-Mythos nicht den geringsten Sinn ergäbe. Das lateinische *tollo* stammt zudem aus einer etwas späteren Periode und könnte durch das griechische *tlâo* beeinflusst worden sein. Gibt es also eine andere mögliche Wurzel des Wortes «Atlas»?

Die Gelehrten stimmen darin überein, dass einige griechische Eigennamen eigentlich westsemitischen Ursprungs sind. Dieser Sprachzweig umfasst die Sprachen Arabisch, Hebräisch, Phönizisch und Punisch. Nach Herodot haben die Griechen das «Schreiben» erst von den Phöniziern gelernt. Die Phönizier waren es auch, die auf der Basis ihres eigenen 16-teiligen Alphabets deren «Buchstaben geformt» haben. Ferner schreibt Herodot: «Danach änderten sie im Laufe der Zeit ihre Sprache und damit auch die Gestalt ihrer Buchstaben.»[43] Könnte die Wurzel *atl* in Atlas und in Antilia also westsemitischen Ursprungs sein?

Eine Betrachtung dieser Sprachgruppe liefert tatsächlich Antworten auf diese Frage. Der Wortstamm *atl* kommt in der vokallosen Sprache der Hebräer vor, wo er «erhaben» bedeutet oder «hoch erhoben». Er erscheint zum Beispiel in dem hebräischen Namen *Atalyah,* «Gott ist erhaben», in dem die Wurzeln *atl* und *yah*, «Gott», zusammentreffen.[44] Die Wurzel *atl* gibt es auch in der arabischen Sprache, mit derselben Bedeutung, «erhaben» oder «erhoben». Besonders bemerkenswert ist, dass dieselbe Buchstabenreihe auch im Akkadischen existiert, jener semitischen Sprache, die im 3. Jahrtausend v. Chr. im antiken Irak ihre Blühte erlebte.[45]

Am wichtigsten aber ist die Tatsache, dass der Wortstamm *atl* als punischer Eigenname auftaucht. Nach Auskunft von Jo Ann Hackett, Professorin für biblisches Hebräisch an der Harvard-Universität, erscheint er in der Form *Atla* auf einem Widmungsstein aus Karthago.[46] Wir wissen nicht, ob der Name hier ebenfalls «erhaben» oder «erhoben» bedeutet, wenngleich wir allen Grund haben, das anzunehmen. Das exakte Alter des Steins ist ebenfalls unbekannt, aber wahrscheinlich wurde er irgendwann zwischen dem 4. und dem 2. vorchristlichen Jahrhundert angefertigt.[47]

Das hebräische Wort *atl* mit all seinen Abwandlungen bedeutet nicht nur «erhoben» oder «angehoben», sondern auch «erhaben», im allgemeinen Sprachgebrauch also auch «auf höherem Niveau» oder «gehobenen Stils».[48] Die zugehörigen Substantive sind «Erhebung» und «Erhabenheit» und beschreiben den Vorgang des Erhebens, den Status der Erhabenheit, eine höhere Lage oder Anhöhe, die Höhe über dem Meeresspiegel, die Höhe eines Gebäudes und schließlich den Winkel (Elevationswinkel), um den sich ein Himmelskörper über den Horizont erhebt.[49]

In Lemprières Standardwörterbuch finden wir unter dem Eintrag «Atlas»:

> Die Fabel, dass Atlas den Himmel auf dem Rücken trug, basiert auf seiner Liebe zur Astronomie und seinen häufigen Aufenthalten auf Höhen und Bergen, von wo aus er Himmelskörper zu beobachten pflegte.[50]

Da der Berg Atlas bekanntlich für den zu Stein erstarrten Titan unter seiner Himmelslast gehalten wurde, ist der Name Atlas unmittelbar mit der Vorstellung verknüpft, dass sein Träger diese luftigen Höhen «erhoben» oder aufgetürmt hat. Diese Verbindung legt wiederum nahe, dass der Name Atlas nicht aus der indoeuropäischen Sprache der Griechen stammt, sondern aus der punischen Sprache der Karthager. Darüber hinaus bedeutet der Wortstamm *atl* nicht «tragen», sondern «erheben» oder «erhöhen». Der Berg muss seinen Namen daher dem Umstand verdanken, dass sein «Himmel» über den Erdboden erhoben ist, was auf die Taten des mächtigen Steinriesen zurückzuführen ist. In dieser Hinsicht wird Atlas also zur Personifikation dieses Aktes – wird der, der den Himmel in die Lüfte hebt. Wenn all dies zutrifft, dann könnte das Substantiv «Atlas» oder *Atla* durchaus mit «der Erheber», «der Erhöher» oder gar «der Erhabene» zu übersetzen sein.

Homer und Hesiod

Wenn Atlas also seinen Namen von den Karthagern hat, dürfen wir annehmen, dass auch Atlantis und Antilia auf diese Sprachwurzel zurückgehen. Da der Wortstamm *atl* jedoch auch in antiken Texten in der ostsemitischen Sprache der Akkader auftaucht, können wir sagen, dass er lange vor der ersten Erwähnung des klassischen Gotthelden Atlas im Gebrauch war. Zu den Werken der klassischen Antike, in denen Atlas vorkommt, gehören Homers zwischen 800 und 600 v. Chr. entstandene *Odyssee*[51], in der Atlas das Himmelsgewölbe trägt, und Hesiods *Theogonie*[52] von ca. 700 v. Chr., in der von Atlas' Verbindung mit den Hesperiden die Rede ist.

Leider haben wir immer noch keine Möglichkeit, festzustellen, was zuerst da war, Atlas, der Titan, oder Atlas, der Berg. Wir können lediglich sagen, dass beides mit dem antiken Mauretanien zusammenhängt, dem Land der Mauren und Karthager, und dass Atlas zudem mit Astronomie, Navigation und den nassen Tiefen zu tun hatte, die sich in Richtung der untergehenden Sonne erstreckten. Diese Verbindung ist mit allergrößter Wahrscheinlichkeit der Grund dafür, dass die griechischen Inseln im westlichen Ozean als die «Töchter» des Atlas, die Atlantiden, betrachtet wurden, deren Existenz uns als Mythos oder als Seemannsgarn überliefert geblieben ist. Noch im 16. Jahrhundert wurden die atlantischen Inseln als die Atlantiden bezeichnet. Antonio Galvão schrieb in seinen *Entdeckungen der Welt*, Platon habe im *Timaios* berichtet, dass «in uralten Zeiten im Ozean Atlantik bestimmte große Inseln und Lande existierten, genannt die Atlantiden»[53].

Es kann heute kaum noch ein Zweifel daran bestehen, dass die Karthager und nicht die Griechen *atl*-Wörter wie Atlas, Atlantis und Antilia in die antike Welt gebracht haben. Diese Theorie unterstützte auch Sir Edward Herbert Bunbury, Cambridge-Geograph und Mitglied der Königlichen Geographischen Gesellschaft zu London, in seinem seit seinem Erscheinen im 19. Jahrhundert als Standardwerk geltenden Buch *A History of Ancient Geography.* Nach einer erschöpfenden Studie über die griechischen Mythen, von denen die Welt zum ersten Mal durch Dichter wie Homer und Hesiod erfuhr, kam der Wissenschaftler zu der Überzeugung, dass die Mythen, in denen Atlas und die Hesperiden erscheinen, «nahezu sicher phönizischen Ursprungs» sind.[54] Ferner stellte er fest, dass «... wir in den frühesten griechischen Berichten viele vage und verschwommene Vorstellungen hinsichtlich der Wunder des ‹fernen Westens› finden, die aller Wahrscheinlichkeit auf phönizische Quellen zurückgehen»[55].

Weiteres Gewicht erhält dieses Argument durch die Elysischen Felder oder das Elysium, die geheimnisvolle Insel der Toten irgendwo im westlichen Ozean,[56] und vielleicht auch durch den zuerst in Homers *Ilias* erwähnten Ozeanstrom *Oceanus*.[57] Nach Meinung des seinerzeit (im 19. Jahrhundert) hoch geschätzten schwedischen Geographen A. E. Nordenskiöld «geht der Name οχεανοζ *[Okeanos]* wahrscheinlich ebenfalls auf phönizische Quellen zurück»[58].

Meiner Ansicht nach verschwand dieses Wissen über den Ozean nie ganz aus dem Legendenschatz der antiken Lixiter, die dann zwischen dem 8. und dem 14. Jahrhundert als Mauren ihre Vorstellungen von atlantischen Inseln nach Spanien und Portugal mitbrachten. In den Überlieferungen der Mauren verbarg sich ein bruchstückhaftes Wissen über eine geheimnisvolle Atlantikinsel namens Atulliae. Diese Überlieferungen wurden auf irgendeine Weise den Seefahrern und Kartographen des mittelalterlichen Portugal bekannt, die wiederum als Namen der Insel die modernere Form «Antilia» einführten, *ante-ilha*, die Insel «vor» etwas anderem – höchstwahrscheinlich vor dem noch unbekannten amerikanischen Kontinent.

Das bedeutet jedoch nicht, dass die Vorstellung von den Sieben Städten eine maurische oder portugiesische Erfindung war, sondern nur, dass die wahren Ursprünge der Überlieferung irgendwann im Strudel der Zeit versunken waren. Sieben ist die vorherrschende Zahl in der Legende um Antilia und um die Inseln des westlichen Ozeans allgemein: sieben Städte, sieben benannte Buchten, sieben Bischöfe, sieben Eilande, sieben Atlantiden, sieben Plejaden, sieben Inseln der Proserpine (nach Marcellus) und sieben Zonen oder «Kreise» der Stadt Atlantis in der Sicht des Neoplatonikers Amelius.

Waren die Sieben Städte einfach eine Ausschmückung einer viel älteren Tradition, die unmittelbar mit dem Kern des Atlantis-Mythos und den mittelalterlichen Überlieferungen über Antilia verknüpft war? Diese faszinierende Möglichkeit werden wir im nächsten Kapitel ausloten.

Zuvor wollen wir jedoch kurz auf die Pionierarbeit des amerikanischen Historikers L. M. Hosea zurückkommen. Nach seiner Hinterfragung der sprachlichen Wurzel des Namens Atlas schreibt er: «Falls ... wir ein Land finden, in dessen Sprache das Wort Atlantis eine einheimische Wurzel hat, dann ist dort auch eine Suche nach Spuren der lange untergegangenen Rasse gerechtfertigt.»[59]

Und er fährt fort mit der Hypothese, das fragliche «Land» sei das «reizende Tal von Anahuac», wie Mexiko in präkolumbischer Zeit hieß. Hosea zitiert den ehrwürdigen französischen Philologen und Linguisten

Abbé Brasseur de Bourbourg, der im 19. Jahrhundert eine äußerst gründliche Studie über mittelamerikanische Religion und Mythologie verfasste, und stellt fest: «Hier finden wir die Wurzel *tl* oder *atl* in der Bedeutung ‹Wasser›, von der sich *Atlan* ableitet, *am Rand oder inmitten von Wasser*»[60]. In Nehuan, der Sprache der Azteken, kann *atl* auch «Speerwerfer» heißen – nach einem Geschoss, das als *atlatl* bezeichnet wurde.

Ist es wirklich möglich, dass eine Sprache, die von den eingeborenen Völkern Zentralmexikos gesprochen wird, auf irgendeine Weise mit den Namen in Verbindung steht, die phönizische und karthagische Kaufleute den Westindischen Inseln gegeben haben? Wie wir sehen werden, führt dieser faszinierende, wenn auch linguistisch schwer zu belegende Ansatz zu einer Reihe bemerkenswerter Einsichten in die möglichen Ursprünge der *Sete Cidades*.

15 Weiße Götter aus fernen Landen

Wir schreiben den 18. November 1519. Nach Monaten tollkühner Heldentaten, die sich mit allem messen können, was in Geschichtsbüchern je geschrieben stand, ist der spanische Eroberer Hernando Cortés im Begriff, in Tenochtitlan einzuziehen, der funkelnden Inselhauptstadt des Reiches der Azteken. Zehntausende aztekischer Bürger in farbenprächtigen Gewändern säumen die lange Straße in die Stadt. Zwischen ihnen marschieren mehrere Hundert voll bewaffnete Aztekenkrieger in Tierhäuten und Federhüten den Spaniern entgegen – die königliche Garde des großen Sprechers der Azteken, Motecuhzoma II., besser bekannt als Montezuma, der von vier gemessen einherschreitenden Kammerherren in einer goldenen Sänfte getragen wird.

Cortés, in voller Rüstung, reitet, in Begleitung seiner getreuen Ritter, ein sorgfältig gestriegeltes und aufgeputztes Ross. Hinter ihm marschiert eine Kompanie von nur 300 Mann disziplinierter Fußtruppen zum Klang von Flöten und Trommeln. Manche der Soldaten tragen bunte Banner, darunter Cortés' eigene, durchlöcherte Fahne, hinter der sich seine zerlumpte Armee bei so vielen Gelegenheiten vereinigt hat, seit sie in Neuspanien gelandet sind.

Hinter den Spaniern schreiten 4000 wilde, in Federn gekleidete Krieger aus der östlichen Provinz Tlaxcala einher. Nach vier Niederlagen gegen die Spanier sind sie zu Cortés' größten Verbündeten geworden. Mit ihrer Hilfe wird er die aztekische Nation vollständig unterwerfen.

Dies war zweifellos der letzte und größte Akt des Wahnsinns, den Cortés und seine edlen Begleiter in Szene setzten. Jeden Augenblick hätte Montezuma die gesamte Bevölkerung von Tenochtitlan auf die Armee des Cortés hetzen können. Wer nicht sofort umkam, wäre gefangen genommen und in den Tempeln geopfert worden, die ohnehin mit dem Blut Abertausender Opfer befleckt waren. Doch Cortés war kein gewöhnlicher spanischer General.

Hernando Cortés, geboren 1485, stammte aus Medellin, einer Stadt in der Provinz Estremadura in Westspanien. Schon mit jungen Jahren bewies er Kampfgeist, Gerissenheit und Intelligenz, die sein Vater gern auf ein

Studium der Jurisprudenz gelenkt hätte, doch der junge Ritter hatte andere Ideen. Mit seiner Liebe zu militärischer Aktion ergriff er 1504 die Gelegenheit, in die Neue Welt aufzubrechen. Sieben Jahre danach war er mit Diego Velasquez und seinen brutalen *Conquistadores* an der grausamen Kolonisierung Kubas beteiligt. Später sollte er zu Velasquez' Sekretär ernannt werden. Allerdings sah Cortés grundlegende Probleme in der schlecht durchdachten und blutigen Politik des Gouverneurs, die er 1518 im regierenden Rat von Hispaniola vorzubringen versuchte. Er und einige andere wurden daraufhin als Rebellen verhaftet, doch Cortés konnte fliehen und fand Schutz in einer Kirche. Schließlich legten die beiden Männer ihren Disput bei, und Cortés bekam fruchtbares Land in der Gegend von St. Jago zugesprochen, wo er sich für kurze Zeit der Landwirtschaft widmete.

Die Entdeckung Neuspaniens

Bald drangen jedoch Berichte über ein großes Reich in Neuspanien, also auf dem amerikanischen Festland, nach Kuba, und Cortés fasste dessen Eroberung ins Auge. Angeblich ging es ihm um Gold, Ruhm und die Bekehrung des Volkes im Namen der römischen Kirche. 1517, nach der Rückkehr einer Expedition, die unter Führung des Hernandez de Cordova die Yukatan-Halbinsel erkundet hatte, waren die Erwartungen hoch. Sein Schiff war auf dem Weg von Kuba zu den Bahamas vom Kurs abgekommen und durch Zufall an der Küste von Yukatan gelandet. Dort waren die Spanier auf eine feindselige Bevölkerung gestoßen, zweifellos Maya-Krieger, die viel besser ausgerüstet waren als jene Völker, die auf den Westindischen Inseln anzutreffen gewesen waren. Sie hatten steinerne Häuser und Tempel gebaut, etwas, das die Spanier auf keiner Insel gesehen hatten. Und dann war Cordova der Meinung, «irgendwo dort lägen die Sieben Städte»,[1] was dem kubanischen Gouverneur Diego Velasquez und dessen jungem Sekretär Hernando Cortés bestimmt nicht entgangen ist.

Eine zweite Expedition nach Yukatan unter Juan de Grijalva verließ Kuba am 1. Mai 1518. Auch diese erlebte einen unfreundlichen Empfang durch die Mayas, doch Grijalva setzte sich durch und gelangte mit seinen Leuten bis in die heutige Provinz Tabasco am Golf von Campeche, wo die Maya-Stadt Comalcalco liegt. Von dort zog er die Golfküste entlang nach Norden und entdeckte dabei zwei Inseln. Eine davon nannte er *Isla de los Sacrificios,* weil sie dort Skelette und einen blutbefleckten Tempel gefunden hatten, der offenbar für Menschenopfer benutzt worden war – das erste Mal, dass man in der Neuen Welt auf diese Praktik stieß.[2]

Angefeuert durch solche Berichte plante Cortés nun eine umfassende Mission nach Neuspanien, mit einer Flotte von elf Schiffen, hundert Bootsmännern, Lotsen und Matrosen, einer 500-köpfigen Armee, 16 Pferden und entsprechenden Mengen an Waffen und Rüstungen – alles ohne Velasquez' Wissen. Der Gouverneur versuchte noch in letzter Minute, das Auslaufen der Expedition zu verhindern, doch am 18. Februar 1519 brach die Flotte schließlich vom kubanischen Kap St. Antonio aus nach Yukatan auf. Nachdem er in mehreren Scharmützeln über die Mayas gesiegt hatte, segelte Cortés nach Südwesten weiter und erreichte am 21. April 1519 die Golfküste. Mithilfe der dort ansässigen Bevölkerung richtete er eine ausgedehnte Siedlung ein, sowohl als Basislager als auch als Zufluchtsort, falls ein solcher in den kommenden Monaten gebraucht würde. Am Ort dieses Lagers entstand später die Stadt Veracruz.

Cortés' Ankunft in Neuspanien war der Beginn ganz außerordentlicher Ereignisse. Als Erstes verbrannte er seine Schiffe, damit es für niemanden einen Weg zurück gab. Dann beschloss er, zur Hauptstadt der Azteken vorzurücken, obwohl Montezuma dies verboten hatte. Zudem hatte Cortés den Totonac aus dem nahen Cempoalla befohlen, aztekische Steuereintreiber festzunehmen, die er dann heimlich wieder freiließ, um den Respekt und die Bewunderung des großen Sprechers zu erlangen. Unter den Augen rasender Menschenmengen hatte er heidnische Götzenbilder in heiligen Tempeln niederreißen und an deren Stelle Holzkreuze und Bilder der Jungfrau Maria mit dem Erlöser aufstellen lassen. Doch vor allem hatte er seine Männer in Schlachten gegen Armeen von 100 000 oder mehr Tlaxcalan-Krieger geführt, als wären es schlichte Dorfprügeleien, und stets war er am Ende siegreich geblieben. Und nun wollte Cortés dem Aztekenreich im Namen des spanischen Königs Karl I. das Herz aus dem Leib reißen. Dabei standen ihm nur der gottgleiche Montezuma und alle Mexikaner, die diesem noch ergeben waren, im Wege.

Der große Sprecher

Die persönliche Armee des großen Sprechers kam zum Stehen und die goldene Sänfte mit ihrem Dach aus grünen Federn, bedeckt mit Gold, Silber, Perlen und grünen Edelsteinen, wurde langsam zu Boden gelassen.[3] Montezuma, seinen Bruder und seinen Neffen bei sich, war auf dem Weg, die weißen Fremdlinge zu begrüßen. Aztekische Edelleute legten Baumwollmatten vor ihm aus, damit seine Füße nicht die nackte Erde berührten. Die Azteken schauten zu Boden, während er vorüberschritt, da jeder Blickkontakt mit dem Monarchen streng verboten war. Manche seiner

Untertanen waren so überwältigt von seiner Anwesenheit, dass sie sich zu Boden warfen.

Montezuma war etwa 40 Jahre alt. Er war groß und schlank und hatte ein langes, dunkles Gesicht mit sorgfältig rasierten Bartstoppeln sowie glattes schwarzes Haar, das seine Ohren bedeckte. Er trug einen raffinierten Kopfschmuck mit einem Fächer aus grünen Federn des heiligen Quetzalvogels. Die Federn flossen ihm über den Rücken – als Symbol seiner Königswürde und zum Zeichen, dass er in jüngeren Jahren ein großer General gewesen war.

Seit über 150 Jahren hatten die Azteken dafür gekämpft, ein Reich zu schaffen, das alle Stämme und Völker von Anahuac umfassen sollte. Nach dem Sturz des Toltekenreiches um 1200 n. Chr. war das Land in Chaos und Krieg versunken, doch seit der Gründung Tenochtitlans im Jahr 1345 hatten die Azteken allmählich die Oberhand gewonnen, und das Land hatte endlich ein wenig Ruhe gefunden. Die großen Sprecher betrachteten sich als die Nachfahren der herrschenden Dynastie der Tolteken. Die Tolteken waren um das Jahr 900 an die Macht gekommen und hatten etwa 300 Jahre lang von der antiken Stadt Tula aus geherrscht, nordwestlich von Tenochtitlan (wo später Mexico City gegründet wurde). Vor den Tolteken hatte das unbekannte Volk, das die heilige Stadt Teotihuacán im Norden des heutigen Mexico City erbaut hatte, über Anahuac geherrscht. Aus jener Periode stammen die Ehrfurcht einflößenden Pyramiden der Sonne und des Mondes. Nach offizieller Datierung erlebte dieses außergewöhnliche Kultzentrum seine Blüte irgendwann zwischen 300 und 900 n. Chr., wobei die Fundamente weitaus älter sind. Doch nun hatten die Azteken die Macht in Anahuac, die letzte der großen Zivilisationen Mittelamerikas.

Für das Treffen mit Cortés hatte Montezuma einen Baumwollgürtel und ein quadratisches blaues Cape angelegt. Seine Sandalen aus purem Gold waren mit funkelnden Smaragden besetzt. So schritt er in Begleitung mehrerer Edelleute Cortés entgegen, voller Würde und Vertrauen – obwohl er, seit die weißen Männer an der Küste seiner Welt gelandet waren, wiederholt versucht hatte, sie zu überlisten und umzubringen. In vieler Hinsicht betrachtete er Cortés als seinen Untergang. Nicht nur sein eigenes und das Schicksal seiner Familie, sondern die Zukunft der ganzen aztekischen Nation lag nun in den Händen dieses Mannes in schimmerndem Stahl, der auf einem Tier saß, das wie ein großes Reh aussah.

Sobald Montezuma sich näherte, stieg Cortés ab, legte die Zügel in die Hände eines Pagen, schritt langsam mit seinen getreuesten Kameraden voran und sprach den Azteken schließlich mit den Worten an: «Bist du es? Bist du er? Bist du Montezuma?»[4] Worauf Montezuma in seiner Sprache antwortete: «Allerdings, ja, ich bin er.»

Nach herzlichen Begrüßungen legte Cortés eine Goldschnur mit bunten Margaritasteinen um Montezumas Hals und machte instinktiv eine Bewegung, als wollte er sein Gegenüber umarmen, woran er von den erschrockenen Dienern des Azteken prompt gehindert wurde. Körperlicher Kontakt mit dem großen Sprecher war natürlich gegen jedes Protokoll.[5] Montezuma nahm Cortés' Geschenk an, und Cortés und seine Begleiter wurden mit Gold überschüttet.

Und dann kam die Rede des Montezuma an den spanischen General, in der er folgende Worte gebraucht haben soll:

O unser Herr, du hast Erschöpfung gelitten und Müdigkeit ertragen. Du bist gekommen, die Erde zu betreten. Du bist gekommen, um in deiner Stadt Mexiko zu herrschen. Du bist gekommen, um dich auf deiner Matte niederzulassen, auf deinem Thron, den ich für einen Augenblick für dich gehütet habe. Denn deine Regenten haben uns verlassen ... die vor sehr kurzer Zeit gekommen waren, für dich Wache zu halten; die gekommen waren, über die Stadt Mexiko zu herrschen ... Mein Kummer währte einige Zeit, während ich zu dem unbekannten Ort schaute, von wo du gekommen bist – zwischen den Wolken, aus den Nebeln. Und nun ist es geschehen. Die Herrscher verließen uns mit den Worten, du würdest kommen und deine Stadt besuchen, um dich auf deiner Matte niederzulassen, auf deinem Thron. Und nun ist es eingetreten. Du bist gekommen. Du hast Erschöpfung gelitten und Müdigkeit ertragen. Friede sei mit dir. Ruhe dich aus. Besuche deinen Palast. Ruhe deinen Körper. Friede sei mit unseren Herren.[6]

Nach einer Antwortrede ergriff Cortés Montezumas Hand, als wollte er ihn beruhigen, und die Spanier wurden in die Quartiere in der Hauptstadt geführt.

Montezumas Rede

Wie kam Montezuma dazu, eine so eigenartige Rede zu halten? Warum verhielt er sich Cortés gegenüber, den er monatelang umzubringen oder gefangen zu nehmen versucht hatte, so ehrerbietig? Warum sagte er, er habe immer gewusst, er werde eines Tages zurückkehren, um «über die Stadt Mexiko zu herrschen» und sich «auf deinem Thron niederzulassen», den Montezumas Vorfahren für ihn warm gehalten hatten, als hätten die großen Sprecher alles für seine Rückkehr vorbereitet?

Die Antwort erfuhr Cortés am nächsten Tag, als er mit seinen Rittern Montezuma in dessen großem Audienzsaal besuchte, wohin sie von aztekischen Adligen geführt wurden, nachdem sie zum Zeichen des Respekts ihre Stiefel ausgezogen hatten. Montezuma empfing sie mit großem Wohlwollen, und nach einigen Förmlichkeiten und dem Austausch weiterer Geschenke kam Cortés auf den Hauptzweck des Treffens zu sprechen: die Bekehrung der Azteken zum römischen Glauben. Er wollte Montezuma davon überzeugen, dass seine Untertanen ihren barbarischen Götzendienst aufgeben sollten, ihre Huldigungen an Idole, die wie Teufel aussahen. Überall seien die Spanier auf Spuren von Massenopfern gestoßen, wo Menschen bei lebendigem Leibe die Herzen herausgerissen und den Dämonen der Hölle geopfert worden seien.

Über seine Dolmetscherin Doña Marina erklärte er Montezuma – dem Hohen Priester des Gottes Tezcatlipoca in dessen Verkörperung als der Feuergott Huitzilopochtli – die Mysterien der katholischen Kirche. Montezuma hörte sich aufmerksam an, was Cortés über den weißen Gott zu sagen hatte, der an einem Kreuz gestorben und nach drei Tagen von den Toten auferstanden sei.

Er glaubte sogar, dieser Jesus müsse ein mächtiger Gott sein, da er die Spanier gegen den Zorn der Götter beschützt hatte, deren Götzenbilder sie in seinem Land und im Land der Mayas zertrümmert hatten. Als Cortés seine Rede beendet hatte, gab Montezuma eine Erwiderung, die uns zum Glück in den 1519 verfassten «Briefen aus Mexiko» des Hernando Cortés an den spanischen König erhalten geblieben ist. Was er sagte, ist von größter Bedeutung:

Aus den Schriften unserer Vorfahren wissen wir seit langer Zeit, dass weder ich noch sonst irgendjemand, der in diesem Land wohnt, von hier stammt, sondern dass wir Fremde sind, die aus großer Ferne gekommen sind. Ebenso wissen wir, dass ein Häuptling, dessen Vasallen sie alle waren, unser Volk in diese Region geführt hat. Und dann ist er in seine Heimat zurückgekehrt.

Und wir haben immer geglaubt, dass seine Abkömmlinge kommen und dieses Land erobern und uns als ihre Vasallen nehmen würden. Weil ihr also von jenem Ort kommen wollt, wo die Sonne aufgeht ... glauben wir und sind sicher, dass er unser natürlicher Herr ist ...[7]

Eine andere Version der Rede ist noch erhellender, da dort die Identität des großen Führers, der nach dem Glauben der Azteken eines Tages zurückkehren würde, offen gelegt wird:

Kurz gesagt glauben wir, der große Fürst, dem ihr euren Gehorsam schuldet, ist ein Nachfahre des Quetzalcoatl, des Herrn der Sieben Höhlen von Navarlaques und rechtmäßigen Herrschers der sieben Völker, die das Reich von Mexiko gegründet haben. Denn nach der Überlieferung verließ er diese Lande, um neue Gebiete im Osten zu erobern, mit dem Versprechen, seine Nachfahren würden nach einer Zeit zurückkehren, um unsere Gesetze zu erneuern und unsere Regierung umzuformen. Deshalb haben wir beschlossen, dass alles getan werden soll, um einen Fürsten zu ehren, der von einem so berühmten Vorfahren abstammt.[8]

Cortés war sich der Tatsache bewusst, dass Montezuma, die Nation der Azteken und alle anderen Stämme Neuspaniens ihn mit Ehrfurcht betrachteten, weil er einem Gott zu ähneln schien, der mit seinem Gefolge auf einem Schiff aus Richtung der aufgehenden Sonne gekommen war. Dieser hatte die Zivilisation nach Anahuac gebracht. Seine Heimat wurde Tlapallan genannt, das «rote Land»,[9] und dorthin sollte er auch zurückgekehrt sein, nachdem er in Mexiko sein Werk verrichtet hatte. Der Name Quetzalcoatl leitet sich von zwei Wörtern der Nahuatl-Sprache ab: *Quetzal*, gefiedert, und *coatl*, «Schlange», im Besonderen «Klapperschlange». Nach aztekischer Überlieferung war Quetzalcoatl der siebte Sohn des Itzac-Mixcohuatl, in dessen Namen die Wörter Weiß, Gras, Schlange und Nebel enthalten sind.[10] Der Ausdruck «Nebel» bezieht sich auf den als Milchstraße bekannten Strom von Sternen. Quetzalcoatls himmlische Inkarnation ist in der zweiten Silbe des Namens verschlüsselt, welche, in Anspielung auf den Morgenstern Venus, auch «Zwilling» bedeuten kann. Sein dunkler Zwillingsbruder Xolotl wurde mit Venus in ihrer Rolle als Abendstern identifiziert.

Quetzalcoatl war ursprünglich ein großer Held der toltekischen Völker und wurde in vielen Teilen Mexikos noch zur Zeit der Eroberung verehrt. Den frühesten spanischen Chronisten zufolge, die sich eingehend mit ihm befassten, soll er in seiner irdischen Gestalt eine hoch gewachsene Erscheinung mit langem, dunklem Haar und wallendem Bart gewesen sein.[11] Oft hieß es auch, er sei weißhäutig gewesen, was jedoch allgemein als eine Erfindung der Spanier verworfen wird, die sich damit als die Erfüllung der Prophezeiungen über Quetzalcoatls Rückkehr darstellen wollten.[12]

Das Kreuz und der Mantel

Nicht so leicht zu erklären war Quetzalcoatls Verbindung mit dem Kreuz, das seinen schwarzen Mantel geziert haben soll.[13] 500 Jahre lang haben christliche Autoren und Historiker diesen religiösen Symbolismus strapaziert, um glaubhaft zu machen, Quetzalcoatl sei ein früher christlicher Seefahrer gewesen, vielleicht der Apostel Thomas, der – nach Überzeugung der spanischen Kirchenmänner des 16. Jahrhunderts – nach Amerika gelangte.[14] Bei weißen Kreuzen auf schwarzen Mänteln denkt man jedoch nicht so sehr an einen Apostel Jesu als vielmehr an die Ritter eines der mittelalterlichen Orden wie etwa der Templer oder der Ritter des Heiligen Johannes.

Der Tolteken-Gott Quetzalcoatl auf einem Teocalli-Pyramidentempel. Die Kreuze auf seinem Mantel könnten auf Mexikoreisen hindeuten, die Mitglieder mittelalterlicher Ritterorden in präkolumbischer Zeit unternahmen

Ein mittelalterlicher Ritter, der vor den Reisen des Christoph Kolumbus nach Mexiko gelangt sein soll, war Henry Sinclair, der Prinz von Orkney. Überzeugenden Hinweisen zufolge ist Sinclair 1398 mit einer Flotte von zwölf Schiffen unter Führung des venezianischen Kapitäns Antonio Zeno nach Nova Scotia aufgebrochen, wozu er die Nordwestroute einschlug.[15] Manche Geschichtsschreiber glauben zudem, er sei der amerikanischen Ostküste südwärts gefolgt und irgendwo am Golf von Mexiko gelandet.[16] Eigenartigerweise kann sich diese phantastische Hypothese auf Steinmetzarbeiten in der Rosslyn-Kapelle stützen, einer unvollendeten Kollegiatkirche in der Nähe von Edinburgh, deren Bau Prinz Heinrichs Nachfolger Mitte des 15. Jahrhunderts in Angriff nahmen. Unter den mystischen Bildern, mit denen die Innenwände und das Deckengewölbe der Kapelle geschmückt sind, finden sich offene Maiskolben und eine Art des Aloe-Kaktus. Ebenso sind dort Szenen abgebildet, in denen Knochenmänner während eines mexikanischen Festes – am Tag der Toten – durch die Straßen tanzen.[17]

1. Platon und sein Schüler Aristoteles, ca. 350 v. Chr. Im Zeitalter dieser Philosophen waren Gerüchte und Geschichten um einen gegenüberliegenden Kontinent, ein unpassierbares Meer und unbekannte Inseln jenseits der Säulen des Herakles weit verbreitet. Atlantis war eine dieser Inseln.

2. Der athenische Dichter und oberste Gesetzgeber Solon (ca. 638–558). Solon soll Platon zufolge die Geschichte des Untergangs von Atlantis von einem Priester am Tempel von Sais im Nildelta gehört haben. Es gibt jedoch allen Grund, Solons vorgebliche Rolle in Platons Atlantis-Dialogen anzuzweifeln.

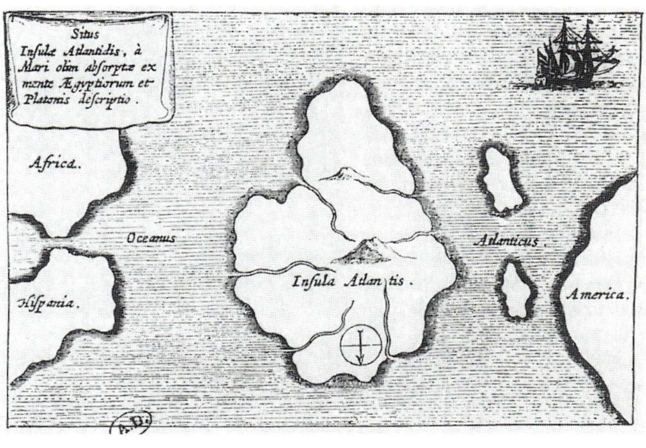

3. Die Atlantis-Karte des deutschen Jesuiten, Gelehrten und Physikers Athanasius Kircher (17. Jahrhundert).

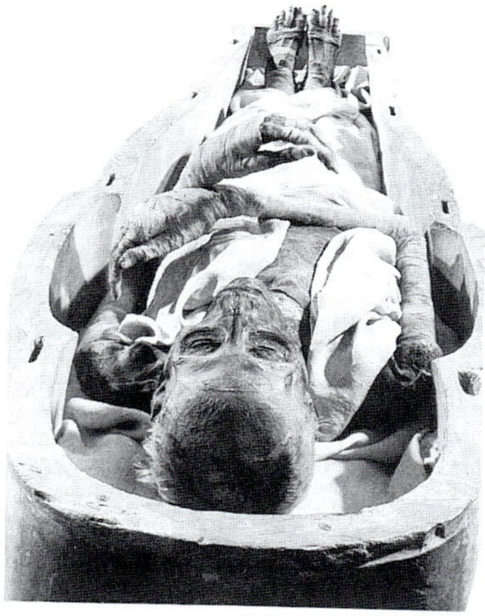

5. 1976 fand man bei Untersuchungen des hier abgebildeten mumifizierten Leichnams Ramses' des Großen deutliche Spuren von Tabak. In jüngerer Zeit fand die deutsche Toxikologin Svetlana Balabanova in anderen ägyptischen Mumien nicht nur Nikotin, sondern auch Kokain, die starke Droge, die aus der in Amerika heimischen Kokapflanze gewonnen wird.

4. Der griechische Gott Atlas, der den Himmel auf seinen Schultern trug und nach dem ein Gebirge in Afrika benannt ist. Neuere Forschungen zeigen, dass der Atlas-Mythos, der unmittelbar mit der Atlantis-Legende verknüpft ist, phönizischen oder karthagischen Ursprungs ist.

6. Eines der beiden Bestattungsschiffe, die in steingetäfelten Gruben neben der Großen Pyramide gefunden wurden. Hierbei scheint es sich um Nachbildungen seetüchtiger Schiffe zu handeln, wenngleich die Boote selbst nie für die hohe See gedacht waren. Wo könnten die Ägypter die Seefahrerei erlernt haben?

7. Einer von mehreren großen Steinköpfen, die in Olmek-Zentren in Mexiko gefunden wurden. Das abgebildete Exemplar stammt aus La Venta in der Provinz Tabasco. Die Köpfe zeigen unbestreitbar afrikanische Züge, doch wer waren diese edlen Vorfahren, und welche Rolle spielten sie bei der Entstehung der Atlantis-Legende?

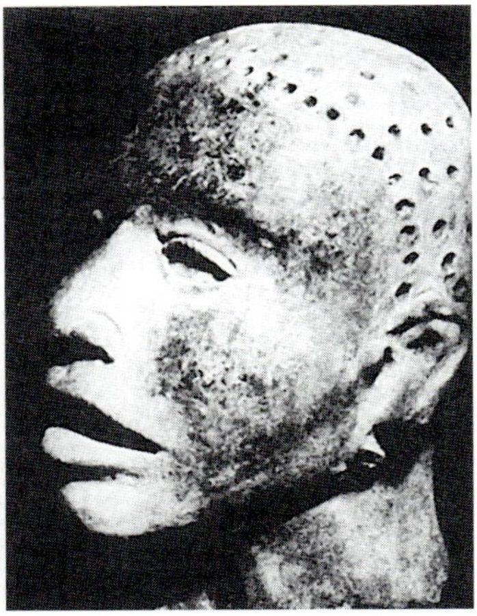

8.,9., 10. Ein afrikanisch anmutender Kopf aus Veracruz (oben), eine Statue orientalischen Typs, «der Ringkämpfer» von Uxpanapan bei Veracruz (rechts oben) und ein Keramikkopf (rechts) mit mediterranen Zügen, einschließlich Bart und Schnauzer, aus Tres Zapotes bei Veracruz. Wie kamen mittelamerikanische Kulturen wie die Olmeken und die Maya dazu, Bildnisse von Individuen mit so verschiedenartigen Gesichtszügen zu schaffen?

11. Stele Nr. 21 der Olmek-Stätte von La Venta, mit dem Relief eines bärtigen Mannes, des so genannten «Onkel Sam». Für die amerikanische Autorin Constance Irwin stellt diese Steinarbeit einen phönizischen Seefahrer aus dem östlichen Mittelmeerraum dar.

12. Die Außenmauer des Palastes im Maya-Zentrum Comalcalco bei Villahermosa in der Provinz Tabasco. Comalcalco bestand zu einem großen Teil aus Backsteinbauten. Auf einigen der Steine wurden Markierungen gefunden, die an eine archaische Schrift aus dem Industal erinnern, wo ebenfalls mit Backsteinen gebaut wurde.

13. Ein afrikanisch anmutender Keramikkopf aus Comalcalco. Wen könnte er darstellen? Bestimmt keinen Angehörigen der vollkommen bartlosen eingeborenen Bevölkerung.

14. Zyklopisches Mauerwerk in Niebla in Südwestspanien, in den zwanziger Jahren von der englischen Archäologin Elena Whishaw fotografiert. Ihrer Meinung nach war die Mauer Teil eines ausgedehnten Seehafens, der 2500 v. Chr. floriert haben könnte.

15. Christoph Kolumbus (1430[?]–1506), der Entdecker der Neuen Welt; eine Büste in den Musei Capitolini zu Rom. Seine Mannschaft war nur deshalb bereit, an der berühmten Reise des Seefahrers aus Genua teilzunehmen, weil sie damit rechnete, dass er die legendäre Insel Antilia finden würde.

16. Zigarren rauchende Eingeborene der Westindischen Inseln auf einem Holzschnitt des französischen Globetrotters André Thevet (16. Jahrhundert). Die ersten Berichte über die Sitte des Tabakrauchens gehen auf Kolumbus' Landung an der Insel Kuba im Oktober 1492 zurück.

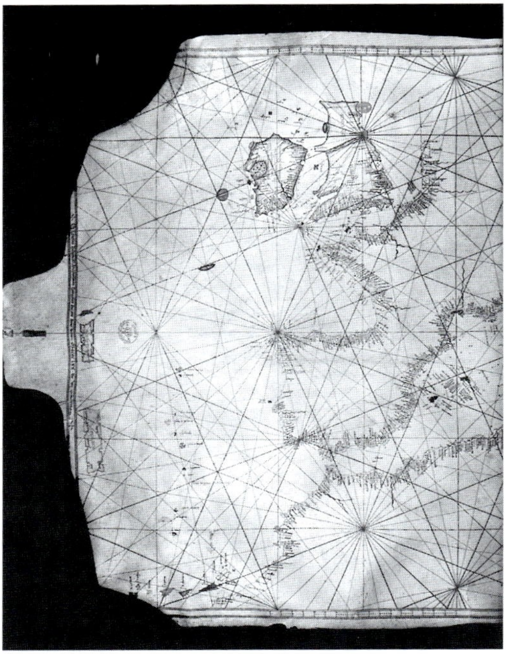

17. Auf der Benincasa-Karte von 1476 erscheint Antilia unten links. Von der Existenz dieser sagenhaften Insel haben offenbar schon die Phönizier, Karthager und Mauren gewusst, lange bevor sie auf mittelalterlichen Seekarten auftauchte.

18. Auf der Weltkarte des Nicolo de Canerio Januensis (1502) sind die Hauptinseln des Westindischen Archipels als die «Antilhas del Rey de Castella» (die Antillen des Königs von Kastilien) eingetragen. Die Karte bestätigte damit schon zehn Jahre nach Kolumbus' erster Reise in die Neue Welt, dass die Westindischen Inseln und die vier Inseln der Antillen ein und dasselbe sind.

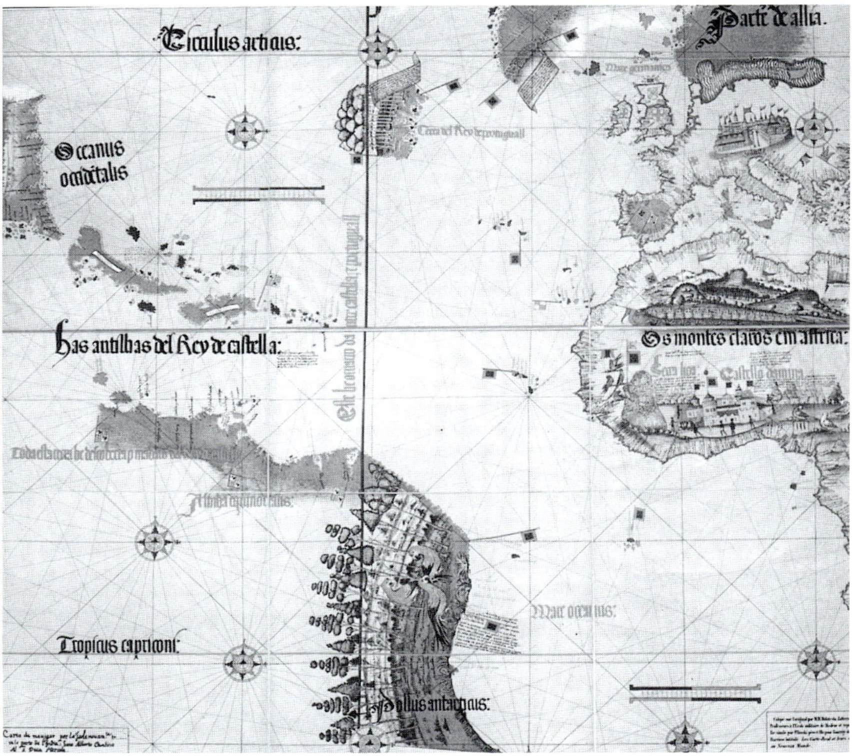

19. Die Piri-Reis-Karte von 1513. Nach Meinung Professor Charles Hapgoods vom Keene-College in New Hampshire geht die gestutzte Darstellung von Kuba auf eine antike Karte zurück, womit die Theorie bestätigt wäre, dass lange vor Kolumbus Seereisen zu den Westindischen Inseln unternommen worden sind.

20. Der deutsche Wissenschaftler, Seefahrer und Ritter des Königreichs Portugal Martin Behaim (1459–1507) war der Schöpfer des berühmten Globus von 1492, auf dem die Legende um die Insel der Sieben Städte zum ersten Mal erwähnt wird.

21. Prinz Heinrich «der Seefahrer» von Portugal (1394–1460). Mit seinen Anstrengungen, Antilia und die sagenhaften Sieben Städte zu finden, war er *die* Schlüsselfigur in der präkolumbischen Geschichte der Entdeckung der Neuen Welt.

22. Das Treffen zwischen Hernando Cortés und Montezuma, dem großen Sprecher der aztekischen Nation, nach Cortés' Ankunft in Tenochtitlan im November 1519. Woher stammten die Prophezeiungen, welche die Azteken glauben machten, Cortés sei der Gott Quetzalcoatl?

23. Ein Blick auf die antike mexikanische Stadt Teotihuacán, die Straße der Toten entlang auf die Sonnenpyramide zu. Unter dieser monumentalen Struktur haben Archäologen eine Reihe von Kammern entdeckt, die den Chicomoztoc, den Sieben Höhlen der Mexikaner, nachgebildet zu sein scheinen.

Der Gebieter von Tlapallan

Quetzalcoatl soll an der Golfküste ganz in der Nähe der Stelle erschienen sein, wo 1519 Cortés landete. Wie Cortés protestierte auch Quetzalcoatl gegen die barbarischen Bräuche der eingeborenen Völker und ermahnte diese, von ihren Menschenopfern abzulassen. Er soll eine Gottheit namens Opu, «der Unsichtbare», oder Yohalli Ehecatl, «der Nachtwind», gepredigt haben, dem selbst in den kältesten Nächten an heiligen Stätten fernab von allem Lärm Opfergaben gebracht werden mussten. Alle 20 Tage würden große Konchamuscheln geblasen, um den Beginn einer Zeremonie anzukünden, in der die Gläubigen vor einen Altar treten und einen mit ihrem eigenen Blut gefärbten Aloe-Stachel darbringen müssten.[18]

Quetzalcoatl blieb 20 Jahre in der antiken Stadt Cholula und weihte die Tolteken in die Künste der Metallbearbeitung, der Landwirtschaft und der öffentlichen Verwaltung ein, welche davor offenbar unbekannt waren.[19] Zu Ehren seines Heimatlandes gründete er auch die Toltekenstadt Tula oder Tollan (ein anderer Name für Tlapallan).

Manchem in Anahuac war Quetzalcoatl aber auch sehr im Wege, unter ihnen ein rachsüchtiger Zauberer namens Tezcatlipoca, der an einem Bein statt eines Fußes eine runde, spiegelblanke Platte aus schwarzem, vulkanischem Obsidianglas hatte. Daher sein Name «Rauchender Spiegel». Dieser schwarzgesichtige Schutzpatron Tenochtitlans und der ganzen aztekischen Nation brachte Quetzalcoatl schließlich dazu, einen Schluck des alkoholischen Getränks *Pulque*, zu sich zu nehmen. Davon wurde Quetzalcoatl so betrunken, dass er sein Keuschheitsgelübde vergaß und mit seiner Schwester Quetzalpetlatl schlief. Um sich selbst für diese Untat zu bestrafen, beschloss die gefiederte Schlange, Tollan zu verlassen – eine Entscheidung, die schlimme Folgen haben sollte. Bei seiner Abreise soll Quetzalcoatl alle von ihm errichteten Häuser und Gebäude niedergerissen, seinen Goldschatz verscharrt und alle prächtig gefiederten Vögel verbannt haben.

An einem als Coaapan bezeichneten Ort traten Quetzalcoatl einige der Götter von Anahuac in den Weg und fragten ihn: «Wo gehst du hin?»

«Ich gehe nach Tlapallan, von wo ich gekommen bin.»[20]

«Aus welchem Grund?»

«Mein Vater, der Sonnengott, hat mich dorthin gerufen.»

«Dann geh in Frieden, aber lass uns das Geheimnis deiner Kunst zurück, das Geheimnis des Silbergießens, des Bearbeitens von Edelsteinen und Hölzern, die Kunst der Malerei, des Federschmucks und andere Dinge.»[21]

Quetzalcoatl wollte nicht hören, was sie sagten, und setzte seine Reise nach Osten fort, bis er Tabasco und die Golfküste erreichte.[22] Von dort fuhr er schließlich auf einem Floß, das aus Schlangen gemacht war, nach Tlapallan zurück.[23]

Nach jener Zeit herrschte der finstere Gott Tezcatlipoca unangefochten über Azteken und Tolteken. Damit der Rauchende Spiegel weiterhin erlauben möge, dass die Sonne jeden Morgen aufging und das Reich gedieh, wurden ihm auf den Altären in Tenochtitlans großem Tempel täglich die dampfenden Herzen zahlloser Menschenopfer dargebracht, die der grausame Gott sich einverleibte.

Doch weil Quetzalcoatl nicht tot, sondern einfach fortgegangen war, glaubten seine Anhänger in Anahuac fest, er werde eines Tages zurückkehren und jene bestrafen, die ihm den Rücken gekehrt hatten – eine Drohung, die wie ein Damoklesschwert über dem Reich der Azteken schwebte. Deshalb waren die Priester und die herrschende Dynastie sicher, dass ihr blutiger Bund mit Tezcatlipoca ihren Untergang bedeutete und die Welt in Chaos und Unordnung stürzen würde.

Montezuma hielt es also für möglich, dass Cortés eine Inkarnation des Quetzalcoatl war. Diese Möglichkeit war ihm sogar so gegenwärtig, dass er, nachdem die Spanier ihre Siedlung in Veracruz errichtet hatten, nicht nur ein Empfangskomitee, sondern auch einen Künstler entsandte, der ein genaues Abbild des Generals malen sollte. Als Montezuma dieses Bild zum ersten Mal betrachtete, in Cortés' blasses Gesicht blickte und seinen schwarzen Bart sah und den Blechhelm, der Quetzalcoatls kegelförmigem Hut so ähnelte, muss er versucht gewesen sein, in Cortés wirklich den wiederkehrenden Gott zu sehen. Noch eigenartiger war, dass Cortés auf der Brust eine in Gold gefasste weiße Muschel trug, die sehr an das so genannte «Windjuwel» des Quetzalcoatl erinnerte.[24] Sie sah aus wie ein Querschnitt durch eine gewundene Konchamuschel, eine Form, die in der aztekischen Kunst häufig auftaucht – das Zeichen des Gottes Quetzalcoatl.

Der prophezeite Untergang

Wenn das noch nicht reichte, um den großen Sprecher in Unruhe zu versetzen, dann hatte eine Reihe sehr ungewöhnlicher Vorzeichen schon längst dafür gesorgt. Alle Omen hatten darauf hingewiesen, dass die Rückkehr des Quetzalcoatl unmittelbar bevorstand.[25] 1510 war der Tezcucosee, auf dem Tenochtitlan errichtet worden war, plötzlich sehr aufgewühlt gewesen. Es wehte kaum ein Lüftchen und von einem Erdbeben war auch nichts zu spüren, doch das Wasser trat über die Ufer und überflutete die Straßen der Stadt. Im Jahr darauf waren die Türme des Großen Tempels der Aztekenhauptstadt, der Tezcatlipoca in der Gestalt des Feuergottes Huitzulopochtli geweiht war, spontan in Flammen aufgegangen und hatten trotz verzweifelter Löschversuche immer weitergebrannt. In den folgenden Jahren waren nicht weniger als drei Kometen am Himmel erschienen, und kurz vor der Ankunft der Spanier war ein geheimnisvoller «Strom» oder eine «Flut» von Feuer am Himmel zu sehen gewesen. In einem der Berichte heißt es, dieser Feuerschleier sei am Ende «mit unzähligen Sternen gesprenkelt» gewesen.[26] Am beängstigendsten war jedoch ein Gerücht das sich in der Hauptstadt der Azteken schnell herumgesprochen hatte: Es besagte, dass Montezumas Schwester vier Tage nach ihrem Tod wieder zum Leben erwacht sei, um den großen Sprecher vor der dunklen Wolke zu warnen, die über der Zukunft seines Reiches hing.[27]

Abgesehen von diesen übernatürlichen Geschehnissen dachten die aztekischen Priester und Astronomen, einschließlich Montezuma selbst, Quetzalcoatl werde zurückkehren und Vernichtung säen, sobald das Jahr Ce Acatl (Eins, Pfeilried), sein Name als der Morgenstern, mit dem Tag Chiconaui Ehecatl (Neun Winde) zusammenfiel, dem Geburtsdatum des ersten Quetzalcoatl.[28] Das geschah nur alle 52 Jahre, doch wie das Schicksal spielte – wenn man hier wirklich von Schicksal sprechen will –, stand dieses Zusammentreffen auch für das Frühjahr 1519 auf dem Kalender, kurz vor Cortés' Ankunft in Veracruz.

Die uralten Prophezeiungen und seltsamen Vorzeichen schlossen nicht aus, dass Quetzalcoatl nicht allein, sondern in Begleitung ähnlich aussehender Begleiter in Mexiko erscheinen könnte. Die Nahuan-Völker, denen Cortés und seine Männer auf ihrem beschwerlichen Marsch nach Tenochtitlan begegneten, sprachen von der Rückkehr «der weißen Männer». So glaubten die Tlaxcala, die Cortés vernichtend geschlagen hatte, am Ende, «die Spanier könnten die weißen, bärtigen Männer sein, von denen die Orakel geredet haben»[29].

Doch wer waren die ursprünglichen «weißen, bärtigen Männer»? Und welche Rolle haben sie beim Aufstieg der mittelamerikanischen Zivilisation und in der Entwicklung der dortigen Mythen gespielt?

Ob Montezuma wirklich glaubte, Cortés sei eine Inkarnation des Quetzalcoatl und seine spanischen Landsleute seien «weiße Götter aus der Ferne», ist heute unmöglich zu sagen. Ebenso wenig können wir auf die Echtheit der berühmten Rede des Montezuma schwören. Von der gibt es mehr als eine Version, und darüber, wann und wo sie gehalten wurde, wird auch noch gestritten.[30] So wurde auch behauptet, was Montezuma über die Rückkehr des Gottes gesagt hat, sie ihm nachträglich von spanischen Historikern in den Mund gelegt worden, um die Einnahme Mexikos zu rechtfertigen. Dies nachzuvollziehen fällt mir allerdings schwer. Mit einiger Sicherheit wissen wir nur,[31] dass Montezuma in der Frage, ob die Spanier zur «Familie des Quetzalcoatl»[32] gehörten oder nicht, offenbar glaubte, Cortés und er hätten dieselben Vorfahren. Dies wissen wir von den frühesten spanischen Chronisten, die entweder mit Cortés durch Mexiko gezogen sind oder kurz danach über diese Ereignisse geschrieben haben.

Das größte Rätsel ist jedoch, warum Montezuma nichts unternahm, um sein Imperium zu retten, als er Cortés und seine Armee praktisch in seiner Gewalt hatte. Als die Spanier einmal in Tenochtitlan waren, hätte Montezuma nur mit den Fingern zu schnippen brauchen. Die königliche Garde hätte die Eindringlinge sofort ergriffen und umgebracht. Nachdem Cortés Montezuma hatte festnehmen lassen, wurde der Herrscher in Begleitung seiner Diener und einer spanischen Eskorte in seiner königlichen Sänfte durch die Straßen getragen. Eine Menschenmenge strömte zusammen, nachdem sich herumgesprochen hatte, dass die Spanier ihren großen Sprecher gewaltsam abtransportierten. Die Spanier wären zweifellos gelyncht worden, hätte Montezuma nicht «dem Volk zugerufen, auseinander zu gehen, da er seine Freunde auf eigenen Wunsch besuchte. So besiegelte er seine Schmach, indem er seine Untertanen der einzigen Entschuldigung für Widerstand beraubte.»[33]

War Montezuma zu stolz, um etwas zu unternehmen, oder hatte er sich einfach damit abgefunden, dass sein Schicksal besiegelt und sein Reich nicht mehr zu retten war, was immer er tat? In diesem Fall wären wir wieder bei der unheimlichen Macht der Prophezeiungen über Quetzalcoatls Rückkehr und müssten versuchen zu verstehen, wie einer der größten Herrscher der Geschichte so wehrlos seinem Aberglauben erliegen konnte.

Warum wurde Cortés' Ankunft mit der prophezeiten Rückkehr des Quetzalcoatl verwechselt? Wer war dieser Quetzalcoatl genau, was repräsentierte er? Und, noch wichtiger, wo lag dieses Tlapallan, das Land seiner Vorfahren, in das er zurückkehrte, nachdem er sein Werk verrichtet hatte? Erst wenn wir diese Fragen beantwortet haben, werden wir in der Lage sein, die mittelamerikanische Vorstellung von einer ursprünglichen Heimat zu verstehen – eine Vorstellung, die in unseren Überlieferungen über Atlantis, Antilia und die Insel der Sieben Städte exakte Parallelen hat.

16 Das Volk der Schlange

Der Schöpfungsmythos der mexikanischen Lande besagt, dass es vor dem ersten Tag vier frühere Sonnen gab. Der Hauptgott der ersten Sonne war Tezcatlipoca, und die Erde war von Riesen bewohnt, die in den letzten Tagen jener Welt von Jaguaren verschlungen wurden. Der Hüter der zweiten Sonne war eine Inkarnation des Quetzalcoatl, der Windgott Ehecatl. Dessen Welt ging in Stürmen unter, und alle ihre Bewohner wurden zu Affen. Über die dritte Sonne herrschte der Regengott Tlaloc, doch diese versank unter brennendem Regen, und alles, was kreuchte und fleuchte, verwandelte sich in Schmetterlinge, Hunde und Puter. Die Wassergottheit Chalchiuhtlicue war die Macht hinter der vierten Sonne, deren Welt in den Fluten versank, wobei die Bewohner alle zu Fischen wurden (das heißt, sie ertranken).

Danach kam eine fünfte Sonne – oder das fünfte Zeitalter unter der gemeinsamen Aufsicht Tezcatlipocas und Quetzalcoatls, die den Himmel hochhielten, indem sie sich in große Bäume verwandelten. Die beiden Götter erschlugen den Kaiman und formten aus seinem Kadaver die gegenwärtige Welt.

Quetzalcoatl stieg mit seinem Zwillingsbruder Xolotl in die Unterwelt hinab, um nach den Gebeinen jener zu suchen, die im vorangegangenen Zeitalter ertrunken waren. Nachdem sie Mictlantecuhtli, den Gott des Todes, dazu gebracht hatten, die Überreste herzugeben, machten sich die Zwillinge auf den Weg nach Tamoanchan, dem «Ort, wo das Schlangenvolk landete». Dort wurden die Knochen wie Korn zu einem feinen Mehl gemahlen und mit Blut vermischt, woraus die ersten Menschen entstanden, deren Nachfahren als das Volk der Azteken über Anahuac herrschten.

Nun gibt es auch andere Versionen dieser Schöpfungsgeschichte, die uns in die Lage versetzen könnten, die alte Heimat der gefiederten Schlange zu identifizieren. Darin ist von Vorfahren der Mexikaner die Rede, die von einem Ort namens Chicomoztoc entkommen sein sollen, aus den Sieben Höhlen, die nach allgemeinem Glauben unter dem Colhuacán, dem «krummen Berg», liegen sollen. In einer Variante hören wir von einem Blitzstrahl, der die Sieben Höhlen aufbricht, in einer anderen Version wird die Flucht aus dem Erdinneren erst möglich, als die Sonne einen Lichtstrahl in das Haus der Spiegel – eine andere Bezeichnung für die siebenfältige Höhe – schickt.[1]

Im 16. Jahrhundert schrieb der mexikanische Chronist Don Fernando de Alva Ixtlilxóchitl unter dem Titel *Relaciones* eine mythische Geschichte der Nahua-Völker. Darin berichtet er, die Menschen seien im dritten Zeitalter auf die Welt gekommen. Am Anfang soll es zwei führende Stämme gegeben haben: die Olmek («das Gummivolk») und die Xicalanca, die im Land Papuhá gelandet sein sollen.[2] Woher sie kamen, wird nicht gesagt; Ixtlilxóchitl schreibt lediglich, danach hätten die beiden Stämme die Stadt Cholula gegründet und sich in der Provinz Tabasco niedergelassen. Das Land Xicalanco erstreckte sich von Campeche in Yukatan bis zur Mündung des Flusses Tabasco nach Norden, während die antike Stadt gleichen Namens auf einer Insel vor der großen Laguna de Terminos zu finden ist.[3] Der Überlieferung zufolge trat Quetzalcoatl von dieser Region aus auch seine Rückreise nach Tlapallan an. In diesem Zusammenhang ist interessant, dass Ixtlilxóchitl die Ankunft des Quetzalcoatl in derselben Epoche ansiedelte wie das Erscheinen der Olmeken und der Xicalanca.[4]

Die gefiederte Schlange war den Olmeken nicht unbekannt. Das wissen wir, da Abbilder dieser Gottheit in der Architektur von La Venta in der Provinz Tabasco gefunden wurden. Monument 19 beherbergt die Skulptur einer Klapperschlange mit Vogelschnabel und gefiederter Brust, wobei es sich nach Ansicht der Gelehrten um eine frühe Darstellung des Quetzalcoatl handelt.[5]

Nach dem ersten Quetzalcoatl kamen viele andere. Mindestens ein Toltekenherrscher, Ce Acatl Topiltzin Quetzalcoatl, benutzte den Götternamen als Titel. Die Nachfolger der Tolteken, die Priesterkönige oder großen Sprecher des Aztekenreiches, gaben sich ebenfalls den Titel Quetzalcoatl.[6] Sie betrachteten sich offenbar als direkte Nachfahren der gefiederten Schlange. Vielleicht war Montezuma deshalb so schnell bereit, auch Cortés und die Spanier für Angehörige der «Familie des Quetzalcoatl» zu halten.

Die Gesichter der Schlange

Die gefiederte Schlange erscheint auch in der Mythologie der Quiché in Guatemala. Die Quiché gehören zu einer Gruppe von Bergstämmen, die zusammen als die südlichen Maya bezeichnet werden, da sie die Sprache, die Lebensweise, die Architektur und die Verwaltungsmethoden der Yukatek-Maya übernommen hatten. Die Schöpfungsmythen und die Frühgeschichte der Quiché sind uns in einem außerordentlichen Werk mit dem Titel *Popol Vuh*, das «Ratsbuch», erhalten geblieben.[7] Quetzalcoatl wird dort zum «Herrschenden Gucumatz» oder zur «Quetzalschlange», einem der sieben Schöpfungsgötter, welche aus einer Mischung aus weißem und gelbem Mais die ersten Menschenwesen geschaffen haben sollen.[8] Dennis Tedlock, der Übersetzer und Redakteur der wahrscheinlich endgültigen Version des *Popol Vuh,* meinte, diese Götter wohnten entweder «auf oder unter dem Meer der Urzeitwelt».[9]

Später im *Popol Vuh* taucht Gucumatz noch einmal als ein «Herrscher von wahrhaftiger Weisheit» und als Oberhaupt der Cauec auf, der führenden Dynastie der Quiché während der vierten Generation ihres historischen Zeitalters. Gucumatz hatte drei Begleiter, die ebenfalls als «weise Herren» betrachtet wurden. Sie werden auf die folgende bezeichnende Weise beschrieben:

> Sie wussten, ob Krieg ausbrechen würde. Alles, was sie sahen, war klar für sie. Ob jemand sterben würde, ob eine Hungersnot bevorstand oder ob es Streit geben würde, sie wussten alles … Doch nicht nur darin waren sie Gebieter. Sie waren groß in ihrem eigenen Dasein und unterzogen sich großem Fasten. Zu Ehren ihrer Bauwerke und ihrer Herrschaft hielten sie lange Fastenzeiten ein. Sie büßten vor *ihren Göttern.*[10]

Der Ausdruck «ihre Götter» zeigt an, dass diese Gebieter der Quiché nicht innerhalb des Stammes geboren, sondern von anderswo gekommen waren und ihre Bräuche und Religion mitgebracht hatten. Könnte die gefiederte Schlange der Quiché vielleicht dem Stamm der Gumatz, dem «Schlangenvolk» angehört haben, das im *Popol Vuh* erwähnt wird und das mit zwölf Stämmen, darunter die Quiché, vor dem ersten Tag aus dem Osten gekommen war?[11] In der Sprache der Quiché ist der Name Gucumatz jedenfalls identisch mit Quetzalcoatl, woraus zu schließen sein könnte, dass diese beiden Figuren ursprünglich ein und dasselbe waren. Die Vorstellung von einer Gründerzivilisation in Gestalt wandelnder Schlangen existierte jedoch nicht nur bei den Nahua und den Quiché. Auch bei den Maya-Stämmen von Yukatan stoßen wir darauf.

Die Schlange des Ostens

Nach den *Sechzehn Büchern von Chilam Balam*, den «Jaguarübersetzungen», die Kirchenschreiber im römischen Alphabet verfassten, um nach der Eroberung Yukatans die geheiligte Geschichte der Mayas zu bewahren, waren die Ureinwohner der Halbinsel als die *Ah-Canule* bekannt, das «Schlangenvolk». Dessen Priesterklasse erscheint unter den Namen *Chane*, «die Schlangen», *Canob*, «die weisen Männer der Schlange», oder *Ah-Tzai*, «das Volk der Klapperschlange».[12] Dieses Volk soll auf Booten aus dem Osten gekommen sein, unter einem großen Führer namens Zamna oder Itzamna, der den Titel Lakin-Chan, «Schlange des Ostens», trug.[13] An einer Stelle wird gesagt, er sei in Gesellschaft «einer beträchtlichen Anzahl von Priestern, Kriegern und Künstlern aller Berufe gekommen, die offenbar danach ausgewählt worden waren, inwieweit sie ihrem Führer hilfreich sein konnten in seinem großmütigen Unterfangen, die Barbaren einzuweihen»[14]. Diese «Barbaren» unterwies er in den Künsten und Wissenschaften, in der Gesetzgebung und der Kunst des Schreibens.[15] Wie Quetzalcoatl brachten er und seine Begleiter «keine Menschenopfer», sie «kannten nur einen Gott, Hunal (oder Hunab)-Ku, der Himmel und Erde und alle Dinge erschaffen hat», und brachten als Opfer nur Blumen oder Früchte dar.[16] Die erste Stadt, die er gründete, war Mayapan an den Hängen der Mani-Berge.[17] Danach gründete Itzamna viele weitere Städte, jede mit einer eigenen Provinz, bevor er sich gegen Ende seines Lebens an die Küste zurückzog. An der Stelle, wo Itzamna starb, entstand das große Zentrum von Izamal.[18] Dort versammelten sich Mayas von der ganzen Halbinsel und brachten vor seinem Schrein Gebete und Geschenke dar; auch gab es zahlreiche Berichte über Wunder und Heilungen, die sich dort zutrugen. Seine Hand, Kab-Ul, die «führende Hand», wurde zum Symbol seines Glaubens und konnte allein vor dem bösen Blick schützen.[19]

In den *Chilam Balam von Chumayel* ist zu lesen, das Schlangenvolk, dort auch «das erste Volk» genannt, sei an der Insel Cozumel vor der Ostküste Yukatans gelandet. Von dort sollen sie in andere Teile Mexikos ausgeschwärmt sein, wo sie verschiedene Städte gründeten, darunter Chichén Itzá, «die Brunnen der Itzaer».[20]

Dies ist natürlich die Stadt des als *Castillo* bekannten Pyramidentempels mit seinen bezaubernden Lichteffekten. Während der beiden jährlichen Sonnenwenden zeichnen die Schatten auf der Nordtreppe, deren Fuß mit Schlangenköpfen geschmückt ist, mit der Bewegung der Sonne Wellenlinien. Während der Frühlingssonnenwende scheint sich diese

Schattenschlange die Pyramide hinaufzubewegen, und im Herbst scheint sie sich die Treppe hinabzuschlängeln.

Die Stadt war aber auch berühmt als das Kultzentrum der Kukulcan, der Maya-Version der gefiederten Schlange. Wie der spanische Historiker Bartolomé de Las Casas im 16. Jahrhundert festhielt, war diese «aus dem Osten» nach Yukatan gekommen, in Begleitung von «20 glorreichen Führern»,[21] die «in lange, fließende Gewänder gekleidet waren und lange Bärte trugen»[22]. Itzamna war nicht identisch mit Kukulcan, der das Maya-Gegenstück zu Quetzalcoatl oder Gucumatz gewesen zu sein scheint. Die Nachfahren des Kukulcan, die als die Cocomes bekannten Priesterkönige (*cocom* ist in der Nahuatl-Sprache die Pluralform von «Schlange»), waren unmittelbare Rivalen der Itzaer, der Abkömmlinge des Itzamna, denen sie kurz vor der spanischen Eroberung die Macht über die Maya-Territorien abgerungen haben sollen.

Die Chane, die Priester der Itzaer, huldigten der Klapperschlange. Besonders heilig war die Spezies *Crotalus durissus durissus*, deren Rücken ein auffälliges Zickzackmuster trägt.[23] Dieses Muster wiederholt sich an den Außenwänden mehrerer wichtiger Yukatak-Tempel, zum Beispiel an dem in Chichén Itzá. Die Klapperschlange spielt auch in den Kalenderzyklen eine Rolle. Nach allgemeinem Glauben legt sie alle 20 Tage ihre Zähne ab – das ist genau die Periode eines *Uinal* im Kalendersystem der Mayas.[24] In der Maya-Astrologie taucht die Klapperschlange in den Plejaden auf, deren sieben Sterne als die siebengliedrige Rassel der Schlange gesehen wurden.[25] Rassel oder *Tsab* ist nach den Wörterbüchern der Maya-Sprache der Name für die Plejaden.[26]

Wo das Schlangenvolk landete

1932 veröffentlichte Edward H. Thompson, Konsul der Vereinigten Staaten und berühmter Entdeckungsreisender, sein Buch *People of the Serpent: Life and Adventure Among the Maya*. Dort finden wir bemerkenswerte Einsichten in das religiöse Denken der eingeborenen Völker Mexikos. Thompson vertritt die Auffassung, dass das Schlangenvolk in Tamoanchan gelandet ist – zu übersetzen mit «der Platz, wo das Schlangenvolk landete». Dieser mythische Ort an der Golfküste lag nach allgemeinem Glauben an der Mündung des Panuco-Flusses südlich von Tampico, in der Provinz Tamaulipas.[27] Tamoanchan war, wie wir uns erinnern, auch der Ort, an den Quetzalcoatl und sein Zwillingsbruder Xolotl die Gebeine der in den Fluten am Ende des dritten Zeitalters Ertrunkenen brachten.

Thompson gibt eine recht farbenfrohe Darstellung der Ankunft der Chane auf einem «eigenartigen Boot, schimmernd wie Schlangenhaut». Den einfachen Eingeborenen, die das Geschehen beobachteten, seien sie erschienen «wie große Schlangen, die schnell auf sie zukamen»[28]. Über das Aussehen der Besucher schreibt er:

Auf diesen Booten befanden sich hellhäutige Wesen, die nach manchen Überlieferungen zudem hoch gewachsen und blauäugig gewesen sein sollen. Sie waren in seltsame Gewänder gehüllt, und auf der Stirn trugen sie Symbole wie zusammengerollte Schlangen. Die verblüfften Eingeborenen, die sie am Ufer begrüßten, sahen die Art, wie sie ankamen, und das Symbol der heiligen Schlange auf ihrer Stirn und wussten, dass die Fremden ihre Götter waren, die ihre Heimat in der Sonne verlassen hatten, um sie zu lehren und anzuführen.[29]

Laut Thompson akzeptierten die damaligen Einwohner Mexikos und Yukatans die Chane also als ihre Führer und Lehrer, durch deren Wirken die Zivilisation in jenen Regionen Fuß fasste.[30] Er glaubte auch, die Chane hätten sich wahrscheinlich in zwei klar erkennbare Gruppen aufgeteilt, die «einen gemeinsamen Plan» verfolgten. Die eine Gruppe sei in den Norden gegangen, wo sie die Völker von Anahuac anführen würde, die andere nach Süden, nach Chiapas und Guatemala, um die dortigen Bergstämme zu vereinigen. Ferner war er davon überzeugt, dass das Schlangenvolk Gründer und herrschende Dynastie der Zivilisationen der Olmeken und Tolteken war, was die Entstehung großer Maya-Zentren wie Chichén Itzá zur Folge hatte.[31] Und er zog den Schluss, das Schlangenvolk habe Mittelamerika «nicht durch Gewalt und fremdartige Waffen erobert, sondern die primitiven Völker durch seine Kraft und Weisheit an sich gebunden»[32].

Die eingeborenen Völker Mexikos hätten demzufolge eine Elite bei sich begrüßt, die sie wegen ihrer Erscheinung oder ihres Wesens mit der Schlange in Verbindung brachten. Die Einwanderer brachten ihr Wissen, ihre Organisationskunst und ihre große Weisheit ein, um verschiedene Stammesgemeinschaften in ihrem gemeinsamen Interesse zu vereinen – es war die Gründung einer Zivilisation. Zum Dank wurden diese Priesterkönige, Gebieter oder Herrscher als göttlich betrachtet und lebten in der Erinnerung späterer Generationen als Götter oder große Weisheitsbringer weiter.

Doch wo kamen diese Götter her? Die Frage ist von entscheidender Bedeutung, und der bisher einzige Schlüssel zu einer Antwort scheint in der Verknüpfung von Quetzalcoatl und Tamoanchan zu liegen. Da Tamoanchan an der Golfküste gelegen haben soll, muss Chicomoztoc – die Sieben Höhlen, wo Quetzalcoatl und Xolotl die Gebeine der versunkenen Menschenrasse bargen – weiter östlich, in Richtung der aufgehenden Sonne zu finden sein.

Panuco, wo Tamoanchan nach den Überlieferungen lag, ist zugleich der Ort, wo die Nahua-Stämme nach ihrer Seereise in sieben Booten – den *Chicomoztoc*, wie der frühe spanische Chronist Fray Bernardino de Sahagún notierte[33] – in Amerika gelandet sein sollen. Auf dieser Reise wurden sie von weisen Männern begleitet, Amoxoaques genannt, ein Name, der darauf hinweist, dass sie über eine umfassende Kenntnis heiliger Texte verfügten.[34] Nach Bartolomé de las Casas war der Führer dieser Einwanderer kein anderer als Quetzalcoatl, was bedeuten würde, dass der Panuco-Fluss die Region auf dem Kontinent markiert, wo die Nahua sich niederließen, nachdem sie Chicomoztoc verlassen hatten.

Auf der Suche nach Chicomoztoc

Die einzige bekannte Darstellung von Chicomoztoc findet sich in dem Codex *Historia Tolteca-Chichimeca*, der auf das 16. Jahrhundert zurückgeht. Dort sehen wir eine Höhle mit sieben Kammern und einem Eingangskorridor. Über der Höhle ragt der gewundene Gipfel des Colhuacán, des «krummen Berges», auf. In sämtlichen Kammern und in der Erde, in den sie eingebettet sind, befinden sich Gebeine der früheren Einwohner und verschiedene Stammessymbole wie zum Beispiel Vogelköpfe, Hände, Schilfhalme und Federn. Das zeigt, dass Chicomoztoc der Ort ist, von wo die Vorfahren der sieben Stämme (zuweilen ist auch von acht oder gar 13 Klans oder Stämmen die Rede) zu Beginn unseres Zeitalters gekommen sind.

Leider sagt die Nahua-Überlieferung nicht, wo genau Chicomoztoc lag. Im Gegenteil, was diesen Ort angeht, scheint in der mythischen Welt einige Verwirrung zu herrschen. Eine Version der Geschichte liest sich wie folgt:

> Dies ist der Anfang des Berichts über die Ankunft der Mexikaner von einem Ort namens Aztlan. Sie sind über das Wasser zu uns gekommen, vier Stämme, und sie kamen in Ruderbooten. In der Grotte von Quineveyan bauten sie ihre Pfahlhütten und von dort gingen die acht Stämme hervor ... Dort wurden sie gegründet, im Colhuacán [*dem «krummen» oder «gebogenen» Berg*]. Dort haben sie gesiedelt seit ihrer Ankunft aus Aztlan.[35]

Eine Darstellung der Flucht der Mexikaner aus Aztlan, ihrer legendären Inselheimat, nach einem aztekischen Codex in der Boturini-Sammlung. Welcher Zusammenhang besteht wirklich zwischen Aztlan und Platons Atlantis?

Die *Grotte von Quineveyan*, ein anderer Ausdruck für die Sieben Höhlen, wäre also der Ort, wo die Mexikaner nach ihrer Überfahrt von Aztlan – dem «Land des Weißen», «Land des Kranichs»[36] oder «Land der Schilfe», je nach Übersetzung – gelandet sind.[37] Von diesem Ortsnamen haben die Azteken ihren Namen abgeleitet. Sie waren «das Volk von Azt», so wie die Tolteken «das Volk von Tol» waren, nach Tolla oder Tula, dem Namen der toltekischen Hauptstadt und der Heimat des Quetzalcoatl, Tlapallan.

Auf Zeichnungen erscheint Aztlan als eine Insel, umgeben von Wasser, über das eine einzelne Figur ein Boot auf die Küste zurudert. Auf der Insel befinden sich eine Teocalli oder Stufenpyramide sowie sechs weitere Tempel daneben, insgesamt also sieben Tempel – eine Wiederholung des Motivs der Sieben Höhlen.

Im Widerspruch zu der Aussage, die Grotte von Quineveyan befinde sich auf dem Festland, schrieb der spanische Historiker Diego Durán im 16. Jahrhundert, die Azteken glaubten, ihre Vorfahren seien von «jenem entzückenden Ort» Aztlan gekommen. Dort gebe es einen «großen Hügel inmitten von Wasser», den Berg Colhuacán, und «Höhlen oder Grotten», die als Chicomoztoc bezeichnet würden. Ebenfalls wichtig ist Duráns Aussage, die Mexikaner hätten diese Heimat verlassen und seien «aufs Festland gekommen».[38]

Das zeigt, dass die Sieben Höhlen zumindest einigen Überlieferungen zufolge auf Aztlan gelegen haben, einem Ort außerhalb des amerikanischen Kontinents. Bestimmte Mittelamerika-Spezialisten hegen dagegen ganz andere Vorstellungen über die frühere Heimat der Mexikaner. So identifizierte Dr. Paul Kirchhoff den «krummen» Berg Colhuacán, unter dem Chicomoztoc liegen sollte, als San Isidro Cuilacán, 270 Kilometer nordwestlich von Mexico City,[39] und zog den Schluss, Aztlan befinde sich ganz in der Nähe dieses Berges und die Sieben Höhlen lägen etwas östlich davon.[40]

Professor Wigberto Jiménez Moreno glaubte, die Sieben Höhlen lägen nordwestlich des mexikanischen Tales, stellte aber zugleich die Hypothese zur Diskussion, Aztlan befinde sich in einer Lagune bei Mexcaltitlan an der Nordwestküste Mexikos.[41] Dort gibt es eine kleine Insel, die nach Morenos Ansicht Ähnlichkeit mit den bildlichen Darstellungen hat, die von Aztlan existieren. Er wies auch darauf hin, dass es am Ufer der Lagune eine Stelle gibt, die unter den Einheimischen dort als Aztatlan bekannt ist und einmal von Wasser umgeben gewesen sein könnte.[42] Diesen Ort hielt er für den wahren Hintergrund der geheimnisvollen Insel der Mexikaner.

Rudolph Van Zantwijk wiederum vertrat die Ansicht, Aztlan müsse, da das Wort «die weiße Insel» bedeute, mit der Insel Cuitláhuac (dem heutigen Tlahuac) in Nordmexiko identisch sein, denn die werde noch heute in einigen Gegenden die weiße Insel genannt.[43]

Mithilfe solcher Hypothesen konnten die Akademiker weiterhin behaupten, die frühesten Einwanderer seien aus Nordamerika nach Zentralmexiko gekommen. Im Norden sollen sie, nachdem sie die Bering-Landbrücke überquert hatten, durch die bis zum Ende der letzten Eiszeit Sibirien und Amerika miteinander verbunden waren, das Leben von Jägern und Sammlern geführt haben. Ich bestreite nicht, dass einige der frühesten Einwohner Mexikos aus Nordamerika gekommen sind, doch die Religionen und Schöpfungsmythen der mittelamerikanischen Völker lassen vermuten, dass die Wahrheit vielschichtiger ist. Die Entwicklung der verschiedenen Stammeskulturen ging wahrscheinlich auf das Erscheinen einer Elite zurück, die nicht über Land, sondern auf Booten über das Meer gekommen war. Die Totemsymbole dieser Elite waren der Quetzalvogel und die Klapperschlange.

Mitten auf dem Meer

Der Mittelamerika-Spezialist Nigel Davies räumte ein, angesichts der verschiedenen Theorien über die mythische Heimat der Mexikaner «könne man fragen, ob es nicht vielleicht zwei Aztlans gegeben hat».[44]

Oder gar drei, vier oder fünf? Allem Anschein nach handelt es sich bei den in Erwägung gezogenen Orten auf dem Festland lediglich um symbolische Denkmäler einer alten Heimat irgendwo draußen im Meer. Die aztekischen Codices erwähnen zwar nur ein einziges Mal ein Aztlan außerhalb des «Festlands», doch es gibt ein Volksmärchen, das diese Frage vielleicht erhellen kann. Darin ist zu lesen, die frühere Heimat der Azteken sei wie eine Scheibe gewesen, umgeben vom «Wasser des Himmels», da sie «den Himmel über dem Horizont berührte».[45] Weiter erfahren wir: «Von jenseits dieses Gewässers kamen die Leute in Kanus oder auf den Rücken riesiger Schildkröten. Die Toten wurden von Hunden getragen, da es auch für sie keine Boote gab.»[46]

Meiner persönlichen Ansicht nach ist das «Wasser des Himmels» eine Anspielung auf die Unermesslichkeit des Ozeans, da eine Insel, von der aus kein weiteres Land in Sicht ist, sich in Gewässern befinden muss, die in allen Richtungen «den Himmel über dem Horizont berühren». Bei der Vorstellung, dass manche der Leute «auf den Rücken riesiger Schildkröten» angekommen sein sollen, denkt man an Sandbänke, Felsenklippen oder Inseln, die als Trittsteine auf dem Weg zum Festland gedient haben könnten.

Es besteht also immer noch die Möglichkeit, dass Aztlan fernab vom Festland gelegen hat. Wäre es dann nicht auch möglich, das Aztlan lediglich eine Variante des Landes Tlapallan oder Tollan ist? Nach den Regeln der Linguistik sind für *Tollan* die Schreibweisen *Tulan*, *Tlan*, *Atla* oder gar *Atlan* denkbar.[47] Aztlan besteht andererseits aus nur zwei Glyphen: den Kranichfedern im Ton *azt* und einer anderen Glyphe, die wie *a* klingt.[48] Den sprachlichen Ursprung dieses Wortes hat der amerikanische Historiker William H. Prescott in seinem 1843 erschienenen Monumentalwerk *History of the Conquest of Mexico* diskutiert. Er weist darauf hin, dass Tollan sich von *Tolin* ableiten lässt, was einfach «Schilf» oder «Ried» bedeutet. Aztlan wäre also «der Ort des Schilfs».[49]

Wie wir bereits festgestellt haben, spielt der Wortstamm *atl* auch in der Nahuatl-Sprache eine wichtige Rolle, wo er für «Wasser», «Krieg» und seltsamerweise auch für «Schädeldecke» steht.[50] Aus diesen Wurzeln ermittelte der französische Philologe und Linguist Abbé Brasseur de Bourbourg, dass *Atlan* auf Nahuatl «am Rand des Wassers» oder «inmitten von

Wasser» bedeutet. In diesem Zusammenhang bemerkte der Abbé auch, dass, als Kolumbus den Kontinent entdeckte, «eine Stadt mit Namen Atlan existiert hat, am Eingang zum Golf von Uraba in Darien [an der kolumbianischen Nordküste], mit einem guten Hafen. Heute ist davon nur noch ein unbedeutendes *Pueblo* namens Acla übrig.»[51] Ich könnte hier auch Professor Wigberto Jiménez Morenos Aztatlan zitieren, den Namen der Region um eine Lagune bei Mexcaltitlan an der mexikanischen Nordwestküste. Diese Übungen in Nahuatl-Linguistik scheinen auszusagen, dass der Name Aztatlan die Bedeutungen «Kranich/Weiß/Schilf am Rand oder in der Mitte von Wasser» tragen kann.

All dies deutet darauf hin, dass sich unter den Stämmen Mittelamerikas Erinnerungen an eine einzelne Insel oder Landmasse erhalten haben, Erinnerungen an das Land, aus dem das Volk fliehen musste, aus dem die herrschenden Dynastien der frühesten Stämme der Region hervorgingen. Diese Vorstellung findet man bestätigt, wenn man die Schöpfungsgeschichte des Quiché-Maya-Stammes von Guatemala genauer betrachtet. Dort ist nämlich ebenfalls die Erinnerung an einen Exodus aus einer einstigen Heimat bewahrt, wo es eine siebenfaltige Höhle des Ursprungs gab.

Popol Vuh

Der als *Popol Vuh* bekannte Quiché-Text erzählt von sieben Schöpfergöttern, von denen einer Gucumatz der Gebieter hieß. Diese Götter beschlossen, aus einer Paste aus weißem und gelbem Maismehl vier Männer zu formen, und sobald dies vollbracht war, durften ihre Schöpfungen einschlafen. Neben die Männer legten sie vier Frauen.[52] Danach wurden die Vorfahren der Quiché in die Dunkelheit vor dem ersten Tag geführt; sie sollten einen Ort namens Tulan-Zuyua finden, unter dem Wucub-pek, die Sieben Höhlen, lagen. Dort wurde jeder der Männer als Hüter eines Gottes eingesetzt, der in Form eines Götzenbildes aus der Höhle getragen wurde. Diese Vorstellung von einem «tragbaren» Gott findet sich auch in Mythen der Azteken, wo von einem «Götzen Huitzilopochtli» die Rede ist; er wird «von vier Behütern getragen» [*teomamas* = Träger des Gottes],[53] die mit den sieben Klans der Mexikaner aus Aztlan gekommen sind.

Weiter heißt es im *Popol Vuh,* die vier Männer und vier Frauen in den Sieben Höhlen hätten plötzlich bemerkt, dass sie einander nicht mehr verstanden, da sie nun verschiedene Sprachen benutzten.[54] In dieser Verwirrung verließen sie Tulan-Zuyua und machten sich auf die Suche nach einer freundlicheren Region, wo sie dem Sonnengott Tohil huldigen konnten. Dieser war die Schutzgottheit des Balam-Quitzé, des ersten Führers der Quiché. Es regnete ununterbrochen, sodass die heiligen Feuer, die sie zu Tohils Ehren angezündet hatten, erloschen. Irgendwie waren sie dennoch in der Lage, ein großes Meer zu überqueren, was die Autoren des *Popol Vuh* auf folgende Weise zu erklären suchen:

Sie gingen hinüber, als wäre dort kein Meer. Sie gingen einfach über Steine, die auf dem Sand aufgetürmt waren. Und sie gaben dem einen Namen: Steinwege, Sandbänke war ihr Name für den Ort, wo sie das Meer überquerten. Wo die Fluten sich teilten, gingen sie hinüber.[55]

Immer noch in ewiger Finsternis kamen die Ahnen der Quiché zu einem Berg namens Hacauitz.[56] Hier tat ihnen der Gott Tohil kund, dass sie bald die Sonne sehen würden, die dann tatsächlich aufging. Ganz allmählich trocknete die Erde, die zuvor «aufgeweicht» und «schlammig» gewesen war, in der unerträglichen Hitze, und hier, auf diesem heiligen Berg, bauten sie ihre erste Zitadelle.[57]

Dies sind die Grundelemente des Schöpfungsmythos der Quiché. In welcher Richtung die Sieben Höhlen zu suchen sind, lesen wir im Vierten Buch des *Popol Vuh*:

Ihre Herzen [*die Herzen der vier ersten Menschen*] bargen noch keine Feindseligkeit gegen die Götter, die sie ergriffen und fortgetragen hatten, als sie alle aus Tulan-Zuyua gekommen waren, aus dem Osten, und die sich jetzt im Wald befanden.[58]

Weiter unten im selben Text beschließen die Nachfahren der ältesten Ahnen der Quiché, auf die Suche nach Tulan-Zuyua zu gehen: «Wir gehen nach Osten, von wo unsere Väter kamen.»[59] Später erzählen jene, die sich auf diese lange Reise begeben wollen: «‹Wir werden nicht sterben. Wir kommen zurück›, sagten sie, als sie aufbrachen, doch dann waren es genau diese drei, die über das Meer gingen.»[60]

Auch in den Augen der Mexikaner lagen die Sieben Höhlen also draußen im Meer. Es besteht demnach kaum noch ein Zweifel daran, dass wir es *für die beiden vollkommen voneinander getrennten Stämme mit einem Ursprungsort* zu tun haben. Anders sehen das natürlich jene Quiché-Forscher, die Tulan-Zuyua mit der Ruinenstadt Utatlàn, westlich der heutigen Stadt Santa Cruz del Quiché, in Verbindung bringen.[61]

24. Der Tempel von Kukulcan in Chichén Itzá auf der Halbinsel Yukatan. Dieses große Kultzentrum der Yukatek-Mayas soll von Kukulcan gegründet worden sein, der gefiederten Schlange, die «aus dem Osten» kam, in Begleitung von «20 glorreichen Führern», alle bärtig und in «lange, fließende Gewänder» gehüllt.

25. Fotografische Reproduktion eines Steinfrieses an einer unbekannten Stätte in Yukatan. Die Aufnahme stammt von dem Gelehrten Teobert Maler (1842-1917) und befand sich früher im Besitz des amerikanischen Autors Robert B. Stacy-Judd. Zeigt dieses Relief einen Noah-ähnlichen Sintfluthelden, der im Begriff ist, Tulan, die mythische Heimat der Maya, inmitten der im Chilam Balam von Chumayel beschriebenen Naturkatastrophe zu verlassen?

26. Die Köpfe gefiederter Schlangen am Tempel des Quetzalcoatl in Teotihuacán. Man achte auf die Muschelreliefs, die der Mittelamerikaspezialist George C. Vaillant als typisch karibischen Ursprungs identifiziert hat. Sind sie ein Hinweis darauf, in welcher Richtung die Heimat der gefiederten Schlange gelegen haben könnte?

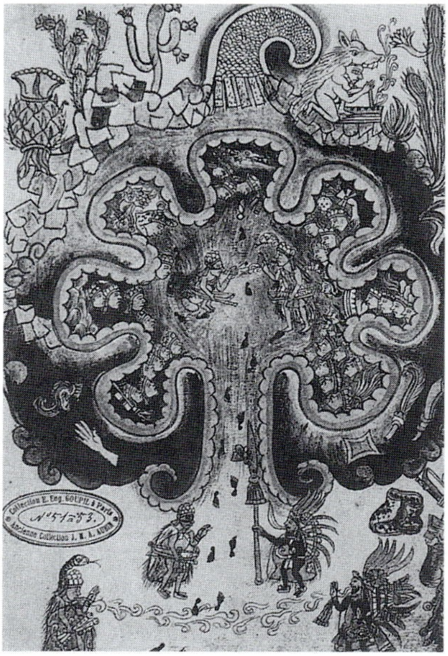

27. Chicomoztoc, die sieben Höhlen der Mexikaner, aus dem Codex *Historia Tolteca-Chichimeca.* Legenden zufolge sind diesen Höhlen die ersten Menschen des gegenwärtigen Weltzeitalters entstiegen, doch wo lagen sie? Wären sie heute noch zu finden?

28. Der 1966 von Archäologen entdeckte Erdhügel an einer 4000 Jahre alten Wohnstätte in Guanahacabibes in Kubas westlicher Provinz Pinar del Río. Wer hat dieses Monument, das so sehr an Bauwerke der Bronzezeitkulturen Eurasiens erinnert, errichtet?

29. *Cueva #1* (Höhle Nr. 1), die wichtigste der Sieben Höhlen von Punta del Este auf der Insel der Jugend vor der kubanischen Südküste. Ihre Wände sind mit Dutzenden von jahrtausendealten Petroglyphen geschmückt. Künden diese Zeichnungen von einer Katastrophe, der die Küsten und Inseln am Westrand des Atlantik vor etwa 10500 Jahren zum Opfer fielen?

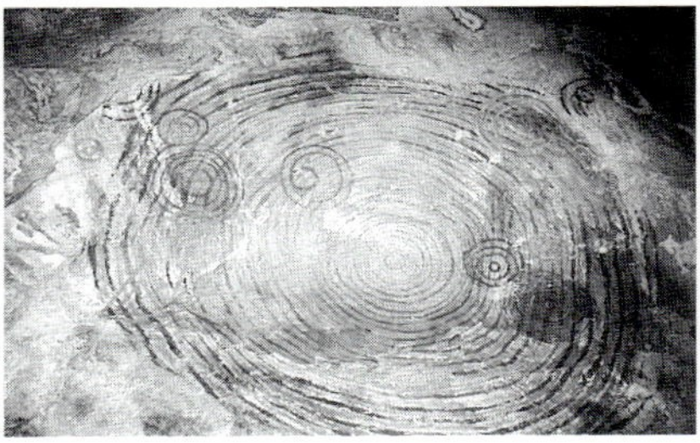

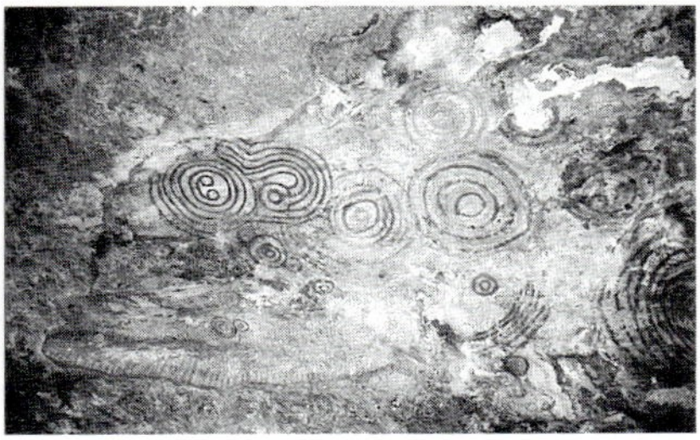

30., 31. Zwei Beispiele der prähistorischen Höhlenkunst in Punta del Estes Höhle Nr. 1. Links ist die Haupt-«Zielscheibe» zu sehen, eine Ringzeichnung mit einem Pfeil- oder Dolchsymbol. Über diese gleiten während der Tagundnachtgleichen Sonnenstrahlen. Das zweite Beispiel, rechts, weist eine schlangen- oder kometenähnliche Form auf und repräsentiert damit die eindeutigen kosmischen Bezüge, die viele Zeichnungen in der Höhle haben.

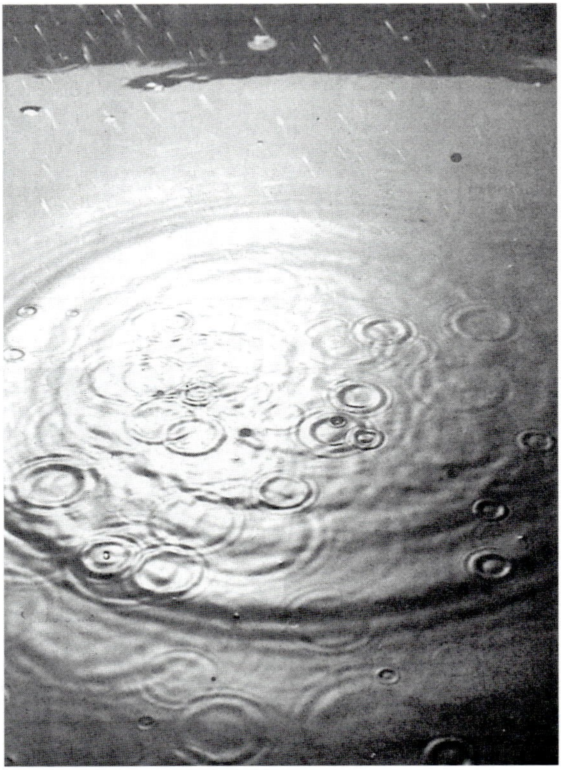

32. Regentropfen auf einer Wasseroberfläche. Die Ähnlichkeit dieses Bildes mit der Höhlenkunst in Punta del Este ist unbestreitbar, doch was bedeutet das? Hilft uns dieser Vergleich, das Geheimnis hinter den außerordentlichen Zeichnungen zu verstehen?

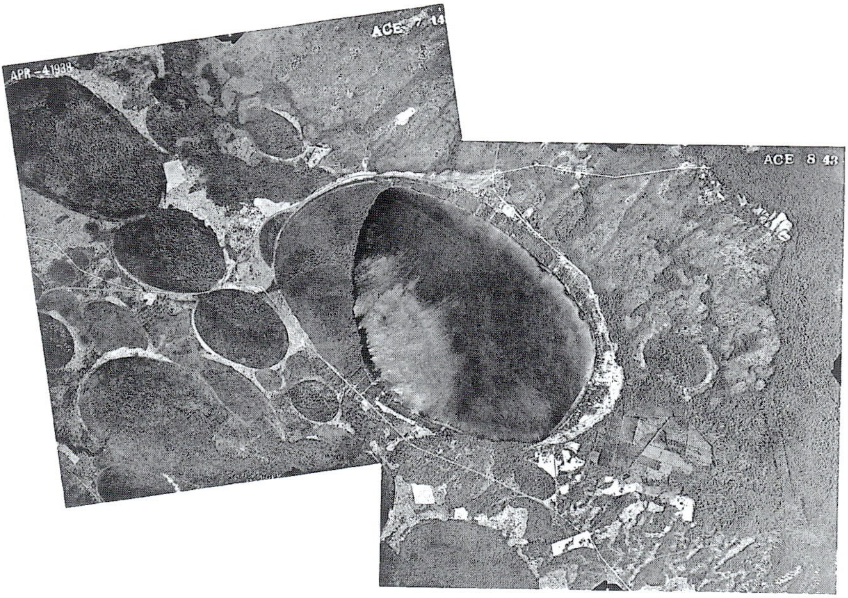

33., 34. Beispiele von Carolina-Buchten, oben die White Lake Bay im Bladen County in North Carolina, unten andere Buchten bei Myrtle Beach in South Carolina. Abertausende dieser elliptischen Narben bedecken große Teile Georgias, Virginias und der beiden Carolinas. Welche Art Einschlag könnte vor 10500 Jahren zur Entstehung dieser Kuhlen geführt haben?

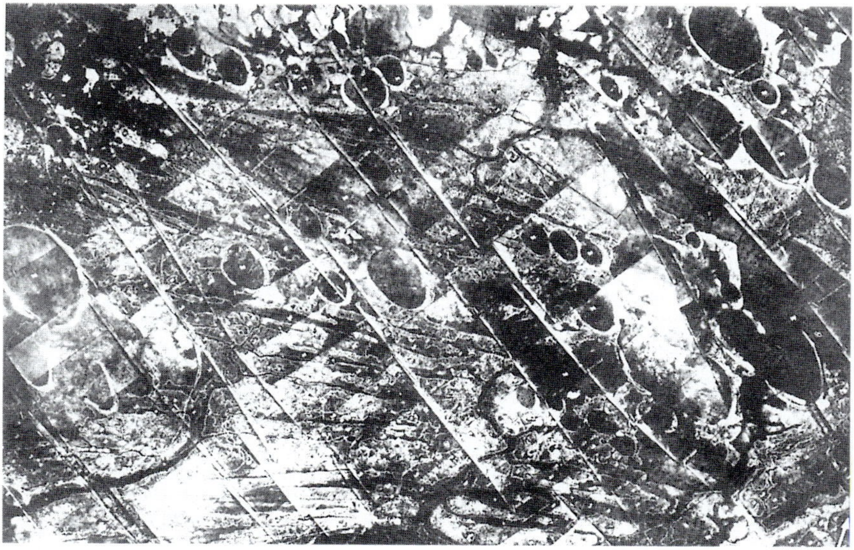

35. Der «Tempel» nördlich der Bahamasinsel Andros, auf den die Piloten Robert Brush und Trigg Adams im Sommer 1968 gestoßen sind. Beweisen diese Steinfundamente die Existenz einer prähistorischen Kultur im Raum der Bahamas, oder handelt es sich einfach um die niedrigen Mauern eines Schwammgeheges aus den dreißiger Jahren des 20. Jahrhunderts?

36. Diesen Dreifachring von 100 Meter Durchmesser vor der Südwestküste der Insel Andros entdeckte der Pilot Robert Brush in den späten sechziger Jahren. Ob die Struktur natürlichen Ursprungs ist oder von Menschenhand stammt, werden wir wahrscheinlich nie erfahren, da heute alles unter Sand begraben liegt.

37., 38. Zwei Beispiele für Steinmetzarbeiten, die auf oder in der Nähe der Bimini-Straße entdeckt worden sind. Links die schwarze Granitplatte, die der Taucher Bill Keefe 1995 vom Meeresboden barg. Rechts betrachtet Dr. David Zink einen auf Passung gearbeiteten Stein, den er während seiner Poseida-Expedition im Jahr 1975 fand. Waren alle diese Steine lediglich von Schiffen abgeworfener Ballast, oder sind sie ein handfester Beweis für die Existenz einer vorsintflutlichen Kultur im Raum der Bahamas?

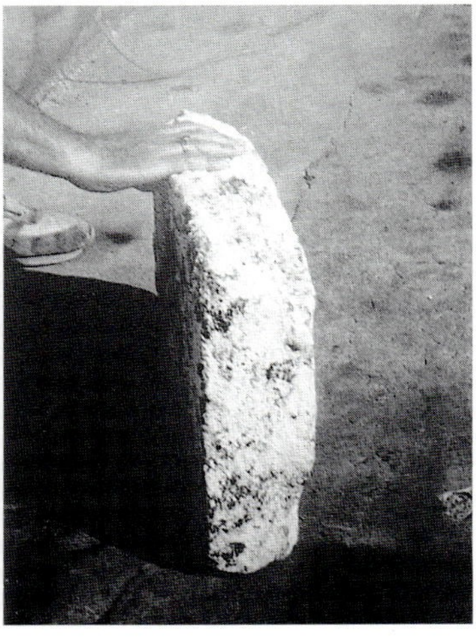

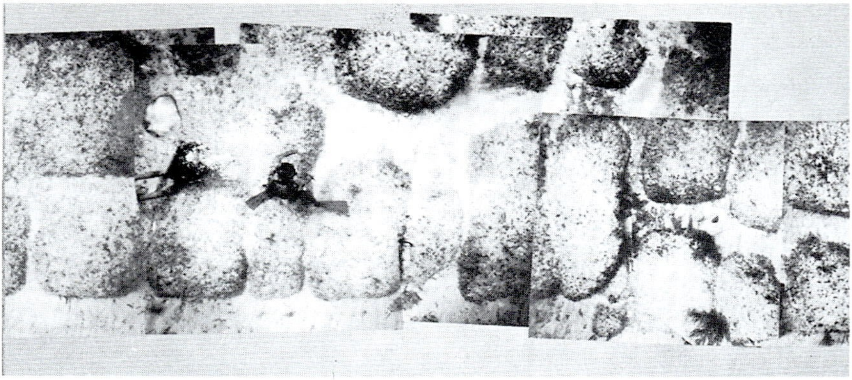

39. Ein Teil der Bimini-»Straße« westlich von Paradise Point in Nordbimini in einem Fotomosaik, das der Unterwasserforscher Dimitri Rebikoff 1969 produziert hat (oben und gegenüberliegende Seite). Geologen tun diese eigenartige Struktur als eine natürliche Felsoberfläche ab, Atlantis-Forscher bringen immer wieder Argumente dafür vor, dass sie von Menschenhand stammt. Wer hat Recht?

40. Der Entdecker und Meeresarchäologe J. Manson Valentine. Bis zu seinem Tod im Jahr 1994 wies er auf nicht weniger als 60 Stätte möglichen archäologischen Interesses auf der versunkenen Großen Bahamabank hin.

41. Dieses Foto zeigt ein Beispiel der seltsamen Unterwasserformationen, die J. Manson Valentine mit seinem Team aufgespürt hat. Wir sehen eine Anordnung sechseckiger Platten in einer Untiefe nahe dem nördlich von Bimini gelegenen Moselle-Riff. Sind diese Strukturen künstlich?

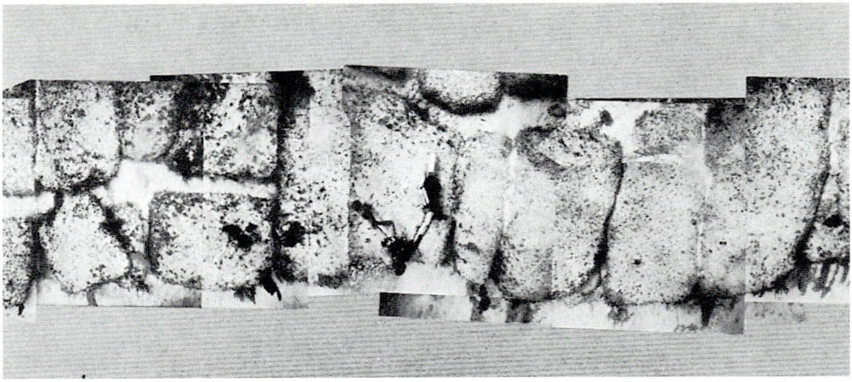

42. Einer der vielen behauenen, begradigten und angebohrten Steine in den Untiefen um das Moselle-Riff nördlich von Bimini. Ihr Fund hat zu vielen Behauptungen bezüglich atlantischer Tempel geführt, die in den Gewässern um die Bahamas auf ihre Entdeckung warten sollen.

43. Die mit Zeichnungen geschmückte Unterwasserhöhle, die der Taucher Herb Sawinski 1963 vor der Ostküste der Insel Andros entdeckt hat. Da der Meeresspiegel bereits nach der letzten Eiszeit zu steigen begann, muss diese Höhlenkunst viele tausend Jahre alt sein.

44. Der Palast im antiken Mayazentrum von Palenque. Im 18. Jahrhundert brachte Bruder Ramon de Ordoñez y Aguilar diese Stätte mit der Stadt der Schlangen in Verbindung, einer Gründung des Votan, des «Sohnes der Schlange», der aus Valum-Chivim, einem Land im Osten, gekommen sein soll. Können wir Votans Urheimat heute identifizieren?

45. Ein großer, künstlich gestreckter Schädel, gefunden auf der Halbinsel Yukatan. Diese Praktik war nur in der Chane- oder «Schlangen»-Priesterschaft der Mayas üblich. Bedeutet die Existenz solcher Schädel, dass die wandelnden Schlangen ein Volk darstellten, das Riesen hervorbrachte?

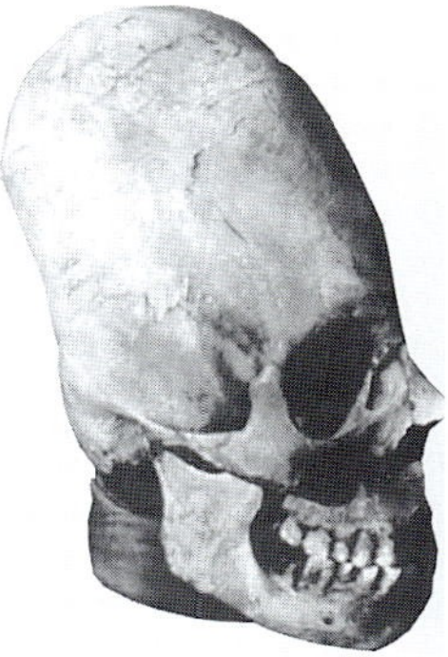

46. Eine der seltsamen, schlangengesichtigen Statuen, die in der Ubaid-Kultur des antiken Irak, ca. 3500 v. Chr., geschaffen wurden. Nach heutiger Auffassung stellen diese Figuren Mitglieder der damaligen Herrscherelite dar. Weisen die Geschichten über Zivilisationen stiftende, gefiederte Schlangen wie Votan und Quetzalcoatl darauf hin, dass solche Gruppen einmal in Mexiko gelebt haben?

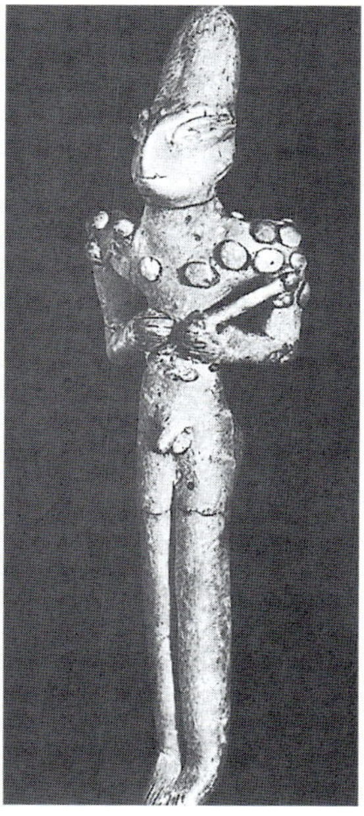

47. Ein Maya-Ahnengott von einem Wandfries in Palenque. Heute wird diese Figur allgemein als der Zigarre rauchende Gott L betrachtet, doch im 19. Jahrhundert sah der italienische Gelehrte Dr. Paul Cabrera Votan darin die gefiederte Schlange der Tzendal.

Die Annalen der Cakchiquel

Auch in den Schöpfungsmythen der Cakchiquel, eines mit den Quiché-Mayas verwandten guatemaltekischen Bergstammes, findet man den Glauben, dass die Sieben Höhlen auf dem Wasser lagen, jenseits des Horizonts. Im *Popol Vuh* sind die Cakchiquel neben den Schlangen und den Quiché einer der 13 Stämme, die nach der Sprachverwirrung in den Sieben Höhlen in der Finsternis Tulan-Zuyua verlassen.[62] Die *Annalen der Cakchiquel* erzählen vom Verlassen der alten Heimat, die bei den Cakchiquel *Pa-Tulán* oder *Pa-Civán* hieß[63]:

> Wir kamen zum Ufer des Meeres. Dort waren Krieger der Sieben Städte versammelt, und viele starben vor unseren Augen. «Wie sollen wir das Meer überqueren?», fragten sie. «Wer wird uns helfen?» Es gab dort einen Wald von Bäumen mit roten Stämmen [*Kiefern*]. Wir machten uns Pfähle und stießen uns damit ab, aufs offene Meer hinaus, aufs grenzenlose Wasser.[64]

Hier hören wir also, die «Krieger» müssten «das Meer überqueren» und sich auf das «grenzenlose Wasser» begeben. An anderer Stelle steht im selben Text zu lesen, die Cakchiquel seien ursprünglich «von der anderen Seite des Meeres zu dem Ort namens Tulán»[65] gekommen, den wir nicht mit dem übernatürlichen Ort gleichen Namens verwechseln dürfen. Ein anderer Cakchiquel-Text aus dem 16. Jahrhundert, der *Titel der Gebieter von Totonicapán*, sagt, die frühesten Vorfahren des Stammes seien zusammen mit dem Rest der sieben Stämme und 13 Klans «vom anderen Teil des Meeres, von Osten aus», aufgebrochen.[66] Es steht also außer Frage, in welcher Himmelsrichtung dieses Mutterland lag. Weiter lesen wir in diesem Text: «Als sie am Rand des Meeres ankamen, berührte Balam-Quitzé [der erste gewählte Führer sowohl nach der Cakchiquel- als auch nach der Quiché-Überlieferung] das Wasser mit seinem Stab, worauf sich sofort ein Weg auftat, der dann [sobald sie die andere Seite erreicht hatten] wieder unter den Fluten versank.»[67] Da wir ebenfalls hören, Balam-Quitzé habe dieses Moses-Kunststück vollbringen können, weil die Cakchiquel «Söhne von Abraham und Jakob» waren, darf man, wie ich meine, getrost davon ausgehen, dass der Text unter starkem christlichem Einfluss steht. Dennoch können wir wohl sagen, dass die Cakchiquel, ähnlich wie alle anderen mittelamerikanischen Stämme, offenbar glaubten, das Land ihrer Ahnen läge im Osten, jenseits des «grenzenlosen Wassers».

Noch bezeichnender ist allerdings, dass die Cakchiquel auch glaubten, Civán-Tulán sei die alte Heimat der gefiederten Schlange, die sie Nacxit nannten.[68] Vor ihrer Flucht soll dieser große «Gebieter» Balam-Quitzé als

Diese Karte von Mittelamerika zeigt die wichtigsten Olmek- und Maya-Stätten sowie die legendären Orte, wo frühe Zivilisationsstifter wie die gefiederten Schlangen gelandet sein sollen. Diese Landungen sollen an Inseln vor der Golfküste erfolgt sein, nicht weit von wichtigen Flussmündungen

«Geschenk» einen so genannten Giron-Gagal[69] überreicht haben, einen in einem Bündel verpackten Zauberstein. Das heilige Stück, das wahrscheinlich aus Obsidian oder Bergkristall bestand,[70] soll in Beschwörungsritualen benutzt worden sein, um anderen Stämmen Furcht einzuflößen.[71]

Neben der Tatsache, dass die «alte Heimat» der Cakchiquel «auf der anderen Seite des Meeres» lag,[72] lernen wir auch, dass ihre Abreise ziemlich hastig erfolgt sein muss, so als hätten sie ihr Land verlassen müssen. Wie die Ahnen der Quiché waren auch die Cakchiquel gezwungen, in vollkommener Finsternis aufzubrechen.[73] Bedeutet dies, dass sich eine Katastrophe ereignet hatte, die ein schnelles Verlassen des fremden Landes erforderlich machte?

Die Überquerung des Meeres

Wo beginnen wir also unsere Suche nach dem Mutterland, von dem in so vielen Schöpfungsmythen der mittelamerikanischen Völker die Rede ist? Im *Popol Vuh* heißt es, die 13 Stämme hätten das Meer «auf Steinen überquert, die auf dem Sand aufgetürmt waren» und die sie «Steinwege, Sandbänke» nannten. Ferner erfahren wir: «Wo die Fluten sich teilten, gingen sie hinüber.»[74] Wie Dennis Tedlock betont hat, vermitteln die ursprünglichen Quiché-Worte in dieser Passage den Eindruck, es sei von einem Weg über eine Wasserfläche die Rede.[75] Die Cakchiquel sagen, sie hätten das Meer überquert – oder *durch*quert, da sich die Fluten vor ihnen teilten. Laut den *Annalen der Cakchiquel* kamen die Stämme «über die Sandbänke, die sich unter Wasser und über der Meeresoberfläche auftaten»[76]. Könnte mit all dem gemeint sein, dass die Einwanderer von der angenommenen Landmasse über eine Reihe kleiner Inseln, Sandbänke und Felsenklippen zum Festland gelangt sind?

Die Anthropologen José M. Cruxent und Irving Rouse lieferten folgenden Kommentar zu den Inseln, Klippen und Sandbänken, die sich heute von den Großen Antillen zur honduranischen Küste erstrecken: «Der niedere Meeresspiegel vor einigen tausend Jahren sorgte dafür, dass sie [die Inseln etc.] eine nahezu ununterbrochene Kette von Trittsteinen zu den Großen Antillen bildeten.»[77] Zudem ist heute bekannt, dass die Moskitoküste von Honduras und Nicaragua bis vor 4000 bis 5000 Jahren 250 Kilometer näher an Jamaika heranreichte; erst nach und nach stellte der steigende Wasserspiegel die heutige Situation her. Lag die alte Heimat der mittelamerikanischen Völker also in der Karibik?

Muscheln und Schlangen

Ein wichtiges Indiz finden wir an den Fassaden des Tempels des Quetzalcoatl in Teotihuacán; sie sind geschmückt mit Steinköpfen der gefiederten Schlange, die sich durch verschiedene Arten von Muscheln windet. Nun ist Teotihuacán 320 Kilometer von der Golfküste entfernt, und wie der Mittelamerikaforscher George C. Vaillant erkannt hat, gibt es die Muschelarten, die auf der Tempelwand abgebildet sind, nur in der Karibik.[78] Vaillant konnte sich darauf keinen Reim machen, doch seine Beobachtungen wurden von der amerikanischen Autorin Constance Irwin aufgegriffen, nach deren Meinung «es fast so aussieht, als wollten die Menschen, die diesen Tempel mit unendlicher Sorgfalt errichtet haben, die Botschaft vermitteln, Quetzalcoatl sei aus der Karibik [in diese Region] gekommen»[79].

Wer die Menschen waren, die die große Stadt und Kultstätte Teotihuacán in den letzten Jahrhunderten vor der christlichen Ära erbaut haben, gilt immer noch als unbekannt, auch wenn die Totonac-Völker von Ostmexiko in ihren heiligen Annalen diese Ehre für sich beanspruchen.[80] In diesen Annalen lesen wir auch, dass die Totonac-Rasse von Chicomoztoc, den Sieben Höhlen, nach Anahuac gekommen sein will. Und dann entdeckte ich schließlich, dass Archäologen 1971 unter der Sonnenpyramide von Teotihuacán «mehrere» in Stein gehauene Kammern ausgegraben hatten. Die Anordnung der Kammern wird als annähernd kleeblattförmig mit einer langen Eingangskammer beschrieben, wodurch sie den in der mittelamerikanischen Überlieferung so allgegenwärtigen Siebenersymbolismus der Schöpfungshöhle annehmen.[81]

Wenn die Kammern unter der Sonnenpyramide von Teotihuacán wirklich Chicomoztoc repräsentieren, dann dürfen wir annehmen, dass sie die Kopie einer früheren Struktur sind, die den wahren Ursprungsort der Baumeister dieser großartigen Stadt darstellte. Für diese Interpretation spricht auch der Umstand, dass die bekannten Teocalli oder Pyramidentempel von Mexiko allgemein als Abbilder von «Weltbergen» wie dem Colhuacán, dem krummen Berg, angesehen werden, unter dem sich die Sieben Höhlen befunden haben sollen.[82]

Da das Symbol der Sieben Höhlen in Teotihuacán präsent zu sein scheint, können wir auch die klaren Berührungspunkte zwischen dem Tempel des Quetzalcoatl und der Karibik nicht ignorieren. Sind die Urväter dieser Rasse wirklich, wie die Totonac-Annalen zu besagen scheinen, von einer überseeischen Landmasse in der Umgebung des Karibischen Meeres nach Mexiko gekommen? Sollten wir unsere Suche nach der Urheimat der gefiederten Schlange dort fortsetzen? Diese Vermutung hegte schon der amerikanische Historiker Robert B. Stacy-Judd, Autor des 1939 erschienenen Buches *Atlantis – Mother of Empires*. Nach einer gründlichen Prüfung aller verfügbaren Materialien zu den Ursprüngen von Quetzalcoatl, Itzamna, Kukulcan und Gucumatz kam er zu dem Schluss: «Da die Überlieferungen der Azteken häufig von einem Mutterland auf einem großen Wasser reden, dürfen wir vielleicht als Tatsache unterstellen, dass Tollan-Tlapallan, die Heimat des Quetzalcoatl, im antiken Antillia lag, einem Land, von dem heute nur noch die Großen und Kleinen Antillen übrig sind.»[83] Indem er das «antike Antillia» erwähnte, griff er eine Theorie auf, die zu Beginn des 20. Jahrhunderts von dem schottischen Mythologen Lewis Spence geäußert worden war. Spence hatte die These aufgestellt, das letzte Stück eines viel größeren atlantischen Kontinents sei in der Umgebung der Westindischen Inseln zu finden, und er hatte diese kleinere Landmasse, in Anlehnung an die legendäre Insel gleichen Namens, als «Antillia» bezeichnet. Doch wie kommen wir zu einer genaueren Lokalisierung dieser Insel?

Jenseits von Cozumel

Im *Chilam Balam von Chumayel* lesen wir, dass das erste Volk oder das Volk der Schlange auf Booten aus dem Osten gekommen und an dem Eiland Cozumel vor der Ostküste Yukatans gelandet sein soll. Von Osten her hätte sich diese Insel als Anlaufpunkt zweifellos angeboten. So landete eine Expedition unter Juan de Grijalva, die 1518 den kubanischen Hafen St. Jago verlassen hatte und etwas von ihrem Kurs abgekommen war, auf Cozumel. Grijalva segelte die Westseite der Insel entlang und nahm dann Kurs auf den Golf von Campeche, wo es auch zur ersten Landung der Olmeken und der Xicalanca gekommen sein soll. Ebenso erging es im Jahr darauf auch Cortés während seiner großen Invasion. Er machte vor Cozumel halt, bevor er seine Reise zur Golfküste fortsetzte und im heutigen Veracruz eintraf.

Wo mögen die Schiffe des Schlangenvolkes hergekommen sein?

Genau östlich, 250 Kilometer von Yukatan entfernt, liegt Kuba, von wo Grijalva und Cortés nach Neuspanien aufbrachen. Ist es also denkbar, dass auch die Gründer der mittelamerikanischen Stammesdynastien ursprünglich von Kuba gekommen sind?

In der *Historia de Nuestra Señora de Izamal* des spanischen Historikers Lizana ist unter anderem auch eine detaillierte Frühgeschichte Yukatans enthalten. Lizana berichtet von Überlieferungen, nach denen die frühesten Bewohner der Halbinsel von Kuba kamen, wo sie gelandet waren, nachdem sie Haiti verlassen hatten.[84] Andere spanische Autoren zogen aus Geschichten, die sie von den Nahua gehört hatten, den Schluss, dass Chicomoztoc entweder in Florida oder auf der Insel Kuba zu finden sein müsse.[85]

Offenbar gab es auch unter den frühen spanischen Kommentatoren Meinungsverschiedenheiten. War das Volk der Schlange nun von Kuba, von Haiti, von Florida oder ganz woandersher gekommen?

Zur Klärung dieser Frage wäre es sicher hilfreich, wenn man die Sieben Höhlen genauer lokalisieren könnte. Es besteht nach wie vor die Möglichkeit, dass die Höhlen, falls sie überhaupt je existiert haben, auch nach dem Verschwinden der Urahnen der mittelamerikanischen Dynastien noch als Heiligtum benutzt worden sind. Gibt es also irgendwo in Florida, auf den Bahamas oder in der Karibik eine Kultstätte oder einen archäologischen Fundort, auf den die Beschreibung der Sieben Höhlen passen würde?

Von einer perfekten Übereinstimmung kann man nur in einem Fall reden, und das ist *Cueva #1* (Höhle Nr. 1) in den «sieben Höhlen»[86] von Punta del Este auf der Insel der Jugend etwa 100 Kilometer südlich der kubanischen Hauptinsel.

Diese sieben Höhlen sind durch Zufall im Jahr 1910 entdeckt worden, als ein französisches Schiff in der Nähe der Insel Schiffbruch erlitt.[87] Einer der Überlebenden, Freeman P. Lane, fand sich auf einem Strand bei Punta del Este wieder und stolperte geradezu über den Höhlenkomplex, während er sich durch Sumpfland schlug. Die Wände und die Decke der Haupthöhle fand er mit Felszeichnungen bedeckt, die heute als «Gemälde himmels- und stammesbezogener Natur» bezeichnet werden.[88]

Sollte diese obskure Grotte die Ursprungsstätte sein, von der die Schöpfungsmythen der mittelamerikanischen Völker so ehrfurchtsvoll sprechen? Was würden wir in diesem Fall über die Ursprünge der gefiederten Schlangen lernen, welche die verschiedenen Stämme der Zivilisation zugeführt haben, und welche Konsequenzen hätte dies für die Bedeutung Kubas in der Atlantis-Legende?

17 Das alte rote Land

Die Indianer, die Christoph Kolumbus und seine Mannschaft am 28. Oktober 1492 begrüßten, als die *Santa Maria* vor der kubanischen Nordostküste auftauchte, gehörten einer Kultur an, die heute als Taino bezeichnet wird. Im Vergleich zu den Völkern Mittelamerikas waren sie eher primitiv, ihre Lebensweise vergleichbar mit den neolithischen Bauerngesellschaften in Eurasien.

Allerdings waren die Taino höchst begabte Fischer und fuhren in ihren Einbäumen regelmäßig zwischen verschiedenen Inseln hin und her. Sie stellten verzierte Töpferwaren her, bauten Mais, Baumwolle, Yucca und Tabak an und ernährten sich von Fisch, Krebsen, Muscheln, Vögeln, Reptilien und Kleinsäugern. Ihre Religion gebot ihnen die Verehrung himmlischer Gottheiten und die Kommunikation mit den Geistern ihrer Vorfahren, die in Gestalt persönlicher Götzenbilder oder *Zemis* – Figuren aus Stein, Muscheln oder Ton – unter ihnen weilten. Sie lebten überwiegend in Siedlungen mit bis zu etwa 3000 Einwohnern. Wie die großen Kultzentren in Mittelamerika hatte jedes Dorf seinen eigenen «Sportplatz», auf dem sich die Mitglieder der Gemeinschaft mit Ballspielen vergnügten.[1]

Die ältesten Vorfahren der Taino waren aus Südamerika nach Kuba gekommen, nach einer langen und beschwerlichen Wanderung über die Kleinen Antillen und Puerto Rico. Unterwegs hatten sie auf jeder Insel oder Inselgruppe Siedlungen errichtet, bevor sie ihre endgültige Heimat erreichten. Schätzungen zufolge traten sie ihre Reise etwa um die Geburt Christi im Mündungsgebiet des Orinoko im heutigen Venezuela an. Um 250 n. Chr. erreichten sie Hispaniola[2], und die abschließende Überfahrt nach Kuba fand zwischen 450 und 600 statt. Spuren der Taino-Kultur finden sich auch auf den Bahamas, die sie offenbar zwischen 600 und 700 n. Chr. erreichte[3], wenngleich die eingeborene Bevölkerung dort sich als die Lucayan bezeichnet.

Zwischen den Taino und der Entwicklung der mittelamerikanischen Kultur gibt es kaum Berührungspunkte. Wie wir in Kapitel 15 gesehen haben, fanden die Spanier bei ihrer Ankunft auf den Westindischen Inseln keine Spuren von Steinbauwerken vor, obwohl die Eingeborenen in ihren

Booten zweifellos bis nach Yukatan gekommen waren. Als der spanische Chronist Bernal Díaz mit einem Trupp von Eroberern im 16. Jahrhundert an der Küste Yukatans landete, wurde er von einer jungen Indianerfrau in einer Sprache begrüßt, die auf Kuba heimisch war (wahrscheinlich Arawak, die Sprache der Taino). Er fragte die Frau, wo sie herkomme, und sie erzählte, wie sie zwei Jahre zuvor mit zehn anderen beim Fischen vor Jamaika in starke Strömungen geraten, aufs offene Meer getrieben und schließlich im Land der Mayas gelandet sei.[4] Diese Begebenheit zeigt zumindest, wie leicht ein kleines Boot oder Schiff mit den Meeresströmungen von den Großen Antillen zur mittelamerikanischen Küste gelangen kann.

Trotz dieser natürlichen Verbindung zwischen Kuba und Yukatan scheinen die Lebensweise, die Raffinesse und die Kultur der hoch entwickelten Mayas auf die Taino, die mit ihrem Leben als Fischer und Bauern offenbar ganz zufrieden waren, keinen nachhaltigen Einfluss ausgeübt zu haben. Die Taino waren aber nicht die ersten Siedler auf Kuba. In den frühen Jahren der Kolonialherrschaft drangen Erkundungstrupps tief ins Landesinnere der Insel vor und berichteten von allen möglichen eigenartigen Monumenten, grotesken Steinmetzarbeiten und Götzenfiguren, die in der Taino-Kultur vollkommen unbekannt waren.

Auch der Abbé Brasseur de Bourbourg zog daraus seine Schlüsse. 1857 schrieb er: «Heutige Reisende versichern uns, sie hätten rund um Havanna Steinskulpturen und Ruinen gesehen, die auf die frühere Anwesenheit antiker, zivilisierter Völker auf dieser Insel hindeuten.»[5]

Stück für Stück kam also ans Tageslicht, dass Kuba einmal von einer viel früheren und viel höher entwickelten Kultur besiedelt war, die ganz andere Spuren hinterlassen hatte.

Der schwarze Götze

Vor einem Jahrhundert schrieb Daniel G. Brinton, Professor für amerikanische Archäologie an der Universität von Pennsylvania, einen wichtigen Artikel für die Zeitschrift *American Anthropologist*. Unter dem Titel ‹The Archaeology of Cuba›[6] analysierte er Daten aus viel früheren Artikeln über eigenartige Funde in verschiedenen Gegenden der Insel. Eine der seltsamsten Entdeckungen war ein schwarzer Marmorgötze, den der kubanische Archäologe Don Miguel Rodriguez-Ferrer in den Bergen der östlichen Provinz Santiago gefunden hatte. Die Figur war einen Meter hoch, stellte «einen menschlichen Oberkörper» dar und zeichnete sich durch einen «milden Gesichtsausdruck» aus.[7] Rodriguez-Ferrer vermachte die Statue schließlich der Universität von Havanna, «wo sie immer noch sein müsste».[8]

Es muss nicht extra betont werden, dass dieser schwarze Götze mit den Taino, die eine solche Steinbearbeitung nicht kannten und sich fast ausschließlich in den Küstenregionen der Insel aufhielten, nicht das Geringste zu tun hatte. Zudem gehört Marmor nicht zu den Mineralien, die auf Kuba vorkommen. Der Götze muss also woandersher stammen, am wahrscheinlichsten von der Nachbarinsel Hispaniola, auf deren Südhälfte es Marmor gibt.[9] Er könnte jedoch auch von weiter her gekommen sein, zum Beispiel vom mittelamerikanischen Festland. Der tatsächliche Ursprung des schwarzen Götzen ist immer noch ein Geheimnis.

Brinton erwähnt auch zwei Orte im Osten der Provinz Santiago, nämlich Pueblo Viejo und La Gran Tierra de Maya, wo Rodriguez-Ferrer «Kreise, Quadrate, Grabhügel und Einfriedungen» entdeckt hatte. Das Auftauchen des Wortes «Maya» in einem der Ortsnamen deutet nicht unbedingt auf die Maya-Zivilisation hin, da es auch, wie Rodriguez-Ferrer Brinton erklärt, in der Eingeborenensprache Arawak vorkommt.

Besonders interessant aber war Rodriguez-Ferrers Hinweis, dass die Erdmonumente in der kubanischen Provinz Santiago an Erdwerke erinnern, die im Mississippital in Nordamerika zu finden sind.[10] Der Mississippistrom speist sich aus Flüssen und Bächen, die sich im Minnesotasee sammeln, bevor sie nach Süden zum Golf von Mexiko fließen. Manche jener ungewöhnlichen Erdmonumente, die in unterschiedlichen Stadien des Zerfalls im Tal des großen Stroms verstreut liegen, sind auf 4000 bis 3000 v. Chr. datiert worden.[11]

Brinton spricht, abgesehen von den genannten archäologischen Rätseln, auch von der Entdeckung gigantischer menschenähnlicher Reliefs an Felswänden in Zentralkuba und von «monolithischen Statuen», die keinerlei erkennbare Verbindung zu den Taino aufweisen.[12]

Der Jademeißel

An dieser Stelle muss ich auch den bemerkenswerten Jademeißel erwähnen, der in einer Höhle im äußersten Osten der Insel gefunden wurde.[13] Dabei handelt sich um eine 19 Zentimeter lange, vollkommen symmetrische und hochglanzpolierte Klinge, alles in allem eine wunderbare Handarbeit. Daniel Brinton schreibt, dieses Werkzeug sei seinerzeit als «das schönste aus Amerika kommende Objekt dieser Art anerkannt worden, das die Mitglieder [der Anthropologischen Gesellschaft in Berlin] je gesehen hatten»[14]. Die Höhle, in der es gefunden wurde, gehörte zu einer

Reihe von Grotten mit Blick auf das Meer, die «besonders viele Knochen, Töpfereien und Steinwerkzeuge enthielten»[15].

In der Karibik kommt Jade nicht vor. Mittelamerikanische Kulturen dagegen haben dieses Material von den Zeiten der Olmek-Zivilisation bis zur spanischen Eroberung ausgiebig eingesetzt. Das genaue Alter des kubanischen Jademeißels ist immer noch unbekannt, ähnliche Exemplare aus blaugrüner Jade sind aber in Costa Rica gefunden worden.[16] Die Herstellung von Jadegegenständen war auch eine Spezialität der Handwerker von Veracruz und Tabasco – Provinzen an der Golfküste, die nicht nur mit den Kulturen der Olmek und der Xicalanca verknüpft sind, sondern auch in Überlieferungen über Quetzalcoatls Fortgehen aus Tlapallan eine Rolle spielen.

Die Geschichte der Ciboney

Es muss also auf Kuba eine bedeutend ältere Kultur gegeben haben, eine Kultur, die Steinskulpturen schuf, Erdmonumente baute, eine komplexere Religion besaß und tief ins Landesinnere vorstieß. Doch wer waren diese Menschen?

Einen ersten Hinweis bietet die große Häufigkeit natürlicher Höhlen in vielen Gegenden Kubas. In den meisten dieser Höhlen finden sich klare Indizien dafür, dass sie seit prähistorischen Zeiten sowohl als Behausungen als auch als Kultstätten genutzt worden sind. Diese Kavernen, entstanden vor Zehntausenden von Jahren durch die Verwitterung von Kalkstein oder «Riffen», scheinen für eine Kultur vor den Taino, die so genannte Ciboney-Kultur, von größter Bedeutung gewesen zu sein.

Die Geschichte der Ciboney ist recht undurchsichtig. Heute ist man der Auffassung, dass es sich eigentlich um zwei klar unterscheidbare Kulturen handelte, die zu verschiedenen Zeiten auf der Insel gediehen. Die eine ist die der *Cayo Redondo*, die etwa zwischen 200 n. Chr. und dem Zeitalter der Eroberer auf Kuba gelebt haben. Archäologen ordnen sie den «Mesoamerikanern» zu, da ihre Kultur offenbar eine Stufe erreicht hatte, die mit der der «mesolithischen» Völker der Mittelsteinzeit, ca. 9000–4500 v. Chr., in Eurasien vergleichbar ist. Die Cayo Redondo werden als eine Übergangsstufe zwischen den neusteinzeitartigen Gemeinschaften der Taino und den primitiveren «Paläoamerikanern» der amerikanischen Altsteinzeit betrachtet, die Kuba zwischen ca. 5000 v. Chr. und 200 n. Chr. bewohnt haben.[17]

Kubas Paläoamerikaner, die *Guayabo Blanco*, haben vermutlich in Höhlen und provisorischen Siedlungen gehaust. In ihrer Entwicklung haben sie wahrscheinlich eine Stufe erreicht, die mit der Kultur der eurasischen Jäger und Sammler zwischen ca. 40 000 und 9000 v. Chr. vergleichbar ist (es gibt allerdings auch Anthropologen, die sie als Mittelamerikaner einstufen). Auch die Guayabo Blanco haben Werkzeuge und Kunstgegenstände aus Feuerstein, Knochen und Muscheln angefertigt. Wie wir noch sehen werden, entwickelten aber manche Gruppen – zumindest Gruppen, die zur gleichen Zeit wie die Guayabo Blanco auf Kuba lebten – ein Kulturniveau, das weit fortgeschrittener war als das der kubanischen Paläoamerikaner.

Doch auch die Guayabo Blanco waren nicht die frühesten Bewohner Kubas. Vor kurzem sind faszinierende Hinweise auf eine noch ältere paläoamerikanische Kultur ans Tageslicht gekommen. Im Moment wissen wir noch nicht viel mehr über diese Gruppe, als dass sie schon um 6000 v. Chr. auf der Insel präsent gewesen sein soll.[18] In welcher Beziehung die *Levisa*[19] – das ist der Name, unter dem sie von den Archäologen geführt werden – zu den späteren Kulturen gestanden haben könnten, ist ebenfalls noch unbekannt. Wahrscheinlich aber wurden sie von der Guayabo-Blanco-Kultur, die irgendwann um 5000 v. Chr. auf Kuba auftauchte, absorbiert.

Megalithische Monumente

Anthropologen und Archäologen mögen den frühesten Völkern Kubas hübsche Namen und Zeiträume zugeteilt haben, doch scheint in diesem Bild nicht viel zu stimmen. So stieß der kubanische Archäologe Don Miguel Rodriguez-Ferrer im 19. Jahrhundert in der Provinz Santiago am östlichen Ende Kubas auf eine Reihe von «Kreisen, Quadraten, Grabhügeln und Einfriedungen». Da diese Strukturen nicht das Werk der Taino sind, müssen sie entweder von Kubas Mesoamerikanern oder von deren altsteinzeitlichen Vorgängern herrühren. Leider gibt es keine Datierungen für diese Stätten, weshalb sich auch nicht sagen lässt, wer diese Zeichnungen und Bauwerke geschaffen hat. Aber wir werden sehen, dass sie wahrscheinlich aus einer Zeit stammen, zu der eigentlich nur die primitivsten Völker auf Kuba ansässig gewesen sein dürften.

An einer 4000 Jahre alten Wohnstätte in der Umgebung der *Cueva Funche* bei Guanahacabibes in der westlichen Provinz Pinar del Río entdeckten Archäologen 1966 eine größere Erdstruktur,[20] was bewies, dass die Erbauer der Grabhügel auf Kuba vor mindestens 4000 Jahren dort gelebt haben müssen.

Diese verblüffende Entdeckung veranlasste die Archäologen, frühere

Berichte über Erdwerke in anderen Gegenden der Insel noch einmal neu zu betrachten. Sind diese Monumente von jener namenlosen Kultur geschaffen worden, die vor etwa 4000 Jahren neben den Paläoamerikanern auf Kuba gedieh? Könnte diese Kultur auch den schwarzen Marmorgötzen, den Jademeißel und die Monolithen hervorgebracht haben, die frühere Archäologen und Entdeckungsreisende auf der Insel gefunden hatten? Wer waren die Menschen, die auf Kuba Grabhügel errichteten, und in welcher Beziehung könnten sie zu den Guayabo Blanco gestanden haben?

Die Vorgängerkultur

Während ihrer Suche nach der ursprünglichen Heimat der prähistorischen Völker von Hispaniola erkannten die Archäologen José M. Cruxent und Irving Rouse etwas, das auch hinsichtlich der Herkunft der frühesten Kubaner von enormer Bedeutung war. Die beiden Archäologen vertraten die Auffassung, dass die an Guayabo-Blanco-Stätten gefundenen Gegenstände direkt zu vergleichen seien mit einer amerikanischen Grabhügelkultur, die um 2000 v. Chr. an den Quellflüssen des St.-Johns-Flusses in Florida existierte.[21] An einer Reihe von Stätten im St.-Johns-Gebiet wurden unter anderem auch zahlreiche Exemplare eines der wichtigsten Schabewerkzeuge der Periode, des Muschelschabers, gefunden. Ein solches Werkzeug stellt man her, indem man ein dreieckiges Stück aus der Schneckenwindung der Konchamuschel herausbricht und eine der Kanten anschleift.[22] Cruxent und Rouse wiesen darauf hin, dass viele solcher Muschelwerkzeuge auch an kubanischen Wohnstätten gefunden worden waren, vermutlich waren sie von der Guayabo-Blanco-Kultur benutzt worden. Daraus zogen die Archäologen den Schluss, dass «Kubas früher paläoamerikanischer Komplex aus Florida stammte, wenngleich noch zu wenig über die entsprechenden Kulturen in Florida bekannt ist, um dies mit Sicherheit sagen zu können»[23].

Cruxent und Rouse waren nicht die Einzigen, die den möglichen Zusammenhang zwischen den Guayabo Blanco und den neolithischen Festlandamerikanern erkannten. Die kubanischen Archäologen Ramón Dacal Moure und Manuel Rivero de la Calle zogen 1986 in ihrem Buch *Arqueologia Aborigen de Cuba* Vergleiche zwischen den Begräbnisriten der Grabhügelbauer der Mississippiregion und den Grabhügeln auf Kuba. Dem war eine eingehende Untersuchung der Erdwerke von Camaguey und Ciénaga da Zapata vorausgegangen.[24] Interessanterweise merkten sie in diesem Zusammenhang an, die Anordnung und der Entwurf der Erdstrukturen auf Kuba deuteten darauf hin, dass es sich um das Werk einer «Vorgängerkultur» handelte.[25] Umstritten war allerdings ihr Schluss, die mit den kubanischen Grabhügeln verknüpften Beisetzungsriten bewiesen die Anwesenheit einer fortgeschrittenen neolithischen Kultur, die der mesoamerikanischen und paläoamerikanischen Bevölkerung der Insel in ihrer Entwicklung weit voraus war.[26]

Die Höhlen von Kuba

Weitere Indizien für die einstige Präsenz einer hoch entwickelten prähistorischen Kultur auf Kuba sind die bemerkenswerte Höhlenkunst und die Höhlen selbst. Die Wände und Decken der Höhlen sind mit einer Vielfalt einzigartiger abstrakter Felszeichnungen (so genannten Petroglyphen) sowie Zeichnungen von Tieren und Menschen (Piktogrammen) in rötlichem Ocker oder in Holzkohle geschmückt.

Die Datierung der Höhlenkunst stützt sich auf die Identifikation bestimmter Stilrichtungen. Die Strichmänner, Tiere und Fische an den Wänden sind vor relativ kurzer Zeit gezeichnet worden, wahrscheinlich von Taino-Künstlern vor der spanischen Eroberung. Es finden sich sogar Abbildungen einer scheinbar dunkelhäutigen Figur, von denen man annimmt, dass sie von afrikanischen Sklaven stammen, die auf der Flucht von den Zuckerplantagen und aus den Minen der spanischen Kolonialherren in den Höhlen Unterschlupf suchten.

Interessanter aber sind die abstrakten geometrischen Figuren an Wänden und Decken einiger der Höhlen. Da gibt es Zeichnungen von konzentrischen Ringen, Spiralen, Dreiecken, Rechtecken und Diamantformen. Dieser Stil wird als viel älter angesehen und für gewöhnlich den Guayabo Blanco zugeschrieben. Höhlen, in denen sich vor allem geometrische Zeichnungen finden, sind vermutlich nahezu ausschließlich von den frühesten Bewohnern Kubas benutzt worden. In viele dieser Höhlen sind auch runde Löcher in die Decke gehauen, sodass Balken von Sonnenlicht in das dunstige Innere fallen können. Kubanische Archäologen haben die magisch-religiöse Bedeutung dieser künstlichen Oberlichter erkannt; sie brachten sie unmittelbar mit den Petroglyphen in Verbindung, die an bestimmten Kalendertagen von Sonnenstrahlen beleuchtet werden.[27]

In vieler Hinsicht erinnern die kubanischen Höhlenfenster an die Öffnungen, mit denen die Olmeken ihre unterirdischen Kammern versehen haben. Durch diese so genannten Zenitröhren drang Sonnenlicht in die finsteren Löcher, wann immer die Sonne direkt darüber stand. Ein Beispiel sind die Bergruinen von Monte Alban, eine Olmek-Stätte im Tal von Oaxaca.[28] Die Vorstellung, dass die Menschheit ursprünglich den Höhlen entstiegen ist, war ein wichtiger Bestandteil der religiösen Vorstellungen der Olmeken.[29] Wenn, wie Edward H. Thompson meinte, die olmekischen Priesterkönige vom Volk der Schlange abstammten, könnten sie auch die magisch-religiöse Anschauung von Sonnenstrahlen, welche die Finsternis der Höhlen durchdringen, von ihren kubanischen Vorfahren geerbt haben.

Die Kunst der Ahnen

Ein größeres Geheimnis ist das genaue Alter der frühesten prähistorischen Höhlenkunst auf Kuba. Da große Teile davon der Guayabo-Blanco-Kultur zugeschrieben werden, könnten manche Zeichnungen mehrere tausend Jahre alt sein. Nichts lässt darauf schließen, dass die Kunstwerke aus einer noch früheren Periode stammen. In mehreren Höhlen auf Mona aber, einem Eiland in der Mona-Passage zwischen Puerto Rico und Hispaniola, gibt es zahlreiche Petroglyphen und Piktogramme, die denen auf Kuba sehr ähnlich sehen, darunter auch «Fingerzeichnungen», die «menschliche Gestalten, Köpfe, Schlangen, geometrische Figuren und Wellenlinien» darstellen. Und alle sind «in größter Feinheit und Eleganz ausgeführt».[30]

In den Augen der meisten Forscher gehören diese Bilder zu einer unbekannten Kultur, die vor der Ankunft der Taino um 250 n. Chr. existiert haben muss. Die Taino erinnerten sich an diese Kultur und nannten ihre Vorgänger die *Arcaicos*, «die Alten».[31] Diese Alten sollen ursprünglich von Kuba gestammt haben und wurden daher häufig mit den Guayabo Blanco in Verbindung gebracht. Wenn das zutrifft, ist die Höhlenkunst auf Mona wahrscheinlich irgendwann zwischen 5000 v. Chr. und 250 n. Chr. entstanden. Viel erstaunlicher sind jedoch die Schlussfolgerungen, die Professor Pedro Santana Vargas von der Universität Puerto Rico hinsichtlich der Höhlenkunst gezogen hat: Er vertritt die Ansicht, die Zeichnungen, «die ersten, die außerhalb Europas gefunden wurden», könnten bis zu 30 000 (!) Jahre alt sein.[32] Wenn der Setzer des betreffenden Artikels nicht versehentlich eine Null angehängt hat, kann ich nur annehmen, dass Professor Vargas' Datierung der Petroglyphen auf deren scheinbarer Ähnlichkeit mit der weltbekannten Höhlenkunst in Frankreich basiert, die aus der Altsteinzeit stammt und teilweise bis zu 30 000 Jahre alt sein könnte.

Auf der Suche nach dem Roten Land

In den mythologischen Überlieferungen der frühen mittelamerikanischen Kulturen gibt es zahlreiche Hinweise darauf, dass deren früheste Vorfahren und Weisheitsstifter, die immer wieder als «Schlangen» oder «gefiederte Schlangen» beschrieben werden, ursprünglich von den Großen Antillen gekommen sind. Was mir fehlte, war eine Bestätigung dieser Hypothese aus Kuba. Ich hatte *Cueva #1* in Punta del Este immer noch nicht mit eigenen Augen gesehen, und bevor ich hinfuhr, erschien es mir eine nützliche Übung zu sein, die mögliche Beziehung zwischen Kuba und Orten wie Aztlan, Tulan und Tlapallan auszuloten. In ihrer mythischen Form handelt es sich bei allen dreien um Landmassen draußen im Meer. Ein weiterer interessanter Punkt ist, dass Tlapallan «das rote Land» bedeutet, ein Name, der mit dem allgemeinen Erscheinungsbild der Insel zu tun haben könnte.

Manche Akademiker mögen sagen, in der mittelamerikanischen Tradition sei die Farbe Rot lediglich von symbolischem Wert gewesen. Zum Beispiel wissen wir, dass Rot in der Religion der Mayas mit dem Osten verknüpft war.[33] Abgesehen von dieser Richtungsbedeutung glaubten die Mayas auch, ein Geist namens *Ah Musen Cab*, «das geheime Rot der Erde», regiere die «östliche Zone der unterirdischen Welt».[34] Für «unterirdische Welt» können wir auch das Jenseits oder einfach die Urzeitwelt einsetzen, wodurch nur noch wahrscheinlicher wird, dass das heilige Land jenseits des Meeres mit der Farbe Rot verknüpft gewesen sein könnte.

Finden wir vielleicht auf Kuba eine Erklärung für dieses Rätsel?

Betrachtet man die drei Hauptinseln der Großen Antillen, fällt einem zunächst Kubas einzigartige Geologie auf. Während Hispaniola und Puerto Rico fast vollständig mit Gebirgen und rauen Landstrichen bedeckt sind, ist Kuba für seine ausgedehnten Ebenen bekannt, von denen viele nur wenige Meter über dem Meeresspiegel liegen. Klimabedingte Verwitterung und die allgemeine Geologie der Insel haben einen laterisierten oder oxydierten, im wahrsten Sinne des Wortes *blutroten* Boden hervorgebracht. Diese Bodenart findet man an vielen Stellen der Insel, am sichtbarsten jedoch auf den üppigen, fruchtbaren Ebenen, die sich von Havanna bis zur westlichen Spitze erstrecken. Dort wächst der Tabak für Havannas berühmte Zigarren. Früher wurde dort auch mehr Zuckerrohr produziert als in jedem anderen Land.[35] Dank des reichen kubanischen Bodens werden die Pflanzen an Zuckergehalt nur von denen auf mexikanischen Plantagen übertroffen.[36]

Es ist zu betonen, dass eisenreicher Boden nicht nur auf Kuba vorkommt. Böden dieses Typs gibt es auch in anderen Teilen der Antillen, wenn auch aus geologischen Gründen nur sporadisch an isolierten Stellen. Jedenfalls ist Kuba als einzige Insel dort für ihre rote Erde bekannt.[37] Es ist daher denkbar, dass Erinnerungen an Kubas fruchtbare Ebene bis nach Mittelamerika gedrungen und erhalten geblieben sind, weshalb Kuba sich als Kandidat für den Titel *huehue tlapallan*, «das alte, alte rote Land» geradezu anbietet.

Sind Kuba und Tlapallan wirklich ein und dasselbe? Welch wunderbare Ironie der Geschichte, wenn Kuba, von wo aus Cortés – der in Montezumas Augen eine Inkarnation des Quetzalcoatl war – Mexiko eroberte, zugleich der Ursprungsort der gefiederten Schlange wäre! Vielleicht ist Cortés nur in eine Rolle geschlüpft, die ihm von einer abergläubischen Nation zugedacht war, einer Nation, die fest daran glaubte, dass ein Racheengel namens Quetzalcoatl im Begriff war, ihre Welt zu zerstören. Manche Prophezeiungen sind so machtvoll, dass sie sich selbst erfüllen.

Die Insel der Kraniche

Wenn wir von Tlapallan zu Aztlan übergehen, finden wir in den Beschreibungen bestimmte Merkmale, die ebenfalls in die Vorstellung passen würden, dass Kuba die eigentliche Urheimat der Mexikaner ist. Wie erwähnt besteht das Wort Aztlan aus zwei Glyphen, den Kranichfedern und dem Zeichen für «Land», was mehrere Bedeutungsvarianten zulässt, darunter «Land der Schilfe» und «Land der Kraniche». Es ist kein Zufall, dass von den verschiedenen Arten des Kronenkranichs, die in Nordamerika heimisch sind, nur eine einzige Unterspezies auf den Antillen vorkommt, nämlich der vom Aussterben bedrohte Kubanische Kronenkranich.[38] Schätzungen zufolge gibt es heute nur noch 300 Vögel dieser Art, von denen sich die meisten auf die Palmbuschsavannen und in die Sümpfe der Insel der Jugend zurückgezogen haben.[39] Eigenartigerweise könnte der Glaube, dass einst fromme Christen auf der Insel der Jugend gelebt haben, dadurch aufgekommen sein, dass die Matrosen des Kolumbus im Mai 1494 kubanische Kronenkraniche auf der Insel gesichtet haben. Nachdem er vor der Insel Anker geworfen hatte, soll Kolumbus eine Gruppe von Armbrustschützen an Land geschickt haben, um in den Kiefernwäldern Proviant zu erjagen.[40] Als die Männer zurückkamen, erzählten sie, sie hätten «hellhäutige Eingeborene in weißen, knielangen Kutten» gesehen.[41] Aus irgendeinem Grund kam Kolumbus daraufhin zu dem Schluss, bei diesen seltsamen Figuren handle es sich um Christen aus «Äthiopien».[42]

Er sandte einen Suchtrupp aus, doch der fand lediglich Kraniche, «doppelt so groß wie die in Europa».[43] Nach dieser Entdeckung nahm die Mannschaft an, die Armbrustschützen hätten die großen Vögel für fromme Männer gehalten.[44] Trotz dieser irrsinnigen Verwechslung scheint der Vorfall Kolumbus beeindruckt zu haben, denn er taufte die Insel später *La Evangelista* (Insel der Verkündigung).[45]

Die Kronenkraniche auf der Insel der Jugend scheinen im Volksgedächtnis der Mexikaner oder Azteken nach der Auswanderung ihrer Vorfahren auf das Festland – falls diese je stattgefunden hat – fest verankert geblieben zu sein. Die Tatsache, dass diese Kraniche einst auf der ganzen Insel verbreitet gewesen sind, sollte uns veranlassen, dieser Insel besondere Aufmerksamkeit zu schenken. Vielleicht befanden sich die Chicomoztoc, die Sieben Höhlen, hier.

Der spanische Historiker Diego Durán erzählt, wie Montezuma I. einst versuchte, die Chicomoztoc zu finden. Er holte sich Rat von einem greisen Historiker namens Cuauhcoatl, der ihm eröffnete, die Vorfahren des großen Sprechers seien aus Aztlan gekommen. Dort gab es «‹einen großen Berg inmitten von Wasser, und dieser heißt Colhuacán, da sein Gipfel gebogen ist … In diesem Berg waren Höhlen oder Grotten [i. e. Chicomoztoc], wo unsere Väter und Großväter viele Jahre verbrachten … Nachdem sie diesen schönen Ort aber verlassen hatten und zum Festland gekommen waren, wandte sich alles gegen sie.›»[46]

Es ist schwer, sich unter Colhuacán, dem «großen Berg inmitten von Wasser», etwas anderes vorzustellen als eine Insel vor der Küste von Aztlan. Könnte hier vielleicht die Insel der Jugend gemeint gewesen sein, wo es tatsächlich hohe Berge gibt und jenseits davon einen ausgezeichneten Kandidaten für den Berg der Chicomoztoc, der Sieben Höhlen?

Die Insel der Kiefern

In der Schöpfungsgeschichte der Cakchiquel haben wir gelesen, die Krieger der Sieben Städte hätten vor dem Verlassen ihrer ursprünglichen Heimat darüber nachgedacht, wie sie «das grenzenlose Wasser» des «offenen Meeres» überqueren könnten.[47] Schließlich begaben sie sich in einen «Wald von Bäumen mit roten Stämmen», aus dem sie eine Anzahl «Pfähle» holten, mit denen sie ihre Gefährte – wahrscheinlich Flöße – in tiefere Gewässer abstießen.[48] Die «Bäume mit roten Stämmen» müssen wohl Kiefern gewesen sein.

Auf der Insel der Jugend wachsen heute zwei Arten von Kiefern, *Pinus caribaea* und *Pinus tropicales*. Bezeichnenderweise gibt es in Kuba nur zwei Gebiete mit Kiefernwäldern: Pinar del Río im Westen der Insel und die Insel der Jugend, die früher auch die «Kieferninsel» genannt wurde. Es stehen auch auf einigen der Bahamas Kiefern, zum Beispiel auf Andros, der größten Insel der Gruppe, und auf Hispaniola. Die Häufigkeit der Bäume auf der Insel der Jugend lässt aber dennoch aufhorchen und bestärkt mich in dem Glauben, dass diese Insel und ihre Höhlen in den Schöpfungsmythen der mittelamerikanischen Völker eine besondere Rolle gespielt haben.

Dies mag längst nicht ausreichen, um zu beweisen, dass Kuba die mythische Urheimat sowohl der gefiederten Schlange als auch der herrschenden Dynastien Mittelamerikas ist. Doch wenn wir das Ganze im Kontext möglicher prähistorischer Völkerwanderungen von den Großen Antillen betrachten, gewinnen diese «fadenscheinigen» Indizien verblüffend an Gewicht. Erinnern wir uns nur an die Überlieferungen, nach denen die verschiedenen Stämme, die aus den Sieben Höhlen gekrochen waren, sieben Städte gegründet haben sollen. Obwohl damit gewiss keine konkreten Städte aus Stein und Mörtel gemeint waren, deutet dieser Aspekt der Schöpfungsgeschichte der Cakchiquel darauf hin, dass sie glaubten, ihre frühesten Vorfahren hätten tatsächlich Städte gebaut.

Dass auch die portugiesische Überlieferung von einer Atlantikinsel Antilia spricht, auf der die Sieben Städte gestanden haben sollen, ist etwas zu viel des Zufalls. In Kapitel 14 haben wir diese verschwommenen Erinnerungen über die Mauren bis zu den Karthagern und den iberischen Phöniziern zurückverfolgt. Wir haben auch gesehen, wie die etymologischen Wurzeln des Wortes Antilia mit dem Namen Atlantis zusammenfließen. Beide gehen auf den semitischen Wortstamm *atl* zurück und vielleicht auf den punischen Eigennamen *Atla*.

Kuba erweist sich als das wahrscheinlichste geographische Synonym nicht nur für Antilia, sondern – zusammen mit Hispaniola und Puerto Rico – auch für die Überreste des platonischen Atlantis. Da sich zudem die Anzeichen dafür häufen, dass Kuba jene Heimat der mittelamerikanischen Rassen war, wo sich die Sieben Höhlen oder Sieben Städte befunden haben sollen, offenbart sich hier meiner Ansicht nach eine direkte Beziehung zwischen diesen scheinbar vollkommen voneinander unabhängigen Überlieferungen.

Meine These ist nun, dass die mittelamerikanischen Schöpfungsmythen über die Sieben Höhlen schon im 2. oder 1. vorchristlichen Jahrtausend existierten und dass frühe Atlantikfahrer von ihnen gehört haben. Durch diese sind besagte Mythen nach Spanien und Nordafrika gelangt, wo sie über Jahrhunderte des Erzählens und Wiedererzählens hinweg als die Legende der Sieben Städte bis in die Neuzeit überlebten. Da sich die Sieben Städte den Legenden zufolge auf der Insel Antilia befunden haben und Atlantis eine siebenfältige Hauptstadt gehabt haben soll, muss man sich fragen, weshalb diese Ortsnamen alle so an *Atlan*, *Tollan* oder *Tulan* angelehnt zu sein scheinen. Wie der Abbé de Brasseur de Bourbourg immer wieder betont hat, bedeutet dieses Wort nichts anderes als «inmitten von Wasser» oder «am Rande des Wassers».[49] Wie könnte man eine große Landmasse auf dem offenen Meer besser beschreiben?

Die einfache Tatsache, dass all diese ähnlich klingenden Namen ein und dieselbe Insel beschreiben, nämlich Kuba, lässt eine gemeinsame phonetische Wurzel vermuten, den semitischen Wortstamm *atl.* Sollte sich diese Hypothese als zutreffend erweisen, dann würde das bedeuten, dass diese Namen die verschiedenen Schreibweisen und Bedeutungen erst annahmen, nachdem sie in verschiedene Sprachen übergegangen waren.

Vor meiner Reise nach Kuba – die mich zur Insel der Jugend führen sollte – musste ich jedoch noch eine andere Möglichkeit ausreizen: die Möglichkeit, dass bestimmte Elemente der platonischen Atlantis-Erzählung unverkennbar auf Kuba hindeuten. In diesem Unterfangen hatte ich allerdings ernst zu nehmende Konkurrenz. Kurz vor meiner Reise zu der Insel erfuhr ich, dass ein weltbekannter Wissenschaftler nicht Kuba, sondern Hispaniola als «die alte Heimat» der Zivilisation propagierte. Diese Herausforderung wollte ich annehmen. Ich wusste nur zu gut um die wichtige Rolle, die Hispaniola in der Atlantis-Geschichte spielt. Hispaniola war ein erstrangiger Kandidat für den Stammsitz des atlantischen Imperiums, von dem Platon berichtet. Während ich meine Reisevorbereitungen traf, wurde mir also klar, dass ich vor einer wichtigen akademischen Schlacht stand, in deren Folge sich entweder Kuba oder Hispaniola als das wahre Atlantis herausstellen würde.

18 Hispaniola gegen Kuba

In einem wichtigen Vortrag vor Mitgliedern der Royal Historical Society im Juni 1885 stellte der amerikanische Historiker Hyde Clarke die These in den Raum, der «Hauptsitz» – oder die Hauptinsel – des Reiches von Atlantis sei Hispaniola gewesen.[1] Als er diese eigenartige These aufstellte, hat er wohl kaum geahnt, was er damit in Gang setzte. Wir können heute ziemlich sicher sein, dass die drei Inseln «immenser Ausdehnung», die der römische Geograph Marcellus als die überlebenden Bruchstücke des platonischen Atlantis bezeichnete, mit den drei Hauptinseln der Großen Antillen identisch sind. Zudem erinnern sich die Bewohner der mittleren Insel, die Poseidon geweiht ist (der auch der Schutzgott von Atlantis war) und die Geoffrey Ashe als Hispaniola identifiziert hat, an die Katastrophe und die Fluten, die zum Untergang jener Landmasse führten.

Angesichts dieser Situation hätte ich jeden verstanden, der auf Hispaniola als das wahre Atlantis gewettet hätte. Kuba war also eher in einer Außenseiterposition, auch bevor mein Gegner, der Hispaniola-Verfechter, in den Ring trat. Dennoch war ich zuversichtlich, dass meine Argumente würden überzeugen können. Der amerikanische Geograph William H. Babcock hatte gesagt, Kuba sei Antilia. Da Antilia die mittelalterliche Form des Wortes Atlantis ist und da beide Formen auf dieselbe semitische Wurzel zurückgehen, hielt ich Kuba für die Insel, die am ehesten in Frage kam.

Ich wusste auch, dass Antilia die Insel der Sieben Städte war. Ich wusste, dass die Legende von den Sieben Städten mittelamerikanische Überlieferungen über ein mythisches Heimatland mit sieben Höhlen wiederholte. Auch dieses Land hatte ich als Kuba identifiziert. Die atlantische Metropole soll in sieben Zonen aufgeteilt gewesen sein und ihren Brennpunkt in einer Höhle der Entstehung in einem «Berg» gehabt haben, der von Wasser umgeben war. Auch hier tauchte die symbolische Sieben aus den mittelamerikanischen Schöpfungsmythen wieder auf.

Da ich auch Geologie, Geographie, Geschichte und Topographie der Großen Antillen studiert hatte, fühlte ich mich stark genug, alle Pro-

Hispaniola-Argumente abzuschmettern. Trotz dieser Zuversicht spürte ich aber auch einige Unsicherheit. In mancher Hinsicht schien es gefährlich, sich auf direkte Vergleiche zwischen der Insel Atlantis, die Platon in seinem *Kritias* beschreibt, und realen Atlantikinseln einzulassen. Viele andere hatten schon vergeblich versucht, die Krone von Atlantis zu erringen, indem sie Platons bildhafte Beschreibung der atlantischen Metropole als Realität darzustellen suchten. Es bestand immer die Gefahr, dass ich – oder mein Gegenspieler – Behauptungen aufstellte, die keine geographische oder historische Basis hatten, und das Ganze nur in noch größerer Verwirrung endete.

Das Aufgebot

Mein Gegner war ein echtes Schwergewicht, eine führende Autorität auf seinem Gebiet. Emilio Spedicato, Professor für Prozessforschung, also angewandte Mathematik, an der Universität von Bergamo. Emilio hält an einigen der berühmtesten Universitäten der Welt Vorlesungen in theoretischer Physik. Seine Bekanntheit verdankt sich vor allem seiner Pionierarbeit auf dem Gebiet der Mechanik, Geschichte und Wirkung von Einschlägen so genannter Apollo-Objekte, kosmischer Objekte, meist Asteroiden, welche die Erdbahn kreuzen.

Für seine Erkenntnisse auf diesem faszinierenden Gebiet genießt Emilio Spedicato die Bewunderung und den Respekt anderer Pioniere auf demselben Gebiet – unter ihnen Victor Clube und Bill Napier – und anderer großer Denker wie des Atlantikfahrers und Schriftstellers Thor Heyerdahl. Neben seinen Forschungen über Apollo-Objekte hat Emilio erstaunliche neue Theorien über die Entstehung von Stern- und Planetensystemen entwickelt, die ebenfalls eine Herausforderung an die gängige Lehrmeinung darstellen.

Dass eine solche Persönlichkeit sich die Mühe machte, für Hispaniola als Platons versunkenes Atlantis zu plädieren, war an sich schon außergewöhnlich. Normalerweise bekommt man, wenn man Professoren nach Atlantis fragt, zu hören, dass es sich um Erinnerungen an die Insel Thera – oder gar Kreta – handele, die vor 3450 Jahren durch eine Vulkaneruption verwüstet worden sei. Wenn Spedicato mit seinen wissenschaftlichen Theorien über Apollo-Einschläge Recht behielt, dann hatte er sich sicherlich nicht leichthin für Hispaniola entschieden.

Wir kennen einander, seit er Kontakt mit mir aufnahm, nachdem er mein Buch *From the Ashes of Angels* gelesen hatte. Sein Beifall für meine umstrittenen Theorien und Entdeckungen hinsichtlich der Entstehung der Zivilisation war mir sehr willkommen. Kurz darauf schickte er mir ein Exemplar seines bahnbrechenden Artikels über Apollo-Objekte und die Atlantis-Theorie. Emilio wusste damals noch nicht, dass ich Kuba als die frühere Hauptinsel des Reiches der Atlanter betrachtete. Sein Artikel ‹Apollo-Objekte, Atlantis und andere Märchen: ein Katastrophenszenario für Brüche in der Geschichte der Menschheit› erschien 1985, gefolgt von überarbeiteten und erweiterten Versionen in den Jahren darauf.[2]

Argumente für Hispaniola

Emilios Argumentation für Hispaniola als das Kronjuwel von Atlantis stützte sich im Wesentlichen auf Texte der klassischen Antike. Genau wie ich hatte der italienische Professor erkannt, dass in Platons Atlantis-Dialogen nicht von einer einzigen Landmasse von der Größe Libyens und Asiens zusammen die Rede ist, sondern von der *Gesamtausdehnung* des mutmaßlichen Inselreiches. Er fand darüber hinaus, die Geographie von Atlantis, wie im *Kritias* beschrieben, habe nicht zugelassen, dass die Insel nach Überschwemmungen und Erdbeben einfach in den Fluten versunken sei. Mit anderen Worten: Atlantis müsse noch existieren. Er kannte die Hinweise, die Platon hinterlassen hat und die alle besagen, dass seine Insel Atlantis vor einem Ozeankontinent liegt, der auch Seefahrern aus dem antiken Mittelmeerraum zugänglich war. Auf dieser Grundlage hatte sich Emilio auf die Großen Antillen konzentriert und war zu dem Schluss gekommen, dass Hispaniola am besten zu Platons Beschreibung von Atlantis passe. Sein Gedankengang war folgender:

1. Atlantis soll eine auffällig hohe Steilküste besessen haben – genau wie Hispaniola, wo die gesamte Küstenlinie Steilküste ist. Da die Geologie der Insel seit dem Ende der letzten Eiszeit im Wesentlichen unverändert geblieben ist, kann man mit Sicherheit sagen, dass die Insel auch in der Epoche, in der Atlantis nach Platons Darstellung untergegangen sein soll, so ausgesehen hat.[3]

2. Laut Platon hat die Stadt Atlantis auf einer großen, rechteckigen Zentralebene gestanden. Im Südosten von Hispaniola gibt es eine ungefähr rechteckige Ebene. Ähnlich der bewässerten Ebene, die im *Kritias* beschrieben wird, ist sie nach Norden durch eine Hügelkette abgeschirmt.[4]

3. Ein möglicher Standort der Stadt Atlantis wäre das Tiefland von Hispaniola, das heute als die Plaine de Cul-de-Sac bekannt ist. Diese Ebene ist sowohl im Norden als auch im Süden durch Berge eingegrenzt. Auch gibt es dort mehrere Seen, darunter den Enriquillo-See, der heute

tiefer liegt als der Meeresspiegel. Einiges deutet darauf hin, dass dieser See korallenartige Strukturen birgt, die heute von Sedimentgestein bedeckt sind, in der atlantischen Epoche aber die Quelle des roten, weißen und schwarzen Baumaterials gewesen sein könnten, aus dem die Stadt nach Platons Angaben errichtet gewesen sein soll.[5]

4. Platon gibt die Größe der Ebene auf Atlantis mit 600 mal 400 Kilometern an. Dies ist in etwa die Größe von Hispaniola. Die Hauptachse der Insel verläuft von Osten nach Westen und ihre Abmessungen sind 650 mal 300 Kilometer.[6]

5. Die Taino von Hispaniola kannten ihre Insel unter dem Namen Quisqueya, «das Mutterland». Ist dies ein Hinweis darauf, dass sie die mythische, prähistorische Heimat der Völker der Karibik ist?[7]

6. Wenn Hispaniola Atlantis ist, dann wären die anderen Inseln, die das atlantische Reich laut Platon geformt haben, identisch mit den anderen Hauptinseln der Großen Antillen, nämlich Kuba und Puerto Rico.[8]

Dies also waren Emilio Spedicatos Argumente zugunsten von Hispaniola als Hauptinsel des platonischen Atlantis. Wenngleich er weder Hyde Clarkes noch Geoffrey Ashes frühere Befunde zu kennen schien, hatte er einige ernst zu nehmende Gedanken vorgebracht, die Kubas Anspruch auf diese Rolle glaubhaft in Frage stellten. Dennoch fühlte ich mich sehr wohl in der Lage, Emilios Thesen eine nach der anderen abzuwehren.

Unser Streitgespräch war für den 21. Juli 1998 angesetzt, Schauplatz war die Abteilung für theoretische Physik in Cambridge. Emilio hatte am frühen Nachmittag eine Vorlesung zu halten, und danach wollten wir uns treffen. Als es schließlich so weit war, ließen wir uns im Erdgeschoss der leeren Kantine nieder und legten ein Diktiergerät zwischen uns auf den Tisch.

Bevor wir überhaupt beginnen konnten, merkte ich, dass wir einen ahnungslosen Zeugen hatten. Ich drehte mich um und sah, wie Stephen Hawking, wahrscheinlich einer der brillantesten Wissenschaftler des 20. Jahrhunderts, zu einem Tisch nur wenige Schritte entfernt geführt wurde. Und dort blieb er während des größten Teils unserer lebhaften Debatte sitzen.

In dem Gefühl, gegen jedes von Emilios Argumenten gut gerüstet zu sein, begann ich also die Diskussion.

Berge und Ebenen

Zunächst räumte ich ein, dass Hispaniola genau die auffallende Steilküste besitzt, die Platon im *Kritias* beschrieben hat. Bei Platon weist Atlantis diese Küstenform aber nur jenseits der Bergketten auf, welche die große Ebene nach Norden, Osten und Westen hin abgrenzen. Nach Süden hin, wo auch nach Emilios Meinung die Ebene und die Stadt Atlantis gelegen haben, muss die Küste entweder dicht über oder praktisch auf der Höhe des Meeresspiegels liegen. Laut Platons Beschreibung gab es einen überdachten Kanal, der die Küste mit der zentralen Insel der Stadt verband. Diese Wasserstraße soll zehn Kilometer lang, etwa 90 Meter breit und 30 Meter tief gewesen sein. Wie ich in Kapitel 4 dargelegt habe, soll der Kanal nach Platon von der Südküste zur Stadt geführt haben. Daher konnten sich zwischen dieser Küste und der Stadt keine Berge oder steilen Klippen befunden haben. Nimmt man einmal an, der 30 Meter tiefe Kanal sei halb mit Wasser gefüllt gewesen, dann würde das bedeuten, dass die große Ebene nicht mehr als 15 Meter über dem Meeresspiegel gelegen haben kann. Das passt mit der Südküste von Hispaniola nicht zusammen. Außerdem wissen wir, dass der Meeresspiegel seit 9500 v. Chr. um mindestens 60 Meter gestiegen ist.[9] Die Ebene von Atlantis muss also heute tief unter Wasser liegen.

Auf Kuba trifft die in Platons *Kritias* gegebene Beschreibung der fruchtbaren Ebene viel besser zu. Auch dort kann man die Küste – bis auf die Südostküste, als «Steilküste» bezeichnen. Und wenn man nach Westkuba blickt, sieht man diese Region im Norden von einer Gebirgskette überragt, dem Cord de Guaniguanico. Er schirmt die üppige, fruchtbare Ebene, die sich von Havanna nach Westen bis nach Pinar del Río erstreckt, also über eine Distanz von 540 Kilometern, vollkommen ab. Es ist zudem festzuhalten, dass diese Ebene bis vor etwa 8000 bis 10 000 Jahren nach Süden hin bis zur Insel der Jugend reichte, sodass ihre Breite schätzungsweise 160 Kilometer betrug. Falls Platons Atlantis-Darstellung tatsächlich auf Erinnerungen an eine *reale* fruchtbare Ebene auf einer der Großen Antillen zurückgeht, müssen wir annehmen, dass er eine Insel meinte, die für ihre Ebenen berühmt war, und da kommt nur Kuba in Betracht. Hispaniola als eine Insel beschreiben, die durch solche Ebenen charakterisiert ist, wäre abwegig.

Emilios These, die Stadt Atlantis könnte auf dem Enriquillo-See auf Hispaniola gelegen haben, ist hochinteressant. Nur sagt Platon an keiner Stelle, die Stadt sei auf einem See errichtet worden. Er sagt nur, dass ihre Zentralinsel sich an einer Stelle befunden habe, wo einst «ein Berg» stand, «der nirgendwo von großer Höhe war»,[10] und dass diese Insel von künstlichen Wasserwegen umringt war. Auch ich finde die Idee, dass die Stadt Atlantis auf einem See gelegen haben könnte, sehr reizvoll, doch leider findet sich dafür in Platons Erzählung keinerlei Beleg.

Die Theorie, dass die Korallenstrukturen, die heute unter den Sedimenten auf dem Grund des Enriquillo-Sees begraben liegen, die Quelle der roten, weißen und schwarzen Steine waren, aus denen die Stadt nach Platons Angaben erbaut war, entbehrt bedauerlicherweise jeder Grundlage. Die Chance, dort Korallenstrukturen in drei verschiedenen Farben zu finden, erscheint sehr gering.

Das Mutterland

Die Enthüllung, dass die Taino die Insel Bohio – der Taino-Name für Hispaniola – einmal Quisqueya, also «Mutterland» oder «Mutter der Inseln», genannt haben sollen, verblüffte mich zunächst. Hier schien tatsächlich ein Hinweis darauf vorzuliegen, dass die Insel im Denken ihrer Bewohner eine besondere Rolle spielte. Wir dürfen jedoch nicht vergessen, dass die Taino erst ca. 250 n. Chr. auf Hispaniola angekommen sind. Ihre Vorstellung von der Heiligkeit der Insel hatte wahrscheinlich nichts mit einer Beziehung derselben zu Atlantis zu tun, sondern war dem Umstand zu verdanken, dass Hispaniola die erste größere Insel war, auf die sie kamen, nachdem sie Venezuela verlassen hatten.

1497 entsandte Kolumbus den Hieronymiten Ramón Pané mit dem Auftrag, den religiösen Glauben der Taino zu erforschen, die das Macorís-Territorium im nördlichen Zentralhispaniola bewohnten.[11] Die Dorfbewohner erzählten ihm von einem heiligen Berg namens Cauta, in einer Region der Insel, die unter den Eingeborenen als Caonao bekannt war.[12] Dort sollte es zwei Höhlen geben. Die eine wurde Cacibajagua genannt, «die Höhle des Jaguar», die andere Amayaúna, «ohne Wichtigkeit».[13] Ersterer waren der Legende zufolge «die meisten Menschen, welche die Insel bewohnen», entstiegen,[14] während aus der zweiten Höhle alle anderen Rassen hervorgegangen sein sollten.[15]

Derartige Schöpfungsmythen sind nirgendwo auf der Welt etwas Ungewöhnliches. Die Vorstellung, dass die Menschheit aus Höhlen in heiligen Bergen kommt, ist universal, indem sie die Wiedergeburt des Lebens aus dem geschwollenen Bauch der Erde darstellt. Mythische Vorstellungen wie diese sind jedoch stets in jene Landschaft übertragen worden, in der ein Stamm oder eine Kultur ihren Ursprung sah. Die Taino können also erst *nach* ihrer Ankunft auf Hispaniola einen örtlichen Berg als den

Ursprungsort ihres Volkes auserkoren haben. Damit waren die spirituellen Bedürfnisse der verschiedenen Gemeinschaften jedoch erfüllt. Auf die Frage «Wo kommen wir her?» konnte jeder Geschichtenerzähler auf einen fernen Berg deuten und sagen, diesem seien die ersten Urahnen entstiegen. Damit ist jedoch keineswegs ausgeschlossen, dass die Taino das Grundthema hinter diesem Mythos aus ihrem eigentlichen Ursprungsland, das im Mündungsgebiet des Orinoko gelegen zu haben scheint, mitgebracht haben.

Leider wurde eine ähnliche Untersuchung der Religion der eingeborenen Kulturen auf Kuba nie vorgenommen, bevor Diego Velasquez 1511 die Genehmigung erhielt, die Bevölkerung zu dezimieren. Obwohl Kuba die größte Insel der Großen Antillen ist, wissen wir also sehr wenig über die Mythen und Legenden der eingeborenen Völker, die dort lebten, als Kolumbus im Oktober 1492 vor der kubanischen Nordküste auftauchte. Von dem spanischen Chronisten F. X. de Charlevoix haben wir allerdings gehört, dass die Welt nach den Glaubensvorstellungen der Kubaner von drei himmlischen Gestalten gemeinsam erschaffen wurde. Später soll die Insel von einer großen Sintflut verwüstet worden sein, in der bis auf einen alten Mann alle ertranken.[16]

Der Name «Mutterland» kann nur mit der Atlantis-Überlieferung in Verbindung gebracht werden, indem man annimmt, die Taino-Einwanderer hätten die Erinnerung an eine Inselheimat bewahrt, die einst ihre fernsten Vorfahren bewohnten. Wenn das zutreffen soll, dann müssen wir auch glauben, dass die Ureinwohner der Großen Antillen zunächst gezwungen wurden, aufs Festland auszuwandern, bevor sie viel später auf die Inseln zurückkehren konnten. Selbst wenn dies der Fall wäre – und die Vorstellung hat, wie ich zugebe, ihren Reiz –, könnten wir nie herausfinden, ob sie auf ihrer Wanderung zurück die richtige Insel gefunden haben.

Die Ebene von Atlantis

Bei allem Respekt für Emilio Spedicatos Thesen hinsichtlich der Identität von Atlantis und trotz der Argumente, die lange vorher Hyde Clarke und Geoffrey Ashe zugunsten von Hispaniola vorgebracht hatten, sah ich keinen überzeugenden Grund dafür, mein Interesse von Kuba nach Hispaniola zu verlagern. Dafür, Kubas Anspruch auf diesen Titel zu verteidigen, spricht vor allen Dingen die westliche Ebene der Insel, die im Norden und im Westen durch den Cord de Guaniguanico eingeschlossen ist. Wir wissen zudem, dass die Ebene sich früher weiter nach Süden erstreckte, über die heutige Bucht von Batabanó hinaus bis zur Insel der Jugend, dem möglichen Ort der Sieben Höhlen. Es handelt sich also um eine Ebene, ursprünglich einmal 540 mal 160 Kilometer groß, die in der Periode, von der Platon spricht, zumindest teilweise überflutet gewesen sein könnte.

Gemäß seiner Platon-Interpretation behauptete Emilio, Hispaniolas Steilküste hätte sich in den vergangenen 11 500 Jahren nicht verändert. Meinem Gefühl nach können wir aber Platons Aussage, dass Atlantis – oder wenigstens ein Teil seines Inselterritoriums – versunken gewesen sei, nicht einfach ignorieren. Und die tief liegende Ebene auf Atlantis wäre als Erstes überflutet worden. Tatsache ist nun, dass wir unter den Inseln, die am ehesten als übrig gebliebene Fragmente des atlantischen Imperiums in Frage kommen, *eine* finden, auf die diese Beschreibung passen würde. Und diese Insel ist Kuba.

Kubas Cord de Guaniguanico können wir mit dem Gebirgszug vergleichen, der laut Platon die große Ebene von Atlantis gegen Nordwinde abschirmte. Wie wir wissen, sind Kuba und die Großen Antillen allgemein den kühlen, feuchten Brisen ausgesetzt, die die nordöstlichen Passatwinde vom Atlantik mitbringen und die Vegetation, Regenfälle und Volksgesundheit beeinflussen. Ohne diese Winde wäre das Leben auf den Inseln mehr oder weniger unerträglich. Auf Kuba zum Beispiel gewährleisten sie die nötige Feuchtigkeit für die Landwirtschaft auf den weiten, fruchtbaren Ebenen.

Zwischen November und Februar wehen auf Kuba jedoch auch nördliche Winde, *los nortes,* die in den östlichen Vereinigten Staaten zu schweren Schneestürmen führen, bevor sie die Karibik erreichen.[17] Diese Kaltfronten erreichen zwar manche offenen Gebiete der kubanischen Landmasse, nicht aber die westliche Ebene, die durch den Cord de Guaniguanico gegen die harschen Winde vollkommen abgeschirmt ist. Ohne das Gebirge wäre eine Wintersaat dort kaum möglich. Das passt genau zu folgender Beschreibung in Platons *Kritias*: «Die gesamte Ebene öffnete sich nach Süden, sodass sie vor den kalten Nordwinden geschützt war.»[18]

Genau in der Mitte

Ich wusste also, dass Kubas Batabanó-Ebene weitgehend mit Platons Beschreibung der Atlantis-Ebene übereinstimmt. Und was konnte ich über Platons phantastische Zitadelle sagen? Vor der Überflutung der Bucht von Batabanó könnte die Insel der Jugend ein Hügelkomplex am Südrand der großen Ebene gewesen sein. Die Punta-del-Este-Höhlen, heute auf einer Landzunge an der Südostspitze der Insel gelegen, hätten sich bezeichnenderweise genau auf der Mitte des Südstrands der großen Ebene befunden.

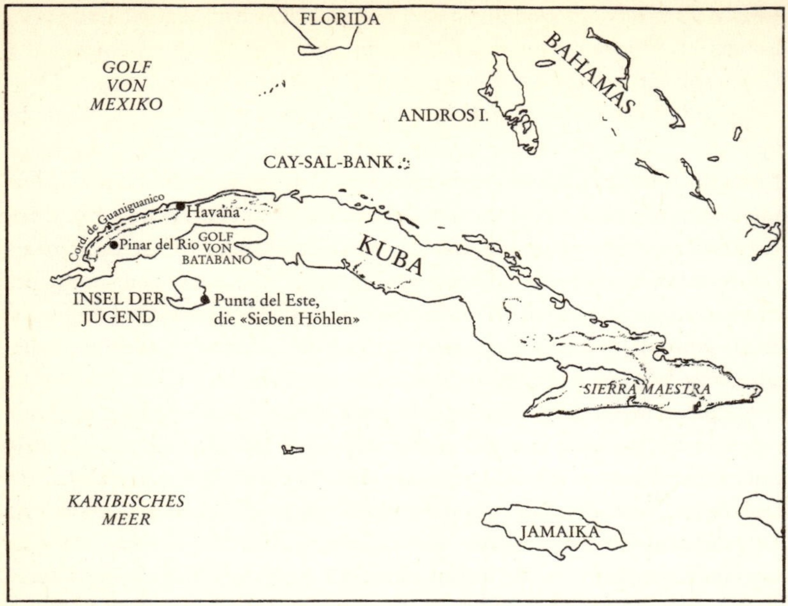

Kuba und die Insel der Jugend mit ihren Höhlen bei Punta del Este. Antike Überlieferungen von beiden Seiten des Atlantik verweisen deutlich darauf, welche Rolle Kuba in der Entwicklung der Atlantis-Legende gespielt hat

Ihre damalige Lage wäre der heutigen ganz ähnlich gewesen – wenige hundert Meter vom Meer entfernt. Wie wir uns erinnern, lag Platons Stadt auf der Mitte des Südrands der Atlantis-Ebene, nicht weit von der Südküste.

Würde man diesen Vergleich als vernünftig akzeptieren, befände sich die Insel der Jugend genau an der Stelle der einstigen atlantischen Zitadelle, und die Höhlen von Punta del Este wären die Grotte, wo Leukippe ihre Tochter Klito zur Welt brachte, die Stammmutter der königlichen Dynastie von Atlantis. Diese einfachen Vergleiche mögen vage erscheinen, doch immerhin spiegelt sich hier ein gewisses Element der Urlegende um Atlantis wider, wie sie zuerst von phönizischen und karthagischen Kaufleuten in der Mittelmeerwelt verbreitet wurde.

Leider existiert in der Bucht von Batabanó keine Spur der wirklichen Stadt Atlantis. Wir finden auch keine atlantischen Könige, kein konzentrisches Bewässerungssystem, keine Kanäle und keinen Hinweis darauf, dass es vor der Ankunft der ersten Paläoamerikaner irgendwann um

6000 v. Chr. Seefahrt gegeben hätte. Absurderweise finden wir stattdessen unbegreifliche Indizien für das Vorkommen von Stieren auf der Insel.

Rinderkunst

Eines der Bücher über die Archäologie und prähistorische Kunst Kubas, mit denen ich mich befasste, war die *Arqueologia Aborigen de Cuba* von Ramón Dacal Moure und Manuel Rivero de la Calle, 1986 in Havanna erschienen. Immer wieder finden sich in diesem Band Abbildungen der primitiven Kunst, die an den Wänden und Decken verschiedener Höhlen auf Kuba erhalten ist, darunter jedoch zwei Piktogramme, die allem widersprechen, was wir über das präkolumbische Kuba zu wissen glauben. Es sind dort nämlich eindeutig Strichmänner dargestellt, die große, rinderartige Tiere jagen. Im ersten Beispiel sind es zwei Männer, der eine offenbar mit einem Messer, einem Stock oder einem kurzen Speer bewaffnet, der andere mit einer ähnlichen Waffe, deren Spitze jedoch nach unten zeigt. Letzterem steht ein gehörntes Tier gegenüber, bei dem es sich zweifellos um einen zottigen Stier handelt. Leider gibt es in dem Buch keine Bildunterschrift zu dieser Zeichnung, sodass wir nicht wissen, wo die bemerkenswerte Szene zu bewundern ist.[19]

Das zweite Beispiel zeigt den gedrungenen Körper eines riesigen Stiers, der einem unbewaffneten Strichmann gegenübersteht; zwischen den beiden eine Barriere aus Stöcken, deren Spitzen auf die Bestie zu gebogen sind.[20] Zu diesem Bild informiert uns eine Legende, dass es sich um ein Piktogramm in der Cueva del Aguacate bei Guara in der Provinz Havanna handelt.[21]

Beide Bilder scheinen Rinder zu zeigen, die von Menschen auf eine Weise gejagt oder provoziert werden, die einerseits an den spanischen Stierkampf erinnert, andererseits aber auch mit prähistorischer Kunst verglichen werden kann, die im Zusammenhang mit dem Stierkult entstanden ist. So zeigen manche Beispiele hochpaläolithischer Höhlenkunst in Spanien und Frankreich ganz ähnliche Rindertiere in Jagdszenen. In der unterirdischen Stadt Çatal Hüyük in der Südtürkei gibt es ein faszinierendes Wandgemälde, das eine Stierjagd um das Jahr 5800 v. Chr. darstellt.[22] Wir denken bei diesen Bildern natürlich auch an Platons Erwähnung von Stieren im Heiligtum des Poseidon in der atlantischen Zitadelle. Die Tiere wurden in regelmäßigen Abständen eingefangen – wobei «Holzknüppel und Seile benutzt werden durften, jedoch keine Eisenwerkzeuge» – und als Opfertiere geschlachtet.[23]

Ich habe offen gestanden keine Erklärung für diese Höhlen-Stierbilder

In kubanischen Höhlen gefundene Piktogramme, die Angriffe auf Stiere zeigen. Oben aus einer nicht bekannten Höhle auf der Insel, unten aus der Cueva del Aguacate in Guara, Provinz Havanna

auf Kuba. Die einzige logische Deutung wäre, dass die Piktogramme von Taino-Künstlern stammen und dass sie Rinder darstellen, die nach der spanischen Eroberung nach Kuba gebracht worden waren. In Regla, einem Vorort von Havanna, gab es jedenfalls eine Stierkampfarena, die jedoch mit Sicherheit erst gebaut worden ist, nachdem die Streitkräfte des Diego Velasquez die eingeborene Bevölkerung vernichtet hatten. Havanna selbst ist erst ca. 1519 gegründet worden, also acht Jahre nachdem die Kolonisierung der Insel begonnen hatte.[24] Wenn diese Zeichnungen aber tatsächlich Stierkämpfe darstellen, wie kommt es dann, dass wir keine anderen Bilder kolonialer Szenen oder Aktivitäten finden, zum Beispiel Männer auf Pferden, Galeonen, die in den Hafen einlaufen, oder die Umrisse von Steingebäuden? Womit hätte sich der Stierkampf diese besondere Aufmerksamkeit verdient? Sicher, in der Cueva de Ambrosia in der Nähe der heutigen Touristensiedlung von Varadero gibt es auch eine Zeichnung, in der ein Priester-Strichmann neben einem Totenkopf zu sehen ist. Der Stil der Zeichnung lässt jedoch darauf schließen, dass dies das Werk eines christlichen Pilgers ist und nicht das eines Taino oder eines afrikanischen Künstlers.

Wenn diese Piktogramme aber nicht spanische Stierkämpfe darstellen, stehen wir vor einem großen Problem. Dies würde nämlich bedeuten, dass irgendwann in der Vergangenheit Rinder entweder auf der Insel selbst vorkamen oder von den Höhlenkünstlern auf dem amerikanischen Festland beobachtet worden waren. Da bei Ausgrabungen von Taino-Wohnstätten weder Stier- noch Bisonüberreste gefunden wurden, kommen wir hier nicht weiter. Sollte sich die kubanische Stierkunst hingegen jemals als präkolumbisch erweisen, dann wäre das eine sehr bedeutende Entdeckung.

Die drei größten Inseln der Großen Antillen scheinen in der antiken Welt sowohl als die Hesperiden als auch als die Überreste des versunkenen Atlantis bekannt gewesen zu sein, aber nur Kuba und Hispaniola, die beiden größten Inseln, scheinen in den Erinnerungen an Platons atlantische Hauptinsel eine größere Rolle zu spielen, und von diesen beiden erinnert, wie ich meine, Kuba am meisten an die Beschreibung der Insel Atlantis.

Dass Kuba auch als die mythische Heimat der mittelamerikanischen Völker auftritt, darf ebenfalls nicht vergessen werden. Seine Bedeutung in dieser Hinsicht könnte auch seine Rolle in der Entwicklung der Kernlegende um Atlantis – die wahrscheinlich in den Händen phönizischer und karthagischer Kauffahrer lag – beeinflusst haben.

Obwohl ich Kuba, nicht Hispaniola, als das Flaggschiff der atlantischen Inselflotte betrachte, ist allein der Umstand, dass ein Akademiker von Emilio Spedicatos Kaliber zu der Ansicht gelangt ist, Platons Atlantis sei eine der Großen Antillen gewesen, bemerkenswert.

Ich glaube, ich habe Kubas Anspruch, das wahre Atlantis zu sein, angemessen verteidigt, und Emilio Spedicato hat dasselbe für Hispaniola getan. Das letzte Urteil muss jeder Leser für sich fällen. Nichts von dem, was ich bisher in Zusammenhang mit den Großen Antillen vorgebracht habe, erklärt jedoch bestimmte Schlüsselelemente der platonischen Atlantis-Erzählung. Wir wissen von keiner Spur eines versunkenen Königreichs, und, noch wichtiger, hinsichtlich des Schicksals des Inselreiches Atlantis gibt es eine ganze Reihe unbeantworteter Fragen. Beide Probleme müssen wir auf angemessene Weise angehen, bevor irgendjemand glauben wird, dass Kuba oder gar Hispaniola die Krone von Atlantis war.

Bereits Geoffrey Ashe merkte an, dass der Karibikraum in vorgeschichtlicher Zeit eine größere Katastrophe erlebt haben muss. Das schloss er aus Aussagen des Marcellus über die drei Inseln «immenser Ausdehnung». Katastrophen- und Sintflutmythen sind jedoch weltweit verbreitet. Sie finden sich im kollektiven Gedächtnis eingeborener Völker rund um den Globus. In buchstäblich Tausenden von Legenden hören wir von einer Zeit vor der gegenwärtigen Weltepoche, als das Wasser stieg und alle früheren Erdenbewohner ertranken – bis auf wenige Auserwählte, die der Sintflut entkommen konnten, indem sie auf Bergen, Bäumen oder Archen Zuflucht suchten.

Ob Flutmythen in der historischen Realität irgendeine Grundlage haben, ist unter den Gelehrten immer noch Gegenstand von Mutmaßungen. In diesem Fall jedoch geht es um eine einzige, spezifische Geschichte; sie erzählt vom vermeintlichen Untergang einer Inselwelt, die einmal in der Karibik existiert hat. Wenn die Volksmythen der Taino von Hispaniola und der Kariber der Kleinen Antillen irgendeine reale Bedeutung haben sollen, müssen wir zunächst herausfinden, ob die Region je wirklich einer prähistorischen Katastrophe ausgesetzt war. Mein Instinkt sagte mir, dass der Schlüssel zu diesem Rätsel auf seine Entdeckung wartete – in den Sieben Höhlen.

VIERTER TEIL

Zerstörung

19 Der alte Mond brach entzwei

Nie zuvor war ich so weit gereist, um die Wahrheit zu finden. In der rauchgefüllten Zeitkapsel Havanna verschwendete ich jede Menge Zeit, Geld und Energie bei meinen Anstrengungen, Flugscheine zur Insel der Jugend zu bekommen. Als mir das endlich gelungen war, verschwand ich mit meinem Reisegefährten aus der Hauptstadt. Wir fuhren in Richtung Pinar del Río, ins Zentrum der Zigarrenindustrie, wo das Leben billiger sein würde. Die Reise war insofern erfreulich, als wir Kubas große westliche Ebene von einem Ende bis zum anderen kennen lernten. Besonders interessant fand ich das Cord-de-Guaniguanico-Gebirge, wo mehr als ein Berg eine eigenartig gestutzte oder gebogene Form zeigt, ganz im Stile des Colhuacán, des krummen Berges der aztekischen Mythen. Immer wieder hielt ich an, um Fotos von diesen Zuckerhutbergen an den nördlichen und westlichen Rändern der Ebene zu machen.

Auffällig war auch die rote Erde, die bis zu einer Tiefe von mindestens zwei bis drei Meter hinunterreicht. Ich hielt mehrmals am Straßenrand, um – sehr zur Erheiterung der Einheimischen – Bodenproben zu sammeln. An einer Stelle an der Autobahn sah ich zu meinem Erstaunen einen Mann aus einem nahen Zuckerrohrfeld kommen – mit einem Krokodil auf der Schulter, das er offenbar gerade gefangen hatte. Das Tier war einen Meter lang und stammte vermutlich aus dem Sumpfland um die Bucht von Batabanó.

Fast jeder Hektar des bebauten Lands zwischen Havanna und Pinar del Río ist mit Zuckerrohr bedeckt, doch je näher wir an unseren Bestimmungsort kamen, desto mehr Tabakfelder waren dazwischen. In Pinar selbst gab es dann praktisch nur noch Tabakplantagen.

Ich brannte darauf, die *Cueva #1* in Punta del Este auf der Insel der Jugend zu sehen. Nach den wenigen Bildern, die ich in archäologischen Büchern gefunden hatte, war ich überzeugt davon, dass die Höhle wesentliche Hinweise auf die Ursprünge der mittelamerikanischen Zivilisation enthielt, die Qualität und die Natur ihrer Petroglyphen waren schlicht einzigartig. Die kubanischen Archäologen Ernesto E. Tabío und Estrella Rey hatten darüber hinaus festgestellt, dass die Kunst in Höhle Nr. 1 in ihrer Komplexität mit den bekannten Stilen der Guayabo-Blanco-Kultur unvereinbar war.[1]

Doch wer sonst sollte diese Sixtinische Kapelle der prähistorischen Welt geschaffen haben? Vielleicht die Levisa, eine relativ unbekannte Kultur, die um 6000 v. Chr. auf Kuba auftauchte? Oder die noch geheimnisvolleren Grabhügelbauer, die gleichzeitig mit den Guayabo Blanco auf Kuba gelebt zu haben scheinen, mit ihren Verbindungen zu Kulturen im Mississippital und am St.-Johns-Fluss in den Vereinigten Staaten?

Eine plötzliche Trennung

Wenn sich die ursprünglichen Sieben Höhlen auf der Insel der Jugend befanden, könnte dann – wie Geoffrey Ashe als Erster vermutete – eine Verbindung bestehen zwischen einer großen Flut in der aztekischen Überlieferung und den Katastrophen, von denen in den Erinnerungen der Taino von Hispaniola und der Kariber der Kleinen Antillen die Rede ist?

Der französische Historiker Paul Gaffarel schrieb in seiner 1892 veröffentlichten *Histoire de la découverte de l'Amérique*, die eingeborenen Völker der südlichen Karibischen Inseln hätten den spanischen Chronisten erzählt, dass «die Antillen einst einen einzigen Kontinent gebildet hätten, dann aber plötzlich durch Wasser voneinander getrennt worden seien»[2]. Laut Gaffarel berichtete auch die eingeborene Bevölkerung Haitis von einer plötzlichen Flut, in der die Antillen entstanden seien.[3]

Und in Sir James Frazers *Folk-lore in the Old Testament* lesen wir:

> Die Kariber der [*Kleinen*] Antillen kannten eine Überlieferung, wonach der Herr der Geister aus Zorn über ihre Vorfahren, weil diese ihm die ihm zustehenden Opfer schuldig geblieben waren, so schwere, mehrere Tage währende Regenfälle heraufbeschwor, dass alle ertranken – bis auf eine Hand voll, die in Kanus zu einem einsamen Berg entkommen konnten. In dieser Sintflut, so sagt die Legende, wurden die Inseln vom Festland getrennt und formten sich die Hügel und scharfen Klippen und Zuckerhutberge ihrer Heimat.[4]

Solche Legenden stehen natürlich in krassem Widerspruch zu dem Bild einer allmählichen Überflutung tief liegender Inseln und Landmassen, wie es die Meeresgeologen üblicherweise zeichnen. Doch auch in der Schöpfungsgeschichte der Cakchiquel, in der beschrieben wird, wie der Stamm Civán-Tulán verlässt, klingen Verzweiflung und Hast an, so als wären die Menschen gezwungen gewesen, ihre Heimat zu verlassen.

Sollte es möglich sein, dass in unserem Wissen über die dauerhafte Überflutung von Tiefländern zwischen den Bahamas und in der Karibik vor vielen tausend Jahren eine entscheidende Lücke klafft? Könnte die westliche Hemisphäre tatsächlich von einer vernichtenden Katastrophe heimgesucht worden sein – in der Art, wie die eingeborenen Völker der Großen und Kleinen Antillen behauptet haben? Haben dabei wirklich nur die überlebt, die sich auf höher liegendes Gelände oder in Höhlen retten konnten oder ihre Heimat gar verlassen hatten, bevor die Katastrophe sich ereignete?

Bevor ich nach den Sieben Höhlen suchte, hatte ich mich bemüht, andere Sintflutmythen der uramerikanischen Bevölkerungen der Bahamas und der Karibik ausfindig zu machen, wobei ich auf wichtige neue Spuren gestoßen war. Eine davon hatte ich in einem 1511 erschienenen Buch entdeckt. In seinem Band *Jahrzehnte der Neuen Welt oder Westindiens* berichtet der spanische Chronist Peter Martyr d'Anghiera:

> ... die Eingeborenen selbst erklären, ihre Vorfahren hätten ihnen eine solche Überlieferung hinterlassen. [*Sie sagen,*] wilde Stürme hätten die Länder Stück für Stück unter Wasser gesetzt und sie durch Meeresarme voneinander getrennt.[5]

In diesen Worten zeigt sich offenbar die Erinnerung an klimatische und ozeanische Ereignisse, die irgendwann in ferner Vergangenheit im karibischen Raum zu Zerstörungen geführt haben. Ist es denkbar, dass dieses Wissen sich von Generation zu Generation und von einer Kultur zur anderen über viele tausend Jahre erhalten hat?

Geschichten aus Tobago

Eine andere erstaunliche Überlieferung ganz ähnlicher Natur findet sich in der afrokaribischen Gemeinschaft auf Tobago, einer Insel am südlichen Ende der Kleinen Antillen. Es mag unglaublich klingen, aber die Leute dort scheinen von karibischen Ureinwohnern, die auf manchen Inseln der Kleinen Antillen bis mindestens bis zum Ende des 16. Jahrhunderts überlebten, tatsächlich Geschichten über eine Katastrophe in der Region geerbt zu haben. Die Eingeborenen des benachbarten Trinidad waren Sir Walter Raleigh bei seiner Suche nach dem versunkenen Manoa behilflich, nachdem der englische Kapitän im Jahre 1595 die spanische Garnison dort erobert hatte. Damit wird auch verständlich, wie Bewohner von Tobago noch Anfang des 20. Jahrhunderts glauben konnten, in vergangenen Zeitaltern hätten auf den Inseln «sehr, sehr große Leute» gelebt, aber das Meer sei «nicht da» gewesen. Weiter heißt es in der Geschichte:

Und dann ging alles in Trümmer ... der alte Mond brach entzwei ... das Meer stürmte herein. Nach einiger Zeit war Tobago wieder trocken, aber sehr klein, ganz klein. Wie lange das her ist? Länger, als irgendein Großvater sich erinnern kann. Nein, keine britischen weißen Leute, diese GROSSEN LEUTE, die vor so langer Zeit gelebt haben. Aber auch keine Schwarzen!»[6]

Die malerische Geschichte aus alten Zeiten zeigt, wie hartnäckig sich Erinnerungen an eine plötzliche Überflutung in der Karibik gehalten haben, Erinnerungen, die sich nur auf den endgültigen Untergang der tief liegenden Inseln, Klippen und Sandbänke der Antillenkette beziehen können. Folglich müssen wir uns nun fragen, wer die «sehr, sehr großen Leute» gewesen sein könnten und was die Inselbewohner gemeint haben mögen, als sie sagten: «... der alte Mond brach entzwei...»

Über die Existenz und Identität der «sehr, sehr großen Leute» können wir natürlich nur spekulieren. Allerdings muss ich dabei an die Geschichten um das Schlangenvolk denken, das der Maya-Überlieferung zufolge auf Booten aus dem Osten kam. Nach Aussage des amerikanischen Archäologen Edward H. Thompson soll es sich dabei um «hellhäutige Menschen» gehandelt haben, «hoch gewachsen und blauäugig».[7] Das würde bedeuten, dass die Menschen, die die Kleinen Antillen zur Zeit dieser mutmaßlichen Katastrophe bewohnten und dann auf das amerikanische Festland übersiedelten, von ihren Rassemerkmalen her nicht gerade typische Mittelamerikaner waren.

Bleibt die eigenartige Aussage: «... der alte Mond brach entzwei ...» Was könnte das bedeuten? Der Ausdruck ist keine Redensart, sondern ganz spezifisch, sodass wir annehmen müssen, dass er in der überlieferten Geschichte eine bedeutende Rolle spielt. Irgendwie scheint das «Entzweibrechen» des «alten Mondes» mit der Katastrophe zusammenzuhängen, bei der Teile der Antillen auseinander gebrochen oder zumindest überflutet wurden.

Es ließ mich aber noch eine andere Aussage in der Erzählung aus Tobago aufhorchen: Das Meer soll «hereingestürmt» sein und sich wieder zurückgezogen haben. Danach soll nur noch ein Teil der einstigen Insel übrig gewesen sein. Bedeutet das vielleicht, dass Teil der Katastrophe auch eine riesige *Tsunami*-Welle gewesen sein könnte? Tsunami («Hafenangriff») ist das gebräuchliche japanische Wort für große Flutwellen. Der Gedanke erscheint plausibel, wobei Tsunamis normalerweise primären geologischen Ereignissen wie Erdbeben, Vulkanausbrüchen oder Erdrutschen folgen. Vor allem ziehen sich solche Riesenwellen, nachdem sie zunächst alles überschwemmt haben, wieder zurück und hinterlassen tiefer liegende Regionen mit dicken Ablagerungen bedeckt. Der Meeresspiegel fällt danach wieder auf sein altes Niveau.

Etwas stimmte also nicht an der auf Tobago überlieferten Volkserzählung. Vielleicht ist in Wirklichkeit von mehr als einem Ereignis die Rede. Das eine könnte eine von einer Super-Tsunami begleitete Katastrophe gewesen sein, das andere die dauerhafte Überflutung der tief liegenden Gebiete der Karibik.

Das Volk der Adlerschlange

Begeben wir uns für einen Moment auf das amerikanische Festland. Auch im Yuchi-Stamm in Oklahoma scheint sich nämlich die Erinnerung an das gewaltsame Ende eines früheren Weltzeitalters erhalten zu haben, die Erinnerung an dessen Zerstörung in großen Fluten. Erst im 19. Jahrhundert haben sich die Yuchi aus ihrer Heimat an der Golfküste von Alabama entfernt und ihre heutigen Siedlungen errichtet. Sie wissen aber um eine Urheimat jenseits des Meeres, und dieses Wissen enthält möglicherweise wichtige Hinweise auf eine Katastrophe, die in prähistorischen Zeiten über die Bahamas und die Karibik hereingebrochen sein soll.

Joseph B. Mahan, bis zu seinem Tod im Jahr 1995 der geschäftsführende Direktor des Instituts für die Erforschung Amerikanischer Kulturen, verbrachte viele Jahre mit dem Studium der Kulturgeschichte der Yuchi. Am Ende gelangte er zu der Auffassung, die Yuchi seien die legendären Shawano, «das Volk der Adlerschlange», das in vielen Stämmen der späteren Südstaaten die weltlichen und religiösen Führer stellte. Mahan lieferte auch zwingende Beweise dafür, dass die Yuchi direkte Nachfahren der rätselhaften Grabhügelbauer sind, die zunächst in Florida lebten und später das Mississippital bewohnten.[8]

Im Juni 1957, während er an einer schriftlichen Version der heiligen Geschichte des Stammes arbeitete, wurde Mahan eine Audienz beim durch Erbfolge eingesetzten Häuptling der Yuchi, Samuel W. Brown jr., gewährt. In seinem faszinierenden Buch *The Secret – America in World History before Columbus* gibt Mahan wieder, was der Häuptling über die Ursprünge seines Stammes zu sagen hatte:

> Die Yuchi haben eine dauerhafte Legende, der zufolge ihre Urheimat eine Insel irgendwo im Osten war. Ihr Häuptling schrieb für mich eine knappe Darstellung dieser Legende nieder, in der er feststellt, die Bahamas seien die Überreste der legendären Insel, die vor sehr langer Zeit einer enormen Naturkatastrophe zum Opfer gefallen sei.[9]

Häuptling Brown schrieb weiter zu dieser Katastrophe, das Land sei «durch Feuer und Wolken in verschiedenen Farben, die von Westen und von Norden her aufzogen, zerstört» worden.[10] Laut Mahan versank die

Insel daraufhin im Meer, und «nur wenige Überlebende erreichten das von ihnen so genannte Kap, das Brown als Florida identifizierte. Nach den Worten des Häuptlings lag diese Insel zweifellos im Gebiet der Bahamas. Besonders erwähnte er die Insel Andros.»[11]

Andros ist die größte Insel der Bahamasgruppe. Auf die Geheimnisse dieser Insel werde ich noch zu sprechen kommen. Was Joseph Mahan von Häuptling Brown erfuhr, ist in jedem Fall höchst bemerkenswert, denn nach dieser Darstellung sind die Yuchi von einer Landmasse vertrieben worden, die in einer verheerenden Katastrophe unterging.

Bei der Landmasse, von der Häuptling Brown sprach, handelt es sich am wahrscheinlichsten um die Große Bahamabank, von der Andros das größte sichtbare Überbleibsel ist. Ist dieses enorme unterseeische Plateau, ein umgedrehtes Hufeisen von der Größe Englands, Schottlands und Wales' zusammen, vielleicht wirklich auf die beschriebene Weise untergegangen?

Aber auch diese Geschichte ist nicht ohne Widersprüche. Wie wir schon festgestellt haben, führt eine Tsunami-Welle, wie sie in der Yuchi-Legende beschrieben zu sein scheint, nicht zur dauerhaften Überflutung von Landmassen. Meeresgeologen glauben zudem, die Große Bahamabank sei zwischen ca. 8000 und 3000 v. Chr. versunken, und zwar ganz allmählich.[12] Die Yuchi sprechen dagegen von einem Ereignis, das binnen kurzer Zeit große Gebiete der Bahamas unter Wasser setzte. Haben sie damit Recht, oder haben sie mehrere Ereignisse zu einem einzigen vermengt?

Was Brown gemeint haben könnte, als er von «Feuern und Wolken in verschiedenen Farben» sprach, die während der Katastrophe «von Westen und Norden her» aufgezogen seien, ist noch schwieriger auszumachen. Eine mögliche Erklärung wäre, dass diese Erscheinung durch Schutt in der Atmosphäre hervorgerufen wurde, den eine schwere Erschütterung an der Erdoberfläche hoch in die Luft geschleudert hatte. Vulkane können bekanntlich so große Mengen Asche und Trümmer ausspeien, dass nach einem Ausbruch tage- oder gar wochenlang Atmosphäreneffekte und seltsame Himmelsverfärbungen auftreten.

Handelte es sich bei besagter Katastrophe also um einen Vulkanausbruch und seine verheerenden Auswirkungen? Ist so aus der einstigen Landmasse die heutige Große Bahamabank geworden? Leider nicht – es gibt nämlich nicht die geringste Spur vulkanischer Aktivität in der Bahamasregion. Die nächstgelegenen Vulkane befinden sich auf den Großen und Kleinen Antillen und hätten niemals die von den Yuchi beschriebenen Zerstörungen verursacht.

Trotz dieser Widersprüche hat die Yuchi-Geschichte eine Kraft an sich, die weit über die in vielen Kulturen vorhandenen Sintflutmythen hinausgeht. Sie scheint mehr zu sein als die Idealisierung des Übergangs der Urväter von einer mythischen in die wirkliche Welt. Wenn die Yuchi tatsächlich die Erinnerung an ein Ereignis bewahrt haben, bei dem vor Tausenden von Jahren die Bahamas zerstört wurden, dann müssten wir auch die Möglichkeit in Betracht ziehen, dass die Große Bahamabank vor ihrem endgültigen Untergang bewohnt gewesen sein könnte. Der nächste Schritt wäre dann, die Möglichkeit einer Verbindung zwischen den Yuchi als dem Volk der Adlerschlange und als ehemaligen Bewohnern dieser versunkenen Landmasse und Platons Volk der Atlanter zu durchleuchten.

Solche Ideen stehen natürlich in vollkommenem Widerspruch zu allem, was Archäologen uns über die Vorgeschichte der Bahamas zu sagen haben. Deren Ansicht nach waren die ersten Bewohner des Archipels die Lucayan, ein Zweig der karibischen Taino, der irgendwann zwischen 600 und 700 n. Chr. über die Großen Antillen in die Region einwanderte.[13] Es wird sich aber schnell zeigen, wie sehr sich die Archäologen damit im Irrtum befinden.

Am Eingang der Sieben Höhlen

Nachdem wir einige Zeit in Pinar del Río verbracht hatten, kehrten mein Begleiter und ich nach Havanna zurück, um unseren Flug zur Insel der Jugend anzutreten. Das war am 2. September 1998. Wie zu Beginn dieses Buches geschildert, landeten wir auf dem Flughafen von Nueva Gerona und fanden schließlich einen Geländewagen, den wir für einen Tag mieten konnten. Da wir jedoch erst an Ort und Stelle erkannten, dass sich die Punta-del-Este-Höhlen in einem militärischen Sperrgebiet befinden und dass man eine Sondererlaubnis braucht, um den Kontrollpunkt passieren zu können, holten wir uns Unterstützung durch den ortsansässigen Archäologen Johnny Rodriguez und einen Fahrer von der Mietwagenfirma. Keiner der beiden sprach viel Englisch, doch bei unseren Bemühungen um einen Passierschein für das gefährliche Sumpfland der Südostecke der Insel war ihre Hilfe unschätzbar.

Eine Treppe hinter einer halb verfallenen Funkstation führte uns in das sandige Feuchtland hinunter, die Heimat von Sandkrebsen, Krokodilen, Geiern, Moskitos und vereinzelten Kronenkranichen. Vorbei an giftigen Büschen, für die wir kein Gegengift hatten, schlugen wir uns zur Höhle Nr. 1 durch, die etwas erhöht in einem von Bäumen umgebenen Felsenhügel liegt. Vor dem Höhleneingang lag neuzeitlicher Abfall verstreut, doch ein Blechschild bestätigte, dass wir tatsächlich am Ziel unserer Reise waren. Nach Monaten sorgfältiger Planung machte ich meinen zögernden ersten Schritt in die Räume, die einmal die ursprünglichen Sieben Höhlen gewesen sein könnten.

20 Die Feuerschlange

Das lange Warten hatte sich gelohnt. Der Eingang der Höhle Nr. 1 von Punta del Este ist vielleicht sieben Meter breit und drei Meter hoch und führt in eine Zentralkammer von zwölf bis 15 Meter Tiefe. Von dort zweigen eine Reihe Nebenkammern unterschiedlicher Form und Größe und ein langer Korridor ab; alles in allem etwa sieben Nebenkammern oder Kabinen, vielleicht ein erster Hinweis auf die Siebenersymbolik der Chicomoztoc, der Sieben Höhlen.

Der Gang, der nach rechts abzweigte, war etwa zehn Meter lang und zweifellos von Menschen in den Fels geschlagen worden. Johnny Rodriguez, unser kubanischer Archäologe, erzählte, dort seien Skelette von Guayabo-Blanco-Frauen entdeckt worden. Jeder der über 2000 Jahre alten Leichname habe in Fötusposition dagelegen und sei mit rötlichem Ocker bedeckt gewesen. Schon das schien darauf hinzudeuten, dass die Guayabo Blanco diese Höhle als eine Art Mutterleib verehrt hatten.

Wenn das zutraf, dann konnte ich auch verstehen, warum Chicomoztoc als der Ursprungsort der heutigen Menschenrasse angesehen wurde.

Der Zyklus der Venus

Auf dem staubigen Höhlenboden lagen Bruchstücke von Konchamuscheln verstreut, die die letzten Taino, von denen die Höhle bewohnt oder benutzt worden war, zurückgelassen hatten. In der Decke sah ich zwei runde Oberlichter, wie die «Zenitröhren» der Olmeken, durch die zu bestimmten Zeiten Sonnenlicht in die Höhle dringen konnte. Unter dem Oberlicht näher am Eingang befand sich ein rundes Betonpodest, nach Johnnys Auskunft genau an der Stelle, wo sich einmal eine Steinplattform befunden hatte. Das hintere Oberlicht war schwer zugänglich, da es sich direkt über einem Erdhaufen befand, der von Ausgrabungen übrig geblieben war. Die Funktion, die dieses Loch in der Decke einmal gehabt haben soll, ist jedoch äußerst interessant. Nach Aussage der Wissenschaftler, die sich mit diesen Oberlichtern befasst hatten, markierte es den 584-Tage-Zyklus des Planeten Venus.

Den genauen Zusammenhang haben die Forscher nicht erläutert, sollte ihre Analyse aber zutreffen, dann wäre das Phänomen von enormer Bedeutung. Quetzalcoatl wurde mit dem Morgenstern identifiziert, sein Zwillingsbruder Xolotl als der Abendstern gesehen – sie galten also als die beiden Aspekte des Planeten Venus.

Hatten wir die Sieben Höhlen tatsächlich gefunden? Hatte das von den Azteken überlieferte Rätsel etwas damit zu tun, wie Höhle Nr. 1 den Einfluss der Venus einfing, die zusammen mit den sieben Sternen der Plejaden den 52-Jahres-Zyklus und damit den Geburtstag des Quetzalcoatl definiert? Könnte also auch eine Verbindung zwischen der Zahlensymbolik der Sieben Höhlen und den sieben Sternen der Plejaden bestehen? Ah-Canule, das «Schlangenvolk», das die Hochkulturen Mexikos und Yukatans gegründet hat, war, wie wir uns erinnern, auch als Ah-Tzai bekannt, das «Volk der Klapperschlange».[1]

Als Sternbild besteht die Klapperschlange aus einer Reihe von Sternen, die als siebengliedrige Rassel aus den Plejaden herauswachsen. Quetzalcoatls Schlangengestalt war die einer Klapperschlange, und der gesamte Kult der Chane oder «Schlangen» kreiste um eine Spezies der Klapperschlange, *Crotalus durissus durissus*.[2] Die tödliche Schlangenart beginnt in der Geschichte, die sich langsam vor uns entfaltet, eine ungeahnte Rolle zu spielen.

Die Sonnenbahn

Die Beschreibung der zahlreichen faszinierenden Felszeichnungen, welche die Wände und die Decke nicht nur der Hauptkammer von *Cueva #1*, sondern auch des Gangs schmücken, wo die weiblichen Überreste gefunden wurden, habe ich mir bis zum Schluss aufgespart. Es handelt sich um ganze Serien konzentrischer Ringe, geometrischer Figuren und anderer eigenartiger Formen, die in Holzkohle, in rotem Ocker oder auch zweifarbig – rot-weiß – auf dem Fels erscheinen. Viele der Ringserien überlappen einander, während manche, die an Hanteln erinnern, innerhalb weiterer konzentrischer Formen gruppiert sind.

Was mir gleich auffiel, war, dass in Höhle Nr. 1 weder Strichmänner noch Tiere zu sehen waren, wie die Taino-Künstler sie gewöhnlich hervorgebracht hatten. Die Taino waren zwar zweifellos hier gewesen, doch offenbar hatten sie die Höhle als zu heilig betrachtet, um darin herumzumalen, wie sie es in den Höhlen auf der kubanischen Hauptinsel getan hatten.

An der Seite des Gangs entdeckte ich ein Kreuz aus sich entfaltenden konzentrischen Ringen, das mich an die Labyrinthzeichnungen der Hopi der Four-Corners-Region in Nordamerika erinnerte. Entlang einer geraden Kante waren einige Striche verschiedener Stärke zu sehen, die meiner Meinung nach Ähnlichkeit mit keltischen Ogham-Schriftzeichen aufwiesen. In ihrer vokallosen Form ist diese Schrift in verschiedenen Höhlen in den südlichen Vereinigten Staaten gefunden worden.

Die unglaublichste Zeichnung in der Höhle ist jedoch eine große «Zielscheibe» aus 50 bis 55 konzentrischen Ringen, abwechselnd schwarz und rot. Die Anzahl der Ringe ist so unbestimmt, weil auf der einen Seite des Kreises mehr Linien zu sein scheinen als auf der anderen. Auf diesem phantastischen Ringmuster sind weitere neun konzentrische Ringmuster und ein doppelter Pfeil eingezeichnet; der Pfeil reicht von der Mitte über den Rand des äußersten Rings hinaus, der einen Durchmesser von fast einem Meter hat. Das Ganze ist von weiteren Ringserien umgeben, die unweigerlich an Darstellungen von Planetenbahnen erinnern, wobei die große zweifarbige Zielscheibe die Sonne darzustellen scheint.

Johnny bestätigte diesen Eindruck, indem er mir erklärte, dass während der Sonnenwenden ein Lichtstrahl durch das vordere Oberlicht in die Höhle dringt und langsam von der Mitte der Zielscheibe aus an dem Pfeil entlang zum Rand wandert. Das erinnerte mich an die «Sonnendolche», die geometrische Zeichnungen in Höhlenstätten im Südwesten der Vereinigten Staaten beleuchten. In einer Höhle in Holly Canyon bei Hovenweep Castle in der Südostecke von Utah wandert während der Sommersonnenwende ein Lichtbalken über drei in die Höhlenwand geritzte, konzentrische Ringe, die nach dem Glauben der örtlichen Pueblo-Indianer die Sonne darstellen.[3] Am Fajada Butte, einer Felsenklippe in der Nähe des Eingangs zum Chaco Canyon in New Mexico, schießt ein solcher Lichtdolch an bestimmten Tagen des Jahres zwischen drei Steinstapeln hindurch und beleuchtet ein großes Spiralmuster. Am Tag der Sommersonnenwende bohrt sich der Lichtdolch in die Mitte der zielscheibenartigen Zeichnung; zu den Tagundnachtgleichen trifft er am rechten Rand auf, und während der Sonnenwende im Mittwinter ergeben sich zwei Lichtdolche, einer links und einer rechts neben der Zeichnung.[4] Die Navaho-Indianer sagen, diese Muster seien vor langer Zeit von Leuten geschaffen worden, die sie *Anasazi*, «die Alten», nennen.[5]

Wie diese Sonnenkunst mit den geometrischen Zeichnungen in Höhle Nr. 1 zusammenhängt, ist unklar. Wir wissen nur, dass die Blütezeit der Anasazi wahrscheinlich im 12. und 13. Jahrhundert war und dass ihre herrschende Elite ursprünglich aus Mexiko gekommen zu sein scheint. Sie könnten also mit den Tolteken verwandt gewesen sein, die etwa um die gleiche Zeit ihre Blüte erlebten.

All diese Sonnenereignisse scheinen auf unheimliche Weise die Geschichte zu illustrieren, wie die heutige Menschheit den Sieben Höhlen entstieg, sobald ein Sonnenstrahl in das dunkle Höhleninnere traf. War das Eindringen des Sonnendolches in Höhle Nr. 1 vielleicht das Signal für die Befruchtung des Erdmutterbauches und die darauf folgende Wiedergeburt des Lebens? Könnten vielleicht die Schöpfer der eindeutig religiösen Symbole in Höhle Nr. 1 diese Symbolik auch nach Mittelamerika gebracht haben?

Schlangenzeichen

Die Beziehung zwischen den Petroglyphen in Höhle Nr. 1 und Himmelskörpern wie der Sonne, dem Mond und den Planeten schien außer Zweifel zu stehen.

Durch die Himmelsbilder schienen bestimmte fundamentale religiöse Vorstellungen der ersten Benutzer dieser Höhle sogar geradezu definiert zu sein. Zu diesen Vorstellungen gehörte offenbar die von der symbolischen Neuschöpfung und Wiedergeburt der Menschheit aus dem Leib der Erde, nachdem dieser von der Sonne in Form eines Lichtpfeils oder Lichtdolchs durchdrungen worden war. Das Motiv der geschlechtlichen Vereinigung von Himmelsvater und Erdenmutter ist vielerorts auf der Welt anzutreffen.

All dies wurde mir klar, nachdem ich nur wenige Minuten lang Johnny zugehört und die Felszeichnungen in Höhle Nr. 1 betrachtet hatte. Und zugleich musste ich bei den großen konzentrischen Ringbildern mit eingeschlossenen kleineren Ringstrukturen auch an etwas ganz anderes denken: an Regentropfen, die auf eine Wasseroberfläche fallen.

Ich trat wieder in den Seitengang, wo die weiblichen Skelette gefunden worden waren, und schaute mir noch einmal die verschiedenen Zeichnungen an den Wänden dort an. Eine machte mich besonders neugierig. Es war ein Arrangement konzentrischer Linien, die zu einer eigenartigen S-förmigen Figur zusammenliefen. Aus irgendeinem Grund erinnerte mich die Figur an einen Kometen, der über den Himmel zieht, was mich dazu veranlasste, die Bilderwelt der Hauptkammer noch einmal neu zu überdenken. Hatte vielleicht nicht Regen die Wellen hervorgerufen, die ich mir bei den konzentrischen Ringen vorstellte, sondern etwas ganz anderes, das auf die Wasseroberfläche prallte – etwa Steine, die vom Himmel fielen? Sollte diese Höhlengalerie etwa an einen Einschlag oder eine Serie von Einschlägen im Meer erinnern, ausgelöst von einem Asteroiden oder einem Kometen?

Ich wusste, wie absonderlich diese Ideen waren, und trotzdem fragte ich Johnny, ob schon mal jemand auf die Idee gekommen sei, dass die geometrischen Figuren in Höhle Nr. 1 Kometen darstellen könnten. Und siehe da, ich war nicht der Erste, der in dieser Richtung spekuliert hatte.

Mir fiel ein, dass auch in Felszeichnungen an verschiedenen neolithischen Fundstätten auf den Britischen Inseln Kometen erkannt worden waren. So hatten die Katastrophenforscher Victor Clube und Bill Napier für ihr 1982 erschienenes Buch *The Cosmic Serpent* Beispiele kometenähnlicher «Becher und Ring»-Gravuren an megalithischen Stätten untersucht, darunter Einritzungen auf einer großen Steinplatte in Ardmarnoch in Westschottland, die «Schlangenlinien mit Lichthöfen» darzustellen scheinen. Die beiden Autoren hielten es «deshalb für möglich, dass das Ardmarnoch-Muster eine Familie von Kometen zeigt, die durch ein Sternenfeld ziehen»[6].

Ein weiteres solches Beispiel, bestehend aus konzentrischen Ringen und einer Gruppe von Linien, die aus einer zentralen Struktur weg verlaufen, findet sich auf einem Felsen, der an der Grabungsstätte Traprain Law entdeckt wurde. Der Stein steht zurzeit im schottischen National Museum of Antiquities in Edinburgh. In Clubes und Napiers Augen waren darauf «ein langer, gebogener Kometenschweif und ein mächtiger Lichthof um den Kometenkopf zu sehen, der wahrscheinlich so hell war wie der Vollmond»[7]. Die Ähnlichkeit zwischen der Traprain-Law-Zeichnung und der großen Zielscheibe in Höhle Nr. 1 war schlichtweg verblüffend, zumal in beiden Zeichnungen pfeilartige Objekte aus der Mitte zu kommen scheinen.

In diesem Zusammenhang ist auch erwähnenswert, dass Kometen im Altertum häufig als feurige Himmelsschlangen angesehen wurden. In der Mythologie der Mayas hatte die Klapperschlange ein kosmisches Gegenstück in Gestalt einer Sternreihe, die von den sieben Plejaden ausgeht. Da die Klapperschlange auf den Großen Antillen nicht heimisch war, sind die Siebener- und die Schlangensymbolik in Höhle Nr. 1 als Hinweis auf den Zusammenhang zwischen Kometen und der Sterngruppe der Plejaden aufzufassen.

Indizien für Einschläge

Für den Augenblick war ich damit am Ende meines Lateins. Nach meinem allzu kurzen Besuch in Punta del Estes Höhle Nr. 1 musste ich jedoch immer wieder an die Möglichkeit denken, dass die Bahamas und die Karibik irgendwann in prähistorischen Zeiten durch einen Kometeneinschlag verwüstet worden sein könnten. In diesem Licht ergaben nicht nur die verschiedenen Legenden der eingeborenen karibischen Völker plötzlich einen Sinn, sondern auch die Geschichte des Yuchi-Stammes, wie Häuptling Brown sie erzählt hatte; nach seinem Glauben waren seine frühesten Vorfahren von einer einstigen Landmasse im Bahamasgebiet gekommen. Ich meinte, immer deutlicher zu sehen, dass Höhle Nr. 1 eine Art Schrein war, der das Gedenken an dieses Ereignis – und an die Wiedergeburt der Menschheit, sobald in der Außenwelt wieder Ordnung herrschte – bewahren sollte.

Zurück in England, suchte ich weiter nach Hinweisen auf einen Einschlag, der vor Jahrtausenden den Westrand des Atlantik verwüstet haben könnte. Wir wissen heute, dass der riesige Krater, der 1991 neben der Halbinsel Yukatan entdeckt wurde, wahrscheinlich auf einen Asteroiden oder Meteor zurückgeht, der vor 65 Millionen Jahren – am Ende der Kreidezeit – für das Verschwinden der Dinosaurier gesorgt hat. Der Krater hat einen Durchmesser von 160 Kilometern. Wegen des gestiegenen Meeresspiegels liegt sein Rand heute zum Teil im Golf von Mexiko. Natürlich hat dieses so genannte KT-(Kretazeum-Tertiär-)Grenzereignis nicht das Geringste mit volkstümlichen Erinnerungen an einen Kometeneinschlag in der Karibik zu tun. Die Tatsache aber, dass der vielleicht berühmteste Asteroideneinschlag der Weltgeschichte sich genau in der Region ereignet hatte, für die ich mich interessierte, war zumindest viel versprechend.

Wie ich bald herausfand, scheint das KT-Ereignis nicht der einzige Einschlag im Karibikraum gewesen zu sein. Auf einigen der Inseln hat man Bediasite gefunden, abgekühlte Tröpfchen von Steinschmelze, die beim Einschlag in die Atmosphäre geschleudert wurden.[8] Welchen Ursprungs diese Partikel sind, weiß man noch nicht, wenngleich sie (übrigens werden sie auch als Tektite bezeichnet) zuweilen als Überreste eines Einschlags angesehen werden, dessen Schutt sich über ein Gebiet verteilte, das vom Indischen Ozean über den Pazifik bis in die Karibik reicht.[9]

Die große Masse der durch einen Einschlag in die Atmosphäre geschleuderten Gesteinsfragmente würde sich wochen-, wenn nicht monate- oder jahrelang in den oberen Atmosphärenschichten halten, sodass die Sonne verdunkelt wäre und sich andere seltsame Atmosphärenerscheinungen einstellen würden. Die Wissenschaftler sprechen hier gern von einem «nuklearen Winter». Damit könnten wir uns zum Beispiel die «Feuer und Wolken in verschiedenen Farben» erklären, die laut Häuptling Brown die Bahamas-Landmasse zerstört haben sollen.[10] Wir dürfen auch nicht vergessen, dass die Quiché-Mayas und die Cakchiquel-Stämme Guatemalas in ihren Überlieferungen von einer ewigen Finsternis vor dem «ersten Tag» sprachen, in der sie ihre Urheimat verlassen mussten. Die Quiché beschrieben zudem, wie es in jener mythischen Zeit unablässig regnete, bevor endlich die Sonne wieder schien und eine große Hitze erzeugte, in der das «aufgeweichte» und «schlammige» Land schließlich trocknete.[11] Ein Asteroideneinschlag im Meer lässt riesige Mengen Seewasser verdampfen, das sich in der Atmosphäre mit schwefligen Gesteinspartikeln vermischt und als tödlicher Säureregen niedergeht.

Wüssten wir von einem Ozeaneinschlag, könnten wir auch verstehen, weshalb sich die eingeborenen Völker der Karibik von Hispaniola bis zu den Kleinen Antillen an eine plötzliche Überflutung der Inseln zu erinnern scheinen. Ein Kometen- oder Asteroideneinschlag im Meer hätte eine Serie von Hunderte oder gar Tausende Meter hohen Flutwellen ausgelöst, unter denen die Inseln und tief liegenden Küstenregionen vollkommen verwüstet worden wären. Aber gab es Beweise für ein solches Ereignis? War diese Theorie je zuvor aufgestellt worden? Nach langer und mühsamer Suche fand ich schließlich einen wissenschaftlichen Artikel von 1954, der meine Eindrücke exakt zu bestätigen schien.

Außerirdische Felsbrocken

Besagter Artikel in der *International Anthropological and Linguistic Review* stammte aus der Feder von Dr. Alan H. Kelso de Montigny, einem hervorragenden Anthropologen niederländischer Herkunft, der viele Jahre lang auf Kuba gelebt hatte und dann aufs amerikanische Festland übergesiedelt war. Unter dem Titel ‹Ist vor ca. 6000 Jahren ein gigantischer Meteorit, i. e. ein Asteroid, in die Karibik gestürzt und hat so die Kleinen Antillen geschaffen?›»[12] fasste der Wissenschaftler zunächst frühere Arbeiten über den Ursprung und die Natur von Mondkratern zusammen, die er in derselben Zeitschrift veröffentlicht hatte.[13] Dann erklärte er: «Da die Erde viel größer und schwerer ist als ihr Trabant, ist auch ihre Gravitation um ein Mehrfaches stärker als die des Mondes, weshalb sie mindestens zehnmal so viele Riesenmeteoriten und Asteroiden angezogen haben muss wie der Mond.»[14]

Im Weiteren wies Kelso de Montigny darauf hin, dass die Erde außer dem ständigen Bombardement mit kleineren «außerirdischen Materieklumpen» in regelmäßigen Abständen auch Einschläge großer «Projektile» oder «riesiger Brocken» erlitten haben müsse.[15] Alle paar tausend Jahre würden Asteroiden «immense Katastrophen mit Fluten, Eiszeiten und massenhafter Vernichtung von Menschen und Tieren» verursachen.[16]

Und schließlich meinte Kelso de Montigny, Indizien dafür entdeckt zu haben, dass sich ein solches Ereignis «um 4000 oder 3000 v. Chr.» in der Karibik zugetragen habe.[17] Die Indizien beschrieb er wie folgt:

... gewisse Bestätigung findet diese These in zahlreichen indianischen Überlieferungen mit dem Inhalt, dass vor vielen Jahrhunderten «ein Mond» vom Himmel auf die Erde gefallen sei, der vor seinem Aufprall wie eine FEURIGE SCHLANGE (der flammende Schweif des brennenden Asteroiden) über den Himmel gezogen sei, dass es zu schrecklichen Erdbeben gekommen (beim Aufschlag des Asteroiden) und dass der Tag zu ewiger Nacht geworden sei (durch den Staub, den Rauch und den Wasserdampf, der durch den Einschlag freigesetzt wurde). Es soll auch eine mächtige Flut und furchtbare Regenfälle gegeben haben, die viele, viele Tage anhielten (durch das verdrängte beziehungsweise beim Einschlag verdampfte Seewasser). Die einzigen Überlebenden sollen sich auf Berggipfel gerettet und dort in Höhlen Zuflucht gefunden haben.[18]

Der Leser kann sich vorstellen, wie ich empfunden habe, als ich diese Zeilen zum ersten Mal las. Alles, was ich mir hinsichtlich der Ereignisse in der Karibik vor vielen tausend Jahren vorgestellt hatte, war hier in einem Abschnitt zusammengefasst – von einem gestandenen Anthropologen, der selbst auf Kuba gelebt hatte!

Das also bedeuteten die Worte «... der alte Mond brach entzwei» in der Überlieferung von Tobago. Mit dem «alten Mond» war offenbar der Kern eines außerirdischen Objekts gemeint, das nach Kelso de Montigny in den Ozean stürzte und jene gewaltige Zerstörung anrichtete, die in den verschiedenen Mythen und Legenden der eingeborenen Völker der Karibik überliefert ist.

Leider hatte Kelso de Montigny es versäumt, die Primärquellen zu nennen, die er beim Verfassen seines Artikels verwendet hatte. So fand ich keinen Hinweis darauf, ob sein auf die Erde stürzender «Mond» auf die Geschichte zurückgeht, die man sich auf Tobago erzählt. Dennoch las ich weiter:

Vor vielen Jahren begegnete der Autor auf einer Reise durch Venezuela einem indianischen Medizinmann aus dem Westen des Landes, der ein wenig Spanisch sprach. Er erzählte, sein Vater habe ihm erzählt, dass vor vielen, vielen Jahren eine gigantische Feuerschlange über den Himmel gezogen sei, dass die Welt damals beinahe untergegangen wäre, weil danach eine nicht endende Nacht hereinbrach mit schrecklichen Fluten und furchtbarem Regen, und dass fast alle Menschen ertrunken seien, bis auf die wenigen, die sich in die Berge retten konnten.[19]

Der «Medizinmann» scheint eine Erinnerung zitiert zu haben, die sich über viele Jahrtausende von Generation zu Generation erhalten hat, eine Erinnerung an ein Ereignis, das man nur als einen Einschlag auffassen kann, der in der Karibik massive Zerstörungen angerichtet haben muss.

Dass das herabstürzende Objekt als eine «gigantische Feuerschlange» beschrieben wird, ist von äußerster Relevanz, besonders im Zusammenhang mit der Siebenersymbolik und der Höhlenkunst in *Cueva #1* in Punta del Este.

Angesichts der zahlreichen Hinweise in mündlichen Überlieferungen, auf die wir in so vielen Gegenden der Karibik, Mittelamerikas und Südamerikas gestoßen sind, war die Möglichkeit, dass es in einer vergangenen Epoche im Karibikraum einen gewaltigen Einschlag gegeben hat, schwerlich von der Hand zu weisen. Mündliche Überlieferungen genügten allerdings nicht. Um diese kühnen Behauptungen zu beweisen, brauchte ich handfeste wissenschaftliche Indizien.

Meteorüberreste

Kelso de Montigny versuchte seine Hypothesen zu untermauern, indem er sagte, entgegen der Ansicht der Meeresgeologen – der zufolge die Kleinen Antillen in ihrer heutigen Form vor 10 000 bis 20 000 Jahren entstanden sein sollen – habe sich die fragliche Katastrophe in viel jüngerer Vergangenheit ereignet. Zum Beweis verwies er auf den Umstand, dass auf mehreren der Inseln eine bestimmte Giftschlangenart, die Lanzenotter (*Bothrops atrox* oder *Lachesis lanceolatus*), heimisch ist, die es in Mittelamerika ebenfalls gibt.[20] Da diese Spezies wohl kaum von Menschen auf die Insel gebracht worden ist, glaubte er damit einen Nachweis dafür gefunden zu haben, dass bis etwa 4000 bis 3000 v. Chr. zwischen dem südamerikanischen Festland und den obersten Inseln der Kleinen Antillen eine Landbrücke existiert hat. Wäre diese Landverbindung früher aufgebrochen worden, so meinte er, dann hätten sich die Lanzenottern auf den Inseln beziehungsweise auf dem Festland so verschieden entwickelt, dass ihre gemeinsame Herkunft nicht mehr zu erkennen wäre.[21]

Als einziges Argument für die Theorie, dass die Karibik einmal einen Einschlag erlitten hat, brachte Kelso de Montigny die Form der Inselkette der Kleinen Antillen vor, die sehr an einen Einschlagkrater erinnere. Zudem wies er darauf hin, dass die Gewässer in der Mitte dieses Kreises (oder Ovals) die tiefsten der südlichen Karibik sind.[22] Seiner Empfehlung nach «sollte dieses Seegebiet nach Meteorüberresten unter dem Schlamm am Meeresboden» abgesucht werden.[23] Am Ende seines Artikels sagte er voraus: «Wenn solche Überreste vom Einschlag eines riesigen Brockens außerirdischer Materie gefunden würden – womit die Realität jener Katastrophe endgültig bewiesen wäre –, hätten wir auch die Erklärung dafür, wie es zur letzten Eiszeit in Amerika und Europa kam.»[24]

Dr. Alan H. Kelso de Montigny ist leider 1972 verstorben. So machte ich seinen Sohn, den Künstler Alan R. Kelso de Montigny, in Miami ausfindig und fragte ihn, ob er mir mehr über die Forschungen seines Vaters erzählen könne. Er teilte mir mit, der Artikel in der *International Anthropological and Linguistic Review* sei der einzige gewesen, den sein Vater zu diesem Thema veröffentlicht habe. Verblüffenderweise erfuhr ich aber auch, dass Kelso de Montigny bis zu seinem Tod geglaubt hatte, der Asteroid, der seiner Ansicht nach die Karibik verwüstet hätte, sei auch für den Untergang von Platons Atlantis verantwortlich gewesen.[25]

Die Vorstellung von einem großen Einschlag in der Karibik vor 5000 bis 6000 Jahren ist zweifellos reizvoll, doch zurzeit gibt es dafür leider kaum einen Beweis. Nach der Lektüre verschiedener wissenschaftlicher Artikel aus dem Bereich der Meeresgeologie, über Sedimentniveaus und Veränderungen im Klima und in der Höhe des Meeresspiegels in der Gegend der Bahamas und der Karibik über die vergangenen 15 000 Jahre hinweg, kann ich sagen, es gibt keinen ernst zu nehmenden Hinweis darauf, dass es in diesem Zeitraum in der westlichen Hemisphäre zu dramatischen Veränderungen gekommen ist.

Das war natürlich ein schwerer Schlag, zumal ich wusste, dass dies die früheste Periode war, in der Völkerwanderungen von den Großen Antillen auf das mittelamerikanische Festland stattgefunden haben können. Doch es kam noch schlimmer: Auch für Dr. Kelso de Montignys Theorie, bis vor ca. 5000 bis 6000 Jahren seien die Kleinen Antillen eine solide Landbrücke zwischen Südamerika und dem nördlichen Ende der heutigen Inselgruppe gewesen, findet sich nirgends eine Bestätigung. Die Lanzenottern auf verschiedenen Inseln des Archipels müssen es also geschafft haben, ihre charakteristischen Merkmale über Zehntausende von Jahren hinweg unverändert weiterzuvererben, oder die Ureinwohner der Inseln haben sie tatsächlich vom Festland eingeführt (was allerdings höchst unwahrscheinlich ist).

Nach gegenwärtiger Beweislage deutet auch nichts darauf hin, dass der Boden der Kleinen Antillen in einem Asteroideneinschlag an der Stelle entstanden ist, die Kelso de Montigny im Sinn hatte. Man hat keine Meteorüberreste gefunden, und meines Wissens hat kein anderer Wissenschaftler hinsichtlich der tiefsten Schluchten des Karibischen Meeres je eine ähnliche Theorie geäußert. Damit will ich nicht sagen, dass de Montigny im Irrtum war, sondern nur, dass ich mich bislang nicht in der Lage sehe, seine Theorien mit Beweisen zu untermauern.

Das Geheimnis von Atlantis

So enttäuscht ich auch über diese Befunde war – persönlich glaubte ich immer noch, dass im genannten Zeitraum ein Einschlag in der Region stattgefunden haben kann, und ging noch einmal auf die Suche nach handfesten Beweisen. In der Zeit las ich auch zum ersten Mal ein Werk über Atlantis, das, wie ich gestehen muss, während der gesamten Vorbereitungen für dieses Buch in meinem Regal geschlummert hatte. Das Buch heißt *Das Geheimnis von Atlantis,* und geschrieben hat es Otto Heinrich Muck, eine der rätselhaftesten Figuren, die sich auf dem Feld der Atlantologie je betätigt haben. Muck, geboren in Deutschland, war der Erfinder des U-Bootschnorchels und meldete bis zu seinem Tod im Jahr 1965 nicht weniger als 200 Patente an. Im Zweiten Weltkrieg arbeitete in der berüchtigten Raketenschmiede Peenemünde, wo die V-1- und V-2-Raketen entwickelt und getestet wurden.

Wie viele Autoren vor ihm gibt Otto Muck in seinem Buch zunächst einen Überblick über die Beweislage zu Platons Insel Atlantis. Dann geht er zu seiner These über, Atlantis sei eine riesige Landmasse quer über dem Mittelatlantischen Rücken gewesen. Was jedoch meine Aufmerksamkeit erregte, war nicht der Ort, den er für das einstige Atlantis im Sinn hatte, sondern seine Theorie dazu, wie es zum Verschwinden des Inselkontinents gekommen sei. In seinem Vorwort zum *Geheimnis von Atlantis* fasste der Geschichtsautor Peter Tompkins Mucks Schlussfolgerungen so zusammen:

> Um acht Uhr abends am 5. Juni 8498 v. Chr. geriet der Angeklagte, Asteroid A, auf chaotische Weise von seinem Kurs ab, brach in Stücke, stürzte in das Bermudadreieck im Atlantischen Ozean und verursachte damit einen Holocaust, der schlimmer war als 30000 Wasserstoffbomben. Dabei riss er wie ein Luzifer eine gesamte Inselzivilisation und den größten Teil der Menschheit auf unserem Planeten mit sich in den Tod.[26]

Eine so großartige Erklärung mag auf den ersten Blick lächerlich erscheinen, und die Angabe des genauen Datums und der Uhrzeit des Ereignisses kann man eigentlich nur als wissenschaftlichen Selbstmord bezeichnen. Dennoch machten Tompkins' Worte mich neugierig, und ich las weiter – wobei mir nach und nach klar wurde, dass der ehemalige Raketenforscher durchaus auf den Mechanismus gestoßen sein konnte, der hinter der Zerstörung von Atlantis steckt.

21 Das kosmische Flipperspiel

Als die Alliierten am Ende des Zweiten Weltkriegs die Forschungslabors in Peenemünde stürmten, fanden sie etwas vor, das Welten entfernt war von den wissenschaftlichen Forschungsstätten in Großbritannien und den Vereinigten Staaten. Die hoch begabten Raketenforscher wurden als so wichtig erachtet, dass 120 von ihnen, darunter auch Wernher von Braun, im Zuge der «Operation Büroklammer» eingeladen wurden, sich Amerikas eigenem Raketenprogramm anzuschließen.

Wir wissen aber auch, dass die hochklassige Arbeit der Forschungsgruppe in Peenemünde von bizarren wissenschaftlichen Anschauungen beeinflusst war, die im Deutschland der zwanziger und dreißiger Jahre propagiert wurden. Dazu gehörten auch die Ansichten des österreichischen Ingenieurs und Erfinders Hans Hörbiger; er hatte 1913 ein Buch mit dem Titel *Glazialkosmogonie* veröffentlicht, in dem er seine Theorie über das «kosmische Eis» oder «Welteis» darlegte.[1] Nach Hörbigers Vorstellung war der gegenwärtige Mond ursprünglich ein eigenständiger Planet, der jedoch vor etwa 12 500 Jahren im Gravitationsfeld der Erde eingefangen wurde. Davor hatte ein anderer Mond, der so genannte «Tertiärtrabant» seinen Platz eingenommen. Im Laufe der Jahrzehntausende war dessen Umlaufbahn immer dichter an die Erde herangerückt und schließlich ganz zusammengebrochen, was katastrophale Verwüstungen auf dem ganzen Globus zur Folge hatte. Vor dem geologischen Zeitalter des Tertiär (das mit dem KT-Grenzereignis vor 65 Millionen Jahren begann und vor 500 000 Jahren endete) waren nach Hörbiger noch frühere Monde eingefangen worden und auf ähnliche Weise zerstört worden – vielleicht ein Hinweis auf das Schicksal, das unserem jetzigen Mond bevorsteht.

Da Hörbiger zu dem Schluss gekommen war, dass Monde mit Eis bedeckt sind, hätte der Aufbruch des Tertiärtrabanten riesige Eisbrocken auf Kollisionskurs mit der Erde geschickt. Der Aufprall der Riesenschneebälle auf der Erde hätte katastrophale Erdbeben, Vulkanausbrüche, Feuerregen und Perioden anhaltender Dunkelheit eingeleitet.

Natürlich betrachteten Hörbiger und sein englischer Musterschüler, der Schriftsteller H. S. Bellamy, die kosmische Eistheorie als Erklärung der Weltmythen über das Ende früherer Zeitalter. In seinem Buch *Moons, Myths and Man* zitierte Bellamy Volksmythen der Botocudos- und Tupi-Stämme Westbrasiliens, in denen – wie in denen auf der Karibikinsel Tobago – von einem alten Mond die Rede war, der auf die Erde stürzte.[2] In Bellamys Augen stützten diese Erzählungen Hörbigers Anschauungen über das Ende des Tertiärtrabanten. Als Erklärung für das kometenartige Aussehen des gegenwärtigen Mondes, nachdem er vom Gravitationsfeld der Erde erfasst worden war, zitierte er auch etliche Beispiele von Legenden über Feuerschlangen. Und dann schrieb Bellamy, er glaube, das Naturereignis, das die große Weltflut hervorgerufen habe, sei auch für den Untergang von Atlantis verantwortlich gewesen.[3]

Hörbigers Welteistheorie ist inzwischen widerlegt worden. Wir wissen, dass unser Mond nicht mit Eis bedeckt ist. Die Gesteinsproben, welche die Apollo-Missionen vom Mond mitgebracht haben, beweisen zudem, dass der Erdtrabant unmöglich vor nur 12 500 Jahren von der Erde «eingefangen» worden sein kann. Da die deutsche Nazipartei jedoch Gefallen fand an der kosmischen Eistheorie und ihren Konsequenzen für die Welt, wurde die wissenschaftliche Forschung auf dem Gebiet der Katastrophentheorien – über kosmische Einschläge und die Zerstörung einstiger Zivilisationen – eifrig gefördert.

Diese verzerrte Sicht der Vorgeschichte war also der Hintergrund, aus dem Otto Muck kurz nach dem Zweiten Weltkrieg hervortrat, um seinen literarischen Beitrag zur Atlantis-Frage zu leisten. Im Anschluss an die Forschungen von Dr. Alan H. Kelso de Montigny studierte er die hydrographischen Karten des Ozeangrundes und registrierte zwei große, ovale Kuhlen, die von Nordwesten nach Südosten verlaufen. Sie bedecken eine Fläche von etwa 200 000 Quadratkilometern tief unter der Wasseroberfläche, östlich von Florida und nördlich von Puerto Rico.[4] Muck schrieb dazu: «Nur eine unbeschreiblich große Kraft kann diese tiefen Löcher in die Erdkruste des Atlantikbeckens geschlagen haben … Im Zeitalter der Atombombe ist man versucht, an eine kolossale unterseeische Kernexplosion zu denken.»[5]

Für Muck stellten die Gruben keine «überdimensionalen Spülsteinabflüsse» dar, wie die Meeresgeologen annehmen mochten, sondern die «unverheilten Narben zweier tiefer Wunden, die ein Himmelskörper beträchtlicher Größe in die Erdkruste geschlagen hat»[6]. Die Nordwestorientierung spiegelte seiner Meinung nach die Richtung der Bahn wider, auf der sich die Bruchstücke des Objekts der Erde genähert hatten, bevor sie in den Meeresboden einschlugen.[7]

Ein Himmelskörper, der in diesem Winkel auf die Erde zustürzte, muss nach Mucks Theorie (mit dem Schwarm von kleineren Bruchstücken, von dem das große Hauptprojektil umgeben war) «das Land im Nordwesten», also den heutigen Südosten der Vereinigten Staaten, «gestreift haben.[8] Wenn wir in dieser Schneise eine Suche durchführten, würden wir wahrscheinlich ein Kraterfeld finden, das sich über die Jahrtausende seit der Katastrophe erhalten hat.»[9] Er richtete seine Aufmerksamkeit also auf die amerikanische Küstenebene und machte einen Fund, der für seine Argumentation von enormer Bedeutung war.

1930 beschloss die Firma Myrtle Beach Estates, eine Holzhandlung im Horry County in South Carolina, eine Lufterfassung der Kiefernwälder der Firma durchführen zu lassen. Zu diesem Zweck nahm man die Dienste der Vermessungsfirma Fairchild Aerial Survey in Anspruch, die 800 Quadratkilometer Land in der Myrtle-Beach-Region fotografisch erfasste. Als die Filme entwickelt waren, fiel Edwin H. Corlett, einem der Fairchild-Ingenieure, an der Landschaft, die sie überflogen hatten, etwas höchst Ungewöhnliches auf: Sie war regelrecht übersät mit Hunderten von elliptischen Senken, manche davon größer als die Äcker um sie her. Er erkannte längliche, trockene «Buchten», wie man solche Kuhlen in der Region nennt, und riesige, eiförmige Seen und Teiche, von denen manche ineinander übergingen.

Corlett wusste nicht, was er davon halten sollte, und zeigte die Fotos Professor Frank A. Melton, einem Geologen der Universität von Oklahoma. Er breitete die Fotos vor dem Professor aus und ließ diesen über mögliche Ursachen für diese Buchten rätseln, bevor er seine eigene Meinung kundtat. In Corletts Augen handelte es sich um Meteornarben, verursacht durch Einschläge von Tausenden – wie er dachte – «Kometen». Melton zeigte sich angemessen beeindruckt und flog, zusammen mit Professor William Schriever, einem Physiker derselben Universität, ein weiteres Mal über die Senken hinweg, bevor er Vor-Ort-Untersuchungen der elliptischen Buchten um Myrtle Beach in die Wege leitete. Die beiden Wissenschaftler wählten 43 Beispiele aus und verfassten einen detaillierten Bericht, den sie 1932 auf der jährlichen Konferenz der Geologischen Gesellschaft von Amerika präsentierten. Im Jahr darauf wurde der Bericht dann im *Journal of Geology* veröffentlicht; sein Titel lautete: *Die Carolina-»Buchten» – sind es Meteoritennarben?*[10]

Melton und Schriever waren zu dem Schluss gekommen, dass es mindestens 3000 dieser flachen, vollendet geformten Senken gibt, die nahezu alle eine nordwestliche Orientierung aufweisen. Nach Schätzung der beiden Wissenschaftler bedecken sie ein Gebiet von etwa 160 000 Quadratkilometern und sind in den US-Bundesstaaten Georgia, North Carolina und South Carolina zu finden.[11] Am südöstlichen Rand vieler der untersuchten Senken gibt es einen unverkennbaren Sandgrat, der in etlichen Fällen über zwei Meter hoch ist.[12] Dies zeigt, wie flach der Eintrittswinkel der Meteoriten war. Die Überlappungen zwischen einzelnen Buchten zeigen zudem, dass die Einschläge schnell aufeinander gefolgt sein müssen.[13] Das abschließende Urteil der beiden Wissenschaftler war, dass die Buchten ein ausgedehntes Kraterfeld darstellen, das auf einen ganzen «Schwarm» von Objekten zurückzuführen ist, die von Nordwesten her zu Boden gestürzt sind und den Südosten Amerikas vor «zwischen 50 000 und einer Million Jahren» getroffen haben.[14]

Das waren für die damalige Zeit sensationelle Behauptungen, doch selbst damit unterschätzten Melton und Schriever noch die Bedeutung der «Carolina-Buchten», als die das Phänomen schnell bekannt wurde. Heute wissen wir, dass es schätzungsweise *eine halbe Million* solche Kuhlen gibt,[15] die über mindestens sechs Staaten verteilt sind. Nicht nur in Georgia und in North und South Carolina, sondern auch in anderen benachbarten Staaten wie Maryland, Virginia und Florida sind sie zu finden.[16] Ihre Häufigkeit ist erstaunlich. Ein Gebiet im Bladen County von 8 mal 6,4 Kilometer Fläche ist zu 67 Prozent mit solchen Senken bedeckt.[17] Andere Regionen in North und South Carolina sind bis zu 50 Prozent davon durchzogen.[18] Nicht weniger als 140 000 der Strukturen sind mittelgroß bis groß mit Längen von über 150 Metern.[19] Eine der größten ist die Big Swamp Bay in der Mitte von South Carolina, mit einer Länge von sechs Kilometern von einem Ende zum anderen.[20] Andere Exemplare nicht weit davon entfernt sind vergleichsweise klein, mit Längen zwischen 90 und 120 Metern.[21] Es gibt auch schon Hinweise auf Buchten von über 11 Kilometer Länge.[22]

Viele der Kuhlen sind länglicher Gestalt, andere, meist kleinere Exemplare, sind nahezu rund.[23] Ihre Häufigkeit, ihre Ausrichtung und ihre Anordnung bilden jedoch ein klar erkennbares Muster.[24]

Einschlagkrater?

Nach Meltons und Schrievers Thesen zu den Ursprüngen der Carolina-Buchten hörte man bald alternative Theorien in Hülle und Fülle. Die einen sprachen von Vulkanismus, andere von Gletscherbewegungen, artesischen Quellen, Laichstätten, Büffelgruben, Winderosion oder Wirbelstürmen.[25] Doch trotz aller kühnen Versuche, die Landsenken mit irdischen Phänomenen zu erklären, waren andere Akademiker sofort bereit, Meltons und Schrievers Meteoritenschwarm-Hypothese zu unterstützen.[26] Die mit Abstand größte Bedrohung der Theorie kam von Douglas W. Johnson, einem Geologen der Universität von Columbia, der von 1934 an argumentierte, die «Buchten» wären durch die Einwirkung von Wind auf artesische Brunnen entstanden.[27]

Doch Medien und Öffentlichkeit stürzten sich natürlich auf die sensationellste Erklärung, die im Umlauf war. 1933 schrieb Edna Muldrow auf der Grundlage von Meltons und Schrievers Veröffentlichung einen Artikel für das populäre Magazin *Harper's Monthly*, in dem sie über die Wahrscheinlichkeit spekulierte, dass ein Komet die Erde treffen könnte. Dies war vielleicht das erste Mal, dass dieses Thema in so breiter Öffentlichkeit aufgegriffen wurde.[28] Muldrow versuchte das Bild einer «schlimmen halben Stunde» heraufzubeschwören, in welcher «der ganze Himmel in Flammen aufgeht» und Tod und Zerstörung über die Vereinigten Staaten bringt.[29]

In der Luft explodiert

In der orthodoxen wissenschaftlichen Gemeinde stießen solche «verrückten» Ideen natürlich auf wenig Zuneigung. Nach Charles Darwins Evolutionstheorie sollte sich die Tierwelt einschließlich des Menschen über viele Millionen Jahre hinweg durch natürliche Auslese entwickelt haben. Für die Neodarwinisten jener Zeit waren solche Katastrophentheorien nichts als Volksmythen.

In den fünfziger Jahren allerdings vollzog sich eine Bewegung weg von der wissenschaftlichen Auffassung, dass es zwischen Weltzeitaltern immer einen graduellen Übergang gebe. Einer der Gründe für diesen Wandel war vermutlich, dass die Menschheit inzwischen die Auswirkungen der Atombombe gesehen und erkannt hatte, wie leicht es ist, ganze Städte auszuradieren und zahllose Menschenleben auszulöschen. Mit dieser neuen Einstellung kamen immer waghalsigere Theorien über den Ursprung und die Natur der Carolina-Buchten auf. Im Februar 1952 brachte William F. Prouty, Geologe an der Universität von North Carolina, die These vor, die Buchten seien durch mächtige Schockwellen in der Atmosphäre nach dem Einschlag von Meteoriten gegen Ende des Pleistozän, also um 9000 v. Chr., entstanden.[30] Um diese These zu erhärten, hatte er eine Reihe von Experimenten durchgeführt: Er hatte aus neun Meter Entfernung in einem flachen Winkel Pistolenkugeln in eine Staubschicht gefeuert. Die Schockwellen, die dabei in der Luft entstanden, hatten elliptische Krater erzeugt, die mehr oder weniger genau wie die Carolina-Buchten aussahen.[31] Außerdem wies er darauf hin, dass die Vermessung vieler Buchten gezeigt habe, dass sie magnetische Anomalien aufweisen, was ebenfalls auf Meteoriteneinschläge als Ursache für ihre Entstehung hinweise.[32]

In gewissem Maße war Proutys «revidierte Meteoritentheorie» der Buchtenentstehung von neuen Informationen über ein Ereignis inspiriert, das am 30. Juni 1908 eine unzugängliche Gegend in Zentralsibirien erschüttert hatte.[33] Im oberen Flussbassin des Podkamennaja Tunguska (60° nördlicher Breite, 101° östlicher Länge) geschah nach einem Augenzeugenbericht Folgendes:

> Es war gegen acht Uhr morgens. Ich saß auf der Veranda und schaute nach Norden. Plötzlich erschien eine Art Feuer, das eine unerträgliche Hitze erzeugte ... Das überhitzte Wunder war nach meiner Schätzung mindestens eine Meile (1,6 Kilometer) groß. Das Feuer hielt jedoch nicht lange an, denn kaum dass ich wieder aufschaute, war es verschwunden. Und dann wurde es dunkel, und es gab eine Explosion, die mich mindestens zwei Meter von meiner Veranda fort schleuderte ... Es klang, als ob alle Häuser erzitterten und sich wegbewegten. Viele Fenster waren zerbrochen, ein großer Streifen Erde war herausgerissen worden, und am Lagerhaus war der Eisenriegel gebrochen.[34]

Als eine Gruppe unter Leitung des russischen Wissenschaftlers Professor Leonid A. Kulik das Gebiet schließlich im Jahr 1927 besuchte, zeigte sich, dass ein Waldgebiet von 24 bis 32 Kilometern Durchmesser vollkommen weggebrannt war. Was von den Bäumen übrig war, lag flach auf dem Boden ausgebreitet wie ein riesiger Fächer. Im Epizentrum der Explosion, wo sie einen Einschlagkrater erwarteten, fanden Kulik und seine Leute lediglich eine Fläche mit entlaubten, aber aufrecht stehenden Bäumen, was nur bedeuten konnte, dass der Himmelskörper in der Luft explodiert war. Obwohl er im Lauf der folgenden drei Jahre dreimal in die Region zurückkehrte, fand Kulik keinen endgültigen Beweis dafür, dass die Verwüstung durch einen Meteoriten verursacht worden war.[35]

Zum Glück war die Gegend um den Einschlagpunkt vollkommen menschenleer gewesen, sodass kein einziges Todesopfer zu beklagen war. Wäre dieser himmlische Besucher jedoch nur vier Stunden später auf der Erde angekommen, hätte er St. Petersburg getroffen, die Stadt dem Erdboden gleichgemacht und die gesamte Bevölkerung ausgelöscht.

Wenn die Carolina-Buchten durch den Zerfall eines Himmelskörpers entstanden sind, wie ihre parallele Ausrichtung nahe zu legen scheint, dann muss damit eine Katastrophe unvorstellbaren Ausmaßes verbunden gewesen sein. Allein nach der Anzahl der Landsenken zu urteilen muss das Ereignis eine Gewalt von etwa 100 000 Tunguska-Explosionen gehabt haben, entweder auf einmal oder zerteilt in kurz aufeinander folgende Einzeleinschläge. Die Auswirkungen einer einzigen Explosion dieser Art kamen auf einer Farm in Camden in South Carolina ans Licht. Während der Ausschachtung eines Entwässerungsgrabens stießen die Bagger in einer Tiefe von 4,3 Metern auf eine Ansammlung niedergestreckter Bäume. Die Stämme lagen alle in derselben Richtung, als wären sie einem «massiven Abwärtsdruck» ausgesetzt gewesen. Offenbar waren sie in einer Katastrophe entwurzelt worden, die deutliche Ähnlichkeiten mit dem Tunguska-Ereignis von 1908 aufwies.[36]

Weitere Senken

Große elliptische Landsenken ähnlich den Carolina-Buchten finden sich auch in der Nähe von Point Barrow im Nordwesten der Vereinigten Staaten. Die Kuhlen dort liegen im ständig gefrorenen Boden der Polarregionen und sind 800 Meter mal 1,6 Kilometer bis 5 mal 14 Kilometer groß.[37] Sie erstrecken sich über ein Gebiet von etwa 72 000 Quadratkilometern, und ihre Zahl geht in die Tausende. Ihre durchschnittliche Ausrichtung liegt bei 12° Nordnordwest.[38] Genau wie die Carolina-Buchten sind die Senken von Barrow Point durchweg flach und überlappen einander hier und da, was zeigt, dass sie nicht gleichzeitig, sondern eine nach der anderen entstanden sind.

Ähnliche Beispiele sind an der Harrison Bay in Alaska und auf der Old-Crow-Ebene in Kanadas Yukon-Region gefunden worden[39] und im Beni-Gebiet in Nordostbolivien, wo sie sich über eine Fläche von 72 000 Quadratkilometern erstrecken.[40] Alle diese Senken weisen die typische längliche Form, Nordwestorientierung und eine geringe Tiefe auf.[41]

Da keine glaubhafte irdische Erklärung für diese elliptischen Bodensenken vorliegt, kann man annehmen, dass sie auf Schockwellen zurückgehen, die entstanden, nachdem ein außerirdisches Objekt vor seinem Aufschlag explosionsartig zerfallen war. Doch worum handelte es sich bei diesem Objekt genau, und wo und wann ist es entstanden?

Asteroid A

Otto Muck lehnte die Vorstellung, dass Meteoriten für die Entstehung der Carolina-Buchten verantwortlich gewesen sein sollen, ab. Meteoriten, so argumentierte er, hätten runde Krater hinterlassen wie den berühmten Meteor- oder Teufelskrater in Arizona. Ebenso verwarf er die Idee, die Landsenken könnten durch einen Kometenkern erzeugt worden sein, da

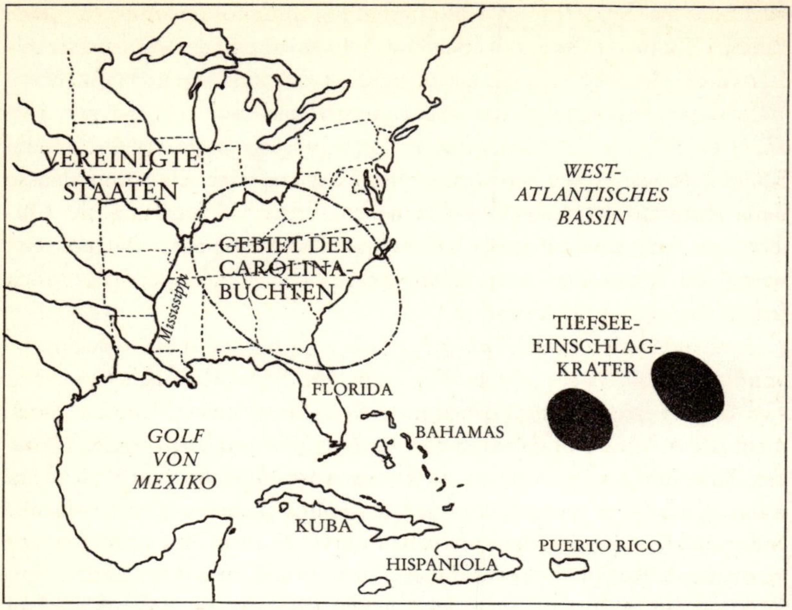

Die Vereinigten Staaten und der westliche Atlantik mit dem Gebiet der Carolina-Buchten (nach W. F. Prouty). Ebenfalls eingezeichnet sind die von Otto Muck postulierten Einschlaggebiete viel größerer Fragmente eines Himmelskörpers im Ozean. Hat dieser Kometeneinschlag vor 10500 Jahren zum Untergang großer Teile der Bahamas und der Karibikregion geführt?

ein solcher «viel zu klein und von zu geringer Masse wäre. Seine Explosion hätte vielleicht zu einem eindrucksvollen Feuerwerk in der Randzone der Stockstoffhülle geführt, was jedoch hoch in der Atmosphäre geschehen wäre und auf der Erdoberfläche keine Auswirkungen gehabt hätte.»[42]

Um hinter die wahre Natur des Himmelskörpers zu kommen, der für die Entstehung der Carolina-Buchten verantwortlich gewesen sein muss, wählte Muck eine statistische Probe von etwa 10 000 Senken aus und führte anhand dieses Beispiels theoretische Berechnungen durch. Unter der Annahme, dass eine durchschnittliche Kuhle einen Durchmesser von 500 Metern habe, sagte er, die 10 000 betrachteten Bruchstücke hätten ein Gesamtvolumen von 500 Kubikkilometern gehabt.[43] Mit dieser Zahl und unter der Annahme, die spezifische Dichte des Materials habe bei etwa zwei Tonnen pro Kubikmeter gelegen, berechnete er weiter, dass «das Gewicht des harten Kerns des explodierten Himmelskörpers über 10^{12} [eine Billion] Tonnen» betragen habe.[44] Ein Objekt mit einem «Eisen-Nickel-Kern dieser Masse» hätte nach Mucks Schätzung ein Gesamtvolumen von «600 bis 700 Kubikkilometern» haben müssen, «was einer Kugel von etwa zehn Kilometern Durchmesser entspricht»[45]. So kam Muck zu dem Schluss, der «Carolina-Meteorit», wie er ihn ursprünglich nannte, müsse beim Aufprall die fünfmillionenfache Energiedichte des Tunguska-Objekts von 1908 gehabt haben.[46] In diesem Fall sollte man den «Meteoriten» besser als Asteroiden oder Kleinplaneten bezeichnen, weshalb Muck fortan von «Asteroid A» sprach.[47]

Asteroiden sind große Felskörper, die sich meist auf Bahnen um die Sonne zwischen Mars und Jupiter aufhalten. Wahrscheinlich handelt es sich um Überreste der misslungenen Entstehung eines Planeten. Doch nicht alle Asteroiden bleiben in dem Gürtel zwischen jenen beiden Planeten. Zuweilen geraten nach einem Zusammenstoß große Bruchstücke auf Bahnen, die sie in andere Regionen des Sonnensystems führen. Manche enden auf Bahnen, welche die Erdbahn kreuzen, was sie zu potenziellen «globalen Killerobjekten» macht, von denen eines zum Beispiel den Teufelskrater in Arizona ausgehoben haben könnte. Ein solches Objekt könnte auch für das KT-Grenzereignis verantwortlich gewesen sein, das vor 65 Millionen Jahren den Dinosauriern den Garaus machte.

Hinweise vom Tunguska-Fluss

Seit den fünfziger Jahren, in denen Otto Muck den größten Teil der Forschungen für sein Buch durchführte, hat sich die wissenschaftliche Meinung von der Theorie weg bewegt, dass die Carolina-Buchten auf einen Meteoritenschwarm oder einen explodierten Asteroiden zurückgehen. Die Ursache dafür mag sein, dass in der Umgebung der Senken keine Meteoritenbruchstücke gefunden wurden. Zudem gibt es auf der ganzen Welt keinen mutmaßlichen Meteoriten- oder Asteroidenkrater, der mit bis zu einer halben Million elliptischen, über ein enormes Gebiet verteilten Kuhlen in Verbindung zu bringen wäre.[48] Auch sind andere verräterische Spuren, die ein Einschlag normalerweise hinterlässt, im Fall der Carolina-Buchten nicht zu finden. Zum Beispiel gibt es dort keine so genannten «Bestkegel» oder durch hohen Druck verursachte Veränderungen in Quarzkörnern.[49] Und vor allem sind zwischen Sedimentproben aus den Buchten und solchen von außerhalb der Buchten keine nennenswerten mineralogischen Unterschiede festzustellen.[50]

Diese Ergebnisse scheinen nahe zu legen, dass die Krater doch irdischen Ursprungs sind. Gleichzeitig kamen jedoch hinsichtlich der Ursache des Tunguska-Ereignisses neue Indizien zutage. Als Leonid Kulik und sein Wissenschaftlerteam 1927 das Epizentrum der Explosion besuchten, fanden sie keine Meteoritenfragmente. Stattdessen entdeckten sie, dass das ganze Gebiet mit «flachen, trichterförmigen Kuhlen unterschiedlicher Weite, jedoch nie tiefer als vier bis fünf Meter» übersät war.[51]

Was außer einem Meteoriten oder Asteroiden konnte diese Senken produziert haben? Wieder kamen alle möglichen Gerüchte auf. Es war von Bruchstücken einer Supernova, einem Antimaterieklumpen und gar von einem explodierten UFO die Rede. Nichts davon war jedoch wissenschaftlich haltbar. Wie also lautet die wirkliche Antwort?

1961 drang eine andere Gruppe von Wissenschaftlern in die abgelegene Tunguska-Region vor, und diesmal wurde etwas gefunden, das den greifbaren Beweis für den mutmaßlichen Einschlag darzustellen schien. In Bodenproben vom Epizentrum gab es winzige Kügelchen, die man nach sorgfältiger Analyse als Schmutzkörnchen aus dem Kern eines Kometen identifizierte.[52]

Diese Entdeckung bedeutete offenbar, dass es sich bei dem Objekt, das in der Tunguska-Region explodiert war, um einen kleinen, höchst flüchtigen Kometenkern gehandelt hatte.[53]

Da die unzähligen flachen Bodensenken in verschiedenen Gegenden Amerikas in ihrer Form und Tiefe den Tunguska-Kuhlen sehr ähnlich sehen, ist heute unter Geologen die Auffassung verbreitet, die Carolina-Buchten könnten ebenfalls auf einen hoch über der Erdoberfläche in Bruchstücke zerplatzten Kometenkern zurückzuführen sein.[54]

Schmutzige Schneebälle

Die Astronomen sind sich weitgehend darüber einig, dass Kometenkerne aus mit Staub vermischtem Eis bestehen. Diese Theorie vom «schmutzigen Schneeball» wurde ursprünglich in den fünfziger Jahren von Fred L. Whipple von der Harvard-Universität vorgebracht. Manche dieser Kerne sind nicht größer als ein Haus, andere dagegen können Durchmesser von mehreren Kilometern haben. Wahrscheinlich war es ein Komet der kleineren Sorte, der 1908 über den Tunguska-Wäldern explodierte.[55]

Viele Kometen gehören zu unserem Sonnensystem. Sie bewegen sich auf lang gestreckten elliptischen Bahnen, auf denen sie weit über die Bahn des Pluto, des fernsten Planeten, hinaus in den Raum getragen werden, bevor sie ihre Rückreise in Richtung inneres Sonnensystem antreten. Manche dieser Kometen haben Umlaufzeiten von nur wenigen Jahren, andere entfernen sich so weit in die Tiefen des Weltraums, dass sie nur alle Jahrzehntausende wieder näher an die Sonne kommen.

Wieder andere Kometen kommen jedoch scheinbar aus dem Nichts und durchqueren unser Sonnensystem. Viele absolvieren diese Reise ungestört, während eine kleinere Anzahl in den Gravitationssog der Sonne oder eines Planeten gerät, gewöhnlich des größten im Sonnensystem. So wurde Jupiter im Juli 1994 von 21 Bruchstücken des Kometen Shoemaker-Levy 9 getroffen. Einmal im Sonnensystem, kann ein Komet auch von einem der Riesenplaneten in Richtung eines anderen Planeten geschleudert werden, zum Beispiel auf die Erde zu. Zu einem solchen kosmischen Flipperspiel kommt es am wahrscheinlichsten, wenn sich ein Komet in seinem Perihel, also in dichtester Annäherung an die Sonne, und zugleich auf dem Weg zurück in die Ferne des äußeren Sonnensystems befindet. Kreuzt der Komet dabei die Erdbahn, dann tritt er in einem flachen Winkel und mit enormer Geschwindigkeit in die Erdatmosphäre ein. Eine solche Flugbahn ist exakt im Einklang mit Aussagen über den Tunguska-Kometen, der um acht Uhr morgens über Sibirien erschien und auf einer flachen südöstlichen Bahn gesehen wurde, bevor er schließlich explodierte.

Wendet man dieselben Daten auf das Rätsel der Carolina-Buchten an, ergeben deren charakteristisches Aussehen, ihre Anordnung und ihre Ausrichtung sofort einen Sinn. Sollte es sich hier um die Spuren eines rasenden, tief fliegenden Kometenkerns handeln, der irgendwo über Asien in die Atmosphäre eingetaucht war und dann in südöstlicher Richtung auf den amerikanischen Kontinent zugeschossen kam? Brach der Kometenkern unter dem Zerren der Erdschwerkraft in zahllose Stücke auf, während der Komet sich der Erdoberfläche näherte? Führte dieses Aufbrechen über Nordamerika zu massiven, atmosphärischen Explosionen und Schockwellen, welche die gestreckten Krater unter der mehr oder weniger horizontalen Flugbahn des Kometen aufwarfen?

Die Orientierungsachse der Carolina-Buchten passt zweifellos in das Bild eines Schwarms von Kometenbruchstücken, die sich alle in dieselbe Richtung bewegen. Unter dem Einfluss der einzelnen Explosionen hätten sich die flachen Bodensenken gebildet. Damit wären nicht nur die schätzungsweise 500 000 Buchten im Südosten der Vereinigten Staaten erklärt, sondern auch die Sandwälle an den Südosträndern der einzelnen Kuhlen.[56]

Der Kometenkern wäre weiter zerfallen und hätte dabei auch größere Bruchstücke abgeworfen, die zunächst parallel zum Hauptbrocken weitergeflogen wären und sich dann langsam von ihm entfernt und immer weiter der Erde genähert hätten. Die Schockwellen, die diese Fragmente auf dem Erdboden erzeugt hätten, hätten elliptische Krater ausgehoben, die nun aber nicht mehr entsprechend der ursprünglichen Flugrichtung des Kometenkerns ausgerichtet wären, sondern nach der Bahn der großen Bruchstücke, die sich vom Kern gelöst haben. So erklären sich die etwas unterschiedliche Ausrichtung der Buchten in verschiedenen Regionen, die Überlappungen zwischen einzelnen Senken und vielleicht auch die länglichen Seen in anderen Teilen des amerikanischen Kontinents. All dies würde aber auf den Zerfall eines einzigen Kometenkerns zurückgehen, der sich schnell in Millionen von Bruchstücke auflöste, was wie ein gigantisches Feuerwerk ausgesehen haben muss.

Diese Erklärung der Carolina-Buchten gilt derzeit also als am wahrscheinlichsten.[57] Als Beispiel für das heutige Verständnis der Entstehung der Buchten aus wissenschaftlicher Sicht zitiere ich im Folgenden aus Henry Savage juniors Buch *The Mysterious Carolina Bays*, das 1982 im Verlag der Universität von South Carolina erschien. Nachdem er eine Übersicht über die Beweislage bezüglich der Buchten gegeben hat, kommt er zu folgendem Schluss:

> ... diese 500 000 flachen Krater sind die sichtbaren Narben nur eines kleinen Teils des Meteors, der vor langer Zeit auf die Erde stürzte, als ein Komet in die Erdatmosphäre tauchte und über dem Südosten Amerikas explodierte. Abertausende Meteoriten müssen danach spurlos im Meer versunken sein. Andere Tausende stürzten in die Überflutungszonen von Strömen und Flüssen, wo die Narben bald verwaschen wurden. Millionen müssen auf die weniger poröse, widerstandsfähigere Oberflächenerde und den Fels der Hügel und Berge im westlichen North und South Carolina, in Georgia, Virginia, dem östlichen Tennessee und Kentuckys gestürzt sein, wo sie in der furchtbaren Hitze des Aufpralls vollständig verdampften und nur oberflächliche Narben hinterließen, die durch die Erosion der Hügel und Berge bald verschwunden waren.[58]

Savage dachte also, Tausende von Kometenbruchstücken, die er «Meteoriten» nannte, seien «spurlos im Meer versunken». Meines Wissens hat jedoch kein Geologe oder Astronom je Otto Mucks Theorie bezüglich der Ursprünge der beiden tiefen elliptischen Gräben im Westatlantischen Bassin aufgegriffen. Das überrascht mich ein wenig, denn ihre Form und die nordwestliche Ausrichtung deuten sicherlich auf einen Zusammenhang mit der Entstehung der Carolina-Buchten hin.

Man könnte argumentieren, dass von dem Kometen nichts mehr übrig war, das in den Atlantik hätte stürzen können, nachdem der Kern aus Schmutz und Eis verdampft war. NASA-Wissenschaftler akzeptieren heute allerdings die These, dass Kometen nichts weiter als «schmutzige Schneebälle» sind, nicht mehr. Es gibt gute Gründe, anzunehmen, dass sich in dem eisigen Kern eines Kometen ein fester innerer Kern verbirgt, der, nachdem das Eis vollständig verdampft ist, wie ein typischer Asteroid aussieht.[59] Es mehren sich die Hinweise darauf, dass manche Asteroiden in Wirklichkeit «verkleidete Kometen» sind.[60] So kann man getrost vermuten, dass auch der Kometenkern, der für die Carolina-Buchten verantwortlich war, einen harten inneren Kern enthielt, und wir müssen uns fragen, ob nicht zwei Bruchstücke dieses Brockens die von Muck identifizierten tiefen Löcher ins Westatlantische Bassin gebohrt haben könnten.

Selbst wenn der Komet der Carolina-Buchten diese elliptischen Gräben nicht unmittelbar hervorgebracht hat, müssen nach Savage Tausende von Bruchstücken in den Atlantik gestürzt sein und dort gewaltige Zerstörungen verursacht haben.

Die Ergreifung der großen Schlange

Obwohl viele der in diesem Kapitel enthaltenen Informationen Muck nicht zur Verfügung standen, als er *Das Geheimnis von Atlantis* schrieb, meinte er, den Mechanismus hinter dem Verschwinden von Atlantis aufgedeckt zu haben. Jedenfalls wunderte es ihn, dass «niemand je Atlantis erwähnt hat», wenn es um die außerirdische Ursache der Entstehung der Carolina-Buchten ging.[61]

Muck wusste auch, dass er nicht der erste Autor war, der eine mögliche globale Katastrophe heranzog, um die Realität des platonischen Atlantis zu beweisen. Vielleicht der Erste, der dies versucht hat, war Ignatius Donnelly, Autor des 1882 erschienenen Werks *Atlantis: The Antediluvian World.* Nur vier Jahre später erschien die Fortsetzung, *Ragnarok: The Age of Fire and Gravel.* Dieser Band war nicht so erfolgreich wie der erste, doch der Inhalt, der auf den ausgedehnten Archivrecherchen basiert, die Donnelly schon im Zusammenhang mit Atlantis angestellt hatte, war explosiv. Donnelly zeigt in diesem Buch, dass die relative Ruhe des Erdzeitalters des Pleistozäns durch den Einschlag eines feurigen Kometen erschüttert wurde, der Feuerstürme und Fluten auslöste.[62]

Wie wir gesehen haben, zog H. S. Bellamy Hans Hörbigers Welteistheorie heran, um zu zeigen, dass Platons Insel Atlantis in den Fluten versunken ist, nachdem der gegenwärtige Mond von der Erde angezogen worden war. Erst Colonel Alexander Braghine zitierte in seinem anregenden Werk *The Shadow of Atlantis* (1940) auf überzeugende Weise verschiedene Mythen und Legenden aus ganz Nord- und Südamerika, um zu beweisen, dass Atlantis von einem außerirdischen Objekt zerstört worden war und dass dieses Objekt in der Erinnerung vieler Völker in Form einer feurigen Schlange auftaucht.[63]

In seinem faszinierenden Buch widmete Braghine ein Kapitel vollständig dem *Chilam Balam von Chumayel*, dem wir schon in Verbindung mit der Ankunft des «Ersten Volkes» Ah-Canule, dem «Volk der Schlange», begegnet sind. Dieser alte Text – verfasst in lateinischen Buchstaben und J. J. Hoil zugeordnet, einem Maya-Schreiber, der in der zweiten Hälfte des 18. Jahrhunderts lebte – erzählt auch von den Ereignissen, die dem Rückgang des Schlangenvolkes aus seiner ursprünglichen Heimat vorausgegangen sein sollen.[64] So steht in Buch V zu lesen:

… als die Erde erwachte. Niemand wusste, was kommen würde …

Und die dreizehn Götter wurden von den neun Göttern ergriffen. Und feuriger Regen fiel. Und Asche fiel, und Felsen und Bäume fielen hernieder. Und Er warf Bäume und Felsen durcheinander.

Und die dreizehn Götter wurden ergriffen und ihre Köpfe abgehackt, und sie wurden ins Gesicht geschlagen, und sie wurden angespien, und Gewichte wurden auf ihre Schultern gelegt.

Und ihre große Schlange wurde vom Himmel ergriffen, zusammen mit den Rasseln ihres Schwanzes und ihren Quetzalfedern …

Und dann fielen ihre Haut und Stücke ihrer Knochen hier zur Erde. Und dann verbarg sich ihr Herz, weil die dreizehn Götter ihr Herz und ihren Samen nicht verlassen wollten. Und die Pfeile trafen Waisenkinder, Alte, Witwer und Witwen, die lebten ohne die Kraft zum Leben.

Und sie wurden an den sandigen Küsten begraben, unter den Wellen des Meeres. Und dann, mit einem nassen Streich, kamen die Fluten. Und als die große Schlange ergriffen wurde, fiel der Himmel hernieder und das trockene Land ging unter. Dann kamen vier Götter, die vier Bacab, und zerstörten alles …

Und inmitten der Überreste der zerstörten Erde erhob sich die große Mutter Seiba. Sie richtete sich auf, erhob ihr Haupt und erflehte das ewige Laub. Und mit ihren Zweigen und Wurzeln rief sie ihren Herrn an.[65]

Alles in diesem Text scheint von einer furchtbaren Katastrophe zu künden, mit einem grässlichen Luftspektakel, in das die «dreizehn Götter» der Mayas und Ahau Can, die große Gebieterschlange, verwickelt waren. Die Erwähnung «ihrer Haut und Stücke ihrer Knochen», die auf die Erde herniederfielen, im gleichen Atemzug mit Aschenregen, durcheinander fliegenden «Bäumen und Felsen», dem Einsturz des Himmels und einer Flut lässt unmittelbar an ein Ereignis denken wie das, welches zur Bildung der Carolina-Buchten geführt hat.

Diesen Schluss zog auch Otto Muck aus der *Chumayel*-Erzählung. Er schrieb:

... sie ist sehr detailliert und stammt aus einem Land nicht weit von der Küste, das von dem Carolina-Meteoriten getroffen worden war ... Man kann sich kaum eine lebhaftere und genauere Beschreibung solcher Ereignisse vorstellen, die ihrem Wesen nach fast nicht in Worte zu fassen sind.[66]

Was Otto Muck offenbar nicht gewusst hat, ist, dass im *Chilam Balam von Chumayel* Ereignisse beschrieben sind, die sich zugetragen haben, *bevor* das Schlangenvolk seine ursprüngliche Heimat verließ. Wie ich in diesem Buch gezeigt habe, weisen die Schöpfungsmythen der mittelamerikanischen Stämme eindeutig nach Kuba als Quelle der alten Erinnerungen. In verschiedenen Geschichten ist auch von Vorgängern der Yukatek-Mayas die Rede, die nach einem großen Regen auf der Halbinsel angekommen sein sollen.[67] Darüber hinaus wissen wir, dass zu den Katastrophen, an welche die eingeborenen Völker und afrokaribischen Gemeinschaften auf den Antillen so lebhafte Erinnerungen bewahren, das Auseinanderbrechen einer Landmasse inmitten von Fluten gehört, gefolgt vom plötzlichen Auftauchen einzelner Inseln. Die «Meereswellen» im *Chilam Balam von Chumayel*, welche die «sandigen Küsten ... mit einem nassen Streich» unter Wasser setzten, lassen unweigerlich an eine Super-Tsunami der Art denken, wie sie mit einer solchen Katastrophe einhergegangen wäre.

Wie wir uns ebenfalls erinnern, sprach der Yuchi-Stamm in Oklahoma von der Zerstörung seiner bahamischen Heimat «durch Feuer und Wolken in verschiedenen Farben, die von Westen und Norden her kamen» und das Land unter die Meeresoberfläche sinken ließen.[68] Die Richtungen, aus denen diese «Feuer und Wolken» verschiedener Farben gekommen sein sollen, fallen immerhin so genau mit der Bahn des Carolina-Kometen zusammen, dass eine Verknüpfung zwischen den beiden Ereignissen als überaus wahrscheinlich angesehen werden kann.

Haben die Yuchi, die Mayas, die Quiché, die Cakchiquel, die Insulaner der Antillen, der venezolanische «Medizinmann», den Kelso de Montigny getroffen hatte, und die eingeborenen Völker Brasiliens alle dieselbe Abfolge von Ereignissen beschrieben, welche die westliche Hemisphäre Jahrtausende vor Beginn der geschriebenen Geschichte verwüsteten? Wie viele der älteren Mythen und Legenden in Kulturen überall in Amerika sind abstrakte Berichte über ein und dieselben schrecklichen Ereignisse?

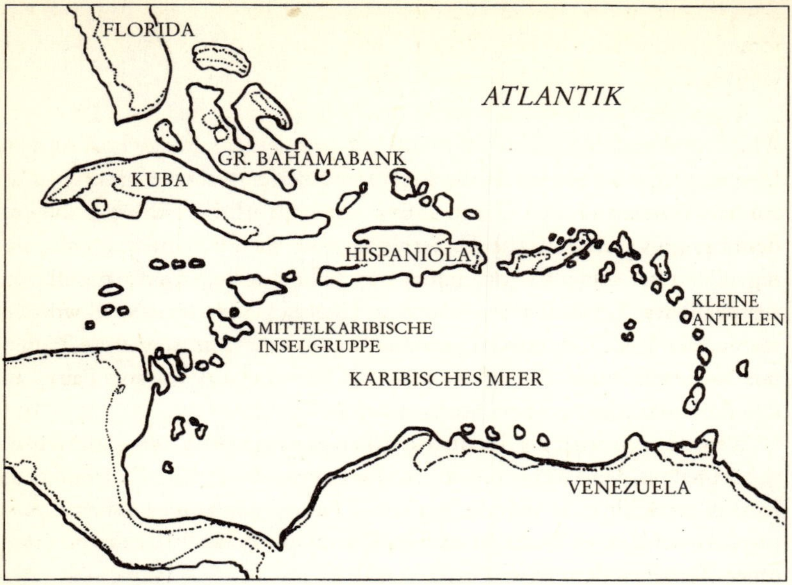

Diese Karte zeigt die Ausdehnung der Bahamas und der Karibikländer vor dem Carolina-Ereignis, ca. 9000–8500 v. Chr. Die Große Bahamabank war eine große, tief liegende Landmasse etwa von der Größe der britischen Hauptinsel

Die Zerstörung von Atlantis

An dieser Stelle sollte man sich in Erinnerung rufen, in welchen Worten Platon von der Zerstörung der Insel Atlantis redet. Für die Fragen, mit denen wir uns hier beschäftigen, sind sie nämlich von äußerster Relevanz. Bei Platon haben wir gelesen, dass eine Zeit

> ... außerordentlicher Erdbeben und Fluten anbrach. An einem grauenhaften Tag und in einer Nacht wurden alle eure Krieger von der Erde verschlungen, und die Insel Atlantis versank im Meer und verschwand.[69]

Wenn es sich bei den beiden tiefen Kuhlen im Westatlantischen Bassin wirklich um Einschlagkrater handelt, die im Zusammenhang mit dem mutmaßlichen Carolina-Ereignis entstanden sind, dürfen wir meiner Ansicht nach schließen, dass das, was die beiden Löcher hervorgebracht hat – was auch immer es war – *jede* tief liegende Insellandmasse im Nordatlantik arg in Mitleidenschaft gezogen hätte. Die Bahamas hätten nur 1000 Kilometer westlich der Einschlagstelle gelegen und Kuba und Hispaniola etwa im selben Abstand südwestlich davon. Puerto Rico liegt nur 700 Kilometer südlich des mutmaßlichen Epizentrums und hätte daher die volle Gewalt des Einschlags und seiner Folgen zu spüren bekommen.

Wenn die Große Bahamabank, die Kleine Bahamabank und die verschiedenen anderen tief liegenden Regionen der Karibik sich über dem Meeresspiegel befanden, als die Kernbruchstücke des mutmaßlichen Carolina-Kometen auf den Ozean aufschlugen, hätten die Tsunamis, die mit dem Ereignis verbunden gewesen sein müssen, sie mit Sicherheit vollständig überflutet. Gleichzeitig hätten gewaltige Erdbeben, die durch den Aufprall der Kernfragmente auf den Meeresboden verursacht worden wären, den gesamten westatlantischen Raum erschüttert, weitere Tsunamis aufgewühlt und die bahamische und karibische Flora und Fauna an den Rand der totalen Vernichtung gebracht.

Wenn die Großen Antillen einst zu einem Inselreich namens Atlantis gehört haben, dann klingen Platons Worte umso treffender. Es scheint, als habe er tatsächlich die Erinnerung an die Folgen eines mutmaßlichen Kometeneinschlags im Westatlantischen Bassin und an das Ende des geologischen Zeitalters des Pleistozäns bewahrt.

Otto Muck stellte dieselbe Verbindung her, wenngleich er Atlantis anderswo im Atlantischen Ozean sah. Seiner Theorie nach hätte der Einschlag der beiden großen Kernbruchstücke des «Asteroiden A» entlang der gesamten dünnen Naht zwischen den tektonischen Platten, die unter dem Mittelatlantischen Rücken zusammentrafen, unterseeische Vulkaneruptionen ausgelöst. Innerhalb von nur 24 Stunden, an einem grauenhaften Tag und in einer Nacht, hätte die Naht sich geöffnet, und Magma aus dem Erdinneren wäre mit Ozeanwasser in Kontakt gekommen. In der Explosion, die diese Berührung ausgelöst hätte, wäre die Insellandmasse buchstäblich in die Luft geflogen, und was davon übrig war, wäre in den Rissen und Hohlräumen versunken, die sich auf dem Meeresgrund aufgetan hätten.

Muck kam also zu folgendem triumphalen Schluss: «Einen Tag zuvor war dort eine große Insel mit hohen Bergen und prächtigen Gebäuden. Heute liegt Atlantis drei Kilometer tiefer, in der Mitte der Bodensenke … eine unterirdische Landmasse, eine geheimnisvolle Verbreiterung des Atlantischen Rückens, doch nicht mehr ganz so geheimnisvoll, da ihr Ursprung nun aufgeklärt ist. Die einzigen sichtbaren Überreste von Atlantis sind neun kleine Inseln, die aus dem Meer ragen und den vorbeifahrenden Schiffen ihre nackten Felshänge zeigen: die Azoren.»[70]

Wie ich weiter oben dargelegt habe, gibt es keinen überzeugenden Hinweis darauf, dass auf dem mittelatlantischen Rücken je eine atlantische

Landmasse existiert hat. Die Azoren sind also nicht die ehemals höchsten Berge des verlorenen Kontinents. Muck glaubte an ein utopisches, modernes Atlantis; dessen Zerstörung musste von einer Totalität gewesen sein, die erklärt, weshalb wir diese frühere Zivilisation heute nicht mehr finden können. Wenn wir dagegen die Bahamas und die Karibischen Inselketten als die wahren Überreste des atlantischen Reiches ansehen – mit Kuba als Hauptinsel –, eröffnet sich uns eine realistischere Vision der Ereignisse, die Platon in seiner Erzählung zu beschreiben scheint. Tief liegende Landmassen oder Regionen wären nach dem Carolina-Ereignis zeitweilig überflutet gewesen, ganze Inseln dagegen wären weitgehend das geblieben, was sie vor der Ankunft der Tsunami-Wellen gewesen waren.

Das Ende eines Zeitalters

Das Carolina-Ereignis stellt noch mehr dar als den Mechanismus, der möglicherweise hinter der Zerstörung von Atlantis steht. Das hat zum Beispiel auch Emilio Spedicato erkannt. In seinem bahnbrechenden Artikel über die Apollo-Objekte stellte er auch die These auf, das Ende von Atlantis und das Ende der Eiszeit seien durch ein und denselben Kometen- oder Asteroideneinschlag im Meer eingeleitet worden:

> Wir vermuten nun, dass der [*Einschlags-*]Ort im Nordatlantik war, irgendwo östlich von North und South Carolina … Hinweise in der Atlantis-Geschichte … deuten auf eine große Tsunami hin und auf eine Flut, die im Atlantikgebiet ihren Ursprung hatte. Wir bemerken auch … dass die Küste von Carolina (und Teile New Jerseys und Floridas) durch Tausende von elliptischen, flachen, wassergefüllten Einbuchtungen (die Carolina-Buchten) geprägt ist, die ihre Hauptausrichtung nach Südosten haben. Wann sie entstanden sind, ist nicht sicher, es könnte jedoch ohne weiteres am Ende der letzten Vergletscherung gewesen sein.[71]

Könnte das wirklich zutreffen? Ist es denkbar, dass es eine Beziehung gibt zwischen diesen beiden Ereignissen in der Geschichte unseres Planeten? Wurde die letzte Eiszeit durch denselben Kometen beendet, der auch Atlantis zerstörte?

Wir wissen, dass am Ende der Eiszeit enorme Gletscher, die während der vorangegangenen 25 000 bis 50 000 Jahre große Teile Nordamerikas und Europas bedeckt hatten, innerhalb von nur 2000 Jahren vollkommen verschwanden. Zudem deutet vieles darauf hin, dass sich während derselben Periode auf dem amerikanischen Kontinent dramatische Dinge zugetragen haben. So entdeckte Frank C. Hibben, Archäologieprofessor an der Universität von New Mexico, in den «Schmutzlöchern» von Alaska überwältigende Beweise dafür, dass auf einen Schlag Zehntausende von Tieren einen schnellen, furchtbaren Tod gefunden haben. In seinem 1946 erschienenen Buch *The Lost Americans* schrieb er:

In der dunkelgrauen, gefrorenen Masse haben sich Teile von Bändern, Haut, Haar und sogar Fleisch erhalten ... Die Indizien für Gewalt sind so offensichtlich wie in den Todeslagern der Deutschen. Solche Haufen toter Tiere oder Menschen kommen einfach nicht auf natürliche Weise zustande[72]... Die Körper von Mammuts und Bisons wurden zerrissen und entstellt wie von einer kosmischen Hand in Gottes Zorn. An einer Stelle finden wir den Vorderfuß und die Schulter eines Mammuts mit Stücken von Fleisch und Haar, die noch an den geschwärzten Knochen hängen. In der Nähe finden wir den Hals und den Kopf eines Bisons, die Wirbel noch von Sehnen und Bändern zusammengehalten, die Chitinhaut der Hörner noch ganz intakt ... Die Tiere sind einfach zermalmt und über die Landschaft verstreut worden wie Strohpuppen, obwohl manche von ihnen mehrere Tonnen wogen. Zwischen den Knochenhaufen finden wir Bäume, ebenfalls zerrissen und verdreht in wilden Knäueln. Und das Ganze ist bedeckt mit einer Schicht aus feinem Schmutz, die heute gefroren ist.[73]

Solche furchtbaren Szenen können nur durch Ereignisse unvorstellbarer Gewalt entstanden sein. Diese Ansicht wird auch durch die Existenz schwarzer Ascheschichten im Boden unter Alaska und Sibirien, die auf das Ende des Pleistozäns ca. 9000 bis 8500 v. Chr. datiert wurden, unterstützt.[74] Nach Hibbens Schätzungen gingen allein auf dem amerikanischen Kontinent über 40 Millionen Tiere zugrunde. Ganze Arten, darunter der Riesenbiber, der Alaskalöwe, die amerikanischen Kamel- und Pferdearten und viele andere starben praktisch über Nacht aus.[75] Zur gleichen Zeit verschwanden das Riesenfaultier, *Megaelocsus,* und andere Großtierarten des Frühquartärs vollkommen von den Großen und Kleinen Antillen.

Da es auf den Inseln bis ca. 6000 v. Chr. keine Menschen gegeben haben soll, können diese Tiere nicht einfach zu Tode gejagt worden sein, wie manche Paläontologen gemeint haben. Sind auch sie in der Weltkatastrophe umgekommen?

Wir sollten auf Hibben hören: «Das Pleistozän endete im Tod. Dies ist kein gewöhnliches Ende für eines der geologischen Zeitalter, die normalerweise fast ineinander übergehen. Es war ein katastrophenbedingtes, allgemeines Sterben ... Die großen Tiere, von denen das Zeitalter seinen Namen hat, starben aus. Ihr Tod markierte das Ende des Zeitalters, aber wie sind sie gestorben? Was war die Ursache für die Ausrottung von 40 Millionen Tieren?»[76]

Könnte der Carolina-Komet tatsächlich für das Ende der Eiszeit verantwortlich gewesen sein? Hat er die Massenvernichtung von Leben ausgelöst, die Professor Hibben in den vierziger Jahren so anschaulich beschrieben hat? Und war dasselbe Ereignis auch ein Faktor im dramatischen Ende des platonischen Atlantis?

22 Das Ende der Eiszeit

Es war einmal ein Sonnengott mit Namen Ta-vi, der nach Lust und Laune durch die Welt zog. Manchmal verbrachte er auch längere Zeit in einer Höhle – dann wurde es immer finster und kalt auf der Erde. Einmal in einer solchen Zeit ließ er seinen Bruder, den Hasengott Ta-wats, so lange warten, dass dieser an seinem Lagerfeuer einschlief. Als die eigensinnige Sonne schließlich wieder auftauchte, kam sie so dicht an Ta-wats vorbei, dass sie seine Schulter sengte, worauf sie in Erwartung des Zorns, den der Bruder darüber zeigen würde, schnell wieder in die Höhle verschwand.

Danach suchte der Hasengott viele Jahre lang nach Ta-vi, und nach vielen Abenteuern kam er schließlich ans Ende der Welt. Dort stand er also und wartete, bis die Sonne wieder aus ihrer Höhle kam. Ta-wats sah seine Gelegenheit zur Rache, hob den Bogen und schoss seinem Bruder einen Pfeil ins strahlende Gesicht. Die Sonnenhitze verschlang den Pfeil, und der Hasengott schoss noch einen Pfeil und dann noch einen, doch alle verbrannten sie in der Sonne. Bald hatte er nur noch einen Pfeil übrig, den magischen Pfeil, der sein Ziel nie verfehlte. Ta-wats hielt sich die Pfeilspitze vors Auge, segnete sie mit einer Träne und lies den Pfeil auf sein Ziel zusausen. Er traf seinen Bruder «mitten ins Gesicht, und die Sonne zerbarst in tausend Stücke, die zur Erde stürzten und alles in Flammen setzten»[1].

Ta-wats beschloss, dass er der Zerstörung entkommen musste, die er heraufbeschworen hatte, und floh, so schnell er konnte, doch die Flammen verschlangen seine Füße, seine Beine, seinen Leib und seine Hände und schließlich auch die Arme, bis nur noch der Kopf übrig war. Der rollte über brennende Berge und durch Täler voller Flammen, bis schließlich seine durch die Hitze geschwollenen Augen aufbrachen und seine Tränen sich über die Welt ergossen und alle Feuer löschten.

Der Sonnengott Ta-vi war also besiegt worden, und weil er zum Verbrennen der Welt beigetragen hatte, verurteilte der Rat der Götter ihn dazu, für immer am Himmel entlangzuziehen, sodass sich von da an Tag und Nacht abwechselten bis ans Ende der Zeit.[2]

Diese Geschichte haben sich einst die Ute-Indianer im Südwesten der Vereinigten Staaten erzählt, um sich zu erklären, warum die Sonne Tag um Tag über den Himmel zieht. Dieser eigenartige Bericht enthält aber auch Elemente, in denen es um ein großes Feuer geht und einer Flut danach, denen die Urwelt zum Opfer gefallen sein soll.

Könnte der wandernde Sonnengott Ta-vi vielleicht einen strahlenden Kometen darstellen, der sich «in tausend Stücke» auflöste, die «zur Erde stürzten und alles in Flammen setzten» und so für ein gewaltiges Inferno sorgten? Ist das Verschwinden der Sonne in einer Höhle eine Erinnerung an den finsteren nuklearen Winter, den solch eine Katastrophe einleitet? Ist die Flut der Tränen aus Ta-wats Augen ein Sinnbild für die Tsunamis, welche die tief liegenden Regionen überrollten, als die Kernbruchstücke des Kometen ins Meer fielen?

Ich wäre nicht der erste Autor, der auf die Bedeutung dieses ausdrucksstarken amerikanischen Volksmärchens hinwiese. Auch Ignatius Donnelly erwähnte es in *Ragnarok: The Age of Fire and Gravel*: «Wir haben hier eine Abfolge von Pfeilen – oder Kometen – vor uns. Und wieder ist von einem großen Feuer die Rede, von Bruchstücken von irgendetwas, die zur Erde stürzen, von der langen Abwesenheit der Sonne, von Regen und Kälte.»[3]

Donnelly wusste, dass er auf etwas unendlich Wichtiges gestoßen war. Die Volksmärchen, die er überall auf dem amerikanischen Kontinent gesammelt hatte, scheinen einen Kometeneinschlag von unfassbarer Gewalt zu beschreiben, der auf unergründliche Weise mit den das Ende der Eiszeit begleitenden Katastrophen zu tun hatte. 1886 hatte Donnelly jedoch keinen wissenschaftlichen Beweis für seine Version der Ereignisse in allerdings dramatischen Periode der langen Erdgeschichte. Bis zum Tunguska-Ereignis sollten noch 22 Jahre vergehen, und es musste noch ein Dreivierteljahrhundert dauern, bis jemand die Bedeutung der Carolina-Buchten in ihrem ganzen Ausmaß erkannte.

Der Feuerwagen

Man könnte sich fragen, wie die eingeborenen Völker in der Lage gewesen sein sollen, die Erinnerung an Katastrophen zu bewahren, die sich vor so langer Zeit zugetragen haben müssen. Wie auch immer, die Ute-Indianer von Arizona scheinen sich jedenfalls daran zu erinnern, dass ihre Vorfahren zusehen mussten, wie ein «Feuerwagen» auf den Berg Coon stürzte. Und genau an der Stelle, wo das nach Aussage der Indianer geschehen sein soll, befindet sich heute der berühmte Meteorkrater oder Teufelskrater, der vor vielleicht 20000 Jahren entstanden ist.[4] Er hat einen Durchmesser von einem Kilometer, ist 200 Meter tief und geht vermutlich auf einen nur 100 Meter großen Meteoriten zurück.[5]

Wenn die Ute uns also wirklich einen idealisierten Bericht über den kosmischen Besucher überliefern, der gegen Ende der Eiszeit den amerikanischen Kontinent in Schutt und Asche legte, ist es dann auch möglich, dass die eingeborenen Völker der Karibik die Erinnerung an dasselbe furchtbare Ereignis bewahrt haben? Könnte dies die Erklärung sein für Platons Aussagen über die angebliche Zerstörung von Atlantis?

Wie wir im vorigen Kapitel gesehen haben, sind einflussreiche Wissenschaftler wie Emilio Spedicato bereit, in Erwägung zu ziehen, dass Platon von Ereignissen gesprochen haben könnte, die das Ende der Eiszeit einleiteten. Das ist sicherlich ein viel versprechendes Zeichen. Doch wenn wir uns ein vollständiges Bild machen wollen, müssen wir zunächst herausfinden, was am Ende der letzten Eiszeit geschehen ist, und uns ein Urteil dazu bilden, ob die Vergletscherung nach einem Kometeneinschlag im Meer endete oder nicht. Zuvor ist es jedoch nötig, das exakte Alter der Carolina-Buchten zu bestimmen. Erst dann werden wir ein für alle Mal wissen, welche Rolle sie in dieser rätselhaften Geschichte spielen.

Die Suche nach Sedimenten

In den fünfziger Jahren sammelte ein von der Duke-Universität in North Carolina finanziertes Wissenschaftlerteam auf einem Gebiet von etwa 160 Kilometern Durchmesser eine Reihe von Bohrproben aus Carolina-Buchten auf. Die Proben zeigten, dass auf dem Grund mancher der Kuhlen eine blaugraue Tonschicht lag, die nach einer plötzlichen Entwaldung und Austrocknung der Region in die Buchten geweht worden war.[6] Dies erwies sich als der Schlüssel zur Datierung der Buchten, denn die Grundablagerung unmittelbar unter der Tonschicht zeigte Pollenspektren, die genau zu den Tundrawäldern passten, die bis zum Ende der Eiszeit vor etwa 10 500 bis 11 000 Jahren in Nordamerika vorgeherrscht hatten. Die Sedimentschicht direkt über dem blauen Ton wurde dagegen mit Hilfe der C14-Methode auf um 8000 v. Chr. datiert, also Jahrhunderte nachdem die Eisdecke sich zurückgezogen hatte.[7]

Waren diese Datierungen korrekt? War damit wirklich das Zeitalter festgelegt, in dem der Carolina-Komet den amerikanischen Südosten gestreift hatte?

Um das Alter der Carolina-Buchten hat es über viele Jahre heiße Debatten gegeben. Melton und Schriever waren der Ansicht, sie seien «vor zwischen 50 000 und einer Million Jahren» entstanden.[8] Es deutet aber vieles darauf hin, dass das in einer viel späteren Epoche geschah. Wie William F. Prouty 1952 betonte, hatten sich manche der Buchten nämlich «eindeutig in Strandkämme gebohrt, die sich auf Terrassen aus dem späten Pleistozän gebildet hatten»[9].

Auch die C14-Datierungen der Buchten führten zu unterschiedlichen Ergebnissen. In einer in den siebziger Jahren durchgeführten Untersuchung der Universität von South Carolina kam man zu Altersbestimmungen zwischen ca. 70 000 Jahren und 6000 Jahren,[10] während eine andere Testreihe auf ein Alter zwischen 18 460 und 8355 Jahren schließen ließ.[11] Henry Savage merkte an, das durchschnittliche Alter von fünf einzelnen Testproben liege bei ca. 10 500 Jahren, was «in guter Übereinstimmung mit dem möglichen Alter von Stammeslegenden ist»[12]. Es passt auch mit den Ergebnissen von Schichtendatierungen der Buchten zusammen, die in den fünfziger Jahren an der Duke-Universität durchgeführt wurden, sowie mit Beobachtungen von Geologen wie William F. Prouty, nach dessen Ansicht die Kuhlen «nicht älter sein können als das späte Pleistozän, wenn sie durch Meteoriteneinschläge entstanden sind»[13].

Alles deutet also darauf hin, dass die Eiszeit innerhalb weniger hundert Jahre nach der Bildung der Buchten vorüber war. Welches Ereignis auch immer sie hervorgebracht hat, es muss sich demnach ebenfalls in diesem Zeitraum zugetragen haben. Gibt es vielleicht noch weitere Hinweise auf eine Beziehung zwischen dem mutmaßlichen Carolina-Kometeneinschlag, dem Ende der Eiszeit und der Massenvernichtung der Tiere des Altquartärs auf dem gesamten amerikanischen Kontinent? In den etwa 7000 Jahren vor dem vermutlichen Datum des Kometeneinschlags hat es einen kontinuierlichen Trend zum Tauwetter gegeben, dann hat irgendetwas der Eiszeit ein Ende bereitet, und das war mit Sicherheit kein allmählicher Klimawechsel.

Abrupte Veränderungen

1960 erschien im *American Journal of Science* ein Artikel von Wallace S. Broecker und seinen Kollegen Maurice Ewing und Bruce C. Heezen vom Lamont Geological Observatory der Columbia-Universität in New York. Unter dem Titel «Indizien für einen abrupten Klimawechsel vor etwa 11 000 Jahren» erläuterten die Forscher darin ihre Theorie, «eine Reihe geographisch isolierter Systeme» lege nahe, «dass die weltweite Aufwärmung des Klimas am Ende der Zeit der Wisconsin-Gletscher äußerst abrupt erfolgte»[14].

Durch die Untersuchung von Sedimentproben von verschiedenen Orten auf dem Meeresboden konnten Broecker und seine Gruppe zeigen, dass die Oberflächentemperatur des Atlantischen Ozeans um das Jahr 9000 v. Chr. um sechs bis zehn Grad gestiegen war,[15] eine Erwärmung, die das gesamte Ökosystem verändert haben muss. Zugleich waren die Strömungen über dem Grund des Cariaco-Grabens vor Venezuela in der Karibik plötzlich abgebrochen. Offenbar hatte die Erwärmung des Ozeans zu einem Stillstand der Wasserzirkulation geführt.[16] Die Sandablagerungen, die aus dem Mississippital in den Golf von Mexiko geströmt waren, blieben plötzlich aus, da die Wasserströme aus den Großen Seen in der Gletscherzone ihre Richtung änderten und nun durch die zuvor gefrorenen nördlichen Kanäle flossen.[17] Der Wasserspiegel dieser Seen sank unvermittelt von seinem Höchststand auf das viel tiefere Niveau, bei dem er heute noch liegt.[18]

Unter den Daten, auf die Broecker und seine Gruppe zurückgreifen konnten, war auch eine Studie, die Cesare Emiliani von der Geologieabteilung der Universität Miami 1957 angefertigt hatte. Nach seinem Befund lieferten Tiefseebohrproben klare Hinweise auf einen um etwa 9000 v. Chr. plötzlich erfolgten Temperaturanstieg, also im gleichen Zeitraum, für den Broecker et al. auch andere Veränderungen ausgemacht hatten.[19] Da Emilianis Proben jedoch nicht den gleichen schnellen Übergang nachwiesen, schloss er am Ende, es fehlten darin wichtige Sedimentschichten, die mehrere tausend Jahre der Ökologiegeschichte repräsentierten, und verwarf sie deshalb als unzuverlässig.[20] Broecker und seine Kollegen bestritten Emilianis Interpretation. Sie sahen keinen Grund, aus dem wichtige Schlüsselsedimente einfach hätten verschwinden sollen. Folglich rehabilitierten sie Emilianis umstrittene Befunde als wichtigen Beleg für eine erhebliche Veränderung der Ozeantemperaturen vor ca. 11 000 Jahren.[21]

Broecker et al. propagierten also für den schnellen Übergang zwischen Eiszeit und Zwischeneiszeit ein Datum um 9000 v. Chr. Es deutet aber auch manches darauf hin, dass dieses Ereignis in einer etwas späteren Periode stattfand. In mindestens drei Seen in der Region des Großen Bassins wurde der Zeitpunkt des höchsten Wasserstandes auf kurz vor einem plötzlichen Fallen des Wasserspiegels nach dem Rückzug der Gletscher um etwa 8000 v. Chr. datiert.[22] Seemuscheln aus dem St.-Lawrence-Tal, die als Beweis für das Vordringen von Seewasser während des plötzlichen Rückzugs der Eisfelder angeführt werden, scheinen ebenfalls jünger als 11 000 Jahre zu sein.[23]

Broecker und seine Kollegen nahmen diese abweichenden Datierungen hin und erklärten, die Dinge lägen etwas komplizierter, weil es für etwa

200 Jahre eine Rückkehr der Eiszeitbedingungen gegeben habe, das so genannte Valders-Intervall gegen Mitte des 9. Jahrtausends v. Chr. Vor diesem Hintergrund räumten sie ein, ihre Befunde könnten zum Rückzug der Eisfelder nach dieser Periode gehören, was die Epoche des propagierten «größeren Klimaumschwungs» und der «krassen Veränderung der Meeresbedingungen» auf deutlich nach 9000 v. Chr. verlegen würde.[24]

Pollenspektren

Weitere Indizien dafür, dass der Übergang zwischen der letzten Eiszeit und der gegenwärtigen Zwischeneiszeit mit dramatischen Veränderungen einherging, finden wir in den Arbeiten von Herbert E. Wright jr. vom Institut für Geowissenschaften der Universität von Minnesota[25] in Minneapolis und J. Gordon Ogdens III. von der Abteilung für Botanik und Bakteriologie an der Ohio-Wesleyan-Universität in Delaware.[26] Beide haben die Pollenspektren in Sedimentproben aus verschiedenen Seen im Gebiet der Großen Seen untersucht und sind dabei auf klare Beweise für eine abrupte Veränderung der Flora am Ende der Eiszeit gestoßen. Die Fichtenwälder, die im kalten, rauen Klima der vergangenen Jahrtausende dominiert hatten, sind schnell zunächst Kiefern- und dann Hartholzmischwäldern mit Birken und Eichen gewichen. Und Laubbäume gedeihen bekanntlich nur in wärmerem Klima.

Die Bedeutung dieser Befunde liegt darin, dass sie zeigen, wie schnell dieser Übergang stattgefunden hat. In einem Artikel für die Zeitschrift *Quaternary Paleoecology* (1967) wies Ogden darauf hin, dass manche Pollenspektren eine fünfzigprozentige Ablösung von Fichten durch Kiefern über eine Sedimentdicke von nur zehn Zentimetern zeigten.[27] In einer Probe von einem «Gletschersee Aitken» in Minnesota verlief der Übergang von 55 Prozent zu 18 Prozent Fichtenpollen über nur 7,6 Zentimeter Sediment, was einen Zeitraum von nur 170 Jahren darstellt.[28] Nach Auffassung konventioneller Geologen und Paläontologen vollzieht sich der Übergang zwischen Eiszeiten und Zwischeneiszeiten dagegen in Zeiträumen von Jahrtausenden und nicht innerhalb weniger hundert Jahre.

Diese Ergebnisse verblüfften Ogden dermaßen, dass er sich zu folgendem Kommentar gedrängt fühlte: «Der einzige Mechanismus, der eine Veränderung der beschriebenen Art hätte hervorrufen können, wäre eine rapide und dramatische Veränderung der Temperaturen und/oder Niederschläge vor etwa 10 000 Jahren.»[29]

Was für ein klimatisches «Ereignis» könnte für diese «rapide und dramatische Veränderung der Temperaturen» im amerikanischen Mittelwesten um ca. 8000 v. Chr. verantwortlich gewesen sein? War sie vielleicht eine Folge des Kometeneinschlags, der die westliche Hemisphäre in derselben Epoche verwüstet haben soll?

Nachdem immer sicherer erschien, dass die Kreidezeit vor 65 Millionen Jahren durch einen solchen Einschlag zu einem abrupten Ende gebracht wurde, öffneten sich schließlich auch die konservativsten Wissenschaftler einer solchen Möglichkeit. Selbst Broecker akzeptierte 1983 in einem Artikel für den *Scientific American*, dass Asteroiden- oder Kometeneinschläge für den Beginn oder das Ende von Eiszeiten verantwortlich sein können.[30]

Und genau solch ein Ereignis vermutete auch Emilio Spedicato hinter der Umwälzung von Klima und Ozeantemperatur in jener Periode:

> Die mit einem Ozeaneinschlag verbundenen Schockeffekte hätten nur einige Tage (im Fall der Tsunamis) oder Wochen (der «globale Wolkenbruch» nach dem Ausströmen von Magma) angehalten. Es ist unwahrscheinlich, dass die gesamte Eisdecke in so kurzer Zeit verschwinden konnte. Dafür gibt es auch keine geologischen Indizien. Es ist jedoch möglich, dass der Albedo-Faktor (das Reflexionsvermögen) eine so radikale Veränderung erfuhr, dass die Erde schon wenige Jahrhunderte später klimatische Bedingungen wie vor der Eiszeit genoss. Dies wäre auch im Einklang mit geologischen Befunden.[31]

Das sind große Worte, wenngleich Spedicato das fragliche Ereignis auf der Grundlage einer neueren geologischen Vermessung des Atlantischen Ozeans auf 9450 v. Chr. (+/– 80 Jahre) datiert. Diese Datierung basierte auf den Techniken der Dendrochronologie (Baumringeichung, siehe unten) *und* der C14-Analyse.[32] Die Befunde von Broecker, Emiliani, Wright und Ogden sowie die Datierung der Carolina-Buchten und weitere Indizien, die ich noch vorstellen werde, deuten jedoch alle darauf hin, dass diese Ereignisse bis zu 1000 Jahre später eintraten. Wenn die Befunde mehrheitlich zutreffen, dürfen wir davon ausgehen, dass auch die ursprüngliche Überschwemmung der Bahamas und der Karibik in diesen Zeitraum fiel.

Tsunamis, die einem Einschlag im Meer gefolgt wären, hätten, wie wir gesehen haben, keine ganzen Insellandmassen unter den Fluten begraben. Nach einer Serie von Flutwellen, die sich über viele Stunden oder gar Tage hingezogen haben könnte, wäre das Wasser zurückgeflossen, und die Insellandschaft wäre praktisch unverändert geblieben.

Meiner Ansicht nach müssen daher abrupte, durch den Carolina-Kometen hervorgerufene Klimaveränderungen die Eiszeit in den 200 bis 300 Jahren, nachdem die Tsunamis die Inselgruppen überrollt hatten, beendet haben. Unter den plötzlich steigenden Temperaturen hätten sich die Eisfelder zurückgezogen und immer stärkere Ströme von Schmelzwasser in den Golf von Mexiko und den westlichen Atlantik geschickt. Eine ähnliche Situation hätte auch in Nordeuropa geherrscht, wo die Eiszeit in derselben Periode zu Ende ging.

Das rapide Anwachsen der Schmelzwasserströme in den Golf von Mexiko und in die Ozeane insgesamt hätte zu einem Anstieg des Meeresspiegels geführt, sodass nicht nur tief liegende Küstenregionen, sondern auch ganze Insellandmassen im Bahamas- und Karibikgebiet im Meer versanken. Nach der ersten Überschwemmung durch Tsunamis standen sie nun also zum zweiten Mal unter Wasser. Aufgrund des Sedimentaufbaus am Rande untergetauchter Landmassen zwischen den Bahamas hat man diese Ereignisse für die Cay-Sal-Bank nördlich von Kuba auf ca. 10000–8000 v. Chr.[33] und für die Grundsedimente der Großen Bahamabank auf 8120[34] datiert. Treffen diese Zahlen zu, dann muss die Überflutung irgendwann gegen Ende des 9. Jahrtausends v. Chr. eingesetzt haben. Je nach Höhe der verschiedenen Landmassen hätte dieser Prozess die tief liegenden Regionen mit allmählich abnehmender Geschwindigkeit unter Wasser gesetzt, bis der Wasserspiegel sich um etwa 3000 v. Chr. stabilisierte.

Die Emiliani-Debatte

Es gibt noch ein letztes wissenschaftliches Beweisstück, das die Verbindung zwischen dem Ende der Eiszeit, der Überflutung der tief liegenden Bahamas- und Karibikgebiete und dem tatsächlichen Untergang von Atlantis belegt. Wir erinnern uns, dass Cesare Emiliani 1957 bemerkte, bestimmte Tiefseesedimentproben wiesen klare Anzeichen eines sprunghaften Temperaturanstiegs um 9000 v. Chr. auf.[35] Da er aber selbst nicht glauben wollte, dass sich der Übergang zwischen Eiszeit und Zwischeneiszeit innerhalb nur weniger hundert Jahre vollzogen hatte, verwarf er seine Bohrproben als fehlerhaft.

Zwischen 1957 und 1975 muss Emiliani seine Meinung dazu geändert haben, denn 1975 veröffentlichte die renommierte Zeitschrift *Science* einen wichtigen Artikel, den ein Team von Geochemikern und Meeresforschern unter Führung von Emiliani verfasst hatte.[36] Die Gruppe versuchte zu zeigen, dass die Analyse von Bohrproben aus dem De-Soto-Canyon im Golf von Mexiko es erlaubte, «eine Episode rapider Eisschmelzen und eines schnellen Anstiegs des Meeresspiegels um ca. 9600 v. Chr. festzustellen»[37]. Das hatten die Wissenschaftler an einer dramatischen Verstärkung der Ablagerungstätigkeit nach dem Ausströmen von Schmelzwasser aus dem Mississippi abgelesen. Im Grunde war das lediglich eine weitere Bestätigung des Szenarios, das ich hier präsentiere. Viel erstaunlicher war die Interpretation, die Emiliani et al. für ihre Entdeckung anboten:

Wir behaupten, dieses Ereignis könnte – trotz der nach kulturellen Maßstäben sehr langen Zeit, die seitdem vergangen ist – eine Erklärung für die Sintflutgeschichten sein, die so vielen Überlieferungen Eurasiens, Australiens, Ozeaniens und Amerikas gemeinsam sind. Platon ... gab als Datum der großen Flut 9000 Jahre vor Solon an, also 9600 v. Chr. oder heute vor 11 600 Jahren. Dieses Datum deckt sich innerhalb aller Fehlermargen mit der Periode der höchsten Konzentration von Schmelzwasser im Golf von Mexiko und mit dem Valders-Intervall.[38]

Wiederum große Worte aus der akademischen Welt, besonders aus dem Mund eines Wissenschaftlers von Emilianis Kaliber. Gemeinsam mit seinen Kollegen an der Universität von Miami war es ihm gelungen, eine Erklärung für die Zerstörung von Atlantis anzubieten, wie sie kein Wissenschaftler zuvor je gewagt hätte. Um die Mitte der siebziger Jahre, als Emilianis Artikel erschien, galt Atlantis unter Historikern als die Erinnerung an den Vulkanausbruch, der Thera zerstört und die minoische Zivilisation auf Kreta dezimiert hatte. Für die internationalen Medien aber waren die Ergebnisse, die in der Zeitschrift *Science* so seriös wirkten, ein Geschenk des Himmels. Sie stürzten sich auf die Schlüsse, die Emiliani und seine Mitarbeiter gezogen hatten, und verkündeten ziemlich voreilig, die Wissenschaft habe endlich bewiesen, das Atlantis wirklich existiert hat.

Erwartungsgemäß schüttelte sich die akademische Gemeinde vor Ekel und blies zu einem konzertierten Angriff auf diesen Amerikaner, der zu sagen gewagt hatte, Atlantis habe existiert, und zwar nicht nur im Atlantischen Ozean, sondern auch in dem von Platon angegebenen Zeitraum. Zu ihrem Führer beriefen die Kritiker keinen Geringeren als Herbert Wright jr., der so überzeugend argumentiert hatte, Sedimentproben aus Seen des amerikanischen Mittelwestens hätten gezeigt, der Übergang von eiszeitlichen Fichtenwäldern zu Mischwäldern wärmerer Zeiten sei «abrupt» erfolgt, was auf eine «deutliche Veränderung der ökologischen Bedingungen» zwischen 8500 und 8000 v. Chr. hinweise.[39]

Wrights Angriff

Wright wählte die Artikelsammlung *Atlantis: Fact or Fiction?* (herausgegeben von Edwin S. Ramage, erschienen in der *Indiana University Press* 1978) als Plattform für seinen Angriff auf Emiliani und dessen Verbündete.[40] In seinem Beitrag geht er zunächst darauf ein, wie Atlantologen wissenschaftliche Befunde verdrehen, bis sie in ihre Vorstellungen passen. Dann stellt er Emilianis Auffassung infrage, der Schmelzwasseransturm aus dem Mississippi in den Golf von Mexiko habe sich während des Valders-Intervalls ereignet. Wright weist darauf hin, dass eine Verstärkung des Schmelzwasserflusses gewöhnlich nicht durch «Ansammlung und Schmelzen von Schnee, sondern durch eine abrupte Veränderung der physikalischen Faktoren, die den Eisfluss bestimmen», hervorgerufen wird.[41] Das stimmt natürlich. Emiliani und seine Kollegen hatten lediglich geschrieben, diese Ereignisse seien *als Ergebnis* des wiederkehrenden Eises aufgetreten, nicht notwendigerweise *während* des Valders-Intervalls. Angreifbar war also Emilianis Wortwahl, nicht sein Befund.[42]

Weiter zog Wright die von Emiliani beschriebenen Auswirkungen in Zweifel, die ein Steigen des Meeresspiegels auf tief liegende Regionen gehabt hätte. Nach Wrights Ansicht wären Küstengebiete kaum betroffen gewesen, wenn der Meeresspiegel nur für wenige Jahre gestiegen wäre, und ein solcher Schmelzwasserstrom hätte kaum ganze Inseln ertränkt.[43] Eigentlich hatten Emiliani und seine Mitarbeiter aber gesagt, nach ihren Berechnungen habe sich «ein beschleunigter Anstieg des Meeresspiegels vollzogen, und zwar in der Größenordnung von Dezimetern pro Jahr»[44]. Wie sich jeder ausrechnen kann, hätte ein solcher Anstieg *über eine Periode von 200 Jahren*, wie Emiliani geschrieben hatte, «zu ausgedehnten Überflutungen tief liegender Gebiete geführt, von denen viele bewohnt waren»[45].

Ebenfalls angezweifelt wurde Emilianis Datierung des Höhepunkts des Schmelzwasserzuflusses in den Golf von Mexiko auf 9600 v. Chr. – Wright datierte das Valders-Intervall schon um 11 000 v. Chr.,[46] womit Emilianis 9600 v. Chr. vollkommen ausgeschlossen wäre. Datierungen aus verschiedenen wissenschaftlichen Disziplinen deuten jedoch darauf hin, dass das abrupte Ende der Eiszeit, das dem Valders-Intervall vorausging, vor etwa 10 500 Jahren eintrat. In dieser Hinsicht konnte also weder Emiliani noch Wright Recht haben.

Sicherlich nicht hilfreich für Emilianis Argumentation war seine Annahme, der Zufluss von Schmelzwasser habe seinen Höhepunkt genau in der Mitte des Zeitraums «zwischen vor 12 200 und 11 000 Jahren, also vor ca. 11 600 Jahren» erreicht – oder um 9600 v. Chr.[47] Bei diesem Schluss wird nicht nur die größere Zeitspanne ignoriert, die bei C14-Tests herausgekommen waren (eine Probe wurde mit dieser Technik zum Beispiel auf ein Alter von 10 865 +/– 145 Jahre datiert), Emiliani verschweigt auch den Umstand, dass eine so genaue Zeitangabe zum Höhepunkt des Schmelzwasserflusses nicht möglich ist. Besagtes Maximum könnte sich in der genannten Spanne von 1200 Jahren jederzeit eingestellt haben.

Damit konnte Wright den Schluss ziehen, Emiliani und seine Kollegen hätten durch die Nennung des Datums 9600 v. Chr. einen falschen Zusammenhang zwischen den Ereignissen um das Valders-Intervall und der Flut, von der Platon in seinen Atlantis-Dialogen spricht, hergestellt.[48]

«Angesichts der zahlreichen Schwierigkeiten, die es bereitet, Beziehungen zwischen Eiszeitereignissen und kurzfristigen, globalen Veränderungen der Meeresspiegel herzustellen», schrieb Wright, «muss Atlantis wohl anderswo nach seinen Katastrophen suchen»[49] – das heißt in der Ägäis. Nach Wrights Ansicht qualifiziert nämlich «die wissenschaftliche Dokumentation von Größe und Chronologie der Explosion und des Zusammenbruchs von Santorini ... diesen Standort als den führenden Atlantis-Kandidaten»[50]. – Womit wir wieder bei der akademischen Sicht auf den Atlantis-Mythos wären.

Indem er Emilianis Datierung und der Theorie von einem plötzlichen Zufluss von Schmelzwasser in den Golf von Mexiko die Grundlage entzogen hatte, meinte Wright, jedes wissenschaftliche Argument für ein Atlantis im Atlantischen Ozean aus der Welt geschafft zu haben. Das war bedauerlich, denn im Grunde scheinen Emiliani und seine Mitarbeiter den Mechanismus hinter der schnellen Überflutung tief liegender Regionen der Bahamas und der Karibik – dem Herzland des atlantischen Inselreiches – gefunden zu haben. Allem Anschein nach haben sich aber die Ereignisse, die Emiliani et al. in ihrem *Science*-Artikel beschrieben, und auch der Carolina-Kometeneinschlag nach 9600 v. Chr. abgespielt, dem überlieferten Datum der Zerstörung von Atlantis.

Die Tollmann-Sintflut

Trotz dieses eindeutigen Schlusses aus primären wissenschaftlichen Daten tauchte dann in den Arbeiten von Edith Kristan-Tollmann und Alexander Tollmann vom Geologischen Institut der Universität Wien das Jahr 7545 v. Chr. in Verbindung mit einer globalen Katastrophe auf. Indem sie Ergebnisse aus verschiedenen Disziplinen (einschließlich der globalen Verteilung von Tektiten und einer Studie über weltweite Mythen und Legenden) zusammenfassten, kamen sie zu dem Schluss, dass ein Komet von Südosten her auf die Erde zugerast sei und sich dabei in sieben Bruchstücke zerlegt habe; die seien nacheinander in die Ozeane gestürzt, was zu massenhaften Zerstörungen auf allen Kontinenten geführt habe.[51] Eines dieser Bruchstücke soll im Nordatlantik gelandet sein, andere im «Zentralatlantik südlich der Azoren».[52] Darüber hinaus folgerten die Autoren, diese Einschläge hätten zu weltweiten Überflutungen geführt, unter anderem auch zur biblischen Sintflut.[53]

Die Tollmanns meinten, dieses unvorstellbare Ereignis habe sich am «23. September vor 9545 Jahren [also 7545 v. Chr.] um drei Uhr früh [mitteleuropäische Zeit]» zugetragen. Dabei stützten sie sich auf C14-Tests, Eisbohrproben und Baumringdatierungen.[54] Da einer der wesentlichen Katastrophenmythen, welche die Tollmanns als Beweis für einen Einschlag im Zentralatlantik zitieren, Platons Atlantis-Erzählung ist, scheint auf der Hand zu liegen, dass dieses neue Datum mit Blick auf die mutmaßliche Vernichtung der Insel Atlantis gewählt wurde, die nach Ansicht der Tollmanns in der Umgebung der Azoren gelegen haben soll. Sie schreiben schlicht: «Unserer Auffassung nach fiel Atlantis einem der Kometeneinschläge zum Opfer.»[55] Und in Anlehnung an Otto Muck fahren sie fort: «Der Einschlag könnte ein direkter Treffer gewesen sein, doch ein Aufprall in der Nähe hätte wahrscheinlich ausgereicht, um die relativ dünne Erdkruste an dieser Stelle des Meeresbodens aufzubrechen.»[56]

Da nichts darauf hindeutet, dass sich «7545 v. Chr.» im Atlantischen Ozean ein Kometeneinschlag ereignet hat oder dass der Aufschlagpunkt in der Nähe der Azoren gelegen hat, ist die Datierung der Tollmanns wohl mit Vorsicht zu genießen. Wie wir in Kapitel 26 sehen werden, muss man zudem vermuten, dass die Siebenersymbolik in den Katastrophenmythen nicht unbedingt mit dem Bersten eines Kometen zu tun hat, sondern vielmehr mit der Richtung, aus der der Komet gekommen ist. Dennoch können wir nicht ignorieren, dass so angesehene Geologen wie die Tollmanns die überwältigenden Beweise für einen mutmaßlichen Kometeneinschlag oder eine Serie von Einschlägen, die um das Ende der letzten Eiszeit zu einer globalen Katastrophe unvorstellbaren Ausmaßes geführt haben, anerkennen.

Jahr 0, Tag 1

Für viele Atlantologen stellt die Annahme, Atlantis könnte in einer etwas späteren Periode untergegangen sein als von Platon angegeben, eine Verdrehung der Tatsachen dar. Im *Kritias* sagt der Philosoph, die Insel Atlantis sei 9000 Jahre vor den Dialogen, in denen Sokrates, Timaios, Kritias und Hermokrates über das Thema debattieren, in den Fluten versunken.[57] Da diese fiktive Konferenz im Jahr 421 v. Chr. stattfand, kommen wir zu einem hypothetischen Datum von 9421 v. Chr. für die «Erdbeben und Überschwemmungen», die Atlantis «an einem grauenhaften Tag und in einer Nacht» zerstört haben sollen. Wie wir jedoch in Kapitel 3 gesehen haben, wird dieses Datum nur im *Kritias* genannt, dem zweiten der Atlantis-Dialoge, und beruht fast mit Sicherheit auf einem Irrtum auf Seiten Platons. Im früher entstandenen *Timaios* finden der Krieg mit Athen und die Zerstörung von Atlantis erst nach der Gründung der ägyptischen Zivilisation statt. Vom alten Priester von Sais wissen wir, dass die heiligen Protokolle des Tempels zur Zeit von Solons Besuch in Ägypten, ca. 570 v. Chr., schon 8000 Jahre alt waren. Atlantis wäre demzufolge also erst nach 8570 v. Chr. untergegangen.

Auch Otto Muck erkannte, wie in seinem *Geheimnis von Atlantis* zu lesen ist, die Bedeutung dieses jüngeren Datums. Über eine ziemlich unorthodoxe Interpretation des Maya-Langkalenders – ursprünglich eine Idee von Professor H. Ludendorff vom Astrophysikalischen Observatorium zu Potsdam – gelangte Muck zu dem Schluss, der Asteroid, der Atlantis seiner Ansicht nach ausgelöscht hat, sei im «Jahr 0, Tag 1» im Atlantischen Ozean gelandet. Dieses Datum entspricht nach Mucks Worten dem 5. Juni 8498 v. Chr.[58]

Kein anderer Kenner des Maya-Kalenders konnte diese Rechnung je nachvollziehen, und die meisten Fachleute sind der Ansicht, der Langkalender beginne an einem Tag, der nach dem Gregorianischen Kalender der 13. August 3114 v. Chr. gewesen wäre.[59]

Ich halte es für lächerlich, den katastrophalen Ereignissen, die zweimal über die Bahamas und die Karibikregion hereingebrochen zu sein scheinen, ein genaues Datum zuordnen zu wollen. Wissenschaftliche Datierungen des abrupten Endes der letzten Eiszeit deuten jedoch darauf hin, dass sich der Carolina-Kometeneinschlag zwischen 9000 und 8500 v. Chr. zugetragen hat. Sollte sich dies als die richtige Zeitspanne erweisen, dann hätte die anschließende Überflutung der flachen Inseln und Küstenregionen der Bahamas und der Karibik nach der zeitweiligen Rückkehr der Gletscher im Valders-Intervall begonnen, weshalb hier der Zeitrahmen von 8500 bis 8000 v. Chr. angemessen scheint. Natürlich können wir hinsichtlich so weit zurückliegender Daten nie ganz sicher sein; sie beruhen auf der C14-Datierung von organischen Materialien, die meist aus Sedimentbohrproben stammen.

Seit den achtziger Jahren herrscht unter Archäologen die Tendenz, zur Eichung der C14-Daten die so genannte Dendrochronologie einzusetzen. Kohlenstoff-14-Daten haben, wenn sie von organischen Materialproben stammen, die älter sind als 10 000 Jahre, eine Fehlermarge von etwa 400 Jahren. Durch diesen umstrittenen Prozess, der sich auf C14-datierte Baumringsequenzen stützt, verschieben sich existierende Datierungen von 10 000 Jahren um weitere 1200 Jahre weiter in die Vergangenheit. Solange noch nicht überzeugend gezeigt worden ist, dass die Dendrochronologie zu akkuraten, sinnvollen und vorurteilsfrei gewonnenen Ergebnissen führt, halte ich mich lieber an die konventionellen Datierungstechniken.

Diese Probleme einmal beiseite gelassen, stellt der Zeitrahmen von etwa 9000 bis 8000 v. Chr. meiner Ansicht nach für alle auf diesen Seiten behandelten dramatischen Ereignisse eine faire Auswertung der zur Verfügung stehenden Daten dar. Die Tatsache, dass Platons Atlantis nach 8570 versunken sein soll, bestätigt noch einmal, dass der *Timaios* als historische Quelle zuverlässiger ist als der *Kritias*. Vielleicht wusste Platon von uralten Geschichten – womöglich aus mittelamerikanischen Quellen –, in denen über die Jahrtausende hinweg der exakte Zeitraum überliefert war, innerhalb dessen sich die im *Timaios* beschriebene Katastrophe zutrug. Könnte Otto Muck Recht gehabt haben, als er den Tag 1 im Jahre 0 des Maya-Kalenders als das exakte Datum des Carolina-Kometeneinschlags ansetzte? Hat sich wirklich alles am 5. Juni 8498 v. Chr. ereignet?

Königslisten und Chronologien

Leider bleibt es wohl viel vager. Niemand nimmt ernsthaft an, Platon hätte seine atlantische Chronologie aus einer antiken mittelamerikanischen Quelle. Solche Informationen wären zunächst in der phönizischen oder karthagischen Tradition aufgegangen, bevor sie in die antike Welt gelangt wären. Es ist absolut unwahrscheinlich, dass derart konkrete Daten Platon quer über den Atlantik erreicht haben könnten. Wie in Kapitel 1 dargelegt, stammen seine Informationen mit ziemlicher Sicherheit aus pharaonischen Königslisten wie dem Königlichen Kanon von Turin. Trifft dies zu, dann ist es erstaunlich, dass antike ägyptische Texte davon berichten, wie das Zeitalter der Götter sein Ende durch dramatische Ereignisse fand, die verblüffende Ähnlichkeiten mit den in amerikanischen Katastrophenmythen beschriebenen aufweisen.

In den Wandtexten des Ptolemäischen Tempels von Edfu in Südägypten heißt es zum Beispiel, die so genannte erste Periode der Schöpfung sei während des *sep tepi*, des «Ersten Anlasses», durch eine böse Schlange, den «Großen Springer», zu Ende gebracht worden.[60] Dieses Unwesen soll die Welt in Finsternis versetzt und eine Flut aufgewühlt haben, in der die «Insel des Eies von Wetjeset-Neter», die «Heimat» der ursprünglichen göttlichen Bewohner, versunken sei. Danach kamen große Verwüstungen, in denen das Land zerfiel, und nachdem die Fluten sich schließlich wieder zurückgezogen hatten, hießen die Bewohner der Insel *Ddw-Geister*. Sie waren also in den Verwüstungen umgekommen.[61] Wir hören, dass das Leben nach Wetjeset-Neter zurückkehrte und eine zweite Periode der Schöpfung begann, und nun erschienen zum ersten Mal die göttlichen Wesen *Netjeru* und *Shebtiu*.[62] Diese geheimnisvollen Götter sollten später den Grundstein der ägyptischen Zivilisation legen.[63]

Es gibt gute Gründe, hier die Verbindung zwischen dem Symbol des großen Springers, der Finsternis, Zerstörung, Flut und Zerfall bringt, und den Folgen eines katastrophalen Kometeneinschlags herzustellen. Wir müssen dabei auch an einen Text aus der Epoche des mittleren Königreichs denken, die Geschichte vom Schiffbrüchigen, die ich in Kapitel 9 schon nacherzählt habe. Ein ägyptischer Seemann erinnert sich an seinen Schiffbruch, nachdem sein Schiff auf der Reise zu den Minen des Königs in einem fremden Land in vier Meter hohe Wellen geraten war. Die ganze Mannschaft außer ihm wurde getötet, und nachdem sie vor der Insel *ká* gestrandet waren, begegnete er einer riesigen bärtigen Schlange von 15 Meter Länge. Die Schlange erzählte dem Matrosen, sie sei die einzige Überlebende einer Familie von 75 Schlangen, die auf der Insel gelebt hätten, bevor «ein Stern herniederfiel und sie in Flammen aufgegangen seien».[64]

Obwohl die fragliche Insel wahrscheinlich vor der Ostküste Afrikas lag, legt die Tatsache, dass ihre Schlangenbewohner von einem abstürzenden «Stern» in Flammen gesetzt wurden, wiederum nahe, dass dies die in eine Fabel gefasste Erinnerung an einen Kometen- oder Meteoriteneinschlag ist. Wie in den Mythen und Legenden Amerikas kommen in diesen Geschichten Himmelsschlangen, fallende Sterne, Feuerstürme, Perioden der Dunkelheit, eine universale Flut und die Vernichtung einer früheren Weltrasse vor.

Nach der gegenwärtigen Beweislage ist es unwahrscheinlich, dass die alten Ägypter von den Ereignissen um den Carolina-Kometen sprachen.

Andererseits können wir die Möglichkeit nicht ausschließen, dass, wie die Tollmanns schrieben, einzelne Bruchstücke desselben Kometen andere Gebiete der Erde verwüstet haben. Erst kürzlich wurde bekannt, dass Geologen im Grenzbereich zwischen dem Pleistozän und dem heutigen Holozän in mehreren Ländern einschließlich der Niederlande, Frankreichs, Deutschlands, Belgiens, Großbritanniens, Weißrusslands, Indiens, Südafrikas, Australiens und – am wichtigsten – Ägyptens eine «holzkohlereiche Schicht» entdeckt haben. Dieser so genannte *Usselo-Horizont*, benannt nach dem niederländischen Ort, wo er zuerst gefunden wurde, sollte Wissenschaftler dazu veranlassen, auch in anderen Teilen der Welt nach Hinweisen auf dieses Feuer zu suchen.[65]

Es wäre nicht sehr klug, der Chronologie in Platons Atlantis-Dialogen zu viel Bedeutung beizumessen, doch als der Dichter für die Zeit zwischen der Gründung der ägyptischen Zivilisation und Solons Besuch in Ägypten eine Spanne von 8000 Jahren angab, traf er zufällig genau den Zeitraum, in den der Carolina-Komet gefallen sein könnte: 9000 bis 8500 v. Chr.

Platon könnte hier richtig getippt haben, als er für die Zerstörung von Atlantis ein Datum von ca. 8570 v. Chr. niederschrieb, weil er sich die mythologische Chronologie Ägyptens angeeignet hatte, um einen Beleg für das Alter des athenischen Volkes zu bekommen. Er verlegte die Kernlegende über Atlantis einfach in dasselbe ferne Zeitalter, wahrscheinlich ohne zu erkennen, wie akkurat die ägyptischen Chroniken waren. Das würde uns zu dem verblüffenden Schluss führen, dass Platon die richtige Zeit für die Zerstörung von Atlantis einfach *eingesetzt* hat.

Nachdem wir schon herausgefunden haben, dass Platon in Wirklichkeit die Insel Kuba beschrieb, als über seine Insel Atlantis sprach, wird uns nun klar, dass er mehr oder weniger zufällig genau auf den Zeitraum tippte, in dem die Bahamas und die Karibik von Tsunamis überflutet worden sein könnten, bevor die tief liegenden Inseln und Küstenregionen für immer untergingen. Wie immer sie entstanden sind, Platons Atlantis-Dialoge sind jedenfalls ein Meisterwerk der historischen Literatur.

Doch damit stehen wir immer noch vor einem entscheidenden Problem.

Wenn die Mythen und Legenden um die Überflutung der Bahamas und des Karibikraums ursprünglich auf Augenzeugenberichten beruhten, müssten diese Inselgruppen zur Zeit der Katastrophen bewohnt gewesen sein. Diese Annahme widerspricht jedoch allem, was Archäologen über die frühesten Bewohner der Inseln zu sagen haben. Nach deren Ansicht kamen die ersten paläoamerikanischen Völker um 6000 bis 5000 v. Chr.

auf die Großen Antillen. Aus der Sicht der Archäologen gibt es nicht den geringsten Hinweis auf eine frühere Besiedlung der Inseln.

Mit dieser Frage steht und fällt die gesamte Atlantis-Argumentation, denn wenn die Archäologen Recht haben, hat es ein Volk der Atlanter nie gegeben. Es gab lediglich eine Reihe unbewohnter Inseln, die in der Atlantis-Sage keine aktive Rolle spielen – trotz der Katastrophenmythen ihrer späteren Bewohner. Wie wir als Nächstes sehen werden, gibt es aber außerhalb der Begrenzungen der archäologischen Lehrmeinung zwingende Beweise dafür, dass die versunkenen Gebiete der Bahamas und der Karibik wichtige Hinweise auf die historische Realität von Atlantis bergen.

FÜNFTER TEIL

Wiederauferstehung

23 Versunkene Geheimnisse

Es war der Sommer 1993. Die Hurrikansaison hatte die sonnenüberflutete Bahamasinsel noch nicht erreicht. Täglich liefen prächtige Motoryachten, die zwischen Florida und den beliebten Urlaubsorten der Inselgruppe kreuzten, im Yachthafen von Bimini ein. Viele, die hierher kamen, bildeten sich ein, in die Fußstapfen des berühmtesten Bewohners der Insel zu treten, des amerikanischen Schriftstellers Ernest Hemingway, der zwischen 1931 und 1937 zeitweise hier gelebt hatte. Die meiste Zeit hatte er damit zugebracht, große Fische zu fangen. Der populärste Nachtklub der Insel, der Compleat Angler, ist eine Andachtsstätte für den gefeierten Helden der Insel; überall hängen Schwarzweißfotos von dem «alten Mann und dem Meer»; in stolzen Posen sieht man ihn prächtige Schwert- oder Fächerfische präsentieren.

Hinter der glitzernden Fassade der Hochseeangelei, der Rumpunsche und entspannten Insulaner tat sich jedoch noch etwas anderes auf der Insel. In ihrer Basis in Nordbimini (Bimimi besteht genau genommen aus zwei benachbarten Inseln, Nord- und Südbimimi) bereitete sich die Historikerin Donnie Fields auf einen weiteren Tag der Feldforschung entlang der schmalen Küstenlinie vor. Donnie stammt von den Bahamas und gehört zu einer Gruppe begeisterter Freiwilliger unter Führung des kalifornischen Anthropologen William «Bill» Donato. Die Gruppe nennt sich Projekt Alta und kommt jedes Jahr auf die Insel, um nach einem unumstößlichen Beweis dafür zu suchen, dass Bimini ein Bruchstück des versunkenen Atlantis ist.

Prähistorische Fußabdrücke

Donnie, die nach ihren zahlreichen Besuchen auf Bimini zu einer Art Hüterin des verlorenen Erbes der Inseln geworden war, hatte beschlossen, ein abgelegenes Stück Strand nach Hinweisen auf urzeitliche Bewohner abzusuchen. Nachdem sie sich durch dichtes Unterholz geschlagen hatte, trat sie auf den heißen Sand und erblickte etwas, das sich für unser Verständnis der Vorgeschichte der Bahamas als von unschätzbarem Wert erweisen sollte.

Auf Lehmfelsen, die bis unmittelbar an die Wasserlinie reichen, sah Donnie menschliche Fußabdrücke. Sie zählte nicht weniger als 24 Abdrücke von drei Menschen, wahrscheinlich einer Familie, Vater, Mutter und Kind.[1]

Wohin die Fußabdrücke führten, war eindeutig: direkt in den Kanal zwischen den beiden kleinen Inseln. Das bedeutete, dass Menschen diesem Weg gefolgt sein mussten, bevor der Lehm sich zu Fels verhärtete – als der Meeresspiegel noch wesentlich tiefer lag und die Inseln noch beide zu einer Landmasse gehörten.

Nachdem sie die enorme Bedeutung ihrer Entdeckung erkannt hatte, fertigte Donnie Abgüsse von mehreren der Abdrücke an und schickte sie zur wissenschaftlichen Analyse ein. An Form und Tiefe einer Sorte von Abdrücken lasen die Wissenschaftler ab, dass die Person, die sie hinterließ, 163 cm groß gewesen sein muss.[2] Zudem zeigten die Abgüsse «in der Form der Zehen im Verhältnis zu der hoch gewölbten Fußsohle Merkmale, wie sie oft Cro-Magnon-Menschen und manchen indianischen Völkern zugeschrieben werden»[3].

Donnie legte dem Meeresgeologen Dr. John Gifford der Universität von Miami Fotos von den Fußabdrücken vor. Gifford hatte frühere Funde angezweifelt, die darauf hinwiesen, dass die Große Bahamabank, bevor sie versank, bewohnt gewesen war. Diese Fußabdrücke aber bestätigte er, ohne zu zögern, als echt. Seiner Schätzung nach waren sie vielleicht 7000 Jahre alt.[4] Diese Aussage ließ aufhorchen. Wenn ein Akademiker von Giffords Statur zugab, dass die Abdrücke so alt sein könnten, dann waren sie in Wirklichkeit wahrscheinlich noch viel älter.

Mit seiner Einschätzung stellte sich Dr. Gifford gegen die archäologische Lehrmeinung über die Vorgeschichte der Bahamas. Nach konventioneller Auffassung war der Archipel vor Ankunft der Lucayan-Indianer um 600–700 n. Chr. unbewohnt. Wie wir zudem gezeigt haben, müsste der größte Teil der Großen Bahamabank, auf der die Bimini-Inseln liegen, zwischen 6000 und 3000 v. Chr. versunken sein, wobei dieser Überflutungsprozess schon 8000 v. Chr. begonnen haben könnte.[5] Giffords Datierung der Fußabdrücke basiert einzig und allein auf seinem Verständnis der karibischen Archäologie, dem zufolge es auf den Großen Antillen irgendwann zwischen 6000 und 5000 v. Chr. die frühesten Bewohner gab. Es ist daher möglich, dass die Abdrücke auf Bimini von Menschen stammen, die *vor* dem Steigen des Meeresspiegels und dem Versinken der Landmasse vor etwa 10 000 Jahren auf der Großen Bahamabank gelebt haben.

Wer waren diese Unbekannten, die Jahrtausende vor dem Erscheinen der Lucayan auf einer offenen Schlammebene im nördlichen Teil der Bahamas-Landmasse umherliefen? Waren sie Vorfahren der Yuchi von Oklahoma, die nach ihrer Stammesüberlieferung die einstige Bahamas-Landmasse bewohnt haben wollen, bevor diese durch «Feuer und Wolken verschiedener Farbe» entzweigerissen und im Meer versenkt wurde?[6] Waren sie die Ahnen mittelamerikanischer Völker wie der Quiché-Mayas und der Cakchiquel, die in einer Epoche der Finsternis ihre mythische Urheimat im Osten verlassen haben wollten? Waren sie mit dem Volk der Schlange verwandt, das in Booten von Osten her zum Festland gekommen war, nachdem die große Schlange zur Erde gestürzt war und Verwüstungen und Fluten ausgelöst hatte?

Die Möglichkeiten waren phantastisch, auch wenn die prähistorischen Fußabdrücke, die Donnie Fields 1993 entdeckte, für sich allein betrachtet natürlich nicht genügten. Es mussten weitere handfeste Beweise gefunden werden, wenn Projekt Alta zeigen wollte, dass die Große Bahamabank einst von einem prähistorischen Volk bewohnt war, das mit Platons Atlantern verglichen werden kann. Allerdings hatte die Suche schon viel früher begonnen. Wie es eigentlich dazu kam, dass die Gruppe Bimini regelmäßig besuchte, ist eine faszinierende, höchst ungewöhnliche Geschichte, die ich nicht verschweigen will.

Der schlafende Prophet

Es begann im September 1926, als die geruhsame Welt von Bimini durch einen der schlimmsten Feinde der Bahamas wachgerüttelt wurde – einen tropischen Sturm. Der Hurrikan tobte über die Insel und riss Bäume, Häuser und Werkstätten nieder. Betroffen waren auch der Bimini Bay Road and Gun Club und das Hotel Bimini, die beide einem großen amerikanischen Investor gehörten.

Kurz vor der Katastrophe war dieser ungenannte Millionär einem bemerkenswerten Mann aus Hopkinsville, Kentucky, vorgestellt worden, der eine recht unorthodoxe Arztpraxis in Virginia Beach, Virginia, betrieb. Es hieß, er habe Therapien für Krankheiten und Wehwehchen gefunden, indem er einfach in einen tranceartigen Schlaf fiel und dann die Lösung verkündete. Seine Freunde nannten ihn deshalb den «schlafenden Propheten».

Dieser begabte Mann, Edgar Cayce (1877-1945), hatte die Kraft seines seltsamen psychischen Talents schon demonstriert. Er hatte dazu beigetragen, dass ein Geschäftspartner des Millionärs, der nach einem Autounfall erblindet war, sein Augenlicht wiedererlangte. Der Millionär war also sehr beeindruckt, und sein Kreis von Geschäftsleuten hatte Cayce angeboten, ein neues Krankenhaus in Virginia Beach zu finanzieren. Im Gegenzug erwarteten sie bestimmte, auf übersinnlichem Wege gewonnene Informationen im Zusammenhang mit möglichen Minerallagern und Ölfeldern in Kentucky und Florida.[7] Die Zusammenarbeit funktionierte gut, und schließlich wurde Cayce gebeten, seine Aufmerksamkeit auf Bimini zu richten. Die Geschäftsleute hofften, er könnte unentdeckte Öl- und Goldlager ausfindig machen und Gerüchte und Geschichten bestätigen, nach denen auf der Insel ein spanischer Schatz verborgen sein sollte.

Cayce' erste spiritistische Sitzung zu Bimini fand in seinem Büro in Virginia Beach statt, etwa einen Monat bevor der Hurrikan zuschlagen sollte. Cayce verkündete, die Insel berge tatsächlich «Goldbarren, Silber und … Geschirr».[8] Und dann sagte er noch, Bimini sei «der höchste, über Wasser gebliebene Teil eines einst großen Kontinents».[9]

Nach dem Sturm stand der Millionär vor der Frage, wie er sein Inselreich wieder aufbauen sollte. So bat er Cayce, ihn und seine Geschäftspartner für drei Tage auf die Insel zu begleiten. Cayce nahm die Einladung an, und im Februar 1927 war es endlich so weit. Nach seiner Ankunft auf Bimini – dies war übrigens sein einziger Besuch auf der Insel – wurde Cayce zu einer der Stellen geführt, auf die er zuvor in seinen parapsychologischen «Messungen» gestoßen war. Er legte sich auf den Boden und rückte prompt mit vier neuen Nachrichten aus dem Jenseits heraus. Sie bestätigten, dass dies tatsächlich die richtige Stelle war, doch als niemand etwas entdecken konnte, geriet Cayce unter immer größeren Druck.

Der «schlafende Prophet» reagierte, indem er weitere Messungen vornahm. Danach sah es so aus, als würden sie nie einen Schatz finden, «nicht weil die Information nicht korrekt wäre», sondern weil sie aus einer «universalen und unendlichen Quelle» komme, die nun durch eine «fleischliche oder materielle Ebene» berührt worden sei – mit anderen Worten: Cayce und seine Geschäftsfreunde.[10] «Daher wissen wir, dass Sünde droht und dass *das Haus in Ordnung gebracht werden muss* [Hervorhebung des Autors]», bevor irgendetwas gefunden werden kann.[11] Die Moral der Geschichte scheint also zu sein, dass Cayce seine übersinnlichen Kräfte nicht für scheinbar so selbstsüchtige Zwecke einsetzen konnte.

Das Unterbewusstsein des Mediums schlug den Geschäftsleuten daraufhin andere, spirituell weniger problematische Unternehmungen vor, mit denen sie von den natürlichen Ressourcen der Insel würden profitieren können, darunter den Bau eines Touristendorfes, die Trockenlegung überschwemmten Landes und die Errichtung eines Wellenkraftwerks als unerschöpfliche Energiequelle für die Insel.[12] Keiner diese Vorschläge wurde je verwirklicht.

Der Schleim von Äonen

Danach beteiligte Cayce sich nicht mehr an irgendwelchen spiritistischen Erkundungen Biminis, aber sein Interesse an der unbekannten Vergangenheit der Insel war geweckt, und er begann seine Gedankenströme auf die Frage zu richten, ob Bimini der Überrest eines versunkenen Kontinents sein könnte. Über einen Zeitraum von 17 Jahren, von 1927 bis 1944, war die verlorene Welt von Atlantis oft Gegenstand seiner spiritistischen Sitzungen (wenngleich er die ersten Signale dazu schon 1924 empfangen hatte).[13] Insgesamt erwähnte er den verlorenen Kontinent über 800 Mal.[14] In seinem unbewussten Denken sah er Atlantis als eine enorme, vom Meer umgebene Landmasse, die sich von den Bahamas und der Karibik bis zur afrikanischen Westküste erstreckte.

In Cayce' späteren Äußerungen tauchte Bimini immer wieder im Zusammenhang mit der Hauptinsel von Atlantis auf, die in seinen «Signalen» den Namen Poseidia trug. So sprach er am 19. Dezember 1933 über drei Orte, an denen die «Protokolle» der Künste und Wissenschaften der atlantischen Zivilisation vor deren Zerstörung verborgen worden seien. Einer dieser Orte liege

> ... auf dem versunkenen Teil von Atlantis – oder Poseidia –, wo ein Teil der Tempel entdeckt werden könnte, unter dem Schleim von Äonen von Seewasser, in der Nähe des heutigen Bimini vor der Küste Floridas.[15]

Ob der Adressat dieses «Signals» mit Cayce' früheren Geschäftsinteressen auf Bimini vertraut war, ist unbekannt. Fest steht jedoch, dass er gegen Ende seines Lebens durch seine außerordentlichen Gaben in der Diagnose von Krankheiten und durch seine Visionen zur Frühgeschichte der Erde eine große Anhängerschaft um sich geschart hatte. So kam es zur Gründung der Edgar-Cayce-Stiftung, einer weltweiten Organisation, die sich der Bewahrung und Bestätigung der Cayce'schen «Messungen» widmet. Cayce sagte auch bestimmte Veränderungen voraus, die der Welt kurz vor Beginn des neuen Jahrtausends bevorstünden, doch die meisten davon sind ausgeblieben.

Prophezeiungen über Poseidia

1940 machte Edgar Cayce seine wahrscheinlich wichtigste Prophezeiung über das bevorstehende Wiederauftauchen von Atlantis. Ohne Bimini ausdrücklich zu erwähnen, sagte er: «Poseidia [also die versunkenen Gebiete um die Inseln der Bahamas und der Karibik] wird zu den ersten Teilen von Atlantis gehören, die wieder aus den Fluten auftauchen werden. Erwartet dies in den Jahren 68 und 69, also in nicht zu ferner Zukunft!»[16]

Mit dieser Vorhersage mobilisierte er eine Reihe blendend koordinierter Forschungsexpeditionen, die in den Jahren darauf die Bahamas ins Visier nahmen. Hinter all diesen Expeditionen stand die Association for Research and Enlightenment (Gesellschaft für Forschung und Aufklärung, ARE), die Forschungsabteilung der Edgar-Cayce-Stiftung; die Führung etlicher Expeditionen übernahm Edgar Cayce' Sohn, Hugh Lynn Cayce.[17]

Als das Jahr 1968 näher rückte – das mit Spannung erwartete Jahr des ersten Auftauchens –, verstärkte die ARE ihre Beobachtung der Gewässer um Bimini, zu Wasser und aus der Luft. Zwischen 1965 und 1968 vertrat der Geologe William Hutton die Interessen der Organisation auf den Bahamas. In den offiziellen ARE-Veröffentlichungen erschien Hutton eigenartigerweise immer nur als «der Geologe».[18] Letztlich fand aber keine der Expeditionen etwas, das die Existenz der einstigen Atlanter-Zivilisation bestätigt hätte, wodurch die Hoffnungen, dass Cayce' Vorhersagen über das Wiederauftauchen eines Teils von Poseidia sich in den genannten Jahren erfüllen könnten, einen kräftigen Dämpfer erhielten.

Die Tempelstätte

Doch dann, im Sommer 1968, nahm endlich das Schicksal die Sache in die Hand. Captain Robert Brush und sein Kopilot Trigg Adams befanden sich auf einem planmäßigen Flug von Miami nach Nassau, der Hauptstadt der Bahamas. Sie hatten Sichtkontakt mit dem Eiland Pine Cay, nördlich von Andros, der größten Insel des Archipels. Plötzlich bemerkten die beiden eine vollkommen klare, rechteckige Struktur im Wasser unter sich. Was sie sahen, wurde später als Grundmauern eines Gebäudes identifiziert, in dem das östliche Viertel durch eine interne Mauer abgeteilt war.[19]

Auf keinem ihrer früheren Flüge über die sonnenverwöhnten Inseln hatten die beiden Piloten – die übrigens beide der ARE angehörten[20] –

etwas Derartiges entdecken können, deshalb erkannte Captain Brush, dass sie auf etwas gestoßen waren, das von archäologischer Bedeutung sein konnte.

Zurück in Miami, erzählten Brush und Adams zwei Freunden – ebenfalls Cayce-Anhänger – von ihrer Entdeckung. Einer der beiden war J. Manson Valentine, Zoologe und wissenschaftlicher Mitarbeiter am Bishop-Museum in Honolulu. Außerdem war er ehrenamtlicher Kurator des Wissenschaftlichen Museums in Miami. Der zweite Freund war Dimitri Rebikoff, ein bekannter Ozeanograph und Unterwasserforscher aus Frankreich. Die beiden waren so beeindruckt von dem, was Brush und Adams zu berichten hatten, dass sie sofort den Plan fassten, ein Boot zu mieten und eine Tauchexpedition zu starten. Dies geschah also in der zweiten Augusthälfte des Jahres 1968.

Valentine und Rebikoff stellten fest, dass die Unterwasserstruktur ungefähr 20 mal 34 Meter maß und eine exakte Ost-West-Ausrichtung aufwies. Unter einer dicken Schicht dunklen Seegrases fanden sie sorgfältig gemauerte, etwa einen Meter dicke Kalksteinblöcke.[21]

Überzeugt davon, dass es sich um die Ruine einer verlorenen Zivilisation handelte, gründeten Valentine und Rebikoff zusammen mit Brush und Adams die Marine Archaeology Research Society (Gesellschaft für Meeresforschung und -archäologie, MARS), um unter diesem Banner nach weiteren Hinweisen auf ungewöhnliche Unterwasserstrukturen zu suchen.[22] Valentine und Rebikoff beschlossen zudem etwas voreilig, die Andros-Stätte als unumstößlichen Beweis dafür darzustellen, dass Atlantis im vorhergesagten Jahr 1968 an die Oberfläche getreten sei.

In einer Pressemitteilung aus Miami verkündete Valentine also am 23. August 1968, in den Gewässern vor den Bahamas sei ein «antiker Tempel» entdeckt worden.[23] Weiter hieß es: «Die Wände sind schräg. Ich grub im Sand und kam ungefähr einen Meter tiefer. Die Wände gehen offenbar noch viel tiefer, aber wie tief genau, werden wir erst wissen, wenn wir sie ganz ausgegraben haben. Sie bestehen aus glatten Mauersteinen, die eindeutig von Menschenhand stammen.»[24] Er schloss mit den Worten, er hoffe, der «Tempel» gehöre zu «Atlantis, dem antiken, verlorenen Kontinent, der nach der Legende vor Jahrhunderten bei einer gewaltigen Katastrophe im Meer versunken ist»[25].

Doch nicht jeder teilte Valentines und Rebikoffs Ansicht, die «Tempelstätte» sei der Beweis für das Wiedererstehen von Atlantis. In den späten siebziger Jahren untersuchte Dr. David Zink, Englischprofessor an der Akademie der amerikanischen Luftwaffe in Colorado, die Struktur noch einmal mit einem Taucherteam. Es war eine seiner alljährlichen «Projekt-

Poseidia»-Expeditionen nach Bimini.[26] Die Taucher fanden heraus, dass die Mauern nicht aus großen Kalksteinblöcken bestanden, sondern aus lose aufgestapelten kleineren Steinen. In seinem Buch *The Stones of Atlantis,* das 1978 herauskam, schrieb Zink, John Keasler, ein Reporter von den *Miami News*, habe einen Mann aus Andros, einen gewissen Reuben Russell, interviewt, und dieser habe gesagt, er sei beim Bau der Struktur dabei gewesen. Es handele sich um ein Schwammgehege, dass sie in den dreißiger Jahren für einen Gentleman aus Nassau angelegt hätten.[27]

Trotz dieser Enthüllungen war Dr. Zink nicht davon überzeugt, dass die «Tempelstätte» aus so junger Vergangenheit stammte. Die große Entfernung zur Küste schien dagegen zu sprechen, dass die Anlage für die Schwammzucht benutzt worden sein konnte. Außerdem wäre sie für Fischerboote, die sich den Mauern näherten, zu gefährlich gewesen, denn sie befand sich nur einen Meter unter der Wasseroberfläche.[28] Und wie sollte man sicher sein, dass Reuben Russell tatsächlich von den Steinen sprach, die Brush und Adams entdeckt hatten?

In seinem 1979 erschienenen Buch *Quest for Atlantis* äußert der Anthropologe R. Cedric Leonard einige interessante Kommentare zu der Stätte, die er am 3. Juni 1970 mit einer Gruppe von Freunden besucht hatte:

> Die Einheimischen der Gegend glauben seit mindestens drei Generationen, diese Ruine sei der Überrest einer Einfriedung, in der einmal Konchamuscheln und Schwämme gelagert wurden. Es gibt viele solche Gehege in der Gegend, doch kein anderes hat Steinmauern. Üblicherweise handelt es sich um viel leichtere und kleinere Holzkonstruktionen, die tiefer unter Wasser liegen, sodass sie kein Hindernis für Boote darstellen. Außerdem haben sie normalerweise weder perfekt gerade Begrenzungen noch exakt rechtwinklige Ecken.[29]

Das Urteil über die wahre Natur der «Tempelstätte» von Andros steht also noch aus. Der unvermeidliche Wirbel nach ihrer Entdeckung trieb jedoch sofort andere dazu, selbst nach Stätten archäologischen Interesses zu suchen, besonders in den Untiefen vor Andros. Die Gewässer dort sind kaum über einen Meter tief und bieten sich daher für Luftbeobachtungen an – die dann auch prompt weitere Unterwasserstrukturen ans Tageslicht brachten.

Robert Brush entdeckte eines der vielleicht rätselhaftesten Objekte, die je in den Gewässern um Andros gefunden wurden. Als er etwas westlich an der Südküste der Insel vorbeiflog, erspähte er einen dunklen Ring von mächtigen 300 Meter Durchmesser und mit einem etwa einen Meter dicken Rand. Innerhalb dieses Rings sah er zwei weitere, konzentrische Ringe mit ungefähr derselben Wanddicke. Die merkwürdige Struktur lag nur einen halben Meter unter Wasser, und zwar nur 20 Meter vor der Küste. Vor-Ort-Untersuchungen ergaben dann, dass die an vielen Stellen zerfallenen Ringe aus einer «dreilagigen» Steinschicht unter einer dichten Seegrasdecke bestanden.[30]

In den späten siebziger Jahren tauchten Bilder dieser neuen Andros-Stätte in einem Dokumentarfilm mit dem Titel «Sonderbericht – Atlantis auf den Bahamas» auf (der jedoch nie gesendet wurde). Die Produzenten Douglas Kenyon und Thomas Miller sowie die Regisseurin Cecilia Gonzales präsentierten Luftaufnahmen, die zu bestätigen schienen, dass die Anordnung von Steinen nicht von der Natur geschaffen war. Leider ist es uns heute nicht mehr möglich, das nachzuprüfen, da die Ringe inzwischen von Sand bedeckt sind. 1998 konnte ich Seegrasringe etwa der gleichen Größe selbst von der Luft aus bewundern, während ich die Küste von Andros überflog. Die Frage, was diese Ringe tatsächlich darstellen, ist jedoch immer noch offen.

Tauchgeschichten

Ebenfalls in den späten siebziger Jahren zeigten sich mehrere international bekannte Autoren an der Suche nach Atlantis zwischen den Bahamasinseln interessiert. Unter den produktivsten Schreibern populärer Bücher, in denen dieses Thema zur Sprache kam – wenn auch oft ohne Anmerkungen und Quellenangaben –, waren Charles Berlitz, Brad Steiger und Alan Landsburg. Letzterer konzentrierte sich bei seiner Suche nach einer versunkenen Zivilisation besonders auf Andros. Mit vielleicht noch größerer Begeisterung als seine Zeitgenossen sammelte Landsburg die Geschichten einheimischer Taucher, die behaupteten, sie hätten in den Küstengewässern ganze 14 künstliche Steinformationen gefunden.[31]

Die geradezu schwindelerregenden Erkenntnisse sind in dem Buch *In Search of Ancient Mysteries* nachzulesen, das Landsburg mit seiner Frau Sally als Koautorin 1974 veröffentlicht hat. Darin heißt es, die Mauern, die wiederum nur etwa einen Meter unter der Wasseroberfläche lägen, bestünden aus «großen, wunderbar begradigten [Kalk-]Blöcken» von bis zu 1,3 Meter Dicke.[32] Manche der Stätten lägen dicht beieinander, während andere acht Kilometer voneinander entfernt seien.[33] Die größte bekannte Formation soll 81 Meter lang und 27 Meter breit und in drei Räume oder Abteile aufgeteilt gewesen sein.[34]

Ein «Unterwasserforscher», den Alan Landsburg befragte, schwor Stein und Bein, er habe auf dem Grund einer solchen Struktur nach einigem Graben «Töpfereien und Keramikfiguren» gefunden.[35] Die Statuetten sollen einem Test, dem so genannten Thermolumineszenzverfahren, unterzogen worden sein, was zu einer Datierung auf 5000–3000 v. Chr. geführt habe.[36] Leider haben die Landsburgs uns nicht verraten, wo sich diese bedeutenden Kunstgegenstände heute befinden.

Will man solche Behauptungen ernst nehmen, dann scheint es, als würden die Untiefen vor Andros verblüffende, scheinbar von Menschenhand stammende Strukturen aufweisen. Da jedoch keine dieser Stätten je ordentlich untersucht worden ist, müssen wir die Angelegenheit hier auf sich beruhen lassen – ein Rätsel, das weitere Aufmerksamkeit verdient.

Die Straße nach nirgendwo

Am 2. September 1968, wenige Tage nach Veröffentlichung der unbesonnenen Pressemitteilung über die Entdeckung des «Andros-Tempels», wurden Valentine und seine Taucherkollegen zu einer Stelle etwa 800 Meter jenseits von Paradise Point gebracht, vor der Nordinsel von Bimini. Dort zeigte ihnen ein einheimischer Führer namens Bonefish Sam die Unterwasserstruktur, die seitdem in aller Welt als die «Bimini-Straße» bekannt ist.

Diese rätselhafte, 638 Meter lange Formation besteht aus einer doppelten Reihe enormer, regelmäßig geformter Steinblöcke, die fast vollständig im Sand versunken sind. Manche der Felsblöcke haben eine glatte, kissen-

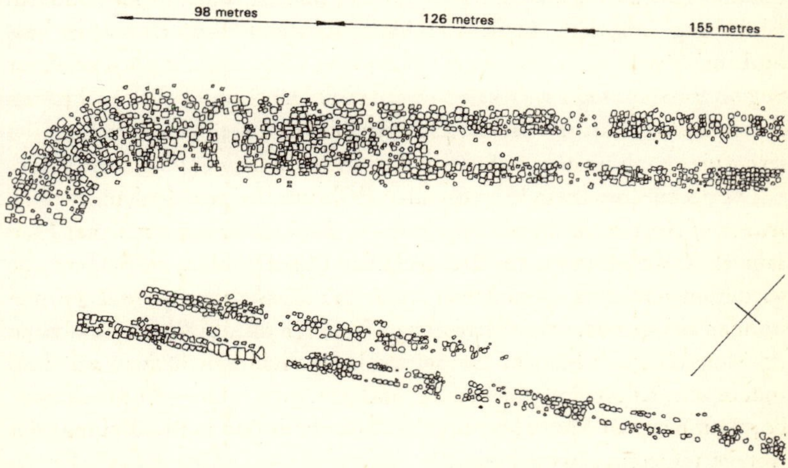

Grundriss der Pflasterstraße vor der Nordinsel von Bimini auf den Bahamas (nach David Zink). Ist die «Bimini-Straße» eine natürliche Gesteinsformation, oder ist sie das Werk vorgeschichtlicher Straßenbauer?

förmige Oberfläche von vier Quadratmetern. Jenseits dieses Abschnitts der Straße fand man ein Mosaik aus kleineren, rechtwinkligen Steinen von bis zu zwei Quadratmeter Fläche, das in einer 90-Grad-Kurve auf den nahen Strand zu verläuft. Die Steine sind so angeordnet, dass das Ganze die Gestalt des Buchstaben J hat. Hinter der Kurve geht die Straße noch 110 Meter weiter, bis sie schließlich im Sand verschwindet. Auf den ersten Blick scheint die Straße parallel zum Strand zu verlaufen, aber in Wirklichkeit bildet sie mit der Küstenlinie einen Winkel von 14 Grad und hat eine klare Süd-West-Achse.

Die Dicke der Steinblöcke auf dem geraden Abschnitt schwankt zwischen 60 und 90 Zentimetern.[37] Manche Blöcke ruhen auf anderen, doch in der Mehrzahl liegen sie auf dem Grundfels. Die Lücken zwischen den Steinen sind in der Regel zwischen zehn und 15 Zentimetern breit, wenngleich es auch Abstände von bis zu 78 Zentimetern gibt.[38]

Valentine war sicher, dass es sich bei der «Straße» um ein wirkliches Bauwerk handelt, und gab seine Entdeckung in der Sommerausgabe der *Muse News* – der Zeitschrift des Wissenschaftsmuseums von Miami – bekannt.[39] Wie seine Pressemitteilung über den «Andros-Tempel» im Sommer zuvor provozierte auch diese Nachricht wütende Reaktionen, besonders von Meeresgeologen wie Dr. John Gifford, der damals als Student an seiner Abschlussarbeit an der Universität von Miami saß. Mit Mitteln der National Geographic Society konnte Gifford zusammen mit mehreren qualifizierten Kollegen – unter ihnen der damalige Assistenzprofessor für Archäologie in Miami, Dr. John E. Hall – die «Straße» im Dezember 1969 begutachten.[40]

Die Wissenschaftler kamen einmütig zu dem Schluss, die Struktur sei nichts anderes als «pleistozäner Küstenfels», eine an den Stränden der Bahamas wohl bekannte Gesteinsformation. Solche Felsstrukturen entwickeln sich über lange Zeiträume – oft über mehrere tausend Jahre hinweg – durch die Ansammlung von Schutt, meist zersplitterte Muschelschalen oder «Muschelmehl», auf dem Meeresboden. Die Mischung verklebt allmählich zu grobkörnigem Kalkstein, der unter der Einwirkung von Stürmen, Meerestieren und Wellen häufig aufbricht und Risse bildet, sodass einzelne Blöcke entstehen, die dann an «Pflasterstraßen» erinnern.

Auch Wyman Harrison, Geologe bei der Firma Environmental Research Associates, war dagegen, die Steinformation als Straße zu interpretieren. Zusammen mit zwei Kollegen, Dr. R. J. Byrne und M. P. Lynch, untersuchte er die Stätte im Jahr 1971. In einem wichtigen Artikel, der später in der Zeitschrift *Nature* erschien, legte Harrison seine Gründe dar.[41] Selbst angesichts solcher Kritik fuhren die Anhänger der Straßentheorie fort, auf geologische Anomalitäten zu verweisen, die ihrer Meinung nach darauf hindeuteten, dass es sich um ein Bauwerk von Menschenhand handelt.[42]

Im Juni 1998 hatte ich dann Gelegenheit, die Bimini-Straße selbst kurz in Augenschein zu nehmen, wobei ich mich in Begleitung von Donnie Fields, Bill Donato und anderen Mitgliedern der Projekt-Alta-Gruppe befand. Eine Stunde war nur einfach nicht genug, um mir ein verlässliches Bild zu machen. Die kissenförmigen Oberflächen der Steine gingen mit Sicherheit auf Brandungserosion zurück, die die Blöcke erlitten hatten, als sie vor Tausenden von Jahren die Begrenzung des Strandes bildeten. Ihre rechteckige Form wurde durch den Sand und das Seegras in den Lücken besonders betont. Leider sah ich nichts, was bewiesen hätte, dass die Geologen im Irrtum waren. Andererseits könnte die Stelle dennoch noch von archäologischer Bedeutung sein, denn ganz in der Nähe wurden Anzeichen dafür gefunden, dass dort möglicherweise lange Zeit Menschen am Werk waren.

Antikes Mauerwerk oder Schiffsballast?

Bei diesen Funden handelt es sich um sehr eigenartige Steinklötze. Eines der ersten Stücke war der behauene und begradigte Mauerstein, den Dr. David Zink 1975 in der Nähe des fragmentarischen, unter Bimini-Forschern als «Rebikoffs Pier» bekannten Südarms der Straße entdeckte.[43] Ursprünglich muss die Oberseite des Steins 32 mal 32 Zentimeter gemessen haben, die Dicke nur acht Zentimeter. Heute fehlt jedoch ein großes Stück von einer Ecke. Der Stein scheint aus einer Mischung aus Feuerstein und Kalkstein zu bestehen, die auf den Bahamas sonst nicht vorkommt.[44] Zwei seiner Kanten haben auf der gesamten Länge runde Vorsprünge oder Nasen, während die dritte Kante eine Rille aufweist, die genau auf Passung mit den Rundkanten gearbeitet zu sein scheint.[45]

Woher der Stein stammt und wie er dorthin gekommen sein könnte, bleibt ein Geheimnis.

In der Umgebung der Straße hat man noch weitere bearbeitete Steine gefunden, darunter mehrere Blöcke aus Granit und Marmor, Gesteinsarten, die ebenfalls in der Region normalerweise nicht vorkommen.[46] 1975 entdeckte Gary Varney, ein Rutengänger, der zu Zinks Poseidia-Taucherteam gehörte, ein großes Stück Marmor, zwischen 90 und 135 Kilogramm schwer. Bei genauerer Betrachtung schien es sich um einen stilisierten

Katzenkopf zu handeln, doch diese Interpretation wurde nie allgemein anerkannt.[47]

Einer der verblüffendsten Funde stammt vom Südarm der Straße. Im Juni 1995 stieß der Taucher Bill Keefe, der mit seiner Frau Nowdla den Bimini Undersea Adventures Shop betreibt, dort auf einen eindrucksvollen behauenen Mauerstein mit Seitenlängen von 56 und 47 Zentimetern und einer Dicke von 11 Zentimetern. Sein Gewicht beträgt 25 Kilogramm, und seine Kanten scheinen vom Meerwasser glatt geschliffen zu sein.

Nachdem Nowdla die Muschelkrusten von dem Stein entfernt hatte, zeigte sich, dass dieser mit Sicherheit bearbeitete Stein aus «schwarzem, feinkörnigem Granit» besteht, wie er nur in Vermont, New Hampshire, im Staat Washington und in Italien gewonnen wird.[48] Vor allem aber ist er mit einem «raffinierten Passungsmechanismus» ausgestattet: In eine der Kanten ist eine tiefe, dreieckige Rinne oder Nut eingearbeitet.[49] Kaum jemand kann mit Sicherheit ausschließen, dass der Keefe-Stein das Produkt einer Kultur ist, die einmal auf den Bahamas heimisch war. Ebenso wenig kann bestritten werden, dass dies ein begradigter Stein ist, der klare Spuren von Werkzeugen und langfristiger Erosion aufweist. Doch wie alt ist er? Handelt es sich wirklich um einen Mauerstein aus einer bislang unbekannten Kultur? Oder schlicht um abgeworfenen Schiffsballast?

Auf langen Reisen hatten leere Handelsschiffe für gewöhnlich Steinballast geladen, entweder lose im Laderaum oder am Rumpf befestigt. Sobald das Schiff den Bestimmungshafen erreichte, wurde der Ballast entfernt und auf dem Pier gestapelt, wo er verblieb, bis ein anderes Schiff nach dem Löschen seiner Ladung für die Rückreise Stabilisierungsballast brauchte. Kam ein Schiff unterwegs zu Schaden, was in den tückischen Untiefen der Bahamas nicht selten geschah, sank der Ballast, oft Mauersteine, auf den Meeresboden. Im Laufe der Zeit haben tropische Stürme und Gezeitenströmungen die Steine in großem Umkreis verstreut, sodass ein Unterwasserforscher durchaus auf den Gedanken kommen kann, er habe Überreste einer versunkenen Welt gefunden.

Da die straßenähnliche Steinstruktur früher einmal eine Gefahr für die lokale Schifffahrt dargestellt haben soll – das behauptet jedenfalls die örtliche Überlieferung –, kann man sich gut vorstellen, dass dort von Zeit zu Zeit Handelsschiffe gesunken sind. Aber ist damit das Rätsel gelöst? Nicht unbedingt, denn manche der Stücke zeigen einzigartige Merkmale – zum Beispiel die Passungsrinnen und -nuten an dem von Dr. Zink gefundenen Stein und an Bill Keefes Fundstück –, die einem das Gefühl vermitteln, es könne ganz andere, interessantere Erklärungen geben.

Als ich 1998 nach Bimini kam, lag Keefes Stein in einem Schuppen voller Tauchgeräte und Bleigürtel. Bill Donato und ich trugen ihn auf die Pier und schauten ihn uns genauer an. Da Nowdla fast alle Verkrustungen beseitigt hatte, war schwer zu schätzen, wie lange der Stein im Wasser gelegen haben mochte. Die flache, dreieckige Rinne war sicherlich interessant, doch noch erstaunlicher fand ich das tiefe Schwarz des Steins. Solchen Granit hatte ich noch nie gesehen; meiner Meinung nach sah das Material mehr nach Hornblende-Schiefer aus. Ich kann heute nur sagen, dass dieser Stein mir ganz und gar nicht wie ein Stück Ballastmauerwerk von einem Kolonialschiff vorkam.

In der Nähe der Straße sind noch andere Objekte auf dem Meeresboden gefunden worden, die angeblich von Menschenhand stammen, darunter eine Anzahl großer, sechseckiger Platten von etwa einem Meter Durchmesser und nur wenigen Zentimetern Dicke[50] und eine Reihe viel größerer Steine, die man für umgestürzte Monolithe halten könnte. Der erste dieser Steine wurde während einer von Dr. Zinks Poseidia-Expeditionen in den siebziger Jahren entdeckt. Ein zweites Exemplar fand Bill Donato auf der Rebikoff-Pier, ebenfalls in den frühen siebziger Jahren.[51] Dieses läuft an einem Ende spitz zu und könnte durchaus einmal aufrecht gestanden haben, wie man es von prähistorischen Monolithen erwarten würde.[52] Ein drittes solches Fundstück lag nördlich der Straße und wurde von Donnie Fields entdeckt. In der Nähe fand man auch eine Anzahl großer Steine, die in einem Ring von etwa drei Metern Durchmesser angeordnet waren.

Stellt all dies wirklich den Beweis für die einstige Existenz einer versunkenen Zivilisation dar, oder gehen diese Funde einfach auf die Sehnsüchte jener zurück, die alles tun würden, um Edgar Cayce' spiritistische Prophezeiungen wahr zu machen? Bevor die Behauptungen rund um die Steine wirklich ernst genommen werden können, brauchen wir jedenfalls detailliertere Berichte, Zeichnungen und Fotos der Stücke, die dann an wissenschaftliche Institutionen geschickt und dort begutachtet werden können.

Das Geheimnis der Moselle-Untiefe

Im Laufe der Jahre gab es wiederholt Berichte über vermeintliche Atlantis-Tempel, deren Ruinen vor den Stränden Biminis auf ihre Entdeckung warten sollen. Alle diese Berichte haben sich als nicht haltbar erwiesen. Es fällt jedoch auf, dass der am häufigsten erwähnte Standort solcher «Ruinen» die Moselle-Untiefe ist, ein von Norden nach Süden verlaufendes Riff etwa fünf Kilometer nördlich von Bimini. Über seine gesamte Länge ist es mit Schiffswracks und Ballastmaterial übersät, darunter auch begradigte und angebohrte Granit- und Marmorblöcke, wie sie so oft als vermeintliche Beweise für eine vergangene Zivilisation angeführt wurden.

In den Gewässern um die Moselle-Untiefe ist jedoch mehr zu finden als nur verstreutes Mauerwerk. Auf einem Beobachtungsflug südlich des Riffs Mitte der siebziger Jahre erspähten J. Manson Valentine und sein langjähriger Freund und Kollege Jim Richardson eine Ansammlung möglicherweise archäologischer Strukturen in fünf bis neun Metern Wassertiefe. Dazu gehörten «ein Gebiet, das von einem Netzwerk aus geraden und gebogenen Linien durchzogen» war[53] und «ein sehr komplexes System aus Quadraten, Rechtecken und unterteilten Kreisen». In der Nähe sahen sie eine Fläche «zellenähnlicher, künstlicher Formen auf einer Länge von fast 100 Metern, die zusammen wie ein vielzehiger Fuß wirken». Der Fuß zeigte, wie Valentine berechnete, «zur Nordspitze Biminis»[54].

Im Auftrag Valentines nahm daraufhin Jacques Mayol, der Weltrekordler im Freistiltauchen, die Stelle in Augenschein. Er schoss eine Reihe sehr bemerkenswerter Fotos, welche die exakte Regelmäßigkeit besagter Zellenstrukturen zeigen. In Valentines Worten waren diese «durch gerade, dunkle Linien unterteilt, ordentlich wie die Linien auf einem Tennisplatz»[55], und auf den Fotos sieht man sechseckige Markierungen und Einbuchtungen im Sand, unter denen die «Zellen», von denen jede etwa einen Quadratmeter einnimmt, am zahlreichsten zu sein scheinen.[56]

Der ganze Komplex zeugte für Valentine und seine Kollegen von einer mathematischen Symmetrie, aus der sie nur schließen konnten, dass «dieses erstaunliche Artefakt das Werk hoch gebildeter Menschen sei, die wahrscheinlich in ferner Vergangenheit [dort] gelebt haben»[57]. Nach den Fotografien zu urteilen hat Valentines Team tatsächlich eine Stätte möglichen archäologischen Interesses entdeckt, eine Stätte, an der eine Kultur großer künstlerischer Intelligenz gewirkt haben könnte.

Ob diese eigenartigen Unterwasserzeichnungen mit der Bimini-Straße, ihren umgestürzten mutmaßlichen Monolithen, den Mauerstücken oder den diversen Unterwasserstrukturen vor Andros zu tun haben, können wir heute unmöglich entscheiden, doch immer wieder werden Anomalien in den Untiefen der Großen Bahamabank allzu leicht als Einbildungen naiver Atlantis-Anhänger abgetan.

Das ist bedauerlich. Edgar Cayce hat hier zweifellos eine bedeutende Rolle gespielt, ganz gleich, ob seine Vorhersagen über das Wiederauftauchen von Atlantis Hirngespinste waren oder nicht. Heute zählt nur, dass seine Prophezeiungen im Laufe der vergangenen 60 Jahre so viel Aufmerksamkeit erregt haben, dass sie inzwischen ein Eigenleben angenommen haben.

Wie das Schicksal spielte, wurden im Sommer 1968, dem ersten der beiden nach Cayce' «Signal» von 1940 für die Entdeckung vorgesehenen Jahre, in den Gewässern um Andros und Bimini tatsächlich eigenartige Unterwasserstrukturen gefunden. Selbst wenn man in Rechnung stellt, dass es Mitglieder der Edgar-Cayce-Stiftung waren, die die Öffentlichkeit auf diese Strukturen aufmerksam machten, zeigt diese Abfolge von Ereignissen, welche Kraft solche Vorhersagen haben können – ob die Strukturen nun das sind, als was sie propagiert wurden, oder nicht.

Edgar Cayce geriet in den Bann der größeren Geheimnisse von Bimini, nachdem er an einer bizarren spiritistischen Schatzsuche auf der Insel teilgenommen hatte. Die ganze Wahrheit hinter diesem Geschehen werden wir vielleicht nie erfahren. Hat er, nachdem er seine «Signale» aus dem Jenseits empfangen hatte, Atlantis einfach erwähnt, um die Geschäftsleute zu beeindrucken, die ihm finanzielle Hilfe für sein neues Krankenhaus in Virginia Beach versprochen hatten? Könnten diese Leute von örtlichen Legenden gehört haben, in denen Bimini als Teil einer versunkenen Landmasse dargestellt wurde?

In diesem Zusammenhang ist interessant, dass bis vor kurzem tatsächlich eine uralte Überlieferung über den Zerfall der Großen Bahamabank auf Bimini existiert zu haben scheint. Am Sonntag, dem 17. Juni 1990, brachte der *Miami Herald* eine Geschichte über die mutmaßliche Beziehung zwischen Bimini und Atlantis. Nach einem Überblick über die Debatte um die Bimini-Straße und nachdem noch einmal auf die meditativen Neigungen der modernen Anhänger des Edgar Cayce hingewiesen worden war, kam ein nicht mehr ganz junger Bootsführer von Bimini, eine farbenfrohe Figur namens «Bonefish» Ben Francis, zu Wort. Auf die Frage, ob er glaube, dass die Insel einmal zum versunkenen Atlantis gehört habe, soll er geantwortet haben: «Als kleiner Junge habe ich von alten Leuten gehört, die [Bahamas-]Inseln wären früher alles eins gewesen.»[58]

Da Ben Francis weit über das Pensionsalter hinaus gewesen sein muss, als der *Miami Herald* ihn befragte, hat er wohl von Kindheitserinnerungen aus den zwanziger oder dreißiger Jahren gesprochen, also aus der Zeit, als Edgar Cayce zum ersten Mal verkündete, Bimini sei ein übrig gebliebener «Teil» des versunkenen Atlantis.

Standen die Geschichtenerzähler der Gegend unter dem Einfluss von Cayce' Prophezeiungen über das bevorstehende Auftauchen von Atlantis, oder könnte es vielleicht sein, dass die Geschäftsleute, die Cayce' Reise nach Bimini bezahlt hatten, sehr genau wussten, was die Insulaner sich über die Vergangenheit der Bahamas als «alles eins» erzählten? Haben sie den «schlafenden Propheten» aus Kentucky engagiert, damit er diese Geschichten, die vielleicht nur erfunden worden waren, um Bimini als ein überlebendes Bruchstück des versunkenen Atlantis zu etablieren, bestätigte? Wenn es so war, dann scheinen sie auf eigenartige Weise auf die Wahrheit gestoßen zu sein.

Andros, Bimini und die Moselle-Untiefe hatten also versunkene Geheimnisse preisgegeben. Doch das war nur der Anfang. Im Laufe der siebziger Jahre sollten diejenigen, die nach der «Hauptader», dem Nervenzentrum der vorsintflutlichen Bahamaswelt, suchten, endlich fündig werden.

24 Aus blauen Tiefen

Nach seiner etwas voreiligen Bekanntgabe der Entdeckung eines atlantischen «Tempels» vor der Insel Andros im August 1968 beschloss Valentine, seine archäologische Erkundung der Bahamas in Zukunft auf etwas strenger wissenschaftliche Art anzugehen. Zusammen mit seinem engen Freund Jim Richardson machte er sich mit allen möglichen natürlichen und künstlichen Strukturen vertraut, die in den Gewässern um die Bahamas vorzufinden man erwarten konnte, und unternahm eine Reihe von Aufklärungsflügen über allen Teilen der einstigen Landmasse. Wo es möglich war, folgte ihm der Taucher Jacques Mayol auf einer Motoryacht und wartete auf Instruktionen aus dem Flugzeug, das über ihm kreiste. Diese Methode sollte bald Früchte tragen.

Valentine und Richardson konzentrierten sich zunächst auf den 50-Kilometer-Streifen zwischen den Beach Keys und den South Riding Rocks am Nordrand der Großen Bahamabank.[1] Dort konnten sie die Umrisse mehrerer «gerader Trennlinien» und «einen rechten Winkel mit Dreieck» ausmachen, für die es keine offensichtliche Erklärung gab.[2] Anderthalb Kilometer weiter südlich, unmittelbar nördlich der Insel Orange Key, entdeckten sie «eine Gruppe aneinander anschließender, großer Rechtecke, schwach, aber erkennbar»[3].

Eine weitere ungewöhnliche Struktur nicht weit von der Bimini-Nordinsel war ein «eigenartig geformter, ins Seegras gezeichneter ‹Pfeil›», der nach Nordwesten zeigte. Sein Schaft entsprang einer «U-förmigen Basis, sodass das Ganze wie eine riesige Spore aussah»[4]. Bei genauerer Betrachtung erwies sich der Pfeil als eine 33 Meter lange Struktur aus großen Steinblöcken. Ein ganz ähnliches Muster, wenn auch viel größer, identifizierten Valentine und Richardson auf den Sandbänken von Joulter's Key, 48 Kilometer östlich des ersten Pfeils.[5]

Noch eigenartiger war ein Fund 100 Kilometer ostsüdöstlich von Bimini, eine Struktur mit zwei «sehr auffälligen» Doppellinien, die fast elf Kilometer weit auf ein Eiland namens Russel Light House zuliefen.[6] Sie mündeten auf einem großen, sternförmigen, vollkommen vegetationslosen Unterwassergelände in «drei vieleckigen Löchern»[7]. Jacques Mayol

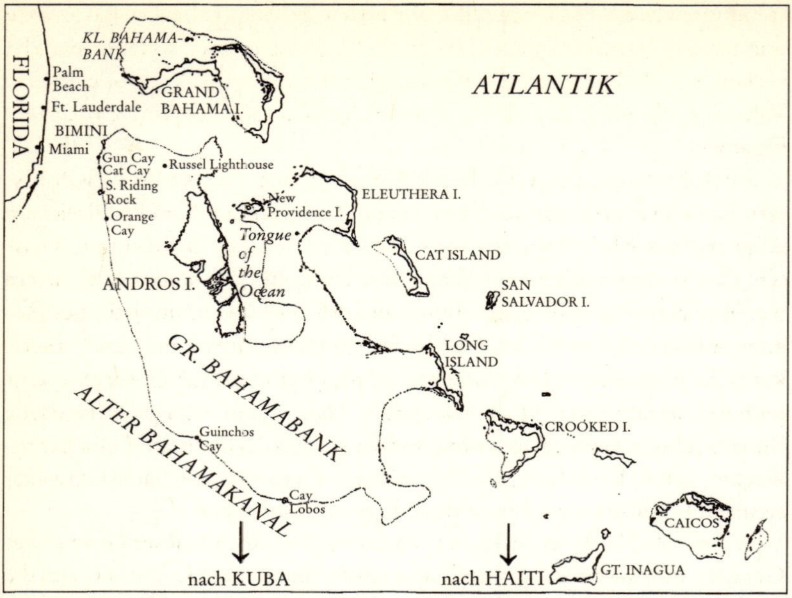

Die Große Bahamabank und andere versunkene Landplateaus der Bahamas sowie die verschiedenen Fundstellen, die in diesem Buch erwähnt werden

tauchte zu der Stelle hinunter und stellte fest, dass das größte der Löcher mit einem Haufen großer, loser Steine verschlossen war.[8]

Valentines «Hauptader»

Der wahre Zweck, den Valentine mit seinen Flügen über die Bahamas verfolgte, war die Entdeckung des Herzens und der Seele des Cayce'schen Poseidia. Das hatten er und Jim Richardson auch im Sinn, als sie am 29. September 1972 einen Flug entlang der Leeseite (dem Westrand) der Großen Bahamabank antraten.

In ihrem einmotorigen Flugzeug flogen sie in geringer Höhe Richtung Süden, bis zu dem Punkt, an dem das große unterseeische Plateau steil in den Alten Bahamakanal abfällt. Das ist die tiefe Rinne zwischen der einstigen Bahamaslandmasse und Kuba, das weiter südlich liegt. Dort drehten sie nach Südosten ab und folgten, immer noch auf einer Flughöhe von 700 Metern, dem Rand der Bahamabank, bis sie das winzige Eiland Cay Guinchos unter sich hatten.

In den Untiefen dort entdeckten sie die «faszinierendste Zusammenstellung zweireihiger Linien, die wir bisher gesehen haben ... das Ganze erinnert an Terrassenanlagen, da die Stränge mehr oder weniger parallel verlaufen»[9]. Voller Aufregung angesichts dieser Entdeckung spekulierte Valentine, die Stätte «könnte sich vielleicht als ein antikes Kultzentrum erweisen»[10].

Sie flogen weiter in südöstlicher Richtung, und nach 55 bis 65 Kilometern kamen sie zu einem anderen Eiland, Cay Lobos, ebenfalls direkt am Abgrund des Alten Bahamakanals. Sie sahen den Leuchtturm und wussten, dass sie nur noch 20 Kilometer von Kuba entfernt waren, was sie ein wenig nervös gemacht haben muss. Fidel Castros kommunistisches Regime verbat sich jede Verletzung des kubanischen Luftraums durch amerikanische Flugzeuge. Nun riskierten sie also Leib und Leben für ihre Unterwasserstrukturen. Doch nachdem sie schon US-amerikanische Bundesgesetze gebrochen hatten, indem sie sich so dicht an Kuba heranwagten, gab es kein Zurück mehr, und sie fuhren fort, die flachen Gewässer nach Hinweisen auf antike Bewohner abzusuchen.

Was sie als Nächstes sahen, war das, was Valentine in dieser Gegend der Großen Bahamabank zu finden gehofft hatte, etwas, das er als die «Hauptader» zu bezeichnen pflegte, das strahlende Juwel der versunkenen Landmasse: Sie entdeckten – nach Valentine – «Algenmuster von so offensichtlich geplanter Regelmäßigkeit, dass sie bestimmt nicht durch die zufällige Vermehrung der Flora entstanden sein können»[11]. Die Linienstrukturen befanden sich unmittelbar am Rand des unterseeischen Abgrunds, genau gegenüber von einer ähnlichen Unterwasserklippe vor der Insel Cayo Romano vor der Nordküste Kubas.[12]

Eine Strecke weiter entlang der Riffs erkannten Valentine und Richardson noch klarere Strukturen, die Valentine als ein «ausgedehntes, gemustertes Feld dunkler Algen» beschrieb, die «an einem Ende eine blasse Trapezform einschlossen ... mit einer dicken Grenzlinie ... als Wellenlinie zum Festland hin, entlang des Klippenrands aber vollkomen gerade».[13] Es schien nahezu sicher, dass es sich um Mauern handelte. In größerer Entfernung waren «viele dunkle, rechteckige Formen und weitere gerade Linien» auszumachen.[14]

Während sie sich Diamond Point näherten, nicht weit von der Südwestecke der Großen Bahamabank, identifizierten Valentine und Richardson eine ganze Serie «gerader Linien», die einander «in rechten, stumpfen und spitzen Winkeln überschneiden».[15] Dieser Anblick veranlasste Valentine später, die Struktur als «den Grundriss einer überaus komplexen Stadtsiedlung» zu beschreiben.[16] Er stellte sich tatsächlich vor, sie hätten dort unten die «Überreste einer vorsintflutlichen Stadt» gesehen.[17] Für eine Weile kreisten sie weiter über der mutmaßlichen «Hauptader», machten Fotos und berechneten Koordinaten.

Für solche Unterwassermuster gibt es keine einfache Erklärung. Nachdem ich die Bahamas selbst in geringer Höhe überflogen habe, kann ich nur sagen, dass man nach einigen Stunden Flug auf leicht erkennbare, natürliche Strukturen stößt. Kilometer um Kilometer sieht man vielleicht nichts als wandernde Sandbänke oder weite, dunkle Felder von Meerespflanzen. Jede gerade oder runde Form, meist durch Linien von Seegras betont, fällt sofort ins Auge und wirkt in diesem blauen, funkelnden Meer vollkommen fehl am Platz.

Brennpunkt Kuba

Was haben Valentine und sein Kopilot Jim Richardson also wirklich entdeckt an jenem ereignisreichen Tag im September 1972? Was hatte es mit diesen regelmäßigen Mustern auf der früheren Bahamaslandmasse auf sich? Handelte es sich um eine Laune der Natur, oder stellten sie die Überreste einer Metropole dar, einst bevölkert von einer Zivilisation, die am Rand der Großen Bahamasbank blühte? Traf Letzteres zu, dann hätte die Lage der Stadt, so dicht bei den Inseln vor der kubanischen Küste, bedeutet, dass die bahamische «Hauptader» eine Art Handelsposten zwischen diesen beiden etwa gleich großen Landmassen war.

Ich sollte hier erwähnen, dass Valentine selbst eine prähistorische Verbindung zwischen der Großen Bahamabank und Kuba ins Gespräch brachte. In einem 1976 in der Zeitschrift *The Explorers Club Journal* erschienenen Artikel stellte er fest:

> ... Beide Küsten verlaufen parallel, was deutlich auf einen früheren Kontakt hinweist. Die Annahme wird noch bestätigt, wenn man die Gemeinsamkeiten in der Tierwelt Kubas und der Bahamas betrachtet. Dass bestimmte Tierarten in beiden Regionen vorkommen, lässt sich nicht einfach durch Transportverkehr [*zwischen den Inseln*] erklären, schon ar nicht, wenn man in Betracht zieht, dass dieselben Arten das benachbarte Festland nie erreicht haben.[18]

Valentine weist hier mit Recht darauf hin, dass die Verbindung zwischen den beiden Landmassen ursprünglich geologischer Natur gewesen sein muss. Die Inselmassen müssen einst wie siamesische Zwillinge verbunden gewesen sein, Rücken an Rücken, bevor sie durch tektonische Verschiebungen auseinander gerissen wurden, vielleicht schon im Tertiär.[19]

Noch bemerkenswerter ist, dass seit langem vermutet wird, die Untiefen nördlich von Kuba könnten wichtige Hinweise darauf bergen, wie diese eigenartige vorsintflutliche Welt auf der Großen Bahamabank einmal ausgesehen haben mag. Schon in den fünfziger Jahren berichteten Piloten von Unterwasser-»Mauerwerk weit innerhalb kubanischer Gewässer».[20] Ähnliche Sichtungen «nördlich von Kuba», ein «versunkener Gebäudekomplex, der über vier Hektar bedeckt», könnten die kubanische Regierung damals davon überzeugt haben, dass in ihren umkämpften Gewässern eine ganze Stadt auf ihre Entdeckung wartete.[21] So gibt es unbestätigte Berichte, denen zufolge dieser «Gebäudekomplex» mithilfe sowjetischer Unterseeboote erforscht wurde.[22] So unwahrscheinlich diese Geschichte auch klingen mag, Tatsache ist, dass die Sowjetunion die Befunde des russischen Forschers Nikolai Zhirov – veröffentlicht in seinem maßgeblichen Werk *Atlantis und Atlantologie – Grundlegende Probleme* (1970) – offenbar ernst nahm und aktiv in verschiedenen Teilen des Atlantischen Ozeans nach Hinweisen auf Atlantis suchte.[23]

Unter denen, die meinten, sie hätten in kubanischen Gewässern die Überreste einer versunkenen Zitadelle gesichtet, war auch Leicester Hemingway, ein Bruder des berühmten Schriftstellers. Während eines Flugs auf die Insel bemerkte er vor der kubanischen Nordküste «ein mehrere Hektar großes Feld voller Steinruinen, offenbar weiß, wie aus Marmor».[24] Wo sich diese Unterwasserruinen genau befinden sollen, blieb jedoch unklar. Wenn er nicht den Südrand der Großen Bahamabank meinte, dann sprach er wahrscheinlich von den vielen Inseln und Klippen um die Cay-Sal-Bank, ein mächtiges, dreieckiges Unterwasserplateau von über 100 Kilometer Seitenlänge etwa 70 Kilometer vor der Nordküste Kubas.

Argumente für Cay Sal

Die Cay-Sal-Bank liegt wahrscheinlich seit dem schnellen Anstieg des Meeresspiegels am Ende der Eiszeit vor 8000 bis 10 000 Jahren unter Wasser. Dennoch fand der Berufstaucher Herb Sawinski – früherer Präsident des Museums für Naturwissenschaft und Archäologie in Fort Lauderdale, der viele Jahre mit der Erforschung der Unterwasserhöhlen und blauen Grotten der Bahamas verbrachte – dort Objekte, die möglicherweise von archäologischem Interesse sind: zwei Strukturen, die der Bimini-Straße ähnlich sehen, die eine vor der Insel Anguilla, die andere vor der Hauptinsel Cay Sal; zwei große, bearbeitete Steine in einer Unterwasserhöhle, die als «Steinbruch» bekannt ist; und schließlich Hinweise, sowohl dort als auch in einer anderen Höhle am Raspberry-Riff, dass sich dort wirklich einmal Steinbrüche befunden haben könnten.[25] Da diese Höhlen seit Jahrtausenden unter Wasser stehen, ist es höchst verwunderlich, dass sie von Menschen ausgehoben oder zumindest vergrößert worden zu sein scheinen.

Im Juni 1988 hatte ich das Glück, die Cay-Sal-Bank als Gast der Projekt-Alta-Gruppe selbst besuchen zu können. Mit finanziellen Mitteln der Edgar-Cayce-Stiftung hatte die Gruppe zu diesem Zweck ein ehemaliges Forschungsschiff der US-Marine gemietet, die *Ocean Window*. Während eines dreitägigen Ausflugs von unserer Basis auf Bimini aus konnten wir die Steinstraße vor Anguilla begutachten. Die ganze Aktion verlief mit fast militärischer Präzision. Verschiedenen Tauchern wurden Gebiete zugeteilt, die sie jeweils zu untersuchen und zu fotografieren hatten. Ich schwamm die gesamte Länge der «Straße» zwei- oder dreimal ab und kann bestätigen, dass sie tatsächlich an ihr Gegenstück vor Bimini erinnert. Hier führte die Straße jedoch im rechten Winkel weg von der nahen Küstenlinie. Küstenfels bildet sich nach Auskunft der Meeresgeologen dagegen stets parallel zur Küste. Ich kann hier nur sagen, dass die Bimini-Straße und diese Struktur auf die gleiche Weise entstanden sein müssen, wie immer das geschehen sein mag. Sie sind einander so ähnlich, dass ein gemeinsamer Ursprung außer Frage steht.

Meine nächste Aufgabe war es, verschiedene Unterwasserhöhlen vor der Insel Anguilla in Augenschein zu nehmen. Dort fand ich keinen Hinweis auf irgendwelche prähistorischen Bewohner, wenngleich einer der anderen Taucher etwas entdeckte, das er für einen Koncha-Feuerstein hielt, wahrscheinlich aus der Zeit der Lucayan-Indianer.

Auf der Insel selbst fand Bill Donato Hinweise auf die Gegenwart von Menschen in viel jüngerer Zeit: ein provisorisches Lager und andere zurückgelassene Abfälle. Offenbar hatten hier Kubaner auf der Flucht vor dem Castro-Regime Station gemacht. Ob sie Florida am Ende erreicht haben oder von der kubanischen Küstenwache eingefangen und in ihre Heimat zurückbefördert worden sind, werden wir nie erfahren.

Nun kann ich nur noch hinzufügen, dass die Cay-Sal-Bank und besonders Anguilla zu den unheimlichsten Orten gehören, die ich auf meinen Reisen je angetroffen habe. Dieses Gefühl ist umso stärker, als ich auf einem meiner Tauchgänge mit einem anderen Mitglied der Gruppe von einem besonders unfreundlichen, über einen Meter langen Barrakuda verfolgt wurde. Das Untier bleckte die Zähne und hielt uns vor dem messerscharfen Riff minutenlang in Schach – eine Erfahrung, die ich nicht so schnell wiederholen möchte.

Das Volk der Atlanter

Am Ende des Jahres 1974 hatte J. Manson Valentine ein Dossier über 30 Stätten möglichen archäologischen Interesses in den Untiefen um die Große Bahamabank zusammengestellt. Zur Zeit seines viel zu frühen Todes – er starb an Komplikationen nach einem Spinnenbiss – am 2. September 1994, zufällig genau 26 Jahre nach der Entdeckung der Bimini-Straße, umfasste sein Dossier Berichte über nicht weniger als 60 solche Stätten, von denen die meisten weitere Nachforschungen rechtfertigten.[26]

Viele der in den Berichten aufgeführten Strukturen mögen sich bei Nachforschungen als natürlichen Ursprungs erweisen – oder als Phantasiegebilde ihrer Entdecker. Dennoch wäre es leichtfertig, deshalb *alle* diese Funde von vornherein zu verwerfen. Wenn gezeigt würde, dass nur eine der Strukturen nachweislich von Menschen geschaffen wurde, könnte damit eine ernsthafte Debatte über die Möglichkeit beginnen, dass einst eine bislang unbekannte Kultur die Große Bahamabank bevölkert hat – in der Zeit, bevor die Folgen des Carolina-Kometeneinschlags ca. 9000–8500 v. Chr. einsetzten. Das wiederum würde bedeuten, dass diese Atlanter ein Kulturniveau erreicht hatten, das mit dem der neolithischen Völker des Nahen Ostens um 9000–8000 v. Chr. zu vergleichen wäre. Runde und gerade Mauern oder Einfriedungen geringer Höhe deuten auf eine häusliche Nutzung der Anlagen hin, zum Beispiel als Tiergehege oder als Feldbegrenzungen. Oder es handelt sich um die Grundmauern von Gebäuden. Manche der Strukturen könnten dagegen eher auf kultische Funktionen hindeuten, ähnlich wie die Steinbauwerke und Monumente von Nevali Çori und Çayönü, zwei neolithischen Stätten in der Osttürkei, die aus der Zeit zwischen etwa 8400 und 7600 v. Chr. stammen (siehe Kapitel 25).

Wir würden auch zu dem Schluss gelangen, dass die mutmaßlichen archäologischen Anomalien auf der Cay-Sal-Bank und die weite Verbreitung nicht identifizierter Strukturen ganz am Rand der Großen Bahamabank einen deutlichen Hinweis auf frühere Kontakte zwischen dem hypothetischen Volk der Atlanter und dem nahen Kuba darstellen. Ist es dann ein Zufall, dass Kuba alle Bedingungen erfüllt, um als Platons Atlantis angesehen zu werden? Wenn eine solche Hochkultur einmal existiert hat, dann wird sie sich auch auf die frühere Bahamaslandmasse ausgebreitet haben. Wie wir sehen werden, gibt es greifbare Hinweise auf einen urzeitlichen Kontakt zwischen Kuba und den versunkenen Regionen der Bahamas.

Hüter der Tiefe

Mit einer Länge von 170 Kilometern ist Andros die größte Insel der Bahamas. Andros besteht genau genommen aus zwei Hauptinseln mit einem Kanal durch die Mitte der Landmasse. Beim Anblick der waldbedeckten Täler und der Süßwasserseen von Andros wähnt man sich eher irgendwo in den Schweizer Alpen als auf einer tropischen Insel. Die nahezu unzugänglichen Seen bergen auch die Eingänge zu blauen Grotten, die bis zu 135 Meter in die Tiefe führen, bevor sie in einem Labyrinth aus kilometerlangen Gängen und Kavernen münden, von denen viele erst weit draußen im Meer enden. Viele dieser Höhlen sind Tropfsteinhöhlen, was darauf hindeutet, dass sie in verschiedenen Perioden der Erdgeschichte, höchstwahrscheinlich während der Eiszeiten, oberhalb des Meeresspiegels gelegen haben. Über ihr Alter kann man nur Vermutungen anstellen. Nach einer Schätzung sollen sie vor 40 000 bis 50 000 Jahren unter dem Ansturm der Brandung entstanden sein.[27]

Die Tierwelt der blauen Grotten und Kavernen der Bahamas könnte von einem anderen Planeten stammen. In der fast vollständigen Finsternis dort leben fremdartige weiße, blinde Fische, einmalige Krebsarten und andere seltene Schalentiere. Die Seminolen, ein Indianerstamm, der im 19. Jahrhundert von Florida nach Andros kam, waren zudem überzeugt, in den blauen Grotten wohne ein Seescheusal, das sie *Lusca* nannten und als halb Krake, halb Haifisch oder halb Schlange, halb Tintenfisch beschrieben.[28] Mit seinem Tentakelkopf und dem runden Leib soll es über 70 Meter lang gewesen sein und jeden verschlungen haben, der das Unglück hatte, in den «Schlund des Lusca», wie sie die Eingänge der blauen Löcher nannten, gesogen zu werden. Beunruhigenderweise ist diese Kreatur, die aus einer Horrorgeschichte des H. P. Lovecraft stammen könnte, allem Anschein nach nicht nur ein Mythos.

Es gibt mehrere wohl dokumentierte Fälle, in denen Fischerboote vor der Küste von Andros von Riesenkraken angegriffen wurden.[29] 1886 wurde auf einem Strand der Insel Anastasia vor der Küste Floridas der riesige Kadaver einer unbekannten Kopffüßlerart angespült. Einer der beschädigten Tentakel war über 10 Meter lang.[30] Untersuchungen an Gewebeproben des «Florida-Monsters», wie es damals genannt wurde, ergaben 1957, dass es sich tatsächlich um eine unbekannte Krakenart handelte. In den siebziger oder achtziger Jahren fand jemand einen halb verwesten, fünf Meter langen Tentakel auf einem Strand in der Nähe der Small Hope Bay auf Andros. Gewebeproben sollen einen Zusammenhang mit dem «Florida-Monster» bestätigt haben.[31]

Während der Erkundung dieser blauen Grotten vor Andros kam der Taucher Herb Sawinski 1963 in eine bis dahin unbekannte Höhle und fand etwas ganz und gar Unglaubliches. Im Licht seiner Taschenlampe erkannte er mehrere eingemeißelte Petroglyphen, geometrische Formen, konzentrische Ringe und Strichmänner wie jene, die uns Höhlenkünstler anderswo auf den Bahamas und in der Karibik hinterlassen haben.[32] Nach Ansicht der Archäologen war Andros bis ca. 600 bis 700 n. Chr. eine unbewohnte Insel, und diese Höhle befand sich 7,5 Meter unter dem Meeresspiegel. Wie kamen die Zeichnungen dort hinein? Die Petroglyphen mussten auf eine Kultur wie die Guayabo Blanco zurückgehen, die zwischen 5000 v. Chr. und 250 n. Chr. auf Kuba lebten. Das bedeutete, dass die Höhlenkünstler, die diese Zeichnungen geschaffen hatten, auf Andros gewesen sein mussten, bevor das Meer die tief liegenden Gebiete der Insel schluckte, also um 5000–3000 v. Chr.

Herb Sawinski war so freundlich, mir einen Abzug eines Schwarzweißfotos zu schicken, das er von den Unterwasserpetroglyphen gemacht hatte. Obwohl einige der Zeichnungen schwer zu erkennen sind, erinnern sie insgesamt eindeutig an die Guayabo-Blanco-Höhlenkunst auf Kuba. Nicht so leicht einzuordnen sind die Strichmänner, die, wie bereits erwähnt, von Archäologen auf eine viel spätere Periode datiert werden, sodass man sie Lucayan-Künstlern zuordnen müsste. Das erscheint jedoch ausgeschlossen, es sei denn, wir wollten die Zeichnungen auf eine der Perioden datieren, in denen der Meeresspiegel etwas sank – zwischen 2700 und 2000 oder zwischen 1500 und 600 v. Chr.

Dass die Lucayan teilweise überschwemmte Höhlen für Beisetzungen benutzten, steht außer Frage. Besonders vor Andros hat man Skelette in solchen Höhlen gefunden. Und in einer, die unter dem phantasievollen Namen *Stargate*-Grotte bekannt ist, fand man ein praktisch intaktes Lucayan-Kanu. Diese Gegenstände könnten jedoch von Schwimmern in leicht zugänglichen Höhlen und blauen Grotten deponiert worden sein. Dass sie dort gefunden wurden, bedeutet nicht, dass das Meer erst nach den Beisetzungen wieder gestiegen ist.

Wenn solche Entdeckungen auch sonst nichts beweisen, so zeigen sie doch, wie hoch die Lucayan – und nach ihnen die Seminolen aus Florida – die blauen Grotten und Höhlen von Andros, bewacht von tentakelbewehrten Seeungeheuern, als Eingänge zum Jenseits verehrten.

Noch schwerer zu erklären sind die Hinweise auf menschliche Aktivität in den blauen Grotten und Höhlen auf Grand Bahama, einer Insel am nördlichen Ende des Archipels, die einst zur nördlichen Nachbarin der Großen Bahamabank, der Kleinen Bahamabank, gehörte.

Rob Palmer war ein bekannter britischer Taucher, der sich bis zu seinem tragischen Tod im Jahr 1997 mit Begeisterung an der Erforschung des Höhlensystems der Bahamas beteiligt hatte. Er hat auch ein Buch über dieses Thema geschrieben, *The Blue Holes of the Bahamas*, das 1985 erschienen ist. Palmer war von der Lehrmeinung vollkommen unberührt. Hätte er gewusst, dass die Bahamas nach Ansicht der Archäologen bis ins 7. Jahrhundert unserer Zeitrechnung unbewohnt waren, hätte er folgende Erkenntnis nie kundgetan: «Die Menschheit entdeckte die Bahamas, *bevor* der Meeresspiegel zu steigen aufhörte, vor kaum 5000 Jahren.»[33] Zu dieser Feststellung gelangte er nicht, indem er Archäologiebücher las, sondern durch seine eigene in der Region gesammelte Erfahrung.

Unter den vielen Entdeckungen, die Palmer während seiner Tauchgänge in und um Grand Bahama gelangen, war der «Gemeinschaftsgrabhügel» in der so genannten *Skylight*-Halle, einer hohen Kuppelhalle, die zu den Lucayan-Kavernen der Insel gehört. Diese bestehen aus einem Netz gewundener Gänge und Höhlen, das mindestens 10 Kilometer weit unter die Insel reicht. Der Grabhügel war eine große, kegelförmige Struktur aus losen Felsbrocken innerhalb einer großen Kammer, die nach Palmers Ansicht einmal einen unterirdischen See beherbergt hatte.[34] Er spekulierte sogar, der Hügel oder Steinhaufen könne einmal in der Mitte dieses Sees gestanden haben,[35] wie zum Gedenken an die Schöpfung, die sich aus dem Urchaos erhebt.

Besonders bemerkenswert ist jedoch, dass sich direkt über dem Steinhaufen ein rundes Oberlicht befand. Obwohl die Höhlendecke stets unter Wasser liegt, führte dies laut Palmer zu spektakulären Effekten: «Wenn die Sonne über der Höhle steht, dringt ein einzelner Lichtstrahl durch Finsternis und klares Wasser und beleuchtet die Spitze des Grabhügels. Die Menschen, die hier begraben wurden, müssen sehr bedeutend gewesen sein, dass sie ein solches Monument erhielten. Wer sie waren, werden wir nie erfahren.»[36]

Das werden wir bestimmt nicht, denn sobald bekannt wurde, wo dieser Hügel zu finden war, nahmen ihn weniger ehrfurchtsvolle Taucher und Souvenirjäger vollkommen auseinander, sodass heute nichts mehr davon übrig ist.[37] Zum Glück ist es Rob Palmer und seinen Kollegen gelungen, ein paar lose Knochen zu bergen, darunter einen Schädel und einen menschlichen Kiefer, die zur Begutachtung an die Smithsonian Institution geschickt wurden. Anhand der «Flachheit» des Schädels kam man dort zu dem Schluss, dass er von einem Lucayan-Indianer stammte.[38]

Mit dieser Erklärung habe ich allerdings Schwierigkeiten, ergibt sie doch in Anbetracht der sonstigen Beweislage keinerlei Sinn. Genau wie die dekorierte Höhle, die Herb Sawinski vor Andros entdeckte, befindet sich auch die *Skylight*-Halle seit mindestens 5000 Jahren – wahrscheinlich sogar länger – vollständig unter Wasser. Der «Gemeinschaftsgrabhügel» und das Oberlicht müssen also auf eine unbekannte Kultur zurückgehen, die lange vor der Ankunft der Lucayan auf den Bahamas existiert zu haben scheint. Darüber hinaus sieht es so aus, als gäbe es eine direkte Beziehung zwischen der Anlage der *Skylight*-Halle und den vielen kubanischen Höhlen, die ebenfalls runde Oberlichter aufweisen. Durch diese Löcher können Sonnenstrahlen bestimmte Petroglyphen oder Flächen in der Höhle beleuchten, vergleichbar mit den Zenitröhren der Olmek-Zivilisation. In diesem Fall hätten wir einen Beweis für Kontakte zwischen den Höhlenkünstlern von Kuba und den Unbekannten, die in dem Steinhaufen auf Grand Bahama begraben waren. Da die kubanische Höhlenkunst – besonders die Zeichnungen in Punta del Estes *Cueva #1* – bis zu 7000 Jahre alt sein könnte, stünden wir dann vor der Möglichkeit, dass auch die Kultur, die den Grabhügel und die Höhlenkunst in der *Skylight*-Halle hervorgebracht hat, in jenem Zeitalter oder noch früher gediehen ist.

Eine andere Unterwasserkaverne auf Grand Bahama hat ebenfalls Indizien für die Anwesenheit von Menschen preisgegeben. Am östlichen Ende der Insel, bei Sweetings Cay, gibt es einen Unterwasserkomplex aus Gängen und Höhlen, der als die Zodiak-Kavernen bekannt ist. Jede Höhle ist nach einem der zwölf Sternzeichen benannt, und sie sind durch verschiedene Eingänge zugänglich, die alle *unter* den Seen der Insel liegen. Tief in dem Eingangskorridor, der in die Höhle der Zwillinge führt, stieß einer von Rob Palmers Kollegen 1982 auf ein Gebiet, wo «Knochen verstreut» lagen.[39] Zunächst nahm man an, die Knochen könnten durch eine ungewöhnlich hohe Flut in den Höhleneingang gespült worden sein, doch das war zu unwahrscheinlich, da die Höhle «tief unter Wasser lag, als zum ersten Mal Menschen in dieser Gegend erschienen»[40]. Einer anderen Theorie zufolge sollten die Knochen «die Überreste eines Tieres» sein, das in «ferner Vergangenheit in der Höhle» zugrunde gegangen sei, das heißt, als die Höhle noch oberhalb des Meeresspiegels lag.[41] Weitere Analysen der Überreste zeigten jedoch, dass es sich um Menschenknochen handelte, ein Stück wurde zum Beispiel als Teil eines Wangenknochens identifiziert.[42]

Wenn Menschen so tief in einer Unterwasserhöhle ihre letzte Ruhestätte gefunden haben, dann müste das vor der letzten Überflutung geschehen sein, und die endete vor etwa 5000 Jahren.

Mels letzte Botschaft

Donnie Fields prähistorische Fußabdrücke auf Bimini beweisen, dass die Große Bahamabank vor dem Untergang ihrer tief liegenden Regionen tatsächlich bewohnt war. Die Hinweise auf eine menschliche Präsenz in Unterwasserhöhlen auf Andros und Grand Bahama sowie die Häufung gerader und gebogener Strukturen am Südwestrand der einstigen Bahamaslandmasse deuten zudem darauf hin, dass diese vorsintflutlichen Menschen direkt mit den frühesten Bewohnern Kubas verwandt waren.

Könnten sich die prähistorische Bevölkerung Kubas und die vertriebenen Völker der einstigen Bahamaslandmassen zu den Grabhügel bauenden Kulturen Kubas, Floridas und des Mississippitales entwickelt haben? Waren sie die Vorfahren mittelamerikanischer Völker wie der Quiché, der Cakchiquel und des Schlangenvolkes der Maya-Überlieferung? Waren sie vielleicht auch die Ahnen der Yuchi von Oklahoma, die als das legendäre Shawano-Adlerschlangenvolk die herrschende Elite der amerikanischen Grabhügelbauer stellten? Waren sie die wahren Atlanter, die eigentlichen Bewohner der dem Untergang geweihten Insel Atlantis, von der Platon gesprochen hat?

Meiner Meinung nach lautet die Antwort ja. Kuba könnte das strahlende Juwel des atlantischen Reiches gewesen sein, die früheren bahamischen und karibischen Landmassen – besonders die Große Bahamabank und Kubas Bucht von Batabanó – Platons versunkenes Königreich und die Gesamtheit der Inselgruppen das atlantische Inselreich.

Alles scheint darauf hinzudeuten, dass die Untiefen der Großen Bahamabank und die anderen überfluteten Regionen der Bahamas und der Karibik wichtige Hinweise auf die Ursprünge der amerikanischen Zivilisation bergen. Darüber hinaus könnten sie durchaus den endgültigen Beweis für die einstige Existenz einer organisierten Inselkultur liefern, die eine sesshafte neolithische Lebensweise pflegte, bevor ihre Expansion in dem Chaos nach dem Carolina-Kometeneinschlag um 9000–8500 v. Chr. gewaltsam unterbrochen wurde.

Die nicht in den Erdbeben und unter den Tsunamis umkamen, die dieses Ereignis begleitet haben müssen, flüchteten zunächst auf den amerikanischen Kontinent, wohin sie die Erinnerung an die Feuerschlange oder den «alten Mond» mitnahmen, der auf die Erde gestürzt war und massive

Überschwemmungen und Verwüstungen verursacht hatte. Spätere Völkerwanderungen zu den Antillen, der «alten Heimat», und von dort weg, trugen dazu bei, dass die hartnäckig überlebenden Mythen und Legenden über diese Katastrophe, die sich in einem vergangenen Zeitalter ereignet hatte, durcheinander gerieten. Irgendwann hörten Atlantikfahrer davon und brachten diese Überlieferungen in die antike Welt. Dort erfuhr auch ein griechischer Dichter-Philosoph namens Platon davon und machte daraus die Geschichte von Atlantis. Dies ist meiner Meinung nach das einzige Szenario, das mit der Beweislage in Einklang zu bringen wäre.

Damit will ich nicht sagen, wir hätten nun den Beweis, dass Platons großartige Stadt Atlantis nie existiert hat. Sie könnte immer noch unter dem «Schleim der Äonen» begraben liegen, der den Rand der Großen Bahamabank bedeckt, wo J. Manson Valentine und Jim Richardson im September 1972 ihre «Hauptader» gefunden haben. Oder sie wartet vor Kuba auf ihre Entdeckung, in den geheimnisvollen Gewässern der Bucht von Batabanó, die Platons Ebene von Atlantis gewesen sein könnte. Oder sie taucht plötzlich irgendwo aus den blauen Tiefen irgendwo anders in der Karibik auf.

1998 hörte ich, der weltbekannte Schatzsucher Mel Fisher sei sicher, die Stadt Atlantis entdeckt zu haben. Er wollte nicht sagen, wo, und erklärte engen Freunden, er würde seine Entdeckung erst dann offenbaren, wenn die Regierung des betreffenden Landes zu einem besseren Verhältnis mit den Vereinigten Staaten gefunden habe.

Mel Fisher hatte 1985, nach 20 Jahren Suche, das spanische Schatzschiff *Nuestra Señora de Atocha* entdeckt, das im September 1622 auf einer Reise von Kuba nach Spanien in Stürmen vor den Florida Keys gesunken war, und damit weltweites Aufsehen erregt. Vermutlich war er einer der größten Schatzsucher aller Zeiten, weshalb man seine Bekanntgabe, er habe vermutlich Atlantis entdeckt, ernst nehmen musste.

Mithilfe seiner Tochter Taffi kam ich in der zweiten Hälfte des Jahres 1998 mehrmals telefonisch zu ihm durch und konnte mit ihm reden. Er bestätigte die Gerüchte über seine Atlantis-Entdeckung und sagte, die fragliche Stelle im Meer sei zunächst auf Satellitenbildern gefunden und dann durch Echolotmessungen verifiziert worden. Er war sicher, dass es sich bei der Stätte um genau das handelte, was Platon als die atlantische Stadt beschrieben hatte. In einem späteren Gespräch rückte er mit einigen Fakten heraus, aus denen ich schloss, dass die fragliche Stätte aus einer ganzen Reihe von Unterwasserstrukturen besteht, und zwar in der Karibik, nicht weit von kubanischen Gewässern.

Leider ist Mel Fisher am 19. Dezember 1998 im Alter von 76 Jahren verstorben. Was genau er entdeckt hatte, werden wir vielleicht nie erfahren, da er sein Geheimnis mit ins Grab genommen haben könnte. Wir müssen unsere Suche also fortsetzen und weiter hoffen, dass die Welt eines Tages die endgültige Lösung für dieses größte Geheimnis der Weltgeschichte finden wird.

Meine Geschichte aber nimmt eine letzte Wendung. Es geht um die gefiederten Schlangen und ihr großes Interesse an den sieben Sternen der Plejaden.

25 Die Odyssee des Votan

1691 könnte Nuñez da la Vega, der Bischof von Chiapas, einer mexikanischen Provinz in der Nachbarschaft Yukatans, Tabascos und Guatemalas, den Schlüssel zum letzten Geheimnis von Atlantis in der Hand gehabt haben. Doch leider hat er ihn verbrannt. Es war nämlich ein papierener Schlüssel, ein Codex, höchstwahrscheinlich in der Tzendal-Sprache verfasst. Der Codex berichtete von der Odyssee eines Helden namens Votan – «der erste Mensch, den Gott sandte», die Länder Amerikas «aufzuteilen» und den eingeborenen Völkern die Zivilisation zu bringen.[1]

Zum Glück fertigte der Spanier, bevor er den unschätzbaren Codex zerstörte, Kopien einiger Abschnitte an, die später Bruder Ramon de Ordoñez y Aguilar, Kanoniker in der Bischofsstadt Ciudad-Réal in Chiapas, gezeigt wurden. Bruder Ramon tritt in der Geschichte auf, nachdem er sich im Jahr 1773 auf die Suche nach einer verlassenen Stadt aus Stein gemacht hatte, die nach Aussage von Einheimischen in der Nähe des Dorfes Santo Domingo del Palenque am Fuß der steilen Tumbalá-Berge zu finden sein sollte. Bei seiner Ankunft an der bezeichneten Stelle fand Ordoñez zu seiner Verblüffung unter dichtem Gestrüpp tatsächlich einen ganzen Komplex aus Steingebäuden. Was er in Palenque gesehen hatte, ergriff ihn derart, dass er ein Tagebuch über die Ereignisse um die Entdeckung dieser versunkenen Stadt verfasste, die *Descripcion de la ciudad palencana.* Noch bedeutender ist jedoch sein späteres Werk, die *Historia de la creacion del cielo y de la tierrra*, in der er seine Auffassung darlegte, die heilige Stadt sei von besagtem Votan gebaut worden.

Votans Reise

Votans Odyssee scheint im Original ein ganz außerordentliches, einzigartiges Werk gewesen zu sein, in dem der Held zu beweisen versuchte, dass er ein Nachkomme des Imos war, der zur Familie der *Chan* oder «Schlange» gehörte.[2] Wer Imos war, ist unklar. Er soll jedoch, wie Votan, einen der 20 Tage der Kalender der Tzendal und der Guatemalteken beherrscht haben.[3] Entsprechend wurde er gewöhnlich als «oben Vogel und unten Schlange» abgebildet, was ihn zu einer gefiederten Schlange par excellence machte.[4] Nach Aussage sowohl von Nuñez de la Vega als auch von Ordoñez y Aguilar[5] behauptete Votan, aus Valum-Chivim gekommen zu sein, dem «Land der Chivim»,[6] und zur Rasse der Chane oder «Schlangen» zu gehören, weshalb er seine «Abstammung von Chivim»[7] betonte. An anderer Stelle beanspruchte Votan die Ehre für sich, ein «Sohn der Schlange» zu sein.[8]

Auf seinem Weg nach Amerika soll Votan eine Weile an einem Ort namens Valum-Votan gerastet haben, den Ordoñez als Kuba identifizierte.[9] Nach Palenque soll Votan direkt aus Havanna gekommen sein. Seine «großen Boote» kamen von Kuba aus zur Yukatan-Halbinsel, und dann fuhren sie die Golfküste entlang, bis sie auf die Inseln stießen, die eine Barriere zwischen der Laguna de Terminos und dem offenen Meer formten.[10] Dort soll die Flottille einen Schwarm von «Wildgänsen» aufgescheucht haben, die in alle Himmelsrichtungen davonflogen.[11] Die Boote fuhren auf den großen See, und Votan und seine Leute folgten dem Lauf des Flusses Usumacinta nach Südwesten auf das heutige Guatemala zu. Etwa 80 Kilometer flussaufwärts kamen sie in das Usamacintatal, wo Votan und die anderen Führer Na-chan gründeten, die «Stadt der Schlangen», die Ordoñez mit Palenque gleichsetzte.[12] In archäologischem Sinne ist dies eine fragwürdige Annahme, denn nach heutiger Lehrmeinung soll die berühmte Maya-Stadt erst um 600 n. Chr. errichtet worden sein, und zwar von einem lokalen König namens Pacal. Entweder hat Votan eine ganz andere Stadt gegründet, oder Palenque befindet sich an einer Stelle, wo bereits viel früher eine Siedlung existiert hat.

Eigenartigerweise hielt Ordoñez auch fest, der in der Region ansässige Tzendal-Stamm habe die Fremden, da sie auf großen Booten kamen und «lange, fließende Gewänder» trugen, als «Männer in Frauenröcken» bezeichnet.[13] Dennoch scheinen die Eingeborenen die Fremdlinge wie Brüder behandelt zu haben, wofür Votan sich bedankte, indem er sie erleuchtete und in die Grundlagen der Regierungskunst einweihte und das Land in Provinzen unterteilte.[14] So wurde er ihr erster Gesetzgeber und führte die heiligen Gesetze seiner Heimat ein.[15] Die Tzendal unterwarfen sich seiner Herrschaft und überließen ihm ihre Töchter, mit denen Votan und seine Führer ein «Bündnis» eingingen.[16]

Viermal kehrte Votan nach Valum-Chivim zurück, das Ordoñez offenbar mit dem Königtum Israel identifizierte.[17] Auf diesen Reisen begab er sich zunächst nach Valum-Votan, bevor er sich auf den Weg zum «Wohnort der Schlange» machte.[18] Während eines dieser Aufenthalte in Valum-Chivim soll er Zeuge geworden sein, wie das «Haus Gottes» gebaut wurde.[19] Ein anderes Mal soll er die Ruinen eines uralten Gebäudes mit einer «sehr großen Mauer» besucht haben, das Gott zertrümmert haben sollte, nachdem die Menschheit versucht hatte, den Himmel zu erreichen – die Ruine des Turms von Babel.[20] Bei einem zweiten Besuch im «Haus Gottes» wurde Votan nach dieser Legende «dazu gebracht, durch einen Tunnel zu gehen, der an der Wurzel des Himmels endete». Und dieser Tunnel war «nichts anderes als eine Schlangengrube, in die er ging, weil er ein Sohn der Schlangen war»[21].

Als er nach Palenque zurückkehrte, sah Votan sich einem Aufstand der eingeborenen Bevölkerung gegenüber. Die Tzequile, die er als seine Stellvertreter eingesetzt hatte, hatten die Herrschaft an sich gerissen und ein eigenes Territorium für sich erobert.[22] Zu seiner Ehre soll Votan den Disput jedoch mit diplomatischen Mitteln beigelegt haben. Danach gründete er vier Königreiche und erlaubte seinen Landsleuten, eines dieser Reiche von der Stadt Tulhá aus zu regieren, die in der Nähe des heutigen Ococino jenseits der Tumbalá-Berge errichtet worden war.[23] Eine Tzendal-Legende besagt, dass Palenque und die Ruinen von Tulhá durch einen Tunnel miteinander verbunden waren. Ordoñez schrieb, Votan habe diesen mythischen Tunnel «in Gedenken an jenen [Tunnel]» gegraben, durch den er «auf seinen Reisen als Sohn der Schlange [gegangen sei], um zur Wurzel des Himmels zu gelangen»[24].

Das Herz des Volkes

Das sind also die Grundzüge der Odyssee des Votan, wie Ordoñez y Aguilar sie überliefert hat. Hinsichtlich einiger Details müssen wir sehr vorsichtig sein, denn offenbar hat er in dem Glauben, dass Votan ein Kanaaniter war, willkürlich biblische Elemente eingeführt hat. Aber wir haben auch die Version des Nuñez de la Vega zur Verfügung, die 1702 erschienenen *Constitciones Diocesianos del Opispado de Chiappa,* in denen Votans Abenteuer ebenfalls beschrieben sind. Darin lesen wir, wie Votan zu einem Ort namens Huehuetlan reiste, der in der Nähe der Pazifikküste in der Provinz Soconusco gelegen haben soll. Dort führte er den Tapir ein und legte in einem «düsteren Haus», das er «in einem Atemzug baute», einen bedeutenden Schatz nieder.[25] Zu dessen Hütern wurden «eine Frau und einige Tlapianes [Wächter]» bestellt.[26] Dieser Schatz soll «aus einigen großen Urnen aus gebrannter Erde und einem Raum voller antiker Figuren geschätzter Vorfahren» bestanden haben, «die im Kalender erwähnt werden, und anderen Figuren des Aberglaubens, alle aus Chalchihuitl [einem harten, grünen Gestein]».[27]

Mittelamerika und die in diesem Buch erwähnten Stammeskulturen

Laut Nuñez de la Vega ging Votan nach Huehuetlan, um dieses «düstere Haus» zu finden. Nachdem ihm dies gelungen war, befahl er den Wächtern dort, herauszugeben, was über unzählige Generationen unberührt in dem dunklen Gewölbe gelegen hatte. Und dann beschreibt Nuñez de la Vega einen jener haarsträubenden Augenblicke in der Geschichte, von denen man wünscht, es hätte sie nie gegeben: «Anlässlich unseres Hirtenbesuchs in jener Provinz im Jahre 1691 wurde alles in Huehuetlan öffentlich verbrannt.» Doch die Indianer verehrten, so Nuñez, «diesen Votan immer noch. In manchen Städten betrachten sie ihn als das Herz des Volkes.»[28]

Dass Votan eine reale Figur in der Geschichte der Tzendal war, scheint außer Frage zu stehen, denn offenbar wurde er von der Bevölkerung der Region verehrt. Er erscheint nicht nur als einer der 20 Kalendernamen der Tzendal und der Guatemalteken, sondern auch, zusammen mit Imos, in Kalendern aus den Provinzen Chiapas, Soconusco und Oaxaca.[29] Darüber hinaus bewahrt die Geschichte der Tzendal die Erinnerung an eine ganze Dynastie von Votanidenfürsten, die in der Stadt der Schlangen herrschten,[30] darunter Votans direkter Nachfolger Canam-Lum, die «Schlange der Erde»;[31] Been oder Ben, ein Erobererprinz, dessen auf einer Stele in der Stadt Comitan an der Grenze zwischen Chiapas und Guatemala gedacht wird;[32] und Chinax, ein großer Krieger, der in Flammen umgekommen sein soll.[33]

In Huehuetlan soll Votan auch einen Geheimbund gegründet haben. In dieser Rolle hieß er bei den Tzendal «der Herr der heiligen Trommel»,[34] da in den Zeremonien des Bundes eine Holztrommel, eine *Tunkul*, vorkam. Die Tunkul wurde zu einem heiligen Tanz, dem *Zayi* oder Tapirtanz, geschlagen. Vielleicht galt der Tapir aus diesem Grund als das heilige Tier des Votan.[35] Eine Form dieses Geheimbundes, die Sh'Tol-Bruderschaft, existierte in Yukatan bis ins 20. Jahrhundert. Edward H. Thompson beschreibt in seinem Buch *People of the Serpent*, wie er durch den Klang der *Tunkul* zu einer der Logen des Bundes geführt wurde. Dort wurde ihm erlaubt, der Zeremonie beizuwohnen, die gerade im Gange war. Später trat er der Bruderschaft bei und wurde einer ihrer Tatichen oder Ältesten.[36] Er durfte sogar die *Tunkul* in die Vereinigten Staaten mitnehmen, wo er sie dem Peabody-Museum der Harvard-Universität vermachte.[37]

Für die Mittelamerikaforscher ist Votan immer noch ein Rätsel, und die meisten neigen dazu, seine Legende zu ignorieren. Votan war nicht einfach eine lokalisierte Form des Itzamna, des großen Zivilisationsstifters der Yukatan-Mayas, auch wenn sie beide als Gründer der Stadt Mayapan angesehen wurden. Stellt er bloß eine Erinnerung an Quetzalcoatl oder Kukulcan dar, die gefiederte Schlange, die so eng mit dem Auftauchen der Nahua- und Maya-Stämme verknüpft ist?

Der gemeinsame Nenner unter allen frühen Zivilisationsstiftern Mittelamerikas ist ihre Verknüpfung mit Vögeln und Schlangen. Wie Itzamna behauptete Votan, zum Priesterstamm der Chane oder «Schlangen» zu gehören,[38] die auf ihre «Abstammung von Chivim» pochten.[39]

Doch was bedeutete dieser Anspruch auf eine «Abstammung von Chivim»? Wenn wir zu echten Antworten kommen wollen, müssen wir zunächst klären, wo Votans Reise begonnen haben könnte.

Stützpunkt Kuba?

Die letzte Etappe seiner Odyssee soll Votan von Valum-Votan aus angetreten haben, das Ordoñez als Kuba oder Havanna identifizierte.[40] Brasseur de Bourbourg stellte 1857 fest: «Heutige Reisende versichern, sie hätten in der Umgebung Havannas Skulpturen und Ruinen von Gebäuden gesehen. Dies deutet darauf hin, dass auf dieser Insel antike, zivilisierte Bevölkerungen existiert haben.»[41] Meine These ist, dass Kuba wahrscheinlich die antike Heimat der herrschenden Elite und der frühesten Vorfahren der verschiedenen mittelamerikanischen Stammeskulturen war. Kuba ist meiner Auffassung nach auch mit Antilia gleichzusetzen, mit der Insel der Sieben Städte, mit einer der Hesperiden – und vor allem als das Flaggschiff des versunkenen Inselreiches Atlantis anzusehen. So konnte mich auch die Tatsache, dass Votan eine Kolonie oder Siedlung auf Kuba gegründet haben soll, bevor er zum amerikanischen Kontinent weiterreiste, nicht überraschen. Nur bleibt leider schleierhaft, wie Ordoñez zu diesem Schluss kam. Zumindest besteht die Möglichkeit, dass dieses Wissen in der Erinnerung der Tzendal oder Yukatan-Mayas existierte.

So wie Ordoñez Votans Reise darstellt, war Kuba lediglich ein Stützpunkt der Fremden. Votan und seine Landsleute waren von viel weiter her gekommen, möglicherweise von jenseits des Atlantiks. So soll er auf späteren Heimreisen über Valum-Votan zunächst durch das «Haus der dreizehn Schlangen» gekommen[42] und von dort dann nach Valum-Chivim weitergefahren sein, das Ordoñez als das antike Kanaan identifizierte.[43]

Wenn wir annehmen, dass Votan tatsächlich von einem fernen Land im Osten nach Kuba und Mexiko gekommen war, wo könnte sich dann das «Haus der dreizehn Schlangen» befunden haben? Manche Autoren tippen auf die 13 kanarischen Inseln.[44] Das wäre eine Möglichkeit, doch die mythische Beschreibung lässt eher an einen von 13 «Schlangen» bewohnten Ort denken, vielleicht in Verbindung mit Votans Schlangenahnen. Außerdem bestehen die Kanaren genau genommen aus sieben Hauptinseln, von denen die antiken Geographen nur sechs kannten (siehe Kapitel 5).

Auf der Suche nach Valum-Chivim

Der einzige Hinweis darauf, wo Votans Urheimat gelegen haben könnte, ist der Name, unter dem sie bekannt war: Valum-Chivim, das «Land von Chivim». Da Votan auch Anspruch auf seine «Abstammung von Chivim» erhob, scheint Chivim entweder eine Ahnenreihe oder einen Volksstamm zu repräsentieren. Brasseur de Bourbourg hat versucht, in einer der mittelamerikanischen Sprachen eine Wurzel dieses Namens zu finden, jedoch ohne Erfolg.[45] Ordoñez dagegen meint, Chivim stehe für die präisraelitischen Völker, die als die Hiwiter bezeichnet werden.[46] Sie bewohnten das nördliche Kanaan und Jordanien und werden oft mit den Hetitern verwechselt, einem anatolischen Volk, das Teile Kanaans besetzt hielt.[47] Die Hiwiter hatten vermutlich mit einem anderen kanaanitischen Stamm zu tun, den Horitern,[48] die wiederum mit den Hurritern identisch gewesen sein könnten. Sie waren im 15. und 14. Jahrhundert v. Chr. in Kanaan ansässig, also in einer Zeit, da die Ägypter dieses Land Hurru nannten.[49]

Könnte Ordoñez richtig gelegen haben, als er Votan als Hiwiter bezeichnete? Vielleicht, doch leider gibt es keinerlei Indizien, die diese Idee bestätigen würden.

In ihrem Buch *Fair Gods and Stone Faces* ging Constance Irwin diese Frage von einer anderen Seite an. Sie schrieb, Chivim leite sich von der semitischen Wurzel *Chna* ab, einem griechischen Wort für Kanaan, das Land der Phönizier.[50] Sie wies auch darauf hin, dass das Wort Chivim eine verblüffende Ähnlichkeit mit *Chittim* oder *Kittim* aufweist, dem Namen der Abkömmlinge des Javan, Sohn des Japhet[51] und Enkel des Noah[52] in der biblischen Schöpfungsgeschichte.

Mittelmeerspezialisten meinen, mit dem biblischen Chittim könne Kition gemeint sein, eine phönizische Kolonie auf Zypern.[53] Das mag wohl zutreffen – wir wissen aber auch, dass als Chittim auch die Phönizier allgemein bezeichnet wurden und später, nach dem Fall von Tyros und Sidon im frühen 6. Jahrhundert v. Chr., jede phönizische Kolonie, die sich als Seemacht etablieren konnte.[54]

Besteht also die Möglichkeit, dass Votan und seine Freunde mit ihren langen, fließenden Gewändern tatsächlich Phönizier waren? Eine solche Theorie könnte man durchaus vertreten, zumal es so viele Indizien dafür gibt, dass iberische Phönizier und Karthager im 1. Jahrtausend v. Chr. nach Amerika gelangt sind. Dennoch blieben dabei einige Fragen offen.

Das erste Problem wäre, dass die Phönizier und Karthager Seefahrer, Kaufleute und Unternehmer waren und keine großen Zivilisationsstifter. Anstatt Imperien zu errichten, konzentrierten sie sich darauf, Handelswege zu erweitern und Anlaufhäfen auszubauen. Die Methode des stummen Handels, die Herodot beschrieben hat, ist bezeichnend für ihr ausschließliches Interesse am Warenaustausch. Es war nie ihre Absicht, das Schicksal jener fremden Kulturen und Zivilisationen, mit denen sie in Kontakt kamen, in die Hand zu nehmen. Außerdem hatten sie keinen Begriff von irgendwelchen Schlangenkulten, was in diesem Zusammenhang vielleicht noch relevanter ist.

Die wichtigsten Symbole in der Religion der Phönizier waren der Stier, der den Göttern El und Ba'al geweiht war, die heilige Kuh der Göttin Ba'alat, der Gebieterin von Byblos, und der Löwe oder die Sphinx, die für den Gott Ruti standen.[55] Nur die Fruchtbarkeitsgöttin Astarte war mit dem Symbol der Schlange verknüpft, und die war höchstwahrscheinlich mit der hebräischen Eva verschwistert. Das wichtigste Symbol der Karthager war der Ba'al-Hammon geweihte Widder.[56] Das einzige andere Tier, das für dieses Volk von besonderer Bedeutung zu sein schien, war das Pferd, nicht nur als Wappentier der Stadt Karthago, sondern auch als Vorbild für die Bugfiguren, die den karthagischen Schiffen auf ihren Reisen Glück bringen sollten.

Schlangensöhne

Wenn wir im östlichen Mittelmeerraum nach einem Volk suchen, das die Schlange verehrt, ihr gehuldigt und sie zugleich verabscheut hat, dann kommen wir schnell zu den Juden. Durch ihre Verbindung mit dem Gesetzgeber Moses galt die Schlange den Juden als Symbol sowohl der Weisheit als auch der Rache. In der Geschichte von Adam und Eva im Paradies wird sie gar zur Inkarnation der Sünde und des Bösen. In dieser Eigenschaft wurde sie als ein menschenähnliches Wesen angesehen, auf ewig dazu verdammt, «auf deinem Bauch» zu kriechen, nachdem es Eva dazu verführt hatte, die Ursünde zu begehen.[57]

Das hebräische Wort für Schlange ist *nahash*. Die Wurzeln des Namens Eva aber, das hebräische *chevvah* und das arabische *hawwa*, sind verknüpft mit verschiedenen anderen Wörtern der Bedeutungsräume «Leben» und «Schlange». Zum Beispiel kann man «Eva» auch mit «Mutter aller Lebewesen» übersetzen,[58] während das arabische *hayyat* sowohl «Leben» als auch «Schlange» bedeuten kann.[59] Und schließlich lesen wir bei Clement von Alexandria (gest. 213 n. Chr.), einem prominenten griechischen Pater, der Name «Hevia, mit gehauchtem ‹H›, bezeichnet nach der strikten Auslegung des hebräischen Ausdrucks eine *weibliche Schlange*»[60].

Eva war also die «weibliche Schlange» und die «Mutter aller Lebewesen». Der jüdischen Volksüberlieferung zufolge war sie über ihre «Töchter» zudem auch die Vorfahrin oder Stammmutter der Nephilim,[61] eines uralten Bibelvolkes, das auch als die *gibborim*, die «Starken», bekannt war. Vor allem trugen sie aber auch den Namen *awwim*, was normalerweise mit «die Schlangen» übersetzt wird,[62] obgleich es genau genommen «Schlangensöhne» oder «Söhne» oder «Nachkommen der Schlange» bedeutet.

Meiner Ansicht nach kann es kein Zufall sein, dass das Wort «Chivim» in der semitischen Sprache der Hebräer «die Nachfahren» oder «Söhne der Schlange» oder «der Schlangen» bedeutet. Das *Ch* in Chivim ist ein «harter» H-Laut, womit wir beim Wort Hivim wären. Die Endung *m* oder *im* kennzeichnet die Pluralform und erscheint gewöhnlich, wenn eine bestimmte Gruppe oder ein Stamm beschrieben wird, wie bei den biblischen Anakim, den Nachfahren oder «Söhnen» des Anak (siehe unten). *Hivim* sind also die «Abkömmlinge» oder «Söhne» des oder der *Hiv*, wie in *Hevia*, der «weiblichen Schlange»: Eva. Chivim ist daher identisch mit *awwim*, einem anderen Namen für die Nephilim.

Soll das nun heißen, dass Votan ein Nephilim war und ursprünglich aus dem Land der Nephilim kam? Wer waren die Nephilim überhaupt, und welche Rolle könnten sie beim Auftauchen der Weisheit stiftenden gefiederten Schlange der mittelamerikanischen Überlieferung gespielt haben?

Männer von Ruhm

Das hebräische Wort *nephilim* bedeutet «die, welche gefallen sind» oder «die Gefallenen». Sie erscheinen im 6. Kapitel der Schöpfungsgeschichte, und es heißt: «... da die Kunde Gottes *[bene ha-elohim]* die Töchter der Menschen beschliefen und ihnen Kinder zeugten, wurden daraus gewaltige Männer *[gibborim]* in der Welt und berühmte Leute.»[63]

In jüdischen Apokryphen oder Pseudoepigraphen wie dem Buch Henoch und dem Buch der Riesen – beide in den letzten beiden vorchristlichen Jahrhunderten geschrieben, aber auf einem älteren Text, dem Buch Noah, beruhend – erscheinen die Nephilim als die Nachfahren eines Stammes *eyrim* oder *irin*, «jene, die wachen». Im Septuagint, der griechischen Version des Alten Testaments, wird dieser hebräische Name *grigori*, «die Hüter», geschrieben, die auch als die Söhne Gottes, die *bene ha-elohim*, bezeichnet werden. Die Hüter werden als «Schlangen» beschrieben, womit ihr Nachwuchs zu «Söhnen» der Schlangen wird. Im Buch Henoch ist zum Beispiel an einer Stelle von einem Nephilim als dem «Sohn der Schlange mit Namen Tabâ'et» die Rede.[64]

Die Beziehung zwischen den Nephilim und Eva wird ebenfalls im Buch Henoch erklärt, wo es heißt, die «Schlange», die Eva im Garten Eden «verführte» sei Gâdreêl gewesen, einer der Hüter.[65] Im Grunde ist diese Legende aber lediglich ein abstraktes Beispiel dafür, dass die Hüter sich ihre Frauen unter den «Töchtern der Menschen» genommen haben sollen, die ihnen Kinder gebaren, welche als die Nephilim bezeichnet wurden.

Durch diese Frauenverbindung sollen Hüter wie Votan und seine Landsleute die Menschheit in die geheimen Künste der Zivilisation eingeweiht haben. Das Buch Henoch erzählt, dass ihr Führer, Azazel, «die Menschen lehrte, wie man Schwerter macht und Messer und Schilde und Brustpanzer, und er lehrte sie die Metalle [der Erde] und die Kunst, sie zu bearbeiten». Azazel bildete die Menschen auch in der Herstellung von «Armbändern» und «Schmuckstücken» aus und zeigte ihnen, was man mit «Antimon» machen kann, einem weißen, spröden Metall, das medizinische Verwendung fand.[66] Die Frauen lehrte Azazel die Kunst der «Verschönerung» der Augenlider sowie die Anwendung von «kostbaren Steinen aller Art» und von «Färbetinkturen».[67]

Man fühlt sich hier an die Worte erinnert, welche die Götter von Anahuac an Quetzalcoatl richteten. Nachdem es ihnen nicht gelungen war, ihn von der Rückkehr nach Tlapallan abzubringen, sagten sie: «Dann geh in Frieden, aber lass uns das Geheimnis deiner Kunst zurück, das Geheimnis des Silbergießens, des Bearbeitens von Edelsteinen und Hölzern, die Kunst der Malerei, des Federschmucks und andere Dinge.»[68]

Die Hüter weihten die Menschheit auch in die Wissenschaften ein, darunter die «Astrologie», die «Kenntnis der Wolken», die «Zeichen der Erde» und sogar in Geodäsie, Geographie und die «Zeichen» oder Bahnen von Himmelskörpern wie Sonne und Mond. Shemyaza, einem anderen ihrer Führer, soll zu verdanken sein, dass die Menschen in «Zauberei» und «Wurzelschnitten» ausgebildet wurden,[69] also in okkulten Praktiken, die die orthodoxen Juden verabscheuten. Einer der Hüter, Pênêmûe, lehrte «das Bittere und das Süße», womit die Verwendung von Kräutern und Gewürzen in der Nahrungszubereitung gemeint ist, und unterrichtete die Menschen in der Benutzung von «Tinte und Papier». Die Hüter führten also, wie Itzamna auf der Yukatan-Halbinsel, die frühesten Schriftformen ein.[70] Unheimlicher ist dagegen der Hüter Kâsdejâ, der den «Menschenkindern all die Gemeinheiten der Geister und Dämonen» gezeigt haben soll und «wie man den Embryo im Mutterleib packt, sodass er verstirbt»[71].

Mit anderen Worten, er weihte die Frauen darin ein, wie man ungeborene Föten abtreibt.

Die Wiege der Zivilisation

Obwohl in den hebräischen Beschreibungen der Hüter zum Ausdruck kommt, dass es sich bei diesen um übernatürliche oder gar engelhafte Wesen handelte, kann man auch zeigen, dass sie eine durchaus menschliche Rasse waren, die im biblischen Eden zu Hause war.[72] Das mag zunächst absurd klingen, doch es ist eine Tatsache, dass Eden einmal eine geographische Region im Nahen Osten war. Im Buch Hesekiel wird Eden zum Beispiel zusammen mit «Haran [Harran in Nordsyrien] und Canne» und «Assur [Assyrien] und Chilmad» als einer «deiner Kaufleute» aufgeführt.[73] Dieses ferne Land soll «mit köstlichem Gewand, mit blauen und gestickten Tüchern» gehandelt haben, «in köstlichen Kästen, von Zedern gemacht, wohl verwahrt».[74]

Ich habe bereits an anderer Stelle gezeigt, dass das Land Eden mit dem politisch umstrittenen Land der Kurden zwischen der syrischen Mittelmeerküste und dem Vansee identisch zu sein scheint. Dieser große Inlandsee bildet die Grenze zwischen der Türkei und der früheren Sowjetrepublik Armenien. Einer Legende zufolge soll in seinen Tiefen der Garten Eden verborgen liegen, der in der Sintflut untergegangen sei.[75] In Kurdistan glauben Moslems, Juden und Christen gleichermaßen, Noahs Arche habe sich nicht auf dem Berg Ararat niedergelassen – was sie für eine spätere Erfindung halten –, sondern auf dem Al Judi oder Cudi Dag, einem Berg 104 Kilometer südöstlich von Van.[76] Ich zitiere diese Legenden, um zu zeigen, dass sich nach jüdischer Überlieferung sowohl der Ursprungsort der Menschheit, also der Garten Eden, als auch der Ort ihrer «Wiederauferstehung» nach der Sintflut im abgelegenen Kurdistan befanden, wo die frühesten semitischen Völker mit annähernder Sicherheit schon im 4. oder 3. Jahrtausend v. Chr. auftauchten. Erst im Zeitalter Abrahams, also um 2000 v. Chr., machten sich die jüdischen Stämme von Harran aus auf den Weg nach Kanaan.

Es gibt allen Grund zu der Annahme, dass die Hüter, wie auch die gefiederten Schlangen mittelamerikanischer Überlieferung, eine herrschende Elite und für die Entwicklung und Organisation der frühesten neolithischen Gemeinschaften im Nahen Osten – der traditionellen Wiege der Zivilisation – verantwortlich waren. Schon zwischen ca. 8400 und 7600 v. Chr. bauten die neolithischen Bewohner von Stätten wie Nevali Çori und Çayönü ganz außerordentliche megalithische Komplexe mit gemeißelten Stelen, perfekt ausgeführten Terrazzoböden und Skulpturkunst.[77] Vor allem aber vollzogen sich in diesem winzigen Winkel der Welt zwischen dem 10. und dem 6. Jahrtausend v. Chr. die allerersten Fortschritte in Landwirtschaft, Metallbearbeitung, Metallschmelze, dem Bemalen von Töpferware und der Herstellung von Schriften, alkoholischen Getränken, Geldstücken und Schmuck.[78]

Im Buch Henoch ist zwar zu lesen, dass die Nachkommen der Hüter, die Nephilim, in Feuersbrünsten und Fluten umgekommen seien, doch einige von ihnen haben offenbar überlebt.[79]

An einer Stelle im Buch der Zahlen werden die Söhne des Anak, die Anakiter, als «starke Männer» bezeichnet, die in Kanaan leben.[80] Hebron oder Kirjath-arba, die «Hauptstadt der Anakiter», soll von einem Nephilim namens Arba erbaut worden sein, «der ein großer Mann war unter den Anakitern».[81] Dort wurden sie schließlich um 1250–1200 v. Chr. von Kaleb und den Streitkräften des Josua, des Nachfolgers des Moses, angegriffen und geschlagen.[82]

Ein Gesicht wie eine Viper

Die «Große» der Hüter, Nephilim und Anakiter wird immer wieder hervorgehoben.[83] Und im Buch Henoch sowie in anderen «henochischen» Texten in dem als «Qumran-Schriftrollen» bekannten Korpus jüdischer Literatur werden die Hüter auch mit mehr Einzelheiten beschrieben. Demnach waren sie größer als jeder Mann[84] oder so groß wie «Bäume»[85]. Ihr langes, lockiges Haar war «weiß wie Wolle»[86], ihre Haut «weißer als Schnee»[87] oder «wie weiße Männer»[88] und zugleich «rot wie eine blühende Rose»[89]. Ihre Augen sollen geglüht haben wie «brennende Lampen»[90], und ihre Gesichter hätten gestrahlt «wie die Sonne»[91]. Vor allem aber wird ihre Schlangenartigkeit beschrieben.

In einem fragmentarischen Text, der unter den Qumran-Rollen am Toten Meer gefunden wurde, dem so genannten Buch Amram, findet sich die Beschreibung einer Traumvision, in der Amram, dem Vater des Moses, zwei Hüter erschienen. «[Einer] von ihnen», so heißt es in dem Text, «war schrecklich in seinem Aussehen, [wie eine S]chlange, [sein] M[ante]l vielfarbig, doch sehr dunkel … [Und ich schaute noch einmal hin] und … er sah aus … ein Gesicht wie eine Viper.»[92]

An anderer Stelle habe ich darauf hingewiesen, dass die Aussage, der Hüter hätte ein «Gesicht wie eine Viper» gehabt und «[wie eine S]chlange» ausgesehen, wahrscheinlich auf eine längliche Gesichtsform hinweist.[93] Schon das hätte diese Figuren unter den eher rundgesichtigen

Völkern des damaligen Nahen Ostens hervorgehoben. Dies ist vielleicht die einfachste Erklärung dafür, weshalb die Nephilim viele der körperlichen Merkmale ihrer Schlangenväter gezeigt haben sollen und deshalb als *awwim*, die «Söhne der Schlangen», bezeichnet wurden.

Männer in Federmänteln

Noch mehr lernen wir über die Zivilisationsstifter und Weisheitsbringer der mittelamerikanischen Überlieferung aus dem Umstand, dass die Hüter, ebenso wie Votan, auch eng mit einer Vogelsymbolik verknüpft waren. Die fragmentarische Darstellung im Buch Amram spricht davon, dass einer der Hüter in einen «vielfarbigen, doch sehr dunklen M[ante]l» gekleidet war. Im so genannten Buch der Geheimnisse des Henoch, das im 1. Jahrhundert n. Chr. auf Griechisch – allerdings nach einem hebräischen Original – verfasst wurde, findet sich ein sehr ähnlicher Bericht über den Besuch zweier Hüter, die diesmal dem vorsintflutlichen Patriarchen Henoch die Ehre gaben. Dort lesen wir: «Ihr Kleid sah aus wie Federn: ... [purpurn].»[94] Danach heißt es, ihre Flügel hätten «heller als Gold» gestrahlt. Theologen glauben jedoch, solche phantastischen Elemente seien von frühchristlichen Schreibern hinzugefügt worden,[95] vor der frühchristlichen Periode sei in der Erzählung nichts von Flügeln zu lesen gewesen.

Die Vogelsymbolik taucht auch im Zusammenhang mit den Nephilim auf. So ist im Buch der Riesen von zwei Söhnen des großen Hüters Shemyaza die Rede. Diese sollen «nicht [mit] dem ... Adler, sondern [mit] dessen Flügeln» verknüpft gewesen sein.[96] Im selben Atemzug werden die beiden Brüder als «in ihrem Nest» beschrieben.[97] Aussagen wie diese und andere ähnliche Sätze brachten den Hebräischspezialisten J. T. Milik zu dem Schluss, bei den Nephilim im Buch der Riesen «könnte es sich um Vogelmenschen gehandelt haben»[98]. Dass Votan in Bildnissen als «oben Vogel, unten Schlange» dargestellt wurde, deutet klar auf eine Verbindung zwischen ihm und den Hütern und Nephilim hin.

Die dunkle, glanzlose Natur der Federmäntel, welche die Hüter getragen haben, lässt darauf schließen, dass sie das Gefieder eines Aasvogels gewesen sein könnten, zum Beispiel des Geiers, der in den neolithischen Kulturen des Nahen Ostens als das höchste Symbol des Todes und der Wiedergeburt galt. Die frühe neolithische Kunst in einem Kultgebäude in Nevali Çori (8400–7600 v. Chr.) zeigt Schlangen und Geier gemeinsam in einem Bild. Seit frühesten Zeiten scheinen diese beiden Tiere die bevorzugten Motive der herrschenden Elite gewesen zu sein.[99]

Totemfiguren wie Schlangen und Vögel waren schon immer die Domäne der Schamanen, der wandelnden Geist-Priester der Stammesgemeinschaften. In vielen frühen Kulturen nahm die menschliche Seele für die Reise vom Diesseits ins Jenseits die Gestalt eines Vogels an. Dementsprechend oft findet sich diese Darstellung in prähistorischer Kunst. Schamanische Praktiken haben in vielen eingeborenen Völkern auf der ganzen Welt bis heute überlebt.

Einen Eindruck von der schamanistischen Natur des Quetzalcoatl gewinnt man, wenn man seine Verknüpfung mit dem Quetzalvogel und der Klapperschlange betrachtet. Er soll «eine Art Schlange» gewesen sein, «mit einem Federbusch auf dem Kopf ... [und] zu bestimmten Zeiten verwandelte die Schlange sich in einen der grün gefiederten Vögel, die man in großer Zahl in den Gebieten um Xicalanco findet»[100]. Diese Verwandlung von einer Schlange in einen Vogel ist ein Sinnbild für die veränderten Bewusstseinszustände, in denen Schamanen ihre astralen Flüge vollführen. Die Hüter und die Nephilim des Nahen Ostens könnten das Bild des Geiers und möglicherweise auch anderer Aas- oder Raubvögel in ganz ähnlichen Zusammenhängen benutzt haben. Die Schamanen Mittelamerikas hätten sich offenbar eher für den wunderschönen Quetzal als Totemvogel entschieden.

Die Nephilim in Amerika

Wenn Votan und seine Mitreisenden wirklich aus der antiken Alten Welt stammten, war es dann auch möglich, dass er ein Nephilim war, ein *awwim*, einer der Söhne der Schlange, wie sie in uralten hebräischen Überlieferungen erscheinen? Könnten die anderen gefiederten Schlangen der mittelamerikanischen Überlieferung ebenfalls dieser Herkunft sein? Waren die Priesterkaste der Chane oder «Schlangen» und Königsdynastien wie die Itzaer und die Cocomes (*Cocom* ist die Pluralform des Nahuatl-Wortes *coatl*, bedeutet also «Schlangen») ebenfalls Nachfahren der Nephilim?

Die Antwort auf die letzte dieser Fragen könnte sich im Maya-Kult der Klapperschlange verbergen. Der Maya-Historiker José Diaz Bolio hat dem britischen Autor Adrian Gilbert erklärt, die Chane oder «Schlangen» hätten auf dem Brauch beharrt, die Köpfe ihrer Neugeborenen nach der Geburt mit Hölzern und Bändern in eine bestimmte Form zu zwingen, sodass sie als Erwachsene für ein Priesteramt in Frage kamen.[101] Was auf diese Weise entstand, der so genannte *Polcan*, war ein langer, schlangenähnlicher Kopf, durch den man Ahau Cans gedachte, der «großen, göttlichen Schlange». Die Chane betrachteten sich bekanntlich als Nachkommen des Itzamna, der Schlange des Ostens, oder des Votan, des Sohnes der Schlange. Könnten sie daher auch längliche Gesichter gehabt haben?

Nachdem an verschiedenen Stätten in Yukatan, besonders in Merida, ganz außergewöhnliche, auffallend gestreckte Schädel gefunden worden sind, darf man annehmen, dass es unter den frühesten Bewohnern der Halbinsel Individuen mit übergroßem Schädel gab – selbst ohne die erzwungene Deformation.[102] Da die Schädelmanipulation an Neugeborenen nur in der Chane-Priesterklasse praktiziert worden zu sein scheint, müssen wir eigentlich davon ausgehen, dass diese wandelnden Schlangen einem Stamm angehörten, der Riesen hervorbrachte.

Bezeichnenderweise ist in toltekischen Mythen ausdrücklich von einem Volk von Riesen, den Quiname, Quinametin oder Quinametl, die Rede, die ganz zu Beginn über das Land geherrscht haben sollen.[103] Dann allerdings sollen sich die Riesen «Laster und Luxus» hingegeben haben und schließlich von den Olmeken besiegt worden sein, die von da an über die Region herrschten.[104]

Das Erstaunliche ist nun, dass genau die gleiche Schädeldeformation auch bei den herrschenden Eliten der Halaf und der Ubaid gefunden wurde, zweier Völker, die vom 6. bis ins 4. Jahrtausend v. Chr. das kurdische Hochland und die fruchtbare Ebene des Irak bewohnten.[105] Wir müssen annehmen, dass sie mit dieser Praktik die Schlangenzüge der Hüter nachzuahmen versuchten – wohl um die Schlangenmenschen als ihre direkten Vorfahren beanspruchen zu können.[106]

Eine weitere Verbindung zwischen den Hütern und Nephilim der Alten Welt und dem Volk der Schlange, das nach Mexiko kam, wäre der von Edward H. Thompson behauptete Umstand, dass die Einwanderer aus dem Osten, die auf Booten vor Tamoanchan auftauchten, genau wie ihre Gegenstücke im Nahen Osten groß, blond und hellhäutig waren.[107] Handelt es sich hier um eine Erinnerung an eine Reise in die Neue Welt, welche die Nephilim aus dem östlichen Mittelmeerraum einst unternommen haben? Beruhen die Geschichten der Tolteken über die Quiname ebenfalls auf Erinnerungen an eine Zeit, da die Nephilim im antiken Mexiko zugegen waren? Wie wir uns erinnern, sprachen auch die Bewohner der Karibikinsel Tobago von «sehr, sehr großen Menschen» als den dortigen Ureinwohnern.[108] Und die 20 Führer, die mit Kukulcan aus dem Osten kamen, sollen «lange, fließende Gewänder und große Bärte» getragen haben.[109]

Im Alten Testament deuten viele Textstellen darauf hin, dass sich die Anakiter, die Letzten der Nephilim, Josua gegenübersahen, der Kanaan für die Stämme Israels erobern wollte.[110] Auch in Schriften der Sumerer und der Akkader gibt es eine Reihe von Hinweisen darauf, dass Erzählungen über große Schlachten zwischen mythischen Königen und als Vogelmenschen gekleideten Dämonen verzerrte Erinnerungen an tatsächliche Konflikte mit Stämmen unter Führung der Nephilim darstellen.[111] Dieselben Erzählungen deuten zudem darauf hin, dass die Nephilim nach ihrer Niederlage gänzlich aus den Geschichtsbüchern verschwanden.

Könnten bestimmte Nephilim das Ende ihrer Tage in Amerika verbracht haben? Gibt es in der antiken Welt Hinweise darauf, dass sie in der Lage waren, den Atlantik zu überqueren? Und wenn ja, was könnten sie dann über Kuba als überlebenden Rest des versunkenen Atlantis gewusst haben?

26 Das Rasseln der Plejaden

Dem Werk des Sanchoniathon von Berytus (Beirut), des frühesten bekannten Historikers der Phönizier (um 1100 v. Chr.), sind wir bereits begegnet. Dessen *Theologie der Phönizier*, die in den Schriften des Philo von Byblos, eines Geschichtsschreibers aus dem 1. Jahrhundert unserer Zeitrechnung, erhalten geblieben ist, enthält auch eine faszinierende Darstellung der Ursprünge des phönizischen Volkes. Danach haben die Phönizier ihre seefahrerische Kompetenz von der Götterdynastie geerbt, die einst die Stadt Byblos gegründet hatte.[1] Diese mythischen Götter führten ein zivilisiertes Gemeinschaftsleben ein, besaßen «leichte und andere, vollkommenere Schiffe»[2] und zeugten viele Söhne und Töchter, von denen spätere phönizische Stadtstaaten und Länder überall im östlichen Mittelmeerraum ihre Namen hatten. Ihr Führer war Kronos (Saturn), Sohn des Coelus oder Ouranos (Uranus), des Vaters der sechs Titanen und ihrer sechs weiblichen Entsprechungen, der Titaniden. Sanchoniathon zufolge herrschte Coelus über Coele-Syrien, ein Land, das sich von der Küste des Libanon bis an den Ostrand des heutigen Syrien erstreckte.

Kronos ist bekannt für den Machtkampf, den er mit seinem Sohn Zeus, dem obersten Gott des Olymp, ausfocht und verlor. Nach manchen Quellen wurde er anschließend nach Italien verbannt, wo er die «barbarischen Sitten des Volkes» verfeinerte und die Landwirtschaft einführte.[3] Kronos' Regentschaft dort war so friedvoll und tugendhaft, dass sie als das Goldene Zeitalter in die mythische Geschichte einging. Auf Bildnissen hält Kronos eine Sense «mit einer Schlange, die in ihren eigenen Schwanz beißt, was ein Sinnbild der Zeit und des Jahreslaufs ist»[4].

In den Kriegen gegen Zeus und die olympischen Götter, wie sie bei Sanchoniathon beschrieben sind, waren Kronos' «Hilfstruppen» oder «Verbündete» die *Eloeim*[5] – eine Schreibweise von *Elohim* – oder die *bene ha-elohim*, die alttestamentarischen Hüter und Nephilim.[6] Angenommen, Kronos' Schlachten mit seinem Sohn Zeus wären reale Ereignisse der Menschheitsgeschichte gewesen – könnte das bedeuten, dass die Seefahrergötter von Byblos Verbündete der Hüter und Nephilim waren?

Im griechischen Mythos werden die Nephilim direkt mit den Titanen und Giganten[7] oder «Riesen» gleichgesetzt, die gegen die Götter des Olymp in den Krieg zogen und wie Kronos als Kinder des Coelus und der Terra betrachtet wurden. So stehen im griechischen Septuagint und in der *King-James*-Bibel für das Wort Nephilim die Wörter Giganten oder Riesen. In diesem Zusammenhang ist auch erwähnenswert, dass die Titanen auf Kronos' Seite gegen ihren Vater Coelus gekämpft haben sollen – genau wie die *Eloeim*. Verschiedenen antiken Autoren zufolge[8] brach auch ein Krieg zwischen Kronos und seinem Bruder Titan aus, beides Söhne des Coelus und der Terra. Lactantius (250–325) berichtet zum Beispiel, Titan habe Kronos mithilfe seiner Brüder gefangen genommen und festgehalten, bis Zeus alt genug war, selbst die Herrschaft anzutreten.[9]

Nach Westen, zur Hölle

So könnten Familienstreitigkeiten zwischen dem titanischen Nachwuchs des Coelus am Ende zur Niederlage der Titanen gegen Zeus und die anderen Götter des Olymp geführt haben. Danach wurden sie nach Tartaros verbannt, in eine mythische Hölle, die von einer bronzenen Mauer umgeben und ständig in eine dunkle Wolke gehüllt gewesen sein soll. Offenbar wurden auch die Giganten mit dieser Region in Verbindung gebracht, denn nach dem römischen Autor Caius Julius Hyginus (ca. 40 v. Chr.) sollen sie die «Söhne von Tartarus und Terra», also die Söhne der Hölle und der Erde, gewesen sein.[10] Obwohl «der Tartarus» stets als rein mythischer Ort betrachtet worden ist, gibt es guten Grund zu der Annahme, dass es sich in Wirklichkeit um die prähistorische iberische Hafenstadt Tartessos handelte (das biblische Tarschisch).

Gyges oder «Gyes» war in der Mythologie ein Sohn des Coelus und der Terra und damit ein Bruder des Kronos. Er gehörte sowohl den Giganten als auch den Titanen an, was wiederum zeigt, dass diese beiden legendären Rassen ursprünglich austauschbar waren.[11] Er war also eine Schlüsselfigur in den Kriegen gegen Zeus. Am eigenartigsten ist aber, dass Gyges 50 Köpfe und 100 Arme gehabt haben soll, was mich vermuten lässt, dass er als Sinnbild für eine ganze Gattung von Individuen diente.

Nach Aussage klassischer Autoren, zum Beispiel Ovids (43 v. Chr.–18 n. Chr.), wurde Gyges zur Strafe dafür, welche Rolle er in den Kriegen gegen die olympischen Götter gespielt hatte, in den Kerker von Tartarus verbannt.[12] In einer anderen Version derselben Geschichte, überliefert von einem Chaldäer namens Thallus, wurde Gyges dagegen nicht nach Tartarus verbannt, sondern «ergriffen und floh nach Tartessus»[13]. Wenn in beiden Quellen wirklich dieselbe Geschichte erzählt wird, dann lernen wir daraus, dass Tartarus einfach ein anderer Name für Tartessos war.

Der prähistorische Hafen von Tartessos lag auf einem Inseldelta an der Mündung des Guadalquivir. Heute existiert keine Spur mehr davon, aber wir wissen, dass diese Stadt eine hohe Stufe der Zivilisation erreichte und mit anderen Häfen am Atlantik und am Mittelmeer ausgedehnte Handelsbeziehungen unterhielt. Wir wissen auch, dass Tartessos auf sehr frühe Ursprünge als Seefahrerstadt zurückblicken konnte. Wie bereits erwähnt, sprach Elena M. Whishaw in ihrem Buch *Atlantis in Andalucia* von der Entdeckung eines neolithischen Komplexes aus «Galerien von Dolmen ... Tempeln, Festungen, Wasserleitungen und Hafenbefestigungen» bei Niebla, in der Nähe des antiken Tartessos.[14] Sie schloss daraus, dass die iberische Halbinsel schon in der «Kupferzeit» um 2500 v. Chr. von einer fortgeschrittenen Seefahrerkultur bewohnt war. Außerdem äußerte sie die Vermutung, die Bewohner dieser prähistorischen Hafenstadt könnten zu einer Handelskolonie des von Platon beschriebenen Inselreiches Atlantis gehört haben.[15]

Könnten die verschiedenen mythischen Erzählungen aus Griechenland und Phönizien also bedeuten, dass die überlebenden Titanen oder Giganten – oder Nephilim – nach ihrer Niederlage gegen Zeus und die Götter des Olymp nach Spanien verbannt wurden? Waren sie die Schöpfer der Ozeanhäfen von Niebla und Tartessos – falls es sich dabei je um zwei verschiedene Orte gehandelt hat? Erreichten sie dies mithilfe der göttergleichen Byblos, in der es laut Sanchoniathon «leichte und vollkommenere Schiffe» gab? Wir wissen mit Sicherheit, dass die Byblos-Kultur schon um 3000 v. Chr. über Handelsverbindungen mit Ägypten und Kreta verfügte. Weshalb sollten diese Seefahrergötter dann nicht in derselben Epoche auch Spanien erreicht haben? Diente Tartessos darüber hinaus als Sprungbrett für die Erkundung neuer Territorien außerhalb des Einflussbereichs jener, von denen sie in dieses Gefängnis am Rand der bekannten Welt geworfen worden waren?

Es finden sich noch mehr Indizien, die dem Gedanken, die verbannten Titanen könnten in Tartessos geendet sein, Gewicht verleihen. Die Turdetaner, die antike Bevölkerung der iberischen Provinz Baetia, deren Hauptstadt und Hafen Tartessos war, beanspruchten für sich dieselbe Ahnenreihe wie die Pelasger, die frühesten Bewohner Griechenlands.[16] Wie die Nephilim sollen auch sie «Menschen außerordentlicher Statur [gewesen sein] ... [und] Titanen genannt [worden sein], da sie behaupteten, von dem Gott Tis oder Teut [dem phönizischen Gott Taautus?] abzustammen»[17].

Dies zeigt eindeutig, dass die Gründer von Tartessos glaubten, sie seien aufgrund ihrer Verwandtschaft mit den riesenhaften Pelasgern Nachfahren der Titanen.

Unabhängigen Überlieferungen zufolge erlitten die Titanen ihre Niederlage gegen die olympischen Götter «in der Nähe der Meerenge des Herkules», was noch einmal ihre Verbindung mit Südwestspanien belegt.[18] Es ist jedoch darauf hinzuweisen, dass auch andere Orte als Schauplatz der berühmten Schlacht genannt wurden, darunter «Thrakien, Italien und der Süden Galliens».[19]

Es gibt keinen unmittelbaren Beweis für eine Präsenz der Nephilim in Spanien, aber auf Volksfesten in bestimmten Teilen des Landes tauchen regelmäßig Männer in Federmänteln auf. So tritt während einer alljährlichen Fiesta in Piornal in der Provinz Cáceres in Zentralspanien ein Vogelmann auf, in vollem Putz, mit spitzem Hut und Schnabel. So zieht er trommelnd durch die Straßen und macht sich zur Zielscheibe ritueller Schmähungen.[20] Die Gegenwart eines solchen Vogelmenschen wird als Störung der örtlichen Lebensweise betrachtet, weshalb die versammelte Bevölkerung versucht, ihn aus der Stadt zu jagen. Der Ursprung dieses Schauspiels liegt vollkommen im Dunkeln, weshalb auch die Möglichkeit nicht auszuschließen ist, dass es auf Volkserinnerungen an Leute zurückgeht, die in solcher Aufmachung unter den antiken Iberern gewandelt sind.

Die Gefangenschaft des Kronos

Wie wir in Plutarchs *Antlitz des Mondes* gelesen haben, wurde Kronos zur Strafe für die Rolle, die er in den Kriegen gegen seinen Sohn Zeus gespielt hatte, nach jenseits der Säulen des Herakles verbannt, die übrigens früher einmal seinen – Kronos' – Namen getragen haben und nicht den des griechischen Gotthelden.[21] Das erfahren wir aus einem Diskurs über die Natur des Mondes und der Seele, den Plutarch zwischen seinem Großvater Lamprias und einem Karthager namens Sextius Sulla konstruierte. Sulla stellt darin fest, die homerische Insel Ogygia liege fünf Tagereisen westlich der Britischen Inseln.[22] Außerdem heißt es, jenseits dieser Insel, in Richtung der «untergehenden Sommersonne», lägen drei weitere Inseln. Auf einer von diesen befände sich «Kronos in Gefangenschaft des Zeus, und der Alte (Briareus) hütet und wacht über jene Inseln und das Meer ... Das große Festland [‹Kontinent›], in dem der Ozean eingeschlossen ist, nicht so weit von den anderen Inseln, ist etwa fünftausend Stadien von Ogygia entfernt, welche Reise man in Ruderschiffen macht.»[23]

Wie in Kapitel 7 im Einzelnen dargelegt, haben wir allen Grund zu der

Annahme, dass diese drei «anderen Inseln», von denen Plutarch spricht, gleichbedeutend sind mit den drei Inseln «immenser Ausdehnung», die Marcellus im Zusammenhang mit der versunkenen Landmasse von Atlantis erwähnt. Und wir sind zu dem Schluss gekommen, dass dies die drei Hauptinseln der Großen Antillen sind – Kuba, Hispaniola und Puerto Rico –, die man der antiken Darstellung zufolge über Britannien und die Nordwestpassage erreicht.

Wenn diese Schlussfolgerungen richtig sind, können wir dann auch annehmen, dass Kronos, wen oder was immer er auch verkörpert, auf die Großen Antillen gelangt ist? Erkennen wir in dieser vermeintlich mythischen Erzählung ein Echo realer Ereignisse, die sich Jahrtausende vor dem Beginn der geschriebenen Geschichte zugetragen haben? In diesem Fall würde alles auf einen Verkehr zwischen den Mittelmeerküsten Syriens und des Libanon und den Großen Antillen hindeuten, vielleicht über den spanischen Hafen Tartessos. Wir wären damit bei einer Arbeitshypothese, der zufolge wir annehmen könnten, dass einige der Nephilim, die als Titanen nach Tartessos verbannt waren, von Iberien aus nach Amerika aufgebrochen sind.

In unzähligen Quellen werden Vergleiche gezogen zwischen Steinmonumenten der westeuropäischen Bronzezeit, besonders auf der iberischen Halbinsel, und verschiedenen Objekten in Neuengland, die entweder «Indianern» oder frühkolonialen «Druiden» zugeschrieben werden.[24] Zu diesen Objekten gehören Dolmen, in Kammern unterteilte Hügelgräber, Steinringe und Steinhaufen, die europäischen Exemplaren aus der Periode um 2500 bis 1350 v. Chr. sehr ähnlich sind. Könnten Seefahrer der Bronze- oder gar «Kupfer»zeit von der iberischen Halbinsel aus nach Neuengland und in andere Teile des amerikanischen Kontinents gelangt sein, schon in dieser frühen Epoche?

Auf der Insel Lewis auf den Äußeren Hebriden hat sich eine eigenartige Legende über die Erbauer des berühmten Steinringes von Callanish erhalten. Darin heißt es, vor langer Zeit sei ein Priesterkönig in einem Gewand aus Federn des Sonnenvogels mit einer Flotte auf die Insel gekommen. Auf den Schiffen seien auch schwarze Männer gewesen, und zusammen hätten sie das berühmte Monument in Form eines keltischen Kreuzes errichtet.[25] Callanish ist eine äußerst bemerkenswerte archäologische Stätte aus der frühen Bronzezeit, ca. 2800–2200 v. Chr., vielleicht sogar noch älter. Selbst wenn diese Besucher nicht für den Bau des Steinrundes verantwortlich waren – könnte die Legende an die in Federn gehüllten Nephilim erinnern, die in Gesellschaft von Schwarzafrikanern, vielleicht Lixitern aus Nordafrika, auf die Insel kamen? Diente die Insel einmal als Zwischenstation vor Antritt der großen Fahrt auf der Nordwestpassage?

Ist es möglich, dass das «Haus der dreizehn Schlangen», durch das Votan auf Reisen von und nach Amerika kam, ist, die iberische Halbinsel oder eine der größeren Inseln vor der britischen Hauptinsel versinnbildlicht? Auf manchen dieser Inseln spiegelt die Anzahl und Anordnung vieler megalithischer Monumente eine zwölf- oder 13fache Aufteilung wider, mit einem Achsenstein oder zentralen Monument in der Mitte.[26] Auch der Hauptring von Callanish besteht aus 13 aufrechten Steinen.

Kronos – Votan

Ist die Erzählung über Kronos' Gefangenschaft auf der Insel Kronos vielleicht mit Votans Ankunft in Valum-Votan verknüpft, dem «Land des Votan», das Ordoñez als Kuba identifizierte? Sind beide Legenden nichts als idealisierte Erinnerungen an Atlantikreisen der Nephilim, die im Zusammenspiel mit der Byblos-Kultur zur herrschenden Elite der eingeborenen Stämme sowohl Kubas als auch des amerikanischen Festlands wurden? Und wenn ja, wann könnte sich all dies ereignet haben?

Der phönizische Hafen Gades im Südwesten von Spanien wurde um 1100 v. Chr. gegründet. Tartessos aber existierte als Hafenstadt wahrscheinlich schon viel früher. Die Machtkämpfe zwischen den Nephilim und den Armeen der Sumerer und Akkader deuten auf die Periode um das letzte Viertel des 3. Jahrtausends v. Chr. hin, während die Schlachten zwischen den Anakitern und den Armeen des Josua ca. 1250–1200 v. Chr. stattgefunden haben. Nach sorgfältiger Abwägung der Fakten kommt man für die Verbannung der Nephilim nach Iberien und ihre anschließende Überfahrt nach Amerika auf einen möglichen Zeitrahmen von 2200–1250 v. Chr. Wenn wir damit richtig liegen, könnten die späteren iberischen Phönizier von Gades ihr Wissen über die Seewege nach Amerika von ihren Vorgängern, der Byblos-Kultur, und ihren mutmaßlichen Verbündeten, den Nephilim, ererbt haben. Darüber, ob sie die Nordwestpassage benutzt hätten oder der nördlichen Äquatorialströmung über die Kanarischen Inseln gefolgt wären, ließe sich noch streiten. Ihr Ziel aber wären in jedem Fall die Großen Antillen – vor allem Kuba – gewesen und die fruchtbaren Regionen hinter der mexikanischen Golfküste.

Seine letzte Reise zum amerikanischen Kontinent scheint Votan von Kuba aus angetreten zu haben. Offenbar wurde die Insel erst nach Votans Aufenthalt dort unter diesem Namen bekannt, woraus man schließen kann, dass Votan dort eine Siedlung gegründet hat.

Die Nephilim hätten ihre Amerikareise von Iberien aus wahrscheinlich zwischen 2200 und 1200 v. Chr. angetreten. Könnten sie in diesem Zeitraum auch auf Kuba gelandet sein? Die Daten passen gut zum Auftauchen der Grabhügelbauer auf Kuba. Dieselbe Kultur errichtete auch Erdwerke, die mit Monumenten der Bronzezeitkulturen überall in Europa vergleichbar sind. Könnte das bedeuten, dass die Nephilim die eingeborenen Völker, die Guayabo Blanco, vereinigt und zur Umsetzung eines Bauprogramms veranlasst haben, in dessen Verlauf sie sich zu einer organisierten Gesellschaft mit religiösen und politischen Zentren entwickelten? Könnte dies der Prototyp der Entwicklung gewesen sein, die sich dann auch auf dem amerikanischen Festland vollzog? Kam es in der zweiten Phase dieses Programms schließlich zum Aufstieg größerer Zivilisationen wie der der Olmeken, der Mayas, der Tolteken und schließlich der Azteken?

Vielleicht hörten die schlangengesichtigen Nephilim von einem Glauben der eingeborenen Völker Kubas, dem zufolge die Inseln vor langer Zeit von einer allmächtigen Katastrophe heimgesucht worden waren. Die Besucher könnten erfahren haben, dass das Gedenken an diese Ereignisse in den heiligen Höhlen der Insel bewahrt wurde, die auch als jene Orte galten, denen die gegenwärtige Menschheit entstiegen war. Die wichtigste dieser Höhlen war die bemalte, siebenfache Höhle auf einer Insel vor der Küste, der heutigen Insel der Jugend. Diese Höhle stach unter allen anderen hervor, denn sie befand sich mitten auf einer fruchtbaren Ebene, die seit den mit der Katastrophe verbundenen Fluten unter Wasser lag.

Haben die Nephilim diese «Schlangengrube» besucht und ihr die Gebeine derer entnommen, die während der Katastrophe ertrunken waren? Haben sie auch andere Gegenstände mitgenommen, zum Beispiel den Giron-Gagal-Kraftstein, den die Cakchiquel von der gefiederten Schlange Nacxit erhalten haben sollen, bevor sie Civán-Tulán verließen?

Wir können uns vorstellen, dass Votan und seine Nephilim-Kohorten in Begleitung von Vertretern der verschiedenen Klans oder Stämme der Insel zur Küste von Yukatan weitergereist sind. Landeten sie auf der Hauptinsel an der Laguna de Terminos, wo auch die Olmeken und die Xicalanca zum ersten Mal mexikanischen Boden betreten haben sollen? Andere könnten in Tamoanchan angekommen sein, dem «Ort, wo das

Schlangenvolk landete», an der Mündung des Panuco, oder gar in Florida oder an der nordamerikanischen Golfküste. Sind die gefiederten Schlangen, die Söhne der Hüter, von dort aufgebrochen, diese so fern ihrer Heimat liegende reiche und fruchtbare Welt zu zivilisieren und über sie zu herrschen? Ihre Nachfahren wären weiterhin mit der Schlange in Verbindung gebracht worden. In Mittelamerika hätten sie sich zur Chane-Priesterschaft entwickelt und – auch diese Möglichkeit besteht – in Nordamerika zur Kaste der Shawano-Adlerschlangen, die über die Grabhügelkulturen herrschte.

War Kubas Bedeutung als Stützpunkt der frühen Bronzezeit-Reisenden der Grund dafür, dass Informationen über die dortige Topographie und die Mythologie der einheimischen Völker nach Tartessos gelangten? Waren es turdetische Nachfahren der Titanen oder Nephilim, die das Wissen um Kubas Bedeutung als Seestützpunkt an die späteren iberischen Phönizier und Karthager weitergaben, die Tartessos um 1100 v. Chr. übernommen hatten? Ist dies der Grund, weshalb die englische Archäologin Elena Whishaw zu der Überzeugung gelangte, dass der «Kupferzeit-» Hafen von Niebla zu einer Handelskolonie des von Platon im *Timaios* und im *Kritias* beschriebenen Atlantischen Reiches gehörte? Dann könnte Kuba mit noch größerem Recht für sich beanspruchen, das Kronjuwel des platonischen Atlantis gewesen zu sein.

Der Tag der Toten

Dass Ahau Can, die große, göttliche Schlange der Yukatan-Mayas, in einer Inkarnation als Klapperschlange gesehen wurde, hatte verschiedene Bedeutungen. Im *Chilam Balam von Chumayel* war von einem allmächtigen Kataklysmus die Rede, in dessen Verlauf die «große Schlange ... vom Himmel verschlungen wurde mit den Rasseln ihres Schwanzes», sodass ihre «Haut und Stücke ihrer Knochen hier zur Erde fielen»[27]. Wir wissen, dass die sieben Sterne der Plejaden in der Maya-Astronomie als eine siebengliedrige Rassel angesehen wurden. Bedeutet dies nun, dass die himmlische Schlange, auf deren Konto die Zerstörungen gingen, welche dem vorangegangenen Weltzeitalter ein Ende setzten, aus der Gegend der Plejaden kam? Diesen Schluss haben jedenfalls manche Katastrophentheoretiker gezogen.[28] Könnte es wirklich sein, dass die Sterne, die die Richtung markierten, aus der die Feuerschlange erschienen war, als unvergessliche Warnung an potenzielle Opfer zu den Rasseln der Klapperschlange wurden?

Andere Kulturen der westlichen Hemisphäre scheinen ebenfalls eine

Erinnerung daran bewahrt zu haben, dass die feurige Schlange, die Tod und Zerstörung über frühere Zeitalter gebracht hatte, mit dem Sternbild der Plejaden verknüpft war. So glaubt der Karibenstamm der Caliña in Surinam (dem früheren Niederländischen Guyana) an der Nordostküste Südamerikas an ein erhabenes Wesen, das sie *Amana* genannt, eine jungfräuliche Mutter und Wassergöttin, die «keinen Nabel» hat und «eine schöne Frau» ist, deren Leib «in einer Schlange endet. Sie ist die Essenz der Zeit, die Mutter aller Dinge ... und übt ihre Macht von den Plejaden her aus. Sie wird auch Schlangengeist und Sonnenschlange genannt ... Sie erneuert sich ständig, indem sie sich häutet wie eine Schlange.»[29] Amana gebar die Zwillingsbrüder Tamusi und Yolokan Tamulu, den ersten bei Sonnenaufgang, den zweiten in der Abenddämmerung, was an Quetzalcoatl und Xolotl erinnert.

Tamusi wurde der Hauptgott der Caliña und trat als Herrscher über die Plejaden die Nachfolge seiner Mutter an. Seine Feinde, die Teufel, hatten eine himmlische Schlange als Zeichen; sie hatte «schon mehrmals die Plejaden verschlungen, was zum Ende der Welt führte. Jedes Mal erschuf Tamusi die Welt neu, und das wird er auch wieder tun.»[30] In der Überlieferung eines der guayanischen Karibenstämme vollzog sich die Zerstörung der Welt in Form eines «großen Feuers» und einer «Sintflut», die der Gott Purá[31] sandte. Dass die Kariber der Antillen glaubten, die Katastrophe habe eine früher vorhandene Insellandmasse auseinander gebrochen, haben wir schon erwähnt.

Anscheinend haben die Bewohner des Landes Anahuac gefürchtet, dass eine neue Feuerschlange aus der Richtung der Plejaden kommen und die Welt zerstören würde. Die Angst war offenbar so groß, dass die Aztekenpriester jedes Jahr Anfang November, wenn die Plejaden zum ersten Mal am Abendhimmel erscheinen, die große Schlange mit mitternächtlichen (um Mitternacht stehen die Plejaden am Zenit) Menschenopfern zu besänftigen suchten.[32] Mit dieser grauenhaften Zeremonie wollten sie alle daran erinnern, dass die Welt an diesem Tag in einer vergangenen Epoche «schon einmal zerstört worden war», da sie «fürchteten, sonst würde eine ähnliche Katastrophe am Ende eines Zyklus die Menschheit auslöschen»[33].

Dieses Wissen ist meiner Auffassung nach das Wissen in dem siebenfältigen Entwurf der Chicomoztoc, den Sieben Höhlen, verewigt und lebte auf dem amerikanischen Festland in Votan und den anderen gefiederten Schlangen weiter. *Deshalb* stößt man im Zusammenhang mit universalen Katastrophenmythen so oft auf eine Siebenersymbolik und *nicht,* weil der herabstürzende Komet, wie die Tollmanns meinten, in sieben Stücke zerbrach. Dann müssten aber auch schon die Nephilim von der Feuerschlange gewusst haben, die einst die Welt zerstörte. In uralten hebräischen Volkslegenden hören wir, es sei zur Sintflut gekommen, weil «die oberen Wasser durch den Raum strömten, der sich öffnete, als Gott zwei Sterne aus der Konstellation der Plejaden entfernte»[34]. Noch außerordentlicher ist der Umstand, dass die Juden glaubten, dies habe sich an einem Tag ereignet, der nach dem gregorianischen Kalender auf den 17. November fällt.[35] Der Mythologieforscher R. G. Haliburton, der im 19. Jahrhundert eine Studie über die Rolle der Plejaden in Mythen und Legenden aus aller Welt verfasste, fand, es könne kein Zufall sein, dass Völker auf zwei verschiedenen Kontinenten vollkommen unabhängig voneinander im selben Monat der Katastrophe gedachten, die zur großen Flut geführt hatte. Deshalb vertrat er die Ansicht, dass dieser Glaube an eine ausdrücklich mit den Plejaden verknüpfte Weltkatastrophe einen einzigen gemeinsamen Ursprung haben müsse.[36]

Platon selbst schreibt in den Vorbemerkungen zu seiner Darstellung der Zerstörung von Atlantis im *Timaios:* «Viele und verschiedene Zerstörungen der Menschheit hat es schon gegeben und wird es auch in Zukunft geben, die größten durch Feuer und Wasser.»[37] Und dann sagt er, die Ursache solcher Feuersbrünste und Überschwemmungen sei «eine Abweichung der Körper, die am Himmel um die Erde kreisen»,[38] womit er den Weg von Kometen wie Phaeton meinte, das «Kind der Sonne», das «einmal die Zügel des väterlichen Wagens ergriff, diesen jedoch nicht auf seines Vaters Kurs halten konnte, sodass er auf dem Angesicht der Erde alles verbrannte»[39]. Ob er das beabsichtigte oder nicht, jedenfalls beschrieb Platon damit den Carolina-Kometen, der der Eiszeit ein Ende setzte und «in einem grauenhaften Tag und einer Nacht» mit «Erdbeben und Fluten» Atlantis zerstört haben könnte.

Damit ist auch unsere Reise zu Ende. Sie war lang und beschwerlich, doch nun, da wir das Tor nach Atlantis durchschritten haben, wissen wir endlich, dass die gleiche Reise schon in antiken Zeiten unternommen worden ist. Wir haben das wirkliche Atlantis gesehen und erkannt, welchen unerwarteten Gefahren und Nöten die Welt eines Tages wieder gegenüberstehen könnte.

Als Platon über die Tragödie von Atlantis schrieb, versuchte er seine und spätere Generationen zu warnen und sie darauf hinzuweisen, wie unsicher die Welt in Wahrheit ist. In dieser Hinsicht hat er nichts anderes getan als die Hollywood-Schreiber, die die Drehbücher apokalyptischer Actionfilme verfassen. Er benutzte eine erfundene, aber auf wahren Begebenheiten beruhende Situation, um uns zu sagen, dass es eines Tages wirklich geschehen könnte. Der große Unterschied ist, dass es dem Hollywood-Superhelden in der Regel gelingt, die Welt zu retten, damit wir denken, wir hätten schon Mittel und Wege, die Katastrophe abzuwenden, falls einmal ein «globaler Killer» die Erde bedroht. In Wahrheit müssen wir diese Mittel und Wege erst noch finden. Doch ohne Platons Erzählung – ohne die Katastrophenmythen zu verstehen, wie sie es uns gelehrt hat – wären wir vielleicht vollkommen ahnungslos, wenn einst die Lichter ausgehen. Wollen wir hoffen, dass wir das Rasseln der Plejaden nie zu hören bekommen.

Anhang I Die Farbe Purpur

Die Phönizier werden als die Pioniere des Handels mit Purpurfarbstoff angesehen. Ihr Wissen um die Gewinnung dieser Substanz aus der Purpurschnecke starb aus, lange bevor die Spanier in die Neue Welt vorstießen. «Purpurne Hüte und purpurne Sänften» am Hof von Byzanz sind das Letzte, was in der präkolumbischen Periode davon auftaucht, und diese Erwähnung stammt aus dem Jahr 1440.[1] Danach gerieten die Verfahren der Purpurfärberei in Europa nahezu vollständig in Vergessenheit.[2] (Zwischen dem 16. und dem 18. Jahrhundert benutzten schottische und nordische Fischer möglicherweise eine bestimmte Nordsee-Muschelart zum Färben von Leinenstoffen.)

1648 berichtete der englische Dominikanermönch Thomas Cage, die Eingeborenen von Nivoya an der Pazifikküste von Costa Rica gewönnen Purpurfarbstoff aus Muscheln, indem sie sie zusammenrieben.[3] Cage «betrachtete dieses indianische Produkt als mit dem Purpur der Antike vergleichbar»[4]. Auch in Amerika galten die purpurnen Stoffe, die auf diese Weise hergestellt wurden, als extrem kostbar. Nach Cages Angaben kostete ein Meter Purpurstoff in englische Währung umgerechnet etwa acht Pfund.[5]

Ein Jahrhundert später bemerkten zwei spanische Wissenschaftler, die Brüder George und Antonio de Ulloa, die zusammen mit einem Franzosen namens Condamine St. Elena in der Nähe von Guayaquil die ekuadorianische Pazifikküste erkundeten, auch dort, dass die Eingeborenen einen Purpurfarbstoff aus Muscheln gewannen. Dem Bericht der Ulloas zufolge wurde dieser für Bänder, Spitzen «und hübsche Näharbeiten und Stickereien benutzt. Wegen der raren, schönen Farbe erzielen alle diese Waren sehr hohe Preise».[6]

Dass die Purpurfärberei in Amerika überlebt hatte, blieb relativ unbemerkt, bis der deutsche Zoologe Professor Ernst von Martens in seinem Buch *Purpura und Perlen* (1874) zum ersten Mal in größerer Ausführlichkeit darüber schrieb. Nach Martens Erkenntnissen benutzte man im Bezirk Tehuantepec in der Nähe der Pazifikküste in Südmexiko den Saft der Purpurschnecke oder -muschel zum Färben von Textilien. Dieses Handwerk hatten ein Jahrhundert zuvor auch die Entdeckungsreisenden Edward und Cecily Seler beschrieben.[7] Von Martens entdeckte zudem, dass die Huave-Indianer, die südwestlich von Tehuantepec lebten, purpurne Röcke und purpur gestreifte Schals herstellten. Später konnte er im Berliner Völkerkundemuseum präkolumbische Textilien untersuchen und fand heraus, dass die Stoffe der Huave-Indianer genau denselben Farbton aufwiesen wie die Ausstellungsstücke, unter denen sich auch ein Gewand aus Peru befand.[8] Außerdem berichtete er, dass auch die eingeborenen Völker von Costa Rica weiterhin Purpurfarbstoffe benutzten.[9]

Von Martens stellte fest, dass die Muschelart, die in Mexiko und Costa Rica zur Gewinnung des Farbstoffs benutzt wurde, nicht zur Familie der *Muricidae* (Murex) gehörte. Es waren vielmehr Muscheln der an der mittelamerikanischen Pazifikküste heimischen Art *Purpura haemastoma*, die eigenartigerweise auch in der Purpurherstellung im östlichen Mittelmeerraum eine wichtige Rolle spielte.[10] Daraus schloss er, dass die Farbstoffgewinnung aus Muscheln in Amerika ein sehr altes Gewerbe sei, das nicht erst nach den Eroberungen in die Neue Welt gelangte[11].

Doch erst die amerikanische Ethnologin Zelia Nuttall erkannte die volle Bedeutung der Befunde Professor von Martens'. In ihrem wichtigen, 1909 veröffentlichten Artikel würdigte sie zunächst die Pionierarbeit des Deutschen auf diesem Gebiet und zog dann direkte Vergleiche zwischen der vergessenen Purpurindustrie des Mittelmeerraums und der Purpurfärberei, wie sie unter den eingeborenen Völkern Mexikos noch betrieben wurde. Sie besuchte auch die Indianer von Tehuantepec und fand dort heraus, dass die Baumwollstränge, die zum Färben vorgesehen waren, zunächst nach Huamelula geschickt wurden, wo jedes Jahr im März Fischer auf der Suche nach Muscheln in kleinen Booten die Küste auf und ab ruderten. Sobald sie fündig wurden, pflückten sie die Muscheln von den nassen Felsen und bliesen sie an, sodass die Muscheln ihren Farbstoff abgaben. Als Nächstes tunkten sie einen Strang Baumwolle in die milchige Substanz und fügten weiteren Muschelsaft hinzu, bis die Fasern mit dem Farbstoff gesättigt waren. Dieser zeitraubende Prozess erklärt den sehr hohen Preis, der sowohl für Purpurstoffe als auch für fertige Kleidungsstücke zu bezahlen war.[12]

In ökologischer Hinsicht war diese Methode der Farbstoffgewinnung natürlich sehr vernünftig, da die Muscheln dabei nicht zu Schaden kamen. Nachdem sie ihren Saft gespendet hatten, wurden sie entweder wieder auf ihren Felsen gesetzt oder in einen großen Kübel Wasser gelegt, aus dem sie dann für eine zweite, wesentlich geringere Purpurgabe entnommen werden konnten. Im Mittelmeerraum sahen die Verfahren etwas anders aus.

Die Muscheln wurden zu Tausenden aufgelesen und gekocht. Der Sud enthielt eine milchige Substanz, die sich unter dem Einfluss von Sonnenlicht zunächst grün und dann purpurn färbte. Diese Prozedur war notwendig, da die Murexmuscheln ihren Farbstoff nicht so bereitwillig hergaben wie ihre Vettern von der Pazifikküste. Antike Autoren berichten, dass diese Art der Farbstoffgewinnung mit einem üblen Geruch verbunden war, den Zelia Nuttall auch in den purpurnen Röcken schnupperte, die sie in Tehuantepec zu sehen bekam. Mrs. Nuttall gelangte schließlich zu der Auffassung, die Purpurfärberei in Mexiko gehe auf die «antike europäische Tradition» zurück, die, wie wir wissen, in der phönizischen Levante ihren Ursprung hatte.[13]

Dass diese Färbeverfahren in Costa Rica, Mexiko, Ekuador und auch Peru bekannt waren, könnte also den unumstößlichen Beweis für transozeanische Kontakte mit antiken Seefahrern aus dem östlichen Mittelmeerraum darstellen. Zu genau diesem Schluss sind jedenfalls einige aufgeschlossene Angehörige der akademischen Welt gekommen. 1937 schrieb Wolfgang Born, Spezialist für Muschelfarbstoffe: «So viele Ähnlichkeiten können unmöglich auf Zufällen beruhen. Wir müssen daher einen gemeinsamen Ursprung [des Färbereigewerbes] in beiden Zivilisationen vermuten. Ohne Zweifel geht die Purpurindustrie Mittelamerikas auf dieselbe Industrie des Mittelmeervolkes [der Phönizier] zurück.»[14] Und Thomas Crawford Johnson schrieb in seinem 1913 veröffentlichten Buch *Did the Phoenicians Discover America?*:

«Wahrscheinlich gibt es keinen überzeugenderen Beweis für eine phönizische Präsenz in der Neuen Welt als die Benutzung von Farbstoffen [besonders Purpura]».[15]

Die phönizischen Hersteller unternahmen alles, um die Verfahren der Purpurgewinnung aus Murexmuscheln geheim zu halten. Deshalb ist es unwahrscheinlich, dass ähnliche Prozeduren in verschiedenen Erdteilen unabhängig voneinander entwickelt wurden. Viel eher denkbar ist, dass Purpurfarbstoff-Hersteller sich mit Vertretern fremder Kulturen austauschten, die ihre direkten Handelsrivalen – wie sie meinten – niemals kennen lernen würden.

Anhänger der Theorie, dass es trans*pazifische* Kontakte mit dem amerikanischen Kontinent gegeben hat, werden sagen, die im antiken Japan gebräuchlichen Verfahren zur Purpurgewinnung seien der Beweis dafür, dass das Gewerbe aus Südostasien nach Amerika gelangt sei.[16] Ebenso denkbar wäre es jedoch, dass – falls es seinerzeit transpazifische Kontakte zwischen verschiedenen Kulturen gegeben hat – Kaufleute aus Südostasien das Handwerk der Purpurgewinnung aus Muscheln von eingeborenen Amerikanern gelernt haben, die ihr Wissen wiederum von den Phöniziern oder Karthagern hatten. Diese Variante scheint jedenfalls plausibler, denn sie befindet sich mit allen verfügbaren Fakten im Einklang.

Anhang II Baumwollstoffe

Als Christoph Kolumbus und seine Männer im Oktober 1492 nach Kuba kamen, bauten die Insulaner, die sie dort vorfanden, nicht nur Mais an – eine Getreideart, die die Europäer noch nie gesehen, geschweige denn angefasst oder gegessen hatten –, sondern auch Tabak und vor allem Baumwolle. Aus Letzterem webten sie unter anderem Netze, Matten und Wäsche für Frauen. In einem Haus fanden die Spanier ein Lager mit «12 500 Pfund» Baumwollgewebe. Diese Stoffe gab es in solchem Überfluss, dass die Indianer riesige Körbe davon bei spanischen Matrosen gegen einfache Waren wie zum Beispiel Lederschnüre eintauschten.[1]

Als die Spanier in der ersten Hälfte des 16. Jahrhunderts ins Innere Mexikos und Perus vorstießen, fanden sie auch dort Baumwollfelder und -gewebe vor. Das war erstaunlich, denn in der Alten Welt war Baumwolle ebenfalls seit Jahrtausenden angebaut, gesponnen und zu Kleidung verarbeitet worden, und zwar in sehr ähnlichen Verfahren. Archäologen stellten später fest, dass Baumwolle in Amerika im 3. Jahrtausend v. Chr. zum ersten Mal auftauchte, vorwiegend in der Huaca-Prieta-Kultur in Nordperu.[2]

Dass es in der Neuen Welt vor dem Zeitalter der Eroberungen Baumwolle gegeben hatte, war ein Rätsel, das Sir Joseph Burtt Hutchinson, einen angesehenen Botaniker, und seine beiden Kollegen R. A. Silow und S. G. Stephens nicht ruhen ließ. Konnte es möglich sein, dass zwischen der Baumwolle der antiken Welt und der in Amerika angebauten Spezies irgendeine Verbindung bestand? Die Forscher begannen, die genetische Beziehung zwischen den verschiedenen Baumwollarten zu untersuchen, und kamen schnell zu bemerkenswerten Ergebnissen. Ihren Erkenntnissen zufolge besitzen sowohl die wild wachsenden als auch die domestizierten Formen von Baumwolle, die in der Alten Welt heimisch sind, 13 große Chromosomen, während die in bestimmten Regionen Amerikas natürlich vorkommende Art 13 kleine Chromosomen aufweist. Die Baumwollproben in Textilüberresten aus Grabstätten der Huaca-Prietra-Völker Nordperus hatten dagegen 26 Chromosomen, 13 kleine und 13 große.[3] Zu denselben Resultaten kamen sie auch mit Proben kultivierter

Baumwolle aus anderen Regionen Amerikas und von bestimmten polynesischen Pazifikinseln (wohin Baumwolle zweifellos durch Handel mit Amerika gelangt ist). Diese Befunde sind von größter Bedeutung, denn sie besagen, dass die Baumwollsorte, die in der Neuen Welt seit Urzeiten angebaut wird, eine Kreuzung zwischen einer Spezies der Alten Welt und nur auf dem amerikanischen Kontinent heimischen Arten ist.[4]

Bei der Frage, wie genau diese Kreuzung zwischen völlig verschiedenen Arten der Baumwollpflanze zustande gekommen sein könnte, mussten die Wissenschaftler leider passen. Natürlich könnten hier sehr frühe Völkerwanderungen über die Landbrücke der Bering-Straße, die einst Asien und Amerika miteinander verbunden hat, eine Rolle gespielt haben.[5] Doch diese Theorie ist nicht haltbar, denn die Landbrücke liegt seit dem Anstieg des Meeresspiegels am Ende der letzten Eiszeit, also auch schon Jahrtausende vor der ersten Kultivierung von Baumwolle in der Neuen Welt, unter Wasser.

Wie so viele Dinge, die auf dem isolierten amerikanischen Kontinent gefunden wurden, kann auch die Baumwolle aus der antiken Welt nur durch transozeanischen Verkehr entweder über das Industal, China und den Pazifik oder über den Atlantik nach Amerika gelangt sein. Welche Route die Händler tatsächlich genommen haben, darüber herrschen unter den Anhängern der Verteilungstheorie immer noch unterschiedliche Ansichten. Wir sollten jedoch festhalten, dass die Spindelräder und Webstühle, ebenso wie die Lendenschurze und Umhänge hoher Qualität, die aus gesponnener Baumwolle gewebt wurden, verblüffende Ähnlichkeiten mit ihren Gegenstücken in der antiken Mittelmeerwelt aufweisen.[6] Daher ist es durchaus vorstellbar, dass die Baumwollindustrie von Kaufleuten aus dem Mittelmeerraum in Amerika eingeführt wurde.

Zur Zeit der Eroberungen wurde Baumwolle offenbar nur in Peru, in Mexiko und auf den Westindischen Inseln gefunden. Doch in welcher Beziehung zueinander können diese drei vollkommen getrennten Regionen der Neuen Welt gestanden haben? Die These, es habe eine Art Dreieckskartell der Chavín von Peru, der mexikanischen Olmeken und der Phönizier (und später der Karthager) existiert, habe ich bereits dargelegt. Könnten in dieses Handelsdreieck auch die Westindischen Inseln einbezogen gewesen sein? Wie wir uns erinnern, fanden die Eroberer auf den Inseln sowohl Mais als auch Tabak vor, die, wie man vermuten kann, möglicherweise ebenfalls vom amerikanischen Festland eingeführt worden waren. Haben die Westindischen Inseln einmal Zwischenstationen der Atlantikfahrer auf ihrem Weg zur mexikanischen Golfküste beziehungsweise auf ihrem Heimweg zum Mittelmeer dargestellt? Könnte das angenommene Handelskartell auch der Informationskanal gewesen sein, über den die Phönizier und Karthager von den Katastrophen hörten, die nach dem Glauben der eingeborenen Amerikaner zum Aufbrechen der großen Landmasse in einzelne Inselgruppen geführt hatten?

Nachwort

Neue Beweise für Atlantis gehört zu einem neuen Genre wissenschaftlicher Bücher, die sich mit gängigen Vorstellungen von unserer Vergangenheit auseinander setzen. Wenn die Lektüre Sie angeregt hat, die Geheimnisse von Atlantis, die Rätsel antiker Kontakte quer über die Ozeane oder die Hüter aus dem Buch Henoch weiter zu erforschen, oder wenn Sie nun unser gegenwärtiges Geschichtsverständnis infrage zu stellen beginnen, dann habe ich als Autor mein Ziel erreicht.

Diejenigen, die diesem Thema weiter nachgehen möchten, darf ich auf die Liste empfohlener Bücher und die umfassende Bibliographie verweisen.

Falls Sie mehr erfahren möchten über die Themen, die in diesem Buch verhandelt werden, und/oder falls Sie über künftige Veröffentlichungen, Konferenzen, Exkursionen und Expeditionen oder andere neue Entwicklungen auf dem Gebiet der Altertumsforschung auf dem Laufenden gehalten werden möchten, können Sie mir auch gern unter folgender Adresse schreiben: Andrew Collins, PO Box 189, Leigh-on-Sea, Essex SS9 1NF, UK. Oder besuchen Sie einfach *Eden*, die Andrew-Collins-Website unter *www.andrewcollins.net*. Dort finden Sie (in englischer Sprache) exklusive Artikel, neue Materialien und weitere Einblicke in *Neue Beweise für Atlantis* und andere Themen.

Empfohlene Literatur

Allan, D. S., Delair, J. D., , *When the Earth Nearly Died,* 1995
Babcock, William H., *Legendary Islands of the Atlantic,* 1922
Braghine, Col. A., *The Shadow of Atlantis,* 1940
Camp, L. Sprague de, *Lost Continents,* 1954
Collins, Andrew, *From the Ashes of Angels,* 1996
Collins, Andrew, *Gods of Eden,* 1998
Donnelly, Ignatius, *Ragnarok: The Age of Fire and Gravel,* 1886
Fell, Barry, *America BC,* 1976
Irwin, Constance, *Fair Gods and Stone Faces,* 1963
Ramage, Edwin S., *Atlantis: Fact or Fiction?,* 1978
Savage, H., jr., *The Mysterious Carolina Bays,* 1982
Spence, Lewis, *Atlantis in America,* 1925
Stacy-Judd, Robert B., *Atlantis – Mother of Empires,* 1939
Tompkins, Peter, *Mysteries of the Mexican Pyramids,* 1976
Van Sertima, Ivan, *They Came Before Columbus,* 1976
Whishaw, E. M., *Atlantis in Andalucia,* 1929

Die vollständigen Literaturangaben finden Sie in der Bibliographie.

Bibliographie

Hinweise: Wo zwei Daten oder Jahreszahlen erscheinen, ist das erste das Jahr der ursprünglichen Veröffentlichung und das zweite das Datum der vom Autor benutzten Ausgabe. Abkürzungen: o. O. = ohne Ortsangabe; o. D. = ohne Datum; OUP = *Oxford University Press*, Oxford; ESOP = *Epigraphic Society Occasional Publications/Papers*; ZAS = Zeitschrift für Ägyptische Sprache, Leipzig; Hrsg. = Herausgeber; Übers. = Übersetzer (ins Englische); Jg. = Jahrgangsband.

Aelian, *Historical Miscellany,* hrsg. und ins Englische übersetzt von N. G. Wilson, Harvard University Press, Cambridge, Mass., und London 1997

Allan, D. S., Delair, J. B., *When the Earth Nearly Died,* Gateway Books, Bath 1995

Allen, Jim M., *Atlantis: The Andes Solution,* The Windrush Press, Moreton-in-Marsh, Gloucestershire 1998

Ammianus Marcellinus, *The Roman History of Ammianus Marcellinus,* Übers. C. D. Yonge, Henry G. Bohn, London 1862

‹The Annals of the Cakchiquels›, Übers. Adrian Recinos und Delia Goetz, siehe *The Annals of the Cakchiquels/The Title of the Lords of Totonicapan*

The Annals of the Cakchiquels/The Title of the Lords of Totonicapan, University of Oklahoma Press, Norman, Oklahoma, 1953

Apollodorus, *The Library,* Übers. Sir James George Frazer, 2 Bände: Bd. 1, Wm. Heinemann, London, und G. P. Putnam's Sons, New York 1921

Aristoteles, *Meteorologica,* Englische Übers. H. D. P. Lee, Wm. Heinemann, London, Harvard University Press, Cambridge, Mass., 1962

Pseudo-Aristoteles, *De Mundo,* Übers. E. S. Forster, siehe Ross, *The Works of Aristotle*

Pseudo-Aristoteles, *On Marvellous Things Heard,* Hett-Übersetzung, in: Camp, S. 294

Ashe, Geoffrey, *Atlantis: Lost Lands, Ancient Wisdom,* Thames and Hudson, London 1992

Ashe, Geoffrey, *Land to the West: St Brendan's Voyage to America,* Collins, London 1962

Ashe, Geoffrey, Heyerdahl, Thor, Ingstad, Helge, Luce, J. V., Meggers, Betty J., Wallace, Brigitta L., *The Quest for America,* Pall Mall Press, London 1971

Avieni, *Ora Maritime (Periplus Massiliensis saec. VI. A. C.),* Hrsg. Adolf Schulten, Apud Librarium/Bosch, A., Barcinone und Apud Weidmannos, Berolini 1922

Avienus, Rufus Festus, siehe Avieni
Babcock, William H., *Legendary Islands of the Atlantic: A Study in Medieval Geography,* American Geographical Society, New York 1922
Balabanova, Svetlana, Parsche, Franz, Pirsig, Wolfgang, ‹Erster Nachweis von Drogen in Ägyptischen Mumien›, *Naturwissenschaften,* 79, 1992, S. 358
Banks, Revd J., *The Works of Hesiod, Callimachus and Theognis, etc.,* Geo. Bell and Sons, London 1909
Bankes, George, *Peru before Pizarro,* Phaidon, Oxford 1977
Bellamy, H. S., *Moons, Myths and Man: A Reinterpretation,* 1936, Faber & Faber, London 1949
Berard, Victor, ‹L'Atlantide de Platon›, *Annales de Geographie,* Jg. 38, Nr. 213, 15. Mai 1929, S. 193–205
Berlitz, Charles, *Atlantis – The Lost Continent Revealed,* Macmillan, London und Basingstoke, Hants., 1984
Berlitz, Charles, *Mysteries from Forgotten Worlds – Rediscovered Lost Civilisations,* Souvenir Press, London 1972
Berlitz, Charles, *The Mystery of Atlantis,* 1969, Panther, Frogmore, St Albans, Herts., 1977
Berry, William, *Encyclopaedia Heraldica,* 3 Bände, Sherwood, Gilbert and Piper, London 1837
The Holy Bible, 1611, Überarbeitete Ausgabe, OUP 1905
Burger, G., *Du Niger am Golfe de Guinée,* Paris 1892
Björck, Svante, Kromer, Bernd, Johnsen, Sigfus, Bennike, Ole, Hammarlund, Dan, Lemdahl, Geoffrey, Possnert, Göran, Lander Rasmussen, Tine, Wohlfarth, Barbara, Hammer, Claus Uffe, Spurk, Marco, ‹Synchronized Terrestrial-Atmospheric Deglacial Records Around the North Atlantic›, *Science,* Jg. 274, 15. November 1996, S. 1, 155–60
Born, Wolfgang, ‹The Use of Purple among the Indians of Central America›, *Ciba Review*, Jg. 4, 1937, S. 124–7
Bradford, Ernle, *Christopher Columbus,* Michael Joseph, London 1973
Braghine, Col. A., *The Shadow of Atlantis,* 1940, Adventures Unlimited Press, Kempton, Ill., 1997
Bramwell, James, *Lost Atlantis,* Cobden-Sanderson, London 1937
Brasseur de Bourbourg, l'Abbé, *Histoire des nations civilisees du Mexique et de l'Amerique-centrale, durant les siècles anterieurs a Christophe Colomb,* Libraire de la Société de Geographie, Paris, Bd. 1, 1857
Bright, Michael, *There are Giants in the Sea,* Robson Books/Guild Publishing, London 1989
Brinton, Daniel G., ‹The Archaeology of Cuba›, *American Anthropologist,* Jg. 10, 1898, in *Archaeological Tracts 1895–8,* Judd and Detweiler, Washington DC, S. 231–4
Brinton, Daniel G., *The Myths of the New World: A Treatise on the Symbolism and Mythology of the Red Race of America,* Leypoldt & Holt, New York 1868
Broecker, Wallace S., ‹The Ocean›, *Scientific American,* Nr. 249, 1983, S. 146–60

Broecker, Wallace S., Ewing, Maurice, Heezen, Bruce C., ‹Evidence for an Abrupt Change in Climate close to 11,000 Years ago›, *American Journal of Science,* Bd. 258, Juni 1960, S. 429–48
Brotherston, G., *Painted Books from Mexico,* British Museum Press, London 1995
Bunbury, Edward Herbert, *A History of Ancient Geography,* 2 Bände, 2. Aufl., 1883, Dover, New York 1959
Burger, Richard L., *Chavin and the Origin of Andean Civilisation,* 1992, Thames and Hudson, London 1995
Burland, Cottie, Forman, Werner, *Feathered Serpent and Smoking Mirror,* Orbis Publishing, London 1975
Burman, Edward, *Supremely Abominable Crimes: The Trial of the Knights Templar,* Allison & Busby, London 1994
Bury, the Rev. R. G., *Plato: Timaeus, Critias, Cleitophon, Menexenus, Epistles,* Loeb/Wm. Heinemann, London, G. P. Putnam, New York 1929
Cahill, Robert Ellis, *New England's Ancient Mysteries,* Old Saltbox Publishing House, Salem, Mass., 1993
Camp, L. Sprague de, *Lost Continents: The Atlantis Theme in History, Science, and Literature,* 1954, Dover Publications, New York 1970
Campbell, Joseph, Abadie, M. J., *The Mythic Image,* 2 Bände, Princeton University Press, Princeton, NJ, 1974
Carrasco, David, *Quetzalcoatl and the Irony of Empire: Myths and Prophecies in the Aztec Tradition,* 1982, University of Chicago Press, Chicago und London 1984
Carson, Charles E., Hussey, Keith M., ‹The Oriented Lakes of Arctic Alaska›, *Journal of Geology,* Jg. 70, 1962, S. 417–39
Cassell Pocket English Dictionary, 1891, Cassell, London 1995
Castle, Brother E. J., *The Proceedings Against the Templars in France and England for Heresy, etc. AD 1307–11, taken from the Official Documents of the Period,* Privatveröffentlichung (und in Besitz des Templerexperten Robert Bryden, Edinburgh), ca. 1900.
Cayce, Edgar, *Atlantis – The Edgar Cayce Readings,* Bd. 22, ARE, Virginia Beach, Va., 1987
Cayce, Edgar Evans, *Edgar Cayce on Atlantis,* (Hrsg.), Hugh Lynn Cayce, 1968, Howard Baker, London 1969
Cayce, Edgar Evans, Cayce Schwartzer, Gail, Richards, Douglas G., *Mysteries of Atlantis Revisited,* Harper & Row, San Francisco 1988
Chambers, Edmund Kerchever, *The History and Motives of Literary Forgeries,* 1891, Folcroft Library, o. O., 1975
Charles, R. H., *The Book of Enoch or 1 Enoch,* OUP 1912
Clarke, Hyde, *Examination of the Legend of Atlantis in Reference to Protohistoric Communication with America,* Juni 1885, Longmans, Green & Co., London 1886
Clement von Alexandria, Bd. 1, in: *Ante-Nicene Christian Library: Translations of the Writings of the Fathers down to AD 325,* Bd. 4, T. and T. Clark, Edinburgh 1867

Clube, Victor, Napier, Bill, *The Cosmic Serpent,* Faber & Faber, London 1982
Coe, Michael D., *Breaking the Maya Code,* Thames and Hudson, London 1992
Collins, Andrew, *From the Ashes of Angels: The Forbidden Legacy of a Fallen Race,* Michael Joseph, London 1996
Collins, Andrew, *Gods of Eden: Egypt's Lost Legacy and the Genesis of Civilisation,* Headline, London 1998
Collins, Andrew, ‹Soviet oceanographers stir up Atlantis myth›, in: *Strange Phenomena,* Jg. 1, Nr. 1, 1979, S. 36–7
Columbus, Ferdinand, *The Life of the Admiral Christopher Columbus by his Son Ferdinand,* übers. & kommentiert von Benjamin Keen, *The Folio Society,* London 1960
‹Comet that Launched Noah's Ark›, *The Times,* London, 22. April 1996
Corner, E. J. H., *The Natural History of Palms,* Weidenfeld & Nicolson, London, 1966
Cornford, Francis Macdonald, *Plato's Cosmology; The Timaeus of Plato translated with a running commentary,* Kegan Paul, Trench, Trubner, New York; Harcourt, Brace, London 1937
Cortés, F., *The Conquest of Mexico,* J. Newbury, London 1760
Cortesão, Armando, *The Nautical Chart of 1424 and the Early Discovery and Cartographical Representation of America: A Study of the History of Early Navigation and Cartography,* University of Coimbra, Coimbra, Portugal, 1954
Cory, Isaac Preston, *Ancient Fragments etc.,* 1832, Wizards Bookshelf, Minneapolis, Minn., 1975
Crampsey, Robert A., *Puerto Rico,* David & Charles, Newton Abbot, Devon 1973
Craton, Michael, *A History of the Bahamas,* 1962, Collins, London 1968
Crone, G. R., ‹The Origin of the name Antillia›, *The Geographical Journal,* März 1938, S. 260–6
Crone, G. R., ‹The Pizigano Chart and the «Pillars of Hercules»›, *The Geographical Journal,* April–Juni 1947, S. 278–9
Cruxent, Jose M., Irving, Rouse, ‹Early man in the West Indies›, *Scientific American,* Bd. 221, 1969, S. 42–52
Davies, Nigel, *The Aztecs,* 1973, Abacus, London 1977
Davies, Nigel, *The Aztec Empire: The Toltec Resurgence,* University of Oklahoma Press, Norman, Oklahoma, 1987
Davis, Henry, *The Works of Plato,* Bd. 2: ‹The Republic›, ‹Timaeus› und ‹Critias›, Henry G. Bohn, London 1849
Deacon, Richard, *Madoc and the Discovery of America,* Fredk. Muller, London 1967
Diodorus Siculus, *Library,* Übers. C. H. Oldfather, 10 Bände, Wm. Heinemann, London, Harvard University Press, Cambridge, Mass., 1935
Donato, William M., ‹The Architecture of Atlantis: A General Survey›, *The Atlantis Organisation Journal,* Nr. 15, Dezember 1996, S. 28–31

Donato, William M., *A Re-examination of the Atlantis Theory,* privately produced Master's thesis, California State Univ., Fullerton, Calif., 1979
Donato, William M., ‹Bimini and the Atlantis Controversy›, *The Ancient American,* Jg. 1, Nr. 3, November/Dezember 1993, S. 4–13
Donato, William M., ‹Project Alta: Parts 2 & 3, and the Television Productions›, *The Atlantis Organisation Journal,* Nr. 14, November 1995, S. 1–7
Donato, William M., ‹What You Did Not See (or Hear) on Arthur C. Clarke's Mysterious Universe›, *The Ancient American,* Nr. 14, 1996, S. 4–7
Donnelly, Ignatius, *Atlantis: The Antediluvian World,* 1882, Harper, New York, London 1902
Donnelly, Ignatius, *Ragnarok: The Age of Fire and Gravel,* 1886, Sampson Low, Marston, Searle and Rivington, London 1888
Drucker, Philip, Heizer, Robert F., Squier, Robert J.,‹Radiocarbon dates from La Venta, Tabasco›, *Science,* Bd. 126, 12 Juli 1957, S. 72–3
Duran, Diego, *Historia de las Indias de Nueva Espana e Islas de Tierra Firme,* Übers. Doris Heyden, in: Markman/Markman
Easton, M. G., *The Illustrated Bible Dictionary,* 1894, Bracken Books, London 1989
Eccott, David, ‹Before Columbus (the Calixtlahuaca Roman head)›, *Quest for Knowledge,* Jg. 1, Nr. 5, Herbst 1997, S. 18–19
Eccott, David, ‹Comalcalco: A Case for Early Pre-Columbian Contact and Inf-luence›, *Chronology and Catastrophism Review,* Jg. 1, 1999, S. 21–9
Eccott, David, ‹Comalcalco: Maya innovation or Old World Intervention?›, *The Ancient American,* Jg. 3, Nr. 24, Juli – August 1998, S. 8–16
Eccott, David, ‹Comalcalco – The «Roman mason marks»: A closer look›, unveröffentlichter Artikel, 1999
Eisenman, Robert H., Wise, Michael, *The Dead Sea Scrolls Uncovered,* Element, Shaftesbury, Dorset 1992
Emiliani, Cesare, ‹Paleoclimatological Analysis of Late Quaternary Cores from the Northeastern Gulf of Mexico›, *Science,* 26. September 1975, Bd. 189, S. 1083–8
Eyton, J. Ronald, Parkhurst, Judith I., ‹A Re-evaluation of the Extraterrestrial Origin of the Carolina Bays›, Department of Geography, Bericht Nr. 9, University of Illinois, Urbana Champaign, Ill., April 1975
Fallon, Stephen, *Guide to Cuba,* 1995, Bradt, Chalfont St Peter, Bucks.; The Globe Pequot Press, Old Saybrook, Conn., 1996
Fears, J. Rufus, ‹Atlantis and the Minoan Thalassocracy: A Study in Modern Mythopoeism›, in: Ramage, S. 103–36
Fell, Barry, ‹Alphabetic Libyan Mason's Marks on Mochica Adobe Bricks›, *ESOP,* Jg. 20, 1991, S. 224–30
Fell, Barry, *America BC: Ancient Settlers in the New World,* 1976, Quadrangle/The New York Times Book Co., New York 1977; überarbeitete Auflage, Pocket Books, New York 1989
Fingerhut, Eugene R., *Explorers of Pre-Columbian America: The Diffusionist Inventionist Controversy,* California State University, Los Angeles/Regina Books, Claremont, Calif., 1994

Flemath, Rand, Flemath, Rose, *When the Sky Fell: In Search of Atlantis,* Weidenfeld and Nicolson, London 1995
Forsyth, Phyllis Young, *Atlantis: The Making of Myth,* McGill-Queen's University Press, Montreal, Croom Helm, London 1980
Frazer, James George, *Folk-lore in the Old Testament,* 3 Bände, Macmillan, London 1919
Freeman, Kathleen, *The Work and Life of Solon,* Univ. of Wales Press, London 1926
Fritze, Ronald H., *Legend and Lore of the Americas before 1492,* 1988, ABC-CLIO, Santa Barbara, Calif., Denver, Colo., Oxford 1993
Gaffarel, Paul, *Histoire de la découverte de l'Amérique depuis les origines jusqu'à la mort de Christophe Colomb,* 2 Bände, Société Bourguignonne de Géographie et d'Histoire, Paris 1892
Galanopoulos, A. G., Bacon, E., *Atlantis: The Truth Behind the Legend,* Nelson, London 1969
Galvão, Antonio, *The Discoveries of the World from their first originall unto the yeere of our Lord 1555,* siehe Raleigh
Gamboa, Pedro Sarmiento de, *History of the Incas,* und Captain Baltasar de Ocampo, *The Execution of the Inca Tupac Amaru,* Übers. Sir Clements Markham, Hakluyt Society, 1907
Gardiner, Alan H., *Egypt of the Pharaohs,* 1961, OUP 1964.
Gardiner, Alan H., *The Royal Canon of Turin,* 1959, OUP 1987
Gardner, Laurence, *Bloodline of the Holy Grail,* Element Books, London 1996
Gifford, John A., ‹The Bimini «cyclopean» complex›, *International Journal of Nautical Archaeology and Underwater Exploration,* Jg. 2, 1973, S. 189
Gilbert, Adrian, Cotterell, Maurice, *The Mayan Prophecies,* Element Books, Shaftesbury, Dorset 1995
Gilmore, Donald Y., McElroy, Linda S., *Across Before Columbus? Evidence for Transoceanic Contact with the Americas prior to 1492,* NEARA Publications, Edgecomb, Maine, 1998
Ginzberg, L., *The Legends of the Jews,* Bd. 1, The Jewish Publication Society of America, Philadelphia, Pa., 1909
Goodrick-Clarke, Nicholas, *The Occult Roots of Nazism,* 1985, I.B. Tauris, London/New York 1992
Gordon, Cyrus H., *Before Columbus: Links between the Old World and Ancient America,* 1971, Turnstone Press, London 1972
Graves, Robert (Hrsg.), *New Larousse Encyclopaedia of Mythology,* 1959, Hamlyn, London 1983
Graves, Robert, Patai, Raphael, *Hebrew Myths – the Book of Genesis,* Cassell, London 1964
Green, Peter, *Alexander to Actium: The Hellenistic Age,* Thames and Hudson, London 1993
Griffiths, J. Gwyn, ‹Atlantis and Egypt›, in: Griffiths, *Atlantis and Egypt with other Selected Essays,* S. 3–30
Griffiths, J. Gwyn, *Atlantis and Egypt with other Selected Essays,* University of Wales Press, Cardiff 1991

Guthrie, James L., ‹Human Lymphocite Antigens: Apparent Afro-Asiatic, South Asian & European HLAs in Indigenous American Populations›, unveröffentlichter Entwurf, Februar 1998
Hadingham, Evan, *Early Man and the Cosmos,* Wm. Heinemann, London 1983
Haliburton, R. G., *The History of Man derived from a companion of the customs and superstitions of Nations: The Festivals of the Dead,* T. Chamberlain, Halifax, Nova Scotia, 1863
Hancock, Graham, Bauval, Robert, Grigsby, John, *The Mars Mystery,* Michael Joseph, London 1998
Hapgood, Charles, *Maps of the Ancient Sea Kings,* 1966, Turnstone Books, London 1979
Harden, Donald, *The Phoenicians,* Thames and Hudson, London 1962
Harden, Donald, ‹The Phoenicians on the West Coast of Africa›, *Antiquity,* xxii, 1948, S. 141–50
Harlow, George, ‹Hard Rock: A mineralogist explores the origins of Mesoamerican Jade›, unveröffentlichter Artikel, Department of Mineral Sciences am American Museum of Natural History, New York, o. D., ca. 1998
Harris, Zellig, *A Grammar of Phoenician Language,* American Oriental Society, New Haven, Conn., 1936
Harrison, W., ‹Atlantis Undiscovered – Bimini, Bahamas›, *Nature,* Bd. 230, 2. April 1971, S. 287 – 9
Hastings, James, Hrsg., *Encyclopaedia of Religion and Ethics,* 13 Bände, 1915, T. & T. Clark, Edinburgh 1930
Hauptmann, Harald, ‹Ein Kultgebäude in Nevali Çori›, *Between the Rivers and over the Mountains: Archaeologica Anatolica et Mesopotamica,* Alba Palmeiri Dedicata, Hrsg. Marcella Frangipane et al., Rom 1993, S. 37–69
Heine-Geldern, Robert, ‹Ein Römischer Fund aus dem Vorkolumbischen Mexiko›, *Anzeiger der Österreichischen Akademie der Wissenschaften,* Nr. 16, 1961, S. 117–19
Henning, W. B., ‹The Book of the Giants›, *Bulletin of the School of Oriental and African Studies,* Jg. 11, Teil 1, 1943, S. 52–74
Herodot, *The History of Herodotus,* 1910, 2 Bände, J. M. Dent, London, E. P. Dutton, New York 1940
Hesiod, *Theogony,* siehe Banks
Heyerdahl, Thor, *Early Man and the Ocean,* Geo. Allen & Unwin, London 1978
Hibben, Frank C., *The Lost Americans,* Thomas Y. Crowell, New York, NY, 1946
Hill, Robert T., *Cuba and Puerto Rico with the Other Islands of the West Indies,* T. Fisher Unwin, London 1898
Hine, Albert C., Steinmetz, John C., ‹Cay Sal Bank, Bahamas – A Partially Drowned Carbonate Platform›, *Marine Geology,* Jg. 59, 1984, S. 135–64
Hitching, Francis, *The Mysterious World – An Atlas of the Unexplained,* 1978, Holt, Rinehart & Winston, New York 1979

Homer, *Iliad,* Englische Übers. A. T. Murray, 2 Bände, 1925, Harvard University Press, Cambridge, Mass.; Wm. Heinemann, London 1967

Homer, *The Odyssey,* Englische Übers. A. T. Murray, 2 Bände, 1919, Harvard University Press, Cambridge, Mass.; Wm. Heinemann, London 1984

Hosea, L. M., ‹Atlantis: A Statement of the «Atlantic» Theory Respecting Aboriginal Civilisation›, *The Cincinnati Quarterly Journal of Science,* Bd. II, Nr. 3, Juli 1875, S. 193–211.

Houlihan, Patrick F., *The Animal World of the Pharaohs,* Thames and Hudson, London 1996

Hutchinson, J. B., Silow, R. A, Stephens, S. G., *The Evolution of Gossypium and the Differentiation of the Cultivated Cottons,* Geoffrey Cumberlege/OUP, London, New York und Toronto 1947

Hutton, William, *Coming Earth Changes – the Latest Evidence,* 1996, ARE Press, Virginia Beach, Va., 1997

Ingram, Roy L., Robinson, Maryanne, Odum, Howard T., ‹Clay Mineralogy of some Carolina Bay Sediments›, *Southeastern Geology,* Jg. 1, 1959, S. 1–10

Irwin, Constance, *Fair Gods and Stone Faces: Ancient Seafarers and the New World's Most Intriguing Riddle,* 1963, W. H. Allen, London 1964

Jacobs, William, ‹Toke Like an Egyptian›, *Fortean Times,* FT117, Dezember 1998, S. 34–8

Jairazbhoy, R. A., *Ancient Egyptians and Chinese in America,* Geo. Prior Associated Publishers, London 1974

James, Peter, *The Sunken Kingdom: The Atlantis Mystery Solved,* 1995, Pimlico, London 1996

James, Peter, Thorpe, Nick, *Ancient Inventions,* 1994, Michael O'Mara Books, London 1996

Janku, Lumir G., ‹Skulls from Ica, Peru, and Merida, Mexico›, unveröffentlichter Artikel, 1996, @ www.paradigm-sys.com/ae/lib/archeo/skulls.html

Jelinkova, E. A. E., ‹The Shebtiw in the temple of Edfu›, ZAS, Nr. 87, 1962, S. 41–54

Jett, Stephen C., ‹Dyestuffs and Possible Early Contacts Between Southwestern Asia and Nuclear America›, in: Gilmore/McElroy, S. 141–9

Jimenez, A. Nunez, *Cuevas y pictograpas,* Estudios Espeleologicos y Arquelogicos, Havana, Cuba 1964

Johnson, Donald S., *Phantom Islands of the Atlantic,* 1994, Souvenir Press, London 1997

Johnson, Douglas W., ‹Supposed Meteorite Scars of South Carolina›, *Science,* Bd. 79, 1934, S. 461

Johnston, Thomas Crawford, *Did the Phoenicians discover America?,* James Nisbet, London 1913

Joseph, Frank, ‹Project Alta: Search and Discovery in the Bahamas›, *The Ancient American,* Jg. 3, Nr. 23, April/Mai 1998, S. 2–7

Joyce, Thomas A., *Central American and West Indian Archaeology,* Philip Lee Warner, London 1916

Keegan, William F., *Bahaman Archaeology: Life in the Bahamas and Turks and Caicos before Columbus,* Media Publishing, Nassau, Bahamas, 1997

Kelly, Allan O., ‹The Origin of the Carolina Bays and the Oriented Lakes of Alaska›, *Popular Astronomy,* Bd. 59, 1951, S. 199–205

Kelly, Allan O., Dachille, Frank, *Target: Earth – The Role of Large Meteors in Earth Science,* Target: Earth, Carlsbad, Calif., 1953

Kelso de Montigny, Alan H., ‹Did a Gigantic Meteorite, i. e. an Asteroid, fall into the Caribbean, and thus create the Lesser Antilles about 6000 years ago?›, *International Anthropological and Linguistic Review,* Jg. 1, Nr. 4, E. J. Brill, Leiden, Holland, 1954, S. 229–38

Kelso de Montigny, Alan H., ‹Redating the Past›, *International Anthropological and Linguistic Review,* Jg. 1, Nr. 2–3, E. J. Brill, Leiden, Holland, 1954, S. 185–7

Kennedy, Roger *G., Hidden Cities – The Discovery and Loss of Ancient North American Civilisation,* Penguin, London und New York 1994

Keyser, Paul T., ‹From Myth to Map: The Blessed Isles in the First Century BC›, *The Ancient World,* Bd. 24, Teil 2, 1993, S. 149–68

Kloosterman, Johan B., ‹The Usselo Horizon, a Worldwide Charcoal-rich Layer of Alleröd Age›, unveröffentlichter Artikel, 1999

Kobres, R., ‹The Path of a Comet and Phaeton's Ride›, *The World and I,* Bd. 10, Februar 1995, S. 394–405

Koudriavtsev, Viatscheslav, *Atlantis: Ice Age Civilisation,* Institute of Metahistory, Moskau 1997

Krickeberg, W., Müller, W., H., Trimborn, Zerries, O., *Pre-Columbian American Religions,* Weidenfeld & Nicolson, London 1968

Kristan-Tollmann, Edith, Tollmann, Alexander, ‹Der Sintflut-Impakt›, *Mitt. Österr. Geol. Ges.,* Jg. 84 (1991), Juni 1992, 1–63

Kurlansky, Mark, *Cod: A Biography of the Fish that Changed the World,* 1997, Jonathan Cape, London 1998

Landsburg, Alan, Landsburg, Sally, *In Search of Ancient Mysteries,* Corgi, London 1974

Las Casas, Bartolomé, *History of the Indies,* Übers. Andrée Collard, Torchbook/Harper & Row, New York und London 1971

Lawton, Ian, Ogilvie-Herald, Chris, *Giza: The Truth,* Virgin, London 1999

Lemprière, J., *A Classical Dictionary,* Routledge, London 1919

Leonard, R. Cedric, *Quest for Atlantis,* Manor Books, New York 1979

Levy, David H., *Comets: Creators and Destroyers,* Touchstone/Simon & Schuster, New York 1998

Lichtheim, Miriam, *Ancient Egyptian Literature: Bd. 1: The Old and Middle Kingdoms,* 1973, University of California Press, Berkeley, Los Angeles, Calif., London 1975

Love, Bruce, *The Paris Codex: Handbook for a Maya Priest,* University of Texas Press, Austin, Texas, 1994

Luce, J. V., *The End of Atlantis: Nerv Light on an Old Legend,* 1969, Thames and Hudson/Book Club Associates, 1973

McCampbell, John, ‹Meteorites and the «Carolina Bays»›, *Popular Astronomy,* Jg. 53, 1944, S. 338–92

McGlone, William R., Leonard, Phillip M., Guthrie, James L., Gillespie, Rol-

lin W., Whittall Jr., James P., *Ancient American Inscriptions: Plow Marks or History?*, Early Sites Research Society, Sutton, Mass., 1993
Mackenzie, Donald A., *Myths of Pre-Columbian America,* Gresham, London, o. D., *c.* 1924
Mahan, Joseph B., *The Secret – America in World History before Columbus,* Privatveröffentlichung, Columbus, Georgia, 1983
Markman, Roberta H., Markman, Peter T., *The Flayed God: The Mesoamerican Mythological Tradition,* Harper, San Francisco, Calif., 1992
Marx, Robert F., *The Search for Sunken Treasure,* Key Porter Books, Toronto 1996
Massey, Gerald, *The Natural Genesis, 2* Bände, Williams and Norgate, London 1883
Mavor, James W., *Voyage to Atlantis,* Souvenir Press, London 1969
Meggers, Betty J., ‹Jomon – Valdivia Similarities: Convergence or Contact?›, in: Gilmore/McElroy, S. 11–19
Mellaart, James, *Çatal Hüyük – A Neolithic Town in Anatolia,* Thames and Hudson, London 1967
Melton, F. A., ‹The Origin of the Carolina «Bays»›, *Discovery,* Juni 1934, S. 151–4
Melton, F. A., Schriever, W., ‹The Carolina «Bays» – Are They Meteorite Scars?›, *Journal of Geology,* Jg. 41, 1933, S. 52–66
Merezhkovsky, Dimitri, *The Secret of the West,* 1933, Jonathan Cape, London 1936
Meyers, Eric M., *Oxford Encyclopaedia of Archaeology in the Near East,* OUP 1997
Michell, John, *At the Centre of the World: Polar Symbolism Discovered in Celtic, Norse and Other Ritualized Landscapes,* Thames and Hudson, London 1994
Michell, John, Rhone, Christine, *Twelve Tribe Nations and the Science of Enchanting the Landscape,* Thames and Hudson, London 1991
Milik, J. T., *The Books of Enoch – Aramaic Fragments of Qumran Cave 4,* OUP 1976
Miller, Mary, Taube, Karl, *The Gods and Symbols of Ancient Mexico and the Maya,* 1993, Thames and Hudson, London 1997
Mitchell-Hedges, F. A., ‹Atlantis Was No Myth but the Cradle Of American Races, Declares Hedges›, *New York American,* 10. März 1935
Molleson, Theya, Campbell, Stuart, ‹Deformed Skulls at Tell Arpachiyah: The Social Context', in: Campbell, S., Green, A., (Hrsg.), *The Archaeology of Death in the Ancient Near East,* Oxbow Monograph Nr. 51, 995, S. 45–55
Moore, W. G., *The Penguin Encyclopedia of Places,* 1971, Penguin, Harmondsworth, Middx., 1978
Morfill, W. R., Übers., Hrsg. und Einl., Charles, R. H., *The Book of the Secrets of Enoch,* Clarendon Press, Oxford/OUP 1896
Morison, Samuel Eliot, *Christopher Columbus, Mariner,* 1942, Meridian/Penguin, London 1983

Moure, Ramón Dacal, de la Calle, Manuel Rivero, *Arqueologia Aborigen de Cuba,* Gente Nueva, Havana, Cuba, 1986
Muck, Otto, *The Secret of Atlantis,* 1976, Collins, London 1978
Muldrow, Edna, ‹The Comet that Struck the Carolinas›, *Harpers' Monthly Magazine,* Teil 168, 1933, S. 83–9
Müller, J. G., *Geschichte der Amerikanischen Urreligionen,* Schweighauferische Verlagsbuchhandlung, Basel 1855
Nash, William Giles, *America: The True History of its Discovery,* Grant Richards, London 1926
The New Encyclopedia Britannica, Bd. 10, University of Chicago, Chicago, Ill., 1993
Newby, P. H., *Warrior Pharaohs: The Rise and Fall of the Egyptian Empire,* Faber & Faber, London 1980
Nininger, H. H., ‹When the Sky Rains Stone and Iron›, *Literary Digest,* Jg. 117, 17. März 1934, S. 16 u. 29
Nordenskiöld, A. E., *Periplus: An Essay on the Early History of Charts and Sailing-Directions,* 1897, Burt Franklin, New York, o. D.
O'Brien, Christian, O'Brien, Barbara Joy, *The Shining Ones,* Dianthus Publishing, Kemble, Cirencester, Glos., 1997
O'Connor, David, ‹The Earliest Royal Boat Graves›, *Egyptian Archaeology, 6,* 1995, S. 3–7
Odelain, O., Séguineau, R., *Dictionary of Proper Names and Places in the Bible,* 1966, Robert Hale, London 1991
Ogden III, J. Gordon, ‹Radiocarbon and Pollen Evidence for a Sudden Change in Climate in the Great Lakes Region approximately 10 000 Years ago›, *Quaternary Paleoecology,* 1967, S. 117–27
Olivier, Chas. P., ‹The Great Siberian Meteorite: An Account of the Most Remarkable Astronomical Event of the Twentieth Century, from Official Records›, *Scientific American,* Juli 1928, S. 42–4
Ovid, *Tristia and Ex Ponto,* Übers. Arthur Leslie Wheeler, 1924, Wm. Heinemann, London, Harvard University Press, Cambridge, Mass., 1965
Pagden, A., Hrsg., *Letters from Mexico by Hernando Cortes* (1519), Yale University Press, New Haven, Conn., und London 1986
Palmer, Robert, *The Blue Holes of the Bahamas,* Jonathan Cape, London 1985
Pearson, Richard, ‹Migration from Japan to Ecuador: the Japanese Evidence›, *American Anthropology,* Jg. 70, 1968, S. 85–6
Phillips, Graham, *Act of God: Moses, Tutankhamun and the Myth of Atlantis,* Sidgwick & Jackson, London 1998
Picard, Gilbert Charles, Picard, Colette, *The Life and Death of Carthage,* Sidgwick & Jackson, London 1968
Plafker, George, ‹Oriented Lakes and Lineaments in Northern Bolivia›, *Bulletin of the Geological Society of America,* Jg. 75, 1964, S. 503–22
Platon, *Kritias,* siehe A. E. Taylor
Platon, *The Laws,* Übers. Trevor J. Saunders, 1970, Penguin, Harmondsworth, Middx. 1984

Platon, *Timaios*, siehe 1) Cornford, 2) Davis

Plinius, *Natural History*, Englische Übers. H. Rackham, 10 Bände: Bd. 1, 1938, Harvard University Press, Cambridge, Mass., Wm. Heinemann, London, 1979; Bd. 2, 1942, Harvard University Press, Cambridge, Mass., und London 1989

Plutarch, *The Face of the Moon*, siehe Plutarch, *Plutarch's Moralia*

Plutarch, *Isis und Osiris*, siehe Plutarch, *Plutarch's Moralia*.

Plutarch, *Lebensläufe*, Übers. (ins Englische) von John und William Landhorne, William Tegg, London 1865

Plutarch, *Plutarch's Moralia*, ‹The Face of the Moon›, Übers. H. Cherniss und W. C. Helmbold, Wm. Heinemann, London 1957

Pohl, Frederick J., *Prince Henry Sinclair: His Expedition to the New World in 1398*, David-Poynter, London 1974

Popol Vuh, siehe Tedlock.

Powell, ‹Mythologic Philosophy›, in: *Popular Science Monthly*, Oktober 1879, S. 799

Prado, A., *The World of Ancient Spain*, Minerva, Geneve 1976

Prescott, William H., *History of the Conquest of Mexico, etc., 2* Bände, Geo. Routledge and Sons, London, überarbeitete Neuauflage, 1843

Proclus, *The Commentaries of Proclus on the Timaeus of Plato, etc.*, Übers. Thomas Taylor, 2 Bände, Privatdruck, London 1820

‹Prospective Jeunesse asbl – Histoire de la Coca›, 1998, @ www.prospective-jeunesse.be/drogues/coca/histoire.htm.

Prouty, W. F., ‹Carolina Bays and their Origin›, *Bulletin of the Geological Society of America*, Jg. 63, Februar 1952, S. 167–222

Przeworski, Stefan, ‹Notes d'Archeologie Syrienne et Hittite›, *Syria* 11, 1930, S. 133–45

Raleigh, Sir Walter, *The Discoverie of Guiana*, 1596, und Galvão, Antonio, *The Discoveries of the World from their first originall unto the yeere of our Lord 1555*, 1601, Bibliotheca Americana/The World Publishing Company, Cleveland, Ohio, 1966

Ramage, Edwin S., *Atlantis: Fact or Fiction?*, Indiana University Press, Bloomington, Ind., London 1978

Ravenstein, E. G., *Martin Behaim: His Life and His Globe*, Geo. Philip, London 1908

Reader's Digest, *The World's Last Mysteries*, Reader's Digest Association, London, New York, Montreal, Sydney, Cape Town 1977

Reeves, Nicholas, Wilkinson, Richard H., *The Complete Valley of the Kings*, Thames and Hudson, London 1996

Reymond, E. A. E., *The Mythical Origin of the Egyptian Temple*, Manchester University Press 1969

Riverend, Julio le, *Brief History of Cuba*, Instituto Cubano del Libro, Havana, Cuba, 1997

Rodero, Christina García, *España Oculta: Public Celebrations in Spain, 1974–1989*, Smithsonian Institution Press, Washington DC, 1995

Ross, W. D., *The Works of Aristotle*, Bd. III, 1931, OUP 1963

Roux, Georges, *Ancient Iraq,* 1966, Penguin, London 1980
Sahagun, Fray Bernardino de, *General History of the Things of New Spain (Florentine Codex) Book 12 – The Conquest of Mexico,* ca. 1570, Übers. und Hrsg. A. J. O. Anderson und C. E. Dibble, The School of American Research and the University of Utah, Santa Fe, Mexico, 1975
Sanchoniathon, *The Theology of the Phoenicians,* siehe Cory
Savage jr., H., *The Mysterious Carolina Bays,* University of South Carolina, Columbia, South Carolina, 1982
Schulten, Adolf, *Tartessos, ein Beitrag zur ältesten Geschichte des Westens,* L. Friederichsen, Hamburg 1922
Scrutton, Robert, *Secrets of Lost Atland,* 1978, Sphere Books, London 1979
Servius, *Servii Grammatici qui feruntur in Vergilii Aeneidos,* Übers. Georgius Thilo, 2 Bände, Aedibus B. G. Teubneri, Lipsiae 1878
Shinn, E. A., ‹Atlantis: Bimini Hoax›, *Sea Frontiers,* Jg. 24, Nr. 3, Mai – Juni 1978, S. 130–42
Sinclair, Andrew, *The Sword and the Grail,* 1992, Century, London, Sydney, Auckland, Johannesburg 1993
Sklar, Dusty, *Gods and Beasts: The Nazis and the Occult,* Thomas Y. Crowell, New York 1977
Smith, G. Elliot, *Elephants and Ethnologists,* Kegan Paul, Trench, Trubner, London; E. P. Dutton, New York 1924
Solinus, Caius Julius, *Polyhistor: De Memoralibus Mundi,* Venedig 1498
Sorenson, John L., Raish, Martin H., *Pre-Columbian Contact with the Americas across the Oceans: An Annotated Bibliography,* 2 Bände, 1990/1996
Soustelle, Jacques, *The Olmecs: The Oldest Civilisation in Mexico,* 1979, University of Oklahoma Press, Norman, Oklahoma, 1985
Spedicato, Emilio, ‹Apollo Objects, Atlantis and other Tales: A Catastrophical Scenario for Discontinuities in Human History›. Die erste überarbeitete Ausgabe erschien im *Journal of New England Antiquities Research Association (NEARA),* Jg. 26, 1991, S. 14, und in *Kadath,* Bd. 84, 1995, S. 29–55
Spence, Lewis, *Atlantis in America,* Ernest Benn, London 1925
Spence, Lewis, *The Myths of Mexico and Peru,* 1913, Geo. G. Harrap, London 1920
Stacy-Judd, Robert B., *Atlantis – Mother of Empires,* 1939, De Vorss & Co., Santa Monica, Calif., 1973
Staniland Wake, C., *Serpent-Worship and Other Essays with a Chapter on Totemism,* 1888, The Banton Press, Largs, Scotland, 1990
Steede, Neil, ‹Comalcalco: An Early Classic Maya Site›, in: Gilmore/McElroy, S. 35–40
Steede, Neil, ‹Mexico's pyramidal Comalcalco – a thousand years older than suspected›, *The Ancient American,* Jg. 4, Nr. 26, Januar–Februar 1999, S. 16
Steele, John, ‹Bimini revealed›, in: Hitching, *The Mysterious World – An Atlas of the Unexplained,* S. 141–3
Steiger, Brad, *Atlantis Rising,* 1973, Sphere, London 1977
Steward, J. H., Hrsg., *Handbook of South American Indians, Bd. IV: The Circum-Caribbean Tribes,* Cooper Square Publishers, New York 1963

Stirling, Matthew W., ‹Discovering the New World's Oldest Dated Work of Man›, *National Geographic Magazine*, Jg. 76, August 1939, S. 183 – 218
Stirling, Matthew W., ‹Great Stone Faces of the Mexican Jungle›, *National Geographic Magazine*, Jg. 78, Nr. 3, September 1940, S. 309–34
Strabo, *The Geography of Strabo*, Englische Übers. Horace Leonard Jones, 8 Bände: Bd. I, 1917, Bd. II, 1923, Wm. Heinemann, London, Harvard University Press, Cambridge, Mass., Bd. I, 1949, Bd. II, 1988
Strode, Hudson, *The Pageant of Cuba*, Jarrolds, London 1935
Tabío, Ernesto E., Rey, Estrella, *Prehistoria de Cuba*, Historia, Editorial de Ciencias Sociales, Havana, Cuba, 1985
Taylor, A. E., *Plato: Timaeus and Critias*, Methuen, London 1929
Tedlock, Dennis (Übers.), *Popol Vuh: The Mayan Book of the Dawn of Life*, 1985, Touchstone/Simon & Schuster, New York 1996
Thacher, John Boyd, *Christopher Columbus: His Life, His Work, His Remains*, 3 Bände, 1903, AMS Press/Kraus Reprint Corp, New York 1967
Thomson, J. Oliver, *History of Ancient Geography*, Cambridge University Press 1948
Thompson, Edward Herbert, *People of the Serpent: Life and Adventure Among the Maya*, G. P. Putnam's Sons, London 1932
Thukydides, *The History of the Peloponnesian War*, Übers. Richard Crawley, 1910, J. M. Dent, London 1957
‹Title of the Lords of Totonicapan›, Übers. Dionisio José Chonay, siehe *The Annals of the Cakchiquels/The Title of the Lords of Totonicapan.*
Tollmann, Edith, Tollmann, Alexander, ‹The Flood came at 3 o'clock in the morning...›, *Austria Today*, Jg. 4, 1992, S. 40–47
Tompkins, Peter, *Mysteries of the Mexican Pyramids*, 1976, Thames and Hudson, London 1987
Toor, Francis, *A Treasury of Mexican Folkways*, Crown, New York 1947
Unbekannter Autor, ‹Research Verifies Use of Hashish, Cocaine, Nicotine in Prehistoric Cultures›, *Sociology of Drugs*, März 1993
Vaillant, George C., ‹A Bearded Mystery›, *Natural History*, Jg. 31, Mai–Juni 1931, S. 243–52
Valentine, J. Manson, ‹Archaeological Enigmas of Florida and the Western Bahamas›, *Muse News*, Miami Museum of Science, Juni 1969
Valentine, J. Manson, ‹Underwater Archaeology in the Bahamas›, *The Explorers' Club Journal*, Dezember 1976, S. 176–83
Van Sertima, Ivan, *They Came Before Columbus*, Random House, New York 1976
Van Zantwijk, R., *The Aztec Arrangement: The Social History of Pre-Spanish Mexico*, University of Oklahoma Press, Norman, Oklahoma, 1984
Vaughan, J., Geissler, C. A., *The New Oxford Book of Food Plants*, OUP 1997
Von Hagen, Victor W., *The Golden Man: the Quest for El Dorado*, Saxon House/BCA, Farnborough, Hants, 1974
Ward, William A., ‹Ancient Lebanon›, in: *Cultural Resources in Lebanon*, Beirut College for Women, Beirut 1969

Weiner, Leo, *Africa and the Discovery of America,* Ines je Sons, Philadelphia 1922
Whishaw, E. M., *Atlantis in Andalucia: A Study of Folk Memory,* Rider, London 1929
Wilber, R. Jude, Milliman, John D., Halley, Robert B., ‹Accumulation of bank-top sediment on the western slope of Great Bahama Bank: Rapid progradation of a carbonate megabank›, *Geology,* Jg. 18, Oktober 1990, S. 970–74
Wilkins, Harold T., *Secret Cities of Old South America: Atlantis Unveiled,* 1950, Rider, London 1952
Williams, Gwyn A., *Madoc: The Making of a Myth,* Eyre Methuen, Fakenham, Norfolk 1979
Wilson, Beckles, *Lost Lyonesse: Evidence, Records and Traditions of England's Atlantis,* 1902, AdCo Associates, London 1986
Wilson, Derek, *The World Atlas of Treasure,* Pan Books/BCA, London 1981
Wright, G. Ernest, *Biblical Archaeology,* Westminster Press, Philadelphia, Pa., Gerald Duckworth, London 1957
Wright jr, Herbert E., Patten, Harvey L., Winter, Thomas C., ‹Two Pollen Diagrams from Southeastern Minnesota: Problems in the Regional Late-Glacial and Postglacial Vegetational History›, *Geological Society of America Bulletin,* Jg. 74, 1963, S. 1371–95 + Bildtafeln
Wright jr, Herbert E., ‹Glacial Fluctuations, Sea-level Changes, and Catastrophic Floods›, in: Ramage, S. 161–74
Wylie, C. C., ‹On the Formation of Meteorite Craters›, *Popular Astronomy,* Jg. 41, 1933, S. 211–14
Zangger, Eberhard, *The Flood from Heaven: Deciphering the Atlantis Legend,* Sidgwick & Jackson/Book Club Associates, London 1992
Zapp, Ivar, Erikson, George, *Atlantis in America: Navigators of the Ancient World,* Adventures Unlimited Press, Kempton, Ill., 1998
Zerries, Otto, ‹Das Primitive Südamerika und Westindien›, in: Krickeberg, Müller, Trimborn und Zerries, *Vorkolumbische Religionen in Amerika*
Zhirov, N. F., *Atlantis – Atlantology: Basic Problems,* Progress Publishers, Moskau 1970
Zink, David, *The Stones of Atlantis,* Prentice-Hall, Scarborough, Ontario, 1978

Fernsehberichte

Douglas Kenyon und Thomas Miller (Produktion), ‹A Special Report: Atlantis in the Bahamas›, Regie: Cecila Gonzalez, nicht gesendet, ca. späte siebziger Jahre.
‹Mystery of the Cocaine Mummies›, Equinox, Channel 4 (Großbritannien), 1996

Anmerkungen

Die Anmerkungen beziehen sich auf die englischen Ausgaben der jeweils zitierten Titel (Anm. des deutschen Verlags).

Einleitung

1 Lawton und Ogilvie-Herald, S. 4

1 Der alte Priester erzählt

1 Die Chronologie und Herrschaftszeiten aller ägyptischen Könige sind Gardiner, *Egypt of the Pharaohs,* entnommen.
2 Herodot, *Historia,* 2., 177. Eine weitere Erörterung der Besuche Solons in Ägypten findet sich in Freeman, *The Work and Life of Solon,* S. 155–7, 179–85, und in Forsyth, *Atlantis: The Making of Myth,* S. 37–40.
3 Platon, *Timaios,* 22b. Der Autor benutzt die englische Übersetzung F. M. Cronfords aus dessen Buch *Plato's Cosmology,* die sich durch ihr präzises Englisch und ihre klaren Quellenverweise auszeichnet.
4 ebd.
5 ebd., 22c
6 ebd., 22e
7 ebd., 23b
8 ebd., 23b–23c
9 Plutarch, *Bioi paralleloi* (Lebensläufe), «Solon», S. 69
10 Platon, *Timaios,* 23c
11 ebd., 23e–24a
12 ebd., 24e
13 ebd.
14 ebd.
15 ebd.
16 Camp, *Lost Continents: The Atlantis Theme in History, Science, and Literature*, S. 28
17 Siehe z. B. Allen, *Atlantis: The Andes Solution*, S. 9–10, 15, und Zapp/ Erikson, *Atlantis in America: Navigators of the Ancient World*, S. 142–3
18 Platon, *Timaios*, 24e
19 Pseudo-Aristoteles, *De Mundo*, 3, 392b
20 Camp, S. 293

21 Pseudo-Aristoteles, 3, 392b
22 ebd.
23 Aelian, *Historische Randbemerkungen*, III, xviii
24 ebd.
25 ebd.
26 ebd.
27 ebd.
28 ebd.
29 ebd.
30 Strabo, *Geographie* 1, iv, 6
31 ebd.
32 Platon, *Timaios*, 24e
33 ebd., 25a
34 ebd.
35 ebd., 25a–25b
36 ebd., 23e
37 ebd.
38 Platon, *Nomoi* (Gesetze), 656E-657A
39 Gardiner, *The Royal Canon of Turin*, Tafel 1, Spalte 2, II. 1–9. Ich danke Dr. Bill Manley und David Rohl für die Prüfung des ägyptischen Originaltexts und die Übersetzung der Zahlen.
40 ebd. Die entsprechenden Zahlensymbole sind in diesem Fall beschädigt, weshalb die Zahl nicht mit Sicherheit übersetzt werden kann.
41 Manetho, der Priester von Heliopolis, der im 3. Jahrhundert v. Chr. lebte, sprach von einer Spanne von 36 525 Jahren vor dem Aufstieg des Menes, des ersten dynastischen Königs (Manetho, *De Myst.*, 8, Sp. 1 in: Cory, *Ancient Fragments*, Fußnote auf S. 95), während der griechische Historiker Herodot (484–408 v. Chr.) in seinem Kanon der Könige bemerkte, seit der Herrschaft des ersten Pharao seien 11 340 Jahre vergangen (Herodot, *Kanon der Könige von Ägypten*, in Cory, S. 171).
42 Ammianus Marcellinus, *Die Römische Geschichte des Ammianus Marcellinus*, 22, xvi, 21
43 ebd., 22, xvi, 22
44 Platon, *Timaios*, 24d
45 ebd., 25b
46 ebd., 25c
47 ebd., 25b–25c
48 ebd., 25c–25d

2 Das ägyptische Erbe

1 Plutarch, *Bioi paralleloi* (Lebensläufe), «Solon», S. 69
2 ebd., S. 72
3 ebd., S. 69–70
4 Herodot, *Historia*, 2.169–171, 175
5 ebd., 2.177
6 Plutarch, *Isis und Osiris*, 354d-e

7 Ammianus Marcellinus, *Die Römische Geschichte des Ammianus Marcellinus*, 22, xvi, 22
8 Siehe z. B. Gamboa *Die Geschichte der Inkas*, S. 25. Gamboa stellt jedoch andere Berechnungen an, die auf Ereignissen in der Bibel und auf seiner eigenen Kenntnis des Lebens des Solon beruhen.
9 Griffiths, ‹Atlantis and Egypt› in: Griffiths, *Atlantis and Egypt with other selected essays*, S. 11–12, nach Arbeiten von Max Pieper
10 Eine umfassende Darstellung der Datierung der Thera-Eruption findet sich in Phillips, *Act of God*, S. 227–32
11 ebd., S. 214
12 ebd., S. 217
13 ebd., S. 217–18, 220–22
14 Griffiths, S. 12, nach Arbeiten von Max Pieper, und Galanopoulos/Bacon, *Atlantis: The truth behind the legend*, S. 96
15 Siehe z. B. Luce, *The End of Atlantis: New Light on an Old Legend*, und Galanopoulos/Bacon sowie Mavor, *Voyage to Atlantis*
16 Galanopoulos/Bacon, S. 38, 170
17 ebd., S. 132–4
18 Griffiths, S. 20
19 Platon, *Timaios*, 24e
20 Bramwell, *Lost Atlantis*, S. 137
21 Galanopoulos/Bacon, S. 96–7
22 Zangger, *Flut aus dem Himmel – Die Entzifferung der Atlantis-Legende*, S. 109, und Servius, *In Vergilii Aeneidos librum sextum commentarius*, xi, 262, in: *Servii Grammatici qui feruntur*, Bd. 2
23 Für eine umfassende Darstellung der Auffassung, dass Troja Atlantis war, siehe Zangger
24 Fears, ‹The Historical Perspective›, in: Ramage, *Atlantis: Fact or Fiction?*, S. 131
25 Platon, *Timaios*, 25d
26 Ashe, *Land to the West: St Brendans Voyage to America*, S. 135
27 Pseudo-Scylax, *Perplus*, 112, nach einer englischen Übersetzung aus Nordenskiöld, *Periplus: An Essay on the Early History of Charts and Sailing-Directions*, S. 8
28 ebd.
29 Aristoteles, *Meteorologica* II, i, 354a
30 Avienus, *Ora Maritima*, II, 114–132, englische Übersetzung aus dem lateinischen Originaltext von Ann Deagon. Siehe auch II, 405–415: «Dahinter erstrecken sich meist flache Wasserwege, sodass kaum die Sandbänke darunter verborgen sind. An vielen Stellen schwimmt Seetang über den Bänken und hält die Gezeiten auf. In der ganzen See wimmelt es von Seeungeheuern, und in den Meerengen tummeln sich grausame wilde Tiere. Vor langer Zeit berichtete Himilko der Karthager, dass er diese Dinge auf dem Ozean selbst gesehen habe und bestätigen könne. Wir haben diese Dinge, die den Annalen der Karthager entnommen sind, ausführlich niedergeschrieben.»

31 *The New Encyclopedia Britannica*, Bd. 10, «*Sargasso Sea*», S. 452
32 Columbus, *Das Leben des Admirals Christoph Kolumbus, von seinem Sohn Ferdinand*, S. 69
33 ebd., S. 69–70
34 ebd.
35 Babcock, *Legendary Islands of the Atlantic: A Study in Medieval Geography*, S. 29
36 Kolumbus, S. 70
37 Craton, *A History of the Bahamas*, S. 43
38 Hosea, ‹Atlantis: A Statement of the «Atlantic» Theory Respecting Aboriginal Civilisation›, in: *The Cincinnati Quarterly Journal of Science, Bd. II, no. 3*, Juli 1875, S. 198
39 *The New Encyclopedia Britannica*, Bd. 10, «*Sargasso Sea*», S. 452
40 Honorius von Autun, in: Ashe, *Land to the West: St Brendans Voyage to America*, S. 139
41 Platon, 25d
42 Ashe, S. 170–72
43 ebd., S. 172
44 Kurlansky, *Cod: A Biography of the Fish that Changed the World*, S. 29
45 Römische Münzen sind in Neuengland unzählige Male gefunden worden. Einer der überzeugendsten Fälle war die angebliche Entdeckung römischer Gegenstände an einem Strand auf Plum Island in Massachusetts. Zwei junge Männer, Al Locke und Sheldon Lane, waren nach einem besonders heftigen Sturm mit ihrem Metalldetektor unterwegs und stießen auf ein großes Stück Treibholz, das sich ihrer Ansicht nach vom Meeresgrund losgerissen hatte. Sie fuhren es mit ihrem Detektor ab, der zu ihrer Überraschung zu piepsen begann. So fanden die beiden eine abgegriffene Bronzemünze von der Größe eines Silberdollars (etwa so groß wie ein Markstück) in dem Holz eingebettet. Außerdem enthielt das Holzstück zwei etwa 15 Zentimeter lange Schiffsnägel, ebenfalls aus Bronze. Später stellte man fest, dass die Münze eine römische Setterie mit dem Kopf des Kaisers Severus Alexander war, der 235 n. Chr. ermordet wurde (Cahill, *New England's Ancient Mysteries*, S. 14). Die Entdeckung erregte in der Region einiges Aufsehen, und später kam heraus, dass ein örtlicher Münzhändler namens Peter Pratt in derselben Ecke von Plum Island ebenfalls eine bronzene römische Setterie aus dem dritten Jahrhundert gefunden hatte (ebd.).
Außer römischen Münzen hat man an verschiedenen Stellen in Neuengland auch mehrere Terrakottaamphoren iberischen oder karthagischen Ursprungs gefunden, zum Beispiel die beiden unbeschädigten Exemplare, die der Taucher Norwood Bakeman in der Castine Bay in Maine aus dem Wasser zog. Zuerst war er nicht sicher, wie bedeutend seine Entdeckung war, doch dann wurden die Stücke von dem amerikanischen Epigraphiker und Vorgeschichtler Jim Whittall offiziell als «spanische Olivenkrüge» identifiziert (ebd., S. 15). Whittall fand, sie zeigten «Scheuerspuren, verursacht durch das unablässige Rollen des Schiffes während langer Reisen auf

hoher See, während derer die Krüge mit Seilen auf Deck oder im Frachtraum festgemacht waren» (ebd., S. 15). Weitere iberische Amphoren verfingen sich 1991 vor Newburyport in einer Tiefe von 36 Meter in den Netzen eines Fischerbootes (ebd.), andere Exemplare wurden in der Nähe von Boston, Massachusetts, und in Jonesboro, Maine, gefunden (ebd.).
Als Indizien für eine iberophönizische und karthagische Präsenz in Massachusetts wurden Münzen, Öllampen und Schwertklingen gefunden (siehe Kapitel 10).
Außer der Tatsache, dass diese Gegenstände an scheinbar so unmöglichen Orten gefunden wurden, gibt es eine Vielzahl von Schriftsteinen, die als Beweise für präkolumbische Kontakte mit Nordamerika angesehen werden. Ein solcher Stein wurde schon 1658 als Treppenstein vor einer Indianerkirche in einem Reservat in Bourne in der Nähe von Cape Cod entdeckt (ebd., S. 9–10 und Reader's Digest, *The World's Last Mysteries*, S. 55). Er ist 1,5 Meter lang und 4,5 Meter breit. Auf seiner Unterseite befindet sich eine eigenartige Inschrift, die jahrhundertelang nicht übersetzt werden konnte. Erst Barry Fell identifizierte die seltsamen Schriftzeichen als Iberisch, eine Sprache, die sich unter den phönizischen Siedlern in Südwestspanien herausgebildet hatte. Nach sorgfältiger Übersetzung der kurzen Inschrift kam Fell zu dem Schluss, dass die Nachricht lautet: «Erklärung der Übernahme ... darf nicht entstellt werden. Hiermit nimmt Hanno Besitz» (Fell, *America BC: Ancient Settlers in the New World*, S. 95, 160–61).
Akademische Forscher ließen sich von Fells Befunden nicht ganz überzeugen, da sie annahmen, es handele sich hier um den karthagischen General Hanno, der um 425 v. Chr. versuchte, mit einer Flotte von 60 Schiffen und 30 000 Mann Afrika zu umsegeln (siehe Kapitel 5). Zu dieser Annahme besteht jedoch kein Grund. Wir wissen, dass Hanno ein gebräuchlicher karthagischer Name war, denn es tauchen mindestens zwei weitere Hannos in den Geschichtsbüchern auf, beides karthagische Kommandanten aus der zweiten Hälfte des 3. vorchristlichen Jahrhunderts.
Überall in den Vereinigten Staaten hat man Schriftsteine ausgegraben, zu viele, als dass ich sie einzeln auflisten wollte, doch manche sind mit Sicherheit authentisch und beweisen, dass Besucher aus verschiedenen Kulturen nach Amerika gelangt sind und ihre jeweiligen Spuren hinterlassen haben. Siehe dazu McGlone et al., *Ancient American Inscriptions: Plow Marks or History?*

46 Siehe Koudriavtsev, *Atlantis: Ice Age Civilisation*
47 Siehe zum Beispiel Ashe, S. 139
48 Zhirov, *Atlantis – Antlantology: Basic Problems*, S. 179–85
49 O'Brien/O'Brien, *The Shining Ones*, S. 438–41
50 ebd., S. 436–8
51 ebd., S. 439
52 ebd.
53 ebd., S. 441
54 ebd.

55 ebd.
56 Nach persönlichen Gesprächen mit Edmund Marriage, einem Neffen von Christian und Barbara Joy O'Brien, im Mai 1998
57 Babcock, S. 78, nach A. S. Brown, *Guide to Madeira and the Canary Islands (with notes on the Azores)*, 5. Aufl., London 1898, S. 148

3 Der Atlanticus

1 Camp, *Lost Continents: The Atlantis Theme in History, Science, and Literature,* S. 210, Chambers, *The History and Motives of Literary Forgeris,* S. 11
2 Chambers, S. 11
3 Ashe, *Atlantis: Lost Lands, Ancient Wisdom,* S. 26
4 Proclus, *Die Kommentare des Proclus zu Platons Timaios etc.,* Bd. 1, S. 168
5 Proclus, Bd. 1, S. 169
6 Platon, *Kritias* 108e. Der Autor benutzt die englische Übersetzung von A. E. Taylor aus dessen *Plato: Timaios and Kritias.*
7 ebd.
8 ebd., 108e–109a
9 ebd., 112e
10 ebd., 113a–113b
11 ebd., 113b
12 ebd.
13 ebd., 113c
14 ebd.
15 ebd., 113d
16 ebd., 113
17 ebd.
18 ebd.
19 ebd., 114a
20 ebd.
21 ebd.
22 Lemprière, *Klassisches Wörterbuch,* ‹Neptunus›, S. 391–2
23 ebd.
24 Platon, *Kritias,* 114b
25 ebd.
26 Lemprière, ‹Gades›, S. 243–44
27 Siehe Schulten, *Tartesso, ein Beitrag zur ältesten Geschichte des Westens*
28 Platon, *Kritias,* 114c
29 Platon, *Timaios,* 25a
30 ebd., 24e
31 Platon, *Kritias,* 114d–114e
32 ebd., 114e
33 ebd., 116c
34 ebd., 114e
35 Zhirov, *Atlantis – Atlantology: Basic Problems,* S. 46–7
36 Platon, *Kritias,* 114e

37 Donato, *A Re-examination of the Atlantis Theory*, S. 46, nach K. O. Emery, in der Zeitschrift *Oceanus*, Hansen, S. 399
38 Newby, *Warrior Pharaohs*, S. 77
39 Reeves/Wilkinson, *The Complete Valley of the Kings*, S. 77
40 Platon, *Kritias*, 115a–115b
41 Vaughan/Geissler, *The New Oxford Book of Food Plants*, S. 22, und Corner, *The Natural History of Palms*, S. 290–91
42 Heyerdahl, *Early Man and the Ocean*, S. 218–19
43 ebd., nach Arbeiten von H. P. Guppy
44 ebd., S. 219
45 Kelly / Dachille, *Target: Earth – The Role of Large Meteors in Earth Science*,
S. 253
46 Platon, *Kritias*, 115b–115c
47 ebd., 115d–116a
48 ebd., 116c
49 ebd.
50 ebd.
51 ebd., 116e
52 ebd., 117a
53 ebd., 117b
54 ebd., 117b–117c
55 ebd., 117c–117d
56 ebd., 118d–118e
57 ebd., 117e

4 Atlantis im Überblick

1 Platon, *Kritias*, 117e–118a. Die englische Übersetzung des *Kritias*, die ich für dieses Buch benutzt habe, gibt Längen in *Furlong* an, während das Längenmaß im griechischen Originaltext *Stadien* sind. Um die ursprünglichen Längenangaben zu bestätigen, habe ich auch die englische Übersetzung aus dem Jahr 1849 von Henry Davis, zurate gezogen.
2 ebd., 118a
3 ebd., 118b
4 ebd., 118c–118d
5 ebd., 119c
6 ebd., 119d
7 ebd., 119e
8 ebd., 120a
9 ebd., 120b
10 ebd.
11 Thukydides, *Die Geschichte des Peloponnesischen Krieges, 1, 4*
12 Camp, *Lost Continents: The Atlantis Theme in History, Science, and Literature*, S. 188
13 Siehe z. B. Mavor, *Voyage to Atlantis*, Bildtafel 23b
14 Lemprière, *Klassisches Wörterbuch*, ‹Neptunus›, S. 391–2

15 Camp, S. 188
16 ebd.
17 Platon, *Kritias*, 121b–121c
18 Babcock, *Legendary Islands of the Atlantic: A Study in Medieval Geography*, S. 3
19 Forsyth, *Atlantis: The Making of Myth, S. 172–3*
20 ebd., S. 172
21 ebd., S. 175–6
22 ebd., S. 169–76
23 Camp, S. 188–9
24 ebd., S. 231
25 Herodot, *Geschichte*, 1.98
26 Platon, *Kritias*, 118a–118b
27 ebd.
28 ebd., 113d
29 ebd., 117e
30 Platon, *Kritias*, 108e–109a, in Donnelly, *Atlantis: The Antediluvian World*, S. 11–12

5 Die Inseln der Seligen

1 Strabo, *Geographie*, II, iii, 6
2 Siehe z. B. Proclus, *Die Kommentare des Proclus zu Platons Timaios etc.*, Bd. 1, S. 64. Proclus beschreibt Ansichten und Meinungen für und wider Atlantis, wie sie im dritten Jahrhundert n. Chr. von den Philosophen an der Platonischen Akademie zu Alexandria debattiert wurden.
3 Zhirov, *Atlantis – Atlantology: Basic Problems*, S. 60
4 Diese Zahl stammt wahrscheinlich aus den *Pinakes*, dem Katalog, den der Bibliothekar Callimachus von Cyrene (ca. 310/305–240 v. Chr.) zusammengestellt hat. Siehe Green, *Alexander to Actium: The Hellenistic Age*, S. 88, Anm. 46, und 666–7
5 Harden, ‹The Phoenicians on the West Coast of Africa›, in: *Antiquity* XXII, 1948, S. 142
6 ebd. Die früheste heute noch existierende Manuskriptversion von Hannos Reise, der *Codex Heildebergensis 398*, stammt aus dem 10. Jahrhundert n. Chr.
7 Hanno, III, nach Harden, *The Phoenicians*, S. 174, entnommen aus C. Muller, *Geographi Graeci Minores*, 3 Bände, Paris, 1855–61
8 ebd., IV
9 Harden, ‹The Phoenicians on the West Coast of Africa›, in: *Antiquity* XXII, 1948, S. 142
10 Hanno, VI
11 Harden, *The Phoenicians,* S. 176
12 Hanno, VII
13 ebd.
14 ebd., VIII
15 ebd.

16 ebd., IX
17 ebd., XIII
18 ebd., XIII–XVII
19 ebd., XVIII
20 Harden, *The Phoenicians*, S. 177
21 Harden, ‹The Phoenicians on the West Coast of Africa›, in: *Antiquity* XXII, 1948, S. 145–6
22 ebd., S. 141–50
23 Harden, *The Phoenicians*, S. 176
24 ebd.
25 Hanno, VIII
26 Harden, ‹The Phoenicians on the West Coast of Africa›, in: *Antiquity* XXII, 1948, S. 144
27 Pseudo-Scylax, *Periplus*, 112, nach der englischen Übersetzung in Nordenskiöld, *Periplus: An Essay on the Early History of Charts and Sailing-Directions*, S. 8
28 ebd.
29 ebd.
30 Pseudo-Aristoteles, *Überlieferte Wunder*, 84, entnommen aus Camp, *Lost Civilisations: The Atlantis Theme in History, Science, and Literature*, S. 294
31 ebd.
32 ebd.
33 ebd.
34 Plinius, *Naturgeschichte*, VI, xxxvi, 203
35 Gordon, *Before Columbus*, S. 39
36 Harden, *The Phoenicians*, S. 63
37 Pseudo-Aristoteles, 136
38 ebd.
39 ebd.
40 Diodorus Siculus, *Bibliotheca*, III, 53
41 ebd.
42 ebd.
43 ebd., III, 54
44 ebd.
45 ebd.
46 Herodot, *Geschichte*, 4.184
47 ebd.
48 Diodorus Siculus, III, 54
49 ebd.
50 ebd.
51 ebd., III, 55
52 ebd.
53 ebd.
54 ebd.
55 ebd., III, 56
56 ebd., III, 54

57 ebd., III, 60
58 ebd.
59 ebd.
60 Hellanicus von Lesbos, *Atlantis*, in: James, *The Sunken Kingdom*, S. 289
61 Lemprière, *Klassisches Wörterbuch*, ‹Plejaden›, S. 484–5
62 Keyser, ‹From Myth to Map: The Blessed Isles in the First Century v. Chr.›, in: *The Ancient World*, Bd. 24, Teil 2, 1993, S. 152
63 Keyser, S. 149
64 Hellanicus von Lesbos
65 Plinius, *Naturgeschichte*, IV, xii, 58
66 Keyser, S. 162
67 Diodorus Siculus, V, 19
68 ebd.
69 ebd.
70 ebd.
71 Pseudo-Aristoteles, 84
72 Diodorus Siculus, V, 20
73 ebd.
74 ebd.
75 Harden, *The Phoenicians*, S. 178
76 Die Entdeckung der beiden Inseln von Atlantis auf die von Plutarch in seinem *Leben des Sertorius* beschriebene Weise ist ein Thema, das schon früher auftaucht, im relativ unbekannten Werk des römischen Historikers Sallust (1. Jh. v. Chr.).
77 Plutarch, *Das Leben des Sertorius*, S. 399–400
78 ebd., S. 400
79 ebd.
80 ebd.
81 ebd., S. 399–400
82 Harden, ‹The Phoenicians on the West Coast of Africa›, in: *Antiquity* XXII, 1948, S. 141, Anmerkung 3, nach dem Bericht eines Schweden namens Podolyn aus dem Jahr 1778. Podolyn nahm die Münzen in Madrid in Besitz. Seine Geschichte ist vollständig zitiert in: Hennig, R., *Terrae Incognitae* (Leiden, 1936)
83 Lemprière, ‹Elysium›, S. 219–220
84 ebd.
85 ebd.
86 Thomson, *History of Ancient Geography*, S. 41 und S. 41, Anmerkung 1, nach Dornseiffs Artikel in *L'Ant. Classique*, 1937, S. 239
87 Gordon, S. 39

6 Vierzig Tagereisen

1 Plinius, *Naturgeschichte,* II, xcii, 205
2 ebd., IV, xxii, 119. Eine Übersetzung des Wortes *Cassiteriden* findet sich in: Wilson, *Lost Lyonesse: Evidence, Records and Traditions of England's Atlantis*, S. 16

3 Plinius, IV, xxii, 119.
4 Lemprière, *Klassisches Wörterbuch*, ‹Fortunatae insulae›, S. 241
5 Plinius, VI, xxxvi, 199
6 ebd., VI, xxxvi, 199–201
7 Keyser, ‹From Myth to Map: The Blessed Isles in the First Century BC›, in: *The Ancient World*, Bd. 24, Teil 2, 1993, Karte auf Seite 168
8 Galvão, *Die Entdeckungen der Welt von ihrem Beginn bis zum Jahre des Herrn 1555*, S. 11 u. 26
9 Babcock, *Legendary Islands of the Atlantic: A Study in Medieval Geography*, S. 1
10 Cortesão, *Die Seekarte von 1424 und die frühe Entdeckung und kartographische Darstellung von Amerika*, S. 48
11 ebd., S. 97
12 ebd., S. 48, Anmerkung 1
13 Lemprière, ‹Hesperia›, S. 273
14 ebd., ‹Hesperus›, S. 274
15 Hesiod, *Theogony*, S. 214–216, 518
16 Apollodorus, *Bibliotheca*, II, V 11
17 Honorius von Autun, in Ashe, *Land to the West: St Brendans Voyage to America*, S. 139
18 Ashe, S. 137
19 Columbus, *Das Leben des Admirals Christoph Kolumbus, von seinem Sohn Ferdinand*, S. 57
20 Plinius, VI, xxxvi, 201
21 Galvão, S. 4
22 Plinius, VI, xxxvi, 201, nach der englischen Übersetzung von Ann Deagon
23 Plinius, VI, xxxvi, 200
24 Columbus, S. 68
25 ebd., S. 120 u. 126
26 Lemprière, ‹Solinus C. Julius›, S. 574
27 Amtliches Schriftstück vom 31. Dezember 1536, in: Nash, *America: The True History of its Discovery*, S. 159–60
28 Solinus, *Polyhistor: De Memoralibus Mundi*, Fvi(r)

7 Spuren einer Katastrophe

1 Ashe, *Atlantis: Lost Lands, Ancient Wisdom*, S. 16
2 Proclus, *Die Kommentare des Proclus zu Platons Timaios etc.*, Bd. 1, S. 64
3 ebd.
4 ebd., Bd. 1, S. 86
5 ebd., S. 64
6 James, *The Sunken Kingdom*, S. 172–3
7 Proclus, Bd. 1, S. 64
8 ebd.
9 Taylor, ‹Inreoduction›, in Proclus, entnommen aus Platon, *Timaios*, 37–40. Siehe auch Cornford, *Plato's Cosmology*, S. 75–93, 120–34

10 ebd.
11 Bramwell, *Lost Atlantis*, S. 64, und Camp, *Lost Civilisations: The Atlantis Theme in History, Science, and Literature*, S. 18
12 Proclus, Bd. 1, S. 148
13 ebd., S. 80–81
14 Diodorus Siculus, *Bibliotheca*, II, 47, 2
15 ebd., II, 47, 3
16 Proclus, Bd. 1, S. 148
17 Homer, *Odyssee*, vii, 24
18 Plutarch, *Das Antlitz des Mondes*, 26,941a–941c. Ich habe mich für die Loeb-Übersetzung entschieden und in Klammern andere Interpretationen der beiden Schlüsselwörter eingefügt. In anderen englischen Übersetzungen erscheint der Schwerpunkt – die Bedeutung – dieses Absatzes deutlich verschoben.
19 Keyser, ‹From Myth to Map: The Blessed Isles in the First Century BC›, in: *The Ancient World*, Bd. 24, Teil 2, 1993, S. 163
20 Ashe, *Land to the West: St Brendan's Voyage to America*, S. 180–81
21 Plutarch, *Das Antlitz des Mondes*, 26, 941a
22 ebd., 26, 941a, Fußnote a
23 ebd., 26, 941b
24 ebd., 26, 941b, Fußnote, entnommen aus Charax, Fragment 16 in *Frag. Hist. Graec.* iii., S. 640, Aelian, *Var. Hist., V. 3,* und Aristoteles, Fragment 678
25 Irwin, *Fair Gods and Stone Faces*, S. 241
26 Ashe, *Land to the West: St Brendan's Voyage to America*, S. 191
27 ebd.
28 Diese Titel waren: Ashe, *The Quest for America*, S. 42–5, ein Buch, das auch Beiträge bedeutender Autoren wie Thor Heyerdahl und J. V. Luce enthält, und: *Atlantis: Lost Lands, Ancient Wisdom*, S. 26–7, erschienen 1992 in Thames & Hudsons Reihe *Art and Enlightenment*.
29 Gaffarel, *Histoire de la découverte de l'Amerique*, Bd. 1, S. 18
30 ebd., S. 19
31 Frazer, *Folk-lore in the Old Testament*, Bd. 1, S. 18
32 Cruxent/Rouse, ‹Early man in the West Indies›, in: *Scientific American*, 221, 1969, S. 71
33 ebd.
34 Hine/Steinmetz, ‹Cay Sal Bank, Bahamas – A Partially Drowned Carbonate Platform›, in: *Marine Geology*, 59, 1984, S. 157, und Wilber/Milliman/Halley, ‹Accumulation of bank-top sediment on the western slope of Great Bahama Bank: Rapid propagation of a carbonate megabank›, in: *Geology*, 18, Okotober 1900, S. 973
35 Hine/Steinmetz, S. 157
36 ebd.
37 ebd. und Wilber/Milliman/Halley, S. 973
38 Clarke, *Examination of the Legend of Atlantis in Reference to Protohistoric Communication with America*, S. 29

39 Platon, *Timaios*, 25a, in Clarke, S. 24
40 Clarke, S. 24
41 Spedicato, ‹Apollo Objects, Atlantis and other Tales: A Catastrophical Scenario for Discontinuities in Human History›
42 Ashe, *Atlantis: Lost Lands, Ancient Wisdom*, S. 27
43 Proclus, Bd. 1, S. 151
44 Aelian, *Historische Randbemerkungen*, II, xviii

8 Das Geschäft mit den Drogen

1 James/Thorpe, *Ancient Inventions*, S. 350
2 Balabanova/Parsche/Pirsig, ‹Erster Nachweis von Drogen in ägyptischen Mumien› in: *Naturwissenschaften*, 79, 1992, S. 358
3 ‹Mystery of the Cocaine Mummies›, Equinox, *Channel 4* (englisches Fernsehen), 1996
4 Balabanova/Parsche/Prisig, S. 358
5 Galvão, *Die Entdeckungen der Welt von ihrem Beginn bis zum Jahre des Herrn 1555*, S. 87: «Auf diesen Feldern wachsen auch, trotz der großen Hitze im Lande, guter Mais, Kartoffeln und Kraut, das sie *Coca* nennen und das sie ununterbrochen im Mund haben … das auch (so sagen sie) sowohl Hunger als auch Durst stillt.»
6 James/Thorpe, S. 340
7 Jacobs, ‹Toke Like an Egyptian›, in: *Fortean Times*, FT117, Dezember 1998, S. 36
8 ebd. und: Balabanova/Parsche/Pirsig, S. 358, und (Autor unbekannt): ‹Forschungsergebnisse bestätigen den Gebrauch von Haschisch, Kokain und Nikotin in prähistorischen Kulturen›, in: *Sociology of Drugs*, März 1993
9 Jacobs, S. 36
10 ‹Mystery of the Cocaine Mummies›, Equinox, *Channel 4* (englisches Fernsehen), 1996
11 ebd. und: ‹Forschungsergebnisse bestätigen den Gebrauch von Haschisch, Kokain und Nikotin in prähistorischen Kulturen›, in *Sociology of Drugs*, März 1993
12 ebd.
13 ‹Mystery of the Cocaine Mummies›, Equinox, *Channel 4* (englisches Fernsehen), 1996, nach einer Arbeit von Rosalie Davies vom *Manchester Museum*
14 ebd.
15 Przeworski, ‹Notes d'Archéologie Syrienne et Hettite›, in: Syria 11, 1930, S. 133–45
16 ebd., S. 142
17 ebd., S. 140
18 ebd., S. 136
19 ebd., S. 134–5
20 ebd.
21 ebd., S. 137

22 ebd., S. 137, Anm. 2
23 ebd., S. 133
24 ebd., S. 140
25 ebd.
26 Gordon, *Before Columbus*, S. 142
27 ebd., S. 142, Anm. 127
28 ebd., S. 142
29 ebd.
30 Przeworski, S. 138–9
31 James/Thorpe, S. 349
32 ebd., S. 348
33 Van Sertima, *They Came Before Columbus*, S. 213–22
34 ebd., S. 215
35 ebd.
36 ebd., S. 214
37 ebd., S. 216
38 ebd.
39 ebd., S. 216–17
40 ebd., S. 213
41 ebd.
42 ebd.
43 ebd., S. 214, nach G. Binger, *Du Niger au Golfe de Guinée*, Paris 1892, Bd. 2, S. 364. Siehe auch Weiner, Leo, *Africa and the Discovery of America*, Innes & Sons, Philadelphia 1922, Bd. 2, S. 91
44 ebd., S. 216
45 Skeptiker hinsichtlich der «Kokainmumien»-Theorie haben darauf hingewiesen, dass eine Art des Erythroxylon – der Gattung der Kokapflanze – auf der Insel Mauritius im Indischen Ozean zu finden ist. Die Alte Welt könnte also auf diesem Weg zu ihrem Kokain gekommen sein. Doch als europäische Seeleute im 16. Jahrhundert auf der Insel landeten, fanden sie dort keine Menschenseele vor. Auch danach sind keine Anzeichen dafür entdeckt worden, dass sie je bewohnt war. Solange wir keinen Beweis dafür haben, dass das in ägyptischen Mumien enthaltene Kokain woandersher stammt als von der in Amerika heimischen Kokaspezies, müssen wir diese als die wahrscheinlichste Quelle der Droge annehmen.
46 Van Sertima, S. 9 u. 12
47 ebd., S. 10
48 Jaime Ferrer, Brief an Christoph Kolumbus vom 5. August 1495, in: Thacher, *Christopher Columbus: His Life, His Work, His Remains,* Bd. 2, S. 368–9
49 ebd., Bd. 2, S. 369

9 Olmeken und Elefanten

1 O'Connor, ‹Die frühesten königlichen Schiffsgräber›, in: *Egyptian Archaeology*, 6, 1995, S. 3–7
2 ebd.

3 Herodot, *Historia*, 4.43
4 ebd.
5 ebd.
6 Harden, ‹Die Phönizier an der Westküste Afrikas›, in *Antiquity*, XXII, 1948, S. 146
7 Siehe Lichtheim, *Ancient Egyptian Literature, Vol 1: The Old an Middle Kingdoms*, ‹The Tale of the Shipwrecked Sailor›, S. 211–15 II. 1–185
8 ebd., I. 25
9 ebd., I. 29
10 Kaster, ‹Wings of the Falcon›, in: Gordon, *Before Columbus*, S. 58
11 Lichtheim, I. 98
12 ebd., I. 130
13 ebd., II. 148–54
14 Gordon, S. 63
15 Houlihan, *The Animal World of the Pharaohs*, S. 199
16 Smith, *Elephants and Ethnologists*, S. 22–3, Bildtafel 2 gegenüber S. 20, Tafel 4 gegenüber S. 23
17 Soustelle, *The Olmecs: The Oldest Civilisation in Mexico*, S. 44
18 ebd., S. 21
19 ebd., S. 9–10, 15
20 Stirling, ‹Die Entdeckung des ältesten von Menschen hergestellten Objekts der Neuen Welt›, in: *National Geographic Magazine*, 76, August 1939, S. 183–218
21 Irwin, *Fair Gods and Stone Faces*, S. 141 u. 157
22 ebd.
23 Soustelle, S. 9
24 Gordon, S. 21–5
25 Jairazbhoy, *Ancient Egyptians and Chinese in America*, S. 20
26 ebd.
27 Drucker/Heizer/Squier, ‹Radiocarbon daets from La Venta, Tabasco›, in: *Science*, 126, 12. Juli 1957, S. 72–3
28 Soustelle, S. 47 u. 49
29 Jairazbhoy, S. 12–13
30 ebd., S. 16
31 Van Sertima, *They Came Before Columbus*, S. 146–7
32 Jairazbhoy, S. 16. Siehe auch Soustelle, S. 5
33 Gilmore/McElroy, *Across Before Columbus?*, S. 299
34 ebd., S. 300
35 ebd.
36 McGlone et al., *Ancient American Inscriptions: Plow Marks or History?*, S. 21 u. 24
37 Campbell/Abadie, *The Mystic Image*, Bd. 2, S. 145–7.
38 Fritze, *Legend and Lore of the Americas before 1492*, dort ‹Jumon/Valdivia Trans-Pacific Contacts (3000 BC)›, S. 141–2. siehe auch Pearson, ‹Migration from Japan to Ecuador: the Japanese Evidence›, in: *American Anthropology*, 70, 1968, S. 85–6

39 Siehe Meggers, ‹Jomon-Valdivia Similarities: Convergence or Contact?›, in: Gilmore/McElroy, *Across Before Columbus?*, S. 11–19
40 Guthrie, ‹Human Lymphocite Antigens: Apparent Afro-Asiatic, South Asian & European HLAs in Indigenous American Populations›, unveröffentlichter Entwurf, Februar 1998
41 Siehe zu den als «Tänzer» bekannten Reliefs von Monte Alban z. B. Irwin, S. 68 u. 70–71
42 Siehe z. B. Gordon, S. 21–35, und Irwin, S. 175–88
43 Vaillant, ‹A Bearded Mystery›, in *Natural History*, 31, Mai–Juni 1931, S. 243–52
44 ebd., S. 250
45 Stirling, ‹Die Großen Steingesichter im Mexikanischen Urwald›, in: *National Geographic Magazine*, 78, Nr. 3, September 1940, S. 326–7. Siehe auch Irwin, S. 144
46 Irwin, S. 146–54
47 ebd., S. 153
48 ebd., S. 151 u. 156
49 ebd., S. 156–7

10 Die Muschelhändler

1 Wright, *Biblical Archaeology*, S. 187
2 Ward, ‹Ancient Lebanon›, in: *Cultural Resources in Lebanon*, S. 18
3 ebd., S. 18–19
4 Sanchoniathon, in Cory, *Ancient Fragments*, S. 9
5 ebd., S. 7 u. 14
6 Bunbury, *A History of Ancient Geography*, S. 14, Anm. 9
7 Herodot, *Historia*, 4.196
8 ebd., 4.42
9 ebd.
10 Plinius, *Naturgeschichte*, VI, xxxvi, 199–201
11 Babcock, *Legendary Islands of the Atlantic: A Study in Medieval Geography*, S. 1
12 Harden, *The Phoenicians*, S. 104
13 Bunbury, S. 86
14 Strabo, *Geographie*, III, v, 11
15 Gordon, *Before Columbus*, S. 125
16 ebd., S. 124–5
17 Harden, *The Phoenicians*, S. 104
18 Gordon, S. 125
19 ebd.
20 ebd.
21 Persönliche Mitteilung von Gordon an Sorenson vom September 1995. Siehe Sorenson/Raish, *Pre-Columbian Contact with the Americas across the Oceans: An Annotated Bibliography*, Bd. 1, Eintrag G-165, S. 375–6
22 Samuel 2, 5.11 u. Chroniken 1, 14.1; alle Bibelreferenzen und Zitate nach der autorisierten und revidierten Ausgabe von 1611, OUP 1905

23 Könige 1, 5.1, 9.10 u. Chr. 2, 2.3
24 Picard/Picard, *The Life and Death of Carthage*, S. 287
25 Cahill, *New England's Ancient Mysteries*, S. 8
26 ebd.
27 ebd.
28 ebd., S. 9
29 ebd.
30 ebd.

11 Schiffswracks und Matrosen

1 Marx, *The Search vor Sunken Treasure*, S. 33
2 ebd.
3 ebd.
4 ebd.
5 ebd., S. 34
6 ebd.
7 Fell, *America BC*, überarbeitete Auflage 1989, S. 320
8 Marx, S. 34–5
9 ebd.
10 Fingerhut, *Explorers of Pre-Columbian America: The Diffusionist Inventionist Controversy*, S. 20
11 ebd.
12 ebd.
13 Marx, S. 34
14 Eccott, ‹Comalcalco: Maya Innovation or Old World Intervention?›, in: *Ancient American*, 3, Nr. 34, Juli–August 1998, S. 9, und Steede, ‹Comalcalco: An Early Classic Maya Site›, in: Gilmore/McElroy, *Across Before Columbus?*, S. 35–6
15 Steede, ‹Mexikos Comalcalco-Pyramiden – tausend Jahre älter als angenommen?›, in: *Ancient American*, 4, Nr. 26, Januar–Februar 1999, S. 16
16 ebd.
17 Fell, ‹Alphabetic Libyan Mason's Marks on Mochica Adobe Bricks›, *ESOP*, 20, 1991, S. 224–30
18 McGlone et al., *Ancient American Inscriptions*, S. 313–14
19 ebd.
20 Eccott, ‹Comalcalco – The «Roman mason marks»: A closer look›, unveröffentlichter Artikel, 1999
21 Steede, ‹Mexikos Comalcalco-Pyramiden – tausend Jahre älter als angenommen?›, in: *Ancient American*, 4, Nr. 26, Januar–Februar 1999, S. 16
22 Eccott, ‹Comalcalco: A Case for Early Pre-Columbian Contact and Influence›, in: *Chronology and Catastrophism Review*, 1, 1999, S. 21–9, und ‹Comalcalco – The «Roman mason marks»: A closer look›, unveröffentlichter Artikel, 1999
23 Eccott, ‹Comalcalco: A Case for Early Pre-Columbian Contact and Influence›, in: *Chronology and Catastrophism Review*, 1, 1999, S. 21–9

24 Prescott, *History of the Conquest of Mexico*, 1, S. 228, und Steede, ‹Comalcalco: An Early Classic Maya Site›, in: Gilmore/McElroy, S. 35
25 Eccott, ‹Before Columbus (the Calixtlahuaca Roman head)›, in: *Quest for Knowledge*, 1, Nr. 5, Herbst 1997, S. 18–18, und Heine-Geldern, ‹Ein Römischer Fund aus dem Vorkolumbischen Mexiko›, in: *Anzeiger der Österreichischen Akademie der Wissenschaften*, 16, 1961, S. 117–19
26 Irwin, *Fair Gods and Stone Faces*, S. 258
27 Fell, *America BC*, überarbeitete Auflage 1989, S. 318, und Sorenson/Raish, *Pre-Columbian Contact with the Americas across the Oceans: An Annotated Bibliography*, Bd. xx, Eintrag M-143, S. 106
28 ebd.

12 Die Atlantikfahrer

1 Miller/Taube, *The Gods and Symbols of Ancient Mexico and the Maya*, siehe dort ‹tobacco›, S. 169
2 ebd.
3 ebd., siehe unter ‹Schelhas gods›, S. 146–7
4 Zu iberisch-keltischen Datierungen in Amerika siehe Fell/Whittall, ‹Proposed Correlation of North American and European Culture Sequences›, 1976, in: Fell, *America BC*, hintere Innenklappe
5 Whishaw, *Atlantis in Andalucia*, S. 44, 46, 71, 76, 173
6 ebd., S. 6 u. 71
7 ebd., S. 6, 33, 76
8 Strabo, *Geographia*, III, i, 6
9 Whishaw, S. 150
10 James/Thorpe, *Ancient Inventions*, S. 340
11 ebd., S. 340–41
12 Persönliche Korrespondenz mit Dr. Colin McKeown vom *British Museum*, Februar 1999
13 Irwin, *Fair Gods and Stone Faces*, S. 286, nach Arbeiten von Philip Drucker und Robert Wauchope
14 ebd., nach Robert Wauchope
15 ebd., S. 286
16 Bankes, *Peru before Pizarro*, S. 138
17 ebd.
18 Burger, *Chavin and the Origins of Andean Civilisation*, S. 16
19 ebd., S. 70
20 ebd., S. 181
21 ebd., S. 165
22 ebd., S. 129
23 ebd., S. 168
24 ebd., S. 180
25 ebd., S. 129
26 ebd.
27 ebd., S. 117
28 ebd.

29 Irwin, S. 287
30 Mortimer, *Peru: History of Coca – The Divine Plant of the Incas*, S. 228
31 ‹Prospective Jeunesse asbl – Histoire de la Coca›, 1998, @www.prospective-jeunesse.be/drogues/coca/histoire.htm
32 Platon, *Kritias*, 114b
33 ebd.
34 Plinius, *Naturgeschichte*, IV, xxii, 120
35 Odelain/Séguineau, *Wörterbuch der Eigennamen und Orte in der Bibel*, siehe dort unter ‹Geder›, S. 134, nach Jos. 12.13
36 ebd., siehe unter Gedor, nach Hiob 1-2
37 Bérard, ‹L'Atlantide de Platon›, in: *Annales de Géographie*, 38, Nr. 213, 15. Mai 1929, S. 193–205; siehe auch Forsyth, *Atlantis: The Making of Myth*, S. 100
38 Pseudo-Scylax, 112, englische Übersetzung aus Nordenskiöld, *Periplus: An Essay on the Early History of Charts and Sailing-Directions*, S. 8
39 Diodorus Siculus, *Bibliotheca*, III, 54
40 Bramwell, *Lost Atlantis*, S. 110, nach Arbeiten von Felix Berlioux

13 Die Rückkehr zum Paradies

1 Columbus, *Das Leben des Admirals Christoph Kolumbus, von seinem Sohn Ferdinand*, S. 46–7
2 Cortesão, *Die Seekarte von 1424 und die frühe Entdeckung und kartographische Darstellung von Amerika*, S. 59, nach Jean Nicholas Buache (1741–1825). Das ursprüngliche Wort «Antillia» in Buaches Beschriftung wurde durch die eher anerkannte Schreibweise «Atulliae» ersetzt, wie 1887 von Kretschmer vorgeschlagen.
3 ebd., S. 59–60, nach Dr. Heinrich Wuttke, der 1870 bemerkte, das eigentliche Schlüsselwort sei «A(r)cules», und Crone, ‹The Origin of the name Antillia›, in *The Geographical Journal*, März 1938, S. 260–62 sowie Crone, ‹The Pizigano Chart and the «Pillars of Hercules»›, in: *The Geographical Journal*, April–Juni 1947, S. 278–9
4 Cortesão, S. 60, und Crone, ‹The Pizigano Chart and the «Pillars of Hercules»›, in: *The Geographical Journal*, April–Juni 1947, S. 278–9
5 Cortesão, S. 59, nach K. Kretschmer, *Die Entdeckung Amerikas*, 1892, S. 195–7
6 Babcock, *Legendary Islands of the Atlantic: A Study in Medieval Geography*, S. 70
7 ebd.
8 ebd., S. 169, entn. aus Humboldt, *Examen Critique*
9 Cortesão, S. 109
10 ebd., S. 85
11 ebd., S. 78
12 Benincasa-Karte, 1482, in Ravenstein, *Martin Behaim – sein Leben und sein Globus*, Karte 2
13 Cortesão, S. 67
14 ebd., S. 74

15 ebd., S. 68, Tafel III: «Die Antillengruppe in der Kartografie des 15. Jahrhunderts»
16 Bradford, *Christopher Columbus*, S. 45–6
17 Babcock, S. 70 u. 151
18 Ravenstein, *Martin Behaim – sein Leben und sein Globus*, S. 46
19 Cortesão, S. 94
20 Babcock, S. 146
21 ebd.
22 ebd., S. 145
23 Whishaw, *Altantis in Andalucia*, S. 91, entnommen aus Fray Angel Ortega, *Historia de la Rabida*
24 ebd.
25 ebd., S. 92–3
26 ebd., S. 93, entn. aus Fray Angel Ortega, *Historia de la Rabida*
27 Babcock, S. 145
28 Ravenstein, S. 77
29 Cortesão, S. 70
30 Galvão, *Die Entdeckungen der Welt von ihrem ersten Ursprung bis zum Jahre des Herrn 1555*, S. 26
31 ebd.
32 ebd.
33 Bradford, S. 71
34 Deacon, *Madoc and the Discovery of America*, S. 7–8
35 Columbus, S. 50
36 Pseudo-Aristoteles, *Überlieferte Wunder*, S. 84
37 Columbus, S. 50
38 ebd., S. 50–51
39 Cortesão, S. 70
40 Babcock, S. 78, und Johnson, *Phantom Islands of the Atlantic*, S. 112
41 Johnson, S. 112
42 Ravenstein, S. 46
43 Cortesão, S. 2–3
44 ebd., S. 110
45 Babcock, S. 153–5 u. 162
46 Camp, *Lost Continents: The Atlantis Theme in History, Science, and Literature*, S. 21–2
47 Hapgood, *Maps of the Ancient Sea Kings*, S. 61
48 ebd., S. 61–2
49 Bradford, S. 125–6, und Columbus, S. 82
50 Bradford, S. 126
51 ebd., S. 129
52 ebd., S. 131, und Columbus, S. 86
53 Strode, *The Pageant of Cuba*, S. 43
54 ebd., S. 45
55 ebd., S. 48
56 ebd., S. 43 u. 48

57 ebd., S. 49
58 Strode, S. 54
59 Babcock, S. 75
60 ebd., S. 74
61 von Hagen, *The Golden Man: the Quest for El Dorado*, S. 55 u. 125
62 Wilson, *The World Atlas of Treasure*, S. 163
63 von Hagen, S. 90
64 Eine umfassende Darstellung der Expedition findet sich in Raleigh, *The Discovery of Guiana*
65 von Hagen, S. 82–90
66 Cortesão, S. 88
67 Babcock, S. 69
68 ebd.
69 Cortesão, S. 106

14 Der Erhabene

1 Thacher, *Christopher Columbus: His Life, His Work, His Remains*, Bd. 1, S. 295
2 Cortesão, «*Die Seekarte von 1424 und die frühe Entdeckung und kartographische Darstellung von Amerika*, S. 94
3 ebd., S. 73
4 Columbus, *Das Leben des Admirals Christoph Kolumbus, von seinem Sohn Ferdinand*, S. 51
5 ebd., S. 57
6 Williams, *Madoc: The Making of a Myth*, S. 39–40, entn. aus Dr. John Dee, *Das Große Buch der Berühmten und Kostbaren Entdeckungen*, 1577
7 Nordenskiöld, *Periplus: An Essay on the Early History of Charts and Sailing-Directions*, S. 54
8 ebd.
9 Cortesão, S. 81
10 ebd., S. 73
11 Thacher, Bd. 1, S. 290
12 Castle, *The Proceedings against the Templars in France and England for Heresy, etc. AD 1307–11, nach den Amtlichen Dokumenten jener Periode*, S. 15
13 ebd.
14 ebd., S. 37
15 Burman, *Supremely Abominable Crimes: The Trial of the Knights Templar*, S. 816
16 Berry, *Encyclopedia Heraldica*, darin Knighthood, Bd. 1, keine Seitenangabe
17 ebd. und persönliche Korrespondenz mit Robert Bryden, einem Experten in Sachen Tempelritter, März 1999
18 Siehe z. B. Gardner, *Bloodline of the Holy Grail*, S. 400.
19 Columbus, S. 39–40
20 Ravenstein, *Martin Behaim – sein Leben und sein Globus*, S. 29–30

21 ebd., S. 30
22 ebd., S. 30–31 finden Sie einen ausführlichen Kommentar zur Behaim übertragenen Ritterwürde. Ravenstein weist darauf hin, dass Behaim dem Orden nicht angehört haben kann, da er auf keinem Porträt mit dem roten Kreuz dargestellt ist. Ferner erklärt Ravenstein, kurz nach seiner Bestellung habe Behaim seine zweite Frau geheiratet. Da Ritter erst nach einem entsprechenden Erlass im Jahre 1495 heiraten durften, beweist dies, dass Behaim zur fraglichen Zeit kein Ordensmitglied gewesen sein kann.
23 ebd., S. 29.
24 ebd.
25 Babcock, *Legendary Islands of the Atlantic: A Study in Medieval Geography,* S. 7., und Moore, *The Penguin Encyclopedia of Places*, siehe dort unter ‹Azores›, S. 68–9
26 Babcock, S. 168
27 Ashe, S. 138, und Cortesão, S. 40
28 Babcock, S. 7
29 Cortesão, S. 40
30 Babcock, S. 7
31 Cortesão, S. 48
32 Babcock, S. 146
33 ebd., S. 47
34 ebd., S. 147
35 Nordenskiöld, S. 15
36 Babcock, S. 148
37 ebd., S. 149
38 Odelain/Séguineau, *Wörterbuch der Eigennamen und Orte in der Bibel,* siehe dort unter ‹Attalia›, S. 46–7
39 Hosea, ‹Atlantis: A Statement of the «Atlantic» Theory Respecting Aboriginal Civilisation›, in *The Cincinnati Quarterly Journal of Science*, Bd. II, no. 3, Juli 1875, S. 199
40 ebd.
41 Persönliche Korrespondenz mit Clifford Wright, Professor für südasiatische Studien an der Schule für Orient- und Afrikaforschung, London, im April 1999
42 ebd.
43 Herodot, *Historia*, 5.58
44 Odelain/Séguineau, unter ‹Athalia›, S. 46, bestätigt durch Jo Ann Hackett, Professorin für biblisches Hebräisch an der Harvard-Universität in Massachusetts, März 1999
45 Persönliche Korrespondenz mit Jo Ann Hackett, Harvard, März 1999
46 Harris, *A Grammar of Phoenician Language*, siehe dort unter ‹atla›, S. 136
47 Persönliche Korrespondenz mit Jo Ann Hackett, Harvard, März 1999
48 *Cassell Pocket English Dictionary*, siehe dort unter ‹elevated›, S. 261, und James, *Dictionary of the English and German Languages,* 46. Aufl., 1922, dort unter ‹elevate› etc., S. 179

49 ebd.
50 Lemprière, *Klassisches Wörterbuch*, dort unter ‹Atlas›, S. 92
51 Homer, *Odyssee*, I, 52-4
52 Hesiod, *Theogonie*, Zn. 517–519
53 Galvão, *Die Entdeckungen der Welt von ihrem ersten Ursprung bis zum Jahre des Herrn 1555*, S. 5
54 Bunbury, *A History of Ancient Geography*, S. 74 u. 86
55 ebd., S. 7
56 Zur Sprachwurzel des Wortes ‹Elysium› siehe Thomson, *History of Ancient Geography*, S. 41 und S. 41, Anm. 1, nach Dornseiff in *L'Ant. Classique*, 1937, S. 239
57 Homer, *Ilias*, XIV, 201
58 Nordenskiöld, S. 161
59 Hosea, S. 200
60 ebd., S. 200–201, nach Brasseur de Bourbourg

15 Weiße Götter aus fernen Landen

1 Galvão, *Die Entdeckungen der Welt von ihrem ersten Ursprung bis zum Jahre des Herrn 1555*, S. 51
2 Prescott, *History of the Conquest of Mexico*, i, S. 188
3 Davies, *The Aztecs*, S. 254, entnommen aus Díaz, Bernal, *Chroniken*, S. 142
4 Sahagún, *Allgemeine Geschichte der Dinge Neuspaniens*, S. 142
5 Davies, S. 255, entn. aus Diáz, *Chroniken*, S. 142
6 Sahagún, Buch 12, S. 44
7 Pagden (Hrsg.), *Letters from Mexico by Hernando Cortés* (1519), S. 85–6, und Carrasco, *Quetzalcoatl and the Irony of Empire: Myths and Prophecies in the Aztec Tradition*, S. 201–2
8 Cortés, *Die Eroberung von Mexiko*, S. 96–9
9 Siehe z. B. Miller/Taube, *The Gods and Symbols of Ancient Mexico and the Maya*, darin unter Quetzalcoatl, S. 141–2, und Mackenzie, *Myths of Pre-Columbian America*, S. 260
10 Brasseur de Bourbourg, *Histoire des nations civilisées du Mexique et de l'Amérique-centrale, etc.*, Bd. 1, S. 151
11 Prescott, i, S. 52
12 Davies, S. 258
13 Siehe z. B. Quetzalcoatl auf der Spitze einer Pyramide im aztekischen *Codex Telleriano-Remensis* aus dem 16. Jh., S. 56–8, in Miller/Taube, dort unter Quetzalcoatl, S. 141–2, und Spende, *The Myths of Mexico and Peru*, S. 80
14 Spence, *The Myths of Mexico and Peru*, S. 81, und Carrasco, *Quetzalcoatl and the Irony of Empire: Myths and Prophecies in the Aztec Tradition*, S. 56–8
15 Siehe z. B. Pohl, *Prinz Henry Sinclair – Seine Expedition in die Neue Welt von 1398*
16 Sinclair, *The Sword and the Grail*, S. 134

17 Siehe z. B. Spezies des Aloe-Kaktus, die an der Rosslyn-Kapelle eingemeißelt ist, Sinclair, S. 134 sowie ebd., Bildtafel gegenüber S. 150 zu dem «Indischen (Amerikanischen) Korn» in selbiger Kapelle; persönliche Gespräche mit dem Historiker Niven Sinclair und Betrachtungen des Autors zum in der Kapelle abgebildeten Totentanz
18 Brasseur de Bourbourg, Bd. 1, S. 109, entn. aus Sahagún, *Hist. de las cosas de N. España*, Buch X, Kap. 29
19 Prescott, i, S. 62
20 Spence, S. 65
21 ebd.
22 ebd., S 79, und Prescott, i, S. 52
23 Spence, S. 65
24 Burland/Forman, *Featheres Serpent and Smoking Mirror*, S. 115–16, und Miller/Taube, darin unter Quetzalcoatl, S. 142
25 Alle Berichte über Vorzeichen beruhen auf Prescott, i, S. 258–9
26 ebd., i, S. 259
27 ebd., i, S. 259–60, Anm. 11
28 Burland/Forman, S. 110
29 Prescott, i, S. 344, entn. aus *Historia de Tlascala*
30 Siehe Carrasco, S. 200–204
31 Prescott, i, S. 292, nach Bernal Diáz
32 ebd., i, S. 261
33 ebd., i, S. 533

16 Das Volk der Schlange

1 Miller/Taube, *The Gods and Symbols of Ancient Mexico and the Maya*, dort unter ‹creation accounts›, S. 68–71
2 Brasseur de Bourbourg, *Histoire des nations civilisées du Mexique et de l'Amérique-centrale, etc.*, Bd. 1, S. 110, entn. aus Ixtlilxóchitl, *Sumaria Relacion, etc. – Hist. des Chichiméques*, Buch 1, Kap. 1
3 ebd., Bd. 1, S. 111, entn. aus Ixtlilxóchitl, *Sumaria Relacion, etc. – Hist. des Chichiméques*, Buch 1, Kap. 1.
4 Irwin, *Fair Gods and Stone Faces*, S. 62
5 Miller/Taube, dort unter ‹Quetzalcoatl›, S. 141–2
6 Mackenzie, *Myths of Pre-Columbian America*, S. 257
7 Tedlock, *Popol Vuh: The Mayan Book of the Dawn of Life*, S. 21
8 ebd., S. 145
9 ebd., unter ‹Sovereign Plumed Serpent›, S. 356
10 ebd., S. 192
11 ebd., S. 149, unter ‹Serpents Kumatz›, S. 355
12 Thompson, *People of the Serpent*, S. 79
13 Stacy-Judd, *Atlantis – Mother of Empires*, S. 101, 285–6, nach Daniel G. Brinto
14 Brasseur de Bourbourg, Bd. 1, S. 77
15 ebd., S. 77–9
16 Stacy-Judd, S. 285–6

17 Brasseur de Bourbourg, Bd. 1, S. 77
18 ebd., Bd. 1, S. 79, entn. aus Lizana, *Hist. de Nuesta Señora de Izamal*, Teil I, Kap. 4
19 ebd., Bd. 1, S. 80
20 Stacy-Judd, S. 286–8
21 Brasseur de Bourbourg, Bd. 1, S. 110, entn. aus Las Casas, *Hist. Apolog. De las Indias-Occid.*, Buch III, Kap. 123
22 ebd.
23 Gilbert/Cotterel, *The Mayan Prophecies*, S. 118
24 ebd., S. 122
25 Love, *The Paris Codex: Handbook for Maya Priests*, S. 95
26 ebd.
27 Thompson, S. 21, 77
28 ebd., S. 77
29 ebd.
30 ebd., S. 78
31 ebd., S. 78–9
32 ebd.
33 Brasseur de Bourbourg, Bd. 1, S. 108, entn. aus Sahagún, *Hist. de las cosas de N. España*, Einleitung
34 ebd.
35 Spence, *Myths of Mexico and Peru*, S. 233
36 Miller/Taube, darin unter ‹Aztlan›, S. 42
37 Spence, S. 11
38 Durán, *Historia de las Indias de Nueva España e Islas de Tierra Firme*, in: Markman/Markman, *The Flayed God*, S. 415
39 Davies, *The Aztec Empire: The Toltec Resurgence*, S. 17
40 ebd.
41 Davies, *The Aztecs*, S. 6
42 ebd.
43 Davies, *The Aztec Empire: The Toltec Resurgence*, S. 17, und Van Zantwijk, *The Aztec Arrangement: The Social History of Pre-Spanish Mexico*, S. 54
44 Davies, *The Aztecs*, S. 7
45 Toor, *A Treasury of Mexican Folkways*, S. 457. Vielen Dank an meinen Kollegen Richard Ward, der diese wertvolle Quelle gefunden hat
46 ebd.
47 Prescott, *History of the Conquest of Mexico*, i, Fußnote S. 10–11
48 Brotherston, *Painted Books from Mexico*, S. 48
49 Prescott, i, S. 10
50 ebd.
51 Mackenzie, *Myths of Pre-Columbian America*, S. 87, nach Brasseur de Bourbourg
52 Tedlock, S. 148
53 Davies, *The Aztecs*, S. 8-9, entn. aus Diego Durán, ii, S. 26
54 Tedlock, S. 152

55 ebd., S. 158
56 ebd., S. 159
57 ebd., S. 161–2
58 ebd., S. 160
59 ebd., S. 179
60 ebd.
61 ebd., S. 296
62 ebd., S. 149–52
63 ‹Titel der Gebieter von Totonicapán›, in: *Annalen der Cakchiquel/Der Titel der Gebieter von Totonicapán*, S. 170
64 ‹Die Annalen der Cakchiquel›, in: Merezhkovsky, *Das Geheimnis des Westens*, S. 127
65 ‹Die Annalen der Cakchiquel›, in: *Annalen der Cakchiquel/Der Titel der Gebieter von Totonicapán*, S. 43
66 ‹Titel der Gebieter von Totonicapán›, ebd., S. 170
67 ebd.
68 ‹Die Annalen der Cakchiquel›, ebd., Fußnote 84 auf S. 64. Nacxit ist eine Abkürzung des Namens Topiltzin Acxit Quetzalcoatl, die sowohl in Quiché- als auch in Cakchiquel-Dokumenten auftaucht. In den Bänden des *Chilam Balam* erscheint er in der Form Nacxit-Xuchit.
69 ‹Titel der Gebieter von Totonicapán›, ebd., S. 170
70 Der Giron-Gigal ist wahrscheinlich identisch mit dem Chay- oder Obsidian-Stein, den der «wunderbare Xibalbay erschaffen» und den Cakchiquel geschenkt hat. Siehe ‹Die Annalen der Cakchiquel›, ebd., S. 45 und Fußnote 9 auf S. 45. Bergkristall war unter den karibischen Schamanen ein weit verbreitetes Heilmittel. Die Mayas haben daraus Kultgefäße und Kristallschädel gefertigt. Zum Gebrauch von Bergkristall bei den Makiritare-Karibern, siehe Zerries, ‹Das primitive Südamerika und Westindien›, in: Krickeberg/Müller/Trimborn/ Zerries, *Vorkolumbische Religionen in Amerika*, S. 248. Zur Entdeckung des so genannten *Skull of doom* im Maya-Zentrum von Lubaantun in Britisch Honduras (dem heutigen Belize) siehe Mitchell-Hedges, ‹Atlantis war kein Mythos, sondern die Wiege der amerikanischen Völker, sagt Hedges›, in: *New York American*, 10. März 1935
71 ‹Titel der Gebieter von Totonicapán›, ebd., S. 180 u. 182
72 ‹Titel der Gebieter von Totonicapán›, ebd., S. 184
73 ‹Die Annalen der Cakchiquel›, ebd., S. 184
74 Tedlock, S. 158
75 ebd., S. 301
76 ‹Die Annalen der Cakchiquel›, in: *Annalen der Cakchiquel/Der Titel der Gebieter von Totonicapán*, S. 55
77 Cruxent/Rouse, ‹Early man in the West Indies›, in: *Scientific American*, 221, 1969, S. 71
78 Irwin, S. 53
79 ebd.
80 Brasseur de Bourbourg, Bd. 1, S. 151 u. 155

81 Miller/Taube, dort unter ‹Chicomoztoc›, S. 60
82 Miller/Taube, dort unter ‹mountains›, S. 119–21
83 Stacy-Judd, S. 296–7
84 Brasseur de Bourbourg, Bd. 1, S. 68, entn. aus Lizana, *Historia de Nuestra Señora de Izamal*, Teil I, Kap. 3
85 ebd., Bd. 1, S. 108, nach Ixtlilxóchitl, *Sumaria Relacion etc.*, und Las Casas, *Hist. Apolog. de las Indias-Occid.*, Manuskript der *Biblioth. Royale de Madrid*, Buch I, Kap. 54
86 Fallon, *Guide to Cuba*, S. 231
87 ebd.
88 ebd.

17 Das alte rote Land

1 Steward, *Handbook of South American Indians, Vol IV: The Circum-Caribean Tribes*, S. 23–4
2 Cruxent/Rouse, ‹Early man in the West Indies›, in: *Scientific American*, 221, 169, S. 72
3 Keegan, *Bahaman Archaeology*, S. 13 u. 28–9
4 Irwin, *Fair Gods and Stone Faces*, S. 98
5 Brasseur de Bourbourg, *Histoire des nations civilisées du Mexique et de l'Amérique-centrale, etc.*, Bd. 1, S. 68
6 Brinton, ‹The Archaeology of Cuba›, *American Archaeologist*, 10, 1898, in *Archaeological Tracts 1895–8*, S. 231–4
7 ebd., S. 232
8 ebd.
9 Hill, *Cuba and Puerto Rico with the Other Islands of the West Indies*, S. 249
10 Brinton, S. 232
11 Zu den frühesten Funden aus der Grabhügelkultur des Mississippitals siehe Kennedy, *Hidden Cities*, S. 12 u. 279–80
12 Brinton, S. 232
13 ebd., S. 233
14 ebd.
15 ebd.
16 Harlow, ‹Hartstein: Ein Mineraloge erforscht die Ursprünge der mesoamerikanischen Jade›, unveröffentlichter Artikel, Abteilung für Mineralforschung am *American Museum of Natural History*, New York
17 Riverend, *Brief History of Cuba*, S. 18
18 ebd.
19 ebd.
20 Tabío/Rey, *Prehistoria de Cuba*, S. 230
21 Cruxent/Rouse, S. 77
22 ebd.
23 ebd., S. 77–8
24 Moure/de la Calle, *Arqueologia Aborigen de Cuba*, S. 78
25 ebd.

26 ebd.
27 Jiminez, *Cuevas y pictografias*, S. 69
28 Hadingham, *Early Man and the Cosmos*, S. 177
29 Miller/Taube, *The Gods and Symbols of Ancient Mexico and the Maya*, S. 28, dort unter ‹caves›, S. 56
30 Crampsey, *Puerto Rico*, S. 29
31 ebd.
32 ebd.
33 Miller/Taube, dort unter ‹directions›, S. 77–8
34 Braghine, *The Shadow of Atlantis*, S. 253
35 Hill, S. 77
36 ebd.
37 Persönliche Korrespondenz mit Dr. A. J. Reedman, Leiter der British Geological Survey International, der Überseeabteilung des Britsh Geological Survey, im Mai 1999
38 Nach Auskunft des North Prairie Wildlife Center/US Geological Survey, Juni 1999
39 ebd.
40 Morison, *Christopher Columbus, Mariner*, S. 119
41 ebd.
42 ebd.
43 Strode, *The Pageant of Cuba*, S. 36
44 ebd.
45 Fallon, *Guide to Cuba*, S. 223. Es ist darauf hinzuweisen, dass aufgrund von Unklarheiten in Kolumbus' Tagebuch nicht bekannt ist, ob sein Schiff vor der Insel der Jugend oder in der Bucht von Batabanó ankerte, als sich dieser Vorfall ereignete. Die Erwähnung des Kiefernwalds und der Kraniche sowie die örtliche Überlieferung deuten jedoch darauf hin, dass er sich auf der Insel der Jugend befand
46 Durán, *Historia de las Indias de Nueva España e Islas de Tierra Firme*, in: Markman/Markman, *The Flayed God: The Mythology of Mesoamerica*, S. 415
47 ‹Annalen der Cakchiquel›, in: Merezhkovsky, *The Secret of the West*, S. 127
48 ebd.
49 Brasseur de Bourbourg, in: Mackenzie, *Myths of Pre-Columbian America*, S. 87

18 Hispaniola gegen Kuba

1 Clarke, *Untersuchung der Atlantis-Legende im Hinblick auf protohistorischen Verkehr mit Amerika*, S. 24
2 Spedicato, ‹Apollo Objects, Atlantis and other Tales: A Catastrophical Scenario for Disconuities in Human History›. Die erste überarbeitete Version erschien im *Journal of the New England Antiquities Research Association (NEARA)*, 26, 1991, S. 1–14, und in *Kadath*, 84, 1995, S. 29–55. Alle Zitate sind dem fünften Abschnitt der überarbeiteten Version (‹An Interpretation of the Platonic Story of Atlantis›) entnommen.

3 ebd.
4 ebd.
5 ebd.
6 ebd.
7 ebd.
8 ebd.
9 Diese Aussage basiert auf der Annahme, dass der Meeresspiegel zwischen ca. 14000 und 2000 v. Chr. um bis zu 105 Meter gestiegen ist. Leider herrscht unter den Meeresgeologen aber nur wenig Einigkeit darüber, um wie viel der Meeresspiegel nach dem Ende der letzten Eiszeit wirklich angestiegen ist. Zur Situation auf den Bahamas und in der Karibik siehe z. B. Hine/Steinmetz, ‹Cay Sal Bank, Bahamas – ein teilweise versunkenes Karbonatplateau›, in: *Marine Geology*, 59, 1984, S. 157. Vor allem gibt es Hinweise darauf, dass die Anstiegsrate zwischen etwa 10200 und 9000 v. Chr. erheblich höher war. Siehe Emiliani, ‹Paleoclimatological Analysis of Late Quaternary Cores from the Northeastern Gulf of Mexico›, in: *Science*, 189, 26. September 1975, S. 1083–8
10 Platon, *Kritias*, 113c
11 Keegan, *Bahaman Archaeology*, S. 88
12 ebd., S. 89
13 ebd.
14 ebd.
15 ebd., S. 10
16 Joyce, *Central American and West Indian Mythology*, S. 181
17 Hill, *Cuba and Puerto Rico with the Other Islands of the West Indies*, S. 12 u. 52
18 Platon, 118a
19 Moure/de la Calle, *Arqueologia Aborigen de Cuba*, S. 16
20 ebd., S. 107
21 ebd., S. 106
22 Mellaart, *Çatal Hüyük – eine Neolithische Stadt in Anatolien*, S. 16
23 Platon, 119e
24 Hill, S. 108

19 Der alte Mond

1 Tabio/Rey, *Prehistoria de Cuba*, S. 51
2 Gaffarel, *Histoire de la découverte de l'Amerique*, Bd. 1, S. 18
3 ebd., Bd. 1, S. 19
4 Frazer, *Folk-lore in the Old Testament*, Bd. 1, S. 281.
5 Martyr d'Anghiera, ‹Dekaden der Neuen Welt oder Westindiens›, 1511, in: Craton, *A History of the Bahamas*, S. 16
6 Wilkins, *Secret Cities of Old South America: Atlantis Unveiled*, S. 112
7 Thompson, *People of the Serpent*, S. 17
8 Mahan, *The Secret – America in World History before Columbus*, S. 5. Ich danke Bill Donato, der mich auf diese wichtige Arbeit aufmerksam gemacht hat.

9 ebd.
10 ebd., S. 30
11 ebd.
12 Siehe z. B. Hine/Steinmetz, ‹Cay Sal Bank, Bahamas – ein teilweise versunkenes Karbonatplateau›, in: *Marine Geology*, 59, 1984, S. 157
13 Keegan, *Bahaman Archaeology*, S. 13 u. 28–9

20 Die Feuerschlange

1 Thompson, *People of the Serpent*, S. 79
2 Gilbert/Cotterell, *The Mayan Prophecies*, S. 118
3 Hadingham, *Early Man and the Cosmos*, S. 156
4 ebd., S. 154–5
5 ebd., S. 145–7
6 Clube/Napier, *The Cosmic Serpent*, S. 263
7 ebd., S. 263
8 ebd., S. 108
9 ebd.
10 Mahan, *The Secret – America in World History before Columbus*, S. 30
11 Tedlock, *Popol Vuh: The Mayan Book of the Dawn of Life*, S. 161–2
12 Kelso de Montigny, ‹Ist vor ca. 6000 Jahren ein gigantischer Meteorit, i. e. ein Asteroid, in die Karibik gestürzt und hat so die Kleinen Antillen geschaffen?›, in: *International Anthropological and Linguistic Review*, 1, Nr. 4, 1954, S. 229–38
13 Kelso de Montigny, ‹Neudatierung der Vergangenheit›, in: *International Anthropological and Linguistic Review*, 1, Nr. 2–3, 1954, S. 185–7
14 Kelso de Montigny, ‹Ist vor ca. 6000 Jahren ein gigantischer Meteorit, i. e. ein Asteroid, in die Karibik gestürzt und hat so die Kleinen Antillen geschaffen?›, in: *International Anthropological and Linguistic Review*, 1, Nr. 4, 1954, S. 229
15 ebd., S. 230
16 ebd., S. 233
17 ebd.
18 ebd., S. 233–34
19 ebd., S. 234
20 ebd., S. 235
21 ebd., S. 235–7
22 ebd., S. 237
23 ebd.
24 ebd.
25 Persönliche Korrespondenz und Gespräche mit Alan R. Kelso de Montigny, Dezember 1998 und Juni 1999
26 Tompkins, in: Muck, *Das Geheimnis von Atlantis*, S. viii

21 Das kosmische Flipperspiel

1 Goodrick-Clarke, *The Occult Roots of Nazism*, S. 174, und Sklar, *Gods and Beasts: The nazis and the Occult*, S. 74
2 Bellamy, *Moons, Myths and Man: A Reinterpretation*, S. 61–2
3 ebd., S. 266
4 Muck, *Das Geheimnis von Atlantis*, S. 1552–3
5 ebd., S. 153
6 ebd.
7 ebd., S. 152
8 ebd., S. 154
9 ebd.
10 Melton/Schriever, ‹The Carolina «Bays» – Are They Meteorite Scars?›, in: *Journal of Geology*, 41, 1933, S. 52–66. Siehe auch Melton, ‹Der Ursprung der Carolina-»Buchten«›, in: *Discovery*, Juni 1934, S. 151–4
11 Melton/Schriever, S. 59
12 ebd., S. 55–6
13 ebd., S. 55
14 Muldrow, ‹The Comet that Struck the Carolinas›, in: *Harper's Monthly Magazine*, Nr. 168, 1933, S. 87
15 Prouty, ‹Carolina Bays and their Origin›, in: *Bulletin of the Geological Society of America*, 63, Februar 1952, S. 167–222
16 ebd., S. 178
17 ebd., S. 179
18 ebd.
19 ebd.
20 Savage, *The Mysterious Carolina Bays*, S. 7
21 ebd.
22 Prouty, S. 214
23 ebd., S. 174
24 Savage, S. 7
25 ebd., S. 27–8
26 Nininger, ‹Wenn Fels und Eisen vom Himmel regnen›, in: *Literary Digest*, 117, 17. März 1934, S. 16 u. 29, und Wylie, ‹On the Formation of Meteorite Craters›, in: *Popular Astronomy*, 41, 1933, S. 211–14
27 Johnson, ‹Supposed Meteorite Scars of South Carolina› in: *Science*, 79, 1934, S. 461
28 Muldrow, S. 83–9
29 ebd., S. 88
30 Prouty, S. 167–224. Eine Zusammenfassung der Schockwellentheorie findet sich in Wylie, ‹On the Formation of Meteorite Craters›, in: *Popular Astronomy*, 41, 1933, S. 211–14
31 Prouty, S. 221
32 ebd., S. 174 u. 222
33 Olivier, ‹The Great Siberian Meteorite: An Account of the Most Remarkable Astronomical Event in the Twentieth Century, from Official Records›, in: *Scientific American*, Juli 1928,S. 42–4

34 ebd., S. 43
35 Siehe Kobres, R., ‹The Path of a Comet and Phaeton's Ride›, in: *The world and I*, 10, Februar 95, S. 394–405
36 Savage, S. 96
37 Carson/Hussey, ‹The Oriented Lakes of Arctic Alaska›, in: *Journal of Geology*, 70, 1962, S. 417–39
38 Kelly, ‹The Origin of the Carolina Bays and the Oriented Lakes of Alaska›, in: *Popular Astronomy*, 59, 1951, S. 204
39 Plafker, ‹Oriented Lakes and Lineaments in Northern Bolivia›, in: *Bulletin of the Geological Society of America*, 75, 1964, S. 503–22. Siehe S. 513–17
40 ebd., S. 503 u. 509
41 ebd., S. 516–17
42 Muck, S. 157
43 ebd., S. 164
44 ebd.
45 ebd.
46 ebd., S. 184
47 ebd., S. 167
48 Siehe Eyton und Parkhurst, ‹A Re-evaluation of the Extraterrestrial Origin of the Carolina Bays›, Department of Geography, Bericht Nr. 9, University of Illinois, Urbana Champaign, III., April 1975
49 ebd.
50 ebd
51 ebd. Laut Kulik fand er über das Gelände verstreut «unzählige ‹Einschusslöcher› oder Krater mit Durchmessern von einem bis zu etwa 50 Meter. Die Kraterwände sind in den meisten Fällen steil, der Boden flach und feucht, und in manchen Kratern gibt es auch Spuren einer zentralen Erhebung.» Siehe Olivier, ‹The Great Siberian Meteorite: An Account of the Most Remarkable Astronomical Event in the Twentieth Century, from Official Records›, in: *Scientific American*, Juli 1928, S. 43
52 ebd.
53 ebd.
54 ebd.
55 Levy, *Kometen: Schöpfer und Zerstörer*, S. 156
56 Siehe Eyton/Parkhurst
57 ebd.
58 Savage, S. 23
59 Hancock/Bauval/Grigsby, S. 254–6, besonders nach Arbeiten Fred Hoyles
60 ebd., S. 255
61 Muck, S. 156
62 Siehe Donnelly, *Ragnarok: The Age of Fire and Gravel*
63 Braghine, *The Shadow of Atlantis*, S. 256–7
64 ebd., S. 250

65 ebd., S. 252–3
66 Muck, S. 169–70
67 Eine Beschreibung der Ankunft des Schlangenvolkes geht auf den fanatischen Katholiken Diego de Landa, seinerzeit Bischof von Yukatan, zurück. Während seines Aufenthalts in der Provinz zwischen 1549 und 1563 versuchte de Landa, den überkommenen Glauben der Mayas auszumerzen. In seinem «Kreuzzug» verbrannte er in der antiken Stadt Mani ganze Berge heiliger Texte. Nach ernster Kritik an seiner Behandlung der Indianer scheint er jedoch einen Sinneswandel durchgemacht zu haben, denn 1566 schrieb er ein wertvolles Werk über die Geschichte und Religion der Mayas, die *Relación de las Cosas Yucatán*. Darin lesen wir: «Manche der Ureinwohner von Yukatan sagen, sie hätten von ihren Vorfahren gehört, ihr Land sei von einem Volk besetzt gewesen, das von Osten kam und das Gott hierher gebracht hat, indem Er zwölf Wege durch das Meer eröffnete.» (Siehe Landa, ‹Relación de las Cosas de Yucatán›, in: Tompkins, *Mysteries of the Mexican Pyramids*, S. 348.) In einem Maya-Text unter dem Titel *Die Geschichte von Zodzil*, wird bestätigt, dass die frühesten Einwohner von Yukatan nach dem Steigen des Meeresspiegels kamen: «Das älteste Volk, das kam, um hier [in Yukatan] zu leben, waren diejenigen, die in Chitchen-Itza wohnten ... und [sie] waren die Ersten nach der Flut.» (Die ‹Geschichte von Todzil›, Übersetzung von Juan Darreygosa, nach der englischen Version in: ‹Unedited Documents Relating to the Discovery and Conquest and Organization of the Ancient Spanish Possessions Beyond the Seas›, in: Stacy-Judd, *Atlantis: Mother of Empires*, S. 102)
68 Mahan, *The Secret – America in World History before Columbus*, S. 30
69 Platon, *Timaios*, 25c–25d
70 Muck, S. 188
71 Spedicato, ‹Apollo Objects, Atlantis and other Tales: A Catastrophical Scenario for Disconuities in Human History›
72 Hibben, *The Lost Americans*, S. 170. Eine umfassende Beschreibung der Pleistozän-Fauna, die im Schlamm von Alaska entdeckt wurde, finden Sie auf den Seiten 91–8. Das vermutete Datum der Zerstörungen in Alaska, «vor 10 000 Jahren», wird auf S. 91 genannt
73 ebd., S. 177–8
74 ebd., S. 177
75 ebd., S. 91, 97 u. 168
76 ebd., S. 168

22 Das Ende der Eiszeit

1 Powell, ‹Mythologic Philosophy›, in: *Popular Science Monthly*, Oktober 1879, S. 799
2 ebd.
3 Donnelly, *Ragnarok: The Age of Fire and Gravel*, S. 179
4 Spedicato, ‹Apollo Objects, Atlantis and other Tales: A Catastrophical Scenario for Disconuities in Human History›

5 ebd.
6 Ingram/Robinson/Odum, ‹Clay Mineralogy of some Carolina Bay Sediments›, in: *Southeastern Geology*, 1, 1959, S. 1–10
7 ebd.
8 Muldrow, ‹The Comet that Struck the Carolinas›, in: *Harper's Monthly Magazine*, Nr. 168, 1933, S. 87
9 Prouty, ‹Carolina Bays and their Origin›, in: *Bulletin of the Geological Society of America*, 63, Februar 1952, S. 192
10 Savage, *The Mysterious Carolina Bays*, S. 78–9, nach Kaczorowski
11 ebd., S. 95, nach Kaczorowski
12 ebd.
13 Prouty, S. 209
14 Broecker/Ewing/Heezen, ‹Evidence for an Abrupt Change in Climate close to 11 000 Years ago›, in: *American Journal of Science*, 258, Juni 1960, S. 429–48. Siehe S. 429
15 ebd., S. 435
16 ebd.
17 ebd., S. 438–40
18 ebd., S. 437–8
19 ebd., S. 434, Anmerkung 1
20 ebd., S. 434, Anmerkung 2
21 ebd., S. 434–5, Anmerkung 2 u. 3
22 ebd., S. 437
23 ebd., S. 440
24 ebd., S. 441. «Es ist durchaus möglich, dass der abrupte Wandel der Ozeanbedingungen in der Warmperiode nicht vor, sondern nach dem Spättertiär stattfand …» Die als das Spättertiär bekannte Periode der Wiedervereisung Europas vollzog sich zwischen 8500 und 8300 v. Chr. und fiel zeitlich mit dem Valders-Intervall in Amerika zusammen.
25 Wright/Patten/Winter, ‹Two Pollen Diagrams from Southeastern Minnesota: Problems in the Regional Late-Glacial and Postglacial Vegetational History›, in: *Geological Society of America Bulletin*, 74, 1963, S. 1371–95 und Bildtafeln
26 Ogden, ‹Radiocarbon and Pollen Evidence for a Sudden Change in Climate in the Great Lakes Region approximately 10 000 years ago›, in: *Quaternary Paleoecology*, 1967, S. 117–27
27 ebd., S. 121
28 ebd., S. 121 u. 123–4
29 ebd., S. 124
30 Broecker, ‚The Ocean', in: *Scientific American*, Nr. 249, 1983, S. 146
31 Spedicato
32 Spedicato, nach S. Björck et al., ‚Synchronized Terrestrial-Athmospheric Deglacial Records Around the North Atlantic', in: *Science*, Nr. 274, 1996, S. 1155–60
33 Hine/Steinmetz, ‹Cay Sal Bank, Bahamas – ein teilweise versunkenes Karbonatplateau›, in: *Marine Geology*, 59, 1984, S. 135 u. 157

34 Wilber/Milliman/Halley, ‹Accumulation of bank-top sediment on the western slope of Great Bahama Bank: Rapid progradation of a carbonate megabank›, in: *Geology*, 18, Oktober 1980, S. 973
35 Broecker/Ewing/Heezen, S. 434, Anm. 1
36 Emiliani, ‹Paleoclimatological Analysis of Late Quaternary Cores from the Northeastern Gulf of Mexico›, in: *Science*, 189, 26. September 1975, S. 1083–8
37 ebd., S. 1083
38 ebd., S. 1086
39 Wright/Patten/Winter, S. 1386. Wright führte Kohlenstoff-14-Tests an Bohrproben durch und konnte damit zeigen, dass sich dieser rasche Wandel der Pflanzenwelt zwischen 8500 und 8000 v. Chr. vollzog. Proben von der Kirchner-Marsch und vom Carlson-See wurden zum Beispiel auf ein Alter von 10 230 +/– 110 Jahre datiert. Bohrproben vom Weber-See zeigten ein Durchschnittsalter von 10 365 Jahren für das plötzliche Aufkommen von Mischwäldern.
40 Wright, ‹Glacial Fluctuations, Sea-level Changes, and Catastrophic Floods›, in: Ramage, *Atlantis: Fact or Fiction?*, S. 161–74
41 ebd., S. 168
42 Emiliani, S. 1087: «Diese Datierung deckt sich mit dem Valders-Intervall. Da das Valders-Intervall mit einem rapiden Anstieg des Meeresspiegels einherging, handelte es sich offenbar um einen heftigen Ansturm, der Gletscher in südlichere Breitengrade brachte, was zu massiven Schmelzen führte.»
43 Wright, S. 169
44 Emiliani, S. 1086
45 ebd.
46 Wright, S. 169
47 Emiliani, S. 1086
48 Wright, S. 169 u. 173
49 ebd., S. 174
50 ebd., S. 162
51 Siehe Tollmann/Tollmann, ‹Die Flut kam um drei Uhr früh …›, in: *Österreich heute*, 4, 1992, S. 40–47, und Kristan-Tollmann/Tollmann, ‹Der Sintflut-Impakt›, in: *Mitt. Österr. Geol. Ges.*, 84, Juni 1992, S. 1–63
52 Die anderen fünf Orte lagen nach diesen Angaben «südöstlich von Australien (wahrscheinlich im Tasmanischen Meer), im Südchinesischen Meer, im westlich-zentralen Indischen Ozean … vor der mittelamerikanischen Küste im Pazifik und wahrscheinlich im Südpazifik, unmittelbar westlich von Feuerland, der Südspitze Südamerikas.» Siehe Tollmann/Tollmann, ‹Die Flut kam um drei Uhr früh …› in: *Österreich Heute*, 4, 1992, S. 40
53 ebd., S. 42
54 ebd., S. 44
55 Tollmann/Tollmann, S. 45
56 ebd.

57 Platon, *Kritias*, 108e
58 Muck, *Das Geheimnis von Atlantis*, S. 248
59 Coe, *Braking the Maya Code*, S. 275
60 Reymond, *The Mythical Origin of the Egyptian Temple*, S. 35 u. 113. Eine ausführliche Diskussion der Edfu-Texte finden Sie in Collins, *Gods of Eden*, S. 173–80
61 Reymond, S. 108 u. 118
62 ebd., S. 119, und Jelinkova, ‹The Shebtiw in the temple of Edfu›, in: *ZAS*, Nr. 87, 1962, S. 41, nach E. VI, 51
63 Reymond, S 28–9, 142–3, 208
64 Lichtheim, *Ancient Egyptian Literature*, Bd. I: *The Old and Middle Kingdoms*, ‹The Tale of the Shipwrecked Sailor›, S. 211–15, Z. 130
65 Kloosterman, ‹The Usselo Horizon, a Worldwide Charcoal-rich Layer of Alleröd Age›, unveröffentlichter Artikel, 1999

23 Versunkene Geheimnisse

1 Joseph, ‹Project Alta: Search and Discovery in the Bahamas›, in: *Ancient American*, 3, Nr. 23, April/Mai 1998, S. 2
2 ebd.
3 ebd.
4 ebd.
5 Wilber/Milliman/ Halley, ‹Accumulation of bank-top sediment on the western slope of Great Bahama Bank: Rapid progradation of a carbonate megabank›, in: *Geology*, 18, Oktober 1980, S. 2
6 Mahan, *The Secret – America in World History before Columbus*, S. 30
7 Hutton, *Coming Earth Changes – the Latest Evidence*, S. 168–9
8 Edgar-Cayce-Signal, 996-1, 14. August 1926, entnommen aus ebd., S. 170
9 ebd.
10 Edgar-Cayce-Signal, 996-8, 7. Februar 1927, entnommen aus ebd., S. 171
11 ebd.
12 Edgar-Cayce-Signal, 996-12, 2. März 1927, entnommen aus ebd., S. 173
13 Cayce, Hugh Lynn, Einleitung zu Cayce, *Edgar Cayce on Atlantis*, S. 12
14 Cayce, Edgar, *Atlantis – The Edgar Cayce Readings*, Bd. 22, S. 1
15 Edgar-Cayce-Signal, 440-5, 19. Dezember 1933, in Hutton, S. 183
16 Edgar-Cayce-Signal, 958-3, 28. Juni 1940, in ebd., S. 174
17 Cayce/Schwartzer/Richards, *Mysteries of Atlantis Revisited*, S. 159
18 Hutton, S. 176–7
19 Berlitz, *Mysteries from Forgotten Worlds: Rediscovering Lost Civilisations*, S. 92; Berlitz, *The Mystery of Atlantis*, 2 Bildtafeln zwischen S. 96 u. 97; Zink, *The Stones of Atlantis*, S. 9–10; Valentine, ‹Underwater Archaeology in the Bahamas›, in *The Explorers Club Journal*, Dezember 1976, S. 180
20 Zink, S. 9
21 Donato, *A Re-examination of the Atlantis Theory*, S. 128–9
22 Cayce/Schwartzer/Richards, S. 159
23 Zitiert nach Steiger, *Atlantis Rising*, S. 147, aus einem Telex aus der Umge-

bung von J. Manson Valentine, das der kanadische Rundfunkproduzent Robert Cummings erhielt

24 ebd.

25 ebd.

26 Siehe Zink

27 ebd., S. 21

28 Donato, S. 129–30

29 Leonard, *Quest for Atlantis,* S. 48–9

30 Valentine, ‹Underwater Archaeology in the Bahamas›, in: *The Explorers Club Journal*, Dezember 1976, S. 180

31 Landsburg/Landsburg, *In Search of Ancient Mysteries*, S. 71

32 ebd., S. 72

33 ebd., S. 73

34 ebd.

35 ebd.

36 ebd., S. 74

37 Harrison, ‹Atlantis Undiscovered – Bimini, Bahamas›, in: *Nature*, 230, 2. April 1971, S. 287

38 Zink, S. 47, und Steele, ‹Bimini revealed›, in: Hitching, *The Mysterious World – An Atlas of the Unexplained*, S. 142

39 Valentine, ‹Archaeological Enigmas of Florida and the Western Bahamas›, in: *Muse News*, Juni 1969

40 Gifford, ‹The Bimini «cyclopean» complex›, in: *International Journal of Nautical Archaeology and Underwater Exploration*, 2, 1973, S. 189

41 Siehe zum Beispiel Harrison, ‹Atlantis Undiscovered – Bimini, Bahamas›, in: *Nature*, 230, 2. April 1971, S. 287–9. Seine Argumente dagegen, dass die Straße künstlichen Ursprungs ist, können wie folgt zusammengefasst werden:

a) Die Formation besteht aus «grobkörnigem Kalkstein über einer Schicht dichteren Kalksteins feinerer Körnung». Die «Steinblöcke» sind daher *in situ*, also seit ihrer Formung an Ort und Stelle, nie bewegt worden.

b) Die «Prüfung der gegenüberliegenden Seiten angehobener und nicht bewegter Blöcke zeigt eine genaue Übereinstimmung der Kontaktflächen und der Oberflächenmorphologie». Die Flächenstrukturen des einen Blocks passen also exakt zu denen des direkt daneben liegenden, was wiederum beweist, das die Formation «gewachsen» ist.

c) «An keiner Stelle ruhen Blöcke auf einer Unterlage aus genau solchen Blöcken.» Die Blöcke sind also nicht in Schichten übereinander gestapelt, was natürlich der Theorie Gewicht verliehen hätte, dass die Straße eine künstliche Konstruktion ist.

d) Die Formation besteht aus «Muschelmehl, verklebt mit blockförmigen Kalzitstücken», wie sie in der Region häufig waren, als die Sandbänke noch über dem Meeresspiegel lagen.

Weitere Argumente gegen die «Straßen»-Theorie finden sich z. B. in Shinn, ‹Atlantis: Der Bimini-Schwindel›, in: *Sea Frontiers*, 24, Nr. 3, Mai–Juni 1978, S. 130–42

42 Folgende Punkte lassen sich zugunsten der Theorie anführen, dass die Struktur künstlichen Ursprungs ist:

a) Harrisons Befund, dass die Formation aus Küstenfels besteht, der durchweg *in situ* geblieben ist, erscheint fraglich, wenn man bedenkt, dass die Blöcke aus drei verschiedenen Gesteinsarten bestehen – so hat es mir jedenfalls Bill Donato gesagt (Juni 1998). Dabei handelt es sich um bioklastischen Kalkstein, oolithischen Kalkstein und das viel härtere Mineral Mikrit (Gespräch mit Bill Donato, April 1998, und Valentine, ‹Underwater Archaeology in the Bahamas›, in: *The Explorers' Club Journal*, Dezember 1976, S. 176). Obwohl alle diese Gesteinsarten in der Region vorkommen, können sie sich unmöglich gemeinsam, Seite an Seite, geformt haben. Wenigstens einige der Blöcke müssen also von woandersher stammen und vor langer Zeit zu ihrem heutigen Ruheplatz gebracht worden sein.

b) Die Behauptung des Geologen, die charakteristischen Oberflächenmerkmale des einen Blockes passten genau zu denen seiner Nachbarblöcke, gründet sich auf nur wenige, mit Handwerkzeugen entnommene Gesteinsproben (nach Auskunft von Bill Donato, April 1998). Es wird zwar allgemein anerkannt, dass einige der Blöcke am Ort ihrer Formung (*in situ*) Nachbarn waren, doch das gilt bestimmt nicht für alle, womit Harrisons Behauptung rundweg widerlegt wäre. Der Geologe John Parks, der bei David Zinks Poseidia-Expeditionen in den siebziger Jahren dabei war, hat Proben von mehreren Blöcken untersucht und von Block zu Block verschiedene Zusammensetzungen festgestellt. So bestand «eine Probe vorwiegend aus Aragonitkristallen und eine andere aus spatartigen Kalziten. Benachbarte Steine sind also offenbar in unterschiedlichen chemischen Umgebungen entstanden» (siehe Zink, *The Stones of Atlantis – New and Revised*, S. 58).

c) Auch Harrisons Aussage, an keiner Stelle seien ähnliche Blöcke übereinander gestapelt, ist fragwürdig. Doppel- oder Vielfachschichtungen sind tatsächlich selten, doch in der Mitte der 90-Grad-Kurve zum Südarm der Straße hin, dem so genannten «langen Arm» des J, sind viele Steine in mehr als einer Lage angeordnet (siehe Zink, *The Stones of Atlantis – New and Revised*, S. 58). Manche Blöcke sind zudem mit flachen Steinen unterfüttert, von denen einige durch ihre scharfen Kanten auffallen und andere durch ihre unterschiedliche Zusammensetzung. Und dann gibt es Blöcke, die an den Ecken mit kleineren Steinen untermauert sind (siehe Cayce/Schwartzer/Richards, *Mysteries of Atlantis Revisited*, S. 163, Donato, ‹Bimini and the Atlantis-Controversy›, in: *The Ancient American*, 1, S. 3, November/Dezember 1993, S. 9, und Valentine, ‹Underwater Archaeology in the Bahamas›, in: *The Explorers' Club Journal*, Dezember 1976, S. 177)

43 Zink, S. 60

44 ebd., S. 62

45 ebd., S. 60; Steele, in Hitching, *The Mysterious World – An Atlas of the Unexplained*, S. 143, und Donato, *A Re-Examination of the Atlantis Theory*, S. 135
46 Donato, ‹Bimini and the Atlantis Controversy›, in: *The Ancient American*, 1, Nr. 3, November/Dezember 1993, S. 9
47 Zink, S. 62–3
48 Joseph, ‹Project Alta: Search and Discovery in the Bahamas›, in: *The Ancient American*, 3, Nr. 23, April/Mai 1998, S. 7. Siehe auch Donato, ‹Project Alta: Teil 2 & 3 und die Fernsehfilme›, in: *The Atlantis Organisation Journal*, Nr. 14, November 1995, S. 3
49 Donato, ‹Was Sie in Arthur C. Clarkes' «Geheimnisvollem Universum» nicht gesehen (oder gehört) haben› in: *The Ancient American*, Nr. 14, 1996, S. 6
50 Donato, ‹Bimini and the Atlantis Controversy›, in: *The Ancient American*, 1, Nr. 3, November/Dezember 1993, S. 9
51 Donato, ‹The Architecture of Atlantis: A General Survey›, in: *The Atlantis Organisation Journal*, Nr. 15, Dezember 1996, S. 29
52 ebd.
53 Valentine, ‹Underwater Archaeology in the Bahamas›, in: *The Explorers' Club Journal*, Dezember 1976, S. 182
54 ebd., S. 183
55 ebd.
56 ebd.
57 ebd.
58 *Miami Herald*, 17. Juni 1990, S. 41

24 Aus blauen Tiefen

1 Valentine, ‹Underwater Archaeology in the Bahamas›, in: *The Explorers' Club Journal*, Dezember 1976, s. 178
2 ebd.
3 ebd.
4 ebd., S. 179–80
5 ebd., S. 180
6 ebd., S. 182
7 ebd.
8 ebd.
9 ebd., S. 181
10 ebd.
11 ebd., S. 182
12 ebd.
13 ebd.
14 ebd.
15 ebd.
16 ebd.
17 ebd.
18 ebd., S. 181

19 Hill, *Cuba and Puerto Rico with the Other Islands of the West Indies*, S. 381–3
20 Berlitz, *Atlantis – The Lost Continent Revealed*, S. 81
21 Berlitz, *The Mystery of Atlantis*, S. 178
22 ebd.
23 Siehe z. B. Collins, ‹Sowjetische Ozeanographen wühlen im Schlamm von Atlantis›, in: *Strange Phenomena*, 1, 1979, S. 36–7. Darin finden Sie einen Überblick über die Entdeckungen, die das sowjetische Forschungsschiff *Vitias* unter Leitung von Dr. Andrei Aksenov, Direktor der Instituts für Ozeanographie der Sowjetischen Akademie der Wissenschaften, 1979 gemacht hat.
24 Berlitz, *Atlantis – The Lost continent Revealed*, S. 81
25 In einem Brief an Bill Donato vom 21. Mai 1998 beschrieb Herb Sawinski die folgenden Anomalien:
a) Etwa 20 Meter vor der größten der Anguilla-Inseln an der Südostecke der Cay-Sal-Bank gibt es eine Unterwasserstraße ähnlich der Bimini-Straße. Sie verläuft in südöstlicher Richtung und besteht aus regelmäßigen Blöcken von zwei Metern Seitenlänge. Jeder Block muss mehrere Tonnen wiegen. Die Straße läuft ungefähr 100 Meter auf eine kleinere Bank zu, wo sie unter dem Sand verschwindet. Auffällig ist, dass die Straße mit dem Strand einen Winkel von 90 Grad bildet, was der Geologenansicht widerspricht, dass Küstenfelsformationen immer parallel zum Strand verlaufen. In Höhlen in der Nähe der Anguilla-Straße will Sawinski zudem verschiedene unerklärliche Gegenstände gefunden haben, darunter Koncha-Feuersteine, Töpfereischerben und Knochen unbekannten Ursprungs.
b) Laut Sawinski gibt es eine solche straßenähnliche Struktur auch vor der Hauptinsel von Cay Sal. Diese sei jedoch «nicht so ausgeprägt wie die vor Bimini und Anguilla». Sie verläuft ebenfalls im rechten Winkel zum Strand, allerdings nur einige Meter lang, und dann beschreibt sie eine 90-Grad-Kurve. Von da aus ist sie etwa anderthalb Kilometer lang sichtbar und endet erst vor einem Abgrund von 480 Meter Tiefe. Von der Hauptstruktur zweigt ein weiteres, mauerartiges Steinmuster ab, das nach Südosten verläuft, in Richtung einer kleinen Sandbank. In den frühen achtziger Jahren konnten Charles und Lin Berlitz diese Struktur unter Sawinskis Führung selbst in Augenschein nehmen. Fotos davon erschienen in dem Berlitz-Bestseller *Atlantis – The Lost Continent Revealed* (1984).
c) An einer Bank, die er als den «Steinbruch» bezeichnete, stieß Sawinski auf mehrere Unterwasserhöhlen, von denen eine «zwei mächtige, bearbeitete Steine von 1,5 x 1,5 x 2,4 Meter Größe» enthält, «einer auf dem anderen». Die Höhlenwände waren wohl bemerkenswert «glatt und gerade», weshalb Sawinski vermutete, dort könne sich einmal ein Steinbruch befunden haben. Er wies auch darauf hin, dass «man weiß, dass man an der richtigen Stelle ist, wenn man einen großen, antiken Anker auf den Blöcken liegen sieht».

d) Die Innenwände einer Höhle am von Sawinski so genannten «Himbeerriff» weisen nach seinen Worten Spuren von «Hämmern und Meißeln» auf, was wiederum darauf hindeuten könnte, dass dort einmal ein Steinbruch war.

26 Persönliche Korrespondenz mit Vanda Osman und Bill Donato, Dezember 1997, basierend auf früheren Gesprächen mit J. Manson Valentines Witwe Anna

27 Palmer, *The Blue Holes of the Bahamas*, S. 78 u. 141

28 Bright, *There are Giants in the Sea*, S. 137, und Palmer, S. 73

29 E-Mail von Rose Blanchard vom 8. Dezember 1998. Rose hat von 1975 bis 1979 in der Forfar-Feldstation auf Andros gearbeitet. Siehe auch Bright, S. 137

30 Bright, S. 131 u. 133, nach Prof. Addison Verrill

31 E-mail von Rose Blanchard vom 8. Dezember 1998

32 Persönliche Gespräche und Korrespondenz mit Herb Sawinski, bei verschiedenen Gelegenheiten in den Jahren 1998 und 1999

33 Palmer, S. 20

34 ebd.

35 ebd.

36 ebd.

37 ebd., S. 87

38 ebd.

39 ebd., S. 90

40 ebd.

41 ebd.

42 ebd.

25 Die Odyssee des Votan

1 Brasseur de Bourbourg, *Histoire des nations civilisées du Mexique et de l'Amérique-centrale, etc.*, Bd. 1, S. 42, zitiert nach Nuñez de la Vega, *Constituciones dioeces. etc.*

2 ebd., Bd. 1, S. 71, nach Ordoñez, *Hist. del cielo y de la tierra, etc.* Alle Ordoñez-Zitate stammen, falls nicht anders angegeben, aus diesem Werk.

3 ebd., Bd. 1, S. 71, Anm. 2

4 Hastings, *Encyclopedia of Religion and Ethics*, Bd. 11, S. 402. Siehe auch Müller, *Geschichte der Amerikanischen Urreligionen*, S. 486–91

5 Brasseur de Bourbourg, Bd. 1, S. 71–2, nach Nuñez de la Vega und Ordoñez

6 ebd., Bd. 1, S. 71, nach Ordoñez

7 ebd.

8 ebd., Bd. 1, S. 73, nach Ordoñez, Ms.-Fragmente

9 ebd., Bd. 1, S. 68, nach Ordoñez

10 ebd.

11 ebd., Bd. 1, S. 69, nach Ordoñez

12 ebd., Bd. 1, S. 69, Anm. 4

13 ebd., Bd. 1, S. 70, nach Ordoñez

14 ebd., Bd. 1, S. 70 u. 78, nach Ordoñez
15 ebd., Bd. 1, S. 70–71, nach Ordoñez
16 ebd., Bd. 1, S. 70, nach Ordoñez
17 ebd., Bd. 1, S. 71, nach Ordoñez
18 ebd.
19 ebd., Bd. 1, S. 71–2, nach Ordoñez
20 ebd., Bd. 1, S. 72, nach Nuñez de la Vega und Ordoñez
21 ebd., Bd. 1, S. 72, nach Ordoñez
22 ebd.
23 ebd., Bd. 1, S. 73, nach Ordoñez
24 ebd., Bd. 1, S. 73, nach Ordoñez, Ms.-Fragmente
25 ebd., Bd. 1, S. 73, nach Nuñez de la Vega
26 ebd., Bd. 1, S. 73–4, Anm. 5
27 ebd.
28 ebd.
29 ebd., Bd. 1, S. 94–5
30 ebd., Bd. 1, S. 95–96
31 ebd., Bd. 1, S. 96
32 ebd.
33 ebd., Bd. 1, S. 97
34 ebd., Bd. 1, S. 80, nach Nuñez de la Vega
35 ebd., Bd. 1, S. 81
36 Thompson, *People of the Serpent*, S. 42–6
37 ebd., S. 47
38 Brasseur de Bourbourg, Bd. 1, S. 71, nach Ordoñez
39 ebd., Bd. 1, S. 72, nach Ordoñez, Ms.-Fragmente
40 ebd., Bd. 1, S. 68, nach Ordoñez
41 ebd., Bd. 1, S. 68
42 ebd., Bd. 1, S. 71, nach Nuñez de la Vega und Ordoñez
43 ebd.
44 Irwin, *Fair Gods and Stone Faces*, S. 98, und Tompkins, S. 78
45 Brasseur de Bourbourg, Bd. 1, S. 71
46 ebd.
47 1. Mose 34.2, Jos. 9.7 u. 11.19
48 1. Mose 14.6
49 Ordelain und Séguineau, *Wörterbuch der Eigennamen und Orte in der Bibel*, dort unter ‹Horiter›, S. 164
50 Irwin, S. 100
51 1. Mose 10.4
52 1. Mose 10.1
53 Easton, *The Illustrated Bible Dictonary,* dort unter ‹Chittim›, S. 141–2, und Harden, *The Phoenicians*, S. 58–9
54 Easton, dort unter ‹Chittim›, S. 141–2
55 Graves, *New Larousse Encyclopedia of Mythology*, S. 73–5
56 ebd., S. 84
57 Siehe Gen. 3.14-15

58 Staniland Wake, *Serpent Worship and Other Essays etc.*, S. 15 u. 125
59 ebd., S. 15
60 Clement von Alexandria, Bd. 1, S. 27, in *Ante-Niocene Christian Library*, Bd. iv
61 Graves und Patai, *Hebrew Myths – the Book of Genesis*, S. 100
62 ebd., S. 106
63 1. Mose 6.4.
64 Enoch 1, 69.12. Alle Bezüge auf En. 1 aus Charles, *The Book of Enoch or 1 Enoch*
65 En. 1, 69 6
66 En. 1, 8.1
67 En. 1, 8.2.
68 Spence, *The Myths of Mexico and Peru*, S. 65
69 En. 1, 8.3
70 En. 1, 69.8-9
71 En. 1, 69.12
72 En. 2, 8.1-6 Alle Bezüge auf En. 2 aus Morfill/Charles, *The Book of the Secrets of Enoch*
73 Hesekiel 27.23
74 Hes. 27.24
75 Massey, *The Natural Genesis*, Bd. 2, S. 231
76 Eine Diskussion der Argumente für Al Judi als den Ort, an dem die Arche Noah sich niederließ, findet sich in Collins, *From the Ashes of Angels*, S. 161–3 u. 238–9
77 Siehe Collins, *Gods of Eden*, S. 234–44
78 Siehe Collins, *From the Ashes of Angels*, S. 242–5, und Collins, *Gods of Eden*, S. 220–26
79 4. Mose 13.33
80 4. Mose 13.32
81 Josua 14.14-15 und Graves/Patai, S. 106–7
82 Josua 15.13-14
83 Zur Körpergröße der Hüter siehe En. 2, 1.4. Zu den Nephilim siehe En. 1, 7.2. Zu den Anakitern siehe 4. Mose. 13.32
84 En. 2, 1.4
85 Milik, ‹Die Bücher Henoch – Aramäische Fragmente aus Höhle 4 von Qumran›, S. 306, und Henning, ‹Das Buch der Riesen›, in: *Bulletin of the School of Oriental and African Studies*, 11, Teil 1, S. 66. Siehe auch ‹Der Midrash von Semhazai und Aza'el›, zitiert in Milik, S. 327
86 En. 1, 106.2
87 En. 2, 1.5
88 En. 1, 87.2
89 En. 1, 106.2
90 En. 2, 1.5
91 En. 1, 106.2 u. En. 2, 1.5
92 Eisenman/Wise, ‹Testament of Amram›, 4Q543, in: *The Dead Sea Scrolls Uncovered*, S. 156

93 Collins, *From the Ashes of Angels,* S. 49
94 En. 2, 1.4-5, und Morfill/Charles S. 2, Anm. 6
95 Collins, *From the Ashes of Angels*, S. 49–51
96 Henning, S. 61
97 ebd.
98 Milik, S. 306. Siehe auch Collins, *From the Ashes of Angels*, S. 391
99 Hauptmann, ‹Ein Kultgebäude in Nevali Çori›, *in: Zwischen den Flüssen und über die Berge: Archaeologica Anatolica et Mesopotamica*, S. 55 u. 66; Meyers, *Oxford Encyclopedia of Archaeology in the Near East*, dort unter ‹Nevali Çori›, Bd. 4, S. 133, und Collins, *Gods of Eden,* S. 239
100 Brasseur de Bourbourg, Bd. 1, S. 111, entn. aus Las Casas, *Hist. Apolog. de las Indias-Occid.*, Buch III, Kap. 123
101 Gilbert/Cotterell, *The Mayan Prophecies*, S. 122–3
102 Janku, ‹Schädel aus Ica in Peru und Merida in Mexiko›, unveröffentlichter Artikel, 1996, zu finden unter @www.paradigm-sys.com/ae/lib/archeo/skulls.html
103 Brasseur de Bourbourg, Bd. 1, S. 153 und S. 153, Anm. 3, entn. aus *Codex Chimalpopoca, Hist. Chron*
104 ebd
105 Molleson/Campbell, ‹Deformierte Schädel in Tell Arpachiyah: Der soziale Kontext›, in: Campbell und Green (Hrsg.), *The Archaeology of Death in the Ancient Near East*, Oxbow Monograph Nr. 51, 1995, S. 45–55
106 Collins, *Gods of Eden*, S. 259–65
107 Thompson, S. 77
108 Wilkins, *Secret Cities of Old South America: Atlantis Unveiled*, S. 112
109 Brasseur de Bourbourg, Bd. 1, S. 110
110 Josua 14.12
111 Eine umfassende Darstellung der Zusammenhänge zwischen den Nephilim und den dämonischen «Männern mit Vogelkörpern», die nach dem babylonischen Schriftstein «Die Schöpfungslegende von Kutha» die frühesten sumerischen und akkadischen Könige bedrängten, finden Sie in Collins, *From the Ashes of Angels*, S. 231–3

26 Das Rasseln der Plejaden

1 Sanchoniathon, in Cory, *Ancient Fragments*, S. 9
2 ebd.
3 Lemprière, *Klassisches Wörterbuch*, dort unter ‹Saturnus›, S. 545–6
4 ebd.
5 Sanchoniathon, in Cory, S. 9
6 Eine ausführliche Darstellung des Zusammenhangs zwischen den Hütern, den Nephilim und den Elohim findet sich in Collins, *From the Ashes of Angels*
7 Siehe z. B. die Werke des Berossus, des Eupolemus und des Alexander Polyhistor sowie die Sibyllinischen Orakel, zitiert in Cory
8 Siehe zum Beispiel die Werke des Berossus und des Alexander Polyhistor sowie die Sibyllinischen Orakel, zitiert in Cory

9 Lemprière, dort unter ‹Titan›, S. 620
10 Lemprière, dort unter ‹Gigantes›, S. 249
11 ebd. und Eupolemus, in Cory, S. 53
12 Lemprière, dort unter ‹Gyges›, S. 256, und Ovid, *Tristia*, 4, vii, 18
13 Thallus, in Cory, S. 53
14 Whishaw, *Atlantis in Andalucia*, S. 173
15 Siehe Whishaw, *Atlantis in Andalucia*
16 Prado, *The World of Ancient Spain*, S. 30
17 ebd.
18 ebd., S. 32
19 ebd., S. 33
20 Rodero, *España Oculta: Volksfeste in Spanien, 1974–1989*, Bildtafel 57
21 Plutarch, *Das Antlitz des Mondes*, 26, 941b, Anmerkung, entn. aus Charax, Frag. 16, *Frag. Hist. Graec.*, iii, S. 640
22 ebd., 26, 940–41
23 ebd., 941a–941b
24 Siehe z. B. Cahill, *New England's Ancient Mysteries*, und Fell, *America BC: Ancient Settlers in the New World*
25 Scrutton, *Secrets of the Lost Atland*, S. 61
26 Siehe Michell, *At the Centre of the World: Polar Symbolism Discovered in Celtic, Norse and Other Ritualized Landscapes*, und Michell/Rhone, *Twelve Tribe Nations and the Science of Enchanting the Landscape*
27 Braghine, *The Shadow of Atlantis*, S. 252–3
28 Siehe z. B. Allan und Delair, *When the Earth Nearly Died*, S. 317
29 Zerries, ‹Das Primitive Südamerika und Westindien›, in Krickeberg/Müller/Trimborn/Zerries, *Vorkolumbische Religionen in Amerika*, S. 246
30 ebd.
31 ebd., S. 243
32 Haliburton, *Die Geschichte der Menschheit nach einem Führer der Bräuche und Aberglauben der Völker: Die Totenfeste*, S. 17
33 ebd., S. 13
34 Ginzberg, *The Legends of the Jews*, i, 162
35 Haliburton, Anmerkung auf S. 13
36 ebd., S. 13–14
37 Platon, *Timaios*, 22b–22c
38 ebd., 22d
39 ebd., 22c

Anhang I Die Farbe Purpur

1 Born, ‹Die Benutzung von Purpur unter den Indianern Mittelamerikas›, in: *Ciba-Review*, 4, 1937, S. 126
2 ebd.
3 ebd., 4, S. 125
4 ebd.
5 ebd.
6 ebd.

7 ebd., 4, S. 124
8 ebd.
9 ebd.
10 ebd., 4, S. 126
11 ebd.
12 ebd., 4, S. 124–5
13 ebd. Der Artikel von Zelia Nuttall trägt den Titel, ‹A Curious Survival in Mexico of the Use of the Purpura Shell-Fish for Dyeing›, 1909
14 ebd., 4, S. 127
15 Johnston, *Did the Phoenicians discover America?*, S. 211
16 Jett, ‹Farbstoffe und mögliche frühe Kontakte zwischen Südwestasien und Zentralamerika›, in: Gilmore/McElroy, S. 145

Anhang II Baumwollstoffe

1 Columbus, *Das Leben des Admirals Christoph Kolumbus, von seinem Sohn Ferdinand*, S. 86
2 Irwin, *Fair Gods and Stone Faces*, S. 278–9
3 Irwin, S. 280, Heyerdahl, *Der frühe Mensch und der Ozean*, S. 82, und Hutchinson/Silow/Stephens, *Die Evolution des Gossypium und die Differenzierung der angebauten Baumwollarten*
4 Irwin, S. 280
5 ebd.
6 Heyerdahl, S. 83

Abbildungsnachweis

In folgender Liste sind die Institutionen und Personen aufgeführt, denen wir für die Erlaubnis danken, die nummerierten Abbildungen in den beiden Bildteilen zu benutzen:

1 Stanze di Raffaello, Vatican/Scala, Florenz
4 Museo Pio Clementino, Vatican/Scala, Florenz
5 Sygma
8 Cyrus H. Gordon
10, 11, 12, 13, 23 & 44 David Eccott
15 Park and Roche Establishment Archives, Schaan
17 & 18 Trustess of the British Museum
19 Topkapi Museum, Istanbul
22 Museo Nacional de Historia, Madrid
27 *Fondo de Cultura Económica* aus der *Historia Tolteca-Chichimeca*
28 Estrella Rey und Ernesto E. Tabio
32 Essex and Suffolk Water
35 John W. White
36, 40 & 41 Anna Valentine
38 Joan Zink
39 Ava Rebikoff
42 William M. Donato
43 Herb Sawinski

Dank

Als Erstes danke ich meiner Partnerin Karen Deeley für ihre liebevolle Unterstützung, für ihre Geduld und Hilfe unter schwierigen Umständen. Ohne sie wäre ich verloren gewesen. David Southwell danke ich für seinen erleuchtenden Rat, für seine Unterstützung während der gesamten Produktion dieses Buches und dafür, dass er in schmerzlichen Zeiten als mein »Anwalt« fungierte. Graham Phillips danke ich dafür, dass er mir das Tor gezeigt und mich gedrängt hat hindurchzugehen. Ich danke David Rohl für die fortgesetzte Unterstützung meiner Arbeit und seine wichtige Einleitung, Amber McCauley für ihre unermüdliche Hilfe bei den französischen und spanischen Übersetzungen, besonders für das Brasseur-de-Bourbourg-Material im letzten Augenblick, und Sue und Mark Foster für ihre Freundschaft und unentbehrliche Hilfe in jeder Hinsicht.

Mein Dank gilt auch Geoffrey Ashe, der die Geduld aufbrachte, sich meine Theorien über Atlantis anzuhören, David Aston für seine Kundschafterdienste in Kuba und Rose Blanchard und Norm Byers für die Einblicke in die Geheimnisse der Insel Andros, die sie mir gewährt haben. Bob Bryden und Bernard G. haben mich an ihrem Wissen über die Geschichte der Tempelritter und andere militärische Orden teilhaben lassen, wofür ich ihnen danken möchte. Simon Cox und Jacqueline Pegg von Quest Research danke ich für ihre Recherchen, Mitarbeit und Ideen in der Anfangsphase dieses Projekts. Ann Deagon bin ich für ihre Übersetzungen aus dem Lateinischen zutiefst verbunden. William Donato hat mir viel Zeit und Hilfe geschenkt und damit garantiert, dass die Bimini-Kapitel so exakt geraten sind wie eben möglich. Ich danke David Eccott für seine Forschungsarbeit über transozeanische Kontakte und für die Überlassung von Fotos. Für ihre Hilfe danke ich auch Lorraine Evans. Donnie und Maurice Fields, Mary Lomando, Vanda Osman, Pat Oren Purcell, Herb Sawinski, Anna Valentine, David Zink und der Mannschaft der *MS Ocean Window* danke ich für ihre Hilfe und Unterstützung im Zusammenhang mit Bimini, Mel Fisher für neue Einblicke in das Atlantis-Rätsel und Taffi Fisher und Laura Pike dafür, dass sie mich mit ihm bekannt gemacht haben. Jo-Ann Hackett in Harvard danke ich für die Überprüfung meiner Ideen hinsichtlich der semitischen Sprachen, Catherine Hale für ihre Übersetzungen aus dem Deutschen und Rodney Hale für seine fortgesetzte Unterstützung, für seine Landkarten und sprachlichen Anregungen. Ferner danke ich Heather Holden Brown, Celia Kent und Lindsay Symons von Headline und Simon Trewin von Peters, Fraser und Dunlop, die mich in schwierigen Zeiten stets unterstützt haben. Alan R. Kelso de Montigny danke ich dafür, dass er mir Einblick in das Leben seines Vaters gewährt hat, Gareth Medway und Mark McCann für ihre Hilfe in Recherche und Faktenüberprüfung. Henk Meijer danke ich dafür, dass er mir das Foto des Naxos-Tores zur Verfügung gestellt hat, John Michell für seine vielen Anregungen, Christian und Barbara Joy O'Brien und Edmund Marriage für ihre Ideen und Collin Wilson für sein Zitat und seine geschätzte Freundschaft. Mein Dank gilt auch Richard Ward für seine ergänzenden Recherchen.

Nicht zuletzt möchte ich Michael Baigent, Storm Constantin, Wayne Frostick, Jonny Merron, Chris Ogilvie Herald, Lisa Mundy und Matthew Adams, Niven Sinclair, John Sassoon, Emilio Spedicato, Pandora Stevens, Paul Weston, Caroline Wise und Steve Wilson für die Hilfsbereitschaft und Freundschaft danken, die sie mir während der Vorbereitung dieses Buches entgegengebracht haben.